B. Régent/PHOTONONSTOP

Publié avec le concours de Siam Cement Group

Michelin Éditions des Voyages ne saurait être
responsable des conséquences d'éventuelles erreurs
qui pourraient s'être glissées dans la rédaction
de cet ouvrage et encourage ses lecteurs
à se renseigner directement sur place.
Cet ouvrage tient compte des conditions de tourisme
connues au moment de sa rédaction.
Certains renseignements peuvent perdre de leur actualité
en raison de l'évolution incessante des aménagements
et des variations du coût de la vie.

Éditions des Voyages

46, avenue de Breteuil – 75324 Paris Cedex 07
☏ 01 45 66 12 34
www.ViaMichelin.fr
LeGuideVert@fr.michelin.com

Manufacture française des pneumatiques Michelin
Société en commandite par actions au capital de 304 000 000 EUR
Place des Carmes-Déchaux – 63 Clermont-Ferrand (France)
R.C.S. Clermont-Fd B 855 200 507

Toute reproduction, même partielle et quel qu'en soit le support,
est interdite sans autorisation préalable de l'éditeur.

© Michelin et Cie, Propriétaires-éditeurs, 2001
Dépôt légal Mars 2001 – ISBN 2-06-000074-2 – ISSN 0293-9436
Printed in France 05-03/2.4

Compogravure : Le SANGLIER, Charleville-Mézières
Impression et brochage : IME, Baume-les-Dames

Maquette de couverture extérieure : Agence Carré Noir à Paris 17ᵉ

À la découverte de la Thaïlande

La Thaïlande suscite étonnement, curiosité, rêve et passion. Des cités anciennes à la capitale fourmillante où brillent encore des palais d'or, des montagnes du Nord peuplées de tribus fières de leurs traditions aux plages de sable fin et aux îles paradisiaques du Sud, l'ancien Siam offre un dépaysement complet. Ajoutez-y un bouddhisme omniprésent, des fêtes hautes en couleur, une cuisine savoureuse et ce pays où le sourire est roi saura vous séduire.

Quels que soient vos projets touristiques, tout au long de votre voyage, ce Guide Vert Thaïlande sera un compagnon fiable et fidèle. Sa réalisation fut une véritable aventure. Il a été rédigé par des spécialistes anglais et thaïlandais coordonnés par Sybille Bouquet, qui a dirigé huit missions sur le terrain. Le service cartographique de Michelin a réalisé un atlas complet du pays, dont vous découvrirez de nombreux extraits au fil des pages. Au total, trois années de travail et une étroite collaboration avec le Siam Cement Group (partenaire de Michelin Siam en Thaïlande) ont été nécessaires à l'élaboration de ce guide.

La maquette des Guides Verts, rythmée, aérée, abondamment illustrée, rend la lecture agréable et confortable. Conçus par notre équipe de dessinateurs et de cartographes à partir d'observations de première main recueillies sur le terrain, les cartes et les plans de ville, tous originaux, faciliteront vos déplacements.

Pour cette nouvelle édition du guide Thaïlande, des adresses d'hôtels et de restaurants, des propositions de shopping, des distractions et diverses curiosités ont été ajoutées.
Toutes les informations ont été vérifiées avec soin. Si toutefois une erreur s'était glissée dans le texte, ou si un changement était survenu après la mise sous presse de ce volume, faites-nous en part ! Car depuis plus de cent ans notre souci est de vous offrir le meilleur des guides.

Merci d'avoir choisi Le Guide Vert et bon voyage en Thaïlande !

Hervé Deguine
Directeur de la collection Le Guide Vert
LeGuideVert@fr.michelin.com

Sommaire

B. Gardel-HEMISPHERES

Marché flottant

B. Barbier/PHOTONONSTOP

Se protéger du soleil...

Villes et curiosités 82

et éviter les dragons...

... pour arriver jusqu'aux temples.

B. Gardel/ HEMISPHERES

B. Gardel/ HEMISPHERES

Cartographie

Atlas routier
Michelin Thaïlande
au 1/1 000 000, avec

– répertoire alphabétique ;
– agrandissements cartographiques
d'environs de villes ou de sites touristiques.

Tout le réseau routier thaïlandais sym-
bolisé selon l'importance des différentes
sections de routes, avec l'indication des
fortes déclivités.

Carte Michelin
n° 965 Thaïlande
au 1/1 370 000

Les deux publications ont été établies à la
suite d'opérations de relèvement effectuées sur place.

INDEX CARTOGRAPHIQUE

PLANS DE VILLES

Schémas

Sites et monuments

Votre guide

Ce guide a été conçu pour vous aider à tirer le meilleur parti de votre voyage en Thaïlande. Il est présenté en trois grandes parties : Renseignements pratiques, Introduction au voyage, puis Villes et curiosités, complétées par une sélection de plans et de schémas.

● Les cartes des pages 10 à 17 vous aident à préparer votre voyage : la carte des **Principales curiosités** situe les pôles d'intérêt les plus importants et la carte des **itinéraires de visite** propose des circuits régionaux.

● Le chapitre des **Renseignements pratiques** fournit toutes les précisions utiles à votre voyage : formalités, vie quotidienne en Thaïlande, loisirs, etc.

● Nous vous recommandons de lire, avant votre départ, l'**Introduction au voyage**, qui vous propose une approche géographique, historique et culturelle de la Thaïlande, particulièrement importante pour bien comprendre les arts et les coutumes d'un pays où le bouddhisme règle le comportement de la population.

● La partie **Villes et curiosités** répertorie dans l'ordre alphabétique les principaux sites et monuments. Les moins importants font l'objet d'excursions à partir de localités susceptibles de constituer des centres de villégiature.

● À la fin de l'ouvrage, vous trouverez les **Conditions de visite** des monuments suivis du symbole ⊘ dans la partie descriptive du guide.

Si vous avez des remarques ou des suggestions à faire, nous sommes à votre disposition sur notre site Web ou par courrier électronique :

www.ViaMichelin.fr

LeGuideVert@fr.michelin.com

Bon voyage !

J. de Boisberranger/ HEMISPHERES

Légende

★★★ Vaut le voyage

★★ Mérite un détour

★ Intéressant

Curiosités

⊘	Conditions de visite en fin de volume	►►	Si vous le pouvez : voyez encore…
	Itinéraire décrit Départ de la visite	AZ B	Localisation d'une curiosité sur le plan
	Église – Temple		Information touristique
	Synagogue – Mosquée		Château – Ruines
	Bâtiment		Barrage – Usine
■	Statue, petit bâtiment		Fort – Grotte
‡	Calvaire		Monument mégalithique
◎	Fontaine		Table d'orientation – Vue
	Rempart – Tour – Porte	▲	Curiosités diverses

Sports et loisirs

	Hippodrome		Sentier balisé
	Patinoire	◆	Base de loisirs
	Piscine : de plein air, couverte		Parc d'attractions
	Port de plaisance		Parc animalier, zoo
	Refuge		Parc floral, arboretum
	Téléphérique, télécabine		Parc ornithologique, réserve d'oiseaux
	Chemin de fer touristique		

Autres symboles

	Autoroute ou assimilée		Poste restante – Téléphone
❶ ❶	Échangeur : complet, partiel		Marché couvert
	Rue piétonne		Caserne
	Rue impraticable, réglementée		Pont mobile
	Escalier – Sentier		Carrière – Mine
	Gare – Gare routière		Bacs
	Funiculaire – Voie à crémaillère		Transport des voitures et des passagers
	Tramway – Métro		Transport des passagers
Bert (R.)…	Rue commerçante sur les plans de villes	③	Sortie de ville identique sur les plans et les cartes MICHELIN

Abréviations et signes particuliers

H	Hôtel de ville		Salle de boxe thaï
J	Palais de justice		Marché
P	Administration provinciale		Route touristique
POL.	Police		Parc national – Zoo
T – U	Théâtre – Université		Marais – Rizière
	Parc historique		Plage – Hôtel
	Temple bouddhique		Ambassade, consulat
	Bateau « à longue queue »	**★★ KRABI**	Titre de chapitre dans la partie Villes et Curiosités

9

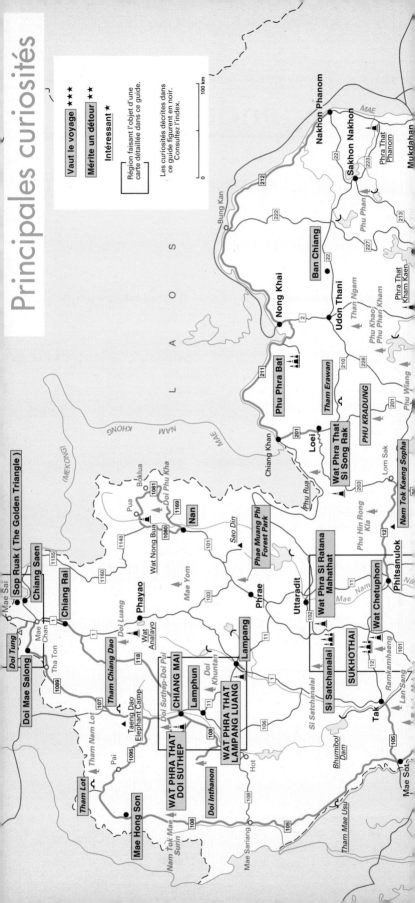

Principales curiosités

Vaut le voyage ★★★

Mérite un détour ★★

Intéressant ★

Région faisant l'objet d'une carte détaillée dans ce guide.

Les curiosités décrites dans ce guide figurent en noir. Consultez l'index.

0   100 km

LAOS

MEKONG

NAM KHONG

MAE KHONG

Mae Sai
Sop Ruak (The Golden Triangle)
Chiang Saen
Chiang Rai
Doi Tung
Doi Mae Salong
Tham Nam Lot
Tham Lot
Mae Hong Son
Nam Tok Mae Surin
Pai
Taeng Dao Elephant Camp
Tham Chiang Dao
Phayao
Doi Luang
Wat Analayo
Mae Chan
Tha Ton
Boklua
Pua
Wat Nong Bua
Doi Phu Kha
Nan
Sao Din
Mae Yom
Phae Muang Phi Forest Park
Phrae
Mae Nam
Uttaradit
WAT PHRA THAT DOI SUTHEP
Doi Suthep-Doi Pui
CHIANG MAI
Lamphun
Doi Khuntan
Lampang
WAT PHRA THAT LAMPANG LUANG
Hot
Doi Inthanon
Mae Sariang
Bhumibol Dam
Tak
Ramkamhaeng
Lan Sang
Mae Sot
Tham Mae Usu
Si Satchanalai
Si Satchanalai
SUKHOTHAI
Wat Chetuphon
Wat Phra Si Ratana Mahathat
Phitsanulok
Nam Tok Kaeng Sopha
Phu Hin Rong Kla
Lom Sak
Phu Rua
Wat Phra That Si Song Rak
Loei
PHU KRADUNG
Chiang Khan
Phu Phra Bat
Nong Khai
Bung Kan
Ban Chiang
Tham Erawan
Udon Thani
Than Ngam
Phu Khao/Phu Phan Kham
Nakhon Phanom
Sakhon Nakhon
Phra That Phanom
Mukdahan
Phu Phan
Phra That Kham Kaen
Phu Wiang

212
222
222
211
201
201
203
2
12
22
223
213
227
228
210
101
102
11
106
105
108
105
12
1
103
1089
107
1095
1148
1155
1160
1080
1081
1169
118
108
11
1

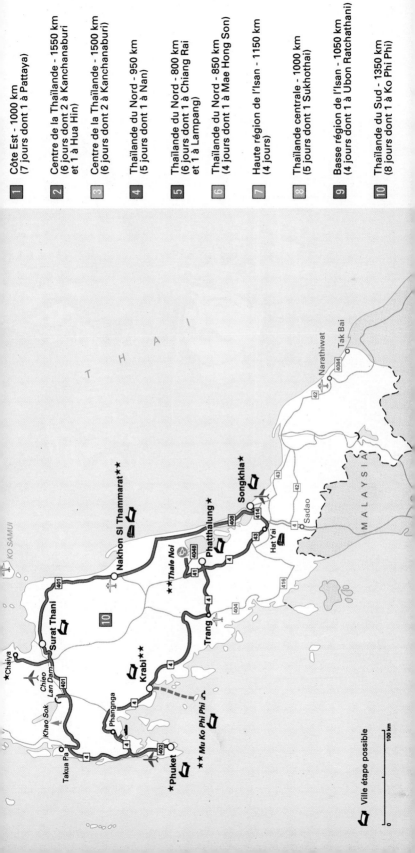

1 **Côte Est – 1000 km**
(7 jours dont 1 à Pattaya)

2 **Centre de la Thaïlande – 1550 km**
(6 jours dont 2 à Kanchanaburi et 1 à Hua Hin)

3 **Centre de la Thaïlande – 1500 km**
(6 jours dont 2 à Kanchanaburi)

4 **Thaïlande du Nord – 950 km**
(5 jours dont 1 à Nan)

5 **Thaïlande du Nord – 800 km**
(6 jours dont 1 à Chiang Rai et 1 à Lampang)

6 **Thaïlande du Nord – 850 km**
(4 jours dont 1 à Mae Hong Son)

7 **Haute région de l'Isan – 1150 km**
(4 jours)

8 **Thaïlande centrale – 1000 km**
(5 jours dont 1 Sukhothai)

9 **Basse région de l'Isan – 1050 km**
(4 jours dont 1 à Ubon Ratchathani)

10 **Thaïlande du Sud – 1350 km**
(8 jours dont 1 à Ko Phi Phi)

◊ Ville étape possible

0 ___ 100 km

Marionnettes à Chiang Maï

R. Mattes / MICHELIN

Renseignements
pratiques

Avant de partir

Quand s'y rendre – La Thaïlande bénéficie d'un climat tropical avec trois saisons distinctes. Les meilleures époques pour s'y rendre vont d'octobre-novembre à février-mars, pour éviter saison chaude et saison des pluies.

Heure locale – L'heure thaïlandaise correspond à GMT + 7, soit avec les pays de l'Union européenne (sauf la Grande-Bretagne) : 6 h d'avance l'hiver, 5 h l'été.

Climat – La température moyenne annuelle est de 26° et le taux d'humidité assez élevé. La saison fraîche et sèche va de novembre à février. Il peut alors y avoir du brouillard et faire froid pendant la nuit dans les montagnes du Nord. De mars à juin, la température peut dépasser 40° pendant la journée. La saison des pluies dure de juin à octobre, avec de grosses averses durant une à deux heures suivies d'éclaircies occasionnelles, avec du soleil et du ciel bleu. Les mois les plus humides sont septembre et octobre, à l'équinoxe, quand le delta de la Chao Phraya, déjà engorgé par les pluies, est menacé par les grandes marées du golfe de Thaïlande. Le risque d'inondation est alors élevé pour Bangkok et la plaine centrale.
Le climat du Sud est assez varié : le soleil peut briller à Ko Samui et sur le golfe de Thaïlande pendant que Phuket reçoit des trombes d'eau. Les températures restent élevées avec peu de variations saisonnières.

Habillement – Des vêtements légers en coton sont recommandés pour toute l'année. On peut avoir besoin d'une veste ou d'un pull-over légers pour les soirées dans le Nord. Pour la visite des temples, prévoir une tenue appropriée, éviter shorts et épaules nues. Les maillots de bain ne conviennent que sur les plages. Prévoir un chapeau pour se protéger du soleil et des chaussures confortables faciles à enfiler pour la visite des monuments et les marches dans la campagne.

Jours fériés

1er janvier	Nouvel An
Février – jour de la pleine lune	Makha Bucha
6 avril	Fête des Chakri
12-14 avril	Songkran (Nouvel An bouddhique)
5 mai	Fête du couronnement
Mai – jour de la pleine lune	Visakha Bucha
Juillet – jour de la pleine lune	Asaraha Bucha (début du Carême bouddhique)
12 août	Anniversaire de SM la reine
23 octobre	Novembre – pleine lune
Fête de Chulalongkorn	Loï Krathong, fête des Lumières
5 décembre	Anniversaire de SM le roi
10 décembre	Fête de la Constitution
31 décembre	Réveillon du Nouvel An

Documents – Les touristes étrangers voyageant en Thaïlande doivent être en possession d'un **passeport** valide pour au moins les 6 mois suivant la date de leur arrivée. En cas de vol ou de perte, en informer la police locale et l'ambassade concernée. Il est recommandé de se munir de photocopies des passeports et visas afin de faciliter l'obtention de documents de remplacement. Une fois en possession d'un nouveau passeport, se rendre pour un autre visa au Immigration Division, Old Building, Soï Suan Plu, Sathorn Tai Road, Bangkok 10120, ☎ 02 287 3101-10.

Visas – À condition de pouvoir présenter leur billet de retour, les ressortissants de tous les pays d'Europe, ainsi que du Canada, n'ont pas besoin de visa pour un séjour n'excédant pas 30 jours dans le pays.
Les ressortissants d'autres pays doivent s'informer des conditions d'obtention de visas auprès des agences de voyages et des ambassades ou consulats de Thaïlande dans leur pays. On peut obtenir un visa à l'arrivée dans un des quatre aéroports internationaux, mais mieux vaut s'en procurer un à l'avance pour éviter une longue attente.
Moyennant paiement d'un droit, les ambassades et consulats de Thaïlande fournissent des visas touristiques valides pour 60 jours. La demande doit en être faite à temps. Le bureau de l'Immigration *(voir ci-dessus)* peut accorder sur demande des prolongations de visa ne dépassant pas 30 jours, sauf circonstances exceptionnelles. Montant : 500 bahts. Autorisation permettant d'entrer à nouveau dans le pays : 1 000 bahts. Les visiteurs dont le séjour excède la durée autorisée encourent à leur départ une amende de 100 bahts par journée de dépassement.

Vaccinations – Aucun vaccin n'est exigé, sauf pour les touristes ayant séjourné dans une région touchée par la fièvre jaune dans les dix jours précédant leur voyage en Thaïlande. Il est néanmoins recommandé de prendre un avis médical avant le départ. *Voir ci-après le chapitre Recommandations, Santé.*

Assurance – Il est indispensable de souscrire une assurance de voyage couvrant tous les incidents médicaux ou autres.

Douanes –. Les sommes en liquide supérieures à 10 000 dollars doivent être déclarées par écrit à l'arrivée, et le voyageur doit obtenir une autorisation pour sortir du pays un montant de plus de 50 000 bahts. La quantité autorisée de marchandises hors taxes est de 1 litre de vin ou spiritueux et 200 cigarettes, ou 250 g de tabac.

On peut importer hors taxes un appareil photo ou une caméra vidéo, et 5 rouleaux de pellicules ou 3 films. Il est recommandé d'établir une liste du matériel de valeur, caméras vidéo ou appareils photo, avec leurs numéros de série. La présenter à l'arrivée permettra d'accélérer le passage en douane à la sortie du pays.

La drogue et le matériel pornographique sont interdits, ainsi que certaines espèces de plantes, légumes et fruits.

Il y a des restrictions en matière d'exportation pour les statues du Bouddha (fragments y compris), les objets d'art et antiquités, et leurs reproductions. Une autorisation spéciale est à demander auprès des départements des Beaux-Arts. Son obtention peut demander jusqu'à deux semaines. Pour plus d'informations, contacter le département des Beaux-Arts à Bangkok, ☎ 02 221 7811. Les autorisations doivent être présentées à la Douane lors du départ. Les douaniers procèdent à des vérifications aléatoires, et les contrevenants sont redevables de lourdes amendes.

Information touristique

Office national du tourisme de Thaïlande (TAT) – Contacter aux adresses ci-dessous les bureaux du TAT à l'étranger pour obtenir renseignements, dépliants, cartes et toute aide à l'organisation d'un voyage. Les bureaux du TAT sur place *(voir adresses dans le chapitre Horaires et Tarifs)* fournissent aussi des informations et des plans concernant sites, activités, transports, manifestations locales, fêtes, hôtels, et aident les visiteurs à résoudre tout problème. Il y a généralement parmi le personnel une personne parlant anglais.

Bureau principal du TAT – Tourism Authority of Thailand, Concorde Building, 202 Thanon Ratchadaphisek, Huai Khwang, Bangkok 10310, Thaïlande – ☎ (66) 02 694 1222 – fax (66) 02 694 1220-2 – center@tat.or.th ;www.tat.or.th – www.tourismthailand.org
Ouvert du lundi au vendredi, 8 h 30 à 16 h 30. Fermé le week-end, mais accueil ouvert tous les jours.
La plupart des bureaux du TAT à l'étranger couvrent plusieurs pays.

Pour la France, la Belgique, le Luxembourg, les Pays-Bas :
Office national du tourisme de Thaïlande, 90 avenue des Champs-Élysées, 75008 Paris, France – ☎ 01 53 53 47 00 – fax 01 45 63 78 88 – tatpar@wanadoo.fr.

Pour la Suisse, l'Allemagne et les pays d'Europe centrale : Thaïlandisches Fremdenverkehrsamt, Bethmann Str. 58 D 60311, Francfort, Allemagne – ☎ (49) 69 1381 389/390 – fax (49) 69 281 468 – tatfra@t-online.de

Pour les USA et le Canada : TAT, 611 North Larchmont Blvd, 1er étage, Los Angeles, CA, USA – ☎ (1 323) 461 9814 – fax (1 323) 461 9834 – tatla@ix.netcom.com

Sur Internet
www.tourismethaifr.com
www.decouvrir-thailande.com
www.welcomethai.com
www.eurasie.net

Ambassades de Thaïlande

En France – 8 rue Greuze, 75016 Paris – ☎ 0836 70 20 23.

En Belgique – Square du Val de la Cambre 2, 1050 Bruxelles – ☎ 02 640 68 10.

En Suisse – Kirchstrasse 56, 3097 Liebefeld – ☎ 0319 70 30 30.

Ambassades et consulats à Bangkok

France – 29 Thanon Sathorn Taï – ☎ 02 285 6104/7.

Canada – 15e étage, Abdulharim Place, 990 Thanon Rama IV, Bangkok – ☎ 02 636 0560.

Belgique – 44 Soï Phya Pipat, près de Thanon Silom, Bangkok 10500 – ☎ 02 236 0150.

Luxembourg – Consulat : Vanit Building 1126/1 New Phetchaburi Road Bangkok 10400 – ☎ 02 2558 661.

Suisse – 35 Wireless Road, G.P.O Box 821 Bangkok 1051 – ☎ 02 253 0156-60, 253 8160, 253 0158.

Comment s'y rendre

TOURS-OPÉRATEURS, AGENCES DE VOYAGES

Généralistes

Anyway – ☎ 08 25 84 84 33, 08 03 00 80 08 – 3615 Anyway – www.anyway.com

Dégriftour – ☎ 08 25 82 55 00 – 3615 Dégriftour – www.degriftour.com

Forum Voyages – 11 rue Auber, 75009 Paris – ☎ 01 42 66 43 43 – fax 01 42 68 00 81 – 3615 FV – forum.auber@wanadoo.fr

FRAM – 128 rue de Rivoli, 75001 Paris – ☎ 01 40 26 20 00 – fax 01 40 26 26 32 – www.fram.fr

Jet Tours – 38 avenue de l'Opéra, 75002 Paris – ☎ 01 47 42 06 92 – www.jet-tours.com

Kuoni – 40 rue de St-Pétersbourg, 75008 Paris – ☎ 01 42 823 04 02 – fax 01 42 80 44 69 – 3615 Kuoni.

Look Voyages – ☎ 08 03 31 36 13 – 3615 Look Voyages – www.look-voyages.fr

Nouvelles Frontières – 87 boulevard de Grenelle, 75015 Paris – www.nouvelles-frontieres.fr

Plus Voyages – 22 rue d'Astorg, 75008 Paris – ☎ 01 53 43 70 70, 08 03 80 37 47 – www.plusvoyages.com

Travelprice – ☎ 08 25 02 60 28 – www.travelprice.fr

Spécialistes de l'Asie

Ariane Tours – 5 square Dunois, 75005 Paris – ☎ 01 45 86 88 66 – fax 01 45 82 21 54 – www.arianetours.com

Asia – 1 rue Dante, 75005 Paris – ☎ 01 44 41 50 15 – fax 01 41 50 20 – 3615 Asia – www.asia.fr

La Maison de l'Indochine – 76 rue de Bonaparte, 75006 Paris – ☎ 01 40 51 95 15 – fax 01 46 33 73 04 – www.maisondelindochine.com

Voyageurs du Monde – 55 rue Ste-Anne, 75002 Paris – ☎ 01 42 86 16 88 – fax 01 42 86 17 88 – www.vdm.com

Voyages culturels

Arts et Vie – 39 rue des Favorites, 75015 Paris – ☎ 01 44 19 02 02 – fax 01 45 31 25 71 – artsvie.asso.fr

Clio – 27 rue du Hameau, 75015 Paris – ☎ 01 53 68 82 82 – fax 01 53 68 82 60 – www.clio.fr.

PAR AVION

Partout dans le monde, les compagnies aériennes proposent des **vols réguliers** ou même des **vols charters** à destination de l'aéroport international Don Muang de Bangkok. Les autres aéroports internationaux de Thaïlande sont à Phuket, Hat Yaï et Chiang Maï.
Air France, 119 avenue des Champs-Élysées, 75008 Paris – ☎ 0820 820 820 – fax 01 42 99 21 99 – www.airfrance.fr. Vol quotidien au départ de Paris (Roissy-Charles-de-Gaulle). Durée du vol : 11 à 12 h.
Thai Airways International, 23 avenue des Champs-Élysées, 75008 Paris – ☎ 01 44 20 70 15 – réservations 01 44 20 70 80. Un vol quotidien un jour sur deux à compter de janvier 2002. Durée du vol : Paris (Roissy-Charles-de-Gaulle)-Bangkok : 11 h.
Se renseigner également auprès des tours-opérateurs et agences de voyages.
Les passagers de vols internationaux transitant par l'**aéroport de Don Muang** ou les autres aéroports internationaux doivent régler une taxe d'aéroport au comptoir d'enregistrement avant de partir : 500 bahts.
Information : vols au départ : ☎ 02 535 1254, 02 535 1386. Vols à l'arrivée : ☎ 02 535 1149.

Transfert de l'aéroport à Bangkok – Se renseigner auprès du comptoir des Taxis publics pour les taxis officiels, arborant une plaque jaune et un panneau TAXI-METER. Les tarifs des différentes courses sont affichés à la station de taxis à titre d'information. Il y a aussi un comptoir des Taxis de l'aéroport, plus onéreux, et un service privé de limousines.
Une ligne de chemin de fer dessert Don Muang (45 mn de Bangkok). Tarifs de 5 à 70 bahts en fonction de la classe.
On peut prendre un car (ordinaire ou climatisé) au départ de l'arrêt sur Vibhavadi Rangsit Highway. Tarifs : 5,50 bahts (tous trajets) pour les cars ordinaires (nos 29, 59, 96) et de 8 à 18 bahts pour les cars climatisés (nos 4, 10, 13, 29). Cars climatisés privés : 70 bahts.

Circuler en Thaïlande

Par avion – De nombreuses compagnies desservent plusieurs destinations. Renseignements et réservations auprès des agences de voyages homologuées Thai Inter.
Thai Airways International, 485/2-3 Thanon Silom. ☎ 02 232 8000.
Bangkok Airways, Queen Sirikit National Convention Center, Zone C, 60 Thanon New Ratchadapisek, Klongtoey, Bangkok 10110. ☎ 02 229 3456-63.
PB Air, 17e étage, UBC Building, Thanon Sukhumvit, Sol 33. ☎ 02 261 0220-5.
Angel Air, 499/7 Thanon Vibhavadi Rangsit, Chatuchak. ☎ 02 535 6287/8.

Par la mer – Se renseigner auprès des agences de voyages sur les bateaux de croisière qui font la navette le long des côtes.

Par le train – Les Chemins de fer d'État thaïlandais proposent un excellent service de trains rapides et confortables sur les grandes lignes. Il y a quatre types de trains : Ordinaire (ORD), Rapide (RPD), Express (EXP) et Sprinter (SPR), avec trois classes. Éviter dans la mesure du possible la troisième classe. Il y a un service de réservations (Advance Booking) à la gare de Bangkok, ouvert de 8 h 30 à 16 h. ☎ 02 225 0300. Réserver au moins 90 jours à l'avance. Renseignements : info@srt.motc.go.th
Cartes de train valables pour 20 jours en 2e ou 3e classe : 750 bahts (enfants) à 3 000 bahts. ☎ 02 225 6964 (renseignements).
Les Chemins de fer d'État organisent des circuits économiques de 1 à 2 jours pour différentes destinations les samedis, dimanches et fêtes. ☎ 02 223 7010, 02 223 7020.
Il y a deux gares à Bangkok : Hua Lamphong pour la plupart des destinations, Thanon Rama IV, ☎ 02 223 4020 ; et la gare de Bangkok Noï Thonburi, qui dessert Kanchanaburi, ☎ 02 411 3102, 02 465 2017.

Par la route – La Thaïlande dispose d'un excellent réseau routier et d'un service d'autocars efficace couvrant tout le pays. Les cars climatisés sont plus confortables.
Gares routières du Nord et du Nord-Est : Thanon Phahonyothin et Thanon Kamphaeng Phet. ☎ 02 936 3660 (bus climatisés), 02 271 0101-5 (bus ordinaires).
Gare routière du Sud : Thanon Pinklao-Nakhon Chaïsri. ☎ 02 435 1199, 02 435 1200 (bus climatisés), 02 434 5538 (bus ordinaires).
Gare des cars de l'Est : Sukhumwit. ☎ 02 391 2504 (climatisés), 02 392 2521 (ordinaires).
Plan de route – Toute la Thaïlande (*voir page Sommaire*) est couverte par la **carte Michelin 965** (1/1 370 000 – 1cm = 13,70 km) et l'**Atlas routier Michelin Thaïlande** (1/1 000 000 – 1 cm = 10 km), qui indiquent, en plus des renseignements détaillés sur les routes, les centres d'intérêt comme plages, baignades, golfs, champs de courses, routes touristiques, parcs nationaux, etc.

Conduite automobile – On conduit **à gauche** en Thaïlande. Circuler en voiture à Bangkok est déconseillé du fait de la densité du trafic.
En dehors de Bangkok, il est fortement recommandé de louer une voiture ou un minibus avec chauffeur, car les conditions de route et les habitudes de conduite sont imprévisibles : bus et poids lourds fonçant sur l'autoroute, risques innombrables de rencontrer sur la route enfants en train de jouer, piétons, motos, tracteurs, animaux, véhicules non éclairés... Les panneaux routiers sont en thaï et en anglais, et les signaux sont à quelques exceptions près conformes aux normes internationales.
Les limitations de vitesse sont de 60 km/h dans les agglomérations et 120 km/h sur les routes, mais sont assez peu respectées.
Pour louer une voiture, s'adresser aux agences de location connues. Pour réserver une voiture de l'étranger, contacter :
Avis, 2/12 Thanon Wittayu – ☎ 02 254 6716 – réservation 02 252 1131/2 – fax 02 254 6718/9. Aéroport de Don Müang – ☎ 02 535 4031/2 – fax 02 535 4055 – www.avisthailand.com
Hertz, 420 Soï Sukhumvit – ☎ 02 711 0574/8 – fax 02 381 4572. Aéroport de Don Muang – ☎ 02 535 3004/5.
Budget, 19/23 Building A, Royal City Avenue, Thanon New Petchburi – ☎ 02 203 0225 et 0250 – fax 02 203 0249 – www.budget.co.th
Les tarifs comprennent l'assurance, mais le dépôt de garantie est très élevé, sauf si on réserve avec une carte de crédit. Permis de conduire international en cours de validité indispensable. Vérifier l'état général du véhicule et la couverture de l'assurance. La climatisation est recommandée.

Motos – On trouve des agences de location dans les grandes villes et stations de vacances. La moto est un moyen pratique de visiter la campagne et les endroits reculés. Vérifier néanmoins au préalable l'état de la machine et la couverture de l'assurance.

Tuk-tuk

Le port du casque est obligatoire, mais cette règle est souvent ignorée en dehors de Bangkok. Se montrer très prudent sur la route.

Auto-stop – Ce n'est pas une pratique courante en Thaïlande.

Transports locaux – Les prix doivent en toutes circonstances être débattus à l'avance, sauf si l'on prend un taxi avec compteur.

Le *hang yao*, « bateau à longue queue » rapide et bruyant, est le moyen de transport le plus courant sur les canaux.

Dans les bourgades rurales, le *song tao*, pick-up équipé de deux bancs, suit un parcours déterminé et pratique des tarifs fixes. Il est souvent possible de faire appel à lui pour des excursions.

Le moto-taxi est le moyen le plus rapide de circuler, mais se pose la question de la sécurité. On trouve d'habitude les motards aux carrefours, en maillots de couleur. Ils sont souvent de précieuses sources d'informations locales.

Présent dans toutes les villes, le *samlor* est une sorte de tricycle. À Bangkok et dans d'autres grandes villes, le *tuk-tuk* en est une version motorisée du genre scooter.

La bicyclette est un moyen agréable et sûr de visiter des villes comme Chiang Maï et Chiang Raï.

On peut aussi trouver des taxis dans quelques villes. Certains possèdent des compteurs et la climatisation.

Hébergement

Grandes villes et stations touristiques de la côte et de l'intérieur offrent un vaste éventail d'hébergement, de l'hôtel de luxe à la pension rustique.

Pour choisir un hébergement, se reporter aux pages bleues des chapitres villes et curiosités concernés, et consulter les répertoires d'adresses – hôtels, pensions, locations – sélectionnées pour satisfaire tous les goûts.

La carte des pages 14 à 17 indique des localités où passer la nuit.

L'Office du tourisme de Thaïlande (TAT) publie des répertoires actualisés des lieux d'hébergement et des tarifs disponibles dans les offices du tourisme locaux : hôtels de luxe, chambres d'hôte, bungalows, simples hôtels de style chinois, paillotes sur les plages...

L'Association des hôtels thaïs, avec ses comptoirs de l'aéroport de Don Muang à Bangkok et d'autres aéroports de province, propose des réservations pour les hôtels affiliés.

Les grands hôtels proposent des services de poste, téléphone et fax.

Auberges de jeunesse – Elles disposent d'hébergements simples et bon marché, et accueillent voyageurs de tous âges, y compris en famille. Il est recommandé de réserver. Mettre ses objets personnels sous bonne garde.

Bangkok	YMCA (hommes), 27 Thanon Sathorn Taï, ☎ 02 287 2727.
	YWCA (femmes), 13 Thanon Sathorn Taï, ☎ 02 286 1936.
Chiang Maï	YMCA International House, Thanon Mengraï- Rasami,
	☎ 053 221 819.
Chiang Raï	YMCA International House, 70 Thanon Phahonyothin,
	☎ 053 713 785/6, 053 714 336.

Renseignements divers

Argent – L'unité monétaire est le **baht**, divisé en 100 satang. Il y a des pièces jaunes de 25 et 50 satang, des pièces blanches de 1 et 5 bahts, et d'autres de 10 (blanc et jaune). Les billets de banque valent 10 (marron), 20 (verts), 50 (bleus), 100 (rouges), 500 (mauves) et 1 000 bahts (kaki). Des pièces de monnaie et des billets de formats différents sont en circulation, ce qui peut prêter à confusion.
Un **euro** vaut approximativement **40 bahts** (soit 1 baht = 0,025 euro).

Cartes de crédit – Les grandes cartes de crédit internationales, Visa, Mastercard, American Express, Diners, sont très généralement acceptées, mais l'argent liquide est préférable pour marchander. Les touristes doivent être informés des risques de fraude ; vérifier que les montants sont équivalents sur les deux talons du reçu et détruire le carbone. En payant par carte, s'assurer qu'aucun supplément n'est ajouté au montant de la marchandise. En cas contraire, contacter la société de la carte de crédit.

Change – Les banques et les bureaux de change agréés changeront sans difficultés les traveller's chèques en dollars US. Il vaut mieux changer les chèques en autres devises à Bangkok, où on trouve les meilleurs taux. De nombreux hôtels proposent un service de change, mais les taux y sont généralement moins avantageux.

Banques – La plupart des banques thaïes possèdent des agences dans tout le pays pour toutes les transactions courantes. Elles peuvent aussi organiser des transferts d'argent de l'étranger. Les heures d'ouverture sont 9 h 30 à 15 h 30 du lundi au vendredi, elles seront fermées samedi, dimanche et jours fériés. Certaines banques des régions touristiques disposent également de bureaux de change ouverts toute la semaine de 7 h à 21 h.

Poste – En dehors de Bangkok, la plupart des bureaux de poste ouvrent du lundi au vendredi, de 8 h 30 à 16 h 30. Seuls les plus importants ouvrent le samedi, de 8 h 30 à 12 h. Dans la plupart des villes on trouve aussi des services de fax.

Téléphone – Dans les secteurs touristiques, on peut appeler directement la plupart des pays à partir des cabines téléphoniques. Dans les endroits reculés, il vaut mieux utiliser le service de téléphone international des bureaux de poste. Pour l'international, composer 001, suivi du code du pays et du numéro. Pour un appel local, composer simplement le code régional et le numéro.
On peut acheter des cartes (SIM Card) pour téléphones portables (GSM 900 Mhz et PCM 1800 Mhz). Renseignements 24 h/24 : Advanced Info-Service Public Co Ltd. 1291/1 Shinawatra Tower, 2 Thanon Phahonyotin, Bangkok 10400 ; ☎ 662 271 9000 ; callcenter@ais900.com

Internet – Les grands hôtels proposent ce service.

Appareils électriques – La distribution est en 220 V 50 Hz. Nombreuses prises différentes : adaptateurs recommandés.

Pharmacies – Repérables à leur croix verte, on trouve de nombreuses pharmacies dans les zones touristiques. Elles vendent presque tous les médicaments couramment utilisés en Occident. Pour éviter des erreurs, ou si on recherche une marque spécifique, emporter l'emballage d'origine ou vérifier la disponibilité du produit auprès de la filiale à Bangkok de la société pharmaceutique concernée (*voir Pages Jaunes*).

Achats – De nombreux magasins ouvrent 12 heures par jour, toute la

Soieries thaïes

semaine. La Thaïlande est le paradis des consommateurs. Bangkok, Chiang Maï et Pattaya sont les meilleurs centres de commerce, avec leurs marchés et boutiques incroyables. Chaque région produit des spécialités artisanales. Le marchandage est une pratique habituelle, et on peut faire baisser les prix jusqu'à 30 %. Les rapports courtois sont appréciés.

Certains voyageurs arrivent avec très peu de bagages, sachant que le prêt-à-porter et les vêtements sur mesure peuvent se trouver à des prix compétitifs sur les marchés et dans les magasins de tout le pays. Pour le sur-mesure, prévoir au moins un essayage. Les soieries thaïlandaises, cotonnades colorées et objets d'artisanat populaire, broderies, poupées, bijoux en argent, sont des souvenirs typiques. Les objets en argent, bronze et étain sont d'excellente qualité. Bijoux et pierres précieuses ne doivent être achetés qu'à des négociants ayant pignon sur rue. Les articles et bagages en cuir sont d'un bon rapport qualité-prix. On peut également se laisser tenter par les beaux bois sculptés, laques, objets en nacre, cloisonnés et niellés. Les négociants sauront organiser l'expédition de mobilier en rotin et en bois.

Une licence d'exportation est exigée pour les statues du Bouddha et les objets d'art, y compris les reproductions (*voir Douanes, p. 21*). Pour les antiquités, des certificats d'authenticité peuvent être obtenus auprès du département des Beaux-Arts à Bangkok ou de ses divisions régionales.

Pour récupérer la TVA sur des marchandises achetées en Thaïlande (dans les 60 jours qui suivent la sortie du pays) demander au vendeur de remplir le formulaire P.P.10 (achats de 2 000 bahts et plus, TVA comprise, quelle que soit la date). On ne récupère la TVA qu'à partir d'un montant total minimum de 5 000 bahts TTC. L'imprimé est à présenter à la douane accompagné des factures et marchandises correspondantes. Compter un temps d'attente.

Il est facile d'acheter hors taxes à Bangkok : Thailand Duty Free Shops Co, 7ᵉ étage, World Trade Centre, 4 Thanon Ratchadamri, Patumwan, Bangkok 10330. ☎ 02 252 3407. On trouve aussi des comptoirs hors taxes à l'hôtel Imperial Queen's Park et au River City Complex de Bangkok, au Samphran Park de Nakhon Pathom et à l'Alcazar de Pattaya. Les achats sont livrés à l'aéroport.

Police touristique

Une unité spéciale avec des policiers parlant anglais est à la disposition des touristes. On peut la contacter en composant le 1155. Dans les grandes zones de tourisme, la police touristique est reliée aux bureaux TAT.

Central de la Police touristique : Unicohouse Building, Soï Lang Suan, Thanon Ploenchit, Bangkok – ☎ 02 652 1721/6.

Numéros utiles : Ayuthaya ☎ 035 242 352, 241 446 ; Bangkok ☎ 1155, 02 281 5051 ; Chiang Maï ☎ 053 248 130, 242 966 ; Chiang Raï ☎ 053 717 779/796 ; Kanchanaburi ☎ 034 512 668/795 ; Pattaya ☎ 038 425 937, 429 371 ; Phuket ☎ 076 217 517, 225 361 ; Songkhla : 074 246 733.

Adresses utiles

Centre pour la protection des droits de l'enfance (CPCR) : 185/16 Soï Watdidued, Charansanitwongse 12, Bangkok Yaï – ☎ 02 412 1196 et 0739.

Brigade de la police criminelle : 509 Thanon Worachak – ☎ 02 221 6206. Secours : 195.

Hôpital général de Bangkok : 2 Soï Soonvijai (Soï 7), Thanon Phetchaburi, Bangkok – ☎ 02 318 0066/3000. Accueil 24 h sur 24.

Dispensaire britannique : 109 Sukhumwit – ☎ 02 252 8056.

Contrefaçon – Les voyageurs doivent savoir que vêtements et montres arborant des grandes marques connues sont des copies. Au retour dans leur pays d'origine, les voyageurs s'exposent à se voir confisquer leurs achats et à devoir payer en plus d'une amende de lourdes taxes pouvant aller jusqu'à deux fois le prix réel de la marchandise. Les touristes doivent aussi éviter d'acheter de l'ivoire ou des objets dérivés d'espèces protégées, peaux de crocodile, papillons...

Pourboires – L'usage veut que l'on laisse un pourboire aux porteurs et au personnel des hôtels, et 10-15 % de la note dans les restaurants.

Tabac – Il est interdit de fumer dans les cinémas et autobus sous peine d'amende.

Recommandations

Santé – Bien qu'il n'y ait pas de vaccinations obligatoires, il est bon de solliciter un avis médical sur les vaccinations contre tétanos, poliomyélite et hépatite A. Les personnes voyageant en milieu rural seraient bien avisées de prendre des comprimés préventifs contre la malaria et de se faire vacciner contre l'encéphalite japonaise. La nuit, il vaut mieux porter des vêtements couvrants (chemises à longues manches et pantalons longs) pour éviter les piqûres des moustiques, qui sont actifs du crépuscule à l'aube. Spirales anti-moustiques, répulsifs électriques ou autres et moustiquaires sont d'utiles précautions.

Il est nécessaire de se munir d'une bonne trousse de secours (antalgiques, pommade antiseptique, médicaments contre les troubles intestinaux et le mal des transports, crème solaire à haut indice de protection).

Ménager un temps d'acclimatation à la vie tropicale, car chaleur et déshydratation peuvent occasionner des difficultés. Éviter de trop se dépenser par grande chaleur et de trop s'exposer au soleil. Boire beaucoup d'eau et consommer du sel pour compenser la déperdition d'eau. L'eau du robinet n'est pas recommandée, même pour se brosser les dents : on trouve partout de l'eau en bouteille.

Éviter fruits coupés et légumes crus vendus aux étals le long des routes. Les aliments chauds fraîchement préparés ne présentent pas de risques.

Arrêter la climatisation la nuit pour éviter les refroidissements.

Dans la plupart des centres touristiques, les services médicaux sont de bonne qualité. Médecins et hôpitaux sont répertoriés dans les Pages Jaunes. En cas d'urgence, le personnel des hôtels et les offices de tourisme locaux seront de bon conseil.

Tourisme sexuel – La prostitution et les salons de massage sont des réalités sociales qui pourront gêner certains touristes. Il faut savoir que les risques de transmission du SIDA et autres MST sont réels : le préservatif est indispensable.

Avoir des rapports sexuels avec un enfant est un crime. Les personnes incriminées s'exposent à des poursuites dans leur pays d'origine.

Stupéfiants – La possession ou le trafic de drogue sont des délits graves passibles de longues peines d'emprisonnement. Les dealers ont la réputation de dénoncer leurs clients étrangers à la police. N'acceptez jamais de faire sortir des paquets du pays pour qui que ce soit, *a fortiori* des connaissances de fraîche date.

Sécurité – La Thaïlande est réputée pour la sécurité qui entoure ses visiteurs ; néanmoins des précautions particulières sont nécessaires dans les zones frontalières plus sensibles. Pour déjouer la petite délinquance, bon sens et vigilance sont de règle. Fermer à clef sa chambre d'hôtel ; garder avec soi les objets de valeur, ou les déposer dans le coffre de la chambre ou de l'hôtel. Pour éviter les risques d'escroquerie ou de vol, se méfier des individus qui annoncent des affaires mirobolantes, notamment pour les pierres précieuses, et des étrangers qui proposent des lieux de distraction hors des sentiers battus.

Comportement – Le peuple thaï vénère la famille royale. Les visiteurs se doivent de respecter les portraits et tous les autres symboles de la royauté, y compris l'hymne national.

Les statues du Bouddha sont sacrées, même à l'état de ruines. Ne jamais escalader les statues ou les monuments religieux pour prendre des photos.

Revêtir une tenue appropriée pour la visite des sanctuaires religieux. Shorts et épaules nues sont à proscrire. On doit toujours ôter ses chaussures avant de pénétrer dans une maison thaïe, un temple bouddhiste ou une mosquée.

Les femmes ne doivent pas toucher les moines bouddhistes, ni leur tendre directement un objet.

Petit lexique

Certaines expressions changent suivant que la personne qui parle est un homme ou une femme.

Bonjour ! Au revoir ! (au sens de Salut !) : *Sawatdi kap* (homme)
Sawatdi kha (femme)
Oui : *Kap* (homme) *kha* (femme)
Non : *Maï*
Merci : *Kop khun kap* (homme) *Kop khun kha* (femme)
Combien ? : *Taorai ?*
Où se trouve le ... ? : *yu tinnaï ?*
Je ne comprends pas : *Maï khao chaï*
Pardon : *Ko thot*

Ne jamais donner de tape affectueuse dans le dos ou sur la tête d'un Thaï, ni pointer le pied en direction d'une personne ou d'un objet.

Les Thaïs se montrent très respectueux envers les personnes âgées et les représentants de l'ordre. Garder la tête froide et le sens de l'humour donnera de meilleurs résultats que la brusquerie ou la colère. Les couples doivent éviter les démonstrations sentimentales en public.

Langue – Le thaï est la langue officielle, mais dans la plupart des magasins, hôtels et restaurants des régions touristiques, il y a du personnel qui parle anglais. Les habitants font preuve de beaucoup de bonne volonté et un sourire et le langage des signes pourront résoudre de nombreuses situations. Les visiteurs trouveront utile aussi de se faire écrire en thaï ce qu'ils désirent.

Distractions

Les journaux thaïs en langue anglaise publient chaque jour le programme des manifestations culturelles, danse thaïe et spectacles de marionnettes, concerts, expositions, cinémas. Des publications hebdomadaires gratuites à l'attention des touristes comme *Dîners et Spectacles à Bangkok*, *Cette semaine*, *Explorer Pattaya*, etc. donnent des renseignements intéressants sur les restaurants et la vie nocturne.

Théâtre – À Bangkok, les lieux de spectacle principaux sont le Théâtre national, le Centre culturel de la Thaïlande (Thanon Ratchadapisek), l'Auditorium de l'Alliance française (Thanon Sathorn Taï), l'Auditorium de l'AVA Language Centre (Thanon Ratchadamri), le Centre du British Council (Siam Square), le Goethe Institut (Soï Attakarnprasit, prenant dans Thanon Sathorn Taï).
À Chiang Maï : le Théâtre national, le Centre culturel du vieux Chiang Maï, sur Thanon Wualaï, et le Centre des arts du spectacle KAD.

Vie nocturne – On trouve bars, cabarets, clubs de jazz, night-clubs et discothèques pour tous les goûts, ainsi que des clubs karaoké, très populaires. La plupart sont des lieux très fréquentables, avec musique assourdissante et cuisine délicieuse. Certains quartiers de Bangkok, Pattaya et Phuket sont réputés pour leurs spectacles licencieux.

Boxe thaïlandaise – Les règles de ce sport traditionnel autorisent les boxeurs à se servir de leurs pieds, jambes, coudes, épaules et poings pour vaincre leur adversaire. À Bangkok, les combats ont lieu au stade Ratchadamnoen (lundi, mercredi, jeudi et dimanche) et au stade Lumphini (mardi, vendredi, samedi).

Loisirs

Avec sa géographie diversifiée, la Thaïlande est un cadre idéal pour tout un éventail d'activités de loisirs.

Golf – Ce sport très apprécié peut se pratiquer toute l'année. Les grands terrains de golf, dont beaucoup sont de niveau international, se situent autour de Bangkok, Pattaya, Hua Hin, Nakhon Pathom, Chonburi, Phuket et Chiang Maï.

Randonnée – La randonnée est aussi une activité populaire, pour explorer les régions de montagne éloignées du Nord, vivre des plaisirs simples, et visiter des villages de tribus. Les circuits comprennent généralement une nuit dans une modeste hutte de village. Le visiteur se voit souvent offrir de l'opium, mais il n'est pas recommandé de l'accepter, car les effets secondaires combinés à l'altitude et aux efforts soutenus exigés par la randonnée peuvent être dangereux. Les Offices du tourisme de Chiang Maï et Chiang Raï proposent des listes d'agences recommandées et de tarifs indicatifs. Déposer auparavant les objets de valeur dans un coffre à la banque. S'assurer que le guide parle la langue de la tribu. Contacter la Trekking Collective Company, 25/1 Thanon Ratchawithi, Chiang Maï 50200. ☎/fax 053 419 080.

L'impact sur les tribus montagnardes des visites d'étrangers est un sujet controversé. Certaines règles de comportement sont à respecter de façon à n'offenser personne. S'habiller correctement ; demander l'autorisation avant d'entrer dans une habitation ou de prendre quelqu'un en photo ; éviter de marcher sur les seuils de maison, de toucher ou de photographier les sanctuaires des esprits ; offrir aux enfants des petits cadeaux appropriés : crayons et papier sont préférables aux bonbons.

Raft – Cette activité sportive est souvent associée aux circuits de randonnée quand on visite le Nord. Pour des raisons écologiques, on trouvera plus souvent des rafts pneumatiques que des embarcations de bambou. Les Offices du tourisme de Chiang Maï et Chiang Raï distribuent des listes d'organisateurs sérieux. Gilets et casques de sécurité indispensables.

Kayak de mer – Cette activité très sportive permet d'explorer les îlots calcaires et les grottes marines de la mer d'Andaman et du golfe de Thaïlande. Contacter : Sea Canoe Thailand Co., 367/4 Thanon Yaowarat, Phuket, 83000 Thaïlande. ☎ 076 212 252 – fax 076 212 172.

Pêche en haute mer – Les mers de Thaïlande regorgent de grands poissons, marlin, voilier, barracuda. Les centres principaux pour la pêche au gros sont Pattaya, Phuket, Chumphon et Ko Samui.

Voile – Les passionnés trouveront d'excellents équipements dans toutes les stations du littoral. La baie abritée d'Ao Phang Nga, et ses spectaculaires îles calcaires jouissent d'une mer calme toute l'année. Phuket est un centre de yachting, et des régates s'y déroulent début décembre. On trouve Hobbie Cats, Lasers et Prindles à Hua Hin et Phuket.

Plongée sous-marine/Exploration avec masque et tuba – Parcs nationaux marins, îles tropicales et baies abritées de la côte offrent leurs eaux limpides, récifs de coraux, épaves et la vie sous-marine tropicale, certains de ravir les amateurs tout au long de l'année, soit côté golfe de Thaïlande, soit côté mer d'Andaman, selon la saison. La plupart des stations ont des moniteurs confirmés.

Planche à voile – Ce sport populaire peut se pratiquer dans toutes les stations. Le climat tropical et les grandes surfaces d'eau limpide sont idéaux pour planchistes débutants et confirmés. Le plus grand centre de planche à voile se trouve à Hat Jomtien, à Pattaya.

Sports mécaniques – Des courses locales et internationales d'automobiles et de motos ont lieu régulièrement à Pattaya sur le circuit international de Bira, long de 2,4 km.

Kart – Il y a des circuits à Chiang Maï, Pattaya, Phuket et Ko Samui.

Parcs nationaux – Ce sont de grandes réserves naturelles, qui abritent de merveilleux paysages et une faune abondante. Havres de paix idylliques, ils présentent un éventail de spectacles naturels, grottes, cascades, et sentiers de randonnée. Certains parcs proposent des hébergements sommaires. On peut y ajouter environ 50 réserves naturelles. Contacter National Parks Division, Royal Forestry Department, Reservations Department, Thanon Phahonyothin, Bangkok. ☎ 02 579 7223, 02 579 5734.

Les parcs nationaux les plus connus sont :

Parc national de Khao Yaï (à 200 km au Nord-Est de Bangkok)
Parc national du Doï Inthanon (province de Chiang Maï)
Ko Samet (province de Rayong)
Parcs nationaux d'Erawan et Chaloem Ratanakosin (province de Kanchanaburi)
Parc national de Sam Roi Yot (province de Prachuap Khiri Khan)
Parc ornithologique de Khu Khut (province de Songkhla)
Parc national d'Ao Phangnga (province de Phangnga)
Parc national marin de Mu Ko Tarutao (province de Satun)
Parcs nationaux marins de Ko Samui et Mu Ko Ang Thong (province de Surat Thani)

Activités locales typiques

Méditation bouddhiste – Les temples consacrés à la méditation attirent un grand nombre de fidèles. Les centres importants de Bangkok se trouvent aux Wat Mahathat, Wat Pak Nam, Wat Chonprathan Rangsarit, Wat Phra Dharmakayaram et Wat Bowornivet, où un enseignement est dispensé en anglais.
Sont renommés aussi le Wat Suan Mokkha Phalaram, temple forestier couvrant 48 hectares à Chaïya, Surat Thani, le Wat Pa Nanachat et le Wat Nong Pa Phong d'Ubon Ratchathani.

Massages traditionnels – Séances et enseignement sont dispensés aux Wat Pho, Wat Mahathat et Wat Parinayok de Bangkok. Des massages traditionnels thaïs sont aussi proposés dans les centres de soins esthétiques des hôtels de bonne catégorie et les stations balnéaires.

Bibliographie

Ouvrages anciens (en bibliothèque) :

Voyage de Siam des pères jésuites, Guy Tachard, *(Paris 1688)*
Voyage de Siam, père Bouvet, *(Paris 1691)*
Du royaume de Siam, Simon de la Loubère, *(Paris 1691)*
Relation de l'ambassade de M. Le chevalier de Chaumont à la cour du roi de Siam, chevalier de Chaumont, *(Paris 1691)*
Journal du voyage de Siam, abbé de Choisy, Duchartre et Van Buggenhoudt, *(Paris 1930)*
Description du royaume thaï ou siam, Mgr Pellegoix, *(Paris 1854)*

Art

Étude sur la littérature siamoise, P. Schweisguth Maisonneuve, *(Paris 1951)*
La Sculpture en Thaïlande, Jean Boisselier, *(Office du Livre, Fribourg 1974)*
La Peinture en Thaïlande, Jean Boisselier, *(Office du Livre, Fribourg 1976)*
La Thaïlande des formes, Jean-Michel Beurdeley, *(SFL, 1979)*
Indochine, B. Ph. Groslier, Coll. L'Art dans le monde, *(Albin Michel, Paris 1984)*
Temples d'Or de Thaïlande, Santi Leksukhum, *(Imprimerie nationale, 2001)*

Bouddhisme

Présence du bouddhisme, sous la direction de René de Berval, *(Gallimard 1987)*
La Sagesse du Bouddha, Jean Boisselier, *(Coll. Découvertes, Gallimard, Paris 1993)*

Civilisation

Les États de l'Asie du Sud-Est, Paul Isoart, *(Economica, Paris 1978)*
L'Enjeu thaïlandais, Sylvia et Jean Cattori, *(l'Harmattan, Paris 1979)*
Un voyage vers l'Asie, Jean-Claude Guillebaud, *(Seuil, Paris 1979)*
La Thaïlande et ses populations, Michel Hoang, *(Éditions Complexe, Bruxelles 1981)*
Les Errants de la forêt thaïlandaise, les Akha, Frederic V. Grunfeld, *(Time-Life, Amsterdam 1982)*
Royaume de Siam, G. Manset, *(Aubier, Paris 1987)*
Le Bouddha derrière la palissade : un voyage à Bangkok, Cees Noteboom, *(Actes Sud 1989)*
Thaïlande, Guido Franco, *(Autrement, Paris 1990)*
Chasseur des ténèbres, E. Valli & D. Summers, *(Nathan, Paris 1990)*
Enfances thaïlandaises, P. Sudham, *(Fayard, Paris 1990)*
La Vie en Thaïlande, François Arnaud, *(Coll. La vie ailleurs, M.A. Éditions 1990)*
Thaïlande, les larmes du Bouddha, *(Autrement, Hors Série N° 43, Paris 1990)*

Récits – Romans

Rien que la terre, Paul Morand, *(Grasset, Paris 1926)*
Un gentleman en Asie, S. Maugham, *(Rocher, Paris 1980)*
Le Temple de l'aube, Y. Mishima, *(Gallimard, Paris 1980)*
La Ligne d'Ombre, Joseph Conrad, *(Gallimard, Paris 1987)*
Au Krungthep Plaza, P. Bowles, *(Le Livre de Poche, Paris 1987)*
Vous avez laissé vos graines de lotus dans le car, P. Bowles, *(Le Livre de Poche, Paris 1987)*
Le Pont de la rivière Kwaï, Pierre Boulle, *(Julliard, Paris 1952)*
Les Oiseaux de Bangkok, Manuel Vasquez Montalban, *(Seuil, 1987)*
Enfances thaïlandaises, Pira Sudham, *(Fayard 1990)*
Kampa, fils de l'Isan, Boontawee *(Fayard, Paris 1991)*
Pérégrination, Pinto, *(La Différence, Paris 1992)*
Le Faucon du Siam, Axel Aylwen, Anne Carrière, *(Hachette, Paris 1996)*
Lettres de Thaïlande, Botan, *(Esprit ouvert 2001)*

Le calendrier bouddhique date les événements à partir de la mort du Bouddha, qui aurait eu lieu en 543 avant J.-C. Pour situer une date de l'Ère bouddhique dans le calendrier occidental, il faut lui retirer 543 années. Par exemple, l'an 2540 de l'Ère bouddhique correspond à 1997.

Filmographie

Trois films, dont un relativement récent, sont notamment associés à la Thaïlande :

Le Roi et moi – Walter Lang 1956
Le Pont de la rivière Kwaï – David Lean 1957
La Plage – Danny Boyle 2000

Les spectaculaires paysages tropicaux et de montagnes de la Thaïlande ont servi de cadre exotique à de nombreux films célèbres :

L'Homme au pistolet d'or – G. Hamilton 1974
La Déchirure – R. Joffé 1984
Air America – R. Spottiswoode 1990
Good Morning Vietnam – B. Levinson 1987
Outrages – B. de Palma 1989
Entre ciel et terre – O. Stone 1993
Rambo III – P. McDonald 1988
Demain ne meurt jamais – R. Spottiswoode 1997

Le pont sur la rivière Kwaï

CAT'S COLLECTION

Calendrier
des manifestations

En Thaïlande, on utilise le calendrier occidental pour la vie quotidienne et les affaires, mais c'est le calendrier lunaire qui règle la vie rurale et la vie religieuse. Les bureaux du TAT renseignent sur les dates précises des fêtes religieuses. Les fêtes nationales sont fixes.

Février – jour de la pleine lune

Dans tout le pays — Makha Bucha, commémorant le Premier Sermon du Bouddha à ses disciples en 1250. Processions aux chandelles dans tous les temples.

Début février

Chiang Maï — Fête des fleurs – chars fleuris, expositions d'orchidées, concours de beauté.

Fin février-début mars

Bangkok, Phuket, Nakhon Sawan — Nouvel An chinois.

Mars

Yala — Concours de chants d'oiseaux de l'ASEAN.

Début avril

Pattaya — Fête – concours de beauté, chars, manifestations spéciales, feux d'artifice.

Mae Hong Son — Fête de Buat Luk Kaeo – ordination de jeunes novices shans.

12-15 avril

Dans tout le pays — Songkran – la fête de l'Eau, célébrant le Nouvel An thaï. Les célébrations de Chiang Mai (13-15 avril) sont renommées. Les participants se font doucher dans l'enthousiasme général.

Début mai

Bangkok — Cérémonie royale du Premier Sillon, présidée par Sa Majesté le roi à Sanam Luang, pour marquer le début du cycle de la culture du riz et assurer une récolte abondante.

Deuxième week-end de mai

Yasothon — Fête des fusées – des fusées géantes sont tirées pour assurer des pluies abondantes pendant la mousson.

Mai – jour de la pleine lune

Dans tout le pays — Visakha Bucha – la fête la plus sacrée du bouddhisme célèbre la naissance, l'Éveil et l'accession au nirvana du Bouddha.

Juin-septembre

Dans tout le pays — Fêtes des fruits à Rayong, Chanthaburi, Chachoengsao, Surat Thani.

Juillet

Ubon Ratchathani — Khao Phansa – début du Carême bouddhiste. Procession de bougies géantes artistement sculptées.

Octobre

Dans tout le pays — Ok Phansa et Thot Kathin. La fin des pluies amorce la période de Kathin, durant laquelle de nouvelles robes sont offertes aux moines.

Phuket — Fête végétarienne – défilés de fidèles en robes blanches et démonstrations d'ascèse.

Chonburi — Combats de buffles.

Nan, Nakhon Phanom, Phichit, Pathum Thani   Des courses de bateaux marquent la période de Kathin.

Dans tout le pays   Loï Krathong – La fête des Lumières. On dépose sur les cours d'eau de petits bateaux en feuilles de bananier ou de lotus ornés de bougies allumées, de bâtonnets d'encens et de fleurs. Spectacle magnifique à Sukhothaï et Chiang Maï.

Surin   Rassemblement des éléphants – démonstrations d'astuce, de force, de douceur et d'obéissance. Mises en scène de chasse à l'éléphant et de parades guerrières.

Nakhon Pathom   Pèlerinage au *chedi* Phra Pathom, le plus ancien *chedi* de Thaïlande. Fête du temple.

Kanchanaburi   Semaine du pont de la rivière Kwaï – Son et Lumière.

Mae Sariang   Fête des tournesols.

Bangkok   Anniversaire de SM le roi (5 décembre). Le 3, la Garde royale prête serment d'allégeance à Sa Majesté le roi Bhumibol au cours d'une cérémonie haute en couleur. Des festivités se déroulent le 5 dans toute la Thaïlande.

B. Davies

Fête des fusées

Ao Phangnga

Ph. Benet, R. Haizbochovo-MICHELIN

Introduction
au voyage

Physionomie du pays

La Thaïlande est située au cœur du Sud-Est asiatique. Elle est bordée au Nord par le Myanmar (Birmanie) et le Laos, à l'Est par le Cambodge (Kampuchéa), et au Sud par la Malaisie. La prédominance de la plaine, le climat tropical et les rivières abondantes en ont fait une des terres les plus fertiles du monde. Sa topographie a favorisé les migrations, qui ont eu un impact très important dans son histoire.

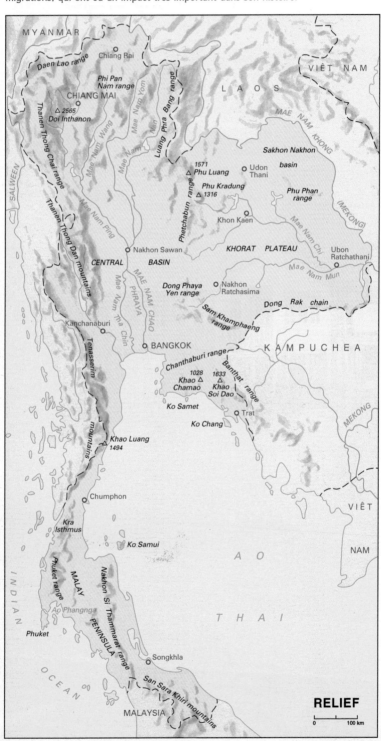

TOPOGRAPHIE

Vu d'avion, le paysage thaïlandais ressemble à un canevas, vaste et compliqué, de rizières entrecoupées de cours d'eau et de canaux s'étirant à l'infini. Une vision rapprochée permet cependant de noter des traits caractéristiques de chaque région.

Le centre se compose d'une vaste plaine coupée par les crêtes calcaires des vallées fluviales ; il comprend le bassin de la rivière Chao Phraya, appelé aussi bassin de la Mae Nam, et son delta fertile.

La région du Nord, voisine des frontières birmane et laotienne, est plus montagneuse, couverte de forêts et entaillée de vallées. Le Nord-Est se compose essentiellement du plateau aride de Khorat, qui s'étend en direction du Cambodge et du Laos.

La région du golfe de Thaïlande, au Sud-Est de Bangkok, qui s'étire en pointe à la frontière cambodgienne, est franchement tropicale, avec des plages de sable et des îles.

Le Sud est surtout connu pour ses plages frangées de palmiers et sa mer turquoise contrastant avec le relief des montagnes de l'intérieur.

La plaine centrale – Riche, verte, plate, la région centrale est l'une des terres les plus généreuses du monde. Elle produit jusqu'à trois récoltes de riz par an. Irrigué par la Chao Phraya, le bassin de la Mae Nam est formé d'un gigantesque delta couvrant au total 12 400 km². Délimité à l'Ouest par les sommets déchiquetés des Thanen Thong Dan, et à l'Est par les montagnes du Dong Phaya Yen, il abrite environ 30 % de la population. Les hommes y ont développé un mode de vie particulier, maisons sur pilotis au bord d'un réseau de canaux et communications par voies d'eau. Des barges transportant le riz et le sable descendent le cours de la rivière vers Bangkok.

La rivière la plus importante de Thaïlande, la **Chao Phraya** (352 km) se forme à Nakhon Sawan au confluent des rivières *(Mae Nam)* Ping, Yom et Nan. À partir de cette ville, elle coule vers le Sud, irriguant les fertiles plaines centrales avant de se jeter dans le golfe de Thaïlande. Appelé Mae Nam, « mère des eaux », elle est la ligne de vie symbolique et historique du pays, célébrée par les poètes et les rois.

Les conditions géographiques et géologiques favorables ont fait de cette région le berceau de trois capitales successives de la Thaïlande : Ayuthaya, Thonburi et Bangkok. À côté des innombrables villages et rizières, on y découvre toute une variété de paysages, allant du marché flottant de Damnoen Saduak aux plaines salées voisines de Samut Sakhon et, plus loin vers l'Ouest, à la forêt tropicale du Parc national de Saï Yok.

Au Sud du bassin de la Mae Nam, les sédiments transportés par la Chao Phraya ont modifié la topographie de la région. Bangkok se trouvait à l'origine sur l'embouchure de la rivière. Aujourd'hui, la ville est séparée du golfe de Thaïlande par une vaste zone sédimentaire, qui poursuit son avancée dans la mer. La marée remonte la rivière jusqu'à 30 km à l'intérieur des terres, et, pendant la saison des pluies, les terres basses sont menacées d'inondation malgré la construction de digues et de barrages.

À l'Ouest, la région de Kanchanaburi est un bassin hydrographique vital, pays de cascades spectaculaires, de grottes et de réserves forestières. Les rivières Khlong et Tha Chin en sont les cours d'eau principaux.

Le Nord montagneux – La région du Nord, amorce des contreforts de l'Himalaya, est la plus montagneuse : pays de vallées, de collines et de forêts, qui offre quelques-uns des paysages les plus grandioses du pays. Son point culminant est le **Doï Inthanon** (2 565 m), surplombant le canyon où la rivière Ping commence sa course. Les pluies variables et l'altitude plus élevée font que cette région est moins adaptée à la culture du riz que la plaine centrale, mais l'agriculture reste l'activité de base de la population, avec notamment la culture de fruits et légumes de climat tempéré. Autrefois couvert de

B. Davies

Rizières

Village de tribu montagnarde

forêts de tecks, de cèdres du Japon et d'arbres à feuilles persistantes, le Nord s'enorgueillit aujourd'hui de vastes réserves naturelles, en particulier les Parcs nationaux du
Doï Inthanon et de Lang Sang. La région présente aussi de grands contrastes sur le plan
ethnique : autour des districts de Chiang Maï, Chiang Raï et Mae Hong Son, environ
500 000 membres de tribus montagnardes vivent habituellement dans les zones les plus
élevées, pratiquant l'agriculture sur brûlis. Le long de la frontière orientale avec le Laos,
on trouve d'autres communautés montagnardes, comme les insaisissables Mrabris.
Sur le plan géologique, la région présente des reliefs calcaires et des abrupts vertigineux, surtout aux environs du Doï Inthanon et du village de Païe dans le district de Mae
Hong Son. De nombreux cours d'eau, Mékong, Nan, Yom, Ping et Wang, parcourent
ce paysage spectaculaire réputé pour ses cascades et ses grottes. Le sol fertile nourrit
des rhododendrons ainsi que près d'un millier de variétés d'orchidées.
Le **Mékong**, dit ici Mae Nam Khong, douzième fleuve du monde par sa longueur, pénètre
en Thaïlande à Chiang Sen, au centre du trop fameux Triangle d'Or, et ses eaux majestueuses constituent les frontières Nord et Nord-Est du pays, poursuivant leur cours
long de 4 022 km entre le Tibet et le delta du Mékong, au Vietnam. Un autre grand
cours d'eau, la **Saluen**, forme une partie de la frontière avec le Myanmar (Birmanie).
Pendant les mois frais, de novembre à janvier, les brumes matinales s'accrochent au
relief et les températures descendent jusqu'à 5°. Au centre de la région se trouve Chiang
Maï, capitale et nœud de communication majeur du Nord.

Le plateau de Khorat – Le Nord-Est est dominé par un vaste plateau qui s'élève à une
altitude moyenne de 200 m et descend doucement en direction de Sakhon Nakhon et
du bassin du Mékong. Entaillé par les affluents du Mékong (Mun, Chi) descendant de
la chaîne des **Petchabun**, il est délimité au Sud par les monts du **Dong Rak**, à la frontière
cambodgienne. Le Mékong constitue pour l'essentiel la frontière naturelle avec le Laos.
Cette région est la plus aride, la plus pauvre, et la moins visitée de Thaïlande. Son sol
est essentiellement composé de grès et de latérite. Cela le rend moins perméable et
moins apte à accueillir la rizière traditionnelle, en dépit de la construction d'innombrables
barrages, comme le gigantesque Ubonrat à Khon Kaen et Sirinthon près d'Ubon Ratchathani. Ce sont le manioc, le maïs, le tabac et les carottes qui se sont le mieux adaptés
au terrain. Pendant les mois d'été, les températures peuvent monter jusqu'à 40°.
Pendant la saison des pluies, certaines zones de la campagne sont sujettes à inondation.
La région du Nord-Est, qu'on appelle aussi **Isan**, est surtout émaillée de petits villages
qui n'ont guère changé à notre époque. Elle n'en possède pas moins des villes importantes comme Khorat, Khon Kaen et Udon Thani, où les Américains avaient établi des
bases aériennes pendant la guerre du Vietnam. La région a bénéficié de plans pour
l'amélioration de l'agriculture, des transports et des conditions générales de vie.
À l'extrême Nord-Est, les grands parcs nationaux, couverts de pins et d'arbres à feuilles
persistantes, et dominés par les sommets imposants du **Phu Kradung** (1 300 m), du **Phu
Luang** (1 571 m) et du **Phu Rua** (1 365 m), occupent des zones d'altitude. Au Nord et
à l'Est, là où le Mékong marque la frontière avec le Laos, la terre est plus fertile ; le
riche limon alluvial nourrit plantations de mûriers et jardins maraîchers.
Comme la population est en majorité d'origine khmère et lao, l'atmosphère culturelle
est très proche de celle du Laos et du Cambodge voisins. L'héritage khmer de la région
comprend des temples exceptionnels, Prasat Hin Phimaï, Prasat Hin Phanom Rung,
Prasat Müang Tham.

La région du golfe – Fruits tropicaux, poisson et rubis constituent l'essentiel de la richesse économique de cette région fertile cernée par le golfe de Thaïlande, le Nord-Est, et la frontière cambodgienne. Sans relief pour l'essentiel à l'Ouest, la vallée ondoie en suivant la chaîne des **Khao Soï Dao** (1 633 m) et descend en pointe vers Hat Lek au Sud. Là, les forêts de conifères et les montagnes granitiques s'allient pour créer les paysages grandioses du **Khao Chamao** (1 024 m) et de la cascade Nam Tok Phliu. Le port en eau profonde de Laem Chabang a attiré de nouvelles industries dans la région, qui est en plein essor économique.

Le long de la côte, on découvre d'innombrables petits villages de pêcheurs au creux d'anses étroites. D'autres villes, comme Bang Saen, Pattaya et Rayong sont devenues des destinations touristiques renommées. Entraînée par la prospérité économique, l'industrie du bâtiment a explosé, et les immeubles ont poussé comme des champignons le long de la côte.

Le secteur entourant Chanthaburi, au centre de la région, était réputé autrefois pour sa production de rubis et de saphirs, exploités dans des mines traditionnelles, à l'aide d'échelles et de gamelles. Aujourd'hui, les pierres précieuses viennent surtout en contrebande du Cambodge.

Sur les îles au large se trouvent quelques-uns des plus magnifiques parcs naturels du royaume : **Ko Chang**, avec ses 52 îles émaillant le golfe de Thaïlande, et, plus connu, **Ko Samet**, avec ses plages de sable blanc et sa mer turquoise.

La zone péninsulaire – Cette étroite partie de territoire en forme de trompe d'éléphant occupe une partie de la péninsule malaise. Elle compte environ 2 000 km de côtes bordées par le golfe de Thaïlande à l'Est et l'océan Indien à l'Ouest. Cette région est surtout connue pour ses plages vierges, ses îles idylliques et ses eaux turquoise.

L'intérieur des terres est formé par des montagnes escarpées qui s'élèvent jusqu'à 2 000 m. Le climat tropical allié à la richesse du sol rend cette région propice à la culture de l'hévéa et du palmier à huile, plutôt qu'à celle du riz. Le long de la côte on rencontre de nombreuses plantations de cocotiers. À Phuket, l'exploitation des mines d'étain était jusqu'à récemment le moteur essentiel de l'économie.

Vers l'Ouest, les monts **Tenasserim**, qui culminent au **Khao Luang** (1 494 m), forment une frontière naturelle avec le Myanmar. En descendant vers le Sud, l'**isthme de Kra** ne mesure que 22 km de large sur l'étroite bande de terre qui sépare les deux pays. La proposition par différents gouvernements d'y creuser un canal, qui réduirait d'un millier de kilomètres la route maritime entre l'océan Indien et le golfe de Thaïlande, ne demeure encore qu'un vague projet.

Les deux régions côtières du Sud présentent des différences saisissantes sur le plan géologique. Sur la côte Ouest, de magnifiques formations karstiques et des rochers vertigineux surgissent de la mer à **Ao Phangnga** et **Ao Phra Nang**. À l'Est, la mangrove, avec ses palétuviers, envahit presque tout le littoral, mais certaines zones ont été partiellement déboisées pour faire place à l'élevage de crevettes.

Les îles retirées de Ko Samul, Ko Phangan et Ko Tao se trouvent au large de la côte Est dans le golfe de Thaïlande. Côté Ouest, Phuket et Ko Phi Phi sont des villégiatures très fréquentées, ainsi que les archipels de Mu Ko Similan, Mu Ko Lanta et les parcs nationaux moins connus de Mu Ko Surin et Mu Ko Tarutao.

À l'extrémité Sud, au-delà de la ville de Hat Yaï, les monts San Sara Khiri qui s'élèvent jusqu'à 1 490 m séparent la Thaïlande de la Malaisie. Récemment encore, cette région montagneuse servait de refuge aux séparatistes musulmans. La paix est maintenant revenue. Les provinces du Sud, Satun, Yala, Pattani et Narathiwat, restent sous forte influence musulmane.

P. de Franqueville/MICHELIN

Ko Phi Phi

LE CLIMAT

Bien que les températures et la moyenne annuelle des précipitations puissent varier de façon notable du Nord, à Mae Sai, au Sud dans la péninsule malaise, toutes les régions de Thaïlande sont soumises à une alternance de saison tempérée et de saison des pluies. Au centre, au Nord et au Nord-Est, le climat est plus prévisible, avec une saison sèche, une saison chaude et une saison des pluies.
Au Sud, le climat varie moins d'un bout à l'autre de l'année, et la pluie peut tomber presque tous les mois.

Régions Nord, Nord-Est et Centre – Pendant la saison fraîche, qui va de novembre à février, la moyenne des températures est de 26° ; on constate des températures plus fraîches dans la région Nord, plus montagneuse, et autour de la province de Loeï au Nord-Est.
La saison chaude va de mars à mai, et les températures peuvent atteindre 40°, en particulier dans le Nord-Est.
Pendant la saison des pluies, de juin à octobre, l'humidité est toujours très forte, avec une moyenne des précipitations de 1 400 mm. Au Nord, la moyenne annuelle des précipitations est plus faible, et les plus grosses pluies tombent généralement en août et en septembre, derniers mois de la mousson.

Le Sud tropical – Dans la région Sud, il y a beaucoup moins de fluctuations météorologiques, mais températures et précipitations varient d'une côte à l'autre. De mai à octobre, la mousson du Sud-Est remonte de la mer d'Andaman et apporte de fortes pluies sur Phuket, Krabi, Ko Phi Phi et Phangnga. De novembre à février, la mousson du Nord-Est arrive du Cambodge, ses pluies et ses vents balayant Ko Samui, Ko Phangan et Ko Tao ; la mer peut être agitée. La moyenne annuelle des précipitations pour Phuket est de 2 500 mm.

FLORE ET FAUNE

La Thaïlande était autrefois un pays très boisé, riche d'une nature et d'une vie sauvage abondantes. La flore et la faune y sont encore aujourd'hui d'une extraordinaire variété, bien que l'étendue forestière ait été réduite par l'exploitation illégale, les emprises foncières et l'agriculture sur brûlis. On estime à 17 % environ la part du pays actuellement recouverte de forêt primitive : il y a à peu près 30 ans, ce chiffre était de 52 %. La nature tropicale thaïlandaise permet la survivance d'espèces rares, comme la chauve-souris Khun Kitti, la plus petite de son espèce, le chevrotain, et la perche grimpeuse appelée aussi Pla Maw. On estime également à plus de 5 000 les espèces de plantes et d'arbres présents dans le royaume.

Les forêts – Ce sont essentiellement des forêts d'arbres à feuilles persistantes, pins et cèdres du Japon, situées dans les parcs nationaux. Moins répandu, le chêne est aussi une des essences de la forêt thaïlandaise. Le teck, abondant autrefois dans les régions au Nord du pays, est devenu rare. L'eucalyptus est exploité à grande échelle dans des plantations commerciales, mais il appauvrit le sol de précieux éléments nutritifs. En 1989 a été décrété un embargo sur l'exploitation du bois dans tout le pays, afin de mettre fin à la déforestation. La forêt thaïlandaise, autrefois si riche, ne pourra être sauvée que par l'application stricte de l'embargo et par des programmes concertés de reboisement.
La forêt tropicale du Sud de la Thaïlande est un univers particulier, où règne une forte humidité qui favorise la croissance de la végétation et permet le développement de toutes sortes de plantes et d'animaux. Sous le couvert des grands arbres poussent des plantes à feuilles persistantes appartenant essentiellement à la famille des diptérocarpacées (arbres des régions tropicales donnant diverses huiles), puis, au niveau du sol, des fougères, buissons et arbustes. On trouve aussi de vastes mangroves qui fournissent un habitat adapté à de nombreuses espèces animales et végétales.

La flore – Il y a plus de 1 000 variétés d'**orchidées**, presque toutes renommées pour leur parfum subtil et leur élégance. Les zones de prédilection des orchidées sont dans le Nord, la région de Chiang Maï et la vallée de la Mae Sa, où l'on cultive ces fleurs exotiques pour l'exportation.
Azalées et rhododendrons prospèrent également sous le climat frais du Nord. De nombreuses espèces de bougainvillées et d'hibiscus fleurissent la campagne, en harmonie avec acacias, lotus, frangipaniers et jacarandas. Même à Bangkok, on estime à plus de 500 les différentes espèces de plantes et de buissons.

La faune – Jusqu'au début du 20ᵉ s., tigres, ours et éléphants habitaient en grand nombre les forêts de Thaïlande. De nos jours, ils se retrouvent pour la majeure partie dans les parcs nationaux et les réserves naturelles. Le nombre des éléphants, évalué à 20 000 il y a un siècle, est descendu à moins de 5 000 aujourd'hui. Sangliers, gibbons, écureuils volants, daims et papillons tropicaux sont restés encore nombreux. Ils peuplent les montagnes fortement boisées qui entourent Phetchaburi, ainsi que les vastes étendues de territoire protégé voisines de Um Phang et au long de la frontière, au Nord de Kanchanaburi.
Si on fait parfois la rencontre d'un tigre ou d'un ours dans ces régions forestières reculées, c'est autour de Khao Yaï qu'on admirera le plus d'oiseaux. Couroucous à gorge orangée ou tête rouge, barbus à moustaches et calaos y ont ensemble donné rendez-vous aux soui-mangas à gorge brune. Quant aux salanganes, dont les nids comestibles servent à faire une soupe chinoise hors de prix, elles vivent sur la côte

B. Davies

B. Davies

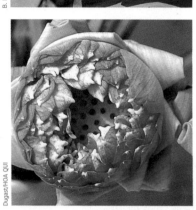

Dugast/HOA QUI

C. Pavart/HOA QUI

Dugast/HOA QUI

Garcin/PHOTONONSTOP

B. Degroise/PHOTONONSTOP

41

Sud-Ouest autour de l'île de Phi Phi et de Krabi. Dans le Parc national du Doï Inthanon, au Nord, on recherchera particulièrement la rare fauvette à gorge cendrée. Dicées à ventre orange, aigrettes et foulques violets sont plus répandus. Anges de mer, poissons-perroquets et raies mantas abondent dans la mer, en compagnie de poissons recherchés pour la pêche comme le barracuda, le marlin et le maquereau-bonite (wahoo). Dans les méandres du Mékong, au Nord et au Nord-Ouest, foisonne le *pla buk*, ou monstre du Mékong, un poisson-chat géant qui peut mesurer jusqu'à 3 m et peser jusqu'à 300 kg.

Les Parcs nationaux – Les 52 parcs nationaux de Thaïlande, dont le domaine comprend des îles retirées, de vastes territoires de forêt tropicale, des vallées couvertes de fleurs ou de spectaculaires cascades, ont été institués par ordonnance royale, pour préserver la vie sauvage et l'environnement, et prévenir la déforestation. Khao Yai, le plus ancien et le plus connu des parcs nationaux, attire comme un aimant amateurs d'oiseaux et promeneurs du week-end venus de Bangkok, qui s'égaillent le long de ses sentiers balisés. Populaires aussi, le paradis insulaire de Phi Phi Lé dans le Sud, l'île de Ko Samet, dans le golfe de Thaïlande, et les forêts de Kaeng Krachan près de la ville de Phetchaburi, au Sud. L'Office des Parcs nationaux est responsable de l'accès à l'ensemble des parcs et communique des informations récentes sur la flore et la faune locales. La plupart du temps, les parcs offrent la possibilité de belles randonnées. Certains proposent des hébergements pour la nuit ou des emplacements de camping. Des guides sont souvent disponibles, surtout pour la randonnée dans les régions reculées.

L'AGRICULTURE

L'agriculture est vitale pour le peuple thaï : 171 000 km², plus d'un tiers de la superficie du pays sont consacrés à la production agricole. Les exportations de produits agricoles, riz et tapioca compris, représentent environ 11 % du montant total des exportations. Bien que l'industrie et le tourisme contribuent maintenant pour une plus grande part au revenu national, c'est l'agriculture qui fournit de quoi vivre à la majorité rurale du pays.

Le riz – Plus de 80 % des Thaïlandais consomment du riz, tandis que presque la moitié de la population active s'investit dans sa production. Les rizières couvrent presque toute la plaine centrale, ainsi que des régions du Nord, du Nord-Est et du Sud. Les tribus de montagne pratiquent la culture du riz à flanc de montagne, produisant la variété appelée riz gluant. Rien d'étonnant à ce que la Thaïlande soit l'un des plus grands producteurs mondiaux, avec une production annuelle d'environ 20 millions de tonnes. En 1999-2000, le pays a exporté du riz, environ 7 millions de tonnes, en direction de pays aussi éloignés que la Russie, la Corée du Nord et le Sénégal. On récolte traditionnellement le riz deux fois l'an, mais on utilise aujourd'hui de nouvelles variétés qui offrent de meilleurs rendements avec trois récoltes par an dans certaines régions au centre du pays.

Le coprah – Le coprah est un dérivé de la noix de coco. On l'emploie dans la fabrication de l'huile de coco, de cosmétiques et de graisses. La Thaïlande en est l'un des plus importants producteurs mondiaux.

Le caoutchouc – Après la Malaisie et l'Indonésie, la Thaïlande se situe au troisième rang de la production mondiale de caoutchouc naturel, avec un revenu à l'exportation de 1 700 millions d'euros. Les plantations d'hévéas se trouvent surtout dans le Sud, notamment dans les provinces de Phuket, Surat Thani, Hat Yaï et Satun. L'exportation de latex séché rapporte 560 millions d'euros.

Un port de pêche

Autres productions – Dans certaines régions du Nord et du Nord-Est, on cultive le tabac, le maïs pour la consommation humaine et animale, la canne à sucre, les tomates et le coton. Près de Chiang Maï et autour de la vallée de la Mae Sa, on récolte aussi pommes, raisins et fraises. La Thaïlande produit plus de 1,5 million de tonnes de légumes par an. C'est aussi le premier exportateur mondial de manioc, utilisé surtout pour l'alimentation animale, précédant sa voisine l'Indonésie.

Techniques agricoles – Pendant des milliers d'années, le buffle a été une figure de la scène rurale au même titre que le paysan. Image traditionnelle, ces rudes bêtes de somme labouraient la terre gorgée d'eau, et après la moisson des tiges de riz dorées, préparaient la rizière pour la récolte suivante. Maintenant ces animaux qu'on voyait partout ont été remplacés par des tracteurs, des moissonneuses-batteuses et d'autres engins conçus pour augmenter le rendement et accroître la productivité. C'est seulement dans les régions les plus pauvres que le buffle continuera peut-être à faire partie du paysage des rizières.

Élevage – L'élevage de bétail, de buffles, de porcs et de volailles constitue une source de revenus importante pour les villageois, surtout dans le Nord-Est où le sol est trop pauvre pour la culture traditionnelle. Aujourd'hui, avec le nombre croissant de tracteurs, on élève des troupeaux de buffles pour la viande. L'industrie laitière est actuellement en développement.

La pêche – La Thaïlande est le plus grand exportateur mondial de thon en boîte. Le montant de ses exportations de conserves de produits de la mer s'est élevé en 2000 à 75 000 millions de dollars. C'est aussi un très grand producteur de crevettes, fraîches ou congelées : le montant des exportations dépasse les 5 % du marché mondial.

UNE ÉCONOMIE EN DÉVELOPPEMENT

En dépit de l'importance de l'agriculture en tant que source d'emploi et de revenus, c'est l'industrie qui est en train de faire de la Thaïlande une nouvelle puissance économique. Avec le tourisme, elle compose plus de 50 % des rentrées de devises. Elle a permis au pays d'enregistrer une des progressions les plus fortes du monde dans la dernière décennie, et de s'établir comme l'un des « dragons » de l'Asie. Le PIB a progressé de 4 % entre 1999 et 2000, contre 9 % par an entre 1986 et 1996. Alors que des nouvelles usines essaimaient dans tout le pays, produisant toutes sortes d'articles, textile, chaussures, matériel électronique et pièces automobiles, l'apport massif de capital étranger a aussi entraîné suréquipement, inefficacité, parfois une corruption flagrante. Le 1er juillet 1997, la Thaïlande a dévalué le baht, début d'un réajustement économique qui se poursuit à ce jour. Tous les secteurs économiques ont été touchés. Plus de 50 compagnies financières ont fermé, même les grandes banques ont dû être recapitalisées. La récession a entraîné une chute vertigineuse de la valeur des biens et une hausse rapide du chômage, contraignant les travailleurs à regagner leur campagne pour chercher du travail, ou simplement survivre.

Aide financière – Dans le cadre du programme de réajustement structurel de 17 milliards de dollars accordé à la Thaïlande par le Fonds monétaire international (FMI), le pays s'engage à réduire les dépenses de l'État, consolider sa structure financière, encourager l'exportation et privatiser les entreprises publiques. Les lignes directrices ont été à ce jour soigneusement suivies. Les réformes de structure permettent de poser les bases d'une nouvelle période de croissance stable. En 1999-2000, on a constaté des signes de reprise fragile ; les exportations ont progressé ; les secteurs public et privé s'efforcent d'améliorer la compétitivité du pays, facteur essentiel de son développement à moyen et long terme.

L'industrie – Électronique, textile et fabrication de pièces automobiles forment le noyau de la puissance industrielle thaïlandaise, rapportant environ 16 milliards d'euros chaque année à l'exportation. Attirées par le coût peu élevé de la main-d'œuvre, des multinationales géantes, comme Mitsubishi, Sony et Toyota ont installé leurs usines en Thaïlande. Des groupes européens de renom, tels Nestlé, ICI, Unilever et Michelin, sont aussi présents sur la scène des affaires. De nouveaux efforts sont en cours pour passer d'une industrie basée sur la main-d'œuvre à une industrie d'investissement, afin de rester concurrentiel face à des pays comme la Chine, l'Indonésie et le Vietnam.

Les ressources minières – On trouve surtout dans le Sud des réserves d'étain, de zinc et de spath-fluor, dont l'exportation a rapporté 1,5 milliard de francs en 1994. Autour de Chanthaburi, sur la côte Ouest, on extrait saphirs et rubis en petites quantités. La contrebande en importe plus encore, par les frontières du Myanmar (Birmanie) et du Kampuchéa, et leur commerce va bon train à Mae Sot et Chanthaburi.

Le textile – La Thaïlande est l'un des premiers producteurs mondiaux de soie ; elle est aussi en tête pour la production de vêtements de marque, exportés vers les centres de la mode de Londres et Paris. L'exportation des produits textiles a rapporté 6 milliards d'euros ; mais la concurrence devient rude dans la région.
On peut voir tisser la soie de manière traditionnelle dans le Nord et le Nord-Est, autour des villes de Chaiyaphum et Khon Kaen.

Le tourisme – Le tourisme est une véritable manne pour la Thaïlande. On estime à plus de 8 millions le nombre des touristes qui ont visité le pays en 2000. Ils ont dépensé des millions de dollars. Bangkok s'enorgueillit de posséder aujourd'hui quelques-uns des hôtels cinq étoiles les plus réputés d'Asie, tandis que Phuket, Ko Samui et Chiang

Maï disposent aussi d'une infrastructure touristique de classe internationale. Bien qu'il y ait une surabondance d'hôtels désolante à certains endroits, et que les problèmes de pollution s'aggravent, le gouvernement continue à voir dans le tourisme le premier fournisseur du pays en devises fortes.

LES COMMUNICATIONS

La Thaïlande possède un excellent réseau routier, composé de plus de 50 000 km de routes et d'autoroutes, desservant toutes les grandes régions. Les autoroutes principales relient Bangkok à Chiang Maï au Nord, Nong Khaï au Nord-Est, Pattaya sur le golfe de Thaïlande, et Hat Yaï au Sud. Les routes secondaires offrent plus de couleur locale pour une circulation moindre ; un grand programme de rénovation routière est en cours. Les touristes qui arrivent en Thaïlande passent généralement par l'aéroport international Don Muang de Bangkok. De là, les deux compagnies aériennes intérieures Thai International et Bangkok Airways desservent un réseau d'aéroports régionaux. Un nouvel aéroport est en construction à Samut Prakan, au Sud de Bangkok, pour faire face à la croissance du trafic aérien (la première tranche est prévue pour 2004). Les Chemins de fer d'État de Thaïlande possèdent trois lignes principales, totalisant 3 724 km de voie, qui relient Bangkok au Sud, au Nord et au Nord-Est, et dispensent un service efficace.

Population

Les habitants de la Thaïlande sont 62,3 millions (chiffres 2000), un peu plus nombreux que les Français. La densité moyenne est de 121 habitants au km², mais il y a d'importantes différences d'une région à l'autre. À Bangkok, la densité moyenne est de 3 580 habitants au km², alors que dans la province montagneuse de Mae Hong Son, au Nord, elle descend à moins de 20 habitants au km². D'après le dernier recensement, presque la moitié de la population a moins de 20 ans. L'espérance de vie moyenne des Thaïlandais est de 70 ans pour les hommes, 74 pour les femmes.
En dehors de Bangkok (5,6 millions d'habitants), il y a peu de grands centres urbains. Nakhon Ratchasima (Khorat) vient aujourd'hui au deuxième rang avec une population d'environ 420 000 âmes. Chiang Maï abrite autour de 250 000 habitants, Hat Yai 300 000. Ce petit nombre de grandes villes reflète la nature essentiellement rurale de la société thaïlandaise. Jusqu'à récemment, la plupart des gens préféraient vivre dans les villages, cultivant leurs champs et assurant la subsistance de familles étendues. L'avance rapide de l'industrialisation a bouleversé ce schéma. Chaque année plus d'un million de migrants saisonniers délaissaient la campagne pour les grandes villes, à la recherche de travail. Et chaque année, ils étaient de moins en moins nombreux à retourner au village. Mais la récession a renversé la tendance. Les travailleurs sont retournés par milliers dans leurs villages, qui se trouvent aujourd'hui en très grande difficulté, les salaires de la ville ne rentrant plus et l'emploi étant rare.
À la suite d'un programme réussi de planning familial engagé vers la fin des années 1960 et au début des années 1970, l'accroissement de la population est passé de 3 % à 1,5 %, faisant de la Thaïlande un exemple en matière de contrôle des naissances. Parmi les premières mesures, on a lancé dans les campagnes des programmes du genre « faites-vous vasectomiser, gagnez un cochon ». Dès le plus jeune âge, les enfants apprennent à l'école des chansons sur le contrôle des naissances. Plus récemment, le souci de prévention du SIDA a rendu l'éducation sexuelle accessible à toutes les couches de la population.

LA NATION THAÏE

La Thaïlande possède la caractéristique remarquable d'être le seul pays d'Asie du Sud-Est qui n'ait jamais été colonisé. Elle n'a pas non plus été divisée par la guerre civile ou perturbée par les conflits ethniques des contrées avoisinantes. Cette réussite apparaît dans le nom Thaïlande ou « Prathet Thai » qui signifie littéralement « Pays des hommes libres ».
Depuis 1932, date à laquelle la Thaïlande a adopté la monarchie constitutionnelle, la nation thaïe est gouvernée par un Premier ministre, un cabinet et une assemblée nationale s'appuyant sur un corps de fonctionnaires très bien formés. Le pays se divise actuellement en 76 provinces *(changwat)*, ayant chacune un gouverneur et une capitale provinciale. Le gouvernement provincial se subdivise en districts *(amphoe)*, communes *(tambon)*, et villages *(mu ban)* présidés par un chef de village.
Cependant les institutions démocratiques ont été partiellement éclipsées par l'ingérence militaire. Il y a eu 18 coups d'État ou tentatives de coups d'État depuis 1932, quand l'armée est intervenue lors de périodes de flottement. Jusqu'à récemment, le Premier ministre a presque toujours été un officier de haut rang.
L'adhésion au bouddhisme et la continuité de la monarchie ont été des facteurs de stabilité croissants pour la nation thaïe, lui conférant une unité rarement trouvée dans les autres pays d'Asie du Sud-Est.
En 1946, la Thaïlande est devenue membre des Nations Unies. Elle a également joué un rôle fondateur dans l'ANSEA, Association des nations du Sud-Est Asiatique, forum politique et économique de la région.

La monarchie – Les Thaïs vénèrent leur roi, et se montrent respectueux de la famille royale à un degré rarement rencontré dans d'autres pays. On trouve des photographies de la famille royale dans presque tous les foyers, dans chaque village. Critiquer la royauté est considéré comme un tabou. D'après la Constitution, le roi est le chef suprême de l'État, le chef religieux du pays et le chef suprême des armées. Bien que la fin de la monarchie absolue, en 1932, ait affaibli les pouvoirs directs du roi, son influence morale n'a pas diminué.

Le roi Bhumibol Adulyadej (Rama IX) est monté sur le trône en 1946. Des rois actuels, c'est celui qui a régné le plus longtemps. Vénéré surtout parce qu'il est proche de son peuple, il s'est rendu dans toutes les provinces pour rencontrer ses sujets. Il a mis en place des expériences agricoles sur le domaine de son palais de Bangkok, pour améliorer la qualité et le rendement des récoltes de son peuple. Pendant les émeutes de mai 1992, c'est le roi qui a demandé au Premier ministre Suchinda et aux contestataires d'aplanir leurs divergences, et qui a désamorcé une situation potentiellement explosive. Chaque année, le 5 décembre, a lieu la fête nationale de l'anniversaire du roi, et célébrations et processions se déroulent dans tout le pays.

Migrations – L'histoire longue et mouvementée de la Thaïlande, au carrefour de l'Asie du Sud-Est, a vu l'immigration incessante de populations des pays avoisinants. Plus de 85 % des habitants du pays se réclament de l'ethnie thaïe, mais on peut leur ajouter plus de cinq millions de Chinois, trois millions de Lao, et des Indiens, Birmans, Malais et Môns.

Le brassage des ethnies et une politique d'intégration ouverte ont conduit à une harmonie raciale plus grande qu'ailleurs dans la région. Pour la plupart, les groupes ethniques ont effectué des mariages croisés et adopté des noms thaïs. En majorité, ils se veulent d'abord citoyens thaïs.

Les Thaïs – 85 % de la population se disent d'origine siamoise, peuple qui serait originaire de la province du Yunnan en Chine du Sud. À partir du 10e s., ils ont commencé à descendre le long des rivières jusqu'à la Thaïlande d'aujourd'hui, s'installant d'abord au Lan Na dans le Nord, puis plus tard dans la plaine centrale. Depuis cette époque, les Thaïs ont assimilé de nombreuses autres ethnies, en particulier Môns, Khmers, Lao, Malais, Indiens, Persans, Shans et Chinois.

Au 19e et au début du 20e s., de nombreux **Chinois** se sont implantés le long des rivières principales et dans les villes côtières de Thaïlande pour faire le commerce des fourrures, du riz, de la soie et des épices. Aujourd'hui ils jouent un rôle important, voire disproportionné, dans certains secteurs essentiels de l'économie : l'or, la banque, la finance et le commerce. On trouve une majorité de Chinois dans le vieux centre marchand de Bangkok, autour de Thanon Yaowarat, mais ils forment aussi aujourd'hui une bonne part de la population de la majorité des grandes villes.

Il y a plus de **Lao** en Thaïlande qu'au Laos proprement dit. En tout, environ 4 millions d'entre eux y vivent, surtout dans le Nord-Est et le long des rives du Mékong. La plupart sont venus en Thaïlande au 19e s., quand le Siam régnait sur une partie du Laos. Ils continuent à parler leur langue, et gardent vivant le folklore de Vientiane autant que les légendes du Siam.

Le peuple **khmer** est présent en Thaïlande depuis le 8e s., époque où il occupait des régions du Nord-Est. On en trouve encore des groupes importants autour d'Aranyaprathet et au Nord-Est du pays, surtout dans les provinces de Buriram, Surin et Si Saket. Le long de la frontière, on trouve aussi plusieurs camps de réfugiés, bien que la guerre ait pris fin depuis de nombreuses années. On les encourage à regagner leurs villages au Cambodge.

L'ancienne culture des **Môns**, au centre de la Thaïlande et au Sud-Est de la Birmanie, remonte au 6e s. Aujourd'hui, des familles de Môns vivent encore autour de Nakhon Pathom et Sangkhlaburi. De nombreuses autres sont venues récemment du Myanmar (Birmanie), fuyant le régime militaire répressif.

Dans la région Sud habitent environ deux millions de **musulmans**, pour l'essentiel dans les provinces de Pattani, Yala et Narathiwat, près de la frontière de Malaisie. En majorité, ils sont d'origine malaise et parlent le malais autant que le thaï. Dans les années 1970-1980, un mouvement séparatiste a créé plusieurs incidents le long de la frontière. Aujourd'hui, le roi possède un palais dans la province de Narathiwat, et l'islam est largement toléré.

LES TRIBUS MONTAGNARDES

On les trouve dans la région Nord, dans les montagnes et les vallées qui longent la frontière avec le Myanmar et le Laos. On estime à 500 000 la population des tribus montagnardes, ou *chao doi*, répartis en six groupes : Akha, Hmong, Karen, Lahu, Lisu et Yao. Ces tribus, subdivisées elles-mêmes en nombreux sous-groupes, ont leurs propres croyances, leurs propres costumes, et parlent différentes langues ; elles vénèrent les esprits du vent et de la pluie.

Originaires surtout de la Chine du Sud et du Tibet, les tribus montagnardes sont, pour la plupart, arrivées assez récemment, ayant traversé la montagne au cours du siècle dernier. Seuls les Karens ont vécu là plus longtemps. La plupart des tribus choisissent de vivre au-dessus de 1 000 m, pratiquant la culture sur brûlis, la chasse et la cueillette, élevant des animaux domestiques, porcs et volailles. Dans le passé, elles se déplaçaient d'année en année à la recherche de sols plus fertiles, et abîmaient beaucoup l'environnement forestier et la montagne.

Récemment, le gouvernement a tenté d'intégrer ces populations tribales à la structure sociale thaïlandaise et de remplacer la culture du pavot et la technique du brûlis par d'autres formes de cultures. Pommes de terre, carottes, choux sont venus compléter la culture du

Meo

P De Wilde/HOA QUI

Yao

P De Wilde/HOA QUI

Akha

P De Wilde/HOA QUI

Karen

P De Wilde/HOA QUI

Padong

B. Davies

Lisu

P De Wilde/HOA QUI

46

riz. Des programmes spéciaux, impulsés par le roi et la reine mère récemment disparue, ont également encouragé les tribus des montagnes à faire le commerce de fruits et légumes de pays tempérés et à proposer dans les magasins des villes des objets artisanaux, en particulier des ornements en argent, des broderies et des tissus. Aujourd'hui, on construit aussi des écoles pour apprendre aux enfants ce qu'est la vie du pays. Les tribus ont aussi accès aux soins médicaux. Cette action a été critiquée parce qu'elle contribue à éroder leurs valeurs culturelles et crée un état de dépendance, mais le monde extérieur empiète de plus en plus sur leurs territoires, avec le nombre croissant de randonneurs sur les pistes. Le **Centre de recherches sur les tribus montagnardes** de l'université de Chiang Maï poursuit des travaux d'un grand intérêt sur ces cultures tribales et s'efforce d'aider les populations à préserver leurs traditions et leur identité dans un monde en évolution accélérée.

Les Hmongs (Méos) – Originaires de la Chine du Sud, les Hmongs, ou Méos, sont au nombre d'environ 70 000 et se regroupent essentiellement autour de Chiang Maï, Chiang Raï et Mae Hong Son. Ils vivent en général à une altitude assez élevée, entre 1 000 et 1 200 m, et cultivent le riz, le maïs et le pavot, pour l'opium. Ils vénèrent l'esprit du ciel et sont farouchement indépendants. Ils portent des costumes de couleur noire délicatement brodés de dessins géométriques, des colliers en argent et des coiffes sophistiquées incrustées d'ornements en argent. Les femmes sont d'excellentes brodeuses et tisserandes. Les hommes font des combattants hors pair, et ils ont participé à tous les conflits importants de la région.

Les Lisus – Il semblerait qu'ils proviennent de la Chine du Sud et du Myanmar. Ils sont environ 24 000, répartis sur neuf des provinces du Nord. Ils cultivent le riz, le maïs et le pavot, et vendent des animaux domestiques, porcs et bœufs. Ils sont souvent reconnaissables grâce à leur costume, ornements en argent et pectoral ouvragé constitué de pièces de monnaie. Les hommes sont en costume noir, avec un turban blanc. Les femmes portent des robes turquoise à manches rouges rayées, et des coiffes imposantes autour desquelles elles cousent des pompons multicolores.

Les Karens – C'est la plus nombreuse des tribus montagnardes, avec une population d'environ 235 000 personnes. Les Karens se concentrent en majorité le long de la frontière Ouest avec le Myanmar (ex-Birmanie). Ils cultivent le riz, élèvent des animaux domestiques et habitent des maisons sur pilotis. Ils vénèrent les vents et les pluies ; cependant, nombre d'entre eux ont adopté le bouddhisme ou le christianisme. Les femmes tissent une toile rugueuse dans des tons rouges et orangés, dont elles font des tuniques, souvent brodées et décorées de graines. La tradition veut que les jeunes filles karens portent de longues tuniques blanches, et les échangent contre des robes rouges à leur mariage. Les hommes sont passés maîtres dans le dressage des éléphants. De nombreux Karens du Myanmar voisin ont fui les conflits engendrés par les séparatistes karens, et ont cherché refuge dans des camps sur la frontière.

Les Lahus – Originaires des hauts plateaux du Tibet, les Lahus sont au nombre d'environ 55 000, regroupés autour des districts de Fang et de Chiang Raï. Ils construisent des maisons sur pilotis, dans des villages en altitude. Ils pratiquent l'agriculture sur brûlis et sont réputés pour leur talent de chasseurs. Ils sont résolument animistes, et procèdent fréquemment à des rituels pour obtenir la bénédiction des dieux. Ils s'habillent généralement de tuniques noires gansées de blanc.

Les Akhas – Originaires du Yunnan en Chine du Sud, les Akhas sont environ 33 000 et sont parmi les derniers arrivés en Thaïlande. Ils vivent pour la plupart dans des villages sur les pentes du Doï Mae Salong. Ils cultivent le riz, le maïs et le pavot. Ce sont des animistes fervents, adorant le soleil et la lune, et ils érigent des portiques pour les esprits à l'entrée de leurs villages. Leurs coiffes compliquées sont incrustées de pièces de monnaie et de perles de couleur. Les femmes portent des jupes noires rebrodées et des jambières en patchwork.

Les Yao – Souvent appelés Miens, ils sont originaires de Chine. Ils sont environ 25 000 à vivre autour de Chiang Raï, Phayao et Nan. Leur culture traditionnelle est le pavot. Ils vénèrent leurs ancêtres et pratiquent le taoïsme. De toutes les tribus, ils sont les seuls à avoir une tradition écrite. Les femmes portent des tuniques indigo qui leur arrivent à la cheville, avec des pantalons larges à petits motifs géométriques brodés au point de croix, d'épaisses écharpes pourpres autour du cou et de grands turbans. Elles se parent d'ornements d'argent pour les cérémonies et les fêtes. Les enfants portent des bonnets à pompons rouges.

Autres groupes ethniques – Découverte il y a à peine plus de dix ans, l'insaisissable tribu des **Mrabris**, souvent appelée Phi Thong Luang (Esprits des feuilles jaunes), vit au voisinage de la province de Nan. C'est la seule ethnie pygmée d'Asie. Par tradition, ces populations se déplaçaient avec le changement de saison, lorsque les feuilles dont ils recouvraient leurs huttes prenaient la couleur jaune. Mais eux aussi commencent à s'installer de façon permanente, abandonnant la chasse et la cueillette au fur et à mesure que la forêt régresse. Les **Sakaïs**, peuplade aborigène, sont probablement les plus anciens habitants de la péninsule. Ils ont des traits aplatis, le teint foncé et des cheveux frisés plutôt roux. Ils mènent une existence primitive dans la jungle de la province de Yala et possèdent leur propre langue, leur musique et leurs danses. Les **Chao Le**, dont le nom signifie Tziganes des mers, sont un peuple nomade aux origines obscures, qui vivent dans les îles de la mer d'Andaman, y compris Phuket. Ils ont des croyances animistes, leur propre langue et leurs propres coutumes. Ce sont des marins et des pêcheurs audacieux.

Les **Padong**, branche des Karens, sont arrivés plus récemment du Myanmar dans la province de Mae Hong Son. Pour se conformer à leur coutume, les femmes portent des spirales de cuivre autour du cou. Le chaman désigne les petites filles qui, dès l'âge de 5 ans vont porter les spirales, changées tous les ans jusqu'à leurs 20 ans. Elles en portent aussi autour des mollets.

Traits nationaux – *Sanuk*, qui signifie littéralement amusement, est le trait caractéristique le plus marquant du peuple thaï. Ce peuple plein de ressources et d'entrain ne se soucie ni du mauvais temps, ni de la pollution, ni du comportement houleux de ses politiques. Ce qui intéresse les Thaïs au premier chef, c'est la première occasion de rire ou leur prochain repas.

Généralement hospitaliers, ouverts et sans façons, les Thaïlandais n'ont guère la notion du temps. Demain peut vouloir dire dans plusieurs lunes, ou jamais. Leur refrain le plus répandu est *mai pen raï*, c'est-à-dire « pas de problème ! ». Cela ne les empêche pas d'être grands travailleurs et d'une courtoisie exquise. Ce n'est qu'en dernière extrémité, quand on les contraint à perdre la face, que leur humeur change et que leur côté plus sombre apparaît.

Le respect des personnes âgées et de l'autorité leur est inculqué dès le plus jeune âge et persiste à l'âge adulte. Les personnes d'un certain âge, notamment les parents et grands-parents, ont droit au titre de *Pi*, et seront naturellement traités avec déférence. Il en va de même pour les enseignants, les fonctionnaires, et les personnes de statut plus élevé. Les membres plus jeunes de la société leur doivent le *wai* (forme de salut traditionnel) et l'obéissance sans réplique. Le respect est notamment dû aux moines bouddhistes, ainsi qu'aux membres de la famille royale, auxquels on s'adresse dans la langue de cour appelée *rachasap*.

Comme de nombreux aspects du comportement thaï, l'attitude envers la sexualité demeure paradoxale. La prostitution est très répandue : on pense qu'environ 700 000 personnes sont impliquées dans l'industrie du sexe. La majorité des hommes thaïlandais ont leur première expérience dans un bordel. Mais si la prostitution est tolérée, la sexualité demeure souvent un sujet tabou. Les femmes thaïlandaises sont censées éviter les relations sexuelles avant le mariage. La plupart vivent chez leurs parents, et le concubinage est encore très mal vu. Cependant, la peur croissante du SIDA (on estime à plus de 600 000 le nombre de séropositifs) est en train de modifier les attitudes traditionnelles dans ce domaine, en conduisant à une meilleure éducation et à une attention nouvelle prêtée au rôle des femmes.

Un pays de contrastes – En Thaïlande, on est frappé par les contrastes les plus saisissants. Dans le paysage urbain, les bureaux modernes côtoient les pavillons des Esprits et les BMW les célèbres *tuk-tuk*s à trois roues. Les temples et sites archéologiques sont entourés de lumières clinquantes et de panneaux publicitaires géants vantant un whisky de luxe ou la dernière lubie. Les Thaïlandais ne voient pas plus de contraste dans ces éléments disparates qu'ils ne s'étonnent de voir leur Premier ministre consulter un astrologue. D'un côté ils rappelleront volontiers aux touristes que personne ne les a jamais colonisés. De l'autre, ils s'emparent joyeusement de tout ce qui vient d'Amérique, hamburgers, tee-shirts ou centres commerciaux géants. Leur goût pour la nouveauté devient une fascination lorsqu'il s'agit de technologie. À Bangkok, téléphones mobiles et gadgets électroniques sont autant en évidence que tricycles et embouteillages. Le pays s'enorgueillit même aujourd'hui de sa propre station satellite.

Traditions – Elles sont innombrables, souvent dérisoires, mais elles sont toujours suivies dans de nombreux endroits de Thaïlande. Ne vous faites jamais couper les cheveux un mercredi, ne déménagez jamais un samedi. Même dans le vacarme assourdissant des rues de Bangkok, coutumes et superstitions exercent une grande influence ; par exemple, les conducteurs rejoindront les paumes de leurs mains en passant devant l'autel de l'Erawan. D'autres coutumes sont de nature religieuse : appliquer une feuille d'or sur une statue de Bouddha ou donner de la nourriture aux bonzes porte bonheur. Les traditions permettent de maintenir le statu quo. Certaines sont ancrées très profondément. Les femmes ne doivent jamais toucher un bonze, ni lui tendre directement un objet ; personne ne doit jamais insulter le roi.

Costumes – Quand on pense à la Thaïlande, on imagine les sarongs (bande d'étoffe drapée autour de la taille) colorés qu'on appelle *pakoma*, les longues robes constellées de bijoux, et les costumes brillants recouverts d'orchidées. Mais pour pouvoir admirer ces costumes traditionnels, il faut la plupart du temps se rendre à un spectacle pour touristes, à une fête ou à une célébration locale.

Dans la campagne, on porte habituellement des *paisin* ou sarongs, tissés avec du coton filé chez soi ou de soie locale. Dans les rizières, les travailleurs portent souvent d'amples chemises de coton appelées *mor hom* et des chapeaux en feuilles de palmier dont les larges bords protègent du soleil. À l'occasion de festivités populaires comme celles de Khao Phansa ou Songkran, les femmes du pays arborent de superbes costumes brodés pour donner leurs danses rituelles et effectuer d'autres pratiques religieuses. Dans la région du Nord-Est tout particulièrement, on drape en diagonale sur l'épaule des bandes de tissu coloré appelées *sabai*, qu'on laisse pendre jusqu'à la taille.

En ville, c'est le costume occidental qui est plutôt la règle. Les représentants du gouvernement portent des costumes classiques ou des uniformes militaires. Les bonzes portent des robes de coton couleur safran. C'est seulement dans de rares tribus montagnardes du Nord qu'on porte le costume traditionnel toute l'année.

Histoire

Nous indiquons en italiques de grands repères de l'histoire mondiale

Préhistoire avant J.-C.

10000 à 2000	**Ère mésolithique** : mise en culture de plantes, outils en schiste et silex, poterie. **Âge du bronze** : agriculture, élevage, métallurgie.
3000	*Civilisation mésopotamienne.*
800	**Âge du fer** : ornements, outils.
début du 6ᵉ s.	*Enseignements du Bouddha.*
4ᵉ s.	*Campagnes d'Alexandre le Grand.*

B. Davies

Ban Chiang

L'ère quaternaire – La recherche archéologique est une science assez récente en Thaïlande, et des régions étendues du pays restent à explorer pour avoir une image plus précise de l'implantation humaine à l'ère préhistorique. Des silex taillés et galets retouchés datant de 10000 à 2000 avant J.-C. révèlent la présence de civilisations préhistoriques dans différents endroits du pays. La **grotte des Esprits**, au Nord de Mae Hong Son, fournit les preuves saisissantes de la présence d'agriculteurs primitifs sans doute d'origine mélanésienne, pratiquant chasse et cueillette, et qui nomadisaient dans la région à l'époque mésolithique. Les fouilles de Ban Kao (Kanchanaburi), Non Nok Tha (Khon Kaen), et Ban Chiang (Udon Thani) font remonter élevage des bêtes et maîtrise de la métallurgie à 3500 avant J.-C. Le site de **Ban Chiang** donne une image très complète de l'évolution humaine : culture du riz, métallurgie du cuivre, de l'étain, du bronze et du fer, poterie (de couleur noire, à fond caréné, 1000-500 avant J.-C. et de motifs rouges sur fonds grège, 500-250 avant J.-C.), ornements de verre (300 avant J.-C.- 2ᵉ s.).

Premier millénaire de notre ère

1ᵉʳ-2ᵉ s.	Premières migrations de peuplades de langue taïe vers les régions en altitude.
autour du 2ᵉ s.	Implantation des Môns dans le bassin de la Chao Phraya, sur le plateau de Khorat, et en Birmanie du Sud-Est dominée par le royaume de **Funan**.
3ᵉ s.	Le roi indien Ashoka envoie des missionnaires à **Suwannaphum** pour y enseigner le bouddhisme theravada.
3ᵉ-4ᵉ s.	*Division de l'Empire romain.*

Les migrations – L'origine des peuples taïs, souche des Thaïs actuels, est nimbée de mystère. Dans les écrits chinois, il est fréquemment fait allusion aux peuplades barbares du Sud du fleuve Yang-Tsé, dont les historiens pensent qu'ils sont à l'origine des Taïs. L'expansion chinoise a contraint les Taïs à partir vers le Sud au Nan Chao, au Yunnan, dans la haute vallée du Mékong, et vers les terres élevées du Vietnam du Nord et du Nord-Est du Laos. Les premiers émigrants se sont divisés en deux groupes distincts : l'un au Nord de la vallée du Fleuve Rouge, l'autre au Sud, dans la vallée de la Rivière Noire, au Nord-Est du Laos et en Chine du Sud. Ces derniers étaient les ancêtres des Lao, des Taïs Yuan, des Siamois, des Shans et des groupes Taïs montagnards. Des groupes s'installèrent dans les vallées du Nord de la Thaïlande.

Le Nan Chao, en Chine du Sud, qui abritait une importante population taïe, puissance majeure du milieu du 8ᵉ s. jusqu'au 9ᵉ s., établit des liens culturels et économiques avec l'Inde et la Chine, devint État bouddhiste, et contribua à la diffusion du bouddhisme et de la culture indienne.

Des récits historiques de l'époque mentionnent d'autres États importants qui devaient jouer un rôle dans la formation de la civilisation taïe : le royaume khmer d'Angkor, les royaumes birmans Mon et Pyu, le royaume du Champa sur la côte du centre Vietnam, et un autre royaume vietnamien du Nord. Ces puissances rivales empiétaient constamment sur le territoire de leurs voisins. Les 9ᵉ et 10ᵉ s. virent le déclin du Champa, alors que l'Empire khmer étendait son influence à la moitié Sud du plateau de Khorat, à la basse vallée de la Chao Phraya, au royaume môn de Hariphunchai au Nord, et à la plaine de Vientiane au Laos. Il établit aussi une forte présence dans la péninsule malaise.

> Le groupe ethnique et linguistique **taï** comprend les Thaïs de Thaïlande, mais aussi les Shans, les Lao et les Taïs du Vietnam et de Chine.

L'influence indienne – Les **Môns**, peuple de même origine que les Khmers, occupaient un vaste territoire comprenant la plaine centrale, la partie orientale de la basse Birmanie, et le plateau de Khorat. Leur société était très organisée. Au fur et à mesure du développement de leurs relations commerciales avec l'Inde, ils adoptèrent le principe de la royauté, l'hindouisme et le bouddhisme, et les langues hindoues (sanskrit et pali). Ils instaurèrent peu à peu des principautés, suivant le modèle indien. Des chroniques chinoises font allusion à un royaume de Funan, qui exerçait sa domination sur ces territoires, et dont on sait peu de choses.

Le royaume de Dvaravati (6ᵉ-12ᵉ s.)

571-632	*Vie de Mahomet.*
milieu du 7ᵉ s.	Présence d'un **royaume de Dvaravati** dans la plaine centrale.
7ᵉ-8ᵉ s.	Fondation de **Hariphunchai** *(voir Lamphun).*
7ᵉ-13ᵉ s.	L'**empire de Srivijaya** domine la péninsule du Sud.
800	*Couronnement de Charlemagne.*

La période de Dvaravati (6ᵉ-11ᵉ/12ᵉ s.) – Avec le déclin de la puissance du Funan, les principautés mônes prirent de l'importance et, au milieu du 7ᵉ s., les récits d'un moine chinois en pèlerinage vers l'Inde mentionnent To-Lo-P'o-Ti, aux sonorités comparables avec le nom Dvaravati, inscription en sanskrit trouvée sur des pièces d'argent découvertes à Nakhon Pathom. C'est la première mention écrite de l'existence d'un royaume de Dvaravati, dont on pense qu'il pourrait s'agir de **Suwannaphum** (pays de l'Or), où des missionnaires envoyés par le roi indien Ashoka introduisirent le bouddhisme theravada au 3ᵉ s. Le royaume s'étendait probablement du Sud de la Birmanie à l'Est du Cambodge, incluant la plaine centrale. Des sites de Dvaravati ont été identifiés le long des routes commerciales, mais ils n'ont livré jusqu'à présent que peu d'informations concernant cette civilisation. Les cités sont généralement construites suivant un plan ovale, et entourées de douves. Les centres principaux se trouvaient à Nakhon Pathom et Khu Bua (Ratchaburi), Phong Tük (Kanchanaburi), Dong Si Maha Phot (Prachinburi) et Müang Fa Daet Sun Yang (Kalasin). Des chroniques de la région Nord rapportent qu'aux 7ᵉ et 8ᵉ s. la principauté de **Hariphunchai** *(voir Lamphun)* fut fondée par la reine Chamathewi, fille du souverain môn de l'État bouddhiste de **Lavo** (Lopburi), et qu'elle fut florissante jusqu'à son annexion au 13ᵉ s. par le roi Mengrai de Chiang Maï. Excepté pour le Wat Chamathewi *(voir Lamphun)*, il ne subsiste que les bases des bâtiments de briques aux décorations en stuc. De belles sculptures demeurent cependant, héritage évocateur de ce peuple mystérieux *(voir Musée, Lamphun)*.

L'empire de Srivijaya (7ᵉ-13ᵉ s.) – La péninsule du Sud était alors dominée par une puissance maritime basée à Java et Sumatra, qui avait installé des peuplements à Chaiya (Surat Thani) et Sathing Phra (Songkhla). Les fouilles archéologiques indiquent des influences à la fois hindouistes et bouddhistes mahayana.

L'Empire khmer

9ᵉ-10ᵉ s.	Avènement de l'**Empire khmer** sous les règnes de Jayavarman II et Yasovarman Iᵉʳ. Pratique du brahmanisme et instauration du culte du *devaraja* (roi-dieu).
11ᵉ-13ᵉ s.	Migration des Taïs du Nan Chao (Yunnan).
11ᵉ s.	*Première croisade.*
milieu du 12ᵉ s.	Un bas-relief d'Angkor Vat décrit les troupes du Siam, **Syam Kuk** – alliées au souverain khmer Suryavarman II contre le Champa.
12ᵉ s.	Déclin de la civilisation de Dvaravati alors que l'Empire khmer prend le contrôle de vastes territoires. **Jayavarman VII** fait du bouddhisme mahayana la religion officielle de l'Empire khmer. Angkor atteint son apogée.

La domination khmère – À partir du 9ᵉ s. l'Empire khmer, avec Angkor pour capitale, s'étend vers l'Ouest jusqu'à Kanchanaburi, et vers le Nord jusqu'au Laos, et devient la puissance dominante du Sud-Est asiatique. La civilisation de Dvaravati est sur son déclin ; les provinces conquises sont placées sous l'autorité de gouverneurs. Les centres principaux sont That Phanom et Sakhon Nakhon (vallée médiane du Mékong), Phimai (région de Khorat), Lopburi, Nakhon Pathom et Phetchaburi (bassin de la Chao Phraya), Sukhothaï, Si Satchanalai, et Phitsanulok (partie haute de la plaine centrale). Des institutions et un réseau routier sont créés pour relier les nouvelles provinces à Angkor. Les grands temples (Prasat Hin Phimai, Phanom Rung, Müang Tham) célèbrent le culte du *devaraja* (roi-dieu). Le culte des dieux hindous par les Khmers est remplacé par le bouddhisme mahayana, adopté comme religion officielle au 12ᵉ s. par **Jayavarman VII**, tout en conservant des rituels brahmaniques. Les statues du Bouddha arborent les symboles de la royauté. Après avoir tenté de regagner son indépendance, **Lopburi** devient la capitale khmère vers le milieu du 12ᵉ s. Au milieu du 13ᵉ s. la puissance d'Angkor amorce son déclin, tandis que les principautés taïes commencent à affirmer leur identité ; l'empire s'effondrera à la fin du siècle.

L'essor de Sukhothaï (13ᵉ-14ᵉ s.)

13ᵉ s.	*Conquêtes mongoles.*
13ᵉ s.	Des chefs taïs forment une alliance et déposent le gouverneur khmer de Sukhothaï. Sri Intradit se proclame roi. Règne brillant du roi **Ram Khamhaeng**. Les Khmers sont expulsés du royaume. Renaissance du bouddhisme theravada, apparition d'une identité nationale et floraison des arts. Sukhothaï étend son pouvoir sur plusieurs provinces. Alliances avec Chiang Maï et Phayao. Mort de Ram Khamhaeng en 1289, suivie de la division du royaume en petites principautés. Rivalité avec le Lan Na.

Le royaume de Sukhothaï – À partir du 11ᵉ s. a lieu une seconde vague de migration taïe en provenance du Yunnan, et le flux s'intensifie au début du 13ᵉ s., lorsque les troupes mongoles de Kubilaï s'emparent du royaume du Nan Chao. Les immigrants descendent le bassin de la Chao Phraya et la vallée du Mékong, ainsi que les régions appelées aujourd'hui États shans au Nord-Est de la Birmanie. Ils forment de petites entités nommées *muang*, qui tombent par la suite sous la coupe des Khmers. On voit des troupes siamoises sur les bas-reliefs d'une des galeries d'Angkor Vat.

Au début du 13ᵉ s., les chefs taïs, qui n'appréciaient pas le cadre social rigide, les exactions arbitraires et l'autorité impersonnelle d'Angkor, s'allient pour défier le gouverneur khmer de Sukhothaï. L'un des meneurs s'autoproclame roi et prend le titre de **Sri Inthradit**. Cet événement important marque le déclin des Khmers, contraints d'abandonner le territoire taï sous le règne du grand roi **Ram Khamhaeng** (1279-1298). Dès 1282, le nouveau royaume avait établi des relations diplomatiques avec la Chine, payant tribut à cette grande puissance. À la fin du 13ᵉ s. le pays possède un territoire étendu et prospère. Il s'est libéré de l'héritage khmer et a développé sa propre identité politique et culturelle. Le **bouddhisme theravada** est ravivé, tout en conservant les rituels brahmaniques à la cour, et on expédie des missionnaires à travers le pays. Des alliances sont formées avec Chiang Maï et Phayao ; cependant Lopburi, ancienne capitale khmère, conserve un certain degré d'autonomie. Dans le Sud, **Nakhon Si Thammarat** émerge comme puissance régionale, puis devient vassale de Sukhothaï, en même temps que ses dépendances de la péninsule malaise. À Sukhothaï se développe une société courtoise et hiérarchisée, menée par un pouvoir central très souple et par des liens de loyauté personnels, souvent entretenus par les mariages entre les maisons régnantes. L'épanouissement d'un sentiment national apparaît clairement dans l'art de l'époque de Sukhothaï *(voir Les Arts)*. Sous le règne du successeur de Ram Khamhaeng, les territoires du Nord se divisent en petites principautés rivales ; le royaume du Lan Na *(voir ci-après)* empiète sur la sphère d'influence de Sukhothaï, et une nouvelle menace émerge au Sud, conduisant à la fondation d'Ayuthaya et à la conquête finale de Sukhothaï.

1259	**Mengrai** (mort en 1317) devient souverain de **Chiang Saen** et conquiert les principautés environnantes.
1262	Fondation de **Chiang Raï**.
1271-95	*Voyages de Marco Polo.*
1281-1289	Conquête de Hariphunchai et alliance avec **Pegu** contre les Mongols.
1292	Fondation de **Chiang Maï**. Alliance avec Pagan. L'agression chinoise est repoussée. Chiang Maï paie un tribut à la Chine après des négociations diplomatiques réussies. Promotion du bouddhisme cinghalais et constitution de l'identité du Lan Na.

La naissance du Lan Na – Au Nord vient le déclin des États de Dvaravati conquis par les Khmers. Des chroniques des États du Nord mentionnent au 13ᵉ s des villes taïs rivales, dont **Chiang Saen**. **Mengrai**, né en 1239, accède au trône en 1259 et impose son autorité à ses voisins. Il fonde sa nouvelle capitale à **Chiang Raï** en 1262, et en 1281 conquiert l'État môn de Hariphunchai *(Lamphun)*. Il avait étudié dans sa jeunesse à Lopburi, et noué des relations amicales avec d'autres princes, devenus les souverains des principautés voisines de Sukhothaï et de Phayao. Par la suite, il forme des alliances avec eux ; on fait appel à lui comme médiateur dans un différend entre Ram Khamhaeng et le roi Ngam Müang de Phayao. Il étend encore les frontières de son royaume en formant une alliance avec Pegu, en Birmanie du Sud, qui était en rébellion contre Pagan, en Birmanie du Nord. En 1292, il choisit **Chiang Maï** comme nouvelle capitale et, après consultation de ses alliés Ram Khamhaeng et Ngam Müang, la construction débute en 1296. Mengrai contracte aussi une alliance avec Pagan, pour contrer la menace d'une invasion mongole, et il repousse victorieusement une attaque chinoise. Les tractations diplomatiques permettent de résoudre leur conflit. Chiang Maï paie tribut à la Chine et y envoie des missions. Mengrai autorise la survivance de la culture môn et du bouddhisme à Hariphunchai, mais promeut lui-même une forme stricte du bouddhisme cinghalais. Il édifie une nation forte et prospère appelée **Lan Na**, qui exerce sa domination et son influence sur les Shans à l'Ouest, les Lao au Nord et au Nord-Est, et un autre État taï au Nord. À sa mort en 1317, son héritage comprend un droit coutumier équitable. La lutte pour le pouvoir qui éclate parmi ses héritiers affaiblit le royaume jusqu'en 1328. Une certaine stabilité revient, mais les rivalités autour du trône restent un problème majeur durant les siècles qui suivent.

Une nouvelle cité, bâtie en 1328 à Chiang Saen, est gouvernée successivement par plusieurs souverains du Lan Na. Au 14ᵉ s. Chiang Maï, sous le règne de Ku Na (1355-1385), devient un centre de propagation du bouddhisme, dont l'influence culturelle domine les siècles suivants.

1441-87	Règne de **Tilokaracha**. Guerre contre Ayuthaya.
1495-1526	Âge d'or du Lan Na sous le règne du roi Müang Kaeo.
milieu du 16ᵉ s.	Le Lan Na tombe sous le joug birman pour deux siècles.
fin du 18ᵉ s.- début du 19ᵉ s.	Le roi **Kavila** restaure le royaume du Lan Na.

Le grand roi **Tilokaracha** (1441-87) repousse une attaque d'Ayuthaya sur Lamphun, établit sa suzeraineté sur Nan, et mène des campagnes contre les puissants États du Nord. Au milieu du 15ᵉ s., une guerre interminable éclate après la conquête de Sukhothaï par Ayuthaya, et reste sans conclusion, du fait de troubles incessants dans les États du Nord. Au moment de la mort de Tilokaracha, le pouvoir du Lan Na est intact, et ses successeurs poursuivent la guerre contre Ayuthaya. Le roi Müang Keo (1495-1526) soutient le bouddhisme cinghalais, et fonde de nombreux temples, établissant ainsi la prééminence intellectuelle du Lan Na. Mais par la suite une guerre entre Taïs éclate lors d'une querelle de succession : elle fait rage entre Chiang Saen, Luang Prabang (au Laos) et les États shans ; le vainqueur est un roi shan.

Au milieu du 16ᵉ s., le Lan Na est pris par le roi Bayinnaung de Birmanie ; il demeure sous domination birmane pour les deux siècles qui suivent, constituant pour les Birmans une position stratégique, d'où ils poursuivent leur guerre contre Ayuthaya.

En 1774, le roi Taksin *(voir période de Bangkok, ci-après)* parvient à refouler les Birmans. Chiang Maï est abandonnée, et le roi **Kavila** s'établit à Lampang (1775-1781), où il règne sur le Nord comme vassal de Bangkok. Par la suite, les Birmans lancent plusieurs offensives, repoussées avec succès. En 1776, Kavila occupe à nouveau Chiang Maï, où il règne jusqu'en 1813, faisant revivre le royaume du Lan Na. Ses successeurs conservent le trône, mais leurs pouvoirs sont réduits en 1874, quand Bangkok s'octroie la responsabilité de fournir les concessions d'exploitation forestière aux compagnies étrangères. À la mort du dernier souverain, en 1939, le royaume du Lan Na est entièrement intégré à l'État de Thaïlande.

Le royaume d'Ayuthaya (fin du 13ᵉ-fin du 18ᵉ s.)

Fin du 13ᵉ s.	Suphan Buri proclame son indépendance de Sukhothaï.
1325	*Empire aztèque au Mexique.*
1351-69	**Ramathibodi Iᵉʳ** (U-Thong) fonde Ayuthaya. Le prince **Ramesuan** est nommé souverain de Lopburi. Il accède au trône en 1369, mais abdique en faveur de son oncle.

L'essor d'Ayuthaya – À la fin du 13ᵉ s. Suphan Buri, dépendant de Lopburi et allié de Nakhon Si Thammarat au Sud, dominait l'Ouest du bassin de la Chao Phraya sous la suzeraineté de Sukhothaï. Au décès de Ram Khamhaeng, Suphan Buri réclame son indépendance. Mais elle manque d'une direction politique, jusqu'à ce que, au milieu du 14ᵉ s., U-Thong, le gendre chinois du souverain, soit amené au pouvoir. En 1351, une épidémie de variole l'incite à déplacer la population de l'actuel U-Thong vers un emplacement situé sur une île, où il fonde le royaume d'**Ayuthaya**. Il prend le nom de **Ramathibodi Iᵉʳ** (1351-1369). Après avoir nommé le frère de sa femme gouverneur de Suphan Buri, et son fils **Ramesuan** à la tête de Lopburi, il donne rapidement de l'ampleur à son royaume. Il emploie ses propres hommes pour développer le commerce avec d'autres pays, en dépit des difficultés rencontrées avec les puissants marchands chinois, qui dominaient les échanges, et les fonctionnaires de Lopburi formés par les Khmers. Il rédige un code fondé sur la législation indienne pour administrer le royaume, et développe ses liens personnels et politiques avec les principautés voisines, signant notamment un traité avec Sukhothaï.

À la mort de Ramathibodi Iᵉʳ, le prince Ramesuan monte sur le trône, mais à la suite d'une confrontation avec son oncle, il abdique rapidement.

1370-88	**Borommaracha Iᵉʳ** mène la guerre contre le Lan Na et Sukhothaï.
1388-95	Deuxième règne de **Ramesuan**. Invasion du Cambodge. Rivalité entre Ayuthaya et Sukhothaï pour la suprématie.

Le roi **Borommaracha Iᵉʳ** (1370-88) conserve l'unité du royaume. Il s'attaque au pouvoir de Sukhothaï : après la mort du souverain, le roi Mahathammaracha (Li Thaï), il s'empare de Nakhon Sawan, Phitsanulok et Kamphaeng Phet. Il proclame sa suzeraineté sur Sukhothaï, déclare la guerre au Lan Na, puis, avec le soutien de ce dernier, poursuit l'offensive contre Sukhothaï.

À sa mort, en 1388, Ramesuan retrouve son trône. En 1390, il force Chiang Maï à se soumettre, et déporte un grand nombre de prisonniers dans la péninsule du Sud. Ramesuan envahit le Cambodge en riposte aux raids d'Angkor sur la côte Est du royaume, aujourd'hui Chonburi et Chanthaburi. Pendant les règnes suivants, Ayuthaya et Sukhothaï luttent pour la suprématie, et Nan, Phrae et d'autres États passent d'un côté à l'autre en fonction des hasards de la guerre.

1409-1424	**Intharacha** conquiert Sukhothaï.
1424-1448	**Borommaracha II** part en campagne et conquiert Angkor. Guerre avec Chiang Maï.
1448-1488	**Borommatrailokanat** procède à des réformes administratives et sociales.
1486-1498	*Voyages de Bartholomeo Dias et Vasco de Gama.*
1492	*Christophe Colomb découvre l'Amérique.*

Au début du 15ᵉ s., le roi **Intharacha** (1409-24) fait de Sukhothaï un État vassal. À la mort du souverain vassal Mahathammaracha III, il met sur le trône son candidat favori, Mahathammaracha IV, qui gouverne à partir de Phitsanulok. Sa mort est suivie par l'annexion pure et simple de Sukhothaï.

Borommaracha II (1424-1448) nomme son fils Ramesuan vice-roi de Phitsanulok, et lance en 1431-1432 une expédition sur Angkor en déclin. Ses troupes envahissent et pillent la ville. Angkor est réduit à l'état de vassal. La capitale est rapidement abandonnée par les Khmers qui s'installent à Phnom Penh, plus au Sud.

Ayuthaya déclare alors la guerre à Chiang Maï. Le conflit dure plus de cent ans. Le roi **Borommatrailokanat** (1448-1488) réorganise la législation et l'administration civile et militaire du royaume. Il instaure le *sakdi naa*, système de répartition des terres qui définit les statuts sociaux suivant une hiérarchie rigide. Le commerce sous contrôle royal connaît une expansion foudroyante dans les siècles qui suivent, et contribue dans une très large mesure au développement économique du pays.

début/milieu du 16ᵉ s.	Les Portugais obtiennent des droits commerciaux. Ayuthaya est en guerre contre Chiang Maï, la Birmanie et le Cambodge.
1519-21	*Magellan fait le tour du monde.*
1545-63	*Concile de Trente.*
1569 à fin du 16ᵉ s.	Le roi Bayinnaung de Birmanie s'empare d'Ayuthaya et aussi de Vientiane, au Laos.
1590-1605	**Naresuan le Grand** libère Ayuthaya du joug birman. La France, la Hollande, l'Angleterre et le Japon établissent des comptoirs commerciaux. Ayuthaya est appelé royaume du Siam.

Une époque agitée (16ᵉ s.-18ᵉ s.) – Au début du 16ᵉ s., les Portugais instaurent des relations commerciales avec Ayuthaya, et le commerce maritime prospère à partir de comptoirs établis dans la péninsule du Sud. **Ramathibodi II** et son successeur poursuivent la guerre avec Chiang Maï, et entrent en conflit avec la Birmanie. Au milieu du 16ᵉ s., cette dernière sait rapidement tirer avantage des querelles de succession internes, et des troupes nombreuses s'engouffrent par le col des Trois Pagodes à l'Ouest du pays. Le roi Chakkraphat d'Ayuthaya avait envoyé son armée et sa marine vers l'Est pour résister à d'autres assauts en provenance du Cambodge. Les forces birmanes, sous la direction du roi **Bayinnaung**, s'emparent du Lan Na, envahissent peu de temps après le Nord du pays, et capturent les villes de cette région du royaume. Ayuthaya tombe en 1569. La vague birmane déferle ensuite vers le Laos au Nord et capture Vientiane. À la fin du 16ᵉ s., les Birmans sont maîtres de l'ensemble des royaumes taïs.

Le prochain souverain de renom est **Naresuan le Grand**, fils du roi vassal placé par les Birmans sur le trône. Il accède au pouvoir en 1590, et règne jusqu'en 1605. Il opte avec détermination pour l'indépendance, et repousse avec succès plusieurs expéditions birmanes. En 1593 il gagne une bataille décisive à Nong Sarai *(voir Suphan Buri)*. Ayuthaya voit sa puissance s'accroître, et son économie prospérer grâce au commerce, et peut tenir à distance les différentes menaces, notamment birmanes. Sous le règne de son successeur, son frère Ekathotsarot (1605-11), le commerce avec la Chine, le Japon et les Philippines connaît un grand essor.

17e s.	Âge d'Or du royaume. Croissance démographique.
	Fondation des Compagnies des Indes Orientales en Angleterre (1600), aux Pays-Bas (1602), et en France (1664).
	Brillant règne de **Narai le Grand** (1656-88). Échange d'ambassadeurs avec la Cour de Louis XIV.
	Introduction du christianisme par les missionnaires. **Constantin Phaulkon** gagne une grande influence en tant que conseiller du roi, mais est exécuté par une clique de courtisans nationalistes qui prennent le pouvoir. Après la déposition de Narai, expulsion de tous les étrangers. Ayuthaya s'isole pour un siècle.
18e s.	**Borommakot** (1733-58) restaure la puissance d'Ayuthaya. Des moines siamois sont envoyés à Ceylan pour raviver le bouddhisme cinghalais.
1760-67	À nouveau, guerre avec la Birmanie. Après la chute du royaume en 1767 Ayuthaya est rasée.

Au 17e s., des relations se développent avec l'Europe (Hollande, France, Angleterre), la Chine, le Japon et les États musulmans. Cependant, le pays connaît en permanence des querelles de succession sanglantes. Sous le roi **Narai** (1656-1688), le commerce prospère sous monopole royal, et de nombreux traités sont signés. Les missionnaires français sont autorisés à pratiquer leur religion, et des missions diplomatiques échangées avec la cour de Louis XIV.

R. Cuzin/ MICHELIN

Mais **Constantin Phaulkon**, un conseiller du roi qui avait acquis d'importants pouvoirs et une grande fortune, est impliqué dans un complot avec des Français visant à convertir le roi au christianisme. Les officiers bouddhistes du roi, farouchement opposés au projet, le font exécuter. Le décès du roi est suivi d'un siècle d'isolation, pendant lequel le royaume ferme ses portes aux influences occidentales tout en poursuivant des relations commerciales florissantes avec la Chine.

Sous le règne de **Borommakot** (1733-1758), bouddhiste fervent, Ayuthaya envoie des moines à Ceylan pour y rétablir les monastères cinghalais. Le pays reprend son statut de grand royaume. Plus tard cependant, le trône est affaibli par de nouvelles querelles de succession, et la guerre avec la Birmanie devient inévitable. Assiégée en 1760, Ayuthaya doit capituler en 1767, après des années de lutte. Les Birmans saccagent la ville et emmènent avec eux un nombre considérable de captifs et d'immenses trésors.

En contraste marqué avec les bienveillants souverains de Sukhothaï, les rois d'Ayuthaya adoptent une étiquette de cour basée sur le culte khmer du dieu-roi, de manière à créer une grande distance entre eux et leurs sujets. Le pouvoir royal était absolu, on institue la prosternation, et personne n'a le droit de regarder le roi. Les contrevenants sont condamnés à avoir les yeux arrachés.

La période de Thonburi puis de Bangkok (fin 18e-début du 20e s.)

18e s.	*Siècle des Lumières.*
1767-82	**Taksin** lève une armée et chasse les Birmans. Il fonde une nouvelle capitale à **Thonburi** et se proclame roi. Il regagne les territoires siamois et revendique sa souveraineté sur Chiang Maï et Lampang. Le roi **Kavila** (1775-1813) du Lan Na règne sur le Nord, et paie tribut à Thonburi.
1782-1809	**Rama Ier**, fondateur de la dynastie Chakri, reconstruit la nation et fonde **Bangkok**.
1776-83	*Guerre d'Indépendance de l'Amérique.*
1789	*Révolution française.*

Les débuts de la Période de Bangkok (Fin du 18e s.-début du 20e s.) — Après la victoire birmane, **Taksin**, ancien gouverneur de province, s'enfuit avec une petite troupe de soldats à Chanthaburi au Sud-Est. Il rassemble une armée, et en l'espace de six mois refoule toutes les forces birmanes présentes dans le pays. Il se proclame roi, et après avoir fondé une capitale à Thonburi, s'attache à affirmer son autorité sur le pays. Il s'empare de Lampang et de Chiang Maï et, avec l'aide du général Chakri, établit sa souveraineté sur les États lao du Nord. Taksin (1767-1782) s'avère un meneur d'hommes avisé, mais malheureusement son état mental se dégrade, son comportement devient erratique, et on finit par l'exécuter.

Le souverain suivant, **Rama Ier** (1782-1809), fondateur de la dynastie Chakri, restaure les monastères bouddhistes, met en place un code de lois, et se fait le champion d'un gouvernement avisé. Il fait aussi construire une nouvelle capitale magnifique, utilisant les briques et les statues de la ville ancienne, et recrée le cérémonial de cour afin de faire revivre la gloire d'Ayuthaya. Il repousse plusieurs attaques birmanes, impose sa souveraineté sur les États de la péninsule malaise, et crée une nation cosmopolite et puissante. On peut aussi mettre à son actif la promotion de la littérature : il est l'un des auteurs du *Ramakien*, adaptation thaïlandaise du *Ramayana*, poème épique hindou. Parmi d'autres œuvres importantes de l'époque, on compte des traductions de romans historiques chinois, de chroniques et de contes javanais, cinghalais et persans. Le commerce avec la Chine est florissant et le nouvel État prospère.

1809-24	Reprise des échanges commerciaux avec l'Europe sous le règne de **Rama II**.
1824-51	**Rama III** s'empare des principautés de Lan Xang (Laos) et réinstalle les Lao sur le plateau de Khorat. Signature en 1826 d'un traité avec les Britanniques, qui tiennent la Birmanie et exercent une grande influence sur la péninsule malaise. Le Cambodge devient un état vassal du Siam. Des émissaires et missionnaires américains arrivent à Bangkok et un traité commercial est signé en 1833.

Le règne de **Rama II** (1809-24) se caractérise par un gouvernement faible, marqué par les intrigues de petits groupes de nobles qui cherchent à exercer leur influence. Les relations commerciales avec les compagnies européennes reprennent, malgré le risque reconnu qu'elles représentent. On refuse les concessions excessives exigées par une délégation britannique officielle. Séquelle des guerres napoléoniennes, les rivalités s'accroissent entre intérêts hollandais, portugais, français et britanniques. Sur le plan culturel, Rama II, poète de talent, est un grand protecteur des arts.

Rama III (1824-1851) monte sur le trône au détriment de son frère Mongkut, devenu moine sur le conseil de son père, soucieux de désamorcer une crise de succession. Il signe en 1826 un traité avec les Britanniques, qui avaient annexé la Birmanie et avaient pris des intérêts importants dans la péninsule malaise. L'influence thaïe gagne le Nord-Est avec la prise de Vientiane et des provinces laotiennes de l'Est, et le déplacement d'une partie importante de la population lao sur le plateau de Khorat. La révolte des États musulmans du Sud est étouffée. Il y a également des conflits avec le Cambodge et le Vietnam, à la suite desquels le Cambodge paie tribut au souverain thaï. Rama III préserve l'héritage culturel de la nation, mais développe aussi les arts et les sciences, soucieux d'éduquer son peuple afin qu'il puisse faire face à l'évolution du monde.

1851-1868	**Rama IV** (le roi Mongkut) amorce la modernisation de l'État et conclut de nouveaux accords commerciaux pour éviter les conflits avec la Grande-Bretagne, la France et les États-Unis.
1868-1910	**Rama V** (le roi Chulalongkorn) poursuit les réformes et maintient l'indépendance de son pays grâce à sa diplomatie. Le Siam devient un état tampon entre la Birmanie et la Malaisie britanniques et l'Indochine française.
1869	*Ouverture du canal de Suez.*

Le frère et successeur du roi, Mongkut, a étudié les écritures bouddhiques en langue pali pendant qu'il était bonze, ce qui l'amène à remettre en question les pratiques bouddhistes thaïes, et à fonder un ordre strict, le Dharmayutika. C'est un fin érudit, qui s'intéresse à de nombreux domaines comme les sciences, les mathématiques, l'astronomie, et les langues qu'il étudie avec les missionnaires occidentaux. Son règne de monarque éclairé, sous le nom de **Rama IV** (1851-1868), est marqué par un pragmatisme qui sauve l'indépendance du royaume face à la mainmise des Français sur l'Indochine et des Anglais sur la péninsule malaise. Entre autres nombreuses réformes, il modernise l'armée et la marine, construit des routes, et introduit la médecine occidentale dans le pays. Il signe des traités commerciaux avec les Britanniques, ainsi qu'avec la France, les États-Unis et d'autres pays, évitant ainsi des conflits armés, au prix d'un glissement de l'économie du pays sous contrôle étranger.

La modernisation se poursuit à bonne allure sous **Rama V** (Chulalongkorn – 1868-1910), malgré des résistances de la part des conservateurs. Il crée des ministères avec des conseillers étrangers, fait construire routes, chemin de fer et hôpitaux afin d'accélérer le processus de développement économique du pays. Une diplomatie habile permet de maintenir à distance les puissances coloniales, avec quelques compromis inévitables pour répondre à leur forte pression. Le Laos est cédé à la France en 1893. Les Français occupent aussi des provinces à la frontière cambodgienne (Chanthaburi, Trat). Pour rétablir l'équilibre du pouvoir, les Britanniques réclament des territoires sur la péninsule malaise et obtiennent des concessions pour l'exploitation du bois dans le Nord. Au début du 20e s., les frontières actuelles de la Thaïlande sont fixées, Français et Britanniques s'étant mis d'accord sur leurs sphères d'influence respectives. La vision de Rama V, premier souverain thaï qui ait voyagé à l'étranger, s'exprime clairement dans ses efforts de réconciliation des valeurs traditionnelles et des influences modernes.

20e-début du 21e s.

1914-18	*Première Guerre mondiale.*
1917	*Révolution russe.*
1910-35	Montée du nationalisme sous le règne de **Rama VI**. Des troupes sont envoyées pour combattre dans la Première Guerre mondiale. Fin de la monarchie absolue en 1932 après l'abdication de **Rama VII**. Période de régence avant le couronnement de **Rama VIII** en 1946.
1932-années 50	Balance du pouvoir entre le socialiste **Pridi Panomyong** et le militariste **Phibun Songkhram**.
1939-45	*Seconde Guerre mondiale.*
1939	Le pays adopte le nom officiel de Thaïlande. Pendant la Seconde Guerre mondiale, la Thaïlande conclut une alliance militaire avec le Japon, bien qu'elle ne déclare pas officiellement la guerre aux Alliés.

20e siècle – La période qui précède la fin de la monarchie absolue en 1932 est marquée par le règne de deux des fils de Rama V. **Rama VI** (Vajivarudh, 1910-1925) poursuit l'effort de modernisation avec l'aide de conseillers occidentaux, mais dilapide la richesse du pays. Il écrit des pièces de théâtre, fonde des journaux, et instaure l'école obligatoire. Il encourage les sentiments nationalistes en prônant l'indépendance de l'économie de tout contrôle étranger et en réduisant l'influence chinoise dans l'économie. Il révise les traités avec les nations occidentales. Il envoie des troupes combattre l'Allemagne pendant la Première Guerre mondiale et participe à la conférence de la Paix à Versailles en 1919.

R. Cuzin/ MICHELIN

La Dépression des années 1930 a de grandes répercussions sur le règne de **Rama VII** (Prajadhipok, 1925-1935) car la crise économique ravage le pays. Le coup d'État de 1932 organisé par un groupe de militaires et de civils conduit en 1935 à l'abdication du roi en faveur de son jeune neveu Ananda Mahidol, dont le règne est de courte durée. Pendant la Régence, le gouvernement civil est dominé par deux personnages clés. Le programme socialiste du Premier ministre **Pridi Panomyong** est rejeté, et il est contraint à l'exil. Sous le gouvernement de **Phibun Songkhram**, une vague de nationalisme et de militarisme déferle sur le pays, qui adopte officiellement le nom de **Thaïlande**, le Pays des hommes libres, en 1939.

Pendant la Seconde Guerre mondiale, la Thaïlande, bien qu'officiellement neutre, accorde son soutien au Japon dans le but de regagner ses territoires perdus du Cambodge et du Laos. En 1941 le pays est contraint de signer une alliance avec le Japon et de déclarer la guerre aux Alliés. Il n'y a cependant pas de déclaration officielle, car l'ambassadeur de Thaïlande aux États-Unis refuse de remettre la lettre. Pridi, de retour pour tenir la régence, soutient le Mouvement de libération thaï. Phibun s'exile au Japon au moment où s'annonce sa défaite face aux Alliés.

1946	Accession au trône de **Rama IX** (le roi Bhumibol). La Thaïlande rejoint l'ONU.
1949	*Victoire communiste en Chine.*
1955	L'Organisation du Traité de l'Asie du Sud-Est (OTASE) est mise en place.
1957	*Traité de Rome : instauration du Marché commun.*
1957-92	La Thaïlande est gouvernée par une succession de dictatures militaires, avec une seule courte période de gouvernement civil (1973-1976). L'insurrection communiste fait rage pendant l'escalade de la guerre du Vietnam. Le territoire bordant la frontière du Cambodge est placé sous loi martiale (1985-1987).
1967	Création de l'ANSEA (Association des Nations du Sud-Est Asiatique) pour la coopération économique, culturelle, industrielle et technologique.

Le Premier ministre suivant est Seni Pramoj, l'ancien ambassadeur aux États-Unis qui s'est montré si avisé. Pridi, qui a regagné sa popularité, lui succède. En 1945 a lieu le couronnement du roi Ananda sous le nom de Rama VIII, mais il meurt quelques mois plus tard dans des circonstances suspectes. La confusion qui suit la mort du roi conduit à la démission de Pridi et au retour de Phibun, à qui ses positions anticommunistes valent le soutien des États-Unis. Il reste au pouvoir jusqu'en 1957 ; en 1946 Rama IX accède au trône et la Thaïlande rejoint l'ONU.

À partir de 1957 a lieu une succession de coups d'État, et les militaires prennent le pouvoir. Pendant l'escalade de la guerre au Vietnam, l'implantation de bases américaines est autorisée sur le territoire. Des élections sont annulées, des révoltes étudiantes éclatent, la loi martiale est déclarée. Le Premier ministre doit démissionner en 1973 à la suite de violentes manifestations étudiantes.

1975	*Fin de la guerre du Vietnam.*
1982	Bicentenaire de Bangkok et de la dynastie Chakri.
1989	Fondation du groupe de Coopération économique Asie-Pacifique (APEC) pour traiter les questions régionales, notamment de sécurité.
1992	À la suite d'une révolte étudiante et de manifestations de masse, instauration de l'état d'urgence. Des élections libres amènent au pouvoir un gouvernement de coalition.
1993	La Thaïlande devient membre de la zone asiatique de libre-échange (AFTA) de l'ANSEA.
1996	Le roi Bhumibol célèbre le Jubilé d'or de son accession au trône.
1997	La Thaïlande dévalue sa monnaie, marquant le début de la crise financière en Asie.
1998	Une nouvelle constitution renforce la toute récente démocratie thaïlandaise.
2000	Accession au pouvoir d'un gouvernement populiste.

Au pouvoir jusqu'en 1976, des gouvernements civils menés par Seni, puis Kukrit Pramoj, négocient face aux revendications des étudiants, ouvriers et paysans. Pour s'opposer à la montée du Parti communiste thaï, l'armée s'empare à nouveau du pouvoir. Répression et censure sont renforcées. En 1977, un dirigeant plus libéral accède au gouvernement, et s'efforce pendant la décennie suivante d'endiguer le courant de soutien aux communistes, de gérer le flot de réfugiés en provenance du Vietnam et du Cambodge, et de faire face à la dégradation croissante de l'économie après le choc pétrolier de 1979.

Dans les années 1980, la collaboration de l'armée et des partis politiques appuie le redressement de l'économie, tandis que s'effiloche le soutien aux communistes. Une période de stabilité et des gouvernements de coalition suivent, jusqu'au coup d'État de 1991 et la formation d'un Comité de salut national. En 1992, on décrète l'état d'urgence. Le Parlement vote une loi stipulant que le chef du gouvernement doit être un député élu. Le Premier ministre suivant remplit avec succès son mandat. Les élections conduisent à des gouvernements de coalition. En 1998, la récession, ainsi que de graves divisions au sein du gouvernement, entraînent une crise. Des mesures drastiques sont prises pour réformer le secteur économique, rendant la vie difficile mais portant leurs fruits. Au début du troisième millénaire, un nouveau gouvernement de tendance politique différente est en place, et un optimisme prudent est de mise.

Le roi Bhumibol Adulyadej (Rama IX) est resté sur le trône pendant ces années difficiles. En tant que monarque constitutionnel, ses pouvoirs sont limités, mais ses sages conseils et l'intérêt profond qu'il porte au bien-être de son peuple lui valent un immense respect et l'admiration de la nation. Au cours des années son prestige a contribué à désamorcer de nombreuses situations difficiles et à atténuer les problèmes politiques. Le soutien royal et la prospérité économique ont joué un grand rôle pour le maintien des institutions démocratiques. En 1996, le souverain a célébré dans la liesse populaire le Jubilé d'or de son accession au trône.

Les Arts

Le patrimoine artistique de la Thaïlande suscite un intérêt croissant à la fois à l'intérieur et à l'extérieur du pays, au fur et à mesure que des études récentes offrent des éclairages sur les influences religieuses et culturelles complexes qui ont façonné son évolution.

À travers les âges, de nombreuses tendances artistiques ont été adoptées et interprétées dans une expression proprement thaïe. Un esprit novateur a vu le jour pendant l'Âge d'or du royaume de Sukhothaï (13e-16e s.), et avec l'expansion de la puissance d'Ayuthaya (14e-18e s.), cette culture a imprégné les territoires voisins. La destruction des capitales de Sukhothaï et d'Ayuthaya a entraîné la perte d'innombrables œuvres d'art. Les constructions de bois ont péri, mais les monuments restants, construits en pierre ou en brique, les statues en terre cuite, pierre, cristal, bronze, argent, et or qui ont échappé à la destruction donnent une idée de la floraison artistique de l'époque.

Peintures rupestres, Pha Taem

Avec le développement économique de la Thaïlande, l'intérêt grandissant de son peuple pour son histoire et sa culture a encouragé des recherches plus approfondies et un souci important de sauvegarde des monuments et œuvres d'art majeurs. De nombreux sites archéologiques connus n'ont pas encore été étudiés de près, et des découvertes d'importance sont possibles, qui pourraient donner lieu à de nouvelles interprétations. Jusqu'à récemment, le Musée national à Bangkok était le dépositaire des trésors artistiques du pays, mais une nouvelle politique culturelle a conduit à la création de musées régionaux à Ayuthaya, Ban Chiang, Chiang Saen, Lamphun, Lopburi, Nan, Nakhon Si Thammarat, Sukhothaï, et Phimai parmi d'autres, pour exposer les arts des différentes régions.

Vase tripode, Ban Kao

Civilisations anciennes – Des objets découverts dans tout le pays, galets retouchés, silex taillés, haches polies, couteaux en schiste de Mae Hong Son, Kanchanaburi, Surat Thani, fournissent de précieuses informations sur la lente évolution du mode de vie des peuplades préhistoriques : groupes nomades pratiquant chasse et cueillette, ou pratiquant la traque du gibier, puis tribus sédentaires capables de façonner leur environnement pour l'adapter à une vie communautaire. Les objets les plus anciens qui ont été découverts sont des **haches en pierre taillée** servant de tranchoirs et remontant à plus de 5 000 ans avant J.-C.

Des rituels funéraires élaborés se sont développés en même temps que l'agriculture, l'élevage et la production de poteries. Les **sépultures** ont révélé qu'une civilisation avancée avait fleuri dans les régions de **Ban Chiang** *(voir ce nom)* et Non Nok Tha au Nord-Est (environ 5 000 avant J.-C.-2ᵉ s.), qui produisait des récipients divers, à motifs incisés, cordés et peints. Ceux à motifs rouges sont extraordinaires. La découverte de l'outil à emmancher le plus vieux du monde, « WOST » *(vers 3500 avant J.-C., voir Musée de Ban Chiang)* et de beaux ornements sont la preuve que la technique du bronze était aussi maîtrisée. Le **vase tripode** en terre cuite, pièce rare datée d'environ 2 000 ans avant J.-C., trouvée à Ban Kao, Kanchanaburi, est sans doute une imitation locale d'un original en bronze.

Dans les grottes et les abris-sous-roche *(voir Ao Phangnga, Udon Thani, Ubon Ratchathani)*, on a trouvé de très nombreuses **peintures rupestres** représentant personnages, animaux et figures variées, émouvants témoignages des activités et des rituels des hommes préhistoriques.

Influences étrangères – Au début de l'ère chrétienne, des marchands indiens ont répandu à travers l'Asie du Sud-Est la culture de l'Inde, berceau de l'hindouisme et du bouddhisme. Son influence dans le Sud de la Thaïlande peut être détectée déjà au 3ᵉ s. de notre ère. Des découvertes importantes ont été faites à Takua Pa *(voir Ranong)*, Amphoe Wieng Sa et Chaiya *(voir Surat Thani)*. Des statues primitives (7ᵉ-9ᵉ s.) des trois divinités suprêmes hindoues, Shiva, Vishnou et Brahma, à la fois créateurs et destructeurs, et les premières représentations du Bouddha et des Bodhisattvas (futurs Bouddhas) sont de style **Gupta** ou **Gupta tardif**. Vishnou aux quatre bras est dépeint avec ses attributs, conque, disque, massue et fleur de lotus, arborant une mitre et une longue robe *(sampot)* avec un large pli à la taille. Les styles artistiques d'Amaravati, au Sud-Est de l'Inde, et d'Anuradhapura, à **Ceylan** (Sri Lanka), eurent aussi une influence déterminante. De premières statues du Bouddha debout le montrent dans l'attitude de l'apaisement *(abhaya mudra)* ou de l'explication *(vitarka mudra)*, vêtu d'une robe plissée couvrant l'épaule gauche, un grand pli drapé sur le bras gauche. On a aussi trouvé dans de nombreux sites des lingas de Shiva, représentant la trinité hindoue, des figures de terre cuite et tablettes votives.

Parmi les découvertes importantes de Kanchanaburi, attestant de l'influence d'autres cultures, se trouve une **lampe romaine** en bronze, décorée du visage du dieu grec Silène (autour du 1ᵉʳ s.), sans doute apportée dans la région par des marchands indiens.

Art de Dvaravati – Ce terme s'applique aux formes artistiques datant de la période qui s'est étendue du 6ᵉ au 11ᵉ s., et qui peut se comparer à l'art Gupta, post-Gupta et Pala. Des **pièces de monnaie** en argent portant une inscription en sanskrit font référence à un royaume de Dvaravati situé au centre de la Thaïlande et au Sud de la Birmanie, dont la population était sans doute d'origine môn.

L'art de Dvaravati est associé à la culture du bouddhisme theravada, qui s'illustre fondamentalement par des œuvres d'art primitives symboliques (aniconiques) comme la **roue de la Loi** *(dharmachakra)* et la gazelle couchée, qui symbolisent ensemble la naissance du bouddhisme, par des statues du Bouddha, ainsi que des sculptures rapportant les aventures du Maître dans ses vies antérieures. Des statues de pierre du Bouddha debout présentent des traits indigènes accusés *(illustration)* : large face carrée, nez aplati, lèvres épaisses, yeux prééminents, sourcils incurvés se rejoignant à la naissance du nez. Autres caractéristiques, de grosses boucles de cheveux, une protubérance conique au sommet du crâne *(ushnisha)*, une robe transparente couvrant les deux épaules, près du corps et arrondie en U à la base, avec un vêtement de dessous souvent visible en bas et au niveau de la taille. Des chefs-d'œuvre ont été découverts à Nakhon Pathom : d'imposantes statues du Bouddha assis « à l'européenne », les pieds reposant sur un socle en forme de lotus *(voir illustration)*.

Roue de la Loi

Les sanctuaires religieux *(chedi, wihan)* étaient construits en latérite ou en brique. De beaux exemples de bornes en pierre artistement gravées *(baï sema)*, des bas-reliefs, des statues en stuc, des figurines en terre cuite et des tablettes votives ont été découverts dans les sites de Dvaravati les plus importants, parmi lesquels le site antique de Si Thep *(voir Petchabun)*.

Les musées régionaux de Nakhon Pathom, Ratchaburi, Prachinburi, Lamphun et Khon Kaen présentent des collections particulièrement belles.

Le style de Hariphunchai – D'après les chroniques du Nord, c'est aux 7ᵉ-8ᵉ s. que le bouddhisme theravada et la culture de Dvaravati se sont répandus vers le Nord jusqu'à Lopburi, puis de là jusqu'à **Hariphunchai** *(voir Lamphun)*. On trouve au musée de Lamphun des statues du Bouddha remarquablement belles, avec des traits robustes, dans le style de Dvaravati. Mais aux 10ᵉ-12ᵉ s., quand Haripunchai a atteint le faîte de sa gloire, la sculpture et l'architecture, par exemple le *chedi* carré du **Wat Chamathewi★** (Wat Ku Kut), laissent à penser que son style se trouvait plutôt dans la lignée des formes artistiques contemporaines de Pagan, en Birmanie. Après la chute d'Hariphunchai aux mains du roi Mengrai de Chiang Raï en 1281, son art et sa culture bouddhiques ont étayé la fondation de la nouvelle capitale que le roi conquérant a souhaité bâtir à Chiang Maï.

L'art de la péninsule du Sud – Aux 7ᵉ-13ᵉ s., le bouddhisme mahayana était bien établi dans le Sud, alors dominé par une puissance maritime, l'empire de Srivijaya, dont la capitale se trouvait probablement à Palembang, à Sumatra. **L'art de Srivijaya** a été fortement influencé par les styles Gupta, Gupta tardif et Pala/Sena. On peut admirer au Musée national de Bangkok une statue en pierre du 8ᵉ s. du **Bodhisattva môn★★**, et un **Avalokiteshvara de bronze ouvragé★★** des 8ᵉ-9ᵉ s. trouvés à Chaiya *(illustration)*. Le site de Sathing Phra *(voir Songkhla)* a aussi livré de nombreux bronzes dans le style de Srivijaya. C'est à Chaiya qu'on trouve les meilleurs exemples d'architecture dans le style de Srivijaya. Le **Wat Kaeo** et le **Wat Phra Boromathat** en sont les monuments majeurs. Le *chedi* original (Phra Boromathat) de Nakhon Si Thammarat devait sans doute être du même style.

L'héritage khmer – L'art khmer que l'on voit en Thaïlande est habituellement appelé **art de Lopburi**, car Lopburi a été un centre administratif et culturel khmer. Du 7ᵉ au 13ᵉ s., l'art et l'architecture khmers ont eu un impact profond sur les cultures des deux royaumes de Dvaravati et de Srivijaya.

Les *prasat* khmers, ou antiques tours-sanctuaires que l'on trouve dans le Nord-Est, ont été construits aux 7ᵉ et 8ᵉ s., en fonction à la fois des croyances hindouistes et du bouddhisme mahayana qui les a suivies. Les sanctuaires, construits de matériaux différents, peuvent être associés à différentes périodes : on employait des briques au tout début, puis on utilisa la pierre, et enfin la latérite. Les monuments khmers de Lopburi *(voir à ce nom)* appartiennent à des périodes différentes. Le **Prasat Phanom Wan★** (Nakhon Ratchasima), le **Prasat Muang Tham★★** (Buriram) et le **Prasat Hin Phanom Rung★★★** (10ᵉ-13ᵉ s.) figurent parmi les monuments khmers les plus célèbres. Pour sa part, le **Prasat Hin Phimai★★★**, qui est considéré comme l'exemple le plus complet d'un sanctuaire khmer, est antérieur à Angkor Vat. Les sculptures qui décorent ces sanctuaires sont extraordinaires. Intéressants aussi, les nombreux **« hôpitaux »** ou maisons de repos, construits par Jayavarman VII dans tout le Nord-Est, et plus au Nord jusqu'au Laos.

D'admirables sculptures, certaines en bronze mais la plupart en grès, comprennent un remarquable **buste d'Uma★★★** (début 7ᵉ s. – *voir Palais Suan Pakkard, Bangkok*), et une statue majestueuse, représentant sans doute le roi **Jayavarman VII★★★** (illustration : *voir Musée national, Phimai*). Les traits caractéristiques des Bouddhas en grès de Lopburi sont le visage carré et aplati, le bandeau qui marque la ligne des cheveux, les sourcils rectilignes, et la protubérance au sommet du crâne, symbole de l'Illumination, parfois remplacée par trois rangs de pétales et un bouton de lotus. La robe tombant de l'épaule gauche passe en ligne droite au niveau du nombril. Les **statues du Bouddha paré**, posé sur les anneaux du roi Naga et protégé par son capuchon à sept têtes, représentent une innovation symbolisant le culte khmer du roi-dieu *(devaraja)*. On a retrouvé de grandes quantités de récipients en bronze et de **céramiques vernissées** appelées « jarres khmères », souvent à forme humaine ou animale.

Un temple khmer

Le plan du temple est fondé sur la cosmologie hindoue. Un mur représentant la terre, et des douves et bassins symbolisant les océans cernent les tours, qui désignent les pics du mont Meru, axe du monde et séjour des dieux. Un *prasat*, haute tour centrale bâtie sur un plan carré ou cruciforme et couronnée d'un bouton de lotus, abritait autrefois des statues de dieux hindous. Des *prasat* plus petits encadrent la tour principale. Linteaux, frontons, et corniches sont décorés de sculptures complexes. Le temple est construit avec de gros blocs de grès assemblés sans mortier. Autres traits caractéristiques, les toits en voûte, les fenêtres à balustres, les fausses portes et fausses fenêtres. Seuls les prêtres avaient accès à l'intérieur pour les cérémonies rituelles. Quand les rois khmers ont instauré la tradition du *devaraja*, roi-dieu, ils sont devenus eux-mêmes objets de vénération. Quand le bouddhisme fut adopté, des images du Bouddha paré furent placées dans le sanctuaire.

Dvaravati

Dvaravati

Srivijaya

Lopburi

Lopburi

PHOTOBANK

Le royaume du Lan Na (11e s.-début du 18e s.) – Les principautés du Nord de la Thaï-lande, qui ont composé le royaume du Lan Na sous le règne de Mengrai, ont développé des styles artistiques distincts.

Le style primitif porte le nom de l'ancien site de **Chiang Saen** (11e-13e s.), où on a décou-vert des statues du Bouddha du 12e s d'une grande beauté. Les traits qui les caractérisent sont : corps robuste, visage rond, menton proéminent, sourcils arqués, grandes boucles couronnées d'un bouton de lotus, drapé de la robe se terminant par un pan sur l'épaule gauche. Le socle des statues est décoré de pétales de lotus.

Le style suivant, appelé Chiang Saen tardif ou **Chiang Maï**, révèle l'influence de Sukho-thaï, avec le visage ovale, la minceur du corps, le pan de la robe descendant jusqu'à la taille ; puis, par la suite, l'influence des arts d'Ayuthaya, birman tardif et lao. Beau-coup de statues sont en cristal ou en pierre semi-précieuse. Certains experts estiment que le Bouddha d'Émeraude, statue la plus précieuse de Thaïlande découverte à Chiang Maï, est de style Chiang Saen tardif, alors que d'autres penchent pour les écoles indienne ou cinghalaise. Il semblerait qu'un style secondaire ait fleuri à Phayao *(voir ce nom)* au 15e-16e s., mais c'est actuellement controversé.

Parmi les nombreux chefs-d'œuvre de l'architecture du Lan Na, on peut voir le **Wat Pa Sak**★ *(voir Chiang Saen)*, édifice unique combinant des influences birmane, de Dvara-vati et de Sukhothaï, le *chedi*★★★ du Wat Chet Yot *(voir Chiang Maï)*, inspiré du sanctuaire de Bodh Gaya en Inde, et le **Wat Chedi Liem**★ *(voir Chiang Maï, Excursions)*, inspiré du **Wat Chamathewi**★ (Wat Ku Kut – *voir Lamphun)*. La fondation de **Chiang Maï** au 13e s., et la célébration du deuxième millénaire du bouddhisme au 15e s. ont amené la construction d'admirables sanctuaires, tels le **Wat Phra Sing Luang**★★, le **Wat Chedi Luang**★, le **Wat Chiang Man**★, et le **Wat Suan Dok**★★. Les structures étagées du toit, les porches élaborés avec balustrades de *naga*, les *chedi* octogonaux, les sculptures et stucs sophistiqués sont remarquables. Le site du **Wat Phra That Lampang Luang**★★★ *(voir Lampang)* est le meilleur exemple subsistant d'une place fortifiée *(wiang)* ceinte de remparts de terre.

On trouve aussi de remarquables temples de style birman *(voir Lampang et Mae Hong Son)*, avec leur plan et leur ligne de toits caractéristiques et leur sculpture délicate. Ils sont l'héritage de marchands birmans et shans qui s'intéressaient à l'exploitation du bois, et rappellent les liens historiques qui ont longtemps existé entre le Lan Na et la Birmanie.

La gloire de Sukhothaï (fin du 13e-début du 15e s.) – Au 13e s., l'émergence du royaume de Sukhothaï, qui avait adopté le bouddhisme theravada, engendra des formes d'expression artistique originales. Après avoir mis fin à la domination des Khmers, qui pratiquaient le bouddhisme mahayana, il s'agissait d'affirmer l'identité culturelle du royaume.

L'architecture de Sukhothaï est renommée pour son style unique de *chedi* couronné d'un **bouton de lotus**, hérité des arts khmer et birman (Pagan) : Wat Phra Si Mahathat, Wat Traphang Ngoen, Sukhothaï ; Wat *Chedi* Chet Thaeo, Si Satchanalai. La forme du *prasat* khmer fut également assimilée et affinée dans les *prang* comme pour le Wat Si Sawai (Sukhothaï).

Les influences cinghalaises sont évidentes dans l'harmonieux *chedi* **en forme de cloche** (Wat Phra Si Mahathat, Wat Sa Sri, Sukhothaï), avec sa base carrée, souvent rehaussée d'élé-phants cariatides en stuc (Wat Chang Lom, Sukhothaï et Si Satchanalai ; Wat Chang Rob, Kamphaeng Phet). Un autre développement s'inspirant du style du Lan Na est le *chedi* à base carrée redentée, surmonté d'une construction centrale carrée percée de niches abritant des images du Bouddha debout, puis de cloches superposées, elles-mêmes terminées par une flèche annelée. On a des exemples de ces *chedi* au Wat Phra Si Mahathat (Sukhothaï) et au Wat *Chedi* Chet Thaeo (Si Satchanalai). De grandes statues et des empreintes de pieds du Bouddha sont abritées dans des *mondop* carrés aux murs très épais (Wat Phra Si Mahathat, Wat Si Chum, Sukhothaï ; Wat Phra Si Iriyabot, Kamphaeng Phet). « Mondop » est dérivé du mot sanskrit « mandapa », mais celui-ci désigne en architecture indienne une salle ou un pavillon ouverts.

Les statues de la période de Sukhothaï figurant le Bouddha dans les quatre postures : assis, couché, debout et marchant, frappent par leur élégance, et reflètent la ferveur religieuse et la sérénité, conformément au bouddhisme theravada, sous influence cin-ghalaise. Leurs traits caractéristiques comprennent : visage ovale, nez busqué, sourcils arqués, boucles serrées, sourire serein, épaules larges et taille fine. La tête est cou-ronnée d'un haut motif en flamme et le pan de la robe, drapé sur l'épaule gauche, retombe en plis au niveau de la taille. Parmi les exemples les plus remarquables on a le **Phra Phuttha Sihing** (Phra Thinang Phutthaisawan, Bangkok), le **Phra Phuttha Chinasi** et le **Phra Phuttha Sassada** (Wat Bowon Niwet, Bangkok). Le très vénéré **Phra Phuttha Chinarat**, (Wat Phra Si Ratana Mahathat, Phitsanulok) est, trait original, entouré d'un halo de flammes. Il a un visage plus rond, un corps plus trapu et des doigts d'égale longueur. Il a inspiré de nombreux artistes et on en trouve plusieurs versions, dans des sanc-tuaires répartis dans tout le pays.

Le magnifique **Bouddha marchant** *(Musée national Ram Khamhaeng, Sukhothaï ; Musée national de Bangkok)*, bronze coulé en ronde bosse, marque le sommet de l'expres-sion artistique de Sukhothaï. Il s'inspire probablement de sculptures en stuc (Wat Phra Phai Luang, Wat Traphang Thong Lang, Sukhothaï ; Wat Si Iriyabot, Kamphaeng Phet). Sa silhouette et ses traits correspondent aux descriptions du Bouddha dans les textes pali. La posture en légère flexion et les lignes souples de cette forme idéalisée sont remarquables.

Sukhothai

Lanna – Chiang Saen

Sukhothai

U-Thong

PHOTOBANK

Les noms thaïs des dieux hindous

Indra – **Phra In** – Dieu du tonnerre et des orages, qui chevauche l'éléphant à trois têtes Erawan, et a pour emblème l'éclair.

Brahma – **Phra Phrom** – Le Créateur, représenté avec quatre têtes et quatre bras. Son coursier est un *hamsa* (une oie sauvage ou un cygne) et ses attributs sont un livre, un bol, une cuillère et un rosaire. Son épouse est **Sarawasti**, déesse de la connaissance et de la science.

Vishnou – **Phra Narai** – Le Préservateur, aux quatre bras. Son coursier est **Garuda**, aigle mythique parfois mi-homme mi-oiseau, et ses emblèmes la conque, le disque, la massue et la fleur de lotus. Son épouse est **Lakshmi**, déesse de la prospérité, et parmi ses avatars (réincarnations) sont Rama, Krishna, et le Bouddha, mais aussi l'ermite, le nain, l'homme-lion, la tortue ou le poisson...

Shiva – **Phra Isuan** – Le Destructeur, représenté avec un troisième œil au milieu du front, un cordon brahmanique en forme de serpent sur le corps, un croissant de lune dans sa coiffure. Parmi ses emblèmes, le trident, le poignard et la hache. Il monte le taureau **Nandi**. Son épouse est **Uma** (Parvati) ou **Kali**, et son fils **Ganesh**, créature mythique à corps d'homme dodu et tête d'éléphant, dieu de la sagesse qui élimine les obstacles. Le linga (emblème phallique) représente la force créatrice de Shiva.

Sous le règne de Li Thaï (environ 1347-1368), les **empreintes des pieds du Bouddha**, en pierre et en bronze, ont connu la faveur des fidèles. S'inspirant de celles du pic Adam à Sri Lanka, elles symbolisent la présence du maître.

La maîtrise des artistes de Sukhothaï apparaît dans les exceptionnelles **gravures sur ardoise** du Wat Si Chum, représentant des scènes des *Jataka* (vies antérieures du Bouddha).

Les admirables statues des dieux hindous Shiva et Vishnou réalisées à l'époque de Sukhothaï *(Musée national, Bangkok)*, sont certainement dues à un besoin de consolidation du pouvoir, et à des croyances concernant la fertilité du sol héritées de l'hindouisme.

Dans les grands ateliers de poterie de Si Satchanalai et Sukhothaï, les artisans, ayant appris leur art auprès de maîtres chinois, ont produit des céramiques à couvertes brunes, blanches, céladon ou à motif peint, rassemblées sous le nom de **poterie de Sangkalok**. On exportait très loin récipients et poteries décoratives aux formes animales et humaines. Les objets retrouvés dans des épaves, au fond du golfe de Thaïlande et au large de l'Indonésie et des Philippines, attestent de cette activité commerciale importante.

L'art d'Ayuthaya (1350 à 1767) – Les descriptions dithyrambiques des visiteurs européens de l'époque ne donnent qu'un aperçu de la munificence d'Ayuthaya, fière de ses nombreux temples étincelants et de ses splendides palais. Le royaume d'Ayuthaya se sentait très proche des traditions culturelles et artistiques héritées de la civilisation khmère, et, son pouvoir s'affirmant, les souverains mirent en avant la notion de roi-dieu et devinrent des personnages sacrés. La splendeur et la dimension des temples étaient autant de témoignages de la puissance royale.

Le **prang**, ou tour-reliquaire à multiples facettes en forme d'épi de maïs (Wat Ratchanabura), dérive du *prasat*, tour-sanctuaire de l'architecture khmère. Le *chedi* en forme de cloche de l'époque de Sukhothaï est resté une construction courante, et on a ajouté des colonnes à la base de la spire annelée. On a cependant réduit par la suite la taille de la cloche, et on l'a placée sur une base plus haute. Une tendance nouvelle apparaît avec les *chedi* redentés (Wat Phu Khao Thong), aux angles redentés et aux tours-reliquaires en forme de cloches à pans coupés. Les *wihan* ont une base concave caractéristique, d'étroites baies et des piliers couronnés par des chapiteaux en forme de fleur de lotus.

Le **style d'U-Thong**, en sculpture, date d'avant la fondation d'Ayuthaya et s'est développé dans la plaine centrale. Il tient probablement son nom d'U-Thong dans la province de Suphan Buri. Le roi U-Thong (Ramathibodi Ier) a fait déplacer ses sujets à Ayuthaya. Les statues du Bouddha reflétant des croyances bouddhistes indigènes et certains motifs rappelant l'influence khmère datent de la première période (U-Thong A). Une évolution relativement rapide eut lieu juste avant l'essor d'Ayuthaya, quand l'influence de la sculpture bouddhique de Sukhothaï était flagrante (U-Thong B et C).

L'influence de Sukhothaï resta dominante jusqu'à l'apparition d'une expression propre à Ayuthaya. Celle-ci manquait cependant de brio et de souplesse : les statues de l'époque ont une expression austère. Au 16e s., lorsque le Cambodge tomba sous la domination d'Ayuthaya, l'art khmer donna une inspiration nouvelle aux artistes. Ils sculptèrent alors des statues en grès, modelant des lignes qui soulignent les lèvres et les yeux, et ajoutant le tracé d'une fine moustache.

L'alliance d'Ayuthaya avec Chiang Maï explique le succès des **statues du Bouddha paré** qui apparaissent au 15e s. Au début, ces figures étaient décorées modestement, mais par la suite les Bouddhas parés vinrent refléter la grandeur des souverains d'Ayuthaya *(voir Wat Na Phra Men)*. Les statues colossales soulignent aussi l'importance du royaume *(voir Wat Phanan Choeng)*. Les statues de disciples apparaissent, tandis que se perpétuent les représentations majestueuses de divinités hindoues, par exemple Shiva *(Musée national, Kamphaeng Phet)* de style comparable à l'art khmer du Bayon.

Un trésor important trouvé dans la crypte du Wat Ratchaburana, comprenant insignes royaux, images du Bouddha et tablettes votives, illustre le remarquable talent artistique des maîtres artisans de l'époque. Les **peintures murales** découvertes dans la crypte sont parmi les rares survivantes du sac de la ville par les Birmans en 1767. Leur style rappelle l'art de Sukhothaï et montre qu'elles sont l'œuvre d'artistes chinois. On peut en admirer d'autres beaux exemples au Wat Yai Suwannaram et au Wat Ko Kaeo Sutharam à Phetchaburi. Les scènes reprennent des motifs floraux et des animaux mythiques, peints de tons passés de blanc, jaune, rouille et rouge sur fond crème. On s'est servi plus tard de la feuille d'or. D'autres objets d'art reflètent la période d'Ayuthaya : stucs, panneaux de porte sculptés (en particulier incrustés de nacre), coffrets à écriture et boîtes contenant des manuscrits sacrés, décorés de peintures délicates d'or sur fond de laque noire.

Vantaux de porte, Wat Pho

Art de l'Isan – Outre ses splendides temples khmers, le Nord-Est a conservé un patrimoine lao. Sont dignes d'intérêt l'harmonieux *that (chedi)* laotien, Wat Phra That Si Song Rak *(voir Loei)*, Phra That Phanom, Phra That Tha U-Then, Phra That Renu Nakhon *(voir Nakhon Phanom)* ; le simple *sim (ubosot)*, Phra That Kham Khen *(voir Khon Kaen)*, Wat Suwannawas *(voir Mahasarakham)*, souvent décoré d'un motif de soleil rayonnant, de représentations du Bouddha au visage ovale caractéristique *(Musée national, Ubon Ratchathani)*, et de délicates sculptures sur bois.

Peinture murale

65

Première période Ratanakosin (de Bangkok) – Après la chute d'Ayuthaya (1767), le roi Taksin fonde la nouvelle capitale du Siam à Thonburi. En 1782, sous le règne de Rama 1er, de la dynastie Chakri, le centre du pouvoir se déplace à Bangkok. Le style architectural de la nouvelle capitale est pour la majeure partie l'héritage de l'ancien royaume. Les constructions religieuses comprennent, parmi d'autres, les fameux **Wat Phra Kaeo**★★★, **Wat Pho**★★, **Wat Suthat**★★ et **Wat Arun**★★. Des statues du Bouddha sont récupérées dans les ruines d'Ayuthaya et placées dans les temples de la nouvelle capitale *(voir Wat Pho)* pour créer un sentiment de continuité. Les nouveaux motifs artistiques sont encore plus austères que les modèles d'Ayuthaya, et on les considère dans leur ensemble comme des imitations sans grand intérêt.

Le règne de Rama III (1824-51) marque le sommet de la gloire du nouveau royaume. Les statues du Bouddha paré à la décoration sophistiquée conservent la faveur des fidèles et reflètent la progression artistique et économique de Bangkok. On produit néanmoins un grand nombre de statues du Bouddha traditionnelles. L'influence de l'art chinois apparaît clairement à cette époque, due à l'importance des relations commerciales avec la Chine, source de grands profits pour le pays. Les peintures de style chinois côtoient souvent les images thaïes traditionnelles.

Les peintures murales illustrant l'histoire du bouddhisme suivent un modèle prédéterminé que les fidèles peuvent interpréter aisément. Les murs latéraux des *ubosot* sont divisés en deux registres. Sur la partie haute, des créatures célestes rendent hommage à la figure principale du Bouddha sur l'autel. La partie inférieure représente des scènes de la vie du Bouddha, ou de ses vies antérieures *(Jataka)*. Sur le mur Ouest apparaît la cosmologie bouddhique avec les Trois Mondes *(Traïphum)* : le paradis, la terre et l'enfer. Le mur Est représente la victoire du Bouddha sur Mara, force du Mal. Les scènes sont encadrées par des lignes brisées, et l'espace restant est décoré de vignettes amusantes dépeignant animaux, plantes et scènes de la vie quotidienne. Les personnages sont sans expression : les émotions sont indiquées par une gestuelle et des postures conventionnelles, que l'on retrouve dans la danse traditionnelle thaïe. On introduit des thèmes étrangers, mais ils sont traités de manière conventionnelle. Les artistes emploient des lignes simples et de larges aplats de couleur sombre, sans ombres ni perspective. On en trouve les meilleurs exemples au Wat Phra Kaeo, au Phra Thinang Phutthaisawan et dans les temples de Thonburi. Sur les murs de la galerie du cloître du Wat Pho se déroule *le Ramakien*, version thaïe du *Ramayana*, poème épique hindou racontant l'histoire de Rama, roi d'Ayodhaya.

Les arts décoratifs étaient florissants à cette époque : ivoires sculptés, incrustations de nacre et niellage, objets laqués. La porcelaine « aux cinq couleurs », **Bencharong**, est réputée.

Art contemporain – Tandis qu'à la fin du 19e s. le pays ouvre à nouveau ses portes à la civilisation occidentale, l'art thaï commence parallèlement à se libérer de son cadre de référence religieux. L'expansion de la capitale entraîne la construction de bâtiments de style composite combinant néoclassique et néobaroque avec des éléments de l'architecture traditionnelle thaïe. Le **Wat Benchamabopit**★★ (temple de Marbre), avec son plan original, ses marbres polychromes et ses vitraux, engendre de nouvelles normes qui sont reprises à travers le pays. Les peintres se familiarisent avec les techniques de la perspective. Les peintures murales deviennent plus vivantes. On y ajoute des scènes naïves qui illustrent la vision que les contemporains thaïs ont des étrangers, comme au **Wat Bowon Niwet**★★. Le peintre **Khrua in Khong** est le maître réputé de l'époque.

De nouvelles tendances apparaissent dans les récentes années, qui augurent bien de la floraison des arts en Thaïlande. L'expression architecturale moderne reprend pureté des lignes et sobriété inspirées du passé (**ubosot**★★ du Wat Si Khom Kham, Phayao ; Wat Sala Loï, Nakhon Ratchasima ; Wat Phra Dharmakaya, Pathum Thani, **ubosot**★★ du Wat Phra Kaeo, Chiang Raï). Les peintures murales réalisées par les artistes modernes ouvrent de nouvelles perspectives *(voir Phayao)*. La prospérité et le niveau d'éducation croissants de la population entraînent un intérêt grandissant pour les arts et le patrimoine culturel du pays. Les facultés d'art accueillent de nouveaux étudiants qui poursuivent leurs recherches avec un enthousiasme croissant.

L'architecture civile et domestique

Les maisons traditionnelles de bois, parfaitement adaptées au climat, sont devenues rares car le bois est un matériau cher. On voit toujours des habitations flottantes sur les canaux (Thonburi, Phitsanulok), mais elles sont généralement couvertes de toits en tôle ondulée. Dans la plaine centrale, les maisons, dotées de vérandas ombragées, d'élégants toits en pente, de pignons et de faîtières terminées par des motifs incurvés, sont montées sur des pilotis pour éviter inondations et prédateurs.

On démonte facilement les maisons de bois pour les reconstruire ailleurs, et on y ajoute des modules pour les agrandir : **maison de Jim Thompson**★★, **Ban Kamthieng**★ (Siam Society) *(voir Bangkok)*. Les palais royaux suivent le même principe mais sont plus sophistiqués. On en a de beaux exemples avec le **Tamnak Daeng**★★ (Pavillon Rouge, *Musée national de Bangkok*), le **Ho Phra Traï Pidok** (Wat Rakhang Khositaram, Thonburi, *voir Environs de Bangkok*), le **Ruan Thap Khwan** (Phra Ratchawang Sanam Chang, *voir Nakhon Pathom*) et les maisons du Parc Mémorial de Rama II *(voir Samut Songkhram)*.

Le style du Nord présente des variations, comme les murs inclinés vers l'extérieur et les décorations de toit caractéristiques en forme de V appelées *kalae*.

La tradition bouddhiste thaïe

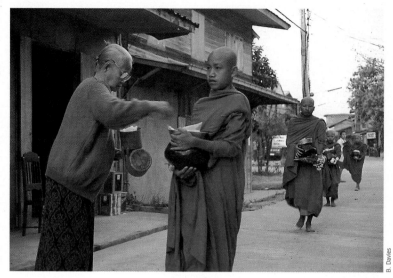

Les aumônes

Le bouddhisme theravada

Le bouddhisme theravada est la forme prédominante du bouddhisme dans le Sud et le Sud-Est de l'Asie. C'est la religion d'État en Thaïlande, où plus de 90 % de la population sont adeptes de cette tradition. Le Theravada, qui signifie « Voie des Anciens », s'est répandu vers le Sud et le Sud-Est à partir de l'Inde pendant le règne du grand empereur Ashoka (3ᵉ s. avant J.-C.). Parfois appelé École palie (à cause de ses écritures en langue palie), ou Hinayana, c'est-à-dire « Petit Véhicule », appellation péjorative, il est considéré en général comme étant la plus conservatrice et la plus orthodoxe des traditions bouddhistes, celle qui est le mieux parvenue à préserver l'enseignement historique du Bouddha Gautama. Cette forme du bouddhisme diffère du mahayana et du bouddhisme tantrique en ce qu'elle met l'accent sur le personnage historique du Bouddha Gautama comme unique source importante de connaissance, par opposition aux Bouddhas multiples ; sur le Bouddha en tant que saint plutôt que sauveur ; sur l'émancipation due à l'effort personnel, et moins à la grâce ; sur l'objectif de devenir un *arahant* (saint), qui a pour priorité la découverte de la sagesse et la fin des réincarnations, au lieu d'un bodhisattva, qui choisit la compassion et repousse la fin de ses renaissances.

Le Bouddha – Bouddha signifie « Éveillé » ou « Illuminé ». Le Siddhartha Gautama historique fut appelé Bouddha par ses disciples en reconnaissance de son accomplissement spirituel suprême et de sa libération du cycle des existences. Il est l'un des Bouddhas dans ce système du monde. Avant lui fut le Bouddha Kassapa, et le prochain sera le Bouddha Maitreya. Les Bouddhas parviennent à leur maturité en atteignant la perfection *(parami)*. Ainsi, dans une de ses vies antérieures en tant qu'ermite Sumedha, Gautama a prononcé le vœu de devenir un Bouddha en présence d'un Bouddha antérieur, nommé Dipankara, et c'est grâce aux efforts continus qu'il a fournis au long de ses vies qu'il a atteint les qualités requises pour y parvenir. Le noyau de son enseignement consiste presque uniquement en des conseils pratiques de vie. Mis à part sa vie de Bouddha, on ne lui attribue pas moins de 547 vies dans les ***Jataka*** (histoires de ses vies antérieures). La plus marquante de ces histoires est celle de son avant-dernière vie avant de devenir Bouddha, la vie du prince Vessantara, pendant laquelle il a atteint la perfection de la générosité en distribuant les richesses de son royaume, y compris son éléphant blanc.

Années de jeunesse – Né à Kapilavastu (Rummindei, Népal), le Bouddha Gautama est mort à Kusinagara (Kasia, en Inde). Il existe plusieurs chronologies qui diffèrent sur les dates de sa vie (entre 400 et 600 ans avant J.-C.), mais selon la chronologie thaïe, il est mort (il a atteint le **nirvana**) en 543 avant J.-C. Sa vie est parsemée d'épisodes repris dans la littérature thaïe, le rituel calendaire, l'iconographie et l'art.

Sa naissance, sous le nom de Siddhartha, au sein d'une famille royale, donna lieu à une prophétie : il allait soit devenir un Bouddha universel, soit un monarque universel. Il se maria à l'âge de seize ans, et bien que son père fasse tout son possible pour lui assurer son avenir de monarque universel en lui rendant la vie agréable, il ne put empêcher Siddhartha, à l'occasion de ses sorties dans des jardins où tout aurait dû être

67

plaisir, de faire quatre rencontres édifiantes : un vieillard, un malade, un mort et un moine. Les trois premiers l'incitèrent à mettre en question le sens de l'existence ; le dernier le poussa à accomplir le grand renoncement. À l'âge de vingt-neuf ans, il quitta le palais et devint ascète dans le but de comprendre la nature de l'existence.

La Voie du Milieu – Le prince rendit visite à de nombreux maîtres, pratiqua différentes sortes de yoga et d'ascétisme, parmi lesquelles le jeûne. Sa capacité à atteindre le niveau des *Jina* supérieurs (Bouddhas métaphysiques) est représentée par la position de méditation *dhyana mudra*, dans laquelle on le voit assis, en méditation, les mains reposant dans le giron, paumes ouvertes vers le ciel.

Finalement il décida de pratiquer la Voie du Milieu, par laquelle il choisissait de ne pas mortifier complètement ses sens, mais de ne pas non plus lâcher la bride à tous ses désirs. À trente-cinq ans, après 49 jours de contemplation, en proie aux attaques et aux tentations de Mara, force du Mal, il atteint l'Illumination sous l'arbre de la Bodhi (éveil) à Bodh Gaya. Bien qu'il soit parvenu à cet état par ses propres moyens, l'épisode est souvent dépeint de la façon suivante : pour l'aider à lutter contre Mara, la Déesse de la Terre tord sa chevelure, d'où sort un torrent d'eau qui noie les démons. Ceci atteste du grand nombre de mérites obtenus par le Bouddha, qui, après chaque cérémonie du mérite, avait versé de l'eau rituelle sur les cheveux de la déesse. Dans cet épisode, le Bouddha est assis dans la position *bhumisparsha mudra*, prenant la terre à témoin, avec une main, généralement la main droite, touchant le sol.

Il a prêché le Premier Sermon à ses cinq premiers disciples, sermon au cours duquel il a illustré la nature de la réalité *(dharma)* par une roue. Ce sermon s'appelle pour cela « la Roue de la Loi » *(dharmachakra)*. On le représente communément par un Bouddha dont l'index et le pouce tiennent le médius de l'autre main. Le Bouddha a ensuite instauré un ordre monastique, le **Sangha**, et a passé le reste de sa vie à enseigner à ses disciples et à donner des sermons qui lui ont valu une foule de fidèles.

À l'âge de quatre-vingts ans, il entra dans le *parinirvana* (état au-delà de l'existence sensible), représenté généralement par le **Bouddha couché**. Par la suite, ses reliques furent distribuées dans les différents royaumes bouddhistes. Le bouddhisme se répandit, soutenu par de puissants souverains qui étendirent son influence au-delà de l'Inde. Au 3e s. avant J.-C., lors du Troisième Concile, l'empereur Ashoka envoya des missionnaires dans les pays voisins.

Le Tripitaka

Les canons du bouddhisme theravada font à eux seuls environ 13 fois le format de la Bible. Rassemblés tout d'abord lors du Troisième Concile tenu sous le règne d'Ashoka (environ 272 à 232 avant J.-C.), la transmission orale les reprit, jusqu'à ce qu'ils soient retranscrits à Ceylan, au cours du premier siècle après J.-C. Le canon comprend les Trois Corbeilles *(Tripitaka)* : le code de discipline de l'ordre monastique *(Vinaya)*, les discours et sermons du Bouddha *(Sutra)*, et la philosophie bouddhique *(Abhidharma)*. Plusieurs conciles ont été réunis afin d'assurer l'exactitude des textes transmis, mais tous les bouddhistes ne les reconnaissent pas.

L'enseignement du Bouddha

L'accent n'est mis ni sur une divinité, ni sur une doctrine, mais sur la libération de l'individu par une pratique personnelle correcte. Le noyau de l'enseignement est essentiellement pratique, ce qui explique pourquoi la bonne façon de suivre la voie bouddhiste est parfois nommée orthopraxie (justesse des actions) plutôt qu'orthodoxie.

Offrandes au temple

R. Mazin/ PHOTONONSTOP

Les Quatre Nobles Vérités – La vie n'est que souffrance *(dukha)*, la souffrance étant causée par le désir *(samudaya)*. Annihiler la souffrance est annihiler le désir *(nirodha)*. On peut mettre fin à la souffrance en suivant la Noble Voie aux Huit Principes *(marga)*.

La Noble Voie aux Huit Principes – Vision correcte, pensée correcte, paroles correctes, activité correcte, existence correcte, effort correct, attention correcte, et concentration correcte. On les résume souvent en charité *(dana)*, moralité *(sila)* et culture mentale *(bhavana)*.

Les Cinq Préceptes – Le code de conduite quotidien de base des laïcs comprend les interdictions de tuer, de voler, de mentir, d'avoir des relations sexuelles illicites, et de s'enivrer. On peut suivre des préceptes plus élevés les jours de célébrations, ou en entrant dans les ordres et en adoptant le code de conduite monastique.

Les Trois Joyaux *(Triratna)* – Le Bouddha, le Dharma et le Sangha sont les trois objets principaux de vénération.

Autres influences

Les moines bouddhistes n'apportent aucune aide aux laïcs pour leurs besoins matériels quotidiens. Il reste donc de la place dans la vie thaïe pour d'autres systèmes religieux traitant de ces besoins spécifiques.

Le brahmanisme – Au plan historique, les brahmanes ont joué un rôle très important, en supervisant le rituel royal et en veillant au cérémonial de la cour et des mariages. Le roi s'entoure toujours de brahmanes, qui conservent leur réputation en tant que meilleurs spécialistes des rituels pour les affaires temporelles.

Les esprits – Les bouddhistes en Thaïlande ne nient pas l'existence des esprits *(phi)* ou de divinités plus hautes *(deva)*, et ils suivent un code de conduite à l'égard des esprits, qui va de la simple reconnaissance à des formes plus tangibles de communication. On reconnaît l'existence de ces esprits pendant la cérémonie d'offrande de l'eau, en adressant ses bons sentiments et ses bonnes intentions *(metta)* à l'ensemble des êtres vivants, après avoir fait des offrandes au monastère. Mais il existe des formes plus importantes de reconnaissance des esprits, notamment pour éloigner le mal. Maisons, écoles, bureaux et villages possèdent pour la plupart des sanctuaires dédiés aux esprits protecteurs *(chao)*, qui ressemblent à des maisons miniatures sur pilotis. Certaines pratiques vont plus loin et recourent à des médiums *(khon song)* et des sorciers *(mae mod)*, qui communiquent plus directement avec les esprits. De nombreux Thaïs s'adressent régulièrement aux esprits pour atteindre des objectifs concrets et immédiats, réussite aux examens ou signature d'un contrat d'affaires. Un des sanctuaires les plus populaires de Bangkok est l'**autel d'Erawan**, dédié au dieu hindou Brahma, situé à l'hôtel Erawan. Il a été érigé par les propriétaires après que plusieurs accidents furent arrivés au personnel.

L'astrologie – Il est habituel de consulter un astrologue en Thaïlande. Bien que la science astrologique soit associée au brahmanisme, elle est pratiquée aussi par des non-brahmanes. On sait que les bonzes aussi la pratiquent.

Le sangha thaï et le roi

Le premier devoir du roi est la charité ; il doit donc se comporter en souverain juste et, en tant que futur Bouddha, protéger le bouddhisme et soutenir l'ordre monastique *(sangha)*. Les historiens estiment souvent que la structure du *sangha* correspond aux décisions des rois. Contrairement aux autres pays de bouddhisme theravada, où le lien entre roi et *sangha* a été brisé, en Thaïlande, jamais colonisée, le roi a conservé son autorité sur le *sangha*.

Dans le passé, les rois faibles n'avaient ni les moyens ni le désir d'encadrer l'ordre monastique. En revanche, quand des rois autoritaires montaient sur le trône, le sangha devenait plus structuré. Cela arriva sous le roi Mongkut, Rama IV (1851-1868), qui, ayant lui-même été moine pendant 27 ans, a fondé la branche réformiste de l'ordre, **Dharmayutika**, mettant un accent plus important sur la méditation et l'étude. Elle fonctionnait de concert avec le groupe Mahanikay, plus impliqué dans le monde laïque. Il a centralisé l'ordre monastique et institutionnalisé ses relations étroites avec l'État.

Trois décrets sur le *sangha*, notamment ceux de 1902 et 1962, ont laissé l'ordre monastique plus centralisé que jamais. Aujourd'hui, l'avancement dans l'ordre bouddhique se mesure au succès dans un système d'examens géré par l'administration centrale. Une ordination ne peut pas avoir lieu, un monastère ne peut pas être créé, sans la permission de la hiérarchie ecclésiastique, et les autorités civiles ont le droit de défroquer les bonzes.

Cosmologie et symboles bouddhiques

La cosmologie bouddhique fait état d'innombrables systèmes de mondes, chacun possédant ses propres caractéristiques. Chacun a son soleil et sa lune, sa propre terre avec des continents, des océans, et une montagne centrale (**le mont Meru**) qui relie entre eux leurs cieux et leurs enfers. Ces mondes sont détruits régulièrement au cours de longs cycles cosmiques *(kalpa)*. Ce qui importe dans la cosmologie bouddhique, ce n'est pas que les bouddhistes croient à son existence physique. Mais elle constitue la toile de fond qui permet de saisir l'enseignement du Bouddha sur la nature des causes et des effets et sur l'éthique des comportements, au travers d'une variété infinie de manifestations de la vie. La pensée cosmologique se reflète dans l'architecture, notamment dans les temples, et dans l'organisation de la royauté.

Les transmigrations – Chaque système de monde possède 31 niveaux d'existence, au travers desquels la vie transmigre par des renaissances perpétuelles. Ces niveaux d'existence se divisent en trois domaines. Le domaine du désir *(kama loka)* est le séjour où renaissent animaux, fantômes, êtres humains et certains dieux, qui ont une forme sensible, ressentent plaisir et douleur, et éprouvent des désirs. Dans le domaine des apparences *(rupa loka)* vivent les 17 dieux brahmaniques qui possèdent une forme subtile et qui, détachés du plaisir des sens, connaissent la joie des quatre degrés de méditation. Dans le domaine de l'absence d'apparences *(arupa loka)* vivent les dieux supérieurs qui n'ont pas de forme et existent à l'état mental pur, contemplant l'infinitude de l'espace, de la pensée, du néant et la cime de l'existence.

Le niveau de renaissance de chacun est la conséquence de ses actions *(dharma)* : le comportement de chacun dans ses vies antérieures conduit à sa situation présente, et son comportement actuel aura des répercussions sur son état à venir. Les domaines des dieux sont plaisants, et les domaines inférieurs sont emplis de souffrance. Cependant, seul le domaine humain, soumis à la fois au plaisir et à la souffrance, permet l'accession complète au nirvana et à l'état de Bouddha.

Ordination des bonzes et vie monastique

L'ordre monastique *(sangha)* a été fondé pour observer et perpétuer l'enseignement du Bouddha. Les bonzes n'ont pas de devoirs particuliers à l'endroit des laïcs, et ne président pas aux rituels qui touchent au cycle de la vie. Les monastères ont malgré tout représenté au long de l'histoire plus que de simples centres religieux. Avant l'instauration d'écoles publiques, ils formaient l'infrastructure éducative du pays, du primaire à l'université, et servaient au roi de pépinière pour ses ministres et serviteurs. Aujourd'hui, ils remplissent d'autres rôles dans la société civile. Les bâtiments comprennent souvent des pavillons *(sala)* où les laïcs peuvent se réunir en assemblée ; les monastères disposent parfois de motopompes et de puits profonds, dont profitent les villageois. Et puis, c'est au travers des réseaux de monastères que sont facilités les liens et les échanges des communautés avec les capitales provinciales et nationales éloignées.

Il y a environ 28 000 monastères *(wat)*, où vivent, suivant la période de l'année, jusqu'à 200 000 bonzes et 1 000 000 de novices et garçons de temple *(dek wat)*. Contrairement à la tradition chrétienne, l'entrée dans les ordres n'est habituellement pas définitive mais temporaire. Sa durée peut couvrir quelques jours ou, traditionnellement, la saison des pluies *(phansa)*, de juin à octobre. Tous les ans, pendant cette période, c'est 1,5 % de la population masculine qui entrera provisoirement dans les ordres, venant grossir de 25 à 40 % la population monastique du pays.

Les communautés contemplatives – Les monastères bouddhistes sont généralement classés en deux types : ceux qui mettent l'accent sur la pratique bouddhiste *(patipatti)*, ou alors sur l'étude des écritures *(pariyatti)*, suivant que leur vocation est la contemplation intérieure *(vipassana-dhura)* ou l'étude des livres *(gantha-dhura)*. Cette

Moines bouddhistes

Les statues du Bouddha

Après la mort du Bouddha, on a adopté des symboles aniconiques représentant des événements significatifs de sa vie : la fleur de lotus (sa naissance) ; la Roue de la Loi (son enseignement), parfois accompagnée d'une gazelle couchée pour représenter son premier sermon dans le parc des Gazelles à Sarnath ; l'arbre de la Bodhi (l'Éveil) ; le *chedi* (entrée dans le *parinirvana*) ; le trône et les empreintes de pied (présence du Maître).

Avec le temps, on se rendit compte que les convertis venant d'autres religions avaient besoin de symboles plus explicites. Au premier siècle de notre ère furent réalisées les premières images du Bouddha. Une statue de Bouddha étant en premier lieu objet de vénération, dans le but de souligner la perfection physique et l'aura spirituelle du Maître, le *sangha* bouddhiste établit des règles iconographiques strictes à l'attention des artistes, codifiées en sanskrit et en pali : les **mudra** (attitudes), **asana** (postures), et **lakshana** (32 caractéristiques physiques majeures et 80 traits mineurs caractérisant dans la tradition indienne les hommes d'essence exceptionnelle).

En Thaïlande, les *mudra* les plus courantes sont les suivantes (il en existe des variantes) :

Abhaya mudra : une ou deux mains levées, paume vers l'extérieur, en position debout. Dénote la délivrance de la peur et l'apaisement.

Vitarka mudra : le bras droit levé, les doigts vers le haut. Pouce et index forment un cercle (la roue) ; la main gauche est posée dans le giron (en position assise), ou tient le pan de la robe (en position debout). Symbolise l'enseignement.

Dharmachakra mudra : les deux mains levées au niveau de la poitrine, les paumes se faisant face, pouce et index formant un cercle. Rappelle le Premier Sermon et la mise en mouvement de la Roue par l'enseignement du Bouddha.

Varada mudra : main droite abaissée vers le sol, paume tournée vers l'extérieur. Position assise ou debout. Geste de charité.

Dhyana mudra : les deux mains posées dans le giron, paumes vers le ciel. Attitude de méditation.

Bhumisparsa mudra : la main droite posée sur le genou et effleurant le sol, la main gauche dans le giron, paume vers le ciel. Position assise, jambes croisées. Cette attitude représente l'Éveil du Bouddha. On l'appelle « prise de la terre à témoin », ou Victoire sur Mara (Le Sage résiste aux tentations de Mara, esprit du Mal). Les statues du Bouddha le représentent le plus souvent dans ces quatre postures : assis – **padmasana** (lotus) ou **ardha padmasana** (demi-lotus) – marchant, debout et couché (le Bouddha atteint le **parinirvana**).

---

classification s'opère souvent entre monastères forestiers *(arannavasin)* et monastères de village *(gamavasin)*. Ce sont généralement les premiers qui captivent l'imagination des bouddhistes et qui, réputés pour leurs pouvoirs magiques, fournissent les éléments réformistes de l'ordre monastique.

Ces réformateurs proviennent historiquement du Nord-Est de la Thaïlande, et comptent parmi eux le fameux moine forestier **Phra Achan Mun** (1870-1949), qui est devenu maître de méditation. Parmi ses disciples, **Achan Cha**, dont le monastère d'Ubon Ratchathani a accueilli de nombreux étudiants étrangers intéressés par la méditation. **Buddhadasa** (1906-93), le plus célèbre des moines forestiers contemporains, eut un grand impact dans les cercles intellectuels thaïlandais, et ses élèves perpétuent aujourd'hui son influence réformiste dans le pays. Son monastère, **Wat Suan Mokkha Phalaram**, à environ 4 km de Chaiya, est toujours un centre international de méditation. Les adeptes de la tradition forestière ont largement critiqué le développement économique et social ; ils ont souvent dénoncé la destruction de la forêt par les entrepreneurs. Certains sont allés jusqu'à revêtir des arbres de robes monacales pour éviter qu'ils soient abattus.

La règle monastique *(Vinaya)* – L'ancienneté dans le monastère ne s'évalue pas en fonction de l'âge du bonze, mais par son niveau d'ordination et par le nombre de saisons des pluies passées dans l'ordre. Les garçons de temple ne sont pas ordonnés, ils apprennent les rudiments de l'écriture et de la lecture et servent les bonzes. Les novices sont de très jeunes aspirants-moines et suivent une règle minimum de 70 préceptes de la *vinaya*. Les bonzes reçoivent l'ordination complète à partir de l'âge de vingt ans, et doivent observer un code complexe de conduite, suivant 227 règlements de la *vinaya*, qui interdit formellement relations sexuelles, vol, meurtre et prétention à la sainteté.

Le bouddhisme ne reprend pas la notion d'église ou de paroisse, qui pourrait rassembler moines et laïcs dans une seule communauté. Aucun devoir envers les laïcs n'est imposé aux bonzes. Mais on ne les autorise pas à poursuivre un métier ou à préparer leurs repas : ils dépendent des laïcs pour tous leurs besoins matériels. En contrepartie de ce soutien, ils effectuent un petit nombre d'actes publics, comme donner des sermons, chanter ou réciter pour les cérémonies funèbres, les fêtes nationales, les bénédictions de maisons, ou d'autres occasions encore.

L'ordination – L'entrée dans les ordres est l'un des mécanismes principaux de la transmission des valeurs bouddhistes, et son mérite rejaillit sur le nouveau moine et ses parents. Peu d'hommes entrent définitivement dans les ordres ; ceux qui le font viennent en majorité de la campagne. Mais la plupart des hommes entreront dans les ordres au cours de leur vie pour une courte période, souvent pour des motifs personnels, en général parce qu'ils veulent se purifier ou guérir leurs souffrances intimes, mais aussi pour gagner des mérites pour des parents défunts. Les employeurs autorisent généralement leurs salariés à prendre un congé pour l'ordination. La cérémonie d'ordination traditionnelle est complexe, et donne lieu à de grandes festivités. Il arrive néanmoins qu'elle se fasse plus simplement, avec relativement peu de cérémonial. Mais elle inclut toujours une séance de questions-réponses avec les moines assemblés dans la salle d'ordination, et le rite de tonsure du nouveau bonze.

Temples et reliques bouddhistes

Les premières constructions bouddhistes sont les **stupa**, monuments funéraires qui abritaient les restes des rois et des grands hommes, y compris du Bouddha et de ses disciples. Aujourd'hui ces édifices symbolisent la mort du Bouddha, mais sont aussi l'image de la création dynamique de l'univers. Construits principalement par des rois, ils représentent les points d'appui surnaturels du royaume, et légitiment la royauté dans sa contribution à la permanence de l'univers.

Culte et croyances populaires

L'obtention de mérites – L'un des éléments religieux les plus sensibles dans la vie quotidienne est l'obtention de mérites par la pratique de la charité *(dana)*. On pense que c'est ce genre d'action qui aura l'effet le plus immédiat sur sa prochaine réincarnation. Elle comprend les dons de fleurs et de nourriture au Bouddha et aux bonzes au petit matin, et

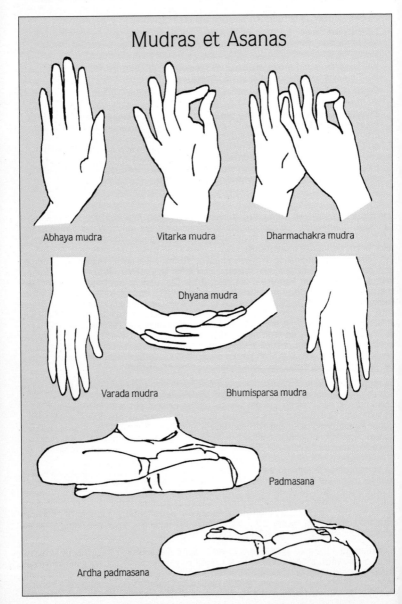

Mudras et Asanas

Abhaya mudra   Vitarka mudra   Dharmachakra mudra

Dhyana mudra

Varada mudra   Bhumisparsa mudra

Padmasana

Ardha padmasana

Un temple thaï

Un **wat** thaïlandais est le cœur d'un village et remplit de nombreuses fonctions en tant que lieu de culte, centre d'enseignement, lieu de rassemblement.

Le bâtiment principal au sein de l'édifice religieux est l'**ubosot**, ou salle d'ordination, qui renferme la statue principale du Bouddha, et où ont lieu les cérémonies religieuses, en particulier l'ordination des bonzes. Des **baï sema**, bornes de pierre, parfois en forme de feuille ou abritées dans de petits pavillons, marquent l'enceinte sacrée. Un **wihan (vihara)**, salle d'assemblée ou chapelle, est le lieu de culte des laïcs et des moines ; il renferme les représentations du Bouddha. Ces bâtiments rectangulaires sont recouverts de toits pentus à plusieurs étages, décorés de **chofa** qui représentent des têtes d'oiseaux stylisées, et des faîtières se terminant par des *naga*. Les frontons sont décorés de sculptures complexes de divinités, d'animaux, de feuillages. Des chapiteaux en forme de lotus couronnent les colonnes élancées.

Il y a généralement d'autres bâtiments, comme le **chedi**, tour-reliquaire le plus souvent en forme de cloche surmontée d'une spire annelée, qui contient des reliques du Bouddha, d'un saint homme, ou d'un personnage royal. Le **prang** est une tour-reliquaire d'inspiration khmère, souvent en forme d'épi de maïs. Un **sala kanprien** est un pavillon à côtés ouverts, où se rassemblent les moines, et où les fidèles viennent écouter des sermons. Il peut aussi y avoir un **clocher**. Le **ho trai** est un petit édifice construit sur pilotis, qui sert de bibliothèque pour les textes bouddhiques sacrés. Les premières bibliothèques furent bâties au milieu de bassins pour mettre les écritures à l'abri des insectes. Les grands temples ont généralement plusieurs *wihan* et *sala*. Un mur sépare l'enceinte religieuse de l'enclos du monastère, où se trouvent les cellules des bonzes **(kuti)**.

l'offrande des mérites acquis *(bun)* à toutes les créatures vivantes. Les actions les mieux considérées pour générer des mérites sont classées à peu près comme suit : devenir bonze, faire construire tout un monastère, faire ordonner son fils, se rendre en pèlerinage aux sanctuaires bouddhistes, participer au financement de la restauration d'un sanctuaire, fournir des fonds au *sangha*, devenir novice, respecter les jours consacrés et observer les huit principes, suivre en permanence les cinq préceptes.

La méditation – Les dernières décennies ont vu s'accroître fortement l'intérêt des bouddhistes laïcs thaïs pour la méditation. Elle comprend différentes formes, qu'on classera pour simplifier en deux types :
- la méditation de concentration *(samatha)* qui a pour objet essentiel d'atteindre la maîtrise et le contrôle du corps et d'acquérir du pouvoir sur soi-même. Le mouvement Thammakai en pratique une variante ;
- la méditation intérieure *(vipassana)* qui s'attache surtout à l'impermanence et l'insubstantialité de l'existence, et vise à atteindre pureté et sagesse. Cette pratique a été influencée par les traditions birmanes, en particulier par celles du Mahasi Sayadaw, qu'a étudiées Acharn Thong. Il a établi dans le Wat Rampung, à Chiang Maï, un grand foyer qui rayonne sur plusieurs dizaines de centres répartis dans le pays.

Les amulettes – Il est frappant de voir en Thaïlande le nombre de personnes qui portent des amulettes, représentant le Bouddha, le roi, ou des moines vénérés, et bénies par les bonzes. On les porte pour se prémunir contre maladies et accidents.

Autres religions

Le bouddhisme mahayana – Des Chinois habitent la Thaïlande au moins depuis le 15e s., essentiellement pour y pratiquer le commerce. Ils représentent environ 12 % de la population, et vivent en majorité dans les centres urbains. Il y a eu tant de mariages croisés que la plupart des Thaïs ont du sang chinois. Nombreux sont ceux qui ont adopté le mode de vie theravada. Mais leur forte présence dans les centres urbains en a conduit d'autres à fréquenter les temples mahayana. Ils pratiquent un mélange de bouddhisme mahayana, de morale confucéenne, de vénération des ancêtres et de croyances taoïstes en des forces surnaturelles.

L'islam – Les deux millions de musulmans thaïs vivent dans les provinces du Sud du pays. Ils sont en majorité sunnites ; d'autres appartiennent à l'obédience chiite.

L'animisme – Les populations tribales, environ 500 000 personnes, sont pour la plupart considérées comme animistes, n'adhérant pas à une religion universelle, mais pratiquant un culte des esprits à caractère local.

Le christianisme – Les chrétiens n'ont pas réussi à convertir beaucoup de bouddhistes thaïlandais. Ils ont rencontré plus de succès auprès des tribus montagnardes. On ne trouve pas aujourd'hui plus de 200 000 chrétiens en Thaïlande. Les prêtres chrétiens ont néanmoins joué un rôle majeur dans l'histoire, apportant aux Thaïs les valeurs occidentales, et servant de médiateurs entre autochtones et étrangers.

Autres – On trouve également un petit nombre d'hindous et de sikhs.

Langue et Littérature

La langue thaïe, appelée aussi siamois, appartient au groupe des langues sino-tibétaines. Tonale, monosyllabique et dépourvue d'inflexions, elle comprend de nombreux mots venant du sanskrit et du pali, auxquels elle est apparentée. La différenciation des tons : haut, moyen, bas, montant ou descendant, est indispensable à la compréhension. Ainsi *mai mai mai mai mai*, prononcé de manière adéquate, signifie « Le bois vert ne brûle pas, n'est-ce pas ? ». Le vocabulaire tend vers la simplification. Quand un étranger est en colère, il a *chai ron* (le cœur qui brûle). Le peuple thaï a tendance au contraire à avoir *chai yen* (le cœur frais).

Sur le plan grammatical, le thaï est beaucoup plus accessible que les langues européennes. Les temps sont indiqués par des auxiliaires placés avant le verbe, et il n'y a ni préfixe, ni pluriel, ni conjugaison.

> La transcription en caractères latins des mots thaïs se base sur la phonétique. Cela explique la diversité des orthographes, qui peut dérouter le visiteur étranger.

Chacune des grandes régions de Thaïlande possède son propre dialecte, qui est souvent parlé à la place du thaï national. Dans les districts bordant la frontière cambodgienne, on emploie aussi parfois le khmer. Dans certains dialectes, notamment dans le Nord, on utilise jusqu'à sept tons pour exprimer des sens différents. En thaï parlé, plusieurs niveaux de langue sont employés, en fonction de l'âge, du sexe, et de différentes données sociales. Pour s'adresser à la famille royale, on utilise une langue spécifique, basée sur le sanskrit, le pali et le khmer.

Alphabet et écritures

La Thaïlande a connu une tradition orale jusqu'au 13ᵉ s., époque à laquelle le roi Ram Khamhaeng de Sukhothaï a inventé une écriture thaïe, basée sur le sanskrit et utilisant des caractères khmers. Elle consiste en 44 symboles pour les consonnes, 14 pour les voyelles simples, 18 pour les diphtongues. Les mots, dont beaucoup sont empruntés à d'autres langues, s'écrivent de gauche à droite et sans espacements. La plus ancienne trace d'écriture thaïe connue est une **stèle gravée** sous le règne de Ram Khamhaeng (1283 – *Musée national de Bangkok*).

Indications phonétiques

e se prononce comme	é
ae	ê
u	ou
ü	u

aï se prononce comme dans le mot français rail et a été transcrit ici avec un **ï** plutôt qu'un **i** comme il l'est souvent notamment en langue anglaise afin d'éviter toute ambiguïté de prononciation

ph, th, kh se prononcent comme **p, t, k** très aspirés (**ph** ne se prononce jamais **f**)

Les *Suphasit Phra Ruang (Maximes du roi Ruang)* dépeignent un royaume prospère dirigé par un monarque bienveillant et juste. L'aristocratie et les bonzes étaient instruits dans l'art d'écrire, mais les manuscrits originaux, rédigés sur des feuilles de palmier, ont disparu. Les premiers textes bouddhiques en vers ou en prose qui aient survécu sont des copies de copies. Le *Traiphum Phra Rüang (Les Trois Mondes du roi Rüang)*, importante œuvre de cosmologie bouddhiste traitant des trois mondes bouddhiques, ciel, terre et enfer, fut probablement écrit par le roi Lithai (1347-1374).

Le poème épique hindou du *Ramayana* a inspiré une œuvre fertile, le **Ramakien**, dans laquelle on a transposé dans un contexte thaï l'odyssée de Rama, roi d'Ayodhaya. L'influence de ce récit classique se manifeste dans le nom d'Ayuthaya adopté par le nouveau royaume au milieu du 14ᵉ s. Les premières versions thaïes du *Ramayana* furent perdues lors du sac d'Ayuthaya par les Birmans en 1767. La version la plus ancienne qui nous soit parvenue est celle du roi Taksin. Une très belle version plus récente est attribuée au roi Rama Iᵉʳ.

Pendant la période d'Ayuthaya, les arts étaient florissants, et de nouvelles formes de littérature en vers apparurent : *chan, kap, khlong, klon, raï*. De longs poèmes narratifs, chantant la douleur de l'absence ou de la séparation, connus sous le nom de **nirat**, étaient en vogue à la fin du 17ᵉ s. Rama II, souverain talentueux ami des arts, écrivit des poèmes et monta une représentation d'*Inao*, un conte javanais. Le 19ᵉ s. est marqué par sa part par un poète aux talents multiples, **Sunthorn Phu** (1785-1855), qui a composé des poèmes romantiques. *Phra Aphaimani* et *Khun Chang Khun Phaen* figurent au nombre de ses chefs-d'œuvre. Ce dernier donne une image précise de la vie au début du 19ᵉ s.

Le Ramakien

Dans la version thaïlandaise du *Ramayana*, Ram (Rama), roi d'Ayodhaya, renonce au trône après avoir été pris dans un tissu d'intrigues de cour. Il part en exil avec sa femme Sida (Sita), et son allié dévoué Hanuman (le dieu-singe) ; ils s'embarquent pour un voyage long et difficile. Dans la deuxième partie du récit, Sita est enlevée par le méchant roi Ravanna. Ram combat et défait les démons de l'île de Lanka (Ceylan) avec l'aide de Hanuman et de son armée de singes. Dans la troisième partie, Sida et son époux sont réunis grâce au secours des dieux. D'autres récits se mêlent à la trame principale, événements historiques, contes populaires, légendes locales, plus une multitude de thèmes susceptibles d'enflammer l'imagination des foules thaïlandaises.

Au 20ᵉ s., les œuvres sont caractérisées par l'influence de la littérature occidentale. Rama VI (1910-25) est l'auteur de traductions et d'adaptations théâtrales de pièces de Shakespeare. Le choc des cultures thaïe et occidentale, ainsi que les troubles politiques des années 1930, ont inspiré des écrivains de gauche. Mais l'amour, le romanesque et les rêves sont restés les thèmes communs de la littérature populaire. Les romans les plus connus sont *Si Phaen Din (Les Quatre Règnes)* et *Phai Daeng (Bambou rouge)* de Mom Kukrit Pramoj. De nombreux romans thaïs ont été traduits en anglais, mais peu en français.

Les bandes dessinées et les romans-photos ont beaucoup de succès. Plusieurs journaux sont édités, dont certains en anglais : le *Bangkok Times*, le *Bangkok Post*, et *The Nation*.

Culture et Loisirs

La richesse de la culture thaïlandaise est célébrée avec beaucoup de fierté à travers tout le pays.

La gloire du royaume se reflète dans la pompe des cérémonies traditionnelles, rehaussée par la splendeur des costumes. Le mécénat royal assure la survivance du patrimoine culturel du pays et encourage la participation active de la population. Les spectacles colorés alliés à l'enthousiasme du public sont parmi les attractions inoubliables de la Thaïlande.

La danse traditionnelle – La danse est l'une des formes les plus élaborées de l'expression artistique thaïe.

Danseurs

Musiciens

Les danses les plus courantes sont le **Khon**, dansé traditionnellement par des hommes, cachés derrière des masques sophistiqués de couleurs vives, et le **Lakhon**, dansé par les femmes. Elles sont inspirées par le *Ramakien*, la version thaïe du poème hindou *Ramayana*, qui raconte la victoire du roi Rama sur les forces du mal.

Dans ces danses hautement stylisées, les personnages ne parlent pas, et chaque mouvement précis de la main ou du pied indique une subtile variation d'humeur ou de sentiment. Des poèmes narratifs accompagnent la représentation.

Les magnifiques costumes de brocart rehaussés de bijoux ajoutent à la beauté du spectacle.

La musique – La musique traditionnelle thaïe a fortement subi les influences musicales javanaise, indienne, birmane et khmère.

L'orchestre, qu'on appelle **piphat**, rassemble entre cinq et vingt instruments à vent, en bois, et percussions. Il comprend un instrument proche du hautbois appelé *pinai*, un assortiment de cymbales à doigts appelées *ching*, un assemblage semi-circulaire de gongs, les *kong wong yai*, et un xylophone incurvé, le *ranart*.

B. Davies

Marionnettes

Le *piphat* produit des sons très différents de la musique occidentale du fait de la complexité des gammes.

La musique moderne thaïe présente moins d'intérêt. Il s'agit généralement d'un mélange de rock, de musique country et de chansons sentimentales, qui n'ont pratiquement pas de couleur locale.

On entend un peu partout de la musique à plein volume, et les clubs de karaoké rencontrent un franc succès.

Les marionnettes – Le théâtre d'ombres *(nang yai)* et les marionnettes *(hun krabok)* étaient d'importantes formes de divertissement à la période d'Ayuthaya ; on les employait pour mettre en scène, au théâtre et à la cour, des récits traditionnels comme le *Ramayana*.

Au Musée national de Bangkok se trouve une collection superbe de marionnettes qui ont servi dans des représentations à la cour sous les règnes de Rama V et Rama VI.

Dans la province du Sud de Nakhon Si Thammarat, on trouve encore des **marionnettes du théâtre d'ombres**, silhouettes et motifs sophistiqués finement ajourés, découpés sur un cuir tendu. Lors de rares spectacles publics, elles sont montées sur des tiges de bois et manipulées derrière un écran blanc éclairé par l'arrière.

Le théâtre – La forme de théâtre la plus populaire en Thaïlande est un mélange de farce bouffonne et de sous-entendus grossiers appelée *likay*. Interprétée par des hommes déguisés en femmes, elle est très proche de la pantomime. Les thèmes s'inspirent de légendes ou d'événements de la vie courante qui impliquent les spectateurs. Les troupes circulent généralement de ville en ville, amusant le public avec leur mélange gaillard de plaisanteries crues et de danses. Il y en a moins aujourd'hui, mais on peut encore les voir dans plusieurs régions à l'occasion de fêtes, notamment dans les régions pauvres du Nord-Est.

Les loisirs

Quand ils ne travaillent pas, les Thaïlandais s'amusent. Partie de football, match de boxe thaïlandaise ou réunion autour d'un verre, la seule condition requise est que ce soit *sanuk* (amusant).

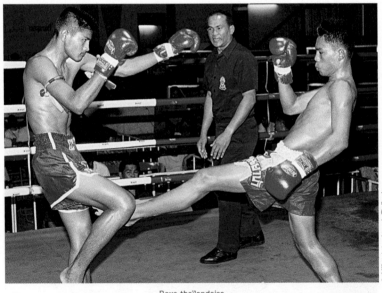

Boxe thaïlandaise

© Office de tourisme de Thaïlande

Le sport – Les Thaïlandais suivent avec passion les rencontres sportives, football, boxe, billard, golf... Le soir, ils se massent autour de la télévision pour suivre le dernier match de boxe. Le week-end à Bangkok, ils viennent en foule à Sanam Luang faire voler leurs cerfs-volants.

La boxe thaïlandaise, ou *muay thai*, est l'attraction vedette. Les combattants utilisent leurs poings comme dans la boxe traditionnelle, mais aussi leurs pieds, et toute autre partie du corps sauf la tête.

Le *takraw*, jeu de ballon qui remonte probablement au début du 17e s., n'est pas moins populaire. Les équipes se servent des pieds, des genoux, des coudes et de la tête, mais jamais des mains, pour se passer un ballon de rotin tressé sans qu'il touche le sol.

Les cerfs-volants – Introduit à l'époque d'Ayuthaya pour faire venir la pluie, le cerf-volant est devenu depuis longtemps un sport de compétition. Dans cette guerre des sexes symbolique, on emploie deux cerfs-volants : le *chula*, géant mâle, essaie d'attraper

Cerfs-volants

avec un crochet de bambou le ***pakpao***, cerf-volant femelle plus fragile en forme de losange, pour le rabattre dans son territoire. Durant la saison sèche, la plupart des week-ends, on peut voir ce spectacle à Sanam Luang, en face du Grand Palais de Bangkok.

Les combats de poissons – Une espèce rare de poissons, appelée ***pla kat***, fournit aux Thaïlandais l'occasion de se lancer dans des paris frénétiques. D'environ 5 cm de long, ils ont de courtes nageoires robustes et arrondies. Seuls les mâles combattent. On confronte deux poissons dans un aquarium ; aussitôt, ils changent de couleur et attaquent. Le combat prend fin quand l'un des poissons meurt ou se réfugie dans un coin. Interdits par la loi, les combats de poissons sont très prisés des Thaïs, à Bangkok comme en province.

Les fêtes

La population donne libre cours à son sens naturel de la fête pendant les nombreuses festivités célébrées avec entrain tout au long de l'année. Ces manifestations joyeuses sont l'occasion rêvée de découvrir les coutumes anciennes qui soudent entre eux les membres de la communauté thaïe. L'anniversaire du roi le 5 décembre, et de la reine le 13 août, sont célébrés dans la liesse populaire.
Le calendrier des fêtes se trouve au chapitre Renseignements pratiques en début de guide.

Fête de Songkran

Songkran, la fête de l'Eau, marque le Nouvel An Bouddhique (en avril), et c'est l'occasion de grandes festivités. Toute la population en fête s'amuse à asperger d'eau les passants. À Bangkok, on emporte le Phra Phuttha Sihing du Phra Thinang Phutthaisawan à Sanam Luang, où la foule procède à des offrandes pour la statue sacrée, et offre de la nourriture aux bonzes. Autrefois, on libérait des oiseaux en cage et des poissons.

À Chiang Maï, la fête est encore plus animée et dure jusqu'à sept jours. Une magnifique offrande de nourriture est faite aux moines de Pratu Thapae. Une procession a lieu, avec en tête l'autre statue de Bouddha Phra Phuttha Sihing et le Vénérable Abbé du Wat Phra Singh, suivis de nombreuses statues de Bouddha des autres communautés locales. Chaque temple envoie des danseurs et des orchestres de musique traditionnelle. On effectue une danse spéciale, la Danse des tambours de guerre *(Klong Sabat Chai)*. Les habitants, et d'autres participants venant d'écoles, d'universités et d'organisations diverses arborent le costume paysan traditionnel de couleur bleue, ou des costumes d'époque inspirés des peintures murales dans le Phra Wihan Lai Kham du Wat Phra Singh. Des groupes circulant dans la ville en camion aspergent tous les passants.

Cette atmosphère de fête se retrouve dans tous les grands temples du Nord et du Nord-Est.

Loy Krathong, en novembre, rend hommage aux esprits de l'eau, et marque la fin de la saison des pluies. C'est l'une des fêtes les plus romantiques ; elle a lieu le soir de la pleine lune en novembre. Les *krathong* sont des petits bateaux de feuilles ou de papier superbement décorés de fleurs, de bougies allumées et de bâtons d'encens, qu'on dépose sur les rivières et les canaux pour honorer les esprits de l'eau et laver ses péchés de l'année écoulée. À Bangkok, le grand rendez-vous est au bord de la rivière Chao Phraya.

C'est néanmoins la ville de Sukhothaï qui offre le cadre le plus féerique à cette fête, née ici même au 13e s. Un spectacle son et lumière raconte l'histoire de Nang Nophamas, épouse royale, qui façonna pour le roi Ram Khamhaeng le premier *krathong*, en offrande à la « Mère des Eaux » *(Maenam)* pour expier des fautes passées. Avec les monuments éclairés de bougies scintillantes, l'atmosphère est magique.

Les habitants de Chiang Maï se livrent à des festivités animées, avec un défilé de *krathong* géants inspiré de différents thèmes. Un

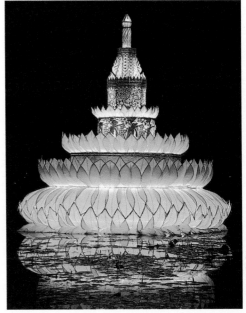

Fête de Loy Krathong

J.-L. Gugast/ HOA QUI

concours de beauté a lieu, dont l'apothéose est le couronnement de Miss Nophamas (lotus). À travers la ville serpente un défilé de chars décorés de *krathong* géants et de participants en costumes multicolores. Feux d'artifice, pétards et lampions créent une atmosphère de liesse, notamment le long de Thanon Thapae, qui mène à la rivière Ping, couverte de *krathong* illuminés. Sur les bords de la rivière ont lieu des représentations théâtrales et des concerts, avec des chansons traditionnelles du Lan Na.

La cérémonie royale du Premier Sillon, en mai, correspond à une ancienne fête indienne d'origine brahmanique et qui ne survit plus qu'en Thaïlande. Elle marque le début de la saison des pluies, quand le repiquage du riz débute dans les rizières. Dans le passé, le roi y prenait part en labourant un champ afin de garantir fécondité du sol et récoltes abondantes. La cérémonie a maintenant lieu à Sanam Luang à Bangkok. On arrose le sol plusieurs jours à l'avance. Le roi préside la cérémonie, à laquelle assistent des membres de la famille royale. Les participants revêtent des costumes traditionnels richement décorés pour conduire l'attelage de buffles sacrés. Parmi trois pièces de tissu de longueurs différentes, le meneur de l'attelage (Phraya Raekna) en choisit une, et à partir de ce choix les astrologues brahmaniques prédisent si viendra une période de sécheresse ou d'abondance. Après avoir labouré le sol, on sème le riz. Puis le roi offre des trophées aux agriculteurs qui ont obtenu les meilleurs rendements de l'année précédente. Après la cérémonie, c'est la bousculade, car les spectateurs cherchent à s'emparer des grains de riz dans les sillons fraîchement tracés et finissent couverts de boue.

Thot Kathin, en octobre, a lieu vers la fin du calendrier lunaire (entre les milieux du 11ᵉ et du 12ᵉ mois lunaires), et marque la fin du Carême bouddhiste, quand on offre aux bonzes de nouveaux habits et des cadeaux. Le *kathin* est en fait un trousseau de robes safran offert sur un plateau magnifiquement décoré.

Kathin Luang, ou le Kathin royal, est célébré par le roi et la famille royale dans les grands temples de Bangkok. Les ministères et autres collectivités importantes procèdent aussi à de larges donations et organisent des présentations prestigieuses. Les années de fêtes spéciales, le roi se rend au Wat Arun par une procession spectaculaire de barges royales.

Les temples n'étant autorisés à recevoir qu'un seul *kathin* par an, les familles aisées se réservent souvent le droit de faire une donation. Les autres donateurs apportent alors leur contribution à l'offrande principale.

Les paysans montés à la ville retournent généralement chez eux pour cette fête, qui est l'occasion de grandes réjouissances. Des défilés multicolores ont lieu tandis que des courses de bateaux s'organisent sur les cours d'eau, notamment à Nan, Phitsanulok et Nakhon Phanom.

La fête de **Makha Bucha**, en janvier, commémore le premier sermon du Bouddha à ses disciples, qui étaient spontanément venus à lui. La nuit de la pleine lune du troisième mois lunaire, les fidèles prennent part à des processions aux chandelles autour des temples.

La **Fête des fleurs** de Chiang Maï, en février, est une explosion de liesse et de couleurs. Les points forts sont un défilé de chars splendides recouverts de fleurs, les concours de beauté et l'élection de la reine de la fête.

Gastronomie

Pour trouver un restaurant, consulter les sections bleues dans les chapitres des curiosités concernées, qui donnent des adresses de restaurants et cafés pour tous les goûts et tous les budgets.

Les gastronomes de tous pays s'accordent pour vanter les mérites de la cuisine thaïlandaise. La nourriture délicieuse, la présentation ravissante des plats, décorés de fruits et légumes finement ciselés, l'harmonie des couleurs et des goûts sont une fête pour les sens.

Une chère simple – L'inscription gravée dans la pierre du roi Ram Khamhaeng, au 13ᵉ s., célèbre la générosité de la nature : « dans l'eau il y a du poisson, dans les champs il y a du riz ». Des chroniques anciennes renseignent sur la façon simple et saine dont s'alimentaient les gens : du riz accompagné de poisson séché ou salé, et des légumes assaisonnés d'épices et de sauce de poisson fermenté. Les épices, clous de girofle et muscade, furent introduites grâce au commerce avec l'Orient et aux importantes communautés asiatiques implantées à Ayuthaya. Les piments, originaires d'Amérique du

Farandole de fruits

P. Hussenot/ TOP

Bon appétit !

Sud, furent probablement importés au 16ᵉ s. par les Portugais. L'influence de ces derniers est toujours sensible aujourd'hui dans les desserts thaïs à base de sucre et de jaune d'œuf.

La cuisine de palais – Pendant la période d'Ayuthaya, une cuisine très raffinée était de mise dans les maisonnées nobles. Les femmes de l'aristocratie et leurs suivantes portèrent à sa perfection l'art de la décoration florale et la préparation de mets sophistiqués, combinant saveurs subtiles et plaisir des yeux. Ces préparations exigeaient beaucoup de savoir-faire et de temps. La nourriture exquise était présentée dans de la porcelaine fine, notamment celle de Bencharong à cinq couleurs. Cette tradition se poursuit aujourd'hui dans les maisons thaïes aisées et dans le décor élégant des restaurants de luxe.

Un mélange de saveurs – Les influences chinoise, indienne et malaise ont contribué au raffinement de la cuisine thaïe. Curries verts et épicés, poissons cuits à la vapeur au citron, poulets au barbecue grésillants, c'est un subtil mélange de saveurs qu'offre la gastronomie thaïe. Contrairement aux idées reçues, elle n'est pas nécessairement très relevée, et propose toute une gamme de plats peu épicés ou modestement assaisonnés, servis avec du riz et des légumes. Les personnes fâchées avec le piment peuvent préciser *mai phet* (non épicé) avec leur commande.

La cuisine thaïe peut combiner une riche variété d'épices qu'on ne retrouvera guère dans les autres cuisines du monde. Le galangal, assez proche du gingembre, donne un mélange délicieux de saveurs épicées et sucrées. Le tamarin ajoute une note fruitée, et la coriandre une merveilleuse essence aromatique miellée. Gingembre, aïl, basilic doux, feuilles de citron, citron vert, citronnelle et poivre noir en grains ajoutent leurs puissants arômes aux plats.

Viennent pour compléter ces épices jusqu'à 40 variétés différentes de piments, allant des *prik khi nu*, joliment nommés piments yeux d'oiseaux, aux redoutables *prik chi fa*. On trouve dans tout le pays une large gamme d'ingrédients achetés frais au marché. Poulet, bœuf, porc, poisson et crustacés ne constituent que des éléments de base. Il y a un grand choix de légumes tropicaux : patates douces, haricots d'un mètre de long, papayes vertes, aubergines violettes, champignons exotiques. Les légumes ordinaires comprennent choux, carottes, oignons blancs, tomates et pousses de bambou.

Les Thaïlandais se montrent perfectionnistes aussi pour le riz. Le pays en produit plus de 50 variétés différentes. Bien que la Thaïlande soit le plus grand exportateur de riz du monde, les meilleures variétés sont gardées pour la consommation intérieure, car on pense que la plupart des étrangers n'en apprécient pas les différences. La saveur délicate du riz de jasmin est très recherchée.

Les visiteurs préférant une nourriture plus familière trouveront à Bangkok des restaurants internationaux très raffinés proposant une cuisine française, italienne, allemande, japonaise, indienne ou vietnamienne. Les prix sont raisonnables en comparaison des tarifs européens, et la propreté, ainsi que la qualité du service, remarquables.

81

Un repas typique

Le repas thaïlandais typique comportera un curry, un plat cuit à la vapeur, un petit plat raffiné frit, une salade épicée, une soupe et un assortiment de légumes. Les recettes combineront aussi bœuf, porc, poulet, poisson, crustacés et fruits de mer. On sert en principe tous les plats en même temps, et on les accompagne de riz nature *(khao suay)*, ou parfois de nouilles. On y adjoint toute une gamme de sauces et de condiments comme le *nam pla*, sauce forte à base de poisson fermenté, le *nam prik* avec des piments hachés, de l'ail au vinaigre ou frais, du concombre, de la ciboule et des piments frais.

Le *tom yam* est une soupe claire et épicée, potage relevé à base de racine de gingembre, d'oignons, de tomates et de piments, auxquels on a ajouté du jus de citron vert et de la citronnelle. On peut aussi le cuisiner avec des crevettes ou du poisson, du poulet, du bœuf ou du porc. Un des plats les plus populaires est le *tom yam kung*, servi avec des crevettes. Le *tom ka gai* est une soupe crémeuse à base de lait de coco et de poulet.

Le *yam* est une salade épicée à base soit de viande soit de poisson, généralement accompagnée de laitue, d'ail, de piments et de citron, l'ensemble étant plutôt relevé.

Il y a différentes sortes de curries. Tous sont délicieux. Un des plus populaires, le *kaeng khieo wan*, est crémeux et parfumé, combinant la force du piment et la douceur du lait de coco et des jeunes aubergines. Le *kaeng phet pet yang*, curry de canard épicé, est un mets recherché.

On trouve une variété extraordinaire de produits de la mer : bar, thon, poisson-chat, anguille, bouquets, calmars, moules, palourdes et le fameux homard de Phuket. Le poisson frit se dit *pla thot*, et le poisson cuit à la vapeur *pla noeng*. Parmi les recettes préférées, on a le *pla phat king*, poisson au gingembre, et le *pla priaowan*, poisson à la sauce aigre-douce.

Les végétariens peuvent aussi se faire plaisir en Thaïlande. On peut trouver du tofu (prononcé *tao hu*) dans pratiquement n'importe quel restaurant, servi généralement avec une sauce riche, ou frit avec une sauce asiatique à base d'huîtres. On appréciera aussi les *pak bung fai daeng*, patates douces frites au *wok*. Pour commander un assortiment de légumes, demander un *prat phak ruam* : il se composera généralement de haricots verts, de chou, de carottes, de tomates et de champignons frits avec de la sauce aux huîtres.

On trouve de nombreux plats de base, même dans les restaurants les plus occidentalisés, par exemple le *khao phat* (riz frit), le *phat thaï* (nouilles de riz frites à la thaïe) et les *po pia* (rouleaux de printemps).

Spécialités régionales

La diversité remarquable de la cuisine thaïlandaise s'apprécie mieux au cours d'un circuit dans les différentes provinces. La cuisine épicée d'Isan reflète l'ingéniosité et l'imagination fertile des peuples du Nord-Est : la cuisine de cette région est réputée dans tout le royaume.

Le *lab* est l'un des plats les plus courants : en principe à base d'un mélange de bœuf ou de porc émincés additionné d'échalotes, de piments et de coriandre, on l'accompagne généralement de chou en tranches minces et de feuilles de menthe. Le *namtok*

Une petite faim ?

R. Mattes/ MICHELIN

Le phanaeng kai
Curry sec de poulet
(3-4 personnes)

2 cuisses et un blanc de poulet en morceaux
1/4 tasse de pâte de curry
1 tasse de crème de coco
1/4 tasse de cacahuètes grillées, pilées grossièrement
2 cuillerées à soupe de sucre de palme
Sauce de poisson fermentée, basilic thaï frais

Mettre le poulet dans une casserole à feu moyen. Ajouter la crème de coco,
porter à ébullition puis laisser mijoter jusqu'à ce que la viande soit tendre. Retirer
le poulet. Laisser frémir la crème de coco, remuez de temps à autre. Puis ajouter
la pâte de curry et faire réduire la sauce de moitié. Ajouter le poulet cuit, les
cacahuètes grillées, le sucre et 2 cuillerées à soupe de sauce de poisson. Bien
mélanger le tout jusqu'à obtention d'une sauce épaisse et crémeuse. Garnir de
basilic et servir.

Tourism Authority of Thailand

aussi est un plat régional réputé : c'est du bœuf très épicé, servi en principe avec du
riz gluant, riz collant appelé *khao niao*. Les saucisses épicées d'Isan et le poulet grillé
à la sauce piquante sont aussi délicieux.
Une autre spécialité est le *som tam*, une salade mélangeant lanières de papaye verte,
crevettes séchées, jus de citron, sauce de poisson, ail, et piment en quantité. Les amateurs d'aventure peuvent aussi essayer les spécialités locales : sauterelles frites, pattes
de poulet ou curry d'escargots.
Le Nord de la Thaïlande possède aussi sa cuisine particulière, souvent influencée par la
Birmanie voisine. Le *kaeng hang le* est un curry de porc consistant, assaisonné d'ail et
de gingembre. Le *khao soi* est une recette réputée à base de nouilles et de sauce au
curry.
Mais le repas traditionnel du Nord est le *Kantoke*, repas servi sur une table basse ronde.
Il comprend une sélection de plats, parmi lesquels le *kaeng kai*, curry de poulet, le *cap
mu*, peau de porc croustillante, et le *nam prik ong*, spécialité locale à base de porc,
tomates, oignons et piment, accompagnés de riz gluant. Plusieurs restaurants de
Chiang Maï se sont spécialisés dans le repas *Kantoke*. Ils s'adressent le plus souvent
aux touristes, et on peut aussi y voir des danses traditionnelles et des spectacles de
tribus montagnardes.
Au Sud, où la cuisine a été influencée par les traditions musulmanes, on se targue de servir
les plats les plus épicés. Le *kaeng tai pla*, ou curry de poisson et rognons, est assez redou-
table ; on prépare aussi le *kaeng Mussaman*, qui est un curry à l'indienne, à base de bœuf
ou de poulet. Les curries de poisson malais sont souvent servis avec des fruits frais.
Cette région, aux vastes eaux côtières et innombrables villages de pêcheurs, propose
ses spécialités de homard, de crabe et de moules cuits à la vapeur, et de calmars frits,
ainsi que les délicieux *tom ka kung*, crevettes cuites dans du lait de coco avec une
racine de galangal et parfois servies dans une noix de coco.

Le tom yam kung
Soupe de crevettes épicée à la citronnelle
(pour deux)

4-5 grosses crevettes
1 échalote hachée
1 tige de citronnelle, coupée et pilée
150 g de champignons chinois
2 tranches de galangal frais ou séché
3 feuilles de citron *(voir épiceries asiatiques)*
2 ou 3 piments hachés
sauce de poisson fermenté, jus de citron vert, feuilles de coriandre, ciboule

Amener à ébullition deux tasses d'eau ou de bouillon de poule. Ajouter l'échalote, la citronnelle, le galangal et les feuilles de citron jusqu'à nouvelle ébullition. Ajouter crevettes et champignons, laisser frémir pendant 3 minutes jusqu'à cuisson des crevettes, puis ajouter une demi-cuillère à soupe de sauce de poisson, du citron vert selon le goût et les piments. Retirer du feu et garnir de coriandre frais et de ciboule. Servir très chaud.

Desserts

Les desserts thaïs sont de véritables œuvres d'art. Appelés généralement *khanom*, ils sont de couleurs vives, magnifiquement présentés, et presque toujours très sucrés. Gâteaux de riz, crèmes à la noix de coco *(sangkaya ma phrao)*, gâteaux au jaune d'œuf, gelées sucrées, cœurs de palmier doux *(luk tan choeam)* et vermicelles sucrés au lait de coco *(salim)* sont quelques-unes des spécialités locales. On utilise parfois dans les occasions spéciales des fruits décoratifs à base de pâte de haricot sucrée. Certains sont colorés avec des colorants alimentaires et entourés de jasmin ou d'autres fleurs aromatiques pour en prendre le parfum.
Les gourmets qui souhaitent un dessert moins sucré mais tout aussi exotique peuvent commander un *polamai*. C'est une sélection de fruits frais : ananas *(sapparot)*, papaye *(malako)*, ramboutan *(ngaw)*, longane *(lamyai)*, melon d'eau *(taengmo)*, mangue *(mamuang)*, et banane *(kluay)*. On trouve aussi en saison le durian *(thurian)*. Ce fruit est hautement controversé : ses détracteurs le comparent à un camembert coulant à cause de son odeur forte et de sa texture crémeuse, mais pour les amateurs c'est le roi des fruits thaïs.

À table

Le repas thaïlandais est un moment de convivialité. On place un certain nombre de plats et de condiments autour d'un grand bol de riz, et les invités se servent d'un peu de tout sans ordre particulier. Les hôtes ont coutume de servir leurs invités à partir de plats hors de leur portée, au lieu de les leur passer. Hôtes ou serveurs de restaurant resserviront les convives tant qu'ils n'auront pas clairement indiqué qu'il ont terminé. Fourchettes et cuillères sont systématiquement proposées. Les couteaux sont inutiles, puisque la cuisine thaïlandaise est généralement coupée en petites bouchées. Dans le Nord et le Nord-Est, il est coutumier de se servir de ses doigts pour former des boulettes de riz gluant, qu'on trempe dans les sauces.

84

Dans la rue

Les Thaïs aiment leur cuisine avec autant d'exubérance qu'ils apprécient la vie. Ils l'aiment épicée, et désirent qu'elle soit toujours à disposition. Ainsi s'est créée une véritable industrie de la restauration, qui subvient à leurs besoins pratiquement 24 h sur 24. Sur les marchés de rue, des vendeurs ambulants proposent brochettes de viande ou de poulet cuites sur les braises, poulet, bœuf, ou porc au curry dans de grandes marmites, ainsi que le populaire poulet au barbecue appelé *kai yang*. La nourriture est presque sans exception excellente. Les touristes fraîchement arrivés doivent pourtant se montrer prudents, car la nourriture des marchés peut provoquer des troubles digestifs.

Des vendeurs de nouilles *(ran kuaythiao)*, dans leurs cuisines chinoises sommaires, proposent le *kuaythiao*, soupe de bouillon de bœuf, avec des nouilles, du poulet ou des boulettes de poisson, auxquels on ajoute du vinaigre et des lamelles de piment, une petite cuillerée de sucre et des cacahuètes hachées. Quand on ne parle pas assez bien thaï, il suffit de montrer du doigt le plat que l'on désire et de s'asseoir à une table voisine. Il est rare qu'un marchand demande un prix excessif à un touriste.

Boissons

Les autochtones accompagnent généralement le repas de whisky ou de bière. Le whisky local, par exemple le robuste Mékong, est distillé à partir de riz ou de canne à sucre fermentés, et ressemble au rhum. Néanmoins, les gens chic prennent du whisky écossais. On trouve d'excellentes bières blondes de type européen, brassées localement, et de la *Singha*, bière typiquement thaïe ; elles sont très appréciées. On vend également toutes sortes de boissons sans alcool, dont toutes les marques connues.

La plupart des restaurants de type occidental proposent des vins d'Australie ou d'Europe à des prix assez élevés. On les trouve aussi dans presque tous les hôtels d'affaires ou les grands supermarchés. À Loeï, au Nord-Est, on produit un vin blanc sec à partir du cépage blanc Chenin. C'est l'aboutissement d'une activité vinicole locale encore balbutiante. On trouve de l'eau en bouteille dans de nombreux magasins et restaurants. Eau fraîche se dit *nam yen*. Étant donné la chaleur, il est recommandé de boire au moins deux litres d'eau par jour. On met des glaçons dans la plupart des boissons. La glace provenant d'eau purifiée ne pose pas de problème, mais il faut se méfier de celle qu'on casse à partir de grands blocs.

Glossaire

ahrant – personne qui a atteint la perfection
amphoe – district
antarala – passage entre l'antichambre et le sanctuaire d'un temple khmer
ao – baie
apsara – danseuse céleste, élément décoratif de temple
Avalokiteshvara – Bodhisattva *(voir ci-après)* du bouddhisme mahayana, doué de compassion, connu aussi sous le nom de Lokeshvara
baï sema – pierre en forme de feuille délimitant l'enceinte sacrée de l'*ubosot*, appelée aussi borne ; souvent sculptée de décorations et placée sur un piédestal ou dans un pavillon
ban – village, hameau
baray – bassin ou réservoir d'irrigation au voisinage d'un temple khmer
bikkhu – moine bouddhiste
Bodhi – Éveil, illumination du Bouddha
bodhi (arbre de la) *ficus religiosa* – figuier sous lequel le Bouddha a connu l'Éveil
Bodhisattva – futur Bouddha, être qui a connu l'Éveil mais qui retarde son accès au nirvana afin d'aider l'humanité dans sa quête de l'illumination
bot – *voir ubosot*
bung – lac
buri – ville
changwat – province
chedi – tour-reliquaire
chofa – décoration du toit des temples en forme d'oiseau stylisé
dharma (dhamma) – enseignement du Bouddha, loi bouddhique
dharmachakra – Roue de la Loi
doï – montagne
Erawan ou Airavata : éléphant mythique à trois têtes, monture du dieu hindou Indra
farang – étranger, dérivé de *farangse*, français
garuda – animal mythique avec une tête, un torse et des bras d'homme, des ailes et des griffes d'oiseau de proie, monture de la divinité hindoue Vishnou
gopura – porte monumentale de ville ou de temple (donne souvent accès par une galerie à un temple khmer)
hamsa – oiseau mythique, symbole de la divinité hindoue Brahma
hang yao – bateau « à longue queue »
hat – plage
heo – cascade
ho traï – petit pavillon renfermant les écritures sacrées, souvent construit sur pilotis au milieu d'un bassin pour protéger les manuscrits des insectes, bibliothèque
kaeng – rapides
kala – démon gardien de porte, à la face grimaçante et aux yeux exorbités *(voir makara)*
kamphaeng – mur
khan thuaï – corbeaux de toiture ouvragés sur les bâtiments des temples
khao – pic, mont
khlong – canal, voie d'eau
khuan – barrage
kinari – figure mythique de musicienne mi-femme, mi-oiseau
king-amphoe – subdivision de district, canton
ko – île
ku – construction en forme de temple miniature enchâssant un Bouddha
kuti – cellules des moines ou logements dans un temple
laem – promontoire, cap
lak muang – pierre de fondation, esprit gardien du lieu
lingam, linga – forme phallique symbolisant la trinité hindoue, Brahma, Shiva et Vishnou
mae nam – rivière
makara – monstre mythique tenant du dauphin, du crocodile et de l'éléphant ; il figure souvent comme gardien de porte sur les linteaux, en compagnie du *kala*
mandapa – antichambre de temple khmer
Mara – la force du Mal
Meru (mont) – axe du monde, séjour des dieux dans les cosmologies hindouiste et bouddhiste
mondop – bâtiment carré souvent surmonté d'un toit à étages, renfermant un objet de culte, souvent des empreintes de pieds du Bouddha
mor hom – ample chemise bleue portée par les paysans
mu ban – *voir ban*
mu ko – archipel
müang – ville, cité

mudra – geste des mains de l'iconographie bouddhique

naga – serpent mythique à une, cinq ou sept têtes, qui aurait soulevé sur ses anneaux enroulés le Bouddha en méditation avant l'Éveil, et l'aurait protégé de la pluie en déployant son capuchon

nakhon – ville, cité

nam phu ron – source chaude

nam tok – cascade

nang – théâtre d'ombres

nirvana – fin du cycle des renaissances

pha – falaise

pha sin – pièce de tissu drapée autour de la taille, genre de sarong

paknam – estuaire

Pali – langue indienne des textes sacrés du bouddhisme theravada

phi – esprit

phra that – reliquaire, ou temple abritant des reliques du Bouddha

phu, phu khao – promontoire ou mont

pom – fort

prang – tour en forme d'épi de maïs décorée de stucs ; un ou deux escaliers mènent à un ou plusieurs sanctuaires renfermant des représentations du Bouddha

prasat, prasat hin – tour khmère en pierre, tour-sanctuaire khmère

pratu – portail, porte

rat, ratcha (préfixe) – royal

richi, russi, reussi – ermite, ascète

sala – salle d'assemblée, pavillon ou abri

sala kanprien – salle de prédication bouddhiste, souvent utilisée comme salle d'assemblée pour entendre des sermons

sanuk – amusement

saphan – pont

sathani – gare

sim – salle d'ordination *(ubosot)* d'un temple lao

simha, singha – lion mythique

soï – rue, allée

stupa – *voir chedi*

suan – jardin

talat – marché

tambon – commune

tantima – oiseau mythique

Tavatimsa – les cieux, séjour des 33 divinités hindoues au sommet du mont Meru

tha – embarcadère, jetée

thale – mer

thale sap – lagon

tham – grotte

thanon – rue, route

that – reliquaire ; flèche ou construction en dôme destinée aux reliques bouddhistes dans le Nord-Est

thong – drapeau

thung – bannière

thung kradang – bannière en bois, typique de l'art du Lan Na et de l'Isan

Traiphum – les trois mondes de la cosmologie bouddhique : ciel, terre, enfer

Trimurti – la trinité hindoue : Brahma, Vishnou, Shiva

Tripitaka – canon Pali du bouddhisme theravada

ubosot – sanctuaire ou chapelle principale où ont lieu les ordinations et autres cérémonies

urna – boucle sur le front du Bouddha, signe distinctif

ushnisha – protubérance crânienne du Bouddha

waï – salut traditionnel

wat – temple, ensemble des bâtiments d'un temple

wiang – ville fortifiée

wihan, vihara – salle d'assemblée, chapelle

yaksa, yaksha – démon mythique

Wat Phra Kaeo, Bangkok

Ph. Benet, R. Holzbachova/MICHELIN

Villes
et curiosités

ANG THONG

Ang Thong – 53 058 habitants

Atlas Michelin p. 24 ou carte n° 965 G 5

Ang Thong, capitale de province typique, assoupie au cœur d'une petite région agricole sur la rive Ouest de la rivière Chao Phraya, a pour attraits essentiels ses temples, dispersés dans la plaine couverte à perte de vue de rizières verdoyantes. C'est aussi une région de vergers et de pisciculture. Vannerie, tissage et fabrication de tambours sont des spécialités locales.

EXCURSIONS

Wat Chaiyo Wora Wihan – *À 16 km vers le Nord par la route 309. Prendre à gauche au km 72.* Le plan original du temple, avec son *ubosot* et son *wihan* communicants, est mis en valeur par la façade simple, le toit à trois étages, les piliers carrés et de beaux pignons et frontons sculptés. Le *wihan* abrite un **bouddha assis** vénéré, dans l'attitude de la méditation. De charmantes fresques ornent l'*ubosot*.

Wat Pa Mok – *À 12 km vers le Sud par la route 309. Accès en bateau au départ du Wat Phinit Thammasan.* Une chronique rapporte qu'à la fin du 16ᵉ s., le roi Naresuan d'Ayuthaya, en route pour combattre les Birmans, rendit visite au monastère. On peut voir dans les deux *wihan* un bouddha couché du 15ᵉ s. (22 m de long) et des vestiges de fresques.

Wat Pho Tong – *À 30 km au Nord-Ouest par la route 3064. Prendre à gauche à la borne km 45-46 la route 3454 en face du Wat Thaklong Wittiyaram.* Au milieu d'un champ se dressent les ruines d'un élégant pavillon, **Phra Tamnak Khamyat**, qui a servi de résidence au prince Uthumphon d'Ayuthaya au milieu du 18ᵉ s. pendant sa période de vie monastique. Les arcs brisés, la base en forme de coque de navire, la décoration en stuc, les cadres de fenêtres en bois sont typiques du style d'Ayuthaya tardif. À noter aussi, le porche orné de piliers couronnés de chapiteaux en fleur de lotus et, à l'intérieur, les niches voisines de la porte.

Wat Khun Intha Pramun – *À 7 km vers le Nord-Ouest par la route 3064. Après 5 km, prendre à droite et poursuivre sur 2 km.* Les piliers de briques du *wihan* en ruine de ce temple paisible encadrent un bouddha couché de 50 m de long. La statue vénérée, au visage serein et souriant, a été restaurée à la suite d'un effondrement. On voit sur une terrasse rehaussée un petit *chedi* en forme de cloche, du style de Sukhothai, et les ruines d'un sanctuaire.

AYUTHAYA★★★

Phra Nakhon Si Ayuthaya – 700 000 habitants

Atlas Michelin p. 24 ou carte n° 965 G 5

La ville moderne grouillante d'activité s'est développée au Nord-Est de l'île formée aux confluents de la rivière Chao Phraya et des rivières Pasak et Lopburi. Elle garde la mémoire de la grande capitale du fabuleux royaume d'Ayuthaya, qui a exercé sa domination du milieu du 14ᵉ s. à la fin du 18ᵉ s. La ville possède d'excellents équipements touristiques, un marché coloré et de remarquables restaurants flottants.

L'avènement d'Ayuthaya – Cette capitale légendaire fut fondée en 1351 par le roi U-Thong, qui prit le nom de **Ramathibodi Iᵉʳ**. Très vite elle fut le reflet de la puissance et de la grandeur de l'État qui, au 15ᵉ s., vainquit le premier royaume thaï de Sukhothai et ses villes satellites Kamphaeng Phet et Phitsanulok.

Au 11ᵉ s., Ayuthaya était un avant-poste khmer. U-Thong, qui régnait sur la principauté du même nom, État vassal de Sukhothai dans la province de Suphan Buri, y fit déplacer sa population pour échapper à une épouvantable épidémie. Ses ambitions furent probablement soutenues par d'autres villes et principautés bien établies et puissantes comme Suphan Buri, fief de la famille de son épouse, et Lopburi, où son fils devait régner par la suite. Au cours du 15ᵉ s. et au début du 16ᵉ s., Ayuthaya étendit son territoire par annexions successives. En 1402, le roi **Ramathibodi II** envahit l'empire d'Angkor en déclin. À la suite de plusieurs batailles, Sukhothai devint en 1412 son État vassal. Le roi **Borommatrailokanat** (1448-88) créa le système administratif du royaume par délégation de pouvoirs particuliers à des autorités civiles et militaires, qui devaient par la suite jouer un rôle dans l'histoire de la Thaïlande. Au 16ᵉ s., après de nombreuses années de conflits et de rivalités, Ayuthaya forma une alliance étroite avec la principauté de Chiang Maï, posant ainsi les bases de sa suprématie.

La pompe et le cérémonial légendaires associés au règne des 36 souverains d'Ayuthaya proviennent de la notion de pouvoir divin dont se réclamaient les rois khmers. On introduisit dans les cérémonies du couronnement des rituels brahmaniques, qui perdurent aujourd'hui. Les souverains marquèrent leur règne par la construction de temples bouddhistes et de palais magnifiques.

Une ère de prospérité – La ville, qui contrôlait les routes commerciales essentielles de la région, devint un centre animé d'échanges culturels et marchands. Si l'on en croit les rapports des visiteurs étrangers, c'était aux 16ᵉ et 17ᵉ s. l'une des villes les plus splendides d'Asie. Des flottilles de vaisseaux remontaient la Chao Phraya. Les compagnies européennes et japonaises établirent des comptoirs à l'extérieur de la ville. Le royaume instaura des relations diplomatiques avec les pouvoirs étrangers. Au sommet de sa gloire, le roi **Narai** (1656-1688) reçut des envoyés de Louis XIV, et ses ambassadeurs furent accueillis par la Cour de France. La population, cosmopolite, comprenait Chinois, Indiens, Japonais et Européens, qui habitaient à l'intérieur et à l'extérieur des murs de la ville. Certains étrangers obtenaient de hautes fonctions à la cour et bénéficiaient de privilèges particuliers. Les missionnaires chrétiens pouvaient librement exercer leur ministère. Mais les nationalistes de la Cour s'opposaient farouchement à cette évolution, et à la mort du roi Narai presque tous les étrangers furent expulsés du royaume, qui resta fermé au monde occidental jusqu'au début du 19e s.

La menace birmane – Poussés par leur ambitions territoriales et hégémoniques, les Birmans menèrent pendant des siècles la guerre contre Ayuthaya. En 1549, le roi de Pegu tenta une invasion et fut repoussé, mais Ayuthaya finit par tomber deux décennies plus tard. Le roi Mahachakrapat fut fait prisonnier, une partie importante de la population fut déportée en Birmanie, et la ville fut mise à sac. Ayuthaya devint un État vassal gouverné par le roi Maha Thammaracha. Son fils, le **roi Naresuan**, rendit à Ayuthaya sa souveraineté en 1584. Il s'empara aussi de territoires tenus à l'Est par les Khmers. Pendant les décennies qui suivirent, la menace birmane demeura constante, jusqu'à la chute d'Ayuthaya en 1767 après un siège de 15 mois. Pillant la ville, faisant fondre l'or des statues, les Birmans ne laissèrent derrière eux que des ruines. Ils rentrèrent en Birmanie avec leur butin, emmenant des milliers de captifs, parmi lesquels nombre d'artisans.

Un haut lieu culturel – Quand, à la fin du 18e s., le futur roi Taksin rallia ses troupes et chassa définitivement les Birmans du pays, une nouvelle capitale fut fondée à Thonburi *(voir Environs de Bangkok)*. On abandonna les ruines d'Ayuthaya. Mais lorsqu'il monta sur le trône, le roi Rama Ier remit beaucoup de traditions à l'honneur. Quand il fit construire sa nouvelle capitale à Bangkok, il utilisa des matériaux de construction en provenance de l'ancienne ville, et il fit transférer de nombreuses statues du Bouddha dans les temples nouvellement bâtis. Depuis 1956, plusieurs temples ont été restaurés dans le cadre d'un important programme de restauration archéologique, et l'UNESCO a inscrit la cité au répertoire du Patrimoine mondial.

Ayuthaya pratique

Office de tourisme thaïlandais (TAT) – Thanon Si Sanphet, Amphoe Phra Nakhon Si Ayutthaya – ☎ 035 246 076/7 – fax 035 246 078

Découverte – **Promenade à dos d'éléphant** : près de l'Office de tourisme ; en bateau à longue queue à l'embarcadère près du musée Chandra Kasem, Thanon U-Thong ; **location de bateaux** 500 bahts (sans escale, 1 h 15 mn), 600 bahts (arrêts à trois temples).
Cela vaut la peine de faire une promenade en voiture autour du parc historique le soir, avec les monuments illuminés.

Se restaurer à Ayuthaya

Ruan Thai Mai Suai – *8/2 Mu 3, route du Wat Yai-Wat Phanan Choeng, Klong Suan Plu* – ☎ *035 245 977/9*. Cuisine thaïe traditionnelle.

Ruan Thep Niyoum – *19 Thanon U-Thong, Pratuchai* – ☎ *035 322 259*. Succulente cuisine thaïe.

Bhan Watcharachai – ☎ *035 321 323*. Délicieuse cuisine dans un cadre sans prétention.

Pae Krung Kao – *4 Moo 2, Thanon U-Thong* – ☎ *035 241 255*. Restaurant en bord de rivière avec spécialités de poisson.

Se loger à Ayuthaya

Bon marché

Ayothaya Riverside Inn – *17/2 Moo 7, Baan Pom* – ☎ *01 644 5328* : 4 à 10 $ US. Maison traditionnelle thaïe offrant une vue splendide sur la rivière et le parc historique.

River View Place Hotel – *35/5 Thanon U-Thong* – ☎ *035 241 729/730* – 1 500-2 200 bahts. Hôtel confortable donnant sur la Mae Nam Pasak, avec restaurant, piscine et centre de remise en forme.

Ayothaya Hotel – *12 Moo 4, Thanon Thebasan* – ☎ *035 232 855, 035 252 250* – *fax 035 251 018* – 900-3 500 bahts. Hôtel bien équipé et bien situé, dans le parc historique même.

Prix modérés

U-Thong Inn – *210 Moo 5, Thanon Rojana* – ☎ *035 242 236/9* – *fax 035 242 235* – *uthong@ksc.th.com* – *www.uthonginn.com* – 1 200-15 250 bahts. Bel établissement remarquablement équipé, avec une belle vue à quelque distance du centre.

Krung Si River Hotel – *27/2 Moo 11, Thanon Rojana* – ☎ *035 244 333* – *fax 035 243 777* – 1 250-5 000 bahts. Établissements accueillant aux chambres confortables et plusieurs restaurants.

SITE HISTORIQUE ⊘

Visite : compter au moins 2 jours pour la visite complète, 1/2 journée pour une visite rapide. Le cœur du site peut se voir à pied, mais la voiture est préférable pour les secteurs plus éloignés.

À l'intérieur des murs

Dans la riche plaine centrale, la capitale royale occupait stratégiquement une île créée dans un méandre de la Chao Phraya, en creusant un canal pour relier la rivière Lopburi à la Chao Phraya. On construisit des remparts, des portes et des forts, dont il ne reste que des ruines (Pom Phet). On trouve des vestiges des constructions de bois des palais, le **Wang Luang** (Palais royal) et le **Wang Lang** (palais de l'Arrière) si brillamment décrits par les visiteurs étrangers de la cour. Le Grand Palais de Bangkok est construit sur le modèle de ce complexe architectural. Le **Wang Chantharakasem** (ou **Wang Na**, palais du Devant), restauré, abrite un musée *(voir ci-dessous)*. La splendeur de la période d'Ayuthaya est évoquée par les ruines imposantes de plus de 200 bâtiments, pour l'essentiel des sanctuaires, qui étaient à l'origine recouverts de feuilles d'or. La description qui suit ne concerne qu'une sélection des temples les plus intéressants, mais de nombreux trésors artistiques se cachent dans les autres ruines dispersées sur le site.

Wat Mahathat – Ce centre spirituel sacré de la capitale fut construit au 14e s. sous le règne de Borommaracha Ier, éclairé par une révélation. Le temple abritait une relique sainte du Bouddha ; il a conservé son importance tout au long de la période d'Ayuthaya. Dans ces ruines imposantes, ceintes de murs, on a découvert de nombreux trésors maintenant exposés dans les musées d'Ayuthaya et de Bangkok. Le *prang* central, dont demeurent seulement le socle plat en latérite et grès et les escaliers monumentaux (restaurés), fut modifié de nombreuses fois, notamment à la fin de la période d'Ayuthaya. Les murs d'enceinte sont bordés du côté intérieur par de petits *chedi* de styles divers ajoutés à différentes époques. À l'angle Nord-Ouest, une niche du *chedi* porte des traces de peintures murales des débuts de la période d'Ayuthaya. Selon la croyance populaire, ils représentent des bouddhas antérieurs. Dans la cour extérieure, on peut voir des alignements de *chedi* et de *wihan* en ruine.

★★ **Wat Ratchaburana** – Des documents historiques datent ce monument de 1424, sous le règne de Borommaracha II, connu aussi sous le nom de roi Sam Phraya. Il fut édifié pour abriter les cendres de ses frères aînés, Chao Ai et Chao Yi, qui s'étaient entre-tués lors d'un duel pour le trône, mené à dos d'éléphant. Le **prang** monumental est en assez bon état de conservation, avec son **décor en stuc** de *naga*, *garuda* et statues en pied. L'enceinte sacrée est marquée par les murs du cloître, le long desquels étaient autrefois alignées des statues du Bouddha.

Lors des travaux de restauration de 1957, on découvrit trois cryptes avec tout un trésor d'objets précieux, parmi lesquels des ornements royaux, des statuettes du Bouddha et des tablettes votives. Ces pièces historiques d'une valeur inestimable sont exposées au Musée national Chao Sam Phraya.

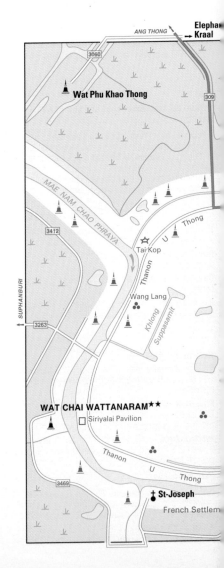

On a aussi découvert dans les deux cryptes supérieures *(escalier raide)* des peintures murales du 15ᵉ s. en assez bon état. Les intéressantes peintures de la partie basse révèlent une influence chinoise, alors que celles de la première crypte illustrent des légendes du bouddhisme, telle celle des 24 premiers Bouddhas, ainsi que des scènes de la vie du Bouddha Gautama, Sakyamuni, avec des épisodes des *Jataka*, histoires de ses vies antérieures.

À remarquer aussi, les *chedi* en ruine qui entourent de chaque côté le *prang* et les murs des *wihan*, et les sanctuaires secondaires à l'intérieur de l'enceinte.

★★ **Wat Phra Ram** – Au sein d'un beau jardin, près d'un bassin de lotus, les ruines romantiques de ce grand temple, fondé en 1369 et restauré au 15ᵉ s., forment un tableau admirable. L'agencement de l'ensemble entouré de galeries, avec son *prang* central, encadré de **wihan** et, aux quatre coins, de *chedi* plus petits, correspond à la première période d'Ayuthaya. Des petits *chedi* à dôme en forme de cloche ont été disposés entre les *chedi* d'angle à une époque plus tardive. Le décor de stuc et les statues placées dans les niches du grand *prang* sont en piteux état, et les portiques sont en ruine. Des bâtiments annexes ont été rajoutés tout au long de la période d'Ayuthaya à l'extérieur de l'enceinte.

★★ **Wat Phra Si Sanphet** – Ce temple a été bâti dans un style architectural original, à l'intérieur du domaine occupé par le palais royal lors de la fondation de la capitale. En 1448, sous le règne de Borommatrailokanat, le domaine royal fut donné au monastère, et le Grand Palais *(Wang Luang)* transféré plus au Nord, sur un site proche de la rivière.

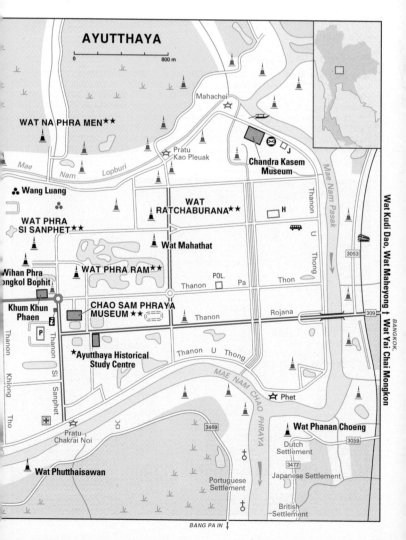

Flanqués des colonnes de deux *wihan*, trois harmonieux *chedi* en forme de cloche suivent un alignement Est-Ouest sur une longue terrasse. Ce sont les tombeaux royaux de Borommatrailokanat et de ses fils, les rois Ramathibodi et Borommaracha III. Les reliques royales furent déposées dans des chambres secrètes, accessibles uniquement par le portique Est de chaque *chedi*. Il y a des portiques sur les quatre côtés ; les flèches annelées sont elles-mêmes encadrées de petits *chedi*. Les galeries de l'enclos étaient ornées de figures du Bouddha.

Chedi en forme de cloche et *wihan* alternent le long des murs extérieurs de l'enceinte. Afin de respecter le plan d'ensemble, on a construit à intervalles réguliers d'autres édifices entre les *chedi*.

Wihan Phra Mongkol Bophit – Un colossal **bouddha assis** en bronze du 15e s., objet d'une grande vénération, habite ce temple moderne. Le bâtiment d'origine fut détruit au 18e s. et, jusqu'aux années 1950, la statue était restée à découvert. Des colonnes inclinées vers l'intérieur à chapiteaux en fleur de lotus agrémentent le porche. Le fronton et le pignon sont décorés de motifs en bas-relief sur fond rouge. Six rangées de colonnes soutiennent le gracieux toit surbaissé. L'espace limité met en valeur le gigantisme du bouddha.

Au Sud se dresse **Khum Khun Phaen**, maison traditionnelle de bois sur pilotis de construction récente, avec un *sala* central et quatre pavillons tout aménagés.

Wat Thammikarat – Sur une plate-forme s'élèvent les ruines romantiques d'un imposant temple royal d'avant la période d'Ayuthaya. Le toit du *wihan* reposait sur 10 piliers massifs en briques ; beaucoup sont encore debout. Le niveau intermédiaire de la terrasse porte des colonnes extérieures. Près de là, un mur d'enceinte peu élevé entoure un *chedi* en forme de cloche qui a perdu sa flèche.

Wat Lokayasutharam – Un grand bouddha couché en plein air est le joyau de ce temple, qui comportait deux *wihan* encadrant un *prang* dont il reste peu de chose. Le Bouddha est connu pour son visage doux et souriant, ses lobes d'oreille distendus, son bandeau frontal et son chignon pointu. Le repose-tête s'orne d'un magnifique motif de lotus.

Hors des murs : Nord

★★ **Wat Na Phra Men** – Placé face au palais royal, le temple donne stratégiquement sur une douve, ancienne rivière et voie de communication majeure. Il fut probablement construit au début de l'époque d'Ayuthaya, puis reconstruit sous le règne de Prasat Thong (1629-1656), comme l'atteste un grand **Bouddha paré★★** abrité dans un *ubosot* imposant. Deux porches gracieux encadrent le grand portique. Les sculptures des panneaux de porte et du pignon illustrent le talent de leur auteur. Deux rangées de colonnes soutiennent un **plafond à caissons★** ouvragé, rehaussant la magnificence du Bouddha en costume royal. Posture assise et position des mains évoquent une transcendantale quiétude.

PICTOR

Wat Phra Si Sanphet

Vers l'Est se trouve un petit *wihan* construit en 1838, et qui renferme une grande **statue du Bouddha**★★ (7e-8e s. – *Illustration : voir Introduction, Art*) dans le style de Dvaravati, qui se trouvait autrefois dans le Wat Mahathat. De cette puissante figure en pierre verte, assise, les pieds reposant sur un socle de pierre sculptée en lotus, émanent noblesse et grande spiritualité. C'est l'un des chefs-d'œuvre d'Ayuthaya. Les peintures murales originales sont intéressantes.

Wat Phu Khao Thong – *Prendre la route 309 vers le Nord, puis à gauche la route 3060.* Le point de mire de ce parc paysager orné de lacs est une statue équestre majestueuse du *roi Naresuan* en tenue de combat. Victorieux des troupes birmanes au 16e s., il a reconquis l'indépendance de la Thaïlande. Suivant un récit du 17e s., le *chedi* blanc de l'arrière-plan aurait été élevé pour commémorer cet événement décisif. Antérieur à la fondation de la ville, restauré au milieu du 19e s., le temple domine la plaine. Une volée de marches gravit le socle en quatre étages de l'élégant *chedi*, dont les quatre niches en projection, aux pilastres et pignons ornementés, abritent des bouddhas. Le dôme à facettes est couronné d'une fine flèche annelée.

Hors des murs : Est

Wat Maheyong – *Prendre les routes 309 et 3058 vers l'Est.* Le temple, construit sous le règne de Borommaracha II (1424-1448), a été abondamment restauré au début du 18e s. Derrière les ruines de l'*ubosot* se dresse la masse ronde du *chedi* en forme de cloche, cantonné de niches. Sa flèche conique gît à côté. Des éléphants cariatides en stuc entourent la base de la terrasse. Ces détails, peu habituels dans l'art d'Ayuthaya, reflètent l'influence du style de Sukhothai et illustrent les relations étroites entre les deux royaumes, fruits d'alliances royales. Des rangées de *chedi* similaires de taille plus petite encadrent l'édifice principal. À proximité se trouvent aussi les ruines d'un palais.

Wat Kudi Dao – *En face.* On passe sous une arche pour pénétrer dans l'ancien monastère, également restauré au début du 18e s. Ces ruines évocatrices comprennent un vaste **ubosot** percé d'ouvertures en arc, un *chedi* en forme de cloche sur son petit socle carré, et un *wihan*, tous construits suivant un alignement Est-Ouest et encadrés de *chedi* plus petits. Au Nord se dresse un **palais** semblable à celui du Wat Maheyong, témoignage du patronage royal.

Hors des murs : Sud

Wat Phutthaisawan – D'après des chroniques anciennes, Ramathibodi Ier (roi U-Thong, 1351-1369) fit bâtir ce grand monastère au 14e s. à l'endroit où il résidait avant de fonder sa capitale. À l'Est du domaine, on a un ancien sanctuaire composé de *chedi*, d'un *prang* massif qui fait face à une chapelle à l'Est, d'une galerie abritant des figures du Bouddha, anciennes et récentes, et de deux petits édifices carrés couverts d'élégants toits à étages.
En allant vers l'Ouest, on rencontre un bâtiment à deux niveaux de style composite, combinant éléments persans et européens, avec, en bas, des fenêtres en arc brisé. À l'étage supérieur, le style des peintures murales, illustrations de fables bouddhiques, date de la fin de la période d'Ayuthaya (17e s.).
À l'Ouest dans l'enceinte du monastère, les monuments de trois rois d'Ayuthaya se dressent juste au bord de la rivière. La statue du milieu passe pour être celle du roi U-Thong, premier roi fondateur de la capitale en 1351. Le personnage à sa droite représente le roi Naresuan le Grand, qui a arraché aux Birmans l'indépendance du Siam en 1592, et à gauche se trouve le roi Ekathotsarot, son dynamique frère cadet.
Un peu en amont sur la rivière se trouve l'**ancienne implantation française**. La cathédrale St-Joseph y fut élevée sous le règne de Narai (1656-1688), époque durant laquelle les missionnaires avaient converti de nombreux fidèles. Le bâtiment du 19e s. a englobé des parties d'un édifice antérieur, et s'est vu rajouter des éléments de style néoroman.

Hors des murs : Ouest

★★**Wat Chai Wathanaram** ⊘ – En 1629 le roi Prasat Thong, qui avait renversé le roi précédent pour s'emparer du trône, fit construire ce grand monastère au bord de la rivière, très probablement sur le site de crémation de sa mère. Bien qu'issu du peuple, il avait été chargé des affaires militaires du royaume. C'est pour asseoir sa légitimité qu'il fonda ce monastère conformément à la tradition religieuse des débuts de l'époque d'Ayuthaya, avec un **chedi** principal de type *prang* symbolisant le mont Meru, séjour des dieux. Aux quatre angles de la terrasse se dressent de petits **prangs**. Les galeries, abritant des rangées de **statues du Bouddha** en mauvais état, sont ponctuées de **chapelles** à spire conique alternant avec de grands Bouddhas parés. On remarquera à l'intérieur des chapelles les motifs de feuilles des chapiteaux et les plafonds en bois à caissons, mais il reste peu de traces des peintures murales. Sur les murs extérieurs des bâtiments subsistent quelques stucs en haut relief illustrant divers épisodes des *Jataka* (vies antérieures du Bouddha). L'*ubosot* se trouve vers l'Est, près de la rivière, et on voit encore sur son socle élevé les vestiges de deux bouddhas en grès.
Des fragments de canon et des boulets ont été trouvés, montrant que le temple était l'une des places fortes résistant aux troupes birmanes, avant qu'Ayuthaya ne tombe pour la seconde fois aux mains des envahisseurs en 1767.
Sur la rive opposée s'étend le pavillon Siriyalai, résidence royale baptisée en l'honneur de la reine Sirikit.

Le Wat Phanan Choeng

Autres sites

Wat Phanan Choeng – *Au Sud-Est*. Une immense **statue du Bouddha assis**★, haute de 19 m, sur un socle monumental encadré de grands piliers, attire de très nombreux fidèles. On remarquera dans l'*ubosot* de belles représentations du Bouddha et de disciples en prière. La richesse du décor et le confinement de l'espace créent une impression saisissante.

Wat Yai Chai Mongkhon ⊘ – *À l'Est*. Il semble que ce temple ait été érigé pour commémorer la victoire du roi Naresuan sur les Birmans en 1592. Sur le ciel se découpent les hautes flèches annelées du **chedi**, large édifice en forme de cloche bâti sur un socle élevé et flanqué de monuments plus petits. De part et d'autre se trouvent les vestiges des colonnes des *wihan*. Des statues modernes du Bouddha ont été disposées à la base du *chedi* et dans les galeries du cloître. Un immense **Bouddha couché** en stuc blanc repose maintenant à ciel ouvert.

Kraal des Éléphants – *Vers le Nord par la route 309, prendre à droite la route 3060 et poursuivre sur 6 km.* C'est un exemple unique de corral *(phaniat)* dans lequel on amenait les éléphants sauvages après leur capture. Une fois à l'intérieur, les animaux étaient dirigés en file indienne dans un couloir. Les bêtes sélectionnées étaient guidées vers un enclos plus petit, tandis qu'on rendait aux autres leur liberté. Pour le dressage, on les attachait à de gros poteaux de bois. Animaux de grande valeur, les éléphants étaient recherchés pour la guerre et pour des travaux de force comme le transport de troncs d'arbres. Au 19ᵉ s., les rois organisaient ici d'impressionnants spectacles d'éléphants en l'honneur des dignitaires étrangers.

Trésor du Wat Ratchaburana

★MUSÉE NATIONAL CHAO SAM PHRAYA ⊘

Financé par la vente de tablettes votives retrouvées dans les ruines du Wat Rat-chaburana, ce bâtiment fut inauguré en 1961 par le roi Bhumibol. Les collections, intéressantes, reflètent la piété et la vision artistique des souverains. Ils ont orné les monastères bâtis pour rendre gloire à leur règne avec des objets religieux de tous les styles et de toutes les périodes. Organisée en suivant l'ordre chronologique, l'exposition retrace l'évolution de l'art en Thaïlande.

Rez-de-chaussée – On y découvre un ensemble fascinant de représentations du Bouddha, par exemple une statue des débuts du 15e s. montrant des influences mônes et khmères, deux beaux groupes du 14e s. du Bouddha vainqueur de Mara, du style de Sukhothai *(vitrine de droite)*, des statuettes trouvées dans l'épaule gauche d'une statue du Wihan Mongkol Bophit, un **bouddha★★** du 13e-14e s. dans le style d'U-Thong au sourire énigmatique, avec un bandeau dans les cheveux *(3e vitrine sur la droite)*, et une remarquable figure de **bouddha★★** prédicateur dans le style de Dvaravati en pierre cristalline blanche.
Plus loin dans la salle *(à gauche)* sont présentés portes et frontons sculptés (17e s., style d'Ayuthaya), et deux statues du Bouddha en méditation sous la protection du Naga (13e-14e s., style de Lopburi, *tout au fond*).
Le département céramique *(dernière salle)* expose des porcelaines Bencharong, des figurines en terre cuite et céladon, des objets en grès et céladon, de la porcelaine chinoise des dynasties Ming et Qing, ainsi qu'une jarre en grès vernissé rehaussée d'or.

Premier étage – Dans la pièce principale, tablettes votives, Bouddhas et figurines de cristal sont présentés dans les vitrines, à côté de coffrets à manuscrits. La pièce côté Ouest est réservée à des **objets précieux★★** découverts dans le Wat Mahathat : tablettes votives, poissons, coffrets, *chedi* à sept étages avec une petite urne d'or, Bouddha de cristal. Côté Est, c'est le **trésor★★★** étincelant du Wat Ratchaburana que l'on découvre : ornements royaux en or, vaisselle de cérémonie, objets constellés de pierres précieuses, bijoux, coiffe filigranée, éléphant décoré et sa selle *(howdah)*, sabre à poignée de cristal dans un fourreau serti d'or et de pierres précieuses.
L'annexe à l'arrière du bâtiment renferme des têtes du Bouddha trouvées dans les ruines et des objets illustrant cinq dynasties (1350-1767).

★**Centre d'études historiques d'Ayuthaya** ⊘ – *Thanon Rojana*. Le centre de recherches, qui occupe deux bâtiments, est consacré à l'histoire d'Ayuthaya. Dans le grand musée moderne est présentée la vie sociale et culturelle d'Ayuthaya, au travers d'expositions, d'objets et de maquettes décrivant l'histoire du royaume, les activités quotidiennes et la vie des différents groupes sociaux à travers les âges. Les visiteurs acquièrent ainsi une remarquable vue d'ensemble de l'époque d'Ayuthaya. Le bâtiment annexe *(Tambon Ko Rian)* abrite une exposition sur les relations du royaume avec les pays étrangers.

Musée Chantharakasem ⊘ – *Thanon U-Thong*. Ce palais fut construit au 17e s. sous le règne de Mahathammaracha pour son fils, futur roi Naresuan, puis détruit par les Birmans et abandonné, jusqu'à sa restauration par Rama IV (roi Mongkut) qui souhaitait en faire une résidence royale d'été. Le Phiman Rattaya, résidence des femmes de la cour, abrite un **musée** qui donne un aperçu de la vie de l'époque. Parmi les objets présentés, des statues du Bouddha, des sculptures, des objets à usage domestique ou religieux. À l'Ouest du Grand Palais se trouve un **observatoire**, érigé au 17e s. sous le règne de Narai le Grand sur les conseils de missionnaires français, et reconstruit plus tard par le roi Mongkut, qui s'intéressait à l'astronomie.

BAN CHIANG★★

Udon Thani

Atlas Michelin p. 9 ou carte n° 965 D 8

À la suite de la découverte fortuite d'objets anciens, des recherches archéologiques ont été entreprises, révélant des traces d'occupation humaine dans la région. Ces recherches fascinantes ont livré pièces de poterie, perles de verre, outils de fer et de bronze, témoignant d'une civilisation datant de 3 000 à 7 000 ans, qui avait développé des techniques avancées du bronze et du fer (moulage à la cire perdue, creusets d'argile, moules bivalves). Ces découvertes viennent battre en brèche l'idée que l'âge de Bronze prend ses origines en Mésopotamie, généralement considérée comme le berceau de la civilisation.
Le site de Ban Chiang, sur une colline entourée d'une plaine alluviale propice à l'agriculture, a été habité de la préhistoire jusqu'au 2e s. avant J.-C. Cette paisible communauté vivait dans des maisons construites sur pilotis, élevait du bétail et cultivait le riz. Ces gens étaient aussi d'habiles chasseurs et artisans. Les pratiques funéraires ont évolué des nourrissons enterrés dans des jarres aux tombeaux où les corps, repliés ou allongés, étaient accompagnés ou non d'objets funéraires, et de poteries intactes ou cassées.
Ban Chiang a été inscrit au Patrimoine mondial par l'UNESCO.
De nombreux sites similaires de la même période ont été découverts dans la région du Nord-Est (Non Nok Tha, Ban Weng – Amphoe Sawang Daen Din, *à 20 km au Nord de la route 22*, Sakhon Nakhon).
Il y a plus de 200 ans s'est amorcée une immigration lao, qui a repeuplé la région.

Poterie de Ban Chiang

L'élégance des motifs témoigne du sens artistique des potiers, dont la technique a évolué suivant trois périodes distinctes.

La période primitive (autour de 3600-1000 avant J.-C.), qui se découpe en quatre phases, se caractérise au départ par des bandes décoratives sur terre cuite noire (3500-2500 avant J.-C.) ; ensuite viennent de grands motifs (2500-2000 avant J.-C.), suivis de lignes décoratives incisées ou de motifs cordés (2000-1500 avant J.C.) et enfin des figures humaines et animales (1500-1000 avant J.-C.).

Pendant la période intermédiaire (1000-300 avant J.-C.), les artistes s'essayent à des formes différentes, avec des motifs plus délicats, incisés ou marqués à la corde, mais la poterie est aussi partiellement peinte.

La période tardive (300 avant J.-C – 200) voit culminer le savoir-faire des artistes. Vases et pots, aux parois plus épaisses, sont recouverts d'ocre rouge, sur lequel on peint divers motifs. Des formes inhabituelles apparaissent : base ronde et col évasé, support en forme de piédestal, formes cylindriques, carénées, ou formes d'animaux, nouveaux motifs décoratifs (figures humaines ou animales, géométriques, en spirales, en volutes). Les artisans locaux de Ban Pulu fabriquent et vendent de belles reproductions des poteries de Ban Chiang.

On peut voir de splendides collections de poterie et d'art du bronze de Ban Chiang au Musée national, et au palais Suan Pakkard de Bangkok.

B. Davies

Poterie, Ban Chiang

Accès : à 56 km à l'Est d'Udon Thani par la route 22. Au km 49-50, à Ban Pulu, prendre à gauche la route 2225 et poursuivre sur 6 km.

Musée national ⊘ – Au rez-de-chaussée du bâtiment principal, le musée est dévolu aux implantations préhistoriques de la région Nord-Est. Dans la salle 1, sont présentés outils en fer, perles de verre, haches et ornements en bronze. On explique les techniques de fonderie. Un diorama donne une bonne idée des villages préhistoriques, groupes serrés de maisons généralement perchés sur une colline. Les salles 2 et 3 illustrent l'évolution des différents styles de poteries *(voir plus haut)*. La plupart des objets exposés étaient des objets funéraires et n'ont pas eu d'usage quotidien : enrouleurs et volants de fuseaux, louches et creusets...

Le premier étage est consacré aux découvertes de Ban Chiang. Le chantier de fouilles y est présenté, et l'exposition comporte des céramiques (jarres-cercueils pour nourrissons) et des objets de bronze. Parmi les trouvailles les plus fascinantes, une sépulture de la période primitive (environ 1500 avant J.-C.) d'un homme surnommé **« Vulcain »**, avec une herminette de bronze sur l'épaule gauche, quatre bracelets au poignet gauche, 30 grains à côté de la tête et une poterie peinte à ses pieds. Remarquable aussi, la hache à emmancher la plus ancienne du monde (autour de 2700 avant J.-C.). Et la sépulture d'un chasseur, **« Nemrod »**, une pointe de lance près de son poignet droit et un andouiller gravé et perforé près de son coude gauche. La dernière salle concerne la vie à Ban Chiang aujourd'hui.

Dans un autre bâtiment *(à droite)* sont exposés des objets en provenance des fouilles de Ban Prasat *(voir Nakhon Ratchasima, Excursions)*, témoins d'une civilisation comparable à celle de Ban Chiang.

Wat Pho Si Nai – *À 500 m au Sud du musée.* Le **musée en plein air** ⊘ dans la cour du temple donne une idée du déroulement des fouilles, et montre les sépultures dans leur état d'origine. Les squelettes sont entourés de poteries. Certains portent des ornements.

BANGKOK★★★

Bangkok – 5 604 772 habitants
Atlas Michelin p. 27-28

Dans sa course sinueuse jusqu'au golfe de Thaïlande, la puissante Chao Phraya décrit une courbe élégante autour du cœur de Bangkok, vaste agglomération aux facettes multiples. En associant mystère oriental et modernité trépidante, cette ville peut ensorceler les visiteurs, qui risquent d'être désarçonnés au premier contact par un flot d'impressions contradictoires.

L'architecture grandiose et l'ornementation éblouissante du palais royal, les flèches étincelantes des temples isolés, qui évoquent la splendeur de l'ancienne Bangkok, forment un contraste saisissant avec les gratte-ciel futuristes des quartiers périphériques. Les *khlongs* étroits, au long desquels les barques de bois pratiquaient leur commerce – aujourd'hui remplacées par de bruyants bateaux « à longue queue », sont là pour rappeler la vie traditionnelle, établie sur l'eau. Les cours sereines des temples et les luxuriants jardins tropicaux qui ont échappé à la voracité des programmes immobiliers offrent de merveilleux havres de paix au visiteur qui souhaite fuir la cohue des artères principales et explorer le dédale des ruelles. Les scènes de rue, hautes en couleur, illustrent l'ingéniosité et le dynamisme incroyables des habitants autant que leur joie de vivre, face au rythme frénétique de la vie urbaine.

Bangkok, plaque tournante internationale réputée, offre un grand choix d'équipements touristiques, allant de la modeste chambre d'hôte aux hôtels de luxe connus du monde entier, ainsi qu'une palette de divertissements pour les goûts les plus exotiques. Les délices de la cuisine thaïlandaise, plats succulents des cuisines de rue ou expériences gastronomiques dans les restaurants de classe internationale, méritent une mention d'excellence.

La Cité des Anges – Le nom de Bangkok vient de « petit village » *(ban)* planté d'oliviers et de pruniers sauvages *(kok)*. Les Thaïlandais lui donnent aussi l'appellation Krung Thep, Cité des Anges, forme abrégée de son interminable nom officiel, qui reflète le rôle pivot de la ville comme centre du pouvoir d'État lors de la création de la nation thaïe, et comme capitale culturelle et financière de l'époque moderne.

En 1767, à la suite du sac d'Ayuthaya par l'armée birmane, le roi Taksin, après avoir vaincu les envahisseurs et fait valoir ses droits au trône, établit sa capitale à Thonburi. Son successeur, Rama Ier, premier roi de la dynastie Chakri, qui souhaitait consolider le pouvoir de la monarchie et retrouver la gloire d'Ayuthaya, décida de construire une nouvelle capitale. Il choisit un terrain alluvial de l'autre côté de la rivière, au creux d'un méandre facile à défendre des incursions de forces ennemies attirées par les abondantes ressources naturelles du pays. Les briques de la capitale détruite servirent à construire murs crénelés, forts et tours de guet de la ville. Ce qui reste des remparts donne une idée de l'art militaire défensif de l'époque. Des centaines de statues rescapées d'Ayuthaya ornent les temples de Bangkok. Un réseau de canaux fut creusé pour desservir la nouvelle zone d'habitation : « Venise de l'Orient », tel est le nom donné à la ville par les premiers voyageurs européens. Leurs écrits pittoresques décrivent cette époque, et le tableau exotique des habitants dans leurs maisons flottantes traditionnelles, au mode de vie aussi haut en couleur que leurs vêtements.

Sur le domaine où on édifia le nouveau palais royal vivait une importante communauté de marchands chinois, qui, sur injonction royale, partirent s'installer sur un terrain situé à l'Est à l'extérieur des murs. La création de ce nouveau quartier marqua la naissance de l'actuelle ville chinoise.

Le souffle du changement – Rama IV (le roi Mongkut), souverain érudit qui avait été moine de nombreuses années, ouvrit le pays aux influences modernes et signa des traités avec des puissances étrangères. Les riches perspectives de développement commercial ravivèrent l'intérêt des Européens et des Asiatiques. Les nouveaux arrivés construisirent magasins, entrepôts, et quartiers diplomatiques sur un espace au Sud en bord de rivière, où une brise fraîche atténuait l'humidité et la chaleur étouffantes. On construisit en 1862 la première rue, **Thanon Charoen Krung** (Route Neuve), et les besoins grandissants des transports firent que vergers et canaux de l'ancienne Bangkok devinrent bientôt des vestiges du passé.

Inspiré par ses voyages en Europe, Rama V (le roi Chulalongkorn) mit en place le décor pour le 20e s. Pour échapper à l'exiguïté du palais royal, il fit construire de nouveaux palais de style néoclassique, et de larges avenues qui donnent encore aujourd'hui à Bangkok un air d'élégance formelle. Pour moderniser le pays, Rama V ordonna également des mesures sociales d'importance majeure : abolition de l'esclavage et de la prosternation, éducation primaire obligatoire, réorganisation du gouvernement.

Une fuite en avant téméraire – Avec une rapidité effrayante, croissance de la population et prospérité économique ont conduit à une expansion incontrôlée de la ville, en l'absence d'un plan d'urbanisme cohérent. La pollution de l'air et les problèmes d'environnement sont aussi sources d'inquiétude. L'horizon est ponctué de tours gigantesques, certaines au style innovant et imaginatif ; des bâtiments ayant surgi de toutes parts comme des champignons, en réponse à la demande croissante de bureaux et de logements. Cependant, la crise a mis fin au boom immobilier, car des milliers de travailleurs venus des campagnes ont perdu leur emploi. Pour résoudre le trop célèbre problème des transports, le schéma de circulation a été repensé. La plupart des *khlongs* ont été recouverts afin de permettre la construction très attendue de

Bangkok pratique

Office du tourisme de Thaïlande (TAT) – Le Concorde Building, 202 Thanon Ratchadaphisek, Huai Khwang Bangkok – ☎ 02 694 1222 – fax 02 694 1220/1 – center@tat.or.th – www.tat.or.th, www.tourismthailand.org ; ouvert du lundi au vendredi, 8 h 30 à 16 h 30. Le TAT et la plupart des hôtels distribuent gratuitement des plans de ville et autres renseignements touristiques. Le TAT publie une brochure des hébergements et tarifs.

Police touristique – Unicohouse Building, Soi Lang Suan, Thanon Phoenchit – ☎ 1155, 02 281 5051 – tourist@police.go.th – www.tourist.police.go.th
Services – Banques : ouvertes lundi au vendredi, 9 h 30 à 15 h 30. La plupart des banques des quartiers touristiques et d'affaires ont des comptoirs de change. Le taux de change est généralement plus bas dans les hôtels.
Poste centrale – Thanon Charoen Krung (New Road). Ouverte lundi au vendredi, 8 h 30 à 16 h 30 ; samedi, 8 h 30 à 12 h 00. L'Annexe Télécommunications offre un service 24 h sur 24 de télégramme, télex et appels internationaux. Les tarifs téléphoniques des hôtels sont très élevés.

Pour l'international, composer le 001, suivi du code du pays et du numéro.

Visiter la ville – Étant donné les encombrements de la circulation, mieux vaut visiter les sites à pied. Pour ceux qui souhaitent éviter la chaleur et la pollution, Sky-Train, taxis, *tuk-tuks* et bateaux « à longue queue » sont des moyens de transport adaptés.
Sky-Train – Le réseau de transports en commun de Bangkok (métro aérien) permet de circuler vite et de façon commode. Ses deux lignes se croisent à la station « Central ». Les passages (de 6 h à minuit) sont fréquents, les trains propres. Le prix est fonction du trajet : 10 bahts, auxquels s'ajoutent 5 bahts par station. Possibilité d'abonnements pour étudiants et adultes : www.bts.co.th
Taxis – Il est recommandé de prendre les taxis avec un panonceau TAXI-METER, disposant d'un compteur et d'air conditionné ; le prix plancher de la course est 35 bahts, plus 4,5 par km. Les voitures appelées par une centrale de taxis ajoutent une taxe d'appel de 20 bahts. Centrale de taxis : ☎ 1661, 1681. On peut négocier un forfait pour la course à la réservation ou avant de démarrer. Il est préférable de faire écrire sa destination en thaï par un Thaïlandais.
Tuk-tuks – Sorte de moto à trois roues faisant office de taxi, le *tuk-tuk* est un moyen de transport efficace et bon marché, mais peut s'avérer périlleux. Il vaut mieux choisir ce mode de transport tôt le matin ou dans la soirée. Le prix de la course, de 30 à 150 bahts, est à négocier à l'avance.
Bus – Le bureau du TAT et la plupart des hôtels et librairies vendent le plan du réseau d'autobus (35 bahts). Le trajet vers la plupart des destinations de la métropole coûte de 3,50 à 5 bahts. Bus à air conditionné : 6 à 18 bahts. Minibus rouge et gris à air conditionné : 25 bahts aller simple.
Un bus touristique à impériale fait un circuit sur l'île Ratanakosin au départ de Sanam Luang, près du Grand Palais, jusqu'au palais Vimanmek et retour, avec un arrêt de plus d'une heure pour permettre la visite de ce palais. ☎ 02 645 0710/11 (200 bahts). Il est souhaitable de visiter le Grand Palais d'abord, car son billet donne aussi accès au palais Vimanmek.
Bateaux – Pour visiter les *khlongs* de Thonburi, bateaux rapides et ferries font la navette sur la Chao Phraya à partir des quais de Tha Oriental, Tha Maharat, et River City. Tarifs de 5 à 15 bahts.
On peut louer à titre individuel des bateaux « à longue queue ». Se renseigner à l'embarcadère de River City. Le prix pour la visite des canaux va de 500 à 1 200 bahts en fonction de la durée, et du type de bateau.

Achats – On peut marchander, hormis dans les grands magasins et boutiques à prix fixés. La plupart des magasins ouvrent toute la semaine, 12 heures par jour.
Grands magasins : Siam Square, Thanon Phloenchit, Thanon Ratchadamri, Thanon Rama IV. Ouverts de 10 h 00 à 20 h 00.
Antiquités et artisanat d'art : River City.
Hors taxes : 7e étage du World Trade Center, 4 Thanon Ratchadamri.
Artisanat d'art : Chitralada Shops – Grand Palace, centre commercial de l'Oriental Plaza, galerie commerçante de l'Hôtel Hilton, Vimanmek Palace.
Soieries : Jim Thompson, Thanon Surawong, et World Trade Center.
Marchés : Talat Pratunam : tissus, mode prêt-à-porter ; marché nocturne de Patpong : vêtements, souvenirs ; marché de week-end de Chatuchak : plantes, fruits et légumes, animaux, artisanat, souvenirs ; Talat Thewes : plantes en pot ; Pak Khlong Talat : fleurs et légumes.
Librairies : Asia Books, Thanon Sukhumwit, Soi 15 & 17 ; DK Books, Siam Square.

Distractions – Dîners-croisières : réservations à l'embarcadère de River City et dans les plus grands restaurants en bord de rivière.
Danse traditionnelle thaïe : dîners-spectacles : Sala Rim Nam, hôtel Oriental ; Silom Village, Thanom Silom ; restaurant Sawasdee, Thanon Sathorn Nua ; restaurant Ban Thai, Thanon Sukhumvit ; centre culturel de la Chao Praya, Thanon Charoen Nakorn.

Marché à Bangkok

Bars, restaurants, discothèques, jazz clubs : allées donnant sur Thanon Sukhumwit, Thanon Luang Suan, Patpong : Bamboo Bar – Oriental Hotel ; Brown Sugar – Soi Sarrasin ; Round Midnight Pub – Soi Langsuan ; Phoebus – Thanon Ratchadapisek. **Cuisines de plein air** : sur les marchés et à tous les coins de rue, on trouve à bas prix une gamme extraordinaire de fruits et plats alléchants. Il suffit de désigner du doigt le plat désiré.
Boxe thaïlandaise : stade Ratchadamnoen (lundi, mercredi, jeudi, dimanche) et stade Lumphini (mardi, vendredi, samedi).
Courses de chevaux : au Royal Turf Club et au Royal Sports Club de Bangkok le week-end.
Parcs d'attraction : Zoo Dusit, Mini Siam, Safari World, Siam Water Park, Magic Land.
Golf : il y a plusieurs terrains de niveau international à l'extérieur de Bangkok.

Cours particuliers – Écoles de cuisine thaïlandaise : l'hôtel Oriental organise des cours de cuisine d'une semaine avec les meilleurs chefs. ☎ 02 437 2918, poste 1044. Il y a aussi l'UFM Baking and Cooking School, ☎ 02 259 6020/30.
Massages traditionnels thaïlandais : cours et séances aux Wat Pho, Wat Mahathat, et Wat Parinayok. Les centres de remise en forme des bons hôtels proposent aussi ces massages.
Méditation bouddhiste : pour une formation à la méditation, se renseigner aux Wat Mahathat, Wat Pak Nam, Wat Chonprathan Rangsarit, Wat Phra Dharmakayaram et Wat Bowan Niwet.

Excursions – agences de voyages et hôtels fournissent des informations sur les visites organisées.
1 jour – Müang Boran (ville ancienne)- ferme des Crocodiles (environs de Bangkok) ; Damnoen Saduak (marché flottant) ; Phra Pathom *Chedi*-roseraie-Samphran Elephant Village (Nakhon Pathom) ; Bang Pa-In ; Parc historique d'Ayuthaya.
2 jours – Kanchanaburi-Hua Hin-Phetchaburi-Pattaya ; Parc national de Khao Yai.
Gare routière – Nord et Nord-Est : Talat Mor Chit : ☎ 02 936 3660. Sud : Sai Tai Mai. ☎ 02 435 1199. Est : Ekamai Sukhumwit : ☎ 02 391 2504.
Est : Ekamai Sukhumwit. ☎ 02 391 2504.

Gares de chemin de fer – Hua Lamphong, ☎ 02 223 0341/8. Pour le Sud : Thonburi, Bangkok Noi : ☎ 02 411 3102, 02 465 2017.

Se restaurer à Bangkok

Seafood Market Restaurant – *24 Thanon Sukhumwit* – ☎ *02 601 1255*. Le client fait son choix parmi toutes sortes de produits de la mer, qu'il fait préparer à son goût.

Bann Khaita – *36/1 Soi Prasarnmit* – ☎ *02 258 4148*. Cuisine thaïe traditionnelle, remarquablement présentée.

Whole Earth – *93/3 Soi Lang Suan, Thanon Ploenchit* – ☎ *02 252 5574*. Restaurant végétarien réputé à l'ambiance intime et musicale.

Bussaracum – *425 Soi 2 Pipat 2, Thanon Silom* – ☎ *02 235 8915*. Cuisine traditionnelle dans un cadre magnifique.

Lemon Grass – *5/1 Thanon Sukhumwit, Soi 24* – ☎ *02 258 86 37*. Petit établissement agréable avec jardin, proposant une cuisine thaïe moderne.

Tum Nak Thai – *131 Thanon Ratchadapisek* – ☎ *02 277 3828* ; les serveurs circulent en rollers dans ce restaurant branché qui serait le plus vaste en son genre au monde. Cuisine thaïe et occidentale.

Sala Rim Nam – *Hôtel Oriental (voir adresse ci-dessous).* Spécialités thaïes dans un cadre admirable avec vue, en bord de rivière. Spectacles de danse classique thaïe le soir.

Supatra River House – *266 Soi Wat Rakhang, Thanon Arunamarin, Sirirai* – ☎ *02 411 0303, 02 411 0874, 02 848 9017.* Desservi par bateau-navette spécial au départ de Tha Maharaj. Délicieuse cuisine traditionnelle dans une superbe maison thaïe avec vues spectaculaires sur la rivière et la ville. Dîner-spectacle le vendredi, démonstrations de cuisine le jour et petit musée.

The Imperial China Restaurant – *199 Thanon Sukhumvit* – ☎ *02 261 9000.* Merveilleux décor asiatique et cuisine cantonaise authentique ; *dimsum* à midi.

Se loger à Bangkok

Bon marché

Chaleena Hotel – *453 Soi Lad Phrao 122, Wangthonglang* – ☎ *02 539 7101-11* – *fax 02 539 7126* – *chaleena@comnet3.ksc.net.th* – *www.chaleena.com* – *1 700-4 000 bahts.* Établissement moderne et confortable proche du quartier des distractions.

Indra Regent Hotel – *120/126 Thanon Rachaprarop, Phayatai* – ☎ *02 208 0022-33* – *fax 02 208 0388-9, 656 4246* – *sales@indrahotel.com, resv@indrahotel.com* – *www.indrahotel.com* – *3 000-9 000 bahts.* Bon hôtel près du marché Pratunam, pratique pour les achats et le Sky Train.

Manhattan Hotel – *13 Sukhumvit Soi 15, Thanon Sukhumvit* – ☎ *02 255 0166/3481* – *fax 02 255 3481* – *hotelmanhattan@bigfoot.com* – *www.hotelmanhattan.com* – *1 400-6 200 bahts.* Hôtel aux prix modérés dans un bon quartier pour les restaurants et les sorties.

The Montien Hotel – *54 Thanon Surawong* – ☎ *02 233 7060, 234 8060* – *fax 02 236 5218/9* – *bangkok@montien.com* – *www.montien.com* – *4 000-25 000 bahts.* Agréable établissement du centre offrant des chambres spacieuses.

Prix moyens

The Dusit Thani – *964 Thanon Rama IV* – ☎ *02 236 0450-9* – *fax 02 236 6400/7238* – *dusitbkk@dusit.com* – *www.dusit.com* – *150-440 $ US.* Hôtel de première catégorie bien aménagé du centre-ville en face du parc Lumphini, aux chambres bien équipées, commode pour les affaires comme pour les sorties.

Le Royal Meridien – *971-973 Thanon Ploenchit* – ☎ *02 656 0444;* *fax 02 656 0555* – *information@meridien-bangkok.com* – *www.lemeridien-bankok.com, www.forte-hotels.com* – *4 000-25 000 bahts.* Élégant hôtel du centre, avec de jolies chambres.

Siam Inter-Continental – *976 Thanon Rama I, Patumwan* – ☎ *02 253 0355-7* – *fax 02 253 2275* – *bangkok@interconti.com* – *www.interconti.com* – *140-220 $ US.* Charmant hôtel de luxe, avec de magnifiques jardins.

Prix élevés

Oriental Bangkok – *48 Oriental Avenue* – ☎ *02 236 0400* – *fax 02 236 1937-9* – *bscorbkk@loxinfo.co.th* – *www.mandarinoriental.com* – *265-2 200 $ US.* Une aile de cet hôtel prestigieux honore des écrivains célèbres. Vues spectaculaires sur la rivière. Restaurants gastronomiques.

Grand Hyatt Erawan – *494 Thanon Ratchadamri* – ☎ *02 254 1234* – *fax 02 254 6308* – *sales@erawan.co.th, reservation@erawan.co.th* – *www.bangkok.hyatt.com* – *280-1 800 $ US.* Luxueusement aménagé, cet élégant hôtel respire l'harmonie.

The Westin Banyan Tree – *21/100 Thanon South Sathon* – ☎ *02 679 1200 ;* *fax 02 679 1199* – *westinbangkok@westin-bangkok.com* – *www.westin-bangkok.com* – *200-800 $ US.* Établissement de luxe doté d'un jardin charmant au cœur de la ville, proche des quartiers des affaires et des sorties.

nouvelles routes, et des voies rapides serpentent maintenant à travers la ville. Le système de transport en commun offre des liaisons rapides, efficaces et bon marché. Les difficultés de circulation s'amenuisent, mais des mesures énergiques sont encore nécessaires pour redresser la situation et créer de meilleures conditions de vie et de travail pour les habitants.

Le gouvernement a restreint ses plans ambitieux de construction de villes nouvelles dans la banlieue et ajourné la décentralisation des ministères et des industries au profit de la province.

Comme la métropole demeure résidence officielle de la famille royale et point focal de l'activité politique, commerciale, financière et culturelle du pays, elle est appelée à conserver un rôle décisif dans la partie où se joue l'avenir du pays.

BANGKOK HISTORIQUE

Grand Palais ⊘
(KY)

Entrée Thanon Na Phra Lan. Les visiteurs sont priés de se vêtir correctement (shorts interdits) et de se comporter avec respect.

> Le nom officiel de Bangkok a sa place dans le Livre Guinness des Records comme nom le plus long pour une capitale :
> Krungthep Mahanakhon Bovorn Ratanakosin Mahintharayuttha Mahadilokpop Noparatratchathani Burirom Udomratchaniveymahasathan Amornpiman Avatansathit Sakkathattiya-avisnukarmprasit.

La magnificence du palais royal, qui assemble en un seul lieu l'imagination créatrice et le génie artistique des Thaïs, demeure un puissant symbole du faste et du pouvoir des souverains avant l'instauration en 1932 de la monarchie constitutionnelle. C'est la résidence officielle du monarque, et bien que Rama III ait été le dernier à y vivre en permanence, il demeure le cadre des grandes cérémonies royales. On reste émerveillé devant la ligne fantastique des toits et la décoration fabuleuse des bâtiments, construits sous plusieurs règnes.

Dans la partie centrale à l'intérieur de l'enceinte se dressent les bâtiments officiels et les salles d'audience. Au Sud se trouve la ville interdite, destinée à la reine, aux épouses royales et aux enfants. La chapelle royale occupe un emplacement dans l'angle Nord-Est. L'administration occupait une cour extérieure, au Nord.

Accès – Traverser la cour extérieure, agrémentée d'arbres taillés. Le **musée des Monnaies et Décorations** propose ses collections étincelantes : insignes, couronne et bijoux royaux, ornements saisonniers du Bouddha d'Émeraude, décorations et médailles serties de bijoux, étuis à bétel précieux, pièces de monnaie et billets.

★★★**Wat Phra Kaeo** (KY) – L'éblouissant Wat Phra Kaeo, ou Chapelle royale, témoignage du rôle essentiel joué par le bouddhisme dans la vie de la nation, associe révérence profonde et fantaisie absolue. Le temple, qui ne possède pas de quartiers monastiques, affiche les principaux styles de l'architecture thaïe : *chedi* dorés, imposants *prang*, gracieux *mondop*, élégant *wihan* aux toits à plusieurs étages, tous rehaussés d'une profusion d'éléments décoratifs : frontons et pignons richement sculptés, animaux et créatures mythiques merveilleux, flèches élancées, mosaïques de verre de couleurs vives, décors de céramique, motifs floraux, et délicates peintures murales. La première impression est saisissante, mais les visiteurs auraient

Dusit Maha Prasat

B. Davies

intérêt à reculer de quelques pas pour admirer le plan d'ensemble et l'incroyable variété des édifices. Cette vue enchanteresse restera certainement l'une des images les plus mémorables de la splendeur de la Thaïlande.

Galeries – Les galeries du cloître sont ponctuées de portes sophistiquées à pignons et de pavillons d'angle. Les 178 **peintures murales**★ *(commencer par la porte Est)* décrivent des contes du *Ramakien*, épopée d'origine indienne, dans un style composite combinant scènes d'action et images de la vie quotidienne. Des tablettes de marbre portent des poèmes explicatifs, composés sous l'égide de Rama V.

Pavillons – Près de l'entrée Ouest se dressent deux petites chapelles renfermant des statues du Bouddha. Le *wihan* Nord est à voir pour ses admirables peintures murales aux tons passés.

Ubosot – *Photographies interdites.* Des petits *salas* utilisés dans les cérémonies d'ordination et des *baï sema* ornementés entourent la terrasse de marbre sur laquelle se dresse le sanctuaire le plus vénéré de Thaïlande, construit à la fin du 18ᵉ s. par Rama Iᵉʳ pour abriter le très révéré **Bouddha d'Émeraude** (Phra Kaeo Morakot). Les piliers richement décorés, le porche à pignon (Vishnou chevauchant Garuda, sur fond de fleurs) et les incrustations des portes donnent un avant-goût de l'exubérante décoration intérieure. Des lions mythiques en bronze gardent l'entrée du sanctuaire, et une frise de *garuda* et de *naga* court le long des murs.

Sur un piédestal doré est enchâssée la statuette du Bouddha en jaspe vert, objet de vénération nationale, juchée sur un **autel** étincelant orné de motifs floraux, de délicats dais en filigrane, d'images du Bouddha debout en costume royal, de frises

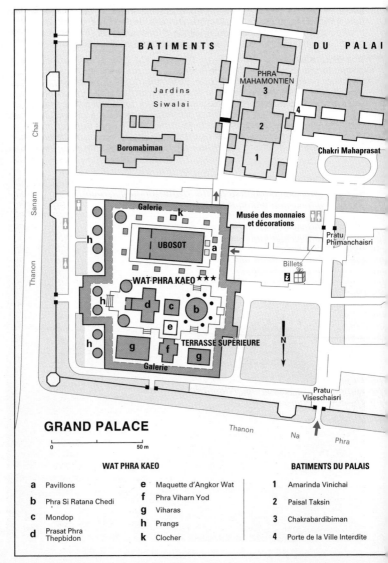

GRAND PALACE

0   50 m

	WAT PHRA KAEO			**BATIMENTS DU PALAIS**
a	Pavillons	**e**	Maquette d'Angkor Wat	**1** Amarinda Vinichai
b	Phra Si Ratana Chedi	**f**	Phra Viharn Yod	**2** Paisal Taksin
c	Mondop	**g**	Viharas	**3** Chakrabardibiman
d	Prasat Phra Thepbidon	**h**	Prangs	**4** Porte de la Ville Interdite
		k	Clocher	

de *naga*, de disciples en prière et de créatures mythiques. Les parfums des fleurs et de l'encens emplissent l'air, tandis que les fidèles procèdent à leurs dévotions. Les exceptionnelles peintures murales de style traditionnel relatent la vie du Bouddha *(au-dessus des fenêtres)*, la tentation et l'Illumination *(mur Est)*, et la conception bouddhique du monde *(mur Ouest)*.

Terrasse supérieure – Trois monuments imposants sont alignés sur cette terrasse surélevée, semée de créatures fabuleuses figées dans un ordre superbe : oiseaux, éléphants, démons, *naga*, *kinnari*. De petits *chedi* blancs à pointe effilée entourent l'étincelant **Phra Si Ratana Chedi**, érigé par Rama IV (Mongkut) pour rappeler la gloire d'Ayuthaya. La base étagée est percée de quatre niches, surmontées de petits *chedi* dorés et abritant des images du Bouddha. Au-dessus de la gracieuse forme en cloche, de fines colonnes soutiennent la base de la flèche annelée.

Le ravissant **mondop** couronné d'un toit à étages sophistiqué et d'une spire élégante a été bâti sur le modèle du Phra Phutthabat de Saraburi, et sert de bibliothèque pour les écritures bouddhiques sacrées. On remarquera les splendides portes incrustées d'ivoire et de nacre, des répliques de statues du Bouddha du 9ᵉ s. de Borobudur à Java, et les monuments dédiés aux éléphants blancs sacrés, symboles du pouvoir royal.

Une magnifique frise de démons en mosaïque de verre brillante entoure les fins *chedi* dorés qui gardent l'entrée de l'impressionnant **Prasat Phra Thepbidom**, construit suivant un plan de croix grecque. Autrefois Panthéon royal, il renferme maintenant des statues grandeur nature des rois de la dynastie Chakri. Un *prang* de couleur verte couronne la toiture élaborée hérissée de *chofas*, et les pignons sont décorés de motifs floraux. La beauté de ce bâtiment aux proportions harmonieuses, recouvert de tuiles bleues et rouges, est mise en valeur par les *naga* couronnés qui gardent ses escaliers, ses gracieuses colonnes, ses fenêtres ornées de laque noire et d'or, et d'autres éléments décoratifs admirables.

Une maquette du **temple d'Angkor Vat**, destinée à rappeler le pouvoir divin des rois khmers, donne une bonne image de l'architecture khmère. Elle fut commandée par le roi Rama IV pour marquer l'époque où la région d'Angkor était sous domination thaïe, au milieu du 19ᵉ s.

Phra Wihan Yod *(au Nord)* a un beau décor de céramique de style chinois. Dans l'enceinte sont dispersées des chapelles *(wihan)* aux riches frontons dorés.

Prang – Le long de l'entrée principale côté Est sont alignés huit *prang* de type khmer recouverts de céramiques vernissées aux teintes pastel, et qui symbolisent la cosmologie bouddhique.

Clocher – Un décor de céramique vernissée embellit l'élégante structure à étages terminée par une flèche élancée.

Bâtiments du Palais

Situé au cœur de la capitale, le Grand Palais célèbre la puissance et la gloire de la monarchie. De beaux jardins à la française mettent en valeur les différents styles architecturaux des nobles édifices construits par les souverains successifs de la dynastie Chakri. Certains des bâtiments sont ouverts au public.

Phra Mahamontien – L'imposante Grande Résidence, qui comprend trois bâtiments de style thaï, fut érigée par Rama Iᵉʳ. La salle **Amarindra Vinichai**★★, avec son mur et son décor de plafond dorés, est un cadre splendide pour les événements officiels, investitures ou réceptions d'ambassadeurs. Les pièces maîtresses en sont le trône surmonté d'un dais, et un splendide autel en forme de navire. Derrière la porte close se trouve la salle **Phaisan Taksin** *(fermée au public)*, siège du solennel couronnement royal. Après avoir été invité par les représentants du peuple à prendre les rênes du pouvoir, c'est là que le roi reçoit ses insignes royaux.

Suivre le côté Ouest du bâtiment pour découvrir l'antichambre du palais **Chakraphat Phiman** *(fermé au public)*, résidence privée des rois Rama Iᵉʳ, Rama II et Rama III, dans laquelle, selon la coutume, les rois

★**Dusit Maha Prasat**

★**APHON PHIMOK PRASAT**

Maharat

Thanon

Musée du Wat Phra Kaeo

Royal Institute

🎁 Boutique

ℹ️ Information

🚻 Toilettes

R. Cuziny MICHELIN

suivants ont passé au moins une nuit après le couronnement. Parmi les pavillons qui entourent le bâtiment on a, côté Ouest, un petit *sala* décoré de mosaïques de verre, **Aphon Phimok Prasat★★**. L'architecture et la décoration merveilleuses de ce pavillon en font un fleuron du génie artistique et de l'habileté des artisans thaïs. C'est là que le roi quittait ses habits de cérémonie avant de monter sur l'éléphant royal, qu'on attachait aux poteaux rouge et or à l'extérieur des murs de l'enclos.

Plus au Sud se trouve la porte de la **ville interdite**, réservée autrefois aux épouses et aux enfants royaux et leur suite. Le roi était le seul homme admis dans cet univers privé.

Palais Borom Phiman – *Fermé au public*. À l'Est du Mahamontien se dresse un palais moderne surmonté d'un dôme quadrangulaire, construit par un architecte allemand pour le prince héritier, futur Rama VI, et qui sert aujourd'hui de résidence aux dignitaires étrangers en visite.

Les jardins Siwalai entourent d'autres résidences royales, une chapelle et des pavillons de cérémonie.

Palais Chakri Mahaprasat – *Fermé au public*. Le roi Rama V a pris un architecte anglais pour ce noble bâtiment néoclassique, coiffé par une charmante toiture de style thaï.

À l'intérieur, la salle du Trône et les appartements officiels sont magnifiquement ornés de pilastres de marbre, de plafonds à caissons, de stucs, tableaux, et objets précieux.

★ **Dusit Maha Prasat** – C'est l'un des bâtiments d'origine édifiés par Rama Ier. Les toits à plusieurs pans sont surmontés, à la croisée des faîtes, d'une spire à étages ornementée terminée par une flèche élancée. Un grand trône incrusté de nacre embellit l'ancienne salle d'audience où les dépouilles mortelles des membres de la famille royale sont déposées avant les cérémonies de crémation.

Le petit **musée du Wat Phra Kaeo** voisin abrite une maquette du Grand Palais et du Wat Phra Kaeo, des inscriptions et des éléments de décoration provenant des bâtiments d'origine, ainsi qu'un trône et de belles statues du Bouddha.

Le Monde-HOA QUI

Wihan du Bouddha couché

★★ Wat Pho ⊘ (KY)

Entrée : Thanon Thai Wang

Au Sud du Grand Palais se trouve le Wat Pho, nom populaire du Wat Phra Chetuphon, établi au 16ᵉ s. durant la période d'Ayuthaya, par conséquent le plus ancien temple de Bangkok. Le vaste complexe comprend le domaine des monuments et les quartiers des moines, séparés par Thanon Chetuphon. Certains des monuments sont dédiés aux premiers rois de la dynastie Chakri, qui ont fait bénéficier le temple de leur protection et leurs largesses.

Des centaines de statues récupérées à Ayuthaya par Rama Iᵉʳ furent emportées à Bangkok, et une riche statuaire illustrant des styles différents est exposée dans les galeries qui entourent l'*ubosot*.

Les portes monumentales et les épais murs d'enceinte sont gardés par de terribles démons, d'immenses figures à chapeaux européens, et des animaux charmants. Ces figures chinoises en pierre, de même que le matériau des jolies pagodes, ont servi à l'origine de lest pour les bateaux qui faisaient le commerce du riz.

Pour rendre le savoir accessible à tous, Rama III a mis en avant le rôle éducatif du temple : peintures murales et inscriptions traitent de sujets aussi variés que littérature, art de la guerre, archéologie et astronomie. On expliquait la géologie à l'aide de

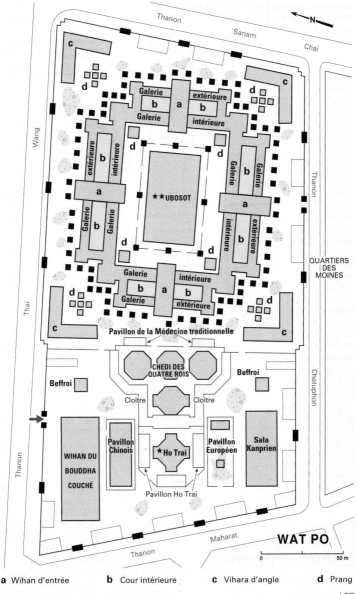

a Wihan d'entrée   **b** Cour intérieure   **c** Vihara d'angle   **d** Prang

NATIONAL MUSEUM

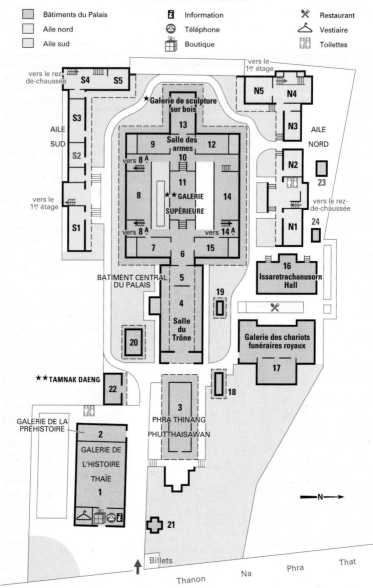

▢ Bâtiments du Palais	🅸 Information	✗ Restaurant	
▢ Aile nord	☎ Téléphone	⚊ Vestiaire	
▢ Aile sud	🎁 Boutique	🚻 Toilettes	

spécimens de roches dispersés en monticules sur le sol. Des statues d'ermites, montrant les postures du yoga qui favorisent relaxation et méditation, des tableaux muraux illustrant d'anciennes techniques de massage et des prescriptions de remèdes servaient de guides pour les soins. Le temple est resté un centre de médecine traditionnelle. Astrologues et chiromanciens y pratiquent aussi leurs arts ésotériques.

Wihan du Bouddha couché – Rama III fit construire ce grand *wihan* pour y abriter la statue dorée qui représente le Bouddha couché atteignant le nirvana. Bien qu'on ne puisse l'apprécier dans toute son ampleur (45 m de long et 15 m de haut), il possède des traits remarquables : les 108 signes de bon augure gravés sous la plante de ses pieds, le beau modelé de son visage, et les lobes d'oreilles allongés dénotant son origine princière. Des peintures murales ne subsistent que les parties supérieures. Le **beffroi** (à l'Est) possède une tour jumelle dans la cour Sud.

Chedi des Quatre Rois – Les fins *chedi* redentés, couverts de céramique vernissée aux délicats motifs floraux, sont dédiés aux quatre premiers rois de la dynastie Chakri. Les formes et les couleurs sont en merveilleuse harmonie.
Près de l'entrée de l'enceinte se dresse le **pavillon de la médecine traditionnelle** *(au Sud)*, qui sert aujourd'hui de salle de conférences. Les soins sont dispensés dans deux petits bâtiments près de l'entrée Est.

Enceinte Ouest – La décoration florale de la bibliothèque, *ho trai*★, qui renferme les textes sacrés renvoie à celle des quatre *chedi*. Doubles pignons et frontons ornementés sont surmontés d'un dôme, terminé par une flèche, qui s'élève au-dessus de la croisée du toit. La bibliothèque est flanquée d'un **pavillon chinois** et d'un **pavillon européen**, ainsi nommés à cause de leurs styles décoratifs distinctifs. Plus au Sud se trouve un *sala kanprien* pour les assemblées. Les petits bâtiments le long du mur servent de salles de classe.

Enceinte Est – L'espace extérieur est rempli de **wihan** d'angle, de *prang* et de petits *chedi* blancs ; on y remarquera les monticules surmontés de statues en pierre représentant des ermites, et les gardiens de porte originaux. Le cloître ouvre sur quatre **wihan** d'entrée, offrant les jardins paisibles de **leurs cours intérieures**.
Dans l'espace intérieur, il faut voir dans les galeries doubles la collection remarquable de **statues du Bouddha**, dont beaucoup proviennent d'Ayuthaya. Quatre *prang* de marbre encadrent l'*ubosot* dressé sur une terrasse, défendue par de féroces lions de bronze.

★★ **Ubosot** – On admirera les scènes animées retraçant la légende du *Ramakien*, sur les panneaux de marbre du mur d'enceinte, et les portes magnifiques incrustées de nacre. À l'intérieur de cet édifice aux proportions harmonieuses, entouré d'une galerie couverte, on remarquera notamment les piliers peints massifs, le plafond gaiement décoré, les peintures murales pleines de vie bien qu'endommagées, et un autel doré sophistiqué dans lequel est enchâssée une statuette du Bouddha assis.

★★★ **Musée national** ⊘ **(KX)**

La collection d'antiquités privée de Rama IV (le roi Mongkut) a constitué le noyau de ce premier musée de Thaïlande, fondé en 1874 par son fils, Rama V (le roi Chulalongkorn). Installé autrefois dans le Grand Palais, le musée a été déplacé en 1887 au Wang Na, palais du Devant, construit pour le prince héritier (« Second Roi »), après que ce titre et ce rang eurent été supprimés par Rama V.
Au fil des années, le musée a amassé de vastes collections en provenance du pays entier. La politique actuelle est de créer des musées régionaux, qui exposeront les œuvres d'art caractéristiques des différentes régions. De nombreux chefs-d'œuvre y seront transférés le moment venu.

Bâtiments du Palais

Conservant la tradition d'Ayuthaya, le Wang Na, résidence du prince héritier, a été bâti devant le Palais royal, afin de protéger le souverain.
Le plan du bâtiment central entouré de galeries (**4-15**) présente un intérêt particulier, car les appartements, donnant chacun sur une cour, ont été conçus en fonction des saisons : l'aile Nord était occupée en été, la partie centrale en hiver, et les pièces au Sud pendant la saison des pluies. La salle du Trône (**4**) où le roi donnait audience, est utilisée maintenant pour des expositions temporaires.
Beaux exemples d'architecture traditionnelle, les ravissants **pavillons** (**18-21**) ornés de boiseries et dorures artistement travaillées viennent de différents palais royaux.
Tamnak Daeng★★ (**22**), ancienne résidence royale bâtie en teck teinté de rouge, d'où son nom de « Pavillon Rouge », contient des meubles splendides qui donnent un aperçu de la vie élégante de l'entourage royal à la fin du 18ᵉ s.
La résidence **Issaretrachanusorn** (**16**), fraîche, aérée, et meublée en style européen, fut occupée par le roi Pin Klao, « Second Roi » de Rama IV.

Phra Thinang Phutthaisawan (3)

La chapelle privée du palais, édifiée à la fin du 18ᵉ s. pour y déposer le **Phra Phuttha Sihing**, objet de vénération *(voir Chiang Mai)*, est caractéristique de la première période de Bangkok, avec les abouts de rives du toit et les corbeaux en forme de *naga* et la faîtière prolongée par des *chofa*. Trois statues de Brahma abritées par des pavillons ornent le fronton ; décorations en stuc et mosaïques de verre embellissent fenêtres et portes laquées. La statue dorée du Bouddha, du milieu du 15ᵉ s., avec ses doigts d'égale longueur, sa haute flamme, et sa mince silhouette caractéristiques du style de Sukhothai, domine les lieux sous un élégant *ku*. Les **peintures murales**★★★, remarquables, sont parmi les plus anciennes de Bangkok. Encadrées par les fenêtres et, en haut du mur, par des frises de divinités et de démons, elles représentent des épisodes très animés de la vie du Bouddha. Elles méritent une étude attentive, tant les scènes, d'expression traditionnelle, fourmillent de détails et grouillent de personnages. Derrière l'autel, les splendides cabinets laqués et dorés portent au dos des scènes du *Ramakien*.

Musée

Les précieuses collections d'objets d'art, allant de la préhistoire jusqu'à la période de Ratanakosin (de Bangkok), illustrent le patrimoine artistique de la Thaïlande et les influences religieuses et culturelles qui l'ont modelé.

Galerie d'histoire thaïe – Pierres gravées, manuscrits, dioramas et autres objets présentent un panorama historique passionnant des origines de la nation thaïe. La place d'honneur est réservée à la **stèle gravée**★★★ du roi Ram Khamhaeng, qui

R. Cuzin/ MICHELIN

rapporte l'histoire de Sukhothai. On pense que ce roi a inventé l'alphabet thaï, dans une adaptation khmère d'une écriture d'Inde du Sud. La copie d'un **bas-relief** d'une des galeries d'Angkor Vat (Cambodge) montrant des troupes vassales thaïes, rappelle un événement marquant de l'histoire du pays. Les **plaques d'ardoise** gravées du Wat Si Chum de Sukhothai relatent des épisodes de la *Jakata*, récit des vies antérieures du Bouddha. Sur une armoire laquée, des personnages costumés témoignent de l'importance grandissante des Européens en Asie du Sud-Est. Le siège ayant appartenu au **roi Taksin** rappelle le rôle qu'il a joué en délivrant son pays des envahisseurs birmans, qui avaient imposé leur suprématie après la destruction du royaume d'Ayuthaya. Certaines pièces datant de la dynastie Chakri mettent en évidence la modernisation du pays, notamment sous Rama IV et Rama V, souverains éclairés, et sous le roi actuel Rama IX (Bhumibol).

Galerie de la préhistoire – Sites de fouilles. On a exhumé à Ban Kao (Kanchanaburi), Non Nok Tha (Khon Kaen) et Ban Chiang (Udon Thani) des objets prouvant l'existence de sociétés préhistoriques remontant à l'aube de la civilisation : silex taillés, outils, poterie (rare **vase tripode★** d'environ 2 000 ans avant J.-C.), récipients à motifs cordés et peints), ornements de bronze, bijoux, timbales, sépulture.

Aile Sud

Salle S1 – Les arts de l'Asie (Chine, Ceylan, Inde, Java, Japon) ont façonné l'expression culturelle et artistique de la Thaïlande. L'influence des traditions cinghalaise et indienne a été particulièrement forte, notamment grâce à la diffusion de la doctrine bouddhiste. Les pièces du Ghandara et Gupta sont particulièrement intéressantes. La stèle du Bouddha debout, de style Gupta (5e-6e s.), provient de Sarnath, en Inde. Une plaque dorée présentant la vie du Bouddha en huit épisodes illustre l'art Pala/Sena (9e-13e s.). Une **lampe** romaine en bronze (3e s.) trouvée à Phong Tük (Kanchanaburi) révèle un contact avec l'Occident, peut-être par l'intermédiaire de marchands indiens.

Pour un itinéraire chronologique, emprunter les marches jusqu'au premier étage.

Salles S6 et S7 – Le royaume môn de Dvaravati connut son âge d'or du 7e s. au 11e s., et les objets, essentiellement en stuc, terre cuite et pierre découverts sur les sites principaux de Nakhon Pathom, Khu Bua (Ratchaburi), Lopburi, U-Thong, attestent de l'avancement de cette civilisation. Parmi les merveilleuses pièces présentées, une **tête du Bouddha★★★** du 8e s. en terre cuite *(vitrine)*, aux traits puissants et à l'expression énigmatique, des têtes et bas-reliefs en stuc de divinités hindoues, et de grandes statues du Bouddha, avant-bras levés, et vêtu d'une long vêtement moulant. Des Roues de la Loi, certaines avec une gazelle à leur base, symbolisent la doctrine bouddhiste. On voit aussi un ravissant **relief en stuc★★** représentant cinq musiciennes. Les pièces de monnaie en argent du 7e s., qui portent l'inscription « Royaume de Dvaravati », ont une grande valeur historique.

Salles S8, S9 – La culture hindoue caractéristique d'un royaume dynamique, établi au centre de Java, a dominé du 8e au 13e s. la péninsule du Sud de la Thaïlande. Cet art javanais est illustré par des *apsaras* dansantes et une puissante statue de **Ganesh★★**, au socle entouré d'une frise de crânes. Les fouilles de Chaiya ont permis de découvrir, entre autres, un admirable **bouddha assis sous la protection du naga★**, des bodhisattvas richement vêtus, et notamment un **Avalokiteshvara★★** en grès (milieu du 7e s.) d'une grande sobriété.

Salle S4 – Une belle collection de **divinités hindoues★** en provenance de Si Thep et du Sud de la Thaïlande comprend d'imposantes statues de pierre de **Vishnou** à quatre bras, portant une mitre cylindrique et un sarong noué à la taille tombant jusqu'à terre.

Salles S3, S5 – Lopburi a été au centre de la domination khmère, qui a duré du 10e s. jusqu'au milieu du 13e s., dans le Nord-Est et à l'Ouest jusqu'à Kanchanaburi. L'art de Lopburi est le terme employé pour décrire les œuvres thaïes d'inspiration khmère. Les **linteaux** de porte artistement sculptés des sanctuaires en pierre illustrent le riche symbolisme de la culture khmère : divinités hindoues, animaux mythiques, feuillages… Le **bouddha assis★★** du 12e s., abrité par le roi *naga* Mucilinda

(Illustration, voir Introduction, Art) arbore un diadème, de longs pendants d'oreilles, un *ushnisha* (protubérance en forme de chignon) conique et un liséré délimitant la racine des cheveux.

On remarquera aussi les statues de bodhisattvas et une statuette de divinité féminine, sans doute Uma, à la robe plissée dans le style du Baphuon (11e s.).

Aile Nord – *Commencer côté Ouest au rez-de-chaussée et poursuivre au premier étage.*

Salle N5 – Au milieu d'une collection de statues du Bouddha de styles et d'époques différents, on remarquera particulièrement un **bouddha**★★ colossal en quartzite blanche, et un bouddha en méditation sous la protection du *naga*, tous deux de la période de Dvaravati (7e-12e s.) ; une tête de bodhisattva de style khmer (8e s.) ; et une grande tête de bouddha (15e-16e s.) provenant d'Ayuthaya.

Salle N6 – La galerie d'**art du Lan Na** (11e s.-18e s.) expose des objets découverts dans les fouilles de Hot (Chiang Maï) : petits bronzes (éléphant-piédestal à offrandes, pichet en forme de canard), images du Bouddha en cristal et en bronze, répliques d'ornements royaux du Lan Na, céramiques.

Salles N7, N8 – La brillante culture de Sukhothaï (milieu du 13e s.-14e s.) a marqué un point culminant dans l'art thaï. Les grandes statues en bronze de **divinités hindoues**★★★ qu'on honorait dans le rituel brahmanique sont de véritables chefs-d'œuvre : Shiva en tenue d'apparat et robe plissée, Vishnou à quatre bras avec conque et roue, Harihara qui réunit les attributs des deux divinités. Le **bouddha marchant**★★★ idéalisé est une œuvre inspirée : perfection de la silhouette, élégance de l'allure, sérénité de l'expression. Les **céramiques de Sangkalok**, qui étaient très recherchées dans toute l'Asie du Sud-Est, permettent d'admirer l'habileté des potiers. On voit aussi des empreintes des pieds du Bouddha, expression de la piété populaire.

Salles N9, N10 – Le royaume d'Ayuthaya a dominé le pays du 14e s. à la fin du 18e s. La première période d'U-Thong voit se combiner des éléments des styles de Dvaravati et de Lopburi : tête du Bouddha, Bouddha vainqueur de Mara.

Les **statues du Bouddha en costume royal**★★★ sur des socles étagés sont caractéristiques de la période tardive. On remarquera les tablettes votives, un arbre de la Bodhi en pierre, et un grand bouddha assis en grès rouge. On peut voir aussi de très beaux cabinets laqués et dorés, peints ou sculptés de hauts-reliefs.

Salle N1 – Le style de Ratanakosin (ou de Bangkok), qui s'est développé à partir de la fin du 18e s., reprend des éléments de styles anciens. L'exposition présente des bronzes, des tambours, des reliquaires et des images du Bouddha. Les plus belles pièces sont un bouddha dans le style du Gandhara, très réaliste, et une statue de **bouddha paré**★★ posée sur un socle à étages (19e-20e s.).

Salles N2, N3, N4 – Le département arts décoratifs abrite des pièces niellées ou laquées, de l'argenterie, des couvertures de manuscrits. Les deux salles suivantes sont consacrées aux tissus et aux pièces de monnaie.

Bâtiment central du Palais – *Entrée sur le côté Sud.*

Salles 5, 11 – Un savoir-faire artistique étonnant a présidé à la création des objets précieux découverts dans la crypte du Wat Ratchaburana d'Ayuthaya. Les pièces les plus importantes du trésor sont exposées au musée Chao Sam Phraya *(voir Ayuthaya)*. La **galerie supérieure**★★ abrite tablettes votives, statues émaillées ou en verre du Bouddha paré, plaques d'or sculptées en haut relief ou gravées d'inscriptions. On admirera le **reliquaire** du pavillon royal, rehaussé de sculptures, de dorures et de mosaïques de verre. Les vitrines côté Est renferment les **insignes royaux**, parmi lesquels le collier pectoral du Phuttha Sihing, des offrandes bouddhistes et des accessoires rituels.

Salle 6 – Les plus belles pièces sont un ravissant *howdah* en ivoire, et des palanquins royaux dorés, merveilleux exemples de sculpture sur bois thaïe.

Salle 7 – Masques pour le Khon, marionnettes de théâtre d'ombres, figurines colorées, pièces d'échecs en ivoire illustrent certains des divertissements favoris des Thaïs.

Salles 8, 8A – Céramiques d'Europe et d'Asie. La poterie vernissée de Lopburi, les céladons de Sangkalok, et la porcelaine Bencharong « aux cinq couleurs » sont autant d'illustrations du talent des artisans thaïs. La salle supérieure contient des défenses d'éléphant artistement sculptées et des figurines miniature d'éléphants blancs.

Salles 9, 10, 12, 13 – La collection regroupe des objets de facture exquise, incrustés de nacre ou laqués : paravents, vaisselle et récipients. La **salle des Armes** est dominée par un éléphant entièrement caparaçonné pour la guerre. Dans la salle 12, les pierres gravées de diverses écritures orientales (8e-18e s.) présentent un grand intérêt historique.

La galerie consacrée à la **sculpture sur bois**★ renferme des pièces raffinées, notamment des panneaux représentant des divinités, des corbeaux de toiture ornementaux, des créatures célestes *(kinnari)*, des chaires élaborées avec leur dais, des reliquaires, et surtout une impressionnante porte en chêne massif provenant du Wat Suthat, sculptée en haut relief par le roi Rama II et d'autres artistes.

Salles 14, 14A, 15 – C'est un déploiement splendide de tissus et de costumes : soieries chinoises, cotonnades indiennes, *ikat* khmers, brocarts du Lan Na. La galerie supérieure est consacrée aux objets se rapportant au culte bouddhiste : étuis de livres de prière, maquettes de *chedi*, éventails, robes de moines et autres accessoires de la vie monastique.

La tradition musicale thaïe est représentée par les instruments en ivoire, bambou ou bois sculpté qu'on utilise dans les orchestres : xylophones, cymbales, gongs, tambours, flûtes, instruments à cordes. L'orchestre de gamelan javanais est un cadeau offert au roi Rama VII.

Galerie des chariots funéraires royaux (17) – Splendide collection de chariots et de palanquins, utilisés pour les cérémonies de crémation royales. La forme de ces assemblages élaborés *(busabok)* s'inspire de la cosmologie hindoue. Les chariots sont tirés par des soldats en costume traditionnel.

Sanam Luang (KXY) – Lieu de rassemblement populaire pour les fêtes nationales et les activités de loisir (cerf-volant, jeux de *takraw*), connu aussi sous le nom d'Espace du Phra Men, où se déroulent les cérémonies de crémation royales. C'est l'emplacement où se tient la cérémonie du Premier Sillon en mai et les festivités de l'anniversaire du roi et du Nouvel An.

Sur le côté Est se trouvent des ministères, logés dans des bâtiments modernes et d'anciens palais de style occidental. Devant le ministère de la Justice se dresse une statue de **Nang Thorani**, déesse de la Terre *(Thanon Ratchadamnoen Nai)*.

Lak Müang (KY) – *Au Sud du Sanam Luang.* Un pavillon couronné d'un *prang*, aux frontons en retrait, et soutenu par des piliers carrés, abrite le pilier de fondation de la Cité recouvert d'or, symbole phallique du génie tutélaire de la ville. Les habitants viennent en foule au sanctuaire déposer des offrandes de fleurs, d'encens, de nourriture, et demander que leurs vœux les plus divers soient exaucés. Les fidèles font aussi donner des spectacles de danse thaïe traditionnelle. C'est à partir de cette borne de la Cité qu'on mesure toutes les distances.

Wat Mahathat (KY) – *À l'Ouest du Sanam Luang.* Ce monastère, qui abrite une importante école bouddhique, date d'avant la fondation de Bangkok. Le roi Mongkut y a passé sa période monastique, et a été l'un des abbés du temple. À l'intérieur des murs de l'enceinte, très encombrée de bâtiments, se dressent deux *wihan* aux proportions harmonieuses et un *mondop* de plan cruciforme et fronton doré. Les fidèles se pressent au marché aux amulettes, le plus grand de Bangkok.

Au Sud du temple on peut voir l'université Silapakorn (Beaux-Arts), et vers le Nord l'université Thammasat (droit et sciences), le Musée national et le Théâtre national avec la Galerie nationale de l'autre côté de la route.

La rivière Chao Phraya. Bangkok

Wat Ratchabopit (LY) – *Thanon Ratchabopit, donnant sur Thanon Atsadang près du ministère de l'Intérieur*. Des gardiens armés pittoresques décorent les portes qui ouvrent sur l'enceinte. La disposition inhabituelle du temple est mise en valeur par les tuiles vernissées de couleur vive. Quatre *salas* ouverts encadrent un cloître circulaire ; des colonnes blanches soutiennent le toit, formant des galeries intérieures et extérieures. Des porches décorés ornent les portes *(Nord et Sud)*, et deux *wihan (Est et Ouest)* complètent le dessin du cloître. Le bâtiment principal est un grand *chedi* qui renferme une statue du Bouddha assis du style de Lopburi. Des insignes royaux de laque noire et d'or incrustés de nacre ornent portes et fenêtres de l'*ubosot (Nord)*. La décoration brun et or de l'intérieur avec sa voûte de style néogothique contraste fortement avec l'extérieur multicolore.

À l'Ouest, oasis de tranquillité, un cimetière ombragé abrite des monuments funéraires de membres de la famille royale, de différents styles.

La Grande Balançoire (LY) – *Thanon Bamrung Muang*. La route qui mène à la Grande Balançoire, Sao Ching Cha, est bordée de boutiques qui vendent des offrandes bouddhistes et des objets de culte. Le portique en teck rouge supporte à 27 m de haut une poutre transversale richement sculptée. Une cérémonie brahmanique y avait lieu autrefois pour marquer la fin de la moisson du riz ; elle comprenait une compétition dangereuse, supprimée en 1932 après de nombreux accidents mortels. Des équipes de trois jeunes gens, en équilibre précaire sur une planche étroite, se balançaient très haut dans le ciel ; leur chef devait décrocher un sac de pièces d'argent suspendu à un poteau haut de 23 m.

À proximité se trouve un temple brahmanique *(Thanon Dinso, direction Nord-Ouest)* dédié à la trinité hindoue, intégrée à la tradition bouddhique. Ses chapelles renferment d'intéressantes statues de Vishnou, Shiva et Brahma. Au-devant se trouvent une reproduction de la balançoire, un chariot et des oiseaux mythiques.

★★ **Wat Suthat** (LY) – *Thanon Bumrung Muang*. Construit entre la fin du 18ᵉ s. et le milieu du 19ᵉ s., sous le règne des trois premiers rois de la dynastie Chakri, ce magnifique temple de style thaï traditionnel a bénéficié de la prodigalité de ses mécènes royaux. Dans une cour entourée de murs, pagodes chinoises, guerriers, chevaux de bronze, et salas ornementés abritant des statues du Bouddha, encadrent le **wihan**★★ à galeries, aux porches luxueusement décorés. Des éléphants à trois têtes (Erawan) et des motifs de feuillages en ornent les pignons, et les colonnes sont surmontées de chapiteaux en fleurs de lotus. Les sculptures complexes des **portes** massives, figurant des animaux merveilleux dispersés dans les feuillages, attestent de la virtuosité du roi Rama II et d'autres artistes. L'intérieur imposant, avec ses nefs latérales, est dominé par une statue vénérée du Bouddha **Phra Phuttha Sakyamuni** (14ᵉ s.), rapporté du Wat Mahathat de Sukhothai. Le socle contient les cendres du roi Rama VIII. Sur les murs et les piliers, les **peintures**★★★ du début du 19ᵉ s. relatent de manière inhabituelle les vies des 28 incarnations du Bouddha de la tradition theravada. Elles sont d'une précision narrative extraordinaire et marquent une évolution significative dans l'histoire de l'art thaï.

Un muret entoure l'*ubosot* du début du 19ᵉ s., de style comparable mais moins réussi, et qui est, curieusement, placé perpendiculairement au *wihan*. Des statues représentant des Occidentaux gardent les portes, et des pagodes chinoises sont dispersées

W. Buss/HOA QUI

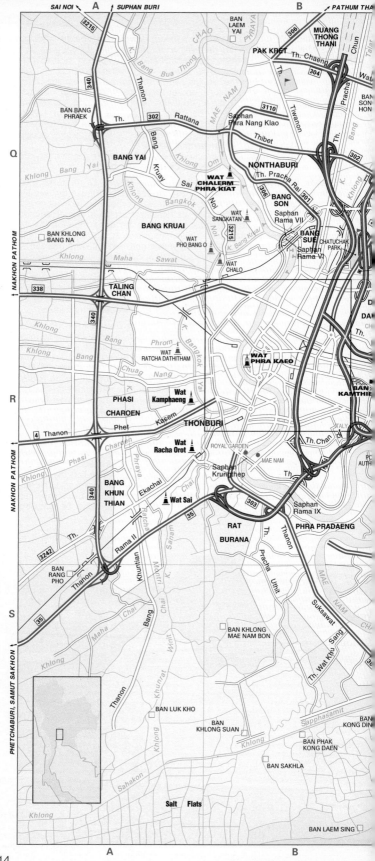

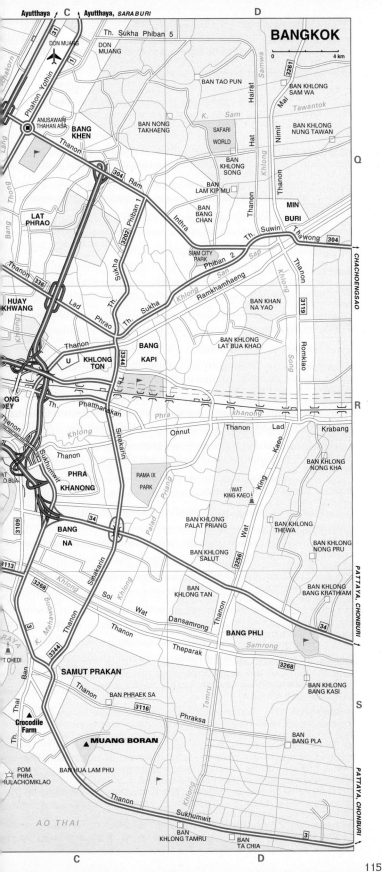

Ayutthaya C Ayutthaya, *SARABURI* D

Th. Sukha Phiban 5

DON MUANG

Phahon Yothin

ANUSAWARI
THAHAN ASA

BANG
KHEN

Thanon

BAN TAO PUN

K. Sam

SAFARI
WORLD

Samwa

Hairat

BAN KHLONG
SAM WA

Mai

Tawantok

Nimit

BAN KHLONG
NUNG TAWAN

Q

BAN NONG
TAKHAENG

Ram

BAN
KHLONG
SONG

Hat

Khlong

Thanon

LAT
PHRAO

Phiban 1

Sukha

BAN
LAM KIP MU

BAN
BANG
CHAN

Inthra

Th. Suwin

Thanon

MIN
BURI

Thawong

304

CHACHOENGSAO

Thanon

336

Th.

Lad

Th. Sukha

SIAM CITY
PARK

Phiban 2

San Sap

Khlong

Thanon

3119

HUAY
KHWANG

Phrao

Khlong

Ramkhamhaeng

BAN KHAN
NA YAO

Song

Romkiao

Thanon

U

KHLONG
TON

3344

BANG
KAPI

BAN KHLONG
LAT BUA KHAO

ONG
DEY

Th. Phatthanakan

Phra

khanong

R

Thanon

Khlong

Onnut

Thanon

Lad

Krabang

Sukhumwit

Thanon

Sihakarin

PHRA

KHANONG

RAMA IX
PARK

Prang

Palat

Thanon

WAT
KING KAEO

King

Kaeo

BAN KHLONG
NONG KHA

BAN KHLONG
THEWA

34

BANG

NA

BAN KHLONG
PALAT PRIANG

Wat

BAN KHLONG
SALUT

3256

Thanon

BAN KHLONG
NONG PRU

BAN KHLONG
BANG KRATHIAM

PATTAYA, CHONBURI

3109

3113

3268

Khlong

Sihakarin

K. Mahawong

Soi Khlong

Wat

Dansamrong

BAN
KHLONG TAN

BANG PHLI

34

3

3344

Thanon

Thanon

Theparak

Samrong

3268

S

T CHEDI

SAMUT PRAKAN

Thanon

BAN PHRAEK SA

3116

Tamru

Phraksa

BAN KHLONG
BANG KASI

Th. Thai

Crocodile
Farm

MUANG BORAN

BAN
BANG PLA

POM
PHRA
HULACHOMKLAO

BAN HUA LAM PHU

Thanon

Khlong

PATTAYA, CHONBURI

AO THAI

Sukhumwit

3

BAN
KHLONG TAMRU

BAN
TA CHIA

C D

tout autour. L'intérieur, spacieux, est également décoré d'intéressantes peintures murales, qui décrivent sur la partie basse des murs les incarnations du Bouddha, et, sur la partie haute, des épisodes de la vie du Maître. Détail original, le groupe de disciples accompagnant la figure du Bouddha sur l'autel.

Wat Ratchapradit (KY) – *Thanon Saranrom*. Temple charmant de marbre gris et blanc construit par Rama IV (Mongkut). Les *salas* ouverts aux quatre coins, les *prang* de type khmer devant et derrière, et le *chedi* tout au fond du domaine sont typiques des styles architecturaux préférés du roi. On admirera les éléments décoratifs des pignons, frontons, portes et encadrements de fenêtres.

La Montagne d'Or (MY) – *300 marches. Thanon Boriphat*. On repère de loin la colline artificielle **Phu Khao Thong**, couronnée d'un *chedi* doré en forme de cloche, qui renferme les reliques du Bouddha offertes en 1897 par Lord Curzon, vice-roi des Indes, au roi Rama V. À l'imitation d'une colline similaire d'Ayuthaya, elle a été édifiée sous Rama III, et terminée sous Rama V. Étant donné la nature instable du terrain, cela représente une belle prouesse technique.

De la terrasse supérieure, un **panorama**★★★ inoubliable s'étend jusqu'à l'horizon, embrassant les toitures exotiques des palais royaux et des temples, le cours sinueux de la Chao Phraya, et la silhouette accidentée des tours modernes. Un petit sanctuaire permet aux fidèles de procéder à leurs dévotions.

Wat Saket (MY) – *Thanon Chakkaphatdi Phong*. C'est l'un des plus anciens temples fondés par Rama Ier à Bangkok. Une galerie couverte entoure l'*ubosot*, décoré de belles **peintures murales**. L'élégant *wihan* renferme un immense bouddha debout, **Phra Attharot**, provenant de Sukhothai, avec de part et d'autre des peintures murales représentant ses disciples. Derrière l'autel, un bouddha assis est entouré de statues en bronze des disciples.

Les étrangers en costume du 17e s. peints sur les volets du *ho trai* (voir Glossaire) évoquent les liens passés de la Thaïlande avec l'Europe.

Wat Ratchanadda (LY) – *Thanon Mahachai*. Dans l'avant-cour, le marché aux amulettes est apprécié des fidèles, recherchant la plus efficace pour éloigner le mauvais sort. Dans une cour tranquille, un décor de céramique multicolore enjolive l'harmonieux *ubosot* et deux *wihan* construits perpendiculairement.

Dans des jardins soignés sur Thanon Ratchadamnoen Klang se dresse le **Lohaprasad**, curieux bâtiment à trois étages, surmonté d'un pavillon percé de quatre ouvertures précédées de colonnes, et d'un *chedi* élancé. Une rangée de *chedi* blancs ponctue chaque étage. Au début du 19e s. Rama III en a lancé la construction, terminée assez récemment. Il s'était inspiré d'une réalisation bouddhiste de l'Inde, où un riche converti avait construit une demeure magnifique pour abriter la méditation du Bouddha et de ses disciples. Cette résidence, comme une autre construction aussi superbe sur l'île de Ceylan, n'existent plus aujourd'hui.

Le pavillon ouvert et la statue de Rama III présentent aussi un intérêt. Des jardins, on a une belle **vue** sur un reste de l'ancienne muraille et sur la Montagne d'Or.

Wat Thep Thidaram (LY) – *Thanon Mahachai*.

Sa situation en bordure de canal ajoute au charme de ce temple, également construit par Rama III, dans le même style que le Wat Ratchanadda. La décoration florale en céramique des pignons enjolive merveilleusement les gracieux *ubosot* et *wihan* alignés dans l'enceinte entourée de murs. Des *prang* encadrent l'*ubosot* au centre, qui renferme un précieux bouddha de marbre blanc sur un socle doré en forme de bateau. D'importants travaux sont en cours, afin de rendre leur splendeur passée à ces bâtiments, excellents exemples du style de Ratanakosin.

Suivre les indications sous les allées ombragées pour aller voir la résidence du célèbre poète thaïlandais **Sunthorn Phu**, qui prit l'habit de moine dans ce temple *(voir Introduction, Langue et Littérature, et Rayong, excursions)*.

Monument de la Démocratie (LX) – Un monument marque la fin de la monarchie absolue en 1932, après une révolution pacifique, et la mise en place par la nouvelle constitution d'une assemblée nationale. Les bas-reliefs à la base du monument sont l'œuvre du Pr Corrado Feroci.

★★**Wat Bowornivet** (LX) – *Thanon Phra Sumen*. Depuis l'époque où le roi Mongkut en était l'abbé et fonda l'ordre strict Dharmayutika, ce temple est étroitement associé à la monarchie. Au fil des années il a vu l'ordination de plusieurs membres de la famille royale, y compris le monarque actuel. Il est le siège du Patriarche Suprême et du Sangha, collège sacré ; c'est également un centre de méditation renommé, fréquenté par de nombreux moines étrangers.

L'*ubosot* majestueux, précédé d'un porche à colonnes, renferme une belle statue du Bouddha du 13e s. du style de Sukhothai, **Phra Phuttha Chinasi**, accompagné de disciples et dominé par une autre grande statue assise dans la section transverse. L'intérieur spacieux, divisé en une nef centrale et deux étroits bas-côtés, est décoré de **peintures murales**★★★ minutieusement détaillées dues à Khrua In Khong, qui dénotent l'abandon des conventions picturales traditionnelles, avec l'introduction de la perspective, de couleurs sombres, et de thèmes empruntés à l'Occident.

Les panneaux entre les fenêtres illustrent des rites bouddhiques. Au-dessus, ce sont des épisodes de la vie du Maître, sa doctrine et les grands sages bouddhistes ; les peintures des colonnes évoquent le développement spirituel. Des statues de styles différents (Dvaravati, Lopburi, Sukhothai), ainsi qu'une empreinte des pieds du Bouddha, ornent les deux côtés du bâtiment.

Au centre du monastère se dresse un haut *chedi* doré. Derrière, deux *wihan* abritent de belles statues du Bouddha et des peintures murales. Tout au fond on peut voir un grand bouddha couché.

Dans le quartier des moines se trouvent deux élégants bâtiments où ont résidé le roi Mongkut et d'autres personnages de sang royal.

Le long de Thanon Phra Sumen, on peut voir les vestiges de l'ancienne muraille crénelée, avec deux **forts** octogonaux érigés pour décourager l'assaillant, le Pom Phra Athit au bord de la rivière, et le Pom Maha Kan près du pont.

LA NOUVELLE CITÉ ROYALE *au Nord de la ville*

Les larges avenues ombragées sont bordées de bâtiments administratifs, de résidences privées, de parcs, de jardins, d'écoles prestigieuses et d'un hôpital. La cité conserve un air de noblesse. On est très loin des vergers qui prospéraient là, sur la terre alluviale fertile, quand, sous les règnes de Rama V (le roi Chulalongkorn) et Rama VI (le roi Vajivarudh), la ville de Bangkok est sortie des limites de l'île de Ratanakosin.

Palais Chitralada (GT) – Une des nombreuses demeures royales construites par Rama V, c'est la résidence officielle du souverain actuel. Le roi fait procéder à des recherches expérimentales agricoles sur son vaste domaine, dans le but d'améliorer la production des régions défavorisées et la vie de la communauté rurale.

Parmi les monuments principaux qui entourent le domaine royal, on a l'élégant **Royal Turf Club** (GU) *(au Sud)*, le secteur ombragé du **Zoo Dusit** (GT) *(entrée Thanon Ratchawithi)*, et l'**Assemblée nationale** et son dôme, de style italianisant (GT G) *(à l'Est)*. La place qui s'étend devant ce bâtiment est dominée par la **statue équestre** du roi Chulalongkorn. À proximité se trouvent le parc Suan Amphon et un ancien palais royal, Wang Dusit.

★★★**Phra Thinang Vimanmek** ⊙ (GT) – *Entrée sur Thanon Ratchawithi*. Merveille d'architecture traditionnelle en teck blond, le palais Vimanmek, construit par Rama V, se tenait à l'origine, avec ses 81 pièces, sur l'île Ko Sichang *(voir Chonburi, Excursions)*. Il a été restauré dans sa splendeur première et meublé en style contemporain par la reine actuelle. Visiter les élégantes salles de réception, la majestueuse salle du trône, et les appartements privés donne un aperçu surprenant du mode de vie royal, qui associait le strict respect de la tradition à une ouverture moderne, due aux voyages européens de Rama V. Ce palais fut le premier bâtiment de Thaïlande à recevoir l'électricité et à être équipé d'une salle de bains moderne avec douche (mais l'eau devait être transportée à l'étage par une armée de serviteurs...). La reine et les épouses royales occupaient des quartiers séparés merveilleusement décorés de teintes pastel.

Dans un coin de fraîcheur en bordure de lac, un *sala* ouvert abrite des spectacles de danse traditionnelle thaïe. Un bâtiment élégant est réservé au musée d'artisanat d'art **Support Museum** (objets précieux en or ou argent, niellés, cuirs repoussés,

Phra Thinang Vimanmek, Bangkok

S. Bouquet/ MICHELIN

BANGKOK

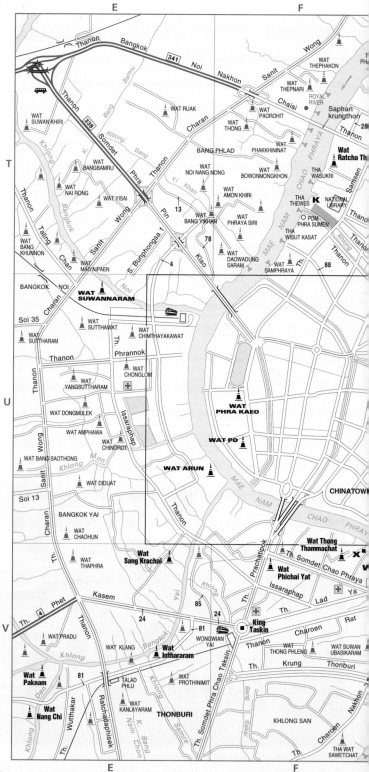

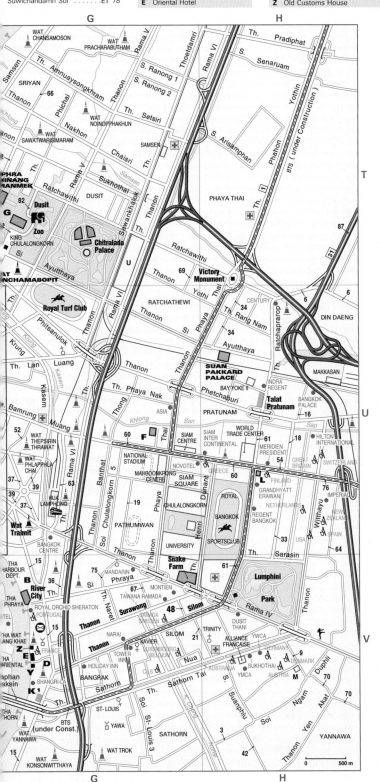

BANGKOK

J   K

POM PHRA ARTHIT

Wat Dusidaram

Thanon Somdet Phra Pin Klao

THA SAPHAN PHRA PIN KLAO

BANG LAMPHOO

ROYAL BARGES MUSEUM

Th. Arun Amarin

Saphan Phra Pin Klao

THA PHRA ATHIT

Phra Athit

Phra Ram

Buttri

Khlong Bangkok Noi

Th. Chao Fa

Soi

WAT CHANA SONGKHRAM

BANGKOK NOI/ THONBURI

Thanon

X 46

WAT AMARINTHARAM

THA RAILWAY

NATIONAL GALLERY

46

MAE NAM CHAO PHRAYA

S. Wat Wisetkan

BANGKOK NOI

NATIONAL THEATRE

That

Thanon

MUSEUM OF FORENSIC MEDICINE

THA SIRIRAJ

NATIONAL MUSEUM

Tha

WAT WISETKAN

THA PHRA CHAN

ROYAL

Phrannok

THAMMASAT UNIVERSITY

Phra

THORANI

Trok

Th.

Phrannok

Th. Phra Chan

Na

WAT BURAN

Trok Wang Lang

THA PHRANNOK

Sanam

Ratchadamnoen Nai

T

Arun

S. Sala Tonchai

THA MAHARAJ

Wat Mahathat

Luang

Thanon

J

Chang

Soi Wat Rakhang Khositaram

Mahathat

Trok Silapakorn

40

Lo

SILAPAKORN UNIVERSITY

Na

Lak Muang

Ban

Amarin

WAT RAKHANG KHOSITARAM

THA CHANG LUANG

Th.   Na   Phra   Lan

Th. Lak Muang

MINISTRY OF DEFENCE

Soi Matum

Y

NAVAL HARBOUR DEPARTMENT

Thanon

WAT PHRA KAEO

27

Rachini

Th. Saran Rom

Soi

M

Wat Ratchapradit

WAT PHRAYATHAM

THA ROYAL

M

Thanon

Maharat

SARANROM PALACE

SARANROM PALACE

Khlong

WAT KHRUA WAN

GRAND PALACE

Thanon

Sanam

Mon

THA TIEN

RATANA   KOSIN

Th.

WAT NAKKLANG

Th. Thai Wang

WAT PO

Rachini

Arun

42

Itsaraphap

Th. Chetuphon

Th. Phra Phiphit

Soi

WAT ARUN

Thanon

S. Setthakan

Chai

Soi Prok Wat Arun 3

Amarin

Maharat

Than

WAT MAI PHIREN

90

Wang

Doem

Soi (Wat Hong)

Pom Wichai Prasit

THA RACHINI

Soi Tha Klang

Tal Pa Khl

Thanon

WAT MOLILOKAYARAM

Thanon Sapl

Z 25

Soi 27

BANGKOK YAI

Soi 38

Wat Hong Rattanaram

WAT KALYANAMIT

Soi 36

Soi

Wat

Santa Cruz

Soi 34

Soi 23

Soi 32

Soi 30

Khlong Bangkok Yai

Kanlaya

S. Kudi Chin

Sai 1

Wat Ratcha Sittharam

Itsaraphap

Soi Itsaraphap 28

Thanon Thetsaban Sai 2

Thetsaban

Thanon

Wat Prayunwong

Thanon

Itsaraphap

Th. Thetsaban Sai 2

J   K

sculptures sur bois, tissus). Les écuries ont été reconverties en musée national des Éléphants royaux, avec une intéressante exposition sur les éléphants blancs et la tradition qui s'y attache. Près du musée des Carrosses, le beau **palais Suan Hong** présente une exposition sur les rites marquants de la tradition thaïe, cérémonie d'ordination, cérémonie du Premier Sillon, procession des barges royales, entre autres. Plusieurs pavillons charmants dispersés sur le domaine ont été transformés en **musées** (photographies, objets ayant appartenu à la famille royale, tissus).

★★ **Wat Benchamabophit** (GT) – *Thanon Si Ayuthaya*. Le style innovant aux puissantes lignes horizontales du temple de Marbre, construit par le prince Naris, architecte et frère du roi, a été recopié dans tout le pays. Les jardins, les arbres taillés, le canal et les ponts lui composent un cadre harmonieux. Le style, original, associe des éléments d'architecture thaïe, khmère et européenne.

Le toit à étages aux tuiles vernissées, avec les *chofas (voir Glossaire)*, corbeaux et pignons ornementés, suit une ligne traditionnelle. Un muret à balustrade entoure le sanctuaire, qui doit son nom au placage de marbre des murs. Des lions de marbre gardent le porche à colonnes de l'*ubosot*, qui ouvre sur une salle spacieuse, bâtie sur un plan cruciforme inhabituel et rehaussée de vitraux aux couleurs éclatantes, de dallages de marbre multicolore, de motifs thaïs peints sur les murs et d'une copie du Phra Phuttha Chinarat *(voir Wat Mahathat, Phitsanulok)*. Les niches sont ornées de répliques des grands monuments religieux du pays.

Le roi Rama V a rassemblé dans les galeries du cloître les plus beaux exemples *(dont des copies)* des différents styles d'art religieux de la Thaïlande et des pays voisins. Au centre de la cour, une chapelle ouverte abrite un grand **bouddha**★★ en costume royal, qui est l'un des fleurons du style de Lopburi. Il faut faire le tour du cloître pour admirer dans leurs niches, au Sud, deux remarquables statues du **Bouddha debout** dans le style de Dvaravati et, près de la porte Ouest, un **bouddha marchant**★★ dans le style de Sukhothai. Plus loin vers l'Est, l'explosion de couleurs du marché aux fleurs, **Talat Thewes** (FT K) *(en bordure du Khlong Krung Kasem)* ravira les amateurs de plantes et fleurs exotiques.

Le bâtiment imposant de la Bibliothèque nationale *(Thanon Samsen)* abrite des stèles et manuscrits anciens de la période d'Ayuthaya. Le bâtiment de Rama VI est dédié à ce souverain amateur de littérature, qui était aussi un poète raffiné.

Wat Ratcha Thiwat (FT) – *Thanon Samsen, puis à gauche sur Thanon Wat Ratcha*. La pièce maîtresse de ce temple ombragé en bord de rivière est le *chedi* blanc avec ses stucs ouvragés. À sa base, des lions mythiques montent la garde. Les niches profondes contiennent des statues de bouddha assis en pierre noire provenant de Java. Vers l'extrémité Sud se trouvent deux élégantes habitations royales de style traditionnel. Rama IV a résidé dans le bâtiment du fond, avec une façade en arche, et l'épouse de Rama V dans la maison aux volets qui se trouve devant.

On peut descendre vers la rivière pour admirer une belle **demeure de bois**★★, construite également par le prince Naris.

LA VILLE CHINOISE

À la fin du 18e s., à la demande de Rama Ier, la communauté chinoise s'est déplacée vers l'Est en dehors des murs de la ville afin de libérer le domaine où on a construit le palais royal. L'esprit d'entreprise des Chinois leur permit de créer rapidement un centre de commerce florissant, grouillant d'activité, à l'atmosphère exotique, proposant toutes sortes d'activités licites ou illicites, théâtres, maisons de jeu, bordels, fumeries d'opium, combats de coqs, qui ont fasciné les voyageurs visitant le pays. La belle architecture des bâtiments anciens, souvenir des temps passés, est souvent masquée par les devantures des boutiques.

Une expérience des sens – C'est à pied qu'on verra le mieux l'enclave limitée par Thanon Triphet *(à l'Ouest)*, et le Khlong Krung Kasem *(à l'Est)*, en suivant les artères principales **Thanon Yaowarat** et Soi Wanit 1 **(Soi Sampeng)** (LMZ), et le dédale des venelles *(Soi Issaranuparp)* longées par un étalage incroyable de boutiques de spécialités et de marchands ambulants.

Odeurs exotiques, scènes fascinantes, circulation trépidante et foule affairée créent un spectacle saisissant. Toutes sortes d'objets sont exposés : oreillers de mariage brodés, lampions chinois, bâtonnets d'encens, offrandes funéraires en papier en forme de voiture, d'avion, de maison, qu'on brûlera pour l'agrément des défunts. Les scintillantes boutiques des joailliers alignent rangée après rangée de chaînes d'or et de lingots. Le **Tang To Kang Gold Shop** (MZ A) sur Soi Sampeng en est un bel exemple. Les pharmacies traditionnelles proposent des remèdes populaires contre toutes sortes d'affections.

Tôt le matin, les habitants arrivent en nombre sur **Talat Kao** (MZ) (Vieux Marché – *Soi Issaranuparp*) et **Pak Khlong Talat** (KLZ) *(près du Pont-Mémorial)*, les marchés de fruits et légumes en gros, où les barques accostent en file pour décharger leurs produits frais de la campagne. L'animation intense de ces scènes hautes en couleur surprendra et émerveillera le visiteur. À **Nakhon Kasem** (LYZ) le marché des voleurs *(Thanon Chakrawat)* doit son nom à l'origine douteuse des articles proposés autrefois à la vente. La plupart des magasins d'antiquaires sont partis vers les quartiers plus élégants, il reste peu de bonnes trouvailles à faire.

Le théâtre Charoen Krung *(près de Thanon Triphet)*, jadis rendez-vous élégant pour les spectacles d'opéra chinois, est devenu un cinéma moderne.

Une rue de la ville chinoise

Une tradition religieuse vivante – Au cœur de l'intense activité commerciale, les nombreux temples du quartier chinois attestent du large éventail de religions pratiquées par les habitants. De féroces dragons gardent les temples taoïstes imprégnés d'odeurs d'encens ; d'autres sanctuaires sont consacrés au bouddhisme theravada ou mahayana. Toutes les écoles bouddhiques trouvent leur expression au vénéré **Wat Mangkon Kamalawat** (**MZ**) *(Thanon Charoen Krung)*, où ont lieu les célébrations annuelles hautes en couleur de la Fête végétarienne. Autre lieu d'assemblée, le sophistiqué **Boonsamakan Hall** (**LMZ**) *(Thanon Rajawong)*.

Le Wat Pathom Kongka, construit pendant la période d'Ayuthaya, est l'un des plus anciens temples de Bangkok. Le Wat Kanikaphon a été bâti par un propriétaire de maison close. Le fleuron du **Wat Traimit** ⏱ (**GU**) *(croisement de Thanon Yaowarat et Thanon Charoen Krung)* est une imposante **statue en or du Bouddha**★★ haute de 3 m, du style de Sukhothai, aux origines inconnues. Cachée sous une couche de plâtre, on la redécouvrit par hasard dans les années 1950.

Diversité culturelle – Des communautés indiennes et musulmanes assez importantes se sont établies dans la ville chinoise, et leurs cultures typiques ajoutent à l'animation du quartier. Dans le quartier indien « **Little India** » *(près de Thanon Chakraphet et Thanon Chakrawat, au bord du Khlong Ong An)* abondent restaurants, cuisines de rue, boutiques de mariage, magasins de tissus et marchés. Près de **Talat Pahurat** (**LZ**) se trouve un temple sikh. Les musulmans fréquentent la **mosquée** installée dans une demeure de style occidental *(sur Thanon Songwat)*.

Patpong la nuit, Bangkok

123

ANCIEN QUARTIER DU COMMERCE

Au 19e s., comme les compagnies marchandes européennes, attirées par les immenses ressources naturelles du pays, augmentaient leurs activités commerciales, le secteur en bord de rivière a vu s'installer les premiers étrangers. Une seule entreprise d'origine, la Compagnie de l'Asie Orientale (**GV Y**), et l'ancienne maison des Douanes (**GV Z**), y ont conservé leurs bâtiments. Dans leur voisinage, une mosquée avec son cimetière et des établissements indiens marquent les arrivées plus récentes.

Une époque élégante – Au pied des tours, de beaux bâtiments en bois du 19e s., avec leurs volets et leurs vérandas, abritent l'ambassade de France et celle du Portugal. Ils font revivre l'atmosphère de l'époque, comme l'Aile des Auteurs de l'historique **hôtel Oriental** (**GV E**), dédiée aux écrivains célèbres et personnalités férus de voyages qui ont cherché l'inspiration dans l'exotisme de l'Orient.

Les boutiques de luxe du centre commercial voisin et les magasins d'antiquités de **River City** (**GV**) *(hôtel Sheraton Royal Orchid)* attirent une clientèle de connaisseurs. Les hôtels de luxe en bord de rivière bénéficient de **vues★★★** magnifiques sur le cours rapide de la Chao Phraya et l'activité frénétique des ferries et des barques transportant passagers et marchandises.

L'**église du Saint-Rosaire** (**GV B**), construite au 18e s. par les Portugais et située à l'origine à Thonburi, et la belle **cathédrale de l'Assomption** (**GV D**), des débuts du 20e s., méritent aussi une visite.

Le quartier moderne – Le cœur du quartier très animé des affaires est parcouru par **Thanon Silom** (**GV**) et **Thanon Surawong** (**GV**), longées par des tours de bureaux modernes, des banques, des hôtels de luxe et des centres commerciaux. La vie nocturne se concentre autour de **Thanon Patpong** (**GV 48**) et des rues avoisinantes, où les noctambules apprécieront l'extraordinaire variété de bars, clubs, discothèques et autres lieux exotiques, ainsi que le marché de nuit.

Le long de Thanon Sathorn Nüa et Thanon Sathorn Tai s'est développé un quartier résidentiel recherché.

En bord de rivière, le pittoresque marché **Talat Bang Rak** (**GV K¹**) dessert le quartier.

La ferme aux Serpents (**GV**) – *Thanon Rama IV.* Le respecté Institut Pasteur, établi ici depuis des années, est spécialisé dans les sérums anti-venin. Ses travaux de recherche sont portés à l'attention du public de manière plutôt spectaculaire, avec des démonstrations au cours desquelles on récupère le venin des serpents. On peut voir un grand nombre d'espèces locales dans les fosses aux serpents. Un diaporama présente les travaux de l'institut.

LE QUARTIER EST

Pour répondre à l'accroissement de sa population, la cité poursuit son expansion vers l'Est. Seuls quelques *khlongs* demeurent pour se remémorer le paysage de vergers de l'ancienne Bangkok. L'horizon est constamment bouleversé par la construction de nouvelles tours de bureaux, grands magasins et hôtels.

Le marché fourmillant Talat Pratunam (**HU**) est un centre d'attraction populaire, tandis que le quartier qui entoure **Siam Square** (**GHU**) est fréquenté par les foules élégantes. La vie étudiante se concentre autour de l'université Chulalongkorn. Le Royal Bangkok Sports Club *(privé)* et les grands espaces du **Parc Lumphini** (**HV**), havres de paix bienvenus après le rythme frénétique de la vie urbaine, attirent les amateurs de remise en forme.

Tôt le matin, les habitants se livrent à un ballet harmonieux en pratiquant l'art chinois du taï chi.

Quartiers résidentiels chic et lieux d'animation bordent Thanon Pahonyothin *(au Nord)* et Thanon Sukhumwit *(à l'Est)*.

Monument de la Victoire (**HT**) – *Thanon Ratchawithi et Thanon Phaya Thai.* Un obélisque encadré de statues de bronze symbolise la vaillance militaire de la Thaïlande qui a su défendre son indépendance au cours des siècles.

★★ **Maison de Jim Thompson** ⊘ (**GU F**) – *Soi Kasemsan 2, à partir de Thanon Rama Ier.* La résidence et ses collections montrent la passion de leur propriétaire pour l'art du Sud-Est asiatique et l'architecture civile thaïe. Thomson n'a vécu ici que sept ans, durant lesquels ce lieu, aujourd'hui propriété d'une organisation caritative, était le cadre de réceptions élégantes. Dans un parc luxuriant, sept belles maisons de bois en provenance de différentes régions, reliées par un *khlong*, évoquent une merveilleuse image du passé, bien qu'on leur ait ajouté, avec beaucoup d'habileté, des équipements modernes. Les exquises **collections d'art★★** présentées, statues, porcelaines, peintures, sont mises en valeur par le superbe mobilier.

★★ **Palais Suan Pakkad** ⊘ (**HU**) – *Thanon Si Ayuthaya.* Les **collections★★** éclectiques d'art thaï des défunts prince et princesse Chumphot sont présentées avec bonheur dans cinq pavillons traditionnels dispersés dans des jardins paysagers au pied de bâtiments modernes disparates. La **Maison I** abrite de superbes exemples d'art khmer, notamment une belle **statue d'Uma★★★** du 7e s. en pierre, et un rare **Ardhanarishvara★★** des 12e-13e s. montrant à la fois Shiva et Uma ; de beaux bouddhas assis dans le style de U-Thong des 13e-14e s. ; une maquette de trône thaï ; et une peinture représentant l'horoscope du Prince Chumphot. Une passerelle conduit à la

Maison II, ancienne chambre à coucher, où sont exposés des boîtes à bétel, un nécessaire de toilette thaï, des coffrets ornés d'incrustations et un *howdah*. On admirera dans la **Maison III** un palanquin et une ombrelle, des instruments de musique, de la porcelaine aux cinq couleurs Bencharong, et de beaux dessins français du 17ᵉ s. La **Maison IV**, qui servait de chapelle, contient plusieurs statues du Bouddha. Le rez-de-chaussée sert de salle à manger. Au rez-de-chaussée des pavillons situés à l'Ouest se trouve une merveilleuse collection de minéraux et de coquillages, ainsi qu'une importante collection d'**art préhistorique★★★** en provenance de Ban Chiang, Nakhon Phanom et d'autres districts : poterie brute ou peinte, objets en bronze et bijoux. Suivre le sentier qui mène à l'exquis **pavillon de Laque★★★**, plus que centenaire, trésor de l'art d'Ayuthaya. Il s'enorgueillit de ses murs intérieurs laqués noir et doré, illustrant des épisodes de la vie du Bouddha et des scènes du *Ramayana*. Les paisibles jardins invitent à la flânerie, avec leurs buissons ornementaux, les fleurs, un bassin de nénuphars qui attire les oiseaux, et des sculptures de rochers. Une barque en teck au bord du canal qui court à travers le parc rappelle un moyen de transport ancien. Près de l'entrée, une petite exposition sur le théâtre de marionnettes montre de superbes masques.

Talat Pratunam (HU) – *Croisement de Thanon Phetchaburi et Thanon Ratchadamri.* Vaste bazar aux boutiques fourmillant d'activité et aux innombrables marchands ambulants, ce marché attire une foule nombreuse. Les restaurants de plein air, un centre commercial *(près de l'hôtel Indra)* et la tour vertigineuse Bay Yoke II présentent aussi de l'intérêt.

Le sanctuaire d'Erawan (HU L) – *Thanon Ratchdamri, près de l'hôtel Grand Hyatt Erawan.* Tous les jours, c'est un spectacle coloré qui se déroule devant l'autel (San Thao Maha Phrom), dédié au dieu hindou Brahma. Une foule s'y rassemble, chargée d'offrandes d'encens et de fleurs, afin de faire exaucer des vœux divers. Des fidèles marquent leur gratitude en commandant des spectacles de danse thaïlandaise.

★Ban Kamthieng ⊘ (BR) – *Siam Society, Soi 21, Thanon Sukhumvit.* Un membre bienfaiteur a fait don à cette société savante de l'harmonieuse maison en teck, initialement située à Chiang Maï. Elle est meublée en style traditionnel pour montrer la vie quotidienne de la population. À côté, et tout aussi typiques, on peut voir un grenier à riz et des charrettes, outils agricoles et autres objets artisanaux.

Environs de BANGKOK

Bangkok

Atlas Michelin p. 26-27 – plan de l'agglomération : voir Bangkok et atlas p. 26

Dans les décennies passées, l'essor de l'industrialisation a gonflé le chiffre de la population active ; avec l'avancée rapide des implantations industrielles, résidentielles et de loisirs, l'expansion de Bangkok a été telle que les districts avoisinants se sont intégrés dans une vaste agglomération. Ses faubourgs souffrent d'inondations pendant la saison des pluies, mais les habitants y font face avec beaucoup d'énergie et d'ingéniosité. Aujourd'hui l'expansion marque le pas.

THONBURI (ABR)

Excursions en bateau rapide ou bateau-taxi « à longue queue » à partir de Tha Tien, River City ou de l'embarcadère du Pont-Mémorial (Saphan Phra Phuttha Yot Fa). Par la route, passer le Pont-Mémorial, le Saphan Phra Pin Klao, ou le Saphan Krung Thon. Les temples en bord de rivière peuvent se visiter à pied à partir des allées étroites prenant sur Thanon Prachatipok, Thanon Somdet Chao Phraya, Thanon Issaraphap.

Thonburi est un endroit où la vie s'écoule encore à un rythme serein, dans les maisons flottantes traditionnelles bordant les canaux qui quadrillent le terrain. Les voies d'eau principales, animées, sont les *khlongs* Bangkok Noi, Bangkok Yai, Bang Khun Si et Bang Kruai. Mais lorsqu'on pénètre plus avant dans le lacis de canaux, on est charmé par le paysage paisible et verdoyant des vergers, des temples et des maisons nichés sous de grands arbres. Des scènes d'enfants barbotant dans l'eau, de familles qui se baignent, pudiquement vêtues de sarongs, de gens vaquant à leurs tâches domestiques ou qui regardent passer le monde, sont autant d'images d'un mode de vie traditionnel en déclin ; la modernité avance sous forme de postes de télévision et autres équipements de notre temps.

On peut rejoindre la plupart des sites par la route, mais au prix de manquer les aspects les plus pittoresques du lieu.

Une aube nouvelle – À la fin du 18ᵉ s., après avoir chassé l'agresseur birman qui avait détruit Ayuthaya *(voir ce nom)*, le roi Taksin a établi sa capitale à Thonburi. Le palais royal de Taksin n'existe plus, il est marqué au croisement du Khlong Bangkok Yai et de la Chao Phraya par les ruines d'un fort, **Pom Wichai Prasit** (KZ). Cette période glorieuse fut de courte durée, car le successeur de Taksin, Rama Iᵉʳ, craignant que le site ne soit trop vulnérable aux assauts ennemis, transféra la capitale sur la rive orientale de la rivière. Thonburi s'enorgueillit néanmoins de nombreux temples admirables édifiés par les rois de la dynastie Chakri, et qui demeurent parmi les plus beaux exemples d'architecture et de décoration de la période Ratanakosin. Certains sont ornés de splendides peintures murales. En plus de la visite des temples décrits ci-après, il faut explorer leurs alentours pour découvrir les trésors cachés sur le domaine des monastères.

★★ Wat Arun ⊘ (JZ) – *Accès en bateau au départ de Tha Tien*. Précieux symbole de Bangkok, le monumental **temple de l'Aube** dresse son profil spectaculaire en bord de rivière. Fondé à la période d'Ayuthaya, puis chapelle royale sous le règne de Taksin, il abritait le Bouddha d'Émeraude avant son transfert au Wat Phra Kaeo.

Chef-d'œuvre d'architecture, le *prang* élancé dans le style d'Ayuthaya tardif fut commencé par Rama II et terminé par son successeur. Quoique construit sur un terrain marécageux, il s'élève à 114 m de haut. Quatre *prang* plus petits l'entourent, incrustés de céramique et de fragments de porcelaine en forme de motifs floraux qui étincellent au soleil, et ornés d'une profusion de personnages et d'animaux mythiques. Au pied de sa base en gradins, quatre statues du Bouddha protégées par des pavillons figurent la naissance, la méditation, l'enseignement et l'illumination. Elles gardent les escaliers abrupts qui mènent à la terrasse supérieure, d'où la **vue★★★** est magnifique sur la rivière, le Palais royal et la ville qui s'étend au loin sur la rive opposée. Le grand *prang* symbolise le mont Meru, séjour des dieux ; les petits *prang* de côté abritent des statues du dieu du vent, Phra Pai.

Au Nord la porte massive de l'enceinte du monastère est gardée par des démons de couleurs vives *(yaksha)*, flanqués de statues dans des niches. L'*ubosot*, le *wihan*, le *mondop* avec leurs portiques forment un ensemble harmonieux.

À la fin de la saison des pluies, le roi rend une visite traditionnelle au Wat Arun, pour faire don de robes safran et d'offrandes aux moines au cours d'une cérémonie solennelle, le *Kathin*. Autrefois, cet événement s'accompagnait d'une magnifique procession de barges royales, mais cela n'a lieu maintenant qu'à l'occasion de célébrations exceptionnelles, comme le bicentenaire de la dynastie Chakri, le 60e anniversaire du roi, ou le Jubilé d'or de l'accession du roi au trône.

★ Musée des Barges royales ⊘ (JX) – *Khlong Bangkok Noi*. La splendide collection de barges témoigne du faste de la pompe royale, et rappelle les coutumes d'Ayuthaya qui avaient ébloui nombre d'observateurs étrangers. C'est un spectacle impressionnant que la procession de ces bateaux étincelants d'or et de couleurs, aux figures de proue fantastiques, manœuvrés avec virtuosité par des équipages en costumes traditionnels. Tandis qu'un officier marque le rythme avec un bambou et qu'un chanteur psalmodie pour accompagner la cadence des rames, deux timoniers tiennent les gouvernails, et un porte-enseigne déploie son pavillon.

Le roi se déplace sur la plus belle des barges, **Sri Suphanahongsa**, vaisseau à 50 rameurs long de 45 m, dont la proue est sculptée en forme de cygne mythique. Le roi s'assied sous un pavillon de bois doré, posé sur une haute plate-forme recouverte d'ombrelles royales. Autres impressionnantes figures de proue : *naga* à sept têtes, *garuda*, dragons et personnages du *Ramakien*. Ces superbes barques ne sortent pour la parade qu'à des occasions spéciales, comme le Jubilé du roi ou la visite d'un chef d'État étranger.

★ Wat Rakhang Khositharam (JY) – *Au Nord du Wat Arun*. L'*ubosot*, le *prang* et les *chedi* de ce temple paisible datant du règne de Rama Ier sont couverts de beaux éléments décoratifs. Joyau d'architecture, le **Ho Phra Traï Phidok★**, bibliothèque religieuse, est abrité dans trois élégants pavillons de bois de la fin du 18e s. qui ont servi de résidence à Rama Ier avant son accession au trône, et dont il fit présent au temple. On remarquera particulièrement le pignon et les panneaux de portes finement sculptés, et d'exquises **peintures murales** décrivant des scènes du *Ramakien* et de la cosmologie bouddhique.

Wat Arun

À partir du pont Saphan Phra Pin Klao

★**Wat Suwannaram** (EU) – *Soi Charan Sanit Wong 32*. Fondé par Rama Ier et restauré sous le troisième règne, le temple est remarquable pour les sculptures et stucs de ses harmonieux *ubosot* et *wihan* devant lesquels se dresse un *chedi* élancé. La virtuosité et l'originalité des **peintures murales★★** du 19e s. sont admirables. Le mur Ouest illustre les trois mondes de la cosmologie bouddhique, ciel, terre et enfer ; le mur d'entrée montre la victoire de Bouddha sur le Mal ; les murs latéraux représentent des divinités en prière et des scènes des vies antérieures du Bouddha, avec d'amusantes vignettes sur la vie de l'époque.

Wat Dusidaram (JX) – Des doubles *baï sema* entourent l'*ubosot*, qui présente des **peintures murales★★** de fin du 18e-début 19e s. ; au-dessus de l'entrée, on remarquera la description saisissante de Bouddha vainqueur des forces du Mal.

Du Saphan Phra Phuttha Yot Fa (Pont-Mémorial) au Tha Saphan Phut

L'intérêt principal du **Wat Prayunwong** (KZ), temple datant du troisième règne (19e s.), est un monticule couronné de petits *chedi* et entouré d'un bassin grouillant de tortues que les fidèles viennent régulièrement nourrir. Autres curiosités, le grand *chedi*, et les deux *wihan* agrémentés de portes incrustées de nacre et de pignons ornementés. Plus loin vers le Nord, on aperçoit le dôme caractéristique de l'**église Santa Cruz** (KZ). Voir ci-après une description du **Wat Kalyanamit★** (KZ).

Le **Wat Phichai Yat** (FV) s'enorgueillit de ses *chedi* imposants, d'un *wihan* de style chinois et de trois hauts *prang* dominant une terrasse à étages.

La base incurvée de l'*ubosot* du ravissant **Wat Thong Thammachat** (FV) rappelle le style d'Ayuthaya. On admirera les **peintures murales★★** décrivant des scènes traditionnelles. Le mur Ouest représente un paysage urbain contemporain avec des maisons de bois thaïes et des magasins chinois. À proximité, au bord de la rivière, se trouve la **maison Wang Lee** (FV X), demeure d'une riche famille chinoise.

La salle de réunion du **Wat Thong Nophakhun** (FV W) est décorée de panneaux en bronze racontant des épisodes de la vie du Bouddha. L'*ubosot* possède des fenêtres rondes originales, des stucs superbes, et des peintures murales singulières.

Le long du Khlong Bangkok Yai et du Khlong Dan

On peut rejoindre les temples qui longent le Khlong Bangkok Yai en voiture et à pied, mais ceux qui se trouvent plus à l'Ouest ne sont accessibles qu'en bateau. La visite donne un aperçu charmant de la vie au bord des canaux.

Une statue colossale du Bouddha et de belles peintures murales ornent l'imposant *ubosot* du **Wat Kalyanamit★**, dans son cadre séduisant en bord de rivière.

Fondé pendant la période d'Ayuthaya, le **Wat Hong Ratanaram** (JZ) comprend un admirable *ho trai*, un *wihan* restauré et un *ubosot* à portique. Les pignons de ce bâtiment sont rehaussés de sculptures et de mosaïques de verre, ses portes et ses panneaux de fenêtres sont décorés d'arbres et d'oiseaux mythiques. Il y a aussi d'intéressantes statues du Bouddha.

De fondation ancienne, le **Wat Sang Krachai** (EV) mérite une visite pour la décoration de son élégant *ubosot*.

Une **statue du roi Taksin** (FV) et une stèle précèdent l'*ubosot* du **Wat Inthararam** (EV), retraite royale favorite, où se dressent deux *chedi* dédiés au roi et à la reine. Deux *wihan* encadrent le sanctuaire, qui abrite un bouddha doré. Trait inhabituel, la décoration noir et or des murs.

L'école bouddhique et le centre de méditation de l'ancien **Wat Paknam** (EV) sont renommés.

Le long du *khlong* Dan et des plus petits *khlongs*, vergers et végétation luxuriante forment un cadre plaisant pour une multitude de temples à l'ornementation intéressante ; on notera les belles peintures murales, les porcelaines décoratives et les statues vénérées du Bouddha des **Wat Kamphaeng** (AR) *(wihan)*, **Wat Nang Chi** (EV) *(wihan, ubosot)*, **Wat Ratcha Orot** (AR) *(chedi, ubosot, wihan)* et du pavillon du **Wat Sai** (AR).

NONTHABURI (BQ)

Accès par vedette ou par les routes 301 et 3110 vers le Nord.

Ayant appartenu à l'origine au royaume d'Ayuthaya, cette petite ville des rives de la Chao Phraya a une population mixte d'origine môn, chinoise et musulmane.

Les sites les plus importants de la ville sont l'élégant **ancien hôtel de ville** *(près de la tour-horloge, non loin de l'embarcadère)*, son **museum d'Histoire naturelle**, et le **musée de la Prison**. La visite en bateau permet d'apprécier animation et paysages au long des canaux et khlongs pittoresques (Bang Yai, Bang Kruai) bordés de beaux temples, le Wat **Prang** Luang, Wat Prasat, Wat Bang Khanun, Wat Pho Bang O, Wat Chalo.

Nonthaburi est célèbre pour ses magnifiques **parcs floraux** et ses **vergers** fertiles, qui produisent toutes sortes de délicieux fruits tropicaux. Les artisans locaux fabriquent de belles **poteries**.

Savoir-Vivre

Le peuple thaï est respectueux des usages et courtois. Le visiteur se doit de respecter ses coutumes et croyances religieuses.

On ne serre pas la main. Le salut (*waï*) se fait en joignant les mains sur la poitrine et en inclinant la tête. On ne doit pas toucher la tête d'une personne, même d'un enfant, et les démonstrations sentimentales entre homme et femme sont à éviter.

Une femme ne doit jamais toucher un bonze, ni lui tendre directement des objets ou accepter quoi que ce soit de sa part.

Pointer le pied vers une personne ou un objet est un geste grossier.

Se baigner ou prendre un bain de soleil nu est rigoureusement interdit.

On doit porter des vêtements couvrants pour entrer dans les temples, et se déchausser avant de pénétrer dans les sanctuaires (prévoir des chaussures faciles à enlever et à remettre).

Les représentations du Bouddha sont des objets sacrés, et tout acte sacrilège est passible de prison.

Ne pas critiquer la monarchie, ni parler de manière irrespectueuse de la famille royale.

★ **Wat Chalerm Phra Liat** (BQ) – *Rive Est. Tambon Ban Si Muang. Accès par bateau de l'embarcadère de la ville.* Rama III fit bâtir ce temple dédié à ses parents sur le site d'une forteresse du 17ᵉ s. édifiée sous le roi Narai. L'enceinte monastique renferme trois bâtiments à portiques imposants et un *chedi* massif. Toits et pignons sont décorés de *naga* ondulants et de motifs floraux en porcelaine multicolore. Portes et fenêtres sont agrémentées de décorations en stuc.

PATHUM THANI

Le paysage aux alentours de Pathum Thani est caractéristique du delta de la Chao Phraya ; voies d'eau et *khlongs* sont parcourus de navettes incessantes de bateaux. La fertile terre à riz donne sa richesse à la ville, peuplée de Môns venus de Birmanie à l'époque d'Ayuthaya, puis au 18ᵉ s. sous le règne du roi Taksin. La langue mône est toujours parlée dans la région.

Wat Pai Lom – *Rive Est Amphoe Sam Khok. Accès par les routes 307, puis 3309 vers le Nord, ou par bateau.* La principale attraction de ce vieux monastère fondé pendant la période de Sukhothaï (13ᵉ s.) est son peuplement de cigognes becs-ouverts qui viennent de Sibérie en novembre pour leurs quartiers d'hiver au temple, et repartent habituellement en juin, quand les jeunes ont la force de voler. Les arbres sont couverts de cigognes qui se nourrissent d'escargots trouvés dans les rizières. Ce spectacle fascinant attire amoureux des oiseaux et ornithologues étudiant le phénomène.

SAMUT PRAKAN (CS)

Cette petite province située au fond du golfe de Thaïlande a attiré depuis quelques dizaines d'années de nombreuses industries, qui en ont modifié le caractère. Mais certaines stations balnéaires comme Bang Pu sont restées très fréquentées. La région côtière jadis couverte de mangroves, est ponctuée d'élevages de crevettes, drainés par les courants de marée.

Ferme des Crocodiles ⊘ (CS) – *Tambon Thaiban.* Un des plus grands élevages de crocodiles du monde, où on peut voir ces reptiles à différents stades de croissance. On traite les peaux pour en exporter le cuir. Il y a aussi des éléphants, des tigres et des chimpanzés. Nourrissage des crocodiles et démonstrations de combats.

★★ **Müang Boran** ⊘ (CS) – *Près de Tambon Bang Pu Mai.* Le site de ce remarquable musée en plein air, dont le nom signifie « Ville Ancienne », reproduit sur une superficie de plus de 80 hectares le dessin exact de la carte de la Thaïlande. Experts et artisans ont installé des répliques des monuments et sanctuaires les plus célèbres du pays sur l'équivalent de leur emplacement géographique ; certains sont grandeur nature, d'autres sont à l'échelle 1/3. Cette réalisation remarquable est une occasion unique d'apprécier pleinement l'étendue du patrimoine et de l'héritage culturel thaïlandais. Les bâtiments présentés, *chedi*, *mondop*, *prang*, temples, palais, ainsi que les maisons traditionnelles thaïes, le marché flottant, le village de pêcheurs et les jardins, font revivre le splendeurs de Sukhothaï, Ayuthaya, Lampang, Phimai, Chiang Maï, Phetchaburi et Bangkok, entre autres cités. Le **musée** est consacré aux traditions populaires : poterie, culture du riz, pêche, instruments de musique. Cette initiative inspirée a été financée par un philanthrope thaï aisé, dans le but également de promouvoir l'artisanat traditionnel.

La **fête de Songkran de Paklat** au Phra Pradaeng *(rive Ouest)* est très renommée *(le dimanche suivant le 13 avril, jour de Songkran).* On la célèbre dans la tradition mône, et les jeux, défilés et lâchers d'oiseaux et de poissons attirent les foules en provenance de la capitale.

BANG PA-IN★★

Le domaine royal, sur une île de la Chao Phraya, est facilement accessible de la capitale sur la route d'Ayuthaya. Le palais d'origine, construit au 17e s. comme résidence d'été par le roi Prasat Thong, né dans la région, a connu aussi la faveur de ses successeurs. Après la destruction d'Ayuthaya au 18e s., le site est abandonné jusqu'au 19e s., où il retrouve sa gloire sous le règne de Rama IV (Mongkut), qui y fait bâtir un nouveau palais. Son fils Rama V (Chulalongkorn) fait ajouter d'autres bâtiments, dont la variété de styles reflète son intérêt pour l'architecture étrangère. Retraite charmante dans un cadre de bassins et de parcs, Bang Pa-In accueille aujourd'hui de façon occasionnelle des cérémonies d'État.

VISITE ⊘

On accède au domaine du palais par le centre d'accueil.

Entrée – L'avenue bordée de *baï sema* passe un *prang* de style khmer, abrité sous un arbre de l'Éveil, renfermant une statue vénérée du roi Prasat Thong.

★★ **Phra Thinang Aisawan Tippaya** – Le regard est attiré vers le milieu du lac par un gracieux pavillon, joyau de l'architecture thaïe, avec ses toits étagés et sa flèche élancée. Il abrite une statue grandeur nature de Rama V. Construit en 1876, le pavillon est la réplique du Phra Thinang Aphon Phimok Prasat, au Grand Palais de Bangkok.
Sur la droite, l'eau vient lécher les marches d'une vaste terrasse, sur laquelle se dresse un bâtiment de style russe de forme circulaire, utilisé comme salle de réception. À proximité se trouve une aire de nourrissage des éléphants. Un pont à l'accès couvert pour les femmes de la maison royale marque la limite qui sépare cours intérieure et extérieure.

Phra Thinang Warophat Phiman – Ce palais, décoré de pilastres et d'un porche à fronton de style Renaissance italienne, sert à des réceptions d'État. La salle des Audiences, qui contient un trône sous son dais, est ornée d'un portrait de Rama V dans toute sa majesté et de scènes inspirées de l'histoire et de la littérature thaïes. On rencontrera plus loin des exemples d'architecture coloniale française et d'architecture espagnole, ainsi qu'un pont miniature importé d'Italie, bordé de statues et de réverbères coiffés d'aigles.

Ho Withunthasana – Retourner dans le parc pour découvrir l'Observatoire royal, belle tour de style portugais mise en valeur par des bandes de couleur ocre, et où le roi Mongkut, astronome passionné, procédait à ses observations de la voûte céleste.

Phra Thinang Uthayan Phumisathian – Le feu a détruit le bâtiment d'origine, sorte de chalet suisse en teck. Le château d'eau seul demeure. À proximité se dresse un pavillon blanc.

★★ **Phra Thinang Wehat Chamrun** – Offert par de riches marchands, ce magnifique pavillon chinois est un bel exemple d'architecture orientale classique. Les plafonds sculptés, qui décrivent l'histoire des Trois Royaumes chinois, les mosaïques peintes à la main et les sculptures d'animaux symboliques ont été réalisés par des artistes chinois. Un trône figure en bonne place dans l'entrée, où l'on admire une remarquable sculpture d'animal mythique à tête de vache, corps de serpent, serres de rapace, ramure de cerf, queue de poisson, ainsi qu'une frise illustrant un cycle de poèmes épiques d'inspiration chinoise et, sertie dans le sol, une figure yin/yang en forme de poisson. On remarquera aussi le mobilier sculpté raffiné, l'ascenseur qu'on actionne manuellement, et le robinet à tête de dragon dans la salle de bains.

Le Parc – Parmi les monuments dispersés sur cet agréable domaine se trouve un grand obélisque de marbre à médaillons, à la mémoire de la première épouse du roi Rama V et de ses filles, qui se sont noyées en 1881 quand leur bateau a chaviré sur la rivière. L'assistance ne put leur venir en aide, car toucher un membre de la famille royale était un crime puni par la loi. La loi fut abrogée à la suite de ce tragique événement. Un deuxième monument (1887) est dédié à une autre épouse royale et à ses trois jeunes enfants.
Un peu plus loin s'ouvre la porte par laquelle passait la barge royale.

Artisanat

Il faut visiter le Centre royal des arts populaires *(Tambon Chang Yai, Amphoe Bang Saï. À 18 km à l'Ouest par la A 347 et une route locale)*. On assiste à l'apprentissage par les villageois de métiers traditionnels : *vannerie, arrangements floraux, tissage, sculpture sur bois, fabrication de mobilier*. Dans un bâtiment moderne à l'architecture thaïe, tout un éventail d'objets d'artisanat de belle qualité est proposé à la vente.
Démonstrations et spectacles se déroulent dans des bâtiments de différents styles architecturaux, au milieu de jardins paysagers. Le Royal Lodge, où vient séjourner la reine actuelle, mécène du projet, est bâti au moyen de matériaux locaux. On découvrira avec plaisir l'aquarium d'eau douce Wang Pla et le parc ornithologique.

Palais d'été, Bang Pa-In

AUTRES SITES

Wat Chumphon Nikayaram – *Thanon Phra Chom Khao, au Nord-Est du palais, près de la gare.* La fondation de ce temple remonte au règne de Prasat Thong (17ᵉ s.). Les souverains suivants l'ont restauré. L'emblème en stuc de Rama IV orne le fronton. L'intérieur est égayé de peintures murales et de piliers décorés. Sur le domaine se dressent aussi les silhouettes harmonieuses de deux *chedi*★ redentés de la même époque, beaux exemples d'architecture d'Ayuthaya.

Wat Niwet Tham Prawat ⊙ – *À l'Ouest du palais.* Au 19ᵉ s., Rama V (Chulalongkorn) a fait construire ce temple sur une île ombragée, en suivant un plan néogothique. On y voit notamment le portrait du souverain sur un vitrail, et une grande statue du Bouddha due au prince Pradi Werahan.

BURIRAM

Buriram – 199 618 habitants

Atlas Michelin p. 14 ou carte n° 965 F 8 – Schéma : NAKHON RATCHASIMA

Au bord du plateau de Khorat, la capitale de la province de Buriram, à l'origine territoire important de l'empire khmer, est un bon point de départ pour visiter les sites khmers, notamment les impressionnants **Prasat Hin Phanom Rung**★★★ et **Prasat Müang Tham**★★. Le **Khao Kradung**, ancien cône volcanique (alt. 265 m), domine cette région rurale, où sont dispersés de nombreux vestiges d'intérêt moindre, *Prang* Ku Suan Taeng, Prasat Hin Kuti Russi, *Prang* Kuti Russi, Kuti Russi, Prasat Nong Hong. Un parc forestier a été créé au pied de la colline *(6-7 km vers le Sud par la route 219. Accès au sommet de la colline en voiture, ou par un escalier long de 265 m).*

EXCURSIONS

★★★ **Prasat Hin Phanom Rung** – *Voir à Prasat Hin Phanom Rung.*

★★ **Prasat Müang Tham** – *Ban Khok Müang, Tambon Chora Khe, Amphie Prakhon Chaï. À 8 km de Phanom Rung.* Sans doute édifié aux 11ᵉ-12ᵉ s. pour servir de résidence au gouverneur khmer, le « temple de la ville basse » en ruine, dédié à

PICTOR

Shiva, offre un tableau évocateur. Pilastres, linteaux et frontons, richement décorés dans des styles des Khleang et du Baphuon avec leurs animaux mythiques *(naga* et *kala)*, guirlandes et motifs floraux, illustrent la maîtrise des artisans khmers.

Sous son couronnement à forte moulure, le mur extérieur est percé de quatre *gopura* encadrées de fenêtres élégantes décorées de balustres. L'entrée principale à trois portes donne vers l'Est. Elle ouvre sur une enceinte où quatre bassins à gradins en L, bordés de murets à statues en pierre de **naga**★★ à cinq têtes, dont les queues soulignent des encadrements de portes en pierre, symbolisent les quatre océans qui entourent le mont sacré Meru.

Un cloître à quatre entrées entoure le sanctuaire. À l'Est, un *singha* debout et un ascète assis décorent l'encadrement de la porte du *gopura*. Le fronton extérieur représente une divinité assise sur une face de *kala*, avec un *naga* à cinq têtes dans sa partie haute ; le fronton intérieur figure un *singha*, un singe et un éléphant parmi des motifs floraux, et le linteau montre Krishna maîtrisant le serpent Kaliya.

Quatre des cinq *prasat* d'origine subsistent dans le sanctuaire. Le grand *prasat* du milieu de la première rangée s'est effondré. À proximité, un beau linteau de grès représente une divinité assise sur une face de *kala* et, au-dessus, sept ascètes assis en rang. Sur le **linteau**★★ du *prasat* Nord, Shiva et Uma montent le taureau Nandin. Au-dessus, dix ascètes sont assis sur le dos d'un *naga*. La **colonnette**★ de l'encadrement de porte est finement sculptée de motifs en diamant. Le *prasat* Sud est orné d'une divinité assise sur une face de *kala* crachant des guirlandes, surmontée d'une rangée de neuf ascètes assis.

À l'arrière, le linteau du *prasat* Nord décrit Krishna soulevant le mont Govardhana, alors que celui du *prasat* Sud montre Aruna assis sur un trône soutenu par trois oies sauvages, perchées sur un *kala* crachant des guirlandes.

À 200 m vers le Nord, un grand bassin rectangulaire alimente un réseau de canaux relié au système d'irrigation de la plaine.

Carrières de pierre de Ban Kruat – *À 141 km vers le Sud par la route 219. Au croisement d'Amphoe Prakhon Chaï, suivre la route 2075 en direction de Tambon Ban Kruat.* Ce site fascinant est parsemé de blocs de grès sur 1 km², qui attestent de l'activité intense qui y régnait certainement à l'époque où les Khmers bâtissaient leurs temples. Les visiteurs découvriront toutes les étapes du travail de la carrière, des simples marques d'incision aux grandes coupes verticales.

Fêtes

Autour du **réservoir de Huaï Choa Khe Mak** *(10-13 km vers le Sud-Ouest par la route 218)*, un espace de verdure ombragé accueille la fête des Cerfs-Volants géants, tous les ans à la fin de la moisson, fin novembre ou début décembre : compétition de cerfs-volants géants aux formes fantastiques et couleurs bigarrées, défilé de chars figurant les signes du zodiaque, concours de beauté.

Le premier week-end de novembre, une fête a lieu autour de courses de bateaux sur la rivière Mun (Amphoe Satuk, 42 km au Nord par la 219), avec des parades et manifestations culturelles.

Prasat Müang Tham

Réservoir de Lam Nang Rong – *Ban Non Din Daeng. Comme ci-dessus pour Ban Kruat, puis suivre la route 2075 jusqu'à Amphoe Lahan Saï, prendre à gauche et emprunter la route 3068. Passer le croisement d'Amphoe Pa Kham, poursuivre vers Ban Non Din Daeng, prendre à gauche 500 m avant le monument.* L'environnement paisible du lac de barrage est remarquable pour ses roches volcaniques multicolores (Hin-Loï) et offre un lieu de détente idéal. À proximité se trouve un barrage plus petit, et le Prasat Nong Hong avec ses trois *prasat*.

CHAÏ NAT

Chaï Nat – 74 489 habitants
Atlas Michelin p. 11 ou carte n° 965 F 5

Sur la rive Est de la Chao Phraya, la tranquille cité agricole possède un passé prestigieux : c'est de cette base d'appui que les attaques birmanes ont été repoussées, d'où le nom de Chaï Nat signifiant « lieu de victoire ». Sa situation l'a également placée au centre du conflit de territoires opposant Ayuthaya la conquérante et le royaume de Sukhothaï.
Le paysage qui entoure Chaï Nat est typique de la plaine centrale : des rizières verdoyantes, quadrillées par un réseau de canaux alimentés par le barrage de la Chao Phraya. Aux beaux jours des transports fluviaux, la ville était un important centre de commerce, mais la construction des routes a amorcé son déclin.

Fête des oiseaux de paille

En février a lieu la **Fête des oiseaux de paille**, dont le clou est un défilé d'immenses oiseaux de paille perchés sur des chars savamment décorés (parc des Oiseaux de Chaï Nat). La fête célèbre la tradition rizicole de Chaï Nat, et donne lieu à la vente de produits et d'artisanat régionaux.

À VISITER

Wat Phra Boromathat – *Mu 2, Tambon Chaï Nat, à 7 km par la route 3183.* Ce temple ancien date des 14e-15e s., fin de la période de Sukhothaï et débuts de l'ère d'Ayuthaya. Son bâtiment principal est le *chedi*, dressé sur une base carrée redentée, ponctué de quatre niches à double pignon abritant des bouddhas assis, et d'une rangée supérieure de petites niches surmontées de fleurons. À la base de la spire, un anneau de pétales de lotus. La construction montre des éléments du style de Srivijaya. Le *wihan* renferme un bouddha en stuc découvert sur le site, et placé sur un socle devant le bouddha principal.

Musée national de Chaï Nat Muni ⏱ – *Wat Phra Boromathat.*
Le musée expose des objets artisanaux de la région de Chaï Nat, des objets d'art religieux, tablettes votives, statues du Bouddha de différents styles, et des poteries chinoises et thaïes.

Parc ornithologique de Chaï Nat – *Tambon Khoa Tha Phra.* La promenade dans les vastes volières installées au milieu de jardins paysagers fleuris permet d'admirer les oiseaux aux couleurs chatoyantes qui vivent dans la réserve.

EXCURSIONS

Sankhaburi – *À 25 km au Sud par les routes 311 et 3010.* La rivière Noï coupe en deux cette paisible bourgade, dont les vestiges archéologiques témoignent de son importance stratégique passée dans le conflit qui a opposé les royaumes de Sukhothaï et d'Ayuthaya, et de son histoire artistique et culturelle, où se mêlent influences de Dvaravati, d'U-Thong, de Sukhothaï et d'Ayuthaya. Les murailles et les douves de l'ancienne ville fortifiée demeurent.

Wat Mahathat – Le site du temple (14e s., période d'Ayuthaya) est parsemé de *chedi* et *prang* en ruine, dont un en forme de bulbe cannelé, d'un *wihan* effondré et d'un *ubosot*. On y trouve aussi des fragments de statues, dont un bouddha assis près d'un arbre de la Bodhi.

Wat Phra Kaeo – *Sud de la ville.* Ce temple est connu pour son harmonieux *chedi*★★ qui se dresse sur un socle carré massif. Le corps carré de l'édifice est ponctué de pilastres, de panneaux en stuc et de niches, surmontés d'une partie supérieure à pans coupés également percée de niches, puis de moulures, d'un dôme élégant en forme de cloche, et d'une spire annelée. Le *wihan* renferme un beau bouddha assis dans le style d'U-Thong.

Wat Phra Boromathat

CHAIYA★

Surat Thani – 42 905 habitants
Atlas Michelin p. 20 ou carte n° 965 L 4

L'actuelle ville moderne ne rend pas justice à son passé glorieux. Bien que son nom ancien soit dérivé de Siwichaiya, déformation thaïe du javanais Srivijaya, la thèse soutenant qu'elle fut probablement une capitale régionale de l'empire du même nom entre le 8e et le 10e s. est fortement controversée. Son importance historique a été attestée par des découvertes archéologique de valeur, comme les statues en bronze et en grès du **Bodhisattva Avalokiteshvara** *(Musée national de Bangkok) (voir Surat Thani).*

★★**Wat Phra Boromathat** – *Au Nord de Surat Thani par la route 41 ; entre les km 66 et 67, prendre à droite la route 4191 et poursuivre sur 2 km.*

Le temple, qui date de la période de Srivijaya (8e-13e s.), fut abandonné à la chute de l'empire, jusqu'en 1896, quand de grands travaux de restauration furent entrepris. Les travaux furent poursuivis en 1901 sous le règne de Rama V.

Une porte mène au cloître, dont la galerie abrite une rangée de statues du Bouddha. Une douve peu profonde entoure le **Chedi**★★ **Phra Mahathat**, haut de 24 m, fleuron de l'architecture de Srivijaya. Quatre porches aveugles et pignons en forme de fer à cheval agrémentent cet édifice carré aux coins redentés. Les niveaux supérieurs sont surmontés de 24 petits *chedi*, et l'ensemble est terminé par une élégante flèche dorée. Des *chedi* annelés se dressent sur trois angles.

À l'Ouest du *chedi*, l'**ubosot** restauré se dresse sur son socle d'origine, orienté de manière inhabituelle vers l'Ouest. Devant, les *bai sema* sont également d'origine. L'intérieur abrite un Bouddha en grès rouge de la période d'Ayuthaya. À l'Est du *chedi* se trouve le **Wihan Luang**, qui renferme plusieurs statues.

À voir aussi, près de l'entrée, le **Chedi Na Phra That**, dans le style de Ratanakosin, datant du règne de Rama V. Trois statues restaurées de l'école de Chaiya, datant de la période d'Ayuthaya, se dressent à l'emplacement supposé d'un ancien *wihan*.

133

Musée national de Chaiya ⊘ – *Domaine du Wat Phra Boromathat, Chaiya.*
Le musée fut fondé par un ancien abbé, collectionneur d'objets archéologiques trouvés à Chaiya et aux alentours, et qui les avait exposés en 1931 dans l'*ubosot* et la galerie du temple.
À l'Est du temple, le premier bâtiment présente des statues de pierre et de bronze découvertes à Chaiya. Le deuxième expose objets d'art et pièces archéologiques, des temps préhistoriques à la période de Bangkok, parmi lesquels un tambour de pluie en bronze orné de grenouilles superbement décoré en provenance de l'île de Ko Samui, une reproduction de la célèbre statue en bronze du **Bodhisattva Avalokiteshvara**, des tablettes votives en argile, des objets d'artisanat du Sud, d'art populaire, et des accessoires rituels.

Wat Long – *Poursuivre sur la route 4191. Tourner à droite avant le Wat Padung Wiengchai et prendre Thanon Santimit.*
Les ruines sont sur la gauche, en face de l'école de Chiwittaya. La terrasse carrée est tout ce qui reste d'un prasat en ruine dans le style de Srivijaya, fait de briques curieusement jointoyées avec de la sève, qui renfermait une statue vénérée.

Wat Kaeo – *Après le Wat Long, poursuivre sur 500 m au-delà d'un pont, prendre à gauche en direction du Wat Ratanaram et rouler sur une courte distance.*
Ces importants vestiges de l'époque de Srivijaya comportent un bâtiment en briques à cinq chambres, disposé suivant un plan cruciforme sur une terrasse carrée, accessible par deux escaliers à l'Est et à l'Ouest. Les murs extérieurs sont ponctués de pilastres. Le porche côté Sud arbore encore le fronton ornemental en forme de fer à cheval qui devait probablement agrémenter toutes les faces du monument.

EXCURSIONS

Ban Phum Riang – *À 6 km vers l'Est par la 4011.*
Avec ses maisons sur pilotis sur le Khlong Lung, ce pittoresque village de pêcheurs est réputé pour ses soieries et ses objets en osier.
Poursuivre sur **Laem Pho** *(2 km plus loin par la 4011)*, promontoire naturel de sable, qui offre une **belle vue**★★ de la baie, avec son village de pêcheurs blotti dans la mangrove. Les excellents restaurants de poissons et fruits de mer sont un attrait supplémentaire.

Wat Suan Mok Kha Phalaram – *Au Nord par la route 41. Prendre à gauche entre les km 70 et 71.*
Le temple, centre de méditation réputé, a été fondé dans un magnifique cadre forestier par le moine vénéré **Achan Buddhadasa** (1906-93). L'enseignement, peu orthodoxe, qui reprend des éléments zen, taoïstes et chrétiens, attire de nombreux étrangers à la recherche de lumière spirituelle. Des cellules de méditation parsemées à flanc de colline procurent paix et solitude. Plusieurs pavillons sont consacrés à l'enseignement. Le mur extérieur et l'intérieur du Théâtre Spirituel sont décorés de peintures bouddhistes modernes et de poèmes illustrant des principes moraux.

La route 41 traverse vers le Nord un paysage de vergers fertiles. Il y a de charmants villages, Tha Chana, Lang Suan, à proximité de la voie principale.

CHAIYAPHUM

Chaiyaphum – 198 643 habitants
Atlas Michelin p. 12 ou carte n° 965 F7

Cette petite ville provinciale était autrefois un comptoir commercial entre Ayuthaya et le Laos. Elle ne présente guère d'intérêt, sauf comme base d'excursions pour découvrir les merveilles naturelles de la région. Autrefois, les rois khmers et leur suite y faisaient étape sur la longue route entre Angkor et Si Thep ou d'autres villes du Nord.
Vers le Nord, les collines verdoyantes à l'horizon (Phu Phra, *voir ci-dessous*, Phu Phaek et Pha Koeng) procurent une atmosphère sereine aux ermites et aux temples de méditation.

Un loyal sujet

Phraya Lae et ses fidèles, fuyant les rivalités de la cour de Vientiane (Laos), partirent sur la rive droite du Mékong. En 1819 il fonda une ville dans la région de Chaiyaphum, et se mit sous la protection de Rama II à Bangkok. En 1826, lorsque le roi de Vientiane Anuwong monta une expédition pour attaquer Bangkok, il refusa de se joindre à lui et alerta le gouvernement de Khorat. L'invasion fut repoussée, et le roi Rama II lui conféra le haut titre de Phraya Phakdi Chumphon, connu aussi sous le nom de Chao Pho Phraya. Plus tard, il fut capturé et exécuté par les troupes laotiennes. Vénéré comme protecteur de Chaiyaphum, on voit sa statue en costume officiel traditionnel, un document dans la main droite, devant l'hôtel de la province *(Thanon Banakran)*. Son mausolée se trouve dans les faubourgs près des marais de Nong Pla Thao *(à 3 km vers l'Ouest par la route 225)*. À côté, un tamarinier marque l'endroit où il aurait été tué par l'armée d'invasion laotienne en 1826.

EXCURSIONS

Prang Ku – *À 2 km à l'Est de l'hôtel de la Province*. De hauts arbres protègent ce temple khmer en latérite construit par Jayavarman VII (1181-1218) pour servir d'hôpital sur la route reliant Angkor, Phimai et Si Thep. Le pavillon d'entrée *(gopura)* n'a plus de toit. Côté Nord, un linteau de grès décrit une scène de la mythologie hindoue, le barattage de la mer de lait. Le sanctuaire, orienté vers l'Est, possède trois portes aveugles et renferme une statue du Bouddha. Devant la porte Ouest se tient un bouddha debout de la période d'Ayuthaya, sur son socle décoré de lotus. Le bouddha assis près de la porte Nord est quant à lui dans le style de Dvaravati. Des fragments de linteaux sont dispersés à proximité. Des travaux de restauration sont en cours. Des bains rituels ont lieu là chaque année, le jour de la pleine lune d'avril.

Parc national de Tat Ton – *À 21 km au Nord par la route 2051*. Ce petit parc forestier (220 km²), avec sa faune abondante et ses magnifiques paysages, grottes et cascades, est fréquenté pour des activités de loisirs. Un sentier près de l'entrée mène jusqu'à **Nam Tok Tat Ton**★, qui cascade avec majesté du haut d'une large plate-forme rocheuse, surtout pendant la saison des pluies.

Phu Phra – *Tambon Na Sieo, à 12 km vers le Nord par la route 201. Ou bien par la 2051 : tourner à droite après 7 km pour prendre une piste, puis à droite encore un chemin de terre. Se garer près de l'école*. Des ermites habitent ce site à flanc de colline, où se trouve un sanctuaire rupestre entouré de grands arbres, qu'on a malheureusement doté d'un toit. Des dalles de pierre protègent un bouddha assis, Phra Chao Ong Toe, dans l'attitude de vainqueur de Mara, prenant la Terre à témoin, et sept statues du Bouddha plus petites dans la même position, toutes sculptées dans le rocher. Les sculptures datent probablement de la dernière période de U-Thong, 13ᵉ s.

Wat Khon Sawan – *À 35 km vers l'Est par les routes 202 et 2054*. Dans l'enceinte, un petit musée présente une grande **statue du Bouddha** debout dans le style de Dvaravati et une collection d'anciennes bornes sacrées, *baï sema*, décrivant des épisodes des *Jataka*. À proximité se trouve un *sim*, *ubosot* en bois typique de l'art du Laos, entouré d'une galerie ouverte, avec sur son fronton un motif rayonnant.
Ban Khon Sawan était une ville de l'époque de Dvaravati, enceinte d'une douve ovale et entourée de marécages.

Phra That Nong Sam Mün – *À 104 km vers le Nord. Suivre la route 201 sur 90 km jusqu'à Ban Nong Song Hong, prendre la 2055 à gauche pour 9 km jusqu'à Ban Kaeng, puis tourner à gauche pour 5 km jusqu'au temple*. Ce site était le centre d'une ville ancienne, comme l'attestent les remparts de terre et les douves encore visibles. Datant probablement du début de la période d'Ayuthaya, le **Phra That**, structure de briques haute de 24 m, s'élève sur sa base carrée en s'affinant jusqu'à sa couronne en bouton de lotus. Des bouddhas debout ornent les niches de la section médiane, encadrées de pilastres.
Non loin de là, le *sala* aux mille chambres est un édifice inhabituel. Sous les arbres s'éparpillent des *baï sema* anciens. Toutes proches, des figures grimaçantes en plâtre illustrent la vision populaire de l'enfer bouddhiste, avertissement aux pécheurs. Sur un tertre en hauteur, un grand bouddha couché contemple la plaine fertile en contrebas.

★ **Parc forestier de Pa Hin Ngam** – *Tambon Ban Rai, à 29 km d'Amphoe Thep Sathit. À Chaiyaphum, prendre la route 201 vers le Sud sur 112 km jusqu'à Ban Nong Bua, puis à droite la 205 sur 65 km, et encore à droite, entre les km 293 et 294, la 2354 pour Ban Na Yang Kalak Sap Yai. Centre d'information*. Ce vaste territoire (320 km²) est émaillé de rochers sculptés en silhouettes fantastiques par les eaux de pluie et de ruissellement (rocher du Dragon, rocher du Château). En juillet, à la saison des pluies, une masse de fleurs sauvages violettes *(Dok Ka Jeaw)* compose un spectacle coloré. Des falaises *(2,6 km du bureau du parc)* on a un spectaculaire **panorama**★★★ sur la chaîne des Khao Phang Hoei, à l'extrême Ouest du plateau de Khorat, de la vallée où court la petite rivière Lam Sonti, et de la chaîne de montagnes qui descend doucement à l'horizon vers la plaine centrale. Il y a aussi plusieurs cascades à voir dans le parc.

Wat Mai Ban Kut Ngong – *Direction Sud par la route 201, prendre à gauche au km 116 et poursuivre sur 13 km sur une route de latérite. Prendre à gauche dans un virage après 9 km et poursuivre sur 5 km jusqu'au temple (école)*. Belle collection de *baï sema* de la période de Dvaravati, en particulier celui décrivant le Bodhisattva debout sur une fleur de lotus, et des épisodes des *Jakata* ou des débuts du bouddhisme. Le site, avec ses basses terres fertiles en rizières et ses vestiges de plans d'eau, est caractéristique d'une ancienne implantation de la période de Dvaravati.

Le **tissage de la soie** est une activité fructueuse poursuivie dans les villages voisins (Ban Khawao, *à 13 km vers l'Ouest par la 225*) ; les boutiques locales proposent ces soieries. La région est aussi connue pour ses oiseaux : de novembre à avril, des milliers de migrateurs viennent nicher à Nong Waeng *(à 35 km vers l'Est par la route 202)* et Nong Laharn *(40 km au Sud par la 201)*.

CHANTHABURI★

Chantaburi – 124 942 habitants
Atlas Michelin p. 18 ou carte n° 965 I 7 – Schéma : PATTAYA

Cette ville animée sur la rive occidentale de la rivière Chanthaburi s'étend dans une plaine verdoyante encadrée de montagnes, qui culminent à 1 670 m avec le Khao Soi Dao au Nord-Ouest. Le long du littoral découpé alternent caps et plages agréables. Chanthaburi est aussi réputée pour ses riches mines de rubis, saphirs et autres pierres précieuses, mais à cause de conditions économiques défavorables, les mines ne sont plus en activité. On peut en visiter près de Ban Kacha, à 4 km vers l'Ouest. La plupart des pierres négociées en ville proviennent d'autres sources (Cambodge, Myanmar).

Une tradition chrétienne – Depuis des siècles, Chanthaburi a été terre d'asile pour les réfugiés vietnamiens fuyant les persécutions religieuses ou politiques. L'imposante **cathédrale Notre-Dame**, sur la rive orientale, et de nombreuses écoles chrétiennes, témoignent de la survivance de leur foi.

Une terre d'abondance

Les vergers produisent en quantité des fruits délicieux, ramboutans, mangoustans, durians, pomelos, jaques, mangues, ananas, qu'on achète au bord des routes ou sur les marchés, et qui sont fêtés en mai ou juin par une merveilleuse **Fête des fruits**. Le cœur du **commerce des pierres précieuses** est Thanon Si Chan. Des affaires lucratives sont conclues dans ses boutiques de joailliers où, souvent, de petits vendeurs louent un étal. Il est recommandé aux visiteurs de se montrer prudents et de ne traiter qu'avec les joailliers ayant pignon sur rue.

CURIOSITÉS

Centre-ville – Tout près d'un parc agréable rafraîchi par un lac, avec une grande statue équestre du roi Taksin, se trouvent de nombreux restaurants et cuisines de rue. Très active, Thanon Si Chuan mérite une visite, avec ses boutiques de joailliers et ses échoppes d'artisans. Dans les rues latérales (Thanon Sukha Phiban) on voit de beaux exemples d'architecture coloniale, resplendissants de stucs et bois sculptés. Du haut des deux ponts, les visiteurs peuvent jeter un coup d'œil sur les façades et sur l'animation de la rivière.

Abritée par un curieux édifice en forme de coiffe de cavalier, une statue équestre *(Tha Luang Road, près de l'ancien bureau du gouverneur)* honore le **roi Taksin** pour avoir réprimé une tentative de sécession du gouverneur à l'encontre de son nouveau royaume, établi à Thonburi au 18e s. après le sac d'Ayuthaya par les Birmans. Tout près se trouve le **Lak Müang**, pilier de fondation de la ville.

Khai Noen Wong – *À 3 km au Sud par la route 3, puis prendre la 3146 vers l'Ouest sur une courte distance.* Les murs d'un fort construit par Rama III rappellent la menace d'invasion de troupes vietnamiennes vécue par le pays au milieu du 19e s. Des canons français et anglais témoignent de l'intérêt montré à la région par les puissances européennes. Sur le domaine se dresse le **Wat Yothanimit**, ceint d'un mur de style chinois, avec son *chedi* en forme de cloche, et le **musée d'Archéologie sous-marine**. On explique les techniques d'exploration et de conservation. L'exposition présente des objets trouvés au fond du golfe de Thaïlande : terres cuites et céramiques de Sangkalok.

Poursuivre sur 10 km le long de la route 3146 jusqu'à **Ban Tha Chalaep**, pittoresque village de pêcheurs avec ses maisons sur pilotis à l'embouchure de la rivière Chanthaburi.

EXCURSIONS

Laem Sing – *À 25 km au Sud par la route 3. Au km 347, prendre à droite et rouler sur 15 km.* L'intense animation du quai des pêcheurs de Ban Pak Nam offre un spectacle coloré. À proximité se trouve **Tük Daeng**, un bâtiment rouge qui était le quartier général du fort de Phitak Patchamit, et où vivaient des officiers français. Il sert aujourd'hui de bibliothèque. Un kilomètre plus loin, en prenant à gauche en face de la plage, on peut voir le **Khuk Khi Kai**, structure de briques rectangulaire percée de meurtrières, qui a servi de poulailler et aussi de prison pour les habitants à l'époque où les Français occupaient la ville (1893-1904). L'**Oasis Sea World** ⓒ est un centre de reproduction et de protection des dauphins à bosse et dauphins d'eau douce de l'Irrawady.

Parc national de Khao Khitchakut – *À 30 km à l'Ouest par la route 3. Au km 324, prendre la 3249 à droite.* Le parc est voisin de la réserve naturelle de Khao Soi Dao. Outre les magnifiques paysages de forêts et la richesse de la flore et de la faune, on découvre de curieuses formations rocheuses, des **empreintes de pieds du Bouddha** au sommet du Khao Phra Bat *(3 h de marche)*, des grottes, dont **Tham Russi** et son puits aux eaux médicinales *(2 h de marche)*, et l'impressionnante cascade à 13 marches **Nam Tok Krathing** *(à 300 m du bureau du parc)*.

Parc national de Nam Tok Phliu ⓒ – *À 15 km au Sud. Suivre la route 3 sur 13 km puis prendre à gauche sur 2 km.* Au pied du Khao Ba Sap, ce populaire espace de loisirs est rafraîchi par plusieurs cascades, dont la remarquable **Nam Tok Phliu**, qui dévale une muraille de pierre et plonge dans une piscine naturelle. Autre centre d'intérêt, la pyramide qui renferme les cendres de la reine Sunantha, qui s'est noyée en se rendant à Bang Pa-In *(voir ce nom)*. À partir du *chedi* construit par Rama V on a une **vue** superbe sur la cascade. Prendre l'escalier sur la droite et rejoindre l'étage supérieur pour admirer la vue.

CHIANG KHAN

Loei – 61 936 habitants

Atlas Michelin p. 8 ou carte n° 965 D 6

Cette ville modeste qui s'étire en bord de fleuve, encadrée de montagnes, conserve quelques magasins en bois *(Thanon Chaï Khong)* et des temples (Wat Pha Khlang, Wat Mahathat) avec d'intéressants éléments d'inspiration franco-laotienne (*wihan* à colonnades et volets peints) ou peintures murales (Wat Si Khun Müang). Dans un cadre charmant, les restaurants au bord de l'eau proposent l'excellente cuisine de l'Isan.

EXCURSIONS

★★ **Route touristique de Nong Khaï** – *300 km vers l'Est par la 211 – 3 h.*
De Chiang Khan, la route court le long du Mékong à travers de splendides paysages verdoyants, en traversant Pak Chom, village de tribus montagnardes, Sang Khom, Si Chiangmaï, à la population lao et vietnamienne, et Tha Bo, marché rural animé (bananes, herbes et tomates) avec son barrage (Huay Mong) et ses jardins publics.

Wat Tha Kaek – *2 km.* Ce vieux temple est célèbre pour sa statue en marbre du Bouddha, objet de grande vénération, et pour des peintures murales de style de l'Isan décorant l'*ubosot* ou *sim*.

Kaeng Khut Khu – *3 km.* Les rapides au milieu du fleuve sont spectaculaires. Les eaux roulent et tourbillonnent autour des rochers *(à voir surtout de février à mai)*. On a une belle **vue** à partir des *sala*. En amont se trouvent d'autres rapides, Kaeng Tha Khek.

Nam Tok Than Thip – *Prendre à droite entre les km 97 et 98 (bornes kilométriques), et emprunter sur 2 km la piste en latérite. Accès facile du parking.* Belle cascade à trois niveaux dans un agréable cadre ombragé.

Prendre à gauche entre les bornes km 73 et 74.

De ce point de vue, le panorama sur le Mékong est superbe. Entre les km 71 et 72, sur la gauche, se trouve une autre belle cascade, Nam Tok Than Thong *(Ban Pha Tang, Amphoe Sang Khom)*.

Wat Hin Mak Peng – *Tambon Phuttha Bat, Amphoe Si Chiangmai. Prendre à gauche au km 64.* Dans un cadre forestier paisible au bord du Mékong se niche un temple de méditation avec de beaux bâtiments de construction récente, et un *mondop* de style lao à triple toit couronné d'une flèche dorée. De la terrasse, la vue sur le fleuve transporte l'imagination. Près de la salle d'assemblée, on peut voir d'anciens *baï sema (voir Glossaire)* en grès dans le style de Dvaravati. Le centre de méditation est dominé par un *chedi* récent du style de l'Isan. Les moines habitent des cellules placées en hauteur sur une falaise qui surplombe le fleuve *(accès interdit)*. Sur la rive opposée, au Laos, se dresse un temple forestier.

Phra Chao Ong Toe – *Wat Nam Mong, Amphoe Tha Bo. Prendre à droite au km 31 et poursuivre sur 2 km sur un chemin de terre.* Des *baï sema* anciens entourent l'*ubosot* qui renferme un **bouddha assis** de cuivre, d'argent et d'or de style lao et du Lan Na à l'expression sereine. Il daterait de 1562 (année bouddhique 2105), sous le règne du roi Chaïchettha de Lan Xang (Laos). Les habitants des deux rives du Mékong le vénèrent. Son élaboration, pour laquelle on avait invoqué l'assistance de tous les dieux, aurait duré sept ans et sept mois. Deux rangées de cinq colonnes recouvertes de mosaïques vernissées bleues soutiennent le plafond ouvragé rehaussé de rouge et d'or.

Müang Wiang Khuk – *À 8 km avant le croisement, prendre à gauche en direction de Ban Wieng Khuk.* Comme sa cité jumelle du Laos, Müang Say Fong, cette ville du 12e s. a atteint son apogée au 16e s. Peu de vestiges subsistent, *thats* ou reliquaires (Wat Thep Phon Pradit Tharam, Wat Sao Suwannaram, Wat Si Mongkhon Thammawat), immenses piliers octogonaux, tête colossale (Wat Yot Kaeo).

Wat Phra That Bang Phuan – *Tambon Don Mu. Prendre à gauche au km 10.* Selon la légende, un *chedi* a été construit là pour accueillir des reliques du Bouddha à la même période où fut construit le **Phra That Phanom**★ *(voir Nakhon Phanom)*. On a restauré le *chedi* blanc à plusieurs niveaux, aux niches abritant des statues dorées, probablement construit en 1562 par le roi Chaïchettha. Il abritait des statues du Bouddha du 16e s. et d'autres reliques. À proximité, dans le domaine paisible et ombragé, on peut voir les vestiges de plusieurs *chedi* de style laotien du 16e s., dont certains avec des statues ; un bouddha monumental ; un bouddha assis sous la protection d'un *naga* à neuf têtes en céramique ; la base ronde en briques d'un édifice depuis longtemps disparu.

Dans sa longue course (4 200 km) depuis le Tibet jusqu'à la mer de Chine méridionale, le Mékong (Mae Nam Kong) traverse ou longe six pays : Chine, Laos, Myanmar (Birmanie), Thaïlande, Cambodge et Vietnam.

Chiang Maï – 225 044 habitants
Atlas Michelin p. 3 ou carte n° 965 C 3

Chiang Maï, la Rose du Nord, bénéficie d'une situation privilégiée dans une vallée fertile au bord de la rivière Ping, dominée par le Doi Pui. La vieille ville pittoresque encerclée de douves et les attraits naturels des environs font de Chiang Maï une destination séduisante et une base idéale pour visiter la région du Nord. Son climat est frais et sec. Bien desservie par l'avion, la route et le chemin de fer, elle dispose d'excellents équipements touristiques. Sa prospérité économique a conduit à un boom de la construction et à la saturation de la circulation, mais elle garde un certain charme provincial. Ses temples magnifiques et ses bâtiments en bois sont le souvenir d'un passé glorieux comme capitale d'un royaume indépendant. C'est également une ville universitaire à l'ambiance vivante et dynamique.

Les habitants sont connus pour leur accueil chaleureux et leur sens inné de la fête, auquel ils donnent libre cours durant les **fêtes** hautes en couleur qu'ils célèbrent tout au long de l'année *(voir Introduction, fêtes)*.

Attraction incontournable, le **marché nocturne** très animé *(Thanon Chang Kian)* propose une variété extraordinaire de marchandises : bois ciselés, antiquités, objets en argent, cuirs, vêtements et bijoux.

Un état indépendant – Il a été démontré que l'implantation humaine dans la vallée de Chiang Maï remonte au paléolithique. Plus tard, la tribu des Lawas a occupé la région jusqu'au 13e s.

Fondée en 1292 par le roi Mengraï *(voir ci-après)*, la cité fortifiée, fière de son palais royal et de ses grands temples, devint la capitale d'un empire thaï puissant, le royaume du Lan Na, et fut remodelée par les souverains suivants. Le royaume de Chiang Maï prospéra et atteignit le faîte de sa gloire et sa puissance au 15e s. sous le règne de **Tilokaracha**. Ce dernier fit construire de nouveaux temples superbes à l'occasion du Huitième Concile Bouddhique de 1477, qui marqua le deuxième millénaire du bouddhisme et procéda à une refonte de la doctrine bouddhiste.

La guerre entre Ayuthaya et la Birmanie déstabilisa le royaume. Il tomba aux mains des Birmans en 1558 et demeura sous leur autorité pendant deux siècles. Repoussant enfin les Birmans, le roi Taksin reconquit Ayuthaya en 1776 et, sur sa lancée, revendiqua Chiang Maï, qui devint État vassal du royaume de Siam. La ville connut alors son déclin et fut abandonnée au profit de Lampang.

Vingt ans plus tard, en 1796, le roi Rama Ier établit le roi **Kavila** de Lampang comme nouveau souverain. Longtemps, Chiang Maï resta un État séparé, jusqu'au décès de son dernier prince en 1939, date à laquelle la province passa sous l'administration centrale de Bangkok.

Le roi Mengraï

Grande figure historique du Nord de la Thaïlande, Mengraï, d'abord souverain de Chiang Saen, est le fondateur de Chiang Raï *(voir Chiang Saen et Chiang Raï)*. Après sa conquête en 1281 du florissant empire môn de Hariphunchaï *(voir Lamphun)*, il déplace en 1292 sa capitale à Chiang Maï. La légende dit qu'il a choisi le site après l'apparition d'animaux rares, cerfs sambars et souris blanches, signe de bon augure. Ses deux alliés, les rois Ram Khamhaeng de Sukhothai et Ngam Müang de Phayao, auraient assisté Mengraï dans l'établissement de sa nouvelle capitale. Un **monument** aux trois souverains commémore cet événement sur Thanon Ratchawithi, devant l'ancien hôtel de ville et le tribunal de province. Mengraï régna 21 ans, fondant une dynastie qui devait dominer les territoires du Nord durant deux siècles. Au croisement de Thanon Ratchadamnoen et de Phra Pho Klao *(voir texte ci-après)*, un sanctuaire marque l'emplacement où, dit-on, il aurait été foudroyé par un éclair.

CURIOSITÉS

Centre-ville – Partant de Saphan Nawarat, premier pont construit sur la rivière Ping, Thanon Thaphae, bordée de beaux temples, mène à la porte Est, Pratu Thaphae, qui donne accès à la ville entourée de douves. Les murailles de la ville ont été démolies, mais les forts d'angle subsistants et les portes, reconstruites, donnent une idée générale de l'ensemble. De larges avenues bordées d'arbres courent parallèlement aux douves.

À l'angle Sud-Ouest au-delà de Pratu Suan Prung s'étendent un jardin public et un marché aux fleurs, en bord de route. Près de Pratu Chiang Maï se trouve un marché animé.

Les temples nombreux, de styles architecturaux variés, témoignent du rôle important joué par Chiang Maï en tant que centre religieux. Les temples sont des havres de paix et d'harmonie, mais peu de bâtiments ont échappé à des remaniements d'un goût parfois douteux.

Phra Wihan Lai Kham, Wat Phra Sing Luang

La rive Est de la rivière Ping est surtout une zone résidentielle agréable, avec beaucoup d'élégantes maisons anciennes en bois et de jardins ombragés ; là vivaient autrefois les employés étrangers des sociétés qui exploitaient des concessions forestières.

La vie nocturne de Chiang Maï est très animée, avec ses cafés, restaurants et night-clubs, surtout sur la rive Est.

Wat Saen Fang (CX) – *À l'Est de Thanon Thaphae*. L'entrée du temple est indi-quée par un *naga* ondulant le long du mur. Les bâtiments sont ornés de beaux éléments décoratifs : deux *ho trai* de style Lan Na, un *wihan* aux boiseries or et rouge finement sculptées, un *chedi* birman encadré de parasols dorés et de lions mythiques et orné de mosaïque de verre multicolore, et des bâtiments monastiques de style birman.

Wat Buppharam (CX) – *En face*. Le joyau de ce temple est un exquis **wihan**★ de style du Lan Na des environs de 1500. Des colonnes aux chapiteaux en forme de lotus soutiennent le toit, et sur l'autel trône un bouddha doré, Phra Phuttha Chaïlap Prassittichok, entouré de deux grands bouddhas. Un *chedi* de style birman se dresse sur son socle carré redenté, avec trois *chedi* à chaque angle en gradins. Sur la gauche, dans le Ho Monthientham, *wihan* principal de style du Lan Na mêlé d'influences birmanes, un bouddha de Chiang Saen entouré de divinités orne le maître-autel. Sur la droite se dresse un autre bouddha, une des plus grandes statues sculptées en teck. Les murs sont décorés de bas-reliefs expressifs décrivant la conquête du Lan Na (alors vassal des Birmans) par le roi Naresuan.

Dans le **musée d'Art** au rez-de-chaussée, les sculptures des portes et encadrements de fenêtres racontent des épisodes de la dernière vie et de la vie précédente du Bouddha.

Wat Mahawan (CX) – *Plus loin sur Thanon Thaphae*. On admirera le toit à étages, le porche artistement sculpté et doré, et les colonnes en teck du *wihan* principal. Derrière se dresse un grand *chedi* de style birman flanqué de lions mythiques.

Côté Nord de la route, au **Wat Chetawan** (CX), se trouvent trois *chedi* de style birman.

Chiang Maï pratique

Office de tourisme (TAT) – 105/1 Thanon Chiang Maï-Lamphun, Tambon Wat Ket, ou rive Est de la Mae Nam Ping près du Iron Bridge et du supermarché Rim Ping ; ☎ 053 248 604, 053 248 607, 053 241 466 – fax 053 248 605.

Police touristique – *(voir ci-dessus)* ☎ 1155 ou 053 248 130, 053 242 966.

Transports – Des lignes régulières d'avion, de train et de bus desservent Chiang Maï.
Aéroport international – ☎ 053 270 222-34. **Thai Airways International** : en ville, 240 Thanon Phra Pokklao ☎ 053 210 210 ; à l'aéroport : ☎ 053 277 782. **Bangkok Airways**, aéroport : ☎ 053 922 258
Gare routière – Pour Bangkok : Chiang Maï Arcade. Pour le Sud : Pratu Chiang Maï. Pour le Nord : Chang Phuak. Pour Chiang Rai : Chiang Maï Arcade.
Gare – 27 Thanon Charoen Muang, à l'Est de la ville, par la route 106. ☎ 053 242 094, 245 363/4, 244 795.
Comment circuler – La meilleure façon de visiter les sites est à pied. Le *samlor*, tracté par un vélo, remporte un certain succès.
À bicyclette ou en moto – Chez les loueurs locaux. À partir de 150 bahts. Vérifier soigneusement l'état du véhicule et la couverture de l'assurance.
En bus – Le bus local (le *song tao* – fourgonnette reconvertie avec des bancs sur les côtés) est pratique pour visiter les sites des environs. Mieux vaut négocier le prix à l'avance.

Achats – Marché nocturne, Thanon Chang Khlan : souvenirs, artisanat, vêtements. La route de San Kamphaeng est bordée d'usines et de magasins vendant les articles d'artisanat qui font la réputation de Chiang Maï.
Librairies – DK Books, Thanon Thapae ; Suriwongse Book Centre, Thanon Sri Dornchai.

Distractions – Dîner kantoké-spectacle : Centre culturel du vieux Chiang Maï, 183/5 Thanon Wualai (route 108 vers l'aéroport), ☎ 053 275 097, 053 274 093/540 : spectacles en plein air et de tribus montagnardes.
Hôtel Phet Ngam, près du marché nocturne, une ancienne demeure en teck en bord de rivière.
Hôtel Imperial Mae Ping, Thanon Si Don Chai, ☎ 053 270 160 : un magnifique pavillon dans le style Lan Na entouré d'un jardin.
Nakorn Lanna 1296, 84 Thanon Chang Khlan, ☎ 053 818 428/9 : un ancien cinéma assez proche du marché nocturne.
Bars et restaurants avec orchestre – En bord de rivière, Huen Suntharee.
Fêtes locales – Fête des fleurs – parades hautes en couleur, concours de beauté, foire – en février : Songkran (Nouvel An) – 13-15 avril.
École de cuisine thaïlandaise Sompet – 100/1 Chiang Inn Plaza Basement – ☎ 053 280 901, 01 671 3190 (portable) – sompet@thaimail.com, sompet67@hotmail.com – www.welcome.to/sompet : apprendre la cuisine thaïe dans une ravissante maison en bord de rivière, et profiter d'un repas détendu sur la terrasse.

Excursions – Agences de voyages (Thanon Thaphae et Pratu Thaphae) et hôtels fournissent des renseignements sur les circuits et les visites.
Randonnée, raft – Le TAT publie une liste d'organisateurs de randonnées dignes de confiance, ainsi que des recommandations pour la visite des villages de tribus. Demander aux agences leur numéro de référence attribué par le TAT.
Croisières sur la Mae Ping – De l'embarcadère du Wat Chai Mongkhon (☎ 053 274 822 pour le transfert) on peut agréablement remonter la rivière en *hang yao* « bateau à longue queue » jusqu'à une ferme entourée d'un jardin (8 h 30–17 h) ou prendre un bateau du soir avec dîner à bord (à partir de 19 h 15).
Chiang Maï Sky Adventure – 143 Moo 6, Chiang Doi, Doi Saket – ☎ 053 868 460 – flying@cmnet.co.th – www.northernthailand.com/sky. Le survol en ULM (15-20 mn) offre des vues inoubliables.

Se restaurer à Chiang Maï

Galae – 65 Thanon Suthep – ☎ *053 278 655, 053 811 041.* En bord de rivière, ce restaurant sert une cuisine thaïe et du Nord dans un très beau jardin de forêt, avec vue panoramique sur la ville.

Ban Suan Sri Chiang Maï – *51/4 Moo 1, Soi Wat Buak Krok, sur la route de San Kamphaeng (1,5 km de la jonction avec la Super Highway) –* ☎ *053 262 569.* Gastronomie du Nord dans un agréable jardin.

Le Coq d'Or – *68,1 Thanon Koh Klang, Nong Hoy –* ☎ *053 282 024.* Dans une résidence de campagne, cet établissement réputé propose une cuisine européenne raffinée.

Come-Inn House – *79-3 Thanon Sirithorn (donnant sur la Super Highway Nord-Ouest) –* ☎ *053 212 516/683.* On sert d'authentiques spécialités thaïes et du Nord dans une maison traditionnelle en teck.

Sala Mae Rim – *Regent Resort Chiang Maï, route de Mae Rim-Samoeng –* ☎ *053 298 181-8.* Dans un très beau décor du Lan Na, on sert cuisine du Nord, spécialités végétariennes et plats internationaux.

The Riverside – *9-11 Thanon Charoen Rat –* ☎ *053 243 239.* Cet établissement apprécié offre une bonne cuisine. Orchestre.

River Deli – *233 Thanon Charoen Rat –* ☎ *053 260 404.* Restaurant en bord de rivière servant une cuisine du monde entier.

The Gallery Restaurant and Bar – *25-27 Thanon Charoen Rat –* ☎ *053 248 601.* Dans un cadre charmant en bord de rivière, cette maison en teck ornée de merveilleux objets d'art propose une cuisine traditionnelle et des soirées musicales.

Mae Ping Khantoke – *153 Thanon Si Don Chai –* ☎ *053 270 181.* On sert une cuisine royale thaïlandaise sur de la porcelaine Benjarong, accompagnée d'un spectacle culturel et de musique thaïe.

Se loger à Chiang Maï

Bon marché

Once upon a time – *385/2 Thanon Charoen Prathet –* ☎ *053 274 932 – 1 000-1 500 bahts.* Charmant établissement dans le style Lan Na orné de mobilier traditionnel, dans de beaux jardins en bordure de Maenam Ping.

Chiang Maï Plaza Hotel – *Thanon Si Don Chai –* ☎ *053 270 036-50, 02 276 2622-6 – fax 053 279 547, 02 276 2628-9 – 1 600-12 000 bahts.* Cet hôtel moderne à l'Ouest de la ville, assez près de la Maenam Ping, offre des chambres confortables.

Pet Ngarm Hotel – *33/10 Thanon Charoen Prathet –* ☎ *053 270 080-5, 053 271 482.* Bon hôtel moderne près de la Maenam Ping. Son restaurant propose des dîners *Kantoke (voir le chapitre Gastronomie).*

Prix moyens

Novotel Chiang Maï – *183 Thanon Chang Phuak –* ☎ *053 225 500, 02 237 6064 – fax 053 225 505, 02 233 1000 – novotel@chiangmai.a-net.net.th – 2 600-5 000 bahts.* Hôtel bien équipé proposant d'excellents services au Nord du centre-ville.

Lotus Hotel Pang Sua Kaew – *99/4 Thanon Huay Kaeo –* ☎ *053 224 333, 02 669 2900-8 – fax 053 224 493, 02 243 5177 – lotus.htl.psk@chiangmai.a-net.net.th – 900-4 500 bahts.* Au Nord-Est de la ville, un accueil raffiné en première catégorie, avec restaurants et club de remise en forme.

Lanna View Hotel – *558 route de Chiang Maï à Lampang, à côté de l'hôpital du Lan Na –* ☎ *053 217 784-6, 210 740-4, 02 267 9993-4 – 1 400-6 500 bahts.* Établissement confortable et bien équipé au Nord de la ville.

Prix élevés

The Imperial Mae Ping – *153 Thanon Si Don Chai –* ☎ *053 270 160 – fax 053 270 181, 276 486, 206 720 – maeping@loxinfo.co.th – www.mae-pinghotels.com, www.imperialhotels.com – 3 000-50 000 bahts.* Confort et équipements remarquables pour cet établissement moderne du centre-ville.

Westin Chiang Maï – *318/1 Chiang Maï-Lamphun Road –* ☎ *053 275 300, 02 254 1713-5, 02 254 1716 – fax 053 275 299, 02 254 1716 – westincm@loxinfo.co.th – 5 200-12 500 bahts.* Hôtel de luxe en bord de rivière, aménagements superbes, plusieurs restaurants.

Regent Resort Chiang Maï – *Mae Rim-Samoeng Old Road, Mae Rim –* ☎ *053 298 181-8, 02 251 6127 – fax 053 298 189, 02 254 5391 – 380-2 200 $ US.* Cet hôtel séduisant bâti dans le style du Lan Na offre de remarquables équipements, des restaurants gastronomiques, un cadre et des jardins magnifiques.

Wat Chaï Si Phum (BX) – *Thanon Chaï Phum, à droite de Pratu Taphae.* Juste à l'extérieur des remparts, ce temple a pour joyaux un *wihan* à base sculptée et dorée, un élégant *ubosot* et un beau *chedi.*

★**Wat Chedi Luang** (BY) – *Thanon Phra Poklao.* Le monument principal de ce temple est son grand *chedi★* en ruine. Construit en 1401, rehaussé à une hauteur de 90 m par le roi Tilokaracha en 1454, il a abrité le Bouddha d'Émeraude de 1468 à 1552 *(voir Wat Phra Kaeo, Bangkok).* En 1545 un tremblement de terre le réduisit à 60 m. Des escaliers à *naga* conduisent aux portiques, décorés de motifs de feuillages en stuc, d'éléphants cariatides *(côté Sud-Ouest)* et grands bouddhas majestueusement dressés à l'intérieur des niches. Un porche travaillé à base sculptée ouvre sur le *wihan* ; le plafond à caissons repose sur de hautes colonnes ; l'immense bouddha debout, Phra Attharot, est accompagné de ses disciples. À proximité, un petit édifice renferme le **Lak Müang**, pilier de fondation de la cité.

Ho trai, Wat Phra Sing Luang

Wat Phan Tao (**BX**) – *Thanon Phra Poklao*.
L'harmonieux *wihan*★★ au toit à cinq niveaux est embelli de murs lambrissés, de fenêtres à montants tournés en fuseau et d'un portique au fronton orné de paons dans le style classique du Lan Na. À l'intérieur, on remarquera les massifs piliers rouges en bois, une chaire ancienne, et une statue du Bouddha du style de Chiang Maï.
Après le temple, au croisement, on peut voir le **mausolée de Mengraï** *(voir ci-dessus)*, vénéré par les habitants du lieu.

★★★**Wat Phra Sing Luang** (**AX**) – *Thanon Phra Sing*. Célèbre temple fondé en 1345 pour renfermer les cendres du roi Kam Fu, c'est le site le plus intéressant de la route. On notera ses éléments les plus remarquables : façades de bois sophistiquées du *wihan* principal, restauré ; gracieux *ho trai*★★★ *(voir Glossaire)* finement orné de sculptures sur bois, de mosaïques de verre et à sa base, de stucs aux motifs de divinités et feuillages ; panneaux de bois et portes admirablement sculptés et décors en stuc de l'*ubosot*★ ; *chedi*★ blanc encadré de quatre petits *chedi*, et sa base carrée décorée d'éléphants cariatides en stuc. L'exquis **Phra Wihan Lai Kham**★★★, édifié pour abriter la **statue**★ vénérée du Bouddha Phra Sing, s'enorgueillit de la décoration délicatement sculptée de son **pignon**★★, ses portes et ses fenêtres, et de ses remarquables **peintures murales**★★ du 16ᵉ s., qui dépeignent des scènes tirées de la littérature du Lan Na, avec de fascinants détails de la vie quotidienne et des costumes. Derrière le *wihan* se dresse un reliquaire *(ku)* à cinq flèches en forme de lotus, aux niches renfermant des statues du Bouddha.

Wat Phuak Hong (**AY**) – *À partir de Thanon Samlan*. L'intérêt essentiel de ce temple réside dans son *chedi* rond à étages des 16ᵉ-17ᵉ s., dont les niches abritent des bouddhas en méditation, et qui révèle une influence chinoise inhabituelle. Sur le pignon de l'*ubosot*, les sculptures sont particulièrement belles.

Wat Mengraï (AY) – *Soi 6, Thanon Ratchamakkha*. Dédié au roi Mengraï, ce temple a pour principaux points d'intérêt une porte dorée, richement ornée de divinités, animaux mythiques et motifs floraux, et un *chedi* carré, creusé de niches renfermant des statues du Bouddha, surmonté d'une cloche verte vernissée et d'une flèche dorée. Dans le *wihan*, le bouddha en bronze serait, croit-on, un portrait de Mengraï.

★ **Wat Chiang Man** (BX) – *Thanon Ratchaphanikai*. Fondé au 13ᵉ s. par le roi Mengraï, c'est probablement le plus ancien temple de Chiang Maï. Il a été construit sur le site où se trouvait jadis la forteresse royale. Près de l'entrée de la salle principale, une pierre gravée en donne un bref historique. Le *chedi*★ a été remanié, au 15ᵉ s. et ultérieurement. Un escalier bordé d'un *naga* conduit de la base décorée d'éléphants à l'étage suivant, qui présente trois niches sur chaque côté ; la section supérieure comprend un socle redenté supportant un octogone et une forme en cloche terminée par une flèche élégante. Le *wihan*, de style du Lan Na, renferme une statuette du Bouddha en cristal vénérée pour son pouvoir de faire venir la pluie. Le Phra Sila, autre statue du Bouddha, est un bel exemple de savoir-faire artistique indien. La partie supérieure du *ho trai* démontre l'habileté des sculpteurs sur bois du Nord de la Thaïlande.

Wat Ku Tao (BV) – *Thanon Sanam Kila (derrière le stade)*. À partir de *Thanon Ratanakosin*, prendre à gauche après le sanctuaire de l'éléphant blanc, près de l'arrêt d'autobus. Sur la droite de l'*ubosot* se dresse un *chedi* peu courant des 16ᵉ-17ᵉ s., formé de sphères superposées décorées de motifs floraux en céramique et de statues du Bouddha dans des niches.

★★ **Wat Suan Dok** – *À gauche à partir de Thanon Suthep* (AX). Traverser la **porte des cérémonies** pour pénétrer dans l'enceinte. Le grand *chedi*★ hérissé de *chedi* plus petits a été construit au 14ᵉ s. dans le jardin du souverain de Chiang Maï, pour abriter une relique sainte découverte par un moine venant de Sukhothai, Sumana, qui a introduit le bouddhisme theravada au royaume du Lan Na. Le décor de faïence colorée est un apport récent. Les reliquaires à l'arrière du *chedi* contiennent les cendres de la famille royale. Le petit *wihan* est orné de hauts piliers de bois décorés de laque rouge et or, de peintures murales illustrant la vie du Bouddha, et d'un **bouddha**★ en bronze, Phra Chao Kao Tü, de style du Lan Na (Chiang Saen). Le *sala* ouvert présente peu d'intérêt.

Wat Umong – *À 8 km vers l'Est, prendre à gauche après un canal à partir de Thanon Suthep* (AX). Les **cellules**★ souterraines de ce vieux monastère forestier de 1380 servaient aux moines pour la méditation. Le grand *chedi* à dôme en forme de cloche qui s'élève sur une vaste terrasse est décoré de motifs de lotus et de petites statues à la base de la flèche. De nombreux fidèles sont attirés par ce paisible temple forestier.

À proximité *(prendre à droite et poursuivre sur 100 m)* se trouvent les ruines, notamment le *chedi*★, du **Wat Pa Daeng** construit en 1447 par le roi Tilokaracha et qui présente un grand intérêt historique.

★ **Wat Chet Yot** – *Près du Musée de Chiang Maï, à partir de la route 11. Quitter par Thanon Huay Kaeo* (AV). Le *chedi*★★, avec ses sept flèches, sa chambre voûtée abritant une statue du Bouddha et ses stucs figurant des divinités, est un monument unique en Thaïlande bâti sur le modèle du temple Mahabodhi de Bodh-Gaya, en Inde. Sur la droite, le Phra Chedi de style Lan Na renferme les cendres du roi Tilokaracha qui convoqua au temple le Huitième Concile bouddhiste de 1477. Une base redentée à gradins supporte le bâtiment principal décoré de pilastres et de niches, couronné par une forme en cloche et une flèche.

★ **Musée** ⊙ – *Super Highway, Amphoe* Müang. *Quitter par Thanon Chotana* (BV). Le pignon du bâtiment à deux étages est décoré du *kalae* typique du Nord de la Thaïlande. Le musée présente de riches collections d'art et d'archéologie, allant de l'ère préhistorique à la première période de Bangkok, axées tout particulièrement sur la région du Nord.

Rez-de-chaussée – De belles **poteries**★ d'Omkhoi, San Kamphaeng, Wieng Kalong et Sukhothai illustrent ces différents styles. Parmi les chefs-d'œuvre présentés : de rares bannières de temple bouddhiste ; des **empreintes de pieds du Bouddha**★★ en bois incrusté de nacre de style Lan Na, avec des inscriptions au verso ; un Bouddha vainqueur de Mara en bronze, de style du Lan Na ; une grande **tête du Bouddha** en bronze à l'expression sereine ; un piédestal en grès pour une statue du Bouddha, décoré de quatre éléphants ; un coffret à écriture de laque rouge et or. L'exposition présente d'autres objets intéressants, poteries en terre cuite, tablettes votives et éléments décoratifs provenant de monuments du royaume d'Hariphunchaï, statuettes du Bouddha et miniatures en cristal, argent et or découvertes dans la province de Chiang Maï, objets recueillis dans le district de Hod avant la construction du barrage Bhumibol.

Premier étage – Les collections illustrent le mode de vie des habitants du Nord : objets artisanaux, costumes, outils agricoles, ustensiles de cuisine, instruments de musique... La section consacrée à la famille royale de Chiang Maï présente un trône, des insignes royaux, des fusils, un palanquin d'ivoire, un *howdah* d'éléphant, de la porcelaine chinoise et européenne, et des boîtes à bétel.

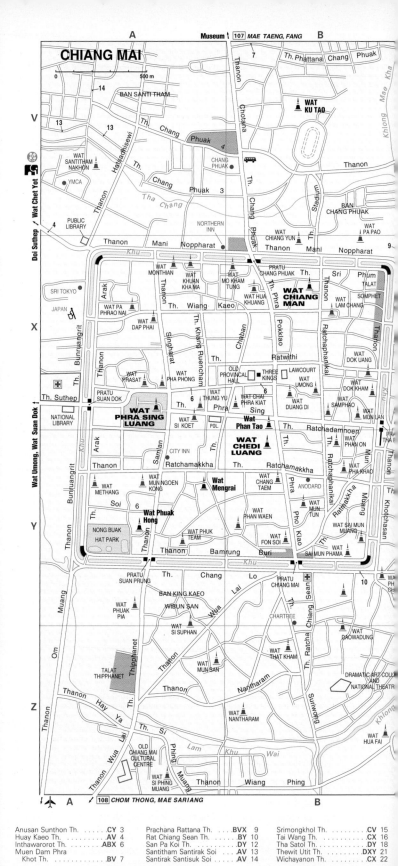

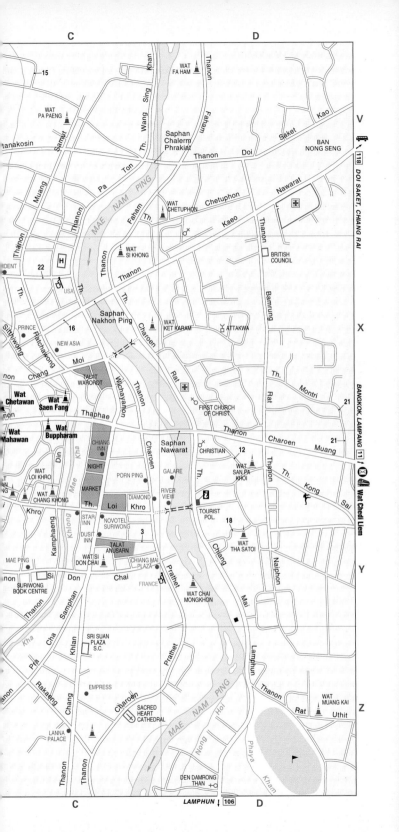

Sur les plans de ce guide, la transcription anglaise a été adoptée car les panneaux indicateurs routiers sont habituellement en thaï et en anglais. Par contre, la transcription française prévaut dans les textes.

AUTRES CURIOSITÉS

Institut de recherche sur les tribus montagnardes ⓥ – *Université de Chiang Maï, Thanon Huay Kaeo*(**AV**). L'institut poursuit l'étude des traditions et modes de vie des tribus montagnardes, dans le but de faciliter leur intégration dans le monde moderne. On peut visiter le **musée★**, la bibliothèque, et une exposition en plein air.

Wat Chedi Liem

Arboretum de Chiang Maï ⓥ – *Thanon Huay Kaeo, à 6 km vers le Nord-Ouest* (**AV**). Sur le site de l'ancienne ville de Wieng Chet Rin, marqué par un mur de terre, on pourra voir les différentes espèces d'arbres indigènes.

Zoo de Chiang Maï (**AV**) – *Thanon Huay Kaeo.* Au pied du Doi Suthep, ce fut d'abord un zoo privé, créé en 1956. C'est maintenant le plus grand zoo de Thaïlande, avec une grande collection d'animaux indigènes et exotiques. Une partie est aménagée en zoo ouvert et paysager, où les animaux circulent en toute liberté dans de larges enceintes. À proximité, près du marché et des cuisines en plein air, se trouve une petite cascade. Plus loin se dresse la statue de Khru Ba Srivichaï, un moine respecté qui a construit, avec l'aide de volontaires, la route du **Wat Phra That Doi Suthep★★★**, afin d'en faciliter l'accès pour les pèlerins qui devaient auparavant emprunter des sentiers difficiles et escarpés *(voir ce nom)*.

EXCURSIONS

★**Wat Chedi Liem** – *À 5 km vers le Sud-Est par la route 11* (**DY**). Des animaux mythiques montent la garde autour de la pyramide en gradins construite au 8e s. dans un style comparable à celui du Wat Chamathewi *(voir Lamphun)* et restaurée au début du 19e s. Les quatre niches de la base contiennent des bouddhas assis. La taille des bouddhas debout des niches de la pyramide se réduit d'étage en étage.

Wiang Kum Kam – *À 4 km à l'Est de la rivière Ping, par la route de Lamphun.* Le roi Mengraï a fondé cette ancienne ville entourée de douves avant de construire Chiang Maï. La ville fut abandonnée quand la rivière Ping changea de cours. On a découvert récemment de vastes ruines (Wat Kan Thom) qui étaient restées enfouies dans la végétation.

Wat Bua Krok Luang – *Vers l'Est par la route 1006. 2 km après le croisement avec la route 11, tourner à droite.* La route de San Kamphaeng est bordée de boutiques et d'ateliers où l'on peut voir les artisans en plein travail.

˙ Artisanat

Une ancienne tradition artisanale subsiste à Chiang Maï, et on peut admirer l'habileté des artisans dans les ateliers en ville, les manufactures et les villages des environs : travail de l'argent (Thanon Wualai près de Pratu Chiang Maï au Sud), poterie (Mengraï Kilns, route de San Kamphaeng au Nord), ombrelles (Bo Sang), tissus (Pa Sang, San Kamphaeng), sculpture sur bois (Ban Tawai, au Sud), laque (route de San Kamphaeng).
Au Sud, Müang Kung, aux maisons sur pilotis, propose ses poteries. On vend de la vannerie dans les boutiques de Hang Dong. La spécialité de Ban Tawai, la sculpture sur bois, est vendue dans le monde entier.

Le *wat* est célèbre pour les remarquables **peintures murales**★★ qui décorent l'intérieur de son ancien *wihan* de style du Lan Na. Les couleurs vives et les figures naïves soulignées de noir sont caractéristiques de l'art de la région Nord. Des colonnes peintes massives soutiennent le toit, et une statue du Bouddha trône sur l'autel décoré de mosaïques de verre.

Sources chaudes de San Kamphaeng ⊘ – *À 37 km vers l'Est. Après 14 km sur la 1006, prendre la route de Mae On sur 12 km, puis prendre à gauche et poursuivre sur 11 km.*

L'excursion est agréable jusqu'aux sources chaudes (100°) surgissant au cœur d'un parc paysager. Le domaine est équipé de bains chauds et d'un terrain de camping.

★★ Route touristique 108, vers le Sud – Le long de la route en direction du Sud, des villages spécialisés dans diverses productions artisanales attendent le visiteur *(Müang Kung, Hang Dong, Ban Tawai – voir plus haut)*. **Chom Thong** *(à 58 km)* est célèbre pour son beau temple *(voir ci-dessous)* et son marché aux bestiaux qui a lieu le samedi matin. On prendra la route 1009 pour le **Doi Inthanon**★★ *(voir ci-dessous)*. Après 3 km, prendre à gauche pour voir le récent Wat Lanna Yannasawararam. La route 108 poursuit à travers de magnifiques paysages de montagne en direction de la ville nouvelle de Hot, l'ancienne ville ayant été submergée après la construction du barrage Bhumibol, et des gorges de **Ob Luang** et de Mae Sariang *(voir Mae Sot, Excursions)*.

Wat Phra That Si Chom Thong – *À gauche sur la grand-route.* Près de l'entrée principale, un *chedi* blanc de style birman précède l'étincelant *chedi*★★ du 15ᵉ s. de style du Lan Na, dont on remarquera la base trapue en retrait et la cloche annelée, et le **wihan**★ du 16ᵉ s. reconstruit au début du 19ᵉ s., aux pignons très travaillés.
À l'intérieur, des colonnes peintes massives supportent le toit. L'autel, grand reliquaire doré précédé de défenses d'éléphant, renferme de belles statues en bois du Bouddha. Dans des vitrines se trouvent aussi des statuettes du Bouddha en or et en argent.

★★ Parc national du Doi Inthanon – *Prendre à droite la route 1009.* Souvent perdu dans les brumes, ce massif de granit, qui appartient à la chaîne des Thanon Thongchaï, est le point culminant de Thaïlande (alt. 2 565 m). Cette réserve hydraulique vitale alimente la rivière Ping, qui rejoint ensuite la Chao Phraya dans la plaine. Les visiteurs viennent de tout le pays, attirés par son climat tempéré, les forêts qui couvrent ses pentes, sa végétation luxuriante et ses plantes exotiques rares (orchidées, fougères), sa faune sauvage (plus de 300 espèces d'oiseaux) et ses **vues**★★★ splendides.
La plupart des villages des tribus montagnardes, Méo (Hmong) et Karens, ont été déplacés du parc pour réduire les menaces de déforestation et d'érosion. Un programme royal a fait découvrir aux tribus la culture de plantes de climat tempéré (fraises, asperges) qu'on vend dans des stands au bord des routes.

Visite – Une bonne route fait l'ascension du sommet. Des sentiers partent à la découverte de grottes spectaculaires *(Borijinda, à 4 km de l'entrée)*, de cascades et de points de vue *(guides au bureau du parc)*. Les cascades de **Nam Tok Mae Klang**★ *(près de l'entrée)*, Wachirathan *(près du km 21)* et de Siriphum *(km 31)* sont faciles d'accès. Vers le Sud, la puissante **Nam Tok Mae Ya**★ s'atteint par un sentier de 15 km *(1 jour)*. Des randonnées vers les villages de tribus de montagne peuvent aussi être organisées. Dans la montée, marquer l'arrêt près des deux immenses *chedi* **royaux** de marbre *(116 marches)* ornés de bas-reliefs de terre cuite et dédiés aux souverains thaïs. Le vaste **panorama**★★★ sur les montagnes est magnifique.
Une station radar occupe le sommet. Se garer sur l'esplanade pour admirer la **vue**★★★ spectaculaire sur la chaîne et profiter de l'air frais et pur. Un *chedi* abrité par de grands arbres, perdu dans les vapeurs d'encens, renferme les cendres du dernier souverain de Chiang Maï, Chao Inthawichayanon. Le **sanctuaire** est un centre de pèlerinage.
Descendre à pied vers l'ancienne **forêt de rhododendrons** (Thung Kulap Phan Pi), en pleine floraison fin avril/début mai. Le sentier à flanc de montagne contourne des troncs noueux recouverts de mousse.

★★ Vallée de la Mae Sa – *Vers le Nord par la route 107 ; après 13 km, direction Ouest par la 1096.* Cette vallée verdoyante et pittoresque attire les visiteurs grâce à ses centres d'intérêt variés : cascades, stations charmantes, fermes d'orchidées et de papillons, camps de dressage d'éléphants. Pour admirer la flore thaïe dans un luxuriant cadre montagnard, visiter le Jardin botanique de la reine Sirikit, spécialisé dans les espèces rares et menacées. On peut profiter de superbes paysages sur un circuit retournant vers Chiang Maï, suivre la 1096 au-delà de Samoeng jusqu'à Hang Dong *(voir ci-dessus)* et prendre la route 108 vers le Nord.

De Chiang Maï à Pai – *150 km vers le Nord-Ouest par les routes 107 et 1095. Rouler en direction de Ban Pa Pae (à 58 km vers l'Ouest).*

Au Sud, le Doi Mae Ya *(alt. 2 065 m)* domine la route. Au km 42 une piste *(raide et difficile, accès aux véhicules 4 X 4 uniquement)* part sur la droite pour rejoindre le Parc national de Pong Düet, dominé par le nuage de vapeur des **sources chaudes de Pa Pae**★★. Les geysers jaillissent jusqu'à 2 m et la température atteint 100°. Des bains chauds ont été installés.
Plus loin, la route longe le Parc national de Huai Nam Dang *(prendre à gauche entre les km 65-66)*, dominé par le Doi Chang *(alt. 1 587 m – panoramas à 3 km vers le Nord)*. Le site est réputé pour la splendeur de ses paysages, ses cascades et ses vues embrumées, notamment au lever du soleil.

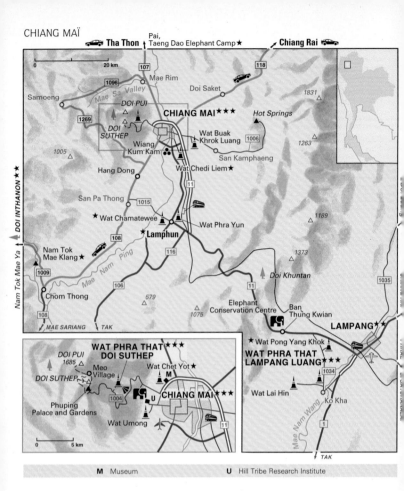

| M | Museum | U | Hill Tribe Research Institute |

Pai – Grâce à son cadre idyllique, au cœur d'une large vallée ceinte de monts et de cours d'eau, cette bourgade est une destination privilégiée des amateurs de randonnée et de raft *(il est recommandé de prendre un guide)*. Les villages shans et ceux des tribus montagnardes ajoutent à l'intérêt de la région.

Certains des temples du centre de la ville valent d'être visités. Le *chedi* doré et annelé du **Wat Klang** repose sur une plate-forme à étages, encadrée de huit chapelles et couronnée de petits *chedi*. Le **Wat Nam Hu**, qui possède une source sur son domaine, s'enorgueillit d'un harmonieux *chedi* et d'un élégant *wihan* avec un porche, des fenêtres carrées et un toit à plusieurs niveaux. Au **Wat Luang**, l'imposant *chedi* à belle couronne dorée est flanqué de douze *chedi* plus petits et de quatre lions mythiques. À l'Est de la ville, Phra That Mae Yen et Phra That Chom Chaeng offrent des **vues** sur la vallée.

La route vers l'Ouest est décrite en sens inverse à partir de Mae Hong Son.

Route vers l'Est par Doi Saket – *180 km par la route 118.* Cette route directe pour Chiang Raï par l'Amphoe Wieng Papao offre des paysages de montagne spectaculaires, et passe par le village de Doi Saket, dominé par un temple. De chaque côté se déroule le splendide paysage forestier des Parcs nationaux de Khun Chae, Chae Son et Doi Luang. La Mae Nam Lao longe une partie du chemin. On peut faire des détours vers des cascades, des sources chaudes et le barrage sur la Mae Guang.

★ **Route touristique vers le Nord, Tha Ton, et le Triangle d'Or** – *190 km. Une demi-journée.* Cette ancienne route commerciale vers les États shans de Birmanie et le royaume de Lan Xang *(Luang Prabang, au Laos)* réserve des paysages grandioses qui susciteront l'émerveillement des visiteurs : vallées fertiles, pentes boisées luxuriantes, rivières au flot rapide, gorges escarpées, et, toujours vers le Nord, la masse imposante du massif calcaire du Doi Luang Chiang Dao (alt. 2 190 m). Tout au long de la route, on peut faire des détours pour admirer de spectaculaires attractions naturelles : grottes (Tham Chiang Dao, Tham Tab Tao), sources chaudes et cascades. Certaines routes sont d'accès difficile. Véritables paradis pour les amateurs d'oiseaux, les réserves naturelles de faune sauvage (Doi Luang Chiang Dao, Doi Ang Khang, Doi Pha Hom Pok) hébergent une foultitude d'oiseaux de montagne dans un cadre de paysages grandioses et de végétation exotique. Sur le

B. Davies

PICTOR

J. Kerebel/PHOTONONSTOP

B. Davies

piémont et à plus haute altitude on trouve de très nombreux villages de tribus montagnardes, Lahu, Lisu et Karens *(guide indispensable)*, et des centres de développement très actifs dus à l'initiative du roi ; ils pratiquent la culture du thé, du café, et d'autres cultures de climat tempéré, et fournissent aux tribus une infrastructure sociale et médicale (programme du Doi Ang Khang).

★ **Camp des éléphants de Taeng Dao** – *Tourner à droite au km 56.* Sur la rive droite de la Ping, le camp est très fréquenté par les visiteurs qui souhaitent voir ces grands animaux se doucher dans la rivière à l'heure du bain, puis suivre une démonstration de leur efficacité au travail.

Chiang Dao – *77 km.* Cette paisible bourgade de marché en tête de vallée est fréquentée par les tribus montagnardes aux costumes colorés, qui viennent y vendre leur production.

★★ **Tham Chiang Dao** ⊙ – *À 5 km vers l'Ouest.* Au pied de l'escalier couvert des grottes, un bassin abrite des carpes sacrées. Les impressionnantes cavernes qui s'enfoncent dans le flanc de la montagne sont l'objet de la vénération de la population shan. La première salle contient de nombreuses images du Bouddha de style birman. On admirera les spectaculaires formations rocheuses dans le labyrinthe de passages souterrains *(guide indispensable)*.

Fang – Ancien comptoir commercial important, qui a résisté à l'envahisseur birman jusqu'au début du 18e s. et a été reconquis à la fin de ce même siècle, Fang est devenu plus tard une province du royaume de Thaïlande. C'est aujourd'hui une ville très animée à la population de différentes origines, Shans, Birmans et Karens, souvent prise dans des conflits frontaliers et dans la lutte contre le trafic de drogue. Les visiteurs qui souhaitent s'aventurer loin de la ville doivent se montrer très prudents et prendre l'avis de la police.

À Ban Müang Chom *(8 km au Nord-Ouest de la ville)*, un terrain rocailleux bordé par la forêt recèle des **sources chaudes** qui répandent une forte odeur de soufre. L'eau (autour de 100°) est assez chaude pour y cuire un œuf.

Ban Tha Ton – *À 24 km au Nord de Fang.* La petite ville implantée sur les deux rives de la rivière Kok, qui prend sa source au Myanmar, est dominée par l'imposante statue blanche du Bouddha du Wat Tha Ton. Du temple on a de belles **vues** ⊙★★ sur la rivière et la ville. Tha Ton est un point de départ animé pour les excursions en raft ou en bateau sur la rapide Mae Nam Kok jusqu'à la frontière du Myanmar (ex-Birmanie) et Chiang Raï : **panoramas★★★**, rapides, et villages tribaux.

Une bonne route, au départ à basse altitude, monte avec des virages en épingle à cheveux pour rejoindre **Mae Salong** *(40 km plus loin ; voir Chiang Raï, Excursions)* et offre de fantastiques **panoramas★★★** de pics montagneux et de vallées fertiles parsemées de villages yao, lahu, lisu et akha. Un programme de reboisement est en cours, pour remplacer la couverture forestière décimée par la culture sur brûlis des tribus montagnardes. Cette zone sensible, autrefois célèbre pour la production d'opium et la contrebande, a été la scène de combats féroces quand l'armée thaïe a traqué les barons de la drogue. Il est recommandé aux visiteurs de ne pas s'éloigner des sentiers balisés.

CHIANG RAÏ★★

Chiang Raï – 222 738 habitants
Atlas Michelin p. 3 ou carte n° 965 B 4 – plan de ville : atlas p. 30

Cette ville en pleine expansion occupe un site stratégique sur la rive Sud de la rivière Kok, qui coule vers le Nord pour rejoindre le Mékong. Bien qu'un peu effacée par sa voisine plus brillante Chiang Maï, elle présente de vrais centres d'intérêt, et son réseau de communications étendu et son infrastructure touristique en font un bon point de départ de randonnées ou d'excursions par la route ou la rivière, pour explorer le magnifique paysage des montagnes où vivent les tribus. Les objets artisanaux fabriqués par les populations montagnardes, tissus, objets en argent, font des souvenirs appréciés. Parmi les festivités populaires, la **Fête du roi Mengraï** (fin janvier) et la Fête du lychee (fin mai).

Une histoire mouvementée – On sait que Chiang Raï a une histoire ancienne, mais on en a peu de traces. La tradition veut que le roi **Mengraï**, qui a fondé Chiang Raï en 1262, ait choisi le site à la suite de l'évasion d'un éléphant, qui s'arrêta sur une petite colline surplombant la rivière Kok. Par la suite, le roi Mengraï déplaça sa capitale à Chiang Maï. Pendant les siècles de conflits entre la Thaïlande et la Birmanie, Chiang Raï, qui était un centre de commerce très important, fut tenu par les Birmans jusqu'en 1786, date à laquelle l'armée thaïe reprit le territoire perdu. Bien que pratiquement abandonnée au 19e s., elle se redressa petit à petit. Récemment, la morne capitale provinciale s'est transformée en centre touristique important aux portes de la région Nord, ce qui a entraîné une croissance mal contrôlée. Les murs d'origine de la ville avaient été rasés en 1920. Pour évoquer le passé, on a reconstitué un tronçon de murailles en s'inspirant d'une gravure, et on a couronné le Doï Chom Thong d'une borne de la Ville très ouvragée. On a restauré les temples pour attirer les visiteurs.

Chiang Raï pratique

Office de tourisme (TAT) – 448/16 Thanon Singakhai, Amphoe Müang, Chiang Raï 57000 – ☎ 053 717 433, 053 744 674/5 – fax 053 717 434.

Police touristique – *Voir ci-dessus.* ☎ 1155, 053 717 779, 053 717 796.

Transports – Des lignes régulières d'avion et de bus desservent Chiang Raï. **Aéroport international** ☎ 053 793 048-57 ; **Thai International Airways** ☎ 053 711 179, 053 715 207.
Gare d'autocars : Satani Khonsong, Chiang Raï. ☎ 053 711 244.
Location de voitures : Avis, aéroport de Chiang Raï, ☎ 053 793 827 et Dusit Island Resort ☎ 053 715 777 ; avisthai@loxinfo.co.th ; www.avisthailand.com ; **Budget :** Golden Triangle Tours, 590 Thanon Phaholyothin ☎ 053 711 339, 716 918 ; centre de réservations ☎ 02 203 0250 ; www.budget.co.th
On peut louer facilement **tricycles** et **motocyclettes**. Bien vérifier au préalable l'état du véhicule et l'étendue de l'assurance. La plus grande prudence est recommandée sur la route.
Location de bateaux : aux embarcadères le long de la rivière Kok. Bateaux à longue queue : Rim Nam, Tha Chiang Raï.

Achats – Marché de nuit, Thanon Ratanaket, entre les hôtels Wiang Inn et Wiang Come. **Marché**, Talat Tetsaban, près du Wat Müang Müang : produits frais proposés par des montagnards, essentiellement des Yaos, en costumes de couleurs vives.

Randonnée et raft – Le TAT publie une liste d'agences recommandées et des conseils pour la visite de villages des tribus montagnardes.

Excursions – Chiang Saen, Doï Mae Salong, Doï Tung, Chiang Maï, Chiang Khong, croisière sur le Mékong, Lampang.

Découverte – Parc culturel du bassin du Mékong Laan Tong, 99 Moo 13 (au km 12 sur A 1089), Amphoe Mae Chan ☎ 053 772 127/135. Dans un magnifique décor de nature, 6 troupes de différentes ethnies donnent un spectacle culturel. Promenades à dos d'éléphant et en char à bœufs. Restauration.

Restaurants – Cuisines de rue et restaurants populaires dans le quartier de la tour-horloge (Ho Nalika). Les restaurants de cuisine locale, près du pont avec vue sur la Kok, proposent des croisières remontant la rivière à partir de 900 bahts pour 3-4 personnes. Excellents établissements dans les hôtels élégants (Dusit Island, Rimkok).

Se restaurer à Chiang Raï

Rattanakosin Antique Thai Restaurant – *Night Bazaar* – ☎ 053 740 012 – www.ratanakosin.com. On sert une excellente cuisine thaïlandaise dans un cadre raffiné meublé d'antiquités.

Cabbages and Condoms – *620/25 Thanon Thanalai* – ☎ 053 740 784. Une annexe du célèbre restaurant de Bangkok, qui associe gastronomie et prophylaxie.

Krua Arom Dee – *Thanon Sanambin* – ☎ 053 756 041-3. Restaurant thaï typique à l'ambiance chaleureuse.

Yunan – *211/6 Thanon Kwae Wai* – ☎ 053 713 263. Restaurant chinois au bord de la rivière.

Se loger à Chiang Raï

Bon marché

The Golden Triangle Inn – *590 Thanon Phaholyothin* – ☎ *053 711 339, 716 996, 713 918* – *gotour@loxinfo.co.th* – *600-900 bahts*. Chambres spacieuses au mobilier ancien, jardins et agréable restaurant.

Y.M.C.A. International Hotel – *70 Thanon Phaholyothin* – ☎ *053 713 785/6* – *fax 053 714 336* – *300-500 bahts*. Chambres confortables, piscine, sauna, restaurant.

Little Duck Hotel – *199 Thanon Phaholyothin* – ☎ *053 715 620-38* – *fax 053 715 639-40* – *chitpong@chmai.loxinfo.co.th* – *www.thaitourist.com/littleduck* – *1 200-2 000 bahts*. Un bel hôtel moderne au centre-ville, équipé d'une piscine et d'un restaurant.

Wang Thong Hotel – *299 Moo 7, Thanon Phaholyothin, Mae Sai* – ☎ *053 733 388-95* – *fax 053 733 399* – *800-1 500 bahts*. Ce bâtiment moderne abrite des chambres confortables et plusieurs restaurants.

Wiang Inn Hotel – *893 Thanon Phaholyothin* – ☎ *053 711 533* – *fax 053 711 877* – *wianginn@samart.co.th* – *www.wianginn.com* – *1 400-2 000 bahts*. Dans une situation centrale, cet excellent hôtel offre toute un choix d'équipements et plusieurs restaurants.

Ban Ton Nam 31 – *Doi Tung Royal Villa, Mae Fah Luang* – ☎ *053 767 015-7 –fax 053 767 077 – tourism@doitung.org – 2 800 bahts.* Cet hébergement confortable offre une véranda panoramique sur son site de montagne. Restaurant et salle de sport.

Prix moyens

Chiang Rai Inn – *661 Thanon Uttarakit* – ☎ *053 712 673, 711 483, 717 700 – fax 053 716 – 1 600-8 000 bahts.* Chambres bien aménagées ; restaurant dans le jardin.

Wangcome Hotel – *869/90 Thanon Phamawiphat* – ☎ *053 711 800/811 – fax 053 712 973 – wangcome@loxinfo.co.th – 1 200-4 000 bahts.* Au centre-ville, chambres confortables, piscine, salon de musique, ambiance très agréable.

Rimkok Resort Hotel – *6 Moo 4, Chiang Rai-Thaton Road* – ☎ *053 716 445-60 – fax 053 715 859 – 1 700-8 000 bahts.* Un établissement séduisant situé au bord de rivière offrant d'excellents équipements.

Suanthip Vana Resort – *49 Chiang Mai-Chiang Rai Road, Tambon Takok, Amphoe Mae Suay (km 107 sur H 118)* – ☎ *01 224 6984/5 – fax 01 224 0983 – rsvn@suanthipresort.com – www.suanthipresort.com – 1 800-2 000 bahts.* Luxueuse retraite forestière, idéale pour la détente avec ses pavillons dans le style thaï.

Prix élevés

Chiang Rai Country Resort – *128/25 Moo 16, Ban Pa-Ngao* – ☎ *053 716 175 – fax 053 716 175 – 5 000-7 000 bahts.* Services et équipements haut de gamme, avec vue sur la rivière.

Le Méridien Baan Boran – *229 Moo 1, The Golden Triangle, Chiang Saen* – ☎ *053 784 084, 02 653 2201-7 – fax 053 784 090, 02 653 2208/9 – lmb-boran@loxinfo.co.th – www.lemeridien.co.th/baanboran – 120-300 $ US.* Merveilleuse ambiance et équipements de luxe pour cet élégant hôtel en bord de rivière.

The Imperial Golden Triangle Resort – *222 Golden Triangle, Chiang Saen* – ☎ *053 784 001-5 – fax 053 784 006 – goldentriangle@imperialhotels.com – www.imperialhotels.com – 90-500 $ US.* Équipements haut de gamme pour cet hôtel dans le style traditionnel du Lan Na.

Dusit Island Resort – *1129 Thanon Kaisonrasit* – ☎ *053 715 777-9, 053 744 188 – fax 053 715 801 – chiangrai@dusit.com – www.dusit.com – 2 800-16 000 bahts.* Dans d'agréables jardins, ce magnifique établissement en bord de rivière offre des services remarquables.

CURIOSITÉS

Wat Phra Sing – *Thanon Singhakrai.* Ce temple renfermait la statue vénérée Phra Phuttha Sihing avant son transfert à Chiang Maï *(voir aussi Bangkok et Nakhon Si Thammarat).* On peut en voir une copie dans le beau *wihan* moderne de style du Lan Na, qui, sous sa toiture abaissée, présente de belles décorations sculptées.

Wat Phra Kaeo – *Thanon Trairat (derrière le Wat Phra Sing).* Le temple doit sa grande renommée au Bouddha d'Émeraude, découvert en 1434 après que le *chedi* octogonal eut été frappé par la foudre.
Selon la légende, le roi avait ordonné le transfert de la statue à Chiang Maï, mais l'éléphant qui portait le bouddha se dérouta vers Lampang, où la statue fut conservée pendant vingt-deux ans dans le **Wat Phra Kaeo Don Tao**★★ *(voir Lampang).* Elle repartit ensuite pour le Wat Phra Sing de Chiang Maï, où elle demeura trente-deux ans, puis fut emportée à Luang Prabang et à Vientiane au Laos, où elle resta cent vingt-cinq ans. Les Siamois la revendiquèrent en 1678 : elle se trouve maintenant au Wat Phra Kaeo de la capitale *(voir ce nom, Bangkok).*
Un élégant **wihan**★ en bois de style du Lan Na renferme un ancien bouddha de grande taille (Lan Na-Chiang Saen), ainsi que plusieurs belles statues de bronze. Avec sa façade finement sculptée et la courbe majestueuse de son toit, il met en valeur le *chedi* en forme de cloche, reconstruit sur sa base redentée.
Des artistes thaïs, parmi lesquels le fameux Thawan Duchanee, ont conçu un **wihan**★★ moderne, Ho Phra Kaeo, cherchant à associer le riche héritage du Lan Na et les techniques modernes dans l'architecture, les matériaux de construction et les fines sculptures du bâtiment. Trait original, la décoration du toit, qui se termine en trompes d'éléphant. Sur l'autel trône une nouvelle statue du Bouddha en jade, création d'un artiste chinois.
Le **Wihan Sangkaw**★, grande construction en bois, est un apport récent. Il est merveilleusement orné de frontons sophistiqués montrant des dragons, des volutes, et une statue de Bouddha ; les corbeaux des extrémités reprennent les signes du Zodiaque, les panneaux de bois des motifs de lotus dorés.

Wat Ngam Müang – *À l'Ouest du Wat Phra Kaeo, accès par Thanon Ngam* Müang. Un escalier bordé d'une rampe en forme de *naga* conduit à une plate-forme sur laquelle s'élève un *chedi* de briques construit en 1318 et remanié ensuite, qui renferme les cendres du roi Mengraï, mort en 1317. Devant se dresse une statue du roi.

Wat Phra That Doï Chom Thong – *Au Nord du Wat Ngam* Müang, *accès par Thanon At Amnuay.* Un **chedi**★ doré dans le style du Lan Na domine le Doï Chom Thong. Il remonterait au 10e s. ; on l'a remanié par la suite. Selon la tradition, c'est de cet endroit que le roi Mengraï aurait étudié pour la première fois le site. Le **panorama**★★ sur la rivière Kok et la région environnante est superbe.

Lak Müang – La borne de fondation de la cité, à droite du Phra That, a été conçue en fonction de la cosmologie thaïe. Une douve représentant l'océan encercle une terrasse, la terre, qui supporte un ensemble de 108 bornes de granite entourant une pierre plus grande, le nombril de l'univers.

EXCURSIONS

Rai Mae Fa Luang – *Ban Pa Ngiu, Tambon Robwiang, 6 km au Nord par la route 1.* Une fondation pour les tribus montagnardes, initialement patronnée par la reine mère, décédée en 1995, a pour but de dispenser enseignement général et formation agricole, et de promouvoir l'artisanat local, au profit des populations tribales. Il y a plusieurs bâtiments remarquables sur le domaine. Un escalier couvert permet d'accéder au **Ho Kham**★★, mot à mot le pavillon d'or, construit avec le bois de 32 maisons anciennes de villages du Nord. Les murs de l'édifice à trois étages penchent vers l'extérieur, suivant une caractéristique du style du Lan Na. Les fenêtres sont décorées de motifs sculptés de fleurs et de feuillages ; les panneaux dorés sont illustrés de créatures mythiques et de scènes du folklore du Lan Na. Des petits parasols couronnent la courbe des toits à étages couverts de tuiles de bois. L'intérieur abrite une riche collection d'art du Lan Na. On remarquera aussi les bannières de bois *(tung)* près du Sala Kham, qui sert de centre culturel et d'atelier.

Wat Phra Kaeo, Chian Raï

Le Monde/ HOA QUI

★★ **Doï Mae Salong** – *À 80 km au Nord-Ouest par les routes 1 et 1234*. Connu aussi sous le nom de Santi Khiri (Montagne de la Paix), ce village isolé perché à haute altitude présente un caractère inhabituel. En effet y vivent des descendants des réfugiés nationalistes chinois, le 93e régiment du Kuomintang, qui avaient fui le territoire chinois après la victoire communiste de 1949.

La vieille génération parle toujours le mandarin, et les boutiques regorgent d'un assortiment stupéfiant de gourmandises chinoises. L'architecture des vieilles maisons de bois protégées par des esprits tutélaires est typiquement chinoise. Cependant, tourisme et spéculation foncière sont en train d'éroder rapidement la nature traditionnelle de ce village retiré. Le **marché** ⊘ du matin *(à l'Ouest du village)* s'anime des couleurs des tribus montagnardes venues vendre leurs produits. On remarque de loin l'intéressante mausolée de marbre blanc du général chinois qui a mené ses hommes et leurs familles en Thaïlande. En janvier se déroule le Sakura Festival, Fête des cerisiers en fleur. Santi Khiri est un bon point de départ d'excursions pour les villages akhas voisins.

★★ **Doï Tung** – *À 48 km au Nord de Chiang Raï par la route 1, puis prendre la 1149 à gauche entre les km 871-872 (points de vue aux km 10-14)*. Ce sommet (alt. 1 364 m), qui appartient à la chaîne des Phi Pan Nam bordant la plaine de Chiang Saen à l'Ouest, était resté jusqu'à récemment inaccessible. L'épaisse couverture forestière a été détruite par les tribus nomades. Les cultures en terrasses de ses versants font partie d'un programme pour l'élimination de la culture du pavot, la réhabilitation des sols, et l'encouragement à la sédentarisation.

La **route panoramique** qui serpente à partir de Ban Huai Krai offre des **points de vue**★★★ filant à l'horizon jusqu'au Laos et au Myanmar. Elle longe plusieurs villages traditionnels accrochés aux versants, et conduit à une résidence royale d'été, aux toits ornés de *kalae*, décoration typique du Lan Na. C'est aujourd'hui un **musée** à la mémoire de la défunte princesse mère, qui vécut ici une vie simple, s'occupant de son jardin, passionnément dévouée à la cause des tribus de montagne et de la reforestation des collines. Près de l'entrée se dressent des mâts décorés de bannières traditionnelles *(thong)*. On ne visite que le superbe **jardin** ⊘ paysager, ses parterres colorés et son jardin de sculptures.

Wat Phra That Doï Tung – *Comme ci-dessus*. Les pèlerins affluent vers ce temple du 10e s., réputé être le premier reliquaire du royaume du Lan Na. La légende veut qu'il ait été bâti pour abriter une relique du Bouddha apportée par un de ses disciples. L'emplacement était indiqué par une gigantesque bannière de bois *(tung)*, d'où le nom Doï Tung.

Des parasols de filigrane encadrent les deux *chedi* restaurés, couverts de mosaïque d'or, qui se dressent sur leur base carrée. Des statues de Bouddha debout sont abritées dans les niches aux arcs décoratifs qui ponctuent leur volume redenté. La cloche est surmontée d'une flèche annelée et d'une couronne dans le style birman. Le *wihan* contient une statue du Bouddha de style du Lan Na (Chiang Saen). De la terrasse, on a une **vue** superbe sur la campagne.

La route gravit les pentes du Doï Tung jusqu'aux ruines du Phra That Chang Mup, proche du sommet, qui tire son nom d'un rocher en forme d'éléphant accroupi à l'Ouest du *chedi*. Autrefois dénudé, le sommet est aujourd'hui couvert d'arbres. À proximité, l'**arboretum Mae Fah Luang** offre les couleurs de ses essences rares, orchidées, azalées et rhododendrons, ses sentiers et aires de pique-nique, ainsi qu'un beau point de vue.

Mae Saï – *À 70 km par la route 1*. À l'extrême Nord de la Thaïlande, c'est la porte du Myanmar *(visa obligatoire pour les étrangers)*. Les marchés animés de cette petite ville poussiéreuse sur la rive Sud de la Mae Sai attirent des habitants des deux

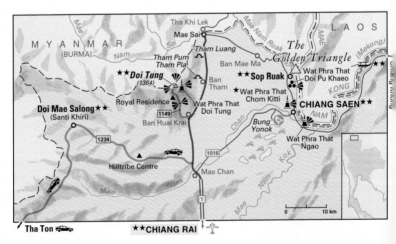

Une région de frontières

Dans les montagnes de la province la plus septentrionale du pays, bordée par le Myanmar (Birmanie) et le Laos, vivent des tribus dont le mode de vie n'a cure des frontières. Dans le district de Mae Fah Luang *(3-5 h en véhicule 4x4)*, Doï Mae Salong *(voir ci-dessus)* est habité par des groupes venus de Chine ; dans les parties les plus reculées de Baan Therd Thai et de Doi Hua Mae Khum, on retrouve quatre principaux groupes ethniques : Lisus, Akhas, Méos (Hmongs) et Lahus *(voir Introduction au voyage, Population)*. Le musée **Hill Tribe Museum** (Thanon Tanalai) renseigne sur les particularités culturelles remarquables de ces tribus montagnardes.

Dans cette région très sensible, la situation au Myanmar demeure extrêmement tendue, tandis que la Thaïlande s'efforce, avec quelque succès, d'entraver la culture du pavot et le trafic de stupéfiants. Avec l'amélioration des routes, les groupes ethniques bénéficient de progrès en matière d'éducation et de soins médicaux. L'agriculture (thé, café, fruits et primeurs) crée des ressources économiques. L'air est vivifiant, les paysages de montagne à couper le souffle ; de fin novembre à décembre, c'est l'éclosion des tournesols sauvages. Les 18-19 novembre, la fête annuelle des tribus de Baan Hua Mae Khum a pour objectifs d'encourager la culture traditionnelle et l'écologie au sein des groupes ethniques et de promouvoir le tourisme.

côtés de la frontière. On y vend une variété extraordinaire d'articles exotiques : artisanat birman et chinois, antiquités, pierres précieuses, etc. Perché au sommet d'une colline à l'Ouest de la rue principale, le **Wat Phra That Doï Wao** possède un escalier flanqué d'un *naga (207 marches)*, un *chedi*, un *wihan*, et offre de belles **vues** sur la ville, la rivière, et au loin le Myanmar (ex-Birmanie).

Des traces d'une ancienne implantation subsistent : Wiang Si Tuang, délimité par les douves existantes, un tronçon de murs en terre, et des portes à l'Est et à l'Ouest. Dans le voisinage, plusieurs **grottes** méritent une visite. Tham Luang *(6 km au Sud-Ouest)* renferme plusieurs salles aux formations rocheuses fantastiques ; Tham Pum et Tham Pla *(13 km au Sud-Ouest)* sont à proximité d'un lac. Ban Tham est habité par des Chinois musulmans qui ont émigré du Hunan.

CHIANG SAEN ★★

Chiang Raï – 55 096 habitants

Atlas Michelin p. 3 ou carte n° 965 A 5 – Schéma : CHIANG RAÏ

Leur site spectaculaire sur la rive Sud du Mékong renforce l'atmosphère mystérieuse des ruines de la ville fortifiée, à l'ombre de grands arbres. Soixante-seize temples dans l'enceinte de la ville et soixante-trois autres à son pourtour attestent de son importance comme centre religieux. Une partie des murailles a été restaurée, mais la ville actuelle ne couvre qu'une fraction de l'ancien périmètre, et de nombreuses ruines de temples n'ont pas encore été étudiées. Le tour des murailles en voiture donne une idée de l'étendue de la ville. Au centre d'information est exposée une maquette de la ville fortifiée entourée de fossés.

Tous les ans en avril, une **course de bateaux** met en compétition de longues barques effilées venant de Thaïlande et du Laos.

Aperçu historique – Il reste des traces d'une implantation ancienne, partie d'un royaume de grande influence qui fut sans doute envahi par les Khmers. La légende raconte que les Khmers ont fondé une ville sur une île du Mékong près du confluent de la rivière Kok, qui fut ensuite détruite par le courant.

Mengraï devient souverain de Chiang Saen au milieu du 13ᵉ s., et fonde ensuite Chiang Maï *(voir Introduction, Histoire)*.

Au 14ᵉ s., le roi Saen Phu, de la dynastie de Mengraï, fonde une nouvelle ville. Avec l'essor du royaume du Lan Na, elle passe sous la domination de Chiang Maï. Au milieu du 16ᵉ s. elle est prise par les Birmans, qui y règnent pendant plus de deux siècles. Quand Rama Iᵉʳ la reprend en 1804, il la fait raser pour éviter qu'elle ne retombe aux mains des Birmans. Soixante-dix ans plus tard, un prince de Lamphun reconstruit la ville et y installe les descendants de la population d'origine.

CURIOSITÉS

★**Wat Pa Sak** ⊘ – *À 200 m vers l'Ouest hors de l'enceinte. Sortir par Pratu Nong Mud.* On pense que le *chedi*★★ pyramidal construit par le roi Saen Phu est le plus ancien de Chiang Saen, et qu'il est le seul exemple aujourd'hui d'une architecture primitive du Lan Na révélant les influences de Hariphunchaï, de Sukhothaï et de la Birmanie. Dans les niches qui entourent sa base alternent de beaux bouddhas marchant et debout, et des créatures célestes. Les décors, cadres et motifs en stuc,

Le Triangle d'Or

avec *garuda*, *makara*, faces de *kala*, pétales de lotus stylisés, embellissent la chambre des reliques, qui est surmontée d'une spire annelée. Devant le *chedi* se trouvent les ruines du *wihan*. Le nom du sanctuaire, « temple de la Forêt de Tecks », vient des tecks *(sak)* qu'on avait plantés le long de ses murs.

Prendre la route 1016 vers l'Ouest pour visiter les vestiges du Wat Ku Tao, juste après la rivière Chan. Faire ensuite demi-tour et repartir vers le Nord pour voir les deux temples sur la colline au Nord-Ouest de la ville ancienne.

★Wat Phra That Chom Kitti – *À 3 km au Nord de Wat Pa Sak*. L'antique escalier *(350 marches)* bordé de tecks majestueux était l'accès de ce temple au 10ᵉ s. Un socle rectangulaire supporte la chambre-reliquaire redentée, percée de quatre niches abritant des statues du Bouddha et surmontées de moulures étagées, d'une cloche, d'une spire annelée et d'un dais élégant couvert de plaques de cuivre. **Belle vue★** sur la ville, la rivière, et le Laos à l'horizon.

En face, le **Wat Chom Chaeg** présente les ruines d'un petit *chedi* en briques et un charmant *wihan* moderne décoré de sculptures délicates de

Carte :

★★ Sop Ruak (Golden Triangle) ↑

Wat Chom Chaeng
Wat Phra That Chom Kitti ★

1290

Nong Klang Wiang

MAE NAM KHONG (MEKONG)

Wat Mahathat
Museum ★
POL.
H

Pratu Nong Mud

★ Wat Pa Sak
Wat Chedi Luang

Thanon Phahonyothin

LAOS

Thanon Rim Khòng

Thanon Rop Muang

Bung Yonok / Wat Ku Tao

CHIANG SAEN

0   600 m

Chiang Khong

1290

Wat Phra That Pha Ngao ↘

P. de Wilde/ HOA QUI

feuillages, d'un toit étagé avec des faîtières en *naga*, et d'étroites fenêtres garnies de volets. C'est un bel exemple d'architecture du Lan Na. Le portail de cérémonie traditionnel est une adjonction récente.

★ **Musée national** ⊘ – Chiang Saen est à l'origine d'un des styles fondateurs de l'art thaï. L'art et l'archéologie de la ville ancienne sont illustrés par les découvertes des fouilles : motifs et têtes en stuc, pierres gravées, *garuda* et divinités. Les objets les plus précieux sont quatre **statues**★★ en bronze du Bouddha assis dans le style du Lan Na, à regarder en détail. On y voit aussi des armes, des gongs et des tambours, des objets en osier et des objets laqués.

Wat Chedi Luang – *À côté du musée*. De grands arbres entourent le vaste domaine, où plusieurs ruines attestent de l'importance du sanctuaire. Le *chedi* octogonal du 13ᵉ s. en briques s'élève à la hauteur impressionnante de 58 m. D'épaisses moulures en marquent la partie centrale. Le *wihan* contient un bouddha assis hautement vénéré, et un grand pilier.

Wat Mahathat – *Près du centre d'information*. Il n'en reste que le socle trapu et redenté d'un *chedi*, avec une niche tournée vers l'Est.

EXCURSIONS

Bung Yonok – *À 5 km vers le Sud-Ouest par la route 1016, prendre à gauche au km 27 et poursuivre sur 2 km*. Ce lac paisible attire en hiver le gibier d'eau, canard mandarin et autres espèces rares. C'est un endroit idéal pour l'observation des oiseaux.

Wat Phra That Ngao – *Ban Doï Chan, 4 km vers le Sud-Est par la route 1290*. Au pied de l'enceinte du temple se trouve un *wihan* avec une **statue**★ vénérée du Bouddha, aux boucles serrées et à l'expression sereine, du style de Phayao datant d'une époque située entre le 8ᵉ et le 14ᵉ s. La grande statue, à demi enterrée, fut découverte à l'occasion de la restauration de son buste en stuc. Sur les murs, des hauts-reliefs illustrent la vie de Bouddha. Sur la gauche, un *chedi* s'élève sur un énorme bloc. Une niche abrite un bouddha.

Monter au sommet de la colline, couronné d'un *chedi* blanc moderne dont la flèche s'abrite sous un dais argenté. Les lourdes moulures en compromettent l'harmonie. À l'intérieur, deux rangées de colonnes à chapiteau en lotus soutiennent une galerie à balustrade ; 4 bouddhas encadrent un stûpa en ruine ; de belles peintures murales aux tons délicats décrivent des scènes de la vie quotidienne et le Bouddha prêchant ; un bouddha de style du Lan Na siège sur l'autel. De la terrasse, on a une **vue**★★ magnifique sur les alentours et le cours majestueux du Mékong.

★★ Sop Ruak (Le Triangle d'Or) – *Au Nord par la route 1290*. Au confluent de la rivière Ruak et du Mékong, qui servent de frontières avec la Birmanie (Myanmar) et le Laos, s'étend une région pittoresque qu'on désigne comme le cœur du fameux Triangle d'Or. La zone de production de l'opium comprend aussi bien des territoires au Nord de Chiang Maï que de vastes étendues voisines au Myanmar et au Laos. De nos jours, l'ambiance du Sop Ruak est plutôt tranquille, avec ses étals de souvenirs, boutiques, restaurants, et ses stations touristiques le long du fleuve. Il y a même un casino sur une île du Mékong. Des bateaux apportent des marchandises de Chine pour les vendre. Des ruines du Wat Phra That Doï Pu Khao, perché sur une colline, on a une belle **vue★★** *(entre les km 29-30. Accès par escalier ou en véhicule léger)*. On peut louer des bateaux sur la rivière.

Un petit **musée de l'Opium** ⊘ *(entre les km 30-31)* présente de manière remarquable l'histoire de la culture du pavot et du trafic de l'opium, ainsi que le coût social de la drogue.

★★ Excursion à Chiang Khong – Descendre le fleuve en bateau *(1 h 30)* est un moyen palpitant d'apprécier l'exotisme du paysage. Les rapides et les belles montagnes laotiennes ajoutent à l'intérêt du voyage. On peut aussi rejoindre Chiang Khong par une bonne route qui longe la plupart du temps le fleuve.

Cette ville frontalière animée est reliée au Laos par des **ferries** ; c'est aujourd'hui un point de passage officiel, et un visa est nécessaire. Observer l'activité du fleuve d'une terrasse de restaurant est un passe-temps agréable. Construit sur une colline par les Français, le **fort Carnot**, au Laos, caché par les arbres et les bâtiments, rappelle l'importance stratégique de la région à l'époque coloniale. La traversée du fleuve, rapide, offre la chance de visiter les villages lao de la rive Nord, où les habitants vivent de la pêche, du tissage et de l'agriculture.

Pour avoir un aperçu du mode de vie traditionnel des collines, on visitera les villages méo et yao préservés de l'Amphoe Chiang Khong. On peut retourner à Chiang Raï en prenant la route 1020, qui traverse des paysages vierges de montagnes et, à partir de Thoeng, une vallée fertile plantée de rizières.

> Le **pla bük** *(pangasianodon gigas)* est une sorte de poisson-chat géant du Mékong, qui peut atteindre 3 m de long et peser jusqu'à 300 kg. Chaque année, en avril, des festivités ont lieu à l'occasion de la capture des poissons géants. Malheureusement la surexploitation a appauvri leur population ; la pisciculture de Chiang Khong à Ban Hat Khrai a lancé un programme ambitieux d'élevage pour lutter contre leur extinction.

CHONBURI

Chonburi – 242 292 habitants

Atlas Michelin p. 24 ou carte n° 965 H 5 – Schéma : PATTAYA

La prospérité de cette ville côtière vient de son riche arrière-pays agricole (manioc, noix de coco, canne à sucre), de ses activités industrielles en expansion, ainsi que de la pêche côtière et hauturière. L'ouverture du port en eau profonde de Laem Chabang a attiré de grandes sociétés internationales qui ont implanté des usines dans la région (Michelin).

Chonburi possède un port de pêche pittoresque et ses temples méritent une visite : Wat Yai Intharam, Wat Thep Phuttharam et Wat Tham Nimit. Chaque année en octobre, les **courses de buffles de Chonburi** procurent aux habitants des divertissements musclés.

EXCURSIONS

Bang Saen – *À 10 km vers le Sud*. La route littorale longe **Ang Sila** *(à 5 km vers le Sud)*, réputé pour ses mortiers en pierre et ses tissus. De la colline de Sam Muk, couronnée d'un sanctuaire, on a une vue étendue de la côte.

L'ambiance détendue de Bang Saen attire la population locale, avec sa grande plage de sable et son parc d'attractions Ocean World (toboggans, piscine). Au Scientific Marine Centre se trouve un **aquarium** ⊘ intéressant.

Poursuivre sur **Si Racha** *(14 km vers le Sud par la route 3)*, réputé pour sa sauce fortement pimentée *(nam phrik si racha)*, ses fruits (ananas) et ses huîtres. Une jetée donne accès à Ko Loi, îlot rocheux couronné d'un temple, permettant de belles vues sur le large.

Réserve zoologique de Khao Khieo ⊘ – *40 km au Sud-Est par les routes 3 et 32. Prendre à gauche aux km 11 ou 14 et continuer sur 7 km*. La route passe le réservoir de Ban Phra qui est un refuge d'oiseaux, et plusieurs terrains de golf.

Le **zoo** est idéalement installé dans les collines d'une réserve naturelle. Une cinquantaine d'espèces animales, rhinocéros, lions, léopards, gibbons, etc. circulent librement dans de vastes enclos. La grande **volière★** résonne des chants d'un grand nombre d'espèces rares.

Ko Si Chang ⊘ – On peut visiter cette île agréable et son petit village de pêcheurs en empruntant un des étonnants tricycles à moteur qui font la navette sur la route littorale. En bord de mer, dans un cadre agréable ombragé de grands arbres, d'élégants bâtiments, un réservoir et des fondations sont tout ce qu'il reste du **palais d'été** construit à la fin du 19ᵉ s. par Rama V, qui venait profiter de la brise marine et du climat sec de l'île. Le palais fut abandonné en 1893, lorsque les Français occupèrent l'île à la suite d'un conflit territorial. Un des superbes édifices en teck

Poissons et crevettes séchant au soleil

fut démonté et reconstruit à Bangkok *(voir Phra Thinang Vimanmek, Bangkok)*. À proximité, en haut de la colline, se dresse le **Wat Asadang Nimit**, avec son *wihan* et son *chedi* arrondi de style européen, qui servait d'amer aux marins. La grotte de Chakrapong ouvre un accès pour le sommet de la colline, d'où l'on a une belle **vue★★** d'ensemble.

Près du quai, un temple chinois *(montée raide, 500 marches)* avec des bâtiments richement décorés mérite aussi une visite. Ko Si Chang a peu de plages, une petite au Nord et, rafraîchie par la brise sur la côte Ouest, Hin Klom, avec ses galets ronds. Les eaux claires sont idéales pour se baigner et aller à la découverte avec masque et tuba. Le port est toujours très actif, mais, depuis l'ouverture du port en eau profonde de Laem Chabang, on voit moins de navires transborder leurs marchandises sur des barges. L'île se développe rapidement, avec la construction de routes et de nouvelles installations sur le port.

Chachoengsao – *À 43 km vers le Nord par les routes 3 et 314.* Cette ville prospère nichée dans un bassin fertile sur la rive de la Bang Pakong a connu des fortunes diverses. Sa fondation date du 16ᵉ s. Après le sac d'Ayuthaya au 18ᵉ s., un souverain khmer fit déporter un grand nombre d'habitants de la ville et des villages voisins pour les faire travailler au Cambodge. Un circuit par les canaux est le meilleur moyen d'admirer les rizières et la végétation luxuriantes. Près de l'imposant hôtel de ville, le parc ombragé **Sri Nakharin** s'étend autour d'un grand étang. Au **Wat Sothon Woraram Worawihan** en bord de rivière, des danses traditionnelles ont lieu tous les jours en l'honneur d'un bouddha sacré, Luang Pho Sothon ; ce serait, dit-on, l'une de trois statues du Bouddha découvertes flottant sur la rivière.

Plus en amont, le pittoresque **Khao Hin Son** *(aux km 51-52 par la route 304)* est hérissé de formations rocheuses blanches. Le Centre d'études du développement, sous patronage royal, gère un jardin botanique, des parcelles de cultures et de plantations d'arbres expérimentales, une pisciculture et un élevage de bétail. Les visiteurs du **Wat Pho Bang Khla** *(17 km plus loin par la route 304, prendre à gauche la 3121 sur 6 km)* seront surpris à la vue de la multitude de chauves-souris frugivores suspendues aux feuillages des grands arbres.

CHUMPHON

Chumphon – 141 000 habitants
Atlas Michelin p. 19 ou carte n° 965 K 4

Cette ville animée et prospère est située à un carrefour important, à l'extrémité orientale de l'isthme de Kra. Le développement du potentiel touristique de la région en est à ses premiers pas. À l'attrait de son magnifique littoral (220 km), avec ses plages de sable désertes frangées d'îles et de récifs de corail paradisiaques, s'ajoute le sentiment de fouler des espaces vierges. Le paysage est varié, de la vaste prairie au Nord à l'épaisse forêt de l'arrière-pays, avec la montagne en toile de fond.

EXCURSIONS

Paknam Chumphon – *À 13 km au Sud-Est par les routes 4119 et 4001.* Important port de pêche à l'embouchure du Khlong Tha Taphao. Les visiteurs peuvent faire des excursions vers différentes îles de la côte. Le *chedi* et le phare de **Ko Mat Phon** *(trajet 15 mn ; accessible aussi à pied à marée basse)* servent de points de repère aux marins.

Chumphon est une des bases de départ de bateaux pour **Ko Tao** ⊘ *(voir Ko Samui). Embarcadère à Tha Yang, par la route 4001.*

Ao Thung Wua Laen – *Tambon Saplee, Amphoe Pathiu. À 16 km au Nord par la route d'Apakorn.* Baie paisible avec l'une des plus belles plages de sable. Les amateurs de plongée apprécieront les excursions organisées vers les différents îlots. Au Sud de la baie, à 17 km de la côte, Ko Ngam Yai et Ko Ngam Noi, aux superbes récifs coralliens et grottes sous-marines, sont réputés pour les nids d'hirondelles qui sont un mets très recherché.

En remontant, on trouve Hat Laem Taen à Ao Bo Mao. Sur une colline, le *sala (voir Glossaire)* offre une belle vue sur la baie.

★**Tham Rab Ro et Tham Phra** ⊘ – *Tambon Tha Kham, au Nord par la route 4. Prendre à gauche au km 490 et poursuivre sur 4 km la route goudronnée ; prendre à droite vers le Wat Thep Charoen.* Le flanc de la colline est truffé de grottes. Des marches montent à l'entrée de **Tham Phra**, qui renferme plusieurs statues du Bouddha des styles de Srivijaya et d'Ayuthaya, et une statue ancienne, le Luang Pu Lak Müang. À proximité se trouve le spectaculaire **Tham Rab Ro**★ *(sentier à partir de Tham Phra ou escalier à partir du temple)* hérissée de stalactites et de stalagmites. La légende raconte qu'il y aurait de mystérieuses cartes au trésor dans la première grotte, Tham Ai Teh.

Parc forestier de Nam Tok Kapo – *Tambon Salui, Amphoe Tha Sae. 41 km au Nord par la route 4, prendre à droite au panneau indicateur et emprunter la route en latérite sur 1 km.* Les fourrés ombragés de ce parc agréable sont propices à la détente. S'y ajoute l'attrait d'une petite cascade, d'un ruisseau et d'une flore variée.

★**Route touristique de Surat Thani** – *193 km au Sud par la route 41.* Il faut prendre le temps d'explorer les plages loin des routes fréquentées pour profiter de magnifiques paysages marins et d'une merveilleuse impression de solitude.

La route longe **Hat Pharadornphap**, vaste plage de sable frangée de palmiers (bungalows, restaurants) *(12 km vers le Sud-Est par la route 4119, au km 19 prendre à gauche au panneau).*

Au Nord d'une belle plage de fin sable blanc, **Hat Sairi** *(15,5 km par la 4119, tourner à gauche au km 13 et poursuivre sur 7 km)*, un sanctuaire fait face au large ; il est dédié au prince Chumphon, fondateur de la marine moderne thaïe. À proximité, spectacle inhabituel, la vedette lance-torpilles **Royal Chumphon**, désarmée en 1975 et offerte en 1979 à la province.

Se diriger vers le **point de vue du Khao Chao Müang** *(prendre à droite à partir de Hat Sairi, puis à gauche au panneau, monter sur 1 km jusqu'au parking, puis finir la courte montée à pied).* De là on domine le beau paysage de la baie de Chumphon et les îles (Ko Maphrao, Matra, Tha Lu [nids d'oiseaux], Raet, Lak Raet), avec, par temps clair, Ko Tao.

Ao Thung Makham *(baie intérieure de Thung Makham, à 27 km au Sud par la route 4119, au km 13 prendre à droite la 4098 et poursuivre sur 6 km le long d'une route goudronnée, puis à gauche à Sala Chalerm Phra Kiat sur la route de latérite pour 1 km).* Il y a la magnifique plage de sable et un authentique village de pêcheurs *(baie extérieure de Thung Makham, continuer sur 3 km le long de la route goudronnée et au panneau du Wat Pont Pang prendre à gauche pour 1 km).*

Phra That Sawi – *À 47 km vers le Sud par la route 41, tourner à droite au km 34 et poursuivre sur 1 km.* Près de la rivière Sawee, importante voie d'eau autrefois, ce temple est situé dans une région verdoyante, couverte de vergers et de mangrove. D'après la légende, le souverain de Nakhon Si Thammarat, Phraya Si Thamma Sokkarat, y mena une expédition en 1260, pendant la guerre contre Ayuthaya, et découvrit un ancien *chedi* en ruine. Des fouilles mirent au jour un coffret en massif renfermant une relique du Bouddha ; elle est aujourd'hui enchâssée dans un *chedi* dans le style de Srivijaya, qui se dresse sur une terrasse ponctuée de niches décorées d'éléphants. À sa base s'ouvrent des niches avec des statues en grès du Bouddha assis. À l'Est, le San Phra Sua Müang renferme une statue ancienne, de taille humaine, du dieu protecteur du temple et de la ville de Sawee.

Hat Arunothai – *Amphoe Tako. Emprunter la route 41 vers le Sud, puis entre les km 44-45 prendre à gauche la route 4096 et poursuivre sur une courte distance.* À partir de cette agréable plage tropicale bordée de palmiers sur 6 km sont organisées des croisières vers les îles voisines. On peut également faire de la randonnée et de l'escalade dans la région.

Tham Khao Ngoen – *Tambon Tha Ma Pla (à 12 km du bureau de l'Amphoe Lang Suan) 70 km vers le Sud par la route 41, prendre à droite entre les km 67-68 et poursuivre sur 3 km après un temple. Continuer sur 500 m en direction de Suan Somdet.* Dans un cadre pittoresque proche de la rivière, des tribus de singes voltigent sur le flanc de la falaise, percé de trois grottes. Devant l'une d'entre elles, un *chedi* commémore la visite de Rama V en 1889, avec une pierre gravée par le roi.

Khao Kriab – *À 80 km vers le Sud par la route 41 (10 km de l'Amphoe Lang Suan) ; aux km 76-77, prendre à droite la route de latérite et poursuivre sur 6 km.* Emprunter le sentier proche du temple isolé *(éclairage sur demande)* pour rejoindre l'escalier de 364 marches, raide et glissant, qui mène à une vaste grotte aux concrétions rocheuses fascinantes. À l'entrée se dresse un bouddha debout. La grotte a servi de refuge aux habitants du lieu aux époques de troubles.

★★ **Route touristique vers l'isthme de Kra et Ranong** – *130 km vers l'Ouest par la route 4.* Le paysage luxuriant compense généreusement la durée de ce circuit plus long par Ranong, qui descend la côte jusqu'à Phuket. Il offre l'occasion d'explorer une région isolée, moins peuplée, où dominent encore des modes de vie traditionnels. Un projet de canal reliant le golfe du Bengale au golfe de Thaïlande a récemment fait l'objet de discussions.

La route fait l'ascension d'un col en suivant des vallées étroites. Au km 545, un monument marque l'endroit, proche de la frontière du Myanmar, où l'isthme est le plus étroit. Puis la route descend sur 10 km le long de la rivière Kra Buri, qui forme la frontière naturelle avec le Myanmar, jusqu'à l'Amphoe Kra Buri, pour remonter ensuite sur les berges de son embouchure. On traversera plus loin le large Khlong Chang en direction de la rivière La-Un. À gauche du pont, on voit plusieurs maisons sur pilotis, et à marée basse, une épave de navire de guerre japonais. Après le km 597, on aperçoit du côté gauche de la route **Nam Tok Punyaban**, une cascade tombant du haut d'une grande falaise *(parking)*. Après un virage, un vaste **panorama** s'offre aux yeux, avec l'estuaire, les îles et les montagnes de Birmanie. Enfin la route descend sur Ranong *(18 km – voir Ranong)*.

DAMNOEN SADUAK (Marché flottant)★

Sanut Songkhram

Atlas Michelin p. 24 ou carte n° 965 H 4 – Schéma : KANCHANABURI

Sur les canaux qui quadrillent la plaine centrale, les marchés flottants jouent depuis des temps immémoriaux un rôle majeur dans la vie sociale des Thaïlandais, mais ils sont de plus en plus menacés par la modernisation. Dans la région, plusieurs marchés (Lak Ha, Khlong Ton Khem, Charoen Sukho, etc.) ont lieu seulement certains jours de la semaine ; mais le spectacle de Damnoen Saduak au petit jour offre, au quotidien, la plus authentique des saveurs. Les vendeurs viennent de fort loin proposer les produits frais, fruit de leur travail. Des piles impressionnantes de légumes, de fruits, de pièces

Marché flottant

R. Mattes/ MICHELIN

> On combine généralement cette excursion classique au départ de Bangkok avec la découverte de Nakhon Pathom et une visite à la Roseraie et au village des Éléphants de Samphran.
> Il est recommandé aux voyageurs indépendants d'arriver vers 8 h pour profiter du spectacle avant l'arrivée vers 9 h d'innombrables autocars amenant des centaines de touristes.
> La ville de Damnoen Saduak est un terminus d'**autobus** ⊘ de Bangkok. On accède au marché à pied, en minibus ou en bateau.
> Cette excursion peut également se faire à partir de Kanchanaburi, Ratchaburi et Phetchaburi.

de boucherie, de poissons et de fleurs recouvrent les barques à fond plat, habilement manœuvrées par des femmes arborant le large chapeau de paille traditionnel. Ceux qui désirent se restaurer se voient aussi proposer des plats cuisinés. Des foules de visiteurs suivent avec fascination les échanges animés. La mosaïque des couleurs est une fête pour les yeux. Le long des deux rives de l'étroit canal, les boutiques de souvenirs sont une facette moins attrayante de ce temple du commerce. Le meilleur endroit pour prendre des photos est le pont qui enjambe le canal.

Wat Phra That DOÏ SUTHEP★★★

Chiang Maï
Atlas Michelin p. 3 ou carte n° 965 C 3 – Schéma : CHIANG MAÏ

Le paysage grandiose du **Doï Pui** (alt. 1 685 m) tisse une magnifique toile de fond aux bâtiments monastiques de ce temple célèbre, où des fêtes bouddhiques sont célébrées en grande pompe. Le temple trône à 1 000 m d'altitude sur le Doï Suthep.

VISITE ⊘ – 1 h

Accès par funiculaire ou par un escalier abrupt de 306 marches.

Une statue de **Thorani**, déesse de la terre, se dresse au bas des marches ornées d'une splendide rampe en forme de *naga*, qui symbolise la quête de l'illumination par l'homme. Elles conduisent à la terrasse, avec ses quatre cloches de bronze. On en fera le tour pour admirer la **vue★★★** magnifique sur Chiang Maï et la campagne environnante. Des statues de démons défendent l'entrée de l'enceinte du temple.

★★**Chedi** – Haut de 20 m, le *chedi* étincelant à cinq niveaux forme un spectacle majestueux contre la luminosité du ciel. Il est entouré de quatre parasols de filigrane doré ajoutés au 18ᵉ s. par le roi Kawila.
Le *chedi* d'origine a été restauré et remanié dans le style du Lan Na en 1478 pour obtenir son aspect actuel. On l'a encore remanié par la suite en couronnant sa flèche élégante dans le style birman. La structure à facettes posée sur un socle à redents est gainée de cuivre doré estampé de motifs délicats.

Wihan – Les **portes** et les **pignons** richement sculptés et dorés des deux *wihan* sont de beaux exemples du talent des artistes du Lan Na. Dans le sanctuaire principal orné de peintures murales raffinées, un bouddha assis de style Lan Na est entouré de quatre autres bouddhas, deux avec un halo de flammes, deux avec une roue de la Loi.

Cloîtres – Parmi les bouddhas en bronze de différentes périodes, on a de belles statues des styles de Sukhothaï et du Lan Na (Chiang Saen). Les peintures murales réalisées par des artistes locaux sont d'un intérêt moindre. Il y a aussi un petit **musée**.

Une fondation bénie

Un ange révéla en rêve au moine Sumana l'endroit où était enterré un coffret renfermant une relique sainte du Bouddha. Mais, en l'absence de preuves, le roi de Sukhothaï ne voulut pas croire au pouvoir de la relique. Aussi, le moine la conserva avec lui et, plus tard, accepta l'invitation du roi Kü Na à résider au **Wat Suan Dok★★** *(voir Chiang Maï)*. Lors de la cérémonie de dépôt de la relique dans son *chedi*, elle se dédoubla sous l'effet d'un pouvoir surnaturel. L'une des reliques fut ensevelie dans le *chedi* ; on plaça l'autre sur le dos d'un éléphant blanc, qu'on laissa ensuite marcher à sa guise, entraînant à sa suite le roi et son escorte. Il finit par s'arrêter sur une hauteur située sous le sommet du Doï Pui, et où vivait un ermite. Après avoir barri par trois fois, le noble animal expira sur-le-champ. Le roi Kü Na fit alors construire un *chedi* pour abriter la relique sacrée. Depuis ce temps-là, elle fait l'objet d'une haute vénération par les fidèles.

Chedi, Wat Phra That Doï Suthep

AUTRES CURIOSITÉS

Parc national de Doï Suthep et Doï Pui – Malgré l'envahissement croissant de la civilisation, beaucoup d'espèces d'oiseaux, papillons, plantes à fleurs et fougères foisonnent dans ce parc qui réunit les deux pics. Les versants sont couverts à leur base d'arbres à feuilles caduques, en altitude d'arbres à feuilles persistantes. Des sentiers pittoresques sillonnent le parc. Certains mènent à des cascades. La piste qui monte au sommet offre des **vues** superbes.

Palais et jardins de Phuping ⊙ – *5 km plus loin*. La résidence royale d'été *(fermée au public)* est entourée de magnifiques jardins paysagers aux couleurs flamboyantes. On a également la possibilité de visiter un **village hmong (méo)**, situé 3 km plus loin que le palais *(accès en pick-up à partir d'un parking bordant un chemin de terre)*. Bien que modernisées, les huttes au toit de chaume donnent un aperçu du mode de vie traditionnel des Hmongs. Les villageois portent des vêtements traditionnels hauts en couleur et de beaux bijoux en argent.

HAT YAI

Songkhla – 305 260 habitants
Atlas Michelin p. 22 ou carte n° 965 N 5

Remarquablement desservie par la route, le rail et un aéroport, Hat Yai, ville en pleine expansion, est la plate-forme commerciale du Sud ; c'est aussi la porte de la Malaisie, avec les postes frontières de Sadao (voitures, cars et piétons) et Padang Besar (voie ferrée). Beaucoup d'habitants sont d'origine chinoise, et on y trouve une importante communauté musulmane. Grâce à ses nombreux commerces, sa vie nocturne animée, de bons hôtels et restaurants, la ville attire une clientèle nombreuse en provenance de Malaisie voisine et de Singapour. Le Wat Hat Yai, qui s'enorgueillit d'une grande statue

À Hat Yai existe une tradition peu courante de combats de buffles. Deux fois par mois, le week-end, l'arène *(à proximité de l'aéroport)* voit se dérouler des combats qui peuvent durer des heures. On fait s'affronter deux buffles, qui emmêlent leurs cornes jusqu'à ce que l'un d'entre eux soit repoussé au bord de l'arène ou prenne la fuite. Ces manifestations sont l'occasion de paris importants.

couchée du Bouddha, présente de l'intérêt *(à 4 km vers l'Ouest du pont Saphan Hat Yai, sur Thanon Phetkasem)*. C'est un bon point de départ d'excursions, notamment pour Songkhla et Phatta-lung, destinations faciles *(voir Songkhla et Phatta-lung)*.

EXCURSIONS

Nam Tok Ton Nga Chang – *À 13,5 km vers l'Ouest par la route 4. Prendre la route goudronnée à gauche et poursuivre sur 13 km.*
La route conduit au pied de la montagne, puis monte le long d'une rivière et de sa vallée verdoyante pour aboutir à un parc de stationnement. Un pont et un sentier mènent à une première cascade majestueuse, qui se divise en deux, d'où son nom signifiant « défenses d'éléphant ». L'accès aux six niveaux supérieurs est difficile.

★ **Route touristique de Satun** – *À 120 km vers le Sud-Ouest par les routes 4 et 406. Prévoir deux jours, sans compter une excursion de deux jours à Mu Ko Tarutao.* Au pied des monts Tenasserim, la route monte doucement à travers un beau paysage parsemé de reliefs calcaires et de collines rondes plantées d'hévéas. Ces terres de nature méritent pleinement le temps consacré à la route. *Voir Satun.*

HUA HIN★★

Prachuap Khiri Khan – 71 585 habitants
Atlas Michelin p. 17 ou carte n° 965 I 4

Bordée au Sud par un promontoire rocheux, la **plage**★★ de 3 km au sable blanc étin-celant est la fierté de cette charmante station qui rivalise maintenant avec les villégiatures mieux connues de la côte Est, grâce à sa situation sur la route rapide de la péninsule du Sud et à son excellente infrastructure touristique. Son pittoresque quai des pêcheurs, son marché aux poissons animé, ses restaurants de produits de la mer et son marché de nuit *(Thanon Dechanuchit)* ajoutent aux attraits de sa belle plage.
Elle possède également un **terrain de golf** réputé, l'un des plus anciens de l'Asie du Sud-Est, et une originale **gare de chemin de fer** en teck, où dessert l'Eastern and Oriental Express de Singapour à Bangkok, vivant souvenir de la grande tradition des voyages en chemin de fer. Hua Hin est un bon point de départ pour la découverte par la côte de **Phetchaburi**★★ *(au Nord – voir ce nom)*, Prachuap Khiri Khan et Chumphon *(au Sud – voir ces noms)*.

« **Reine de la Tranquillité** » – Hua Hin méritait bien cette appellation à l'époque où elle devint la première station balnéaire facilement accessible en train à partir de Bangkok. Un des princes royaux découvrit la région en 1910 au cours d'une expédi-tion de chasse. La fréquentation de la famille royale, qui y possède un palais d'été, a rapidement conféré à Hua Hin un grand prestige.

Railway Hotel – *Hôtel Sofitel.* Merveilleux **bâtiment de style colonial** en bois de teck, cet hôtel est associé à l'ouverture de la ligne de chemin de fer dans les années 1920. Il a été restauré pour lui redonner son éclat d'antan. Sa belle plage et ses jardins, avec leurs charmants buissons taillés en forme d'animaux, viennent parfaire son élé-gance. Les non-résidents peuvent y déjeuner ou y prendre le thé et savourer ainsi ce cadre merveilleux.

EXCURSIONS

★ **Phra Ratcha Niwet Marukatayawan** ⊘ – *À 15 km vers le Nord par la route côtière.* Construit en 1924 par Rama VI sur un domaine appartenant à la police, ce « Palais d'Amour et d'Espoir », retraite royale idyllique, comprend d'harmonieux bâtiments en teck, rénovés, reliés entre eux par des corridors suspendus, avec accès direct aux pavillons se trouvant sur la plage. Le style architectural dénote une influence victo-rienne. Les pieds des piliers sont immergés pour le protéger des insectes. Au centre se trouvaient les appartements de la famille royale. Il y avait aussi des salles d'audience et un théâtre. Le balcon offre de merveilleuses **vues** sur la mer et les jardins.

Ao Takiap – *À 4 km vers le Sud.* Cette agréable excursion permet de découvrir de merveilleux paysages à partir de plages désertes bordées de pins maritimes (Hat Khao Takiap *au km 238*, Suan Son *au km 240*, Khao Tao *aux km 242-243*). Des-servant des villages traditionnels de pêcheurs, deux temples en sommet de colline (Wat Khao Thairalat, *escalier*, et Wat Khao Takiap, *accès en voiture*) offrent de belles **vues** sur la mer, les montagnes et les alentours.

Parc forestier de Pran Buri – *À 6 km vers le Sud par la route 4. Prendre à gauche au km 246.* La route conduit à un port de pêche animé et à de belles plages, où les visiteurs peuvent se sentir à l'écart du monde. La région, en développement, possède plusieurs stations balnéaires.

Plage, Hua Hin

★ **Parc national de Khao Sam Roi Yot** – *À 65 km vers le Sud, quitter la route à Pran Buri. Bureau du Parc à Ban Khao Daeng (quitter la route 4 sur la gauche au km 286 et poursuivre sur 20 km).* Le relief déchiqueté de la « montagne aux Trois Cents Pics » (point culminant 605 m), avec l'épais manteau forestier de ses pentes et de ses vallées, forme une belle toile de fond pour ce parc traversé de plusieurs sentiers de randonnée. La région, qui était autrefois l'une des zones de **marais** les plus étendues de l'Asie du Sud-Est, est aujourd'hui réserve naturelle. On a interdit l'élevage de crevettes, qui dégradait le domaine des marécages, dans l'espoir de restaurer son fragile équilibre écologique. L'hivernage y attire de nombreux amoureux des oiseaux ; ici se rassemblent hérons, aigrettes, cigognes, ainsi que les rares aigles impériaux et mouchetés.

Les **grottes** creusées dans le calcaire, avec leurs formations géologiques en dômes, en drapés, en cascades pétrifiées, méritent une visite (Tham Sai après Ban Bang Phu, Ban Khao Daeng et Ban Khung Thanot ; Tham Kaeo ; **Tham Phraya Nakhon★★**). *Il est recommandé de prendre un guide pour certaines des grottes.*

★★ **Tham Phraya Nakhon** – *Accès en bateau de Ban Bang Phu – 430 m de sentier abrupt à partir de Hat Laem, puis descendre 30 m jusqu'à la première salle – 1 h 15 AR.* On est récompensé d'une montée raide par la découverte de plusieurs salles, d'arches et de deux gouffres. Un élégant pavillon de style thaï construit pour le roi Rama V vient ajouter une note de fantaisie.

★★ **Parc national de Kaeng Krachan** – *Voir Phetchaburi – Excursions.*

KALASIN

Kalasin – 145 361 habitants
Atlas Michelin p. 9 ou carte n° 965 E 8

Le monument de bronze *(en face de la poste)*, montrant un homme en costume thaï, un sabre à la main gauche et une jarre dans l'autre, est dédié à **Phraya Chaï Sunthorn**, fondateur de Kalasin, modeste capitale d'une petite province agricole au riche passé historique.

Wat Klang – *Thanon Phakao, Amphoe Müang.* Le temple est réputé pour une belle statue noire du Bouddha en bronze, avec une inscription ancienne à sa base. On voit aussi des empreintes de pied du Bouddha en grès, probablement de la période de Dvaravati, qu'on a transférées de la berge de la Lam Pao pour les soustraire à l'érosion.

Wat Si Bun Ruang – *Thanon Somphamitr (derrière le Wat Klang).* Le plus ancien temple de Kalasin s'enorgueillit d'anciens *baï sema* entourant l'*ubosot*, provenant de Müang Fa Daed Sung Yang. À l'entrée, un très bel exemple montre une divinité s'envolant au-dessus d'un *prasat* à deux niveaux, avec un portrait de la famille royale sur la partie basse.

EXCURSIONS

Réservoir de la Lam Pao – *À 35 km vers le Nord. Quitter Kalasin par la route 213 vers l'Ouest. Prendre à droite après 9 km au km 33-34, et poursuivre sur 26 km.* Le long des berges de la retenue barrant les rivières Lam Pao et Huay Yang, s'étend l'aire pittoresque et agréable de Hat Dokket.

Dans un environnement forestier vierge, une **réserve zoologique ouverte** *(Uttayan Satpa Lam Pao, 4 km vers l'Est)*, abrite de nombreuses espèces d'oiseaux, de singes, etc. Un important programme d'élevage de bantengs, un bœuf rare d'Indonésie, y a été lancé en 1980.

Phra Phuttha Saiyat Phu Khao – *Ban Na Si Nuan, Tambon Non Sila. Vers le Nord par la route 227. Au km 38, à 6 km du marché de Sahatsakhan, emprunter à gauche une route de latérite sur 1 km.* Se garer auprès du *sala* moderne, marcher jusqu'au petit *wihan*, puis descendre quelques marches jusqu'à l'abri de rocher du Bouddha couché. Trait original, la statue est tournée vers la gauche. Des empreintes de pieds du Bouddha sont creusées dans le rocher à gauche du *wihan*.

Wat Pho Chaï Sema Ram – *Au Sud par la route 214. Prendre à droite au panneau dans le village entre les km 13-14, et poursuivre sur 6 km.* D'anciens *baï sema* de Dvaravati provenant de Müang Fa Daed Sung Yang sont alignés dans le jardin. Le plus beau (sous un abri), montre le roi et la reine rendant hommage au Bouddha.

Phra That Ya Ku – *Comme ci-dessus ; tourner à droite en face du* wat *et poursuivre sur 400 m.* Le stûpa en forme d'étoile est le seul vestige significatif de la vieille cité d'époque de Dvaravati (7e-9e s. après J.-C.) de **Müang Fa Daed Sung Yang**, aussi appelée Müang Sema, dont on a pu identifier le plan. Le **soubassement en brique**★ est d'origine. On lui a ajouté le stûpa octogonal, dont la partie supérieure a été restaurée.

KAMPHAENG PHET★★

Kamphaeng Phet – 233 674 habitants
Atlas Michelin p. 7 ou carte n° 965 E 4 – Schéma : PHITSANULOK

Kamphaeng Phet, blotti au long d'une courbe gracieuse de la rivière Ping, est bordé au Nord par une vaste forêt de tecks. Sur la rive Est de la rivière, le parc de Sirikit et une esplanade aménagée attirent les promeneurs des alentours. On trouve des restaurants de plein air sur la rive Ouest. La ville moderne, capitale de la province, abrite des monuments intéressants, dont le **Wat Sadet** (empreinte du pied de Bouddha, finement gravée – *Thanon Ratchadamnoen*), et le **Wat Ku Yang** (*ho traï* du style de Thonburi – *Thanon Lang Wat Ku Yang*).
Un festival a lieu une fois l'an, en février, pour célébrer le règne glorieux du roi Li Thaï de Sukhothaï (1347-68).

Un site stratégique – L'étendue des ruines témoigne de l'importance de cette ville fortifiée, ancien avant-poste du royaume de Sukhothaï. Le nom de Kamphaeng Phet signifie littéralement « murailles de diamant », pour indiquer leur grande résistance. **Nakhon Chum**, ancienne cité qui prospérait sur la rive Ouest avant la fondation de Kamphaeng Phet, finit par être englobée par cette dernière. Une inscription de l'époque de Sukhothaï raconte comment le roi Li Thaï (1347-1368), à son arrivée à Nakhon Chum, ordonna la construction d'un *chedi* destiné à abriter des reliques du Bouddha. Les troupes d'Ayuthaya tentèrent à plusieurs reprises de s'emparer de Kamphaeng Phet, mais c'est seulement au 15e s., sous le règne de Borommatrailokanat, qu'elle fut conquise en même temps que Sukhothaï. Elle devint alors une ville de garnison sur la route menant vers le Nord au royaume du Lan Na et sa capitale Chiang Maï.
Sa position stratégique fut bien évaluée par l'armée birmane, obligée soit de traverser la ville, soit d'y faire étape avant d'attaquer le royaume d'Ayuthaya. En 1767, quand les Birmans prennent la capitale pour la deuxième fois, les habitants de Kamphaeng Phet quittent la ville pour fuir la guerre. Ils ne reviennent s'y installer que lorsque la paix s'établit de manière durable, pendant la période de Ratanakosin.

★ **Musée national** ⊙ – Deux éléphants de stuc en provenance du Wat Chang Rob *(voir ci-après)*, restaurés dans leur splendeur première, gardent l'entrée du musée. Les collections y retracent les développements de l'art en Thaïlande à partir des temps préhistoriques.

Rez-de-chaussée – La place d'honneur revient à une statue de bronze majestueuse représentant **Shiva**★★, qui date de la période d'Ayuthaya (1510), et révèle l'influence de l'art khmer du Bayon. Sur le socle, une inscription proclame le règne des dieux sur les hommes et les animaux. Les pièces préhistoriques ont entre 2 000 et 4 000 ans : objets artisanaux en terre cuite, pierre et fer, et outils pour écraser le grain. Les poteries ont été réalisées par une population sédentaire très active. Des pièces de monnaie de la civilisation de Dvaravati (8e-9e s.) représentent des images traditionnelles : *naga*, lune, eau, symboles de fertilité, mais la représentation de

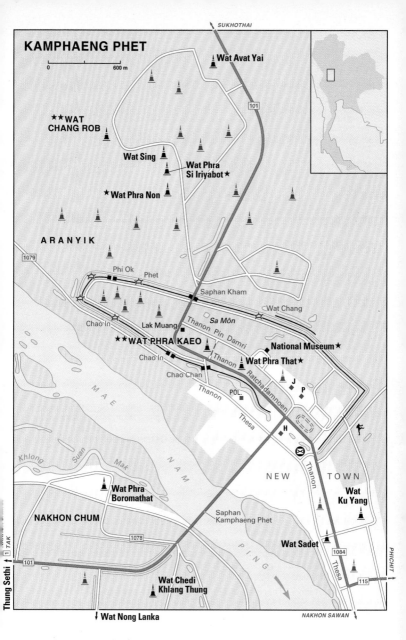

gazelles signale les premières influences bouddhiques. Un bronze intéressant représentant le **Bouddha terrassant Mara★**, dans le style ancien d'Ayuthaya (U-Thong 14e s.), contraste avec une tête de Bouddha en bronze dans le style de Sukhothaï.

Premier étage – On admirera, parmi les découvertes importantes provenant des fouilles locales, les statues en bronze du 16e s. représentant des divinités hindoues : buste de **Vishnou★★**, et statue en pied de **Lakshmi★★**. On remarquera le front large et le menton pointu de la tête de Bouddha en stuc. Sont également présentés des objets en terre cuite et céramique (14e au 18e s.), parmi lesquels des jarres Sang-khalok (15e s.), ainsi que des bronzes de Sukhothaï.

Annexe – Art populaire et artisanat sont présentés dans un groupe de maisons de bois traditionnelles.

Fête

Le glorieux règne de Li Thaï à Sukhothaï (1347-1368) est commémoré par un défilé à la pleine lune de février (fête de Makha Bucha). Les participants portent le costume thaï traditionnel. Aux festivités s'ajoutent animations et spectacles folkloriques, ainsi qu'une foire aux produits locaux.

Wat Phra Kaeo

SITE HISTORIQUE

Vue d'ensemble – Portes *(pratu)* et forts *(pom)* défendent l'accès de la ville, cernée de remparts et de douves, construite suivant un plan rectangulaire dans lequel s'alignent deux ensembles monumentaux caractéristiques de la période de Sukhothaï. À l'extérieur des murailles se trouve un groupe de temples destinés aux moines **Arannyik**, secte retirée dans les forêts, cadre serein propice à la méditation.
On trouve les ruines de sanctuaires religieux sur environ 80 sites à Nakhon Chum et Kamphaeng Phet. Leurs styles reflètent leurs liens historiques avec les royaumes de Sukhothaï, d'Ayuthaya ou du Lan Na.

Ville fortifiée

★**Wat Phra That** – *En face du musée.* Deux petits *chedi* encadrent un *wihan*, dont les fondations seules demeurent. Le *chedi*★ principal, entouré de colonnes, est remarquable pour son style local unique, bien que les influences de Sukhothaï, d'Ayuthaya et du Lan Na soient apparentes. Au-dessus de la base carrée en latérite se dresse un étage octogonal, puis une construction en forme de cloche, couronnée par une élégante flèche annelée.

★★**Wat Phra Kaeo** – D'après la tradition, le sanctuaire principal, situé au cœur de la ville, renfermait autrefois le Bouddha d'Émeraude *(voir Wat Phra Kaeo, Bangkok)*, d'où son nom. À l'intérieur de l'enceinte se trouvent les vestiges de plusieurs édifices et de statues en latérite. Au fil du temps, l'érosion a donné à certains d'entre eux des formes stylisées. Près de l'entrée il ne reste que la base d'une statue parmi les colonnes d'un *wihan* précédant un *mondop*. Un deuxième *wihan* fait face au *chedi* principal, qui a conservé des traces de décorations en stuc, et des statues dans les niches les plus élevées. La base, carrée, porte les vestiges de 32 lions en stuc. À proximité, un grand bouddha assis et trois **statues colossales**★ forment un groupe impressionnant. Le visage du **bouddha couché** est remarquablement expressif.
Plus à l'Ouest, des éléphants en stuc ornent la base d'un autre *chedi* rond, entouré de structures plus petites du même type. Près de l'entrée se trouvent le **Lak Müang** et des pièces d'eau (**Sa Môn** – *côté Nord*).

Hors des remparts

★**Wat Phra Non** – Devant le temple des 15e et 16e s., entouré de murets, on découvre un bassin carré, une salle d'eau et un pavillon où les fidèles procédaient aux purifications rituelles avant de pénétrer dans le sanctuaire.
Du temple même ne subsistent que sa base, en ruine, et les grands piliers de l'*ubosot*. Un grand *wihan*★, destiné à un bouddha couché dont l'érosion n'a laissé qu'une silhouette approximative, a conservé des murs percés de fenêtres étroites et quatre rangées de piliers massifs de latérite, parmi les plus imposants découverts en Thaïlande. Dans les mortaises visibles au sommet des piliers s'encastraient les poutres soutenant la toiture. Dans la salle du fond, seuls subsistent les socles de trois bouddhas assis.

Le grand *chedi* qui se trouve à l'arrière de l'édifice est le fruit d'un travail remarquable : sa base est semblable à celle d'un *chedi* du Lan Na, surmontée de deux étages en forme de bouton de lotus, couronnés d'une structure en cloche caractéristique de l'époque de Sukhothaï.

★ **Wat Phra Si Iriyabot** – Son nom est dérivé des quatre **statues de Bouddha**★ en haut relief adossées aux parois incurvées d'un haut *mondop*, sans doute autrefois recouvert d'un toit pyramidal à gradins. Les statues se présentent dans les quatre postures traditionnelles du Bouddha : debout, marchant, assis et couché ; elles dénotent l'influence de l'art de Sukhothaï. Une grande plate-forme, ceinte de balustrades, supporte les ruines d'un *wihan*. On voit aujourd'hui le tracé d'une ancienne douve, un puits et une salle d'eau. De l'autre côté de la route se trouve une intéressante carrière de latérite.

Wat Singh – La végétation sert de cadre à un imposant bouddha assis parmi les ruines d'un *wihan* et à un grand *chedi* flanqué d'édifices plus petits.

★★ **Wat Chang Rob** – C'est l'un des plus beaux monuments de l'époque de Sukhothaï, tant par son inspiration artistique que par sa finesse d'exécution. Un grand bassin a remplacé la carrière qui avait fourni les matériaux de construction. Du côté Nord se trouvait un petit *ubosot*. Derrière un grand *wihan*, on découvre le spectacle superbe du *chedi* entouré **d'éléphants en stuc**★, autrefois richement décorés *(voir ci-dessus, musée)* et d'arbres de l'Éveil finement sculptés. Des lions *(singha)* défendent l'accès des marches étroites menant à la terrasse, sur laquelle se dressait un grand *chedi*, l'espace dégagé à sa base permettant aux fidèles d'effectuer leur déambulation rituelle, suivant le sens des aiguilles d'une montre. Figures célestes et animaux mythiques en stuc ou terre cuite en décoraient la partie inférieure. Le temps a fait s'affaisser la partie supérieure en forme de cloche, terminée par une flèche effilée.

Wat Avat Yai – Le manteau forestier recouvre des ruines éparpillées sur une grande étendue. Les fouilles ont mis au jour des statues du Bouddha, des offrandes votives et des céramiques. Au-delà d'une ancienne carrière transformée en plan d'eau, on passe, pour pénétrer dans l'enceinte du temple, la porte flanquée de murs bas en L supportant les bases de 16 *chedi*. Au centre se dressent un grand *wihan* sur un socle imposant et le *chedi* principal. À l'arrière on trouve des *sala*, des puits et des salles d'eau.

Nakhon Chum

Lorsqu'on approche la ville par le côté Sud *(sur la route 101 conduisant par le pont à la ville)*, les ruines étendues sur la rive orientale de la rivière Ping témoignent de l'importance passée de Nakhon Chum.

Wat Phra Boromathat – Ce temple est renommé pour son *chedi* destiné à recevoir des reliques du Bouddha, comme le précise l'inscription de l'époque de Sukhothaï datant du règne du roi Li Thaï. Il y a quelques décennies, le *chedi* d'origine, sans doute en forme de bouton de lotus dans le style caractéristique de l'époque de Sukhothaï, a été remplacé par un *chedi* édifié dans le style birman par un riche marchand de bois de ce pays. C'est un édifice intéressant, de forme ronde et harmonieuse, avec une délicate couronne dorée.

Autres sites – Le fort **Pom Thung Sethi** fut construit pour faire obstacle à la menace birmane. Entouré de douves, le **Wat Nong Lanka** (14e-15e s.) possède un beau *chedi* en forme de cloche, surmonté d'une couronne légère, orné de niches et des vestiges d'un bouddha debout. Le **Wat Chedi Khlang Thung** (14e s.) comprend un *wihan* et un stûpa élégant en forme de bouton de lotus posé sur un socle carré, dans le style de Sukhothaï.

EXCURSION

Parc national de Khlong Lan – *à 62 km au Sud-Ouest. Suivre la route 1 vers le Sud pendant 10 km, prendre à droite la 1117, puis au km 46 prendre à droite vers le bureau du parc. Possibilités d'hébergement et de camping.* Au km 25 une route secondaire mène de la route 1117 vers Ban Pong Nam Rom, point de départ d'excursions remontant la vallée de Khlong Suan Mak pour y découvrir cascades, rapides et gorges *(il est recommandé de prendre un guide)*.

Une épaisse couverture forestière, détruite par endroits par les tribus montagnardes, recouvre les reliefs abrupts de la chaîne des Thanon Thong Chaï, culminant au Khao Khun Khlong Lan (alt. 1 439 m). Les tribus sont maintenant installées à l'extérieur des limites du parc.

On y trouve des espèces animales rares : gaurs (grands bovidés sauvages), tigres, cerfs-cochons et serows (antilopes asiatiques) ainsi que 68 sortes d'oiseaux (aigles des serpents, pigeons à gros bec...). Le parc offre la richesse de ses sentiers, de ses rapides et ses cascades, notamment **Nam Tok Khlong Lan**, impressionnante cataracte tombant d'une falaise à pic *(accès facile par route goudronnée au départ du bureau du parc)*, et Nam Tok Khlong Nam Lai.

KANCHANABURI★★

Kanchanaburi – 156 228 habitants

Atlas Michelin p. 11 ou carte n° 965 G 4

Rivières au cours tumultueux, nature luxuriante et grandioses paysages de montagne, associés à une longue histoire riche en événements, font de Kanchanaburi une destination particulière. L'atmosphère de cette agréable ville moderne est vivante ; elle possède une bonne infrastructure touristique (pensions, hôtels, clubs de vacances) ; c'est un excellent point de départ pour la découverte de la belle contrée avoisinante et de ses sites historiques. Randonnée et croisières sur les rivières sont des moyens très populaires d'explorer les territoires plus éloignés.

Les berges de la rivière sont bordées de maisons flottantes, qui séduisent ceux qui souhaitent vivre simplement, et de restaurants sur l'eau proposant une délicieuse cuisine thaïe, notamment la spécialité locale, le *pla yisok*, succulente carpe de rivière qu'on sert dans ce cadre agréable. La ville en a fait son emblème. Le sanctuaire de la borne de la Cité (Lak Müang) et la partie ancienne de la ville présentent de l'intérêt.

Les mines de pierres précieuses (saphirs, spinelles, rubis, onyx – *voir ci-dessous, Bo Phloi*) ont contribué à la prospérité de la ville. On a aussi exploité des mines d'étain et de tungstène dans la chaîne de montagnes près de la frontière.

Un puissant symbole

Fin novembre ou début décembre, des **célébrations** commémorent pendant une semaine l'œuvre héroïque et l'endurance des prisonniers de guerre qui ont construit le chemin de fer vers la Birmanie *(voir ci-dessous)*. Entre autres manifestations, des expositions historiques et archéologiques, des animations culturelles, des circuits en chemin de fer d'époque et un spectacle « son et lumière » sur l'histoire du « Pont de la rivière Kwaï ».

La nuit des temps – C'est un prisonnier de guerre néerlandais, travaillant sur le chantier du « Chemin de Fer de la Mort » *(voir ci-dessous)*, qui a découvert le premier des traces d'une civilisation préhistorique. Après la fin de la Seconde Guerre mondiale, il a participé à une mission de recherche archéologique dans la région, qui a mis au jour des implantations néolithiques (3000 ans avant J.-C.) près de Sai Yok, Bo Phloi et Ban Kao. Des objets et des peintures murales découverts dans d'autres sites et remontant probablement au paléolithique sont encore à l'étude. Le musée de Ban Kao *(voir ci-dessous)* permet un survol fascinant de la région. Les recherches se poursuivent, et sans aucun doute de nouvelles trouvailles permettront d'apporter plus de lumière sur les premiers occupants de la région.

Un centre d'échanges – À Phong Tük *(vers l'Est par la route 323)*, des découvertes importantes suggèrent que des liens commerciaux existaient entre l'Asie du Sud-Est et l'Occident *(voir musée de Ban Kao ci-après)*, et que la civilisation môn de Dvaravati (7ᵉ au 11ᵉ s.) prospérait dans la région.

Un empire étendu – D'imposants monuments attestent qu'au 13ᵉ s. l'influence khmère s'étendait jusqu'à la frontière birmane. Des communautés bien établies vivaient dans cet avant-poste éloigné.

Le Chemin de Fer de la Mort

En 1942, 61 000 prisonniers de guerre britanniques, australiens, américains, néo-zélandais, danois et néerlandais, ainsi qu'un nombre estimé à 250 000 de travailleurs forcés thaïlandais, birmans et malais, furent affectés à la construction d'une voie de chemin de fer de 415 km de long, destinée à relier Kanchanaburi à Thanbyuzayat en Birmanie. L'objectif était de relier directement Singapour au réseau ferré birman, à travers la Malaisie et la Thaïlande. Outre le ravitaillement des troupes japonaises en Birmanie, le chemin de fer aurait permis de préparer une invasion de l'Inde.

Le tracé retenu, suivant la vallée de la rivière Kwae Noi jusqu'au col des Trois Pagodes, empruntait un parcours difficile, mais la rivière facilitait le transport des matériaux de construction. On abattit des arbres dans la forêt, et on se servit d'éléphants pour convoyer les troncs. À la saison des pluies, le sol devenait un bourbier où les prisonniers besognaient sans répit, avec des outils inefficaces.

Le haut commandement japonais avait intimé l'ordre que la ligne soit terminée en douze mois. La dureté du travail, la brutalité de la discipline, l'insuffisance de nourriture, l'épuisement et l'absence de soins médicaux firent de nombreuses victimes parmi les prisonniers.

La tâche fut achevée en un temps record, en octobre 1943 ; elle avait coûté la vie à 16 000 soldats alliés et à d'innombrables Asiatiques. Les mauvais traitements infligés aux prisonniers restent une marque honteuse pour l'armée japonaise.

Après la guerre, la voie entre Nam Tok et le col des Trois Pagodes fut démantelée pour des raisons d'ordre stratégique.

Un site stratégique – La période d'Ayuthaya (14ᵉ-18ᵉ s.) fut marquée par les luttes pour le pouvoir entre les rois birmans et ceux d'Ayuthaya. Les armées birmanes traversèrent à de nombreuses reprises le col des Trois Pagodes pour lancer leurs attaques en territoire thaï ; elles finirent par détruire Ayuthaya. Kanchanaburi fut fondé par Rama Iᵉʳ comme avant-poste destiné à contrer la menace birmane.

Pendant la Seconde Guerre mondiale, l'importance stratégique de la région fut à nouveau au premier plan. Comme les routes maritimes étaient constamment menacées par l'aviation, les Japonais décidèrent de construire une ligne de chemin de fer pour ouvrir une voie sûre au ravitaillement de leurs troupes combattant en

Kanchanaburi pratique

Office de Tourisme (TAT) – Thanon Saeng Chuto, Amphoe Muang, Kanchanaburi – ☎ 034 511 200, 512 500 – fax 034 511 200.

Police touristique – Comme ci-dessus. ☎ 1155, 034 512 668/795.

Transports – Le TAT fournit les horaires des services de bus et de train quotidiens pour Bangkok et les provinces voisines. Gare de Kanchanaburi, Thanon Saeng Chuto ; gare routière, premier tournant à l'Est du TAT.
Location de tricycles, motocyclettes et jeeps (journée ou semaine) : Thanon Saeng Chuto.

Découverte – Au départ de la gare, un circuit en train mène à la gare de Nam Tok.
Excursions en raft et canoë (7-10 h aller-retour ou comportant un arrêt d'une nuit) : départ du pont ou de la rive. Contacter le TAT pour les renseignements actualisés et les tarifs.
Randonnée (à pied, à dos d'éléphant), camping, location de bungalows : Parcs nationaux de Sai Yok, Chaloem Ratanakosin, Erawan, barrage de Khao Laem et Sangkhla Buri.
Dans le **Kanchanaburi Safari Park**, près de Bo Phloi, la faune sauvage vit en liberté dans un domaine paysager.

Sports – On trouve des terrains de golf et des installations touristiques remarquablement équipés.

Achats – À voir, au Centre des artisans joailliers de Bo Phloi, les pièces magnifiques réalisées à partir des pierres extraites des mines locales. Les ateliers spécialisés dans la taille et le polissage disposent de centres d'accueil et de boutiques.

Hôtels et restaurants – On trouve toute une gamme d'établissements, à tous les prix : hôtels et restaurants flottants, pensions sans prétention, complexes de luxe.

Se restaurer à Kanchanaburi

Sur Thanon Suong Kway, en bord de rivière, ainsi qu'au célèbre pont, d'excellents restaurants proposent des repas, souvent avec orchestre, avec poisson de la Kwaï et cuisine thaïlandaise et chinoise.

Se loger à Kanchanaburi

Bon marché

River Kwai Hotel – *284/3-16 Thanon Saeng Chuto* – ☎ *034 511 565* – *fax 034 511 269* – *rkhk@riverkwai.co.th* – *www.riverkwai.co.th* – *900-1 600 bahts*. Chambres confortables ; plusieurs restaurants et animations.

River Kwai Village Hotel – *74/12 Moo ,Thasao, Saiyok* – ☎ *034 634 454-6, 034 251 7828/7552* – *fax 034 634 454, 034 255 2350* – *rkvh@bkk2000.com* – *www.bkk2000.com/rkvh* – *1 200-2 000 bahts*. À 70 km environ au Nord-Ouest de Kanchanaburi, cet établissement en bord de rivière offre des maisons flottantes et plusieurs restaurants.

Prix moyens

Suan Srikanokporn Hotel – *149/4 Moo 1, Lumsum, Saiyok* – ☎ *034 591 062, 02 880 7350-2, 02 880 8591-7* – *fax 034 591 062,02 434 2563* – *1 600-5 000 bahts*. Bien équipé, il offre plusieurs restaurants et une piscine en plein air.

Pavilion Rim Kwai Thani – *79/2 Moo 2, route de Kanchanaburi à Si Sawat* – ☎ *034 513 800* – *fax 034 515 774* – *2 500-5 700 bahts*. Complexe hôtelier offrant des services haut de gamme.

Ratchsuppamit Hotel – *Thanon Saeng Chuto, Tambon Tha Makham* – ☎ *034 625 128* – *fax 034 625 127* – *850-5 000 bahts*. Hébergement de qualité à proximité de la ville.

The Legacy River Kwai – *129 Moo 2 Tambon Klondor, Dan Makham Tia* – ☎ *034 515 995, 034 516 788, 02 860 7602-9* – *fax 034 515 995, 02 860 7610* – *2 500-6 500 bahts*. Ensemble raffiné de bâtiments bas et de jardins paysagers, avec plusieurs restaurants.

Pont de la rivière Kwaï

Birmanie et préparer l'invasion de l'Inde. Des prisonniers de guerre alliés, ainsi que des ouvriers asiatiques traités en esclaves, furent contraints au travail forcé dans la jungle dans des conditions inhumaines. Beaucoup moururent par suite de malnutrition et de maladie. Kanchanaburi a conservé beaucoup de souvenirs marquants de cette entreprise épouvantable, et des visiteurs du monde entier viennent se recueillir à la mémoire des victimes. Bien qu'œuvres de fiction, le roman de Pierre Boulle et le célèbre film ont néanmoins attiré l'attention du public sur les actions héroïques de ces malheureux prisonniers.

« Pont de la Rivière Kwaï » – *À 4 km au Nord-Ouest du centre-ville.* Remplaçant un ancien ouvrage en bois situé en amont, le solide pont de fer qui enjambe la rivière Khwae Yai était un maillon essentiel du Chemin de Fer de la Mort. Construit en seize mois environ par des prisonniers et des travailleurs forcés asiatiques, il fut détruit vers la fin de la guerre par les bombardements alliés ; les Japonais le reconstruisirent au titre de dommages de guerre. Seules les poutrelles courbes sont d'origine. Les Alliés le revendirent au gouvernement thaï. À proximité, un petit musée du rail illustre cette prouesse technique synonyme de tant de souffrances : rails, locomotives à vapeur, et un curieux camion qui se déplaçait sur les rails.

EXCURSIONS

★★ **Chemin de fer de Nam Tok** Ⓥ – Au départ de la petite gare du centre-ville, ce parcours nostalgique de 77 km jusqu'au terminus de Nam Tok, comprend des **vues** saisissantes sur le pont et, plus loin, un passage impressionnant sur un viaduc de bois aux robustes piliers, suivant le flanc vertigineux de la falaise le long de la rivière. Dans un cadre superbe, le tracé a dû être conquis à la main sur la jungle par les prisonniers avant de pouvoir placer les traverses. Le circuit du souvenir est une expérience émouvante. Le train fait halte pour quelques heures, et les visiteurs peuvent découvrir à proximité la cascade **Nam Tok Saï Yok Noï**, qui tombe d'une falaise calcaire, ou explorer la rivière en amont. On trouve des buvettes et des stands d'alimentation près de la gare.

Cimetière militaire de Kanchanaburi Ⓥ – *Thanon Saengchuto.* Dans un domaine impeccablement entretenu par la Commission des cimetières militaires du Commonwealth, les rangées ordonnées de tombes aux inscriptions émouvantes, à la mémoire de 6 982 prisonniers alliés morts en captivité, forment un spectacle poignant. À l'entrée, une plaque commémore aussi les travailleurs asiatiques qui ont perdu la vie, estimés à 50 000.
À côté se trouve un cimetière chinois, avec des monuments exotiques.

Musée militaire JEATH Ⓥ – *Wat Chaï Chumphon, Thanon Visuthararangsi.* Sur le domaine du temple, une reconstitution émouvante d'un camp de prisonniers de guerre en huttes de bambou donne un aperçu des terribles conditions de vie et atrocités subies par les prisonniers. Sont exposés outils, bombes, photographies, dessins ou témoignages originaux et souvenirs donnés par les survivants.

Au Nord de la ville

Sur la frontière avec le Myanmar, une grande région montagneuse boisée abritant des parcs nationaux (Saï Yok, Erawan, Sri Nakarin, Chaloem Ratanakosin) et des réserves naturelles (Thung Yai) est consacrée à la protection de la nature. Les parcs sont faciles d'accès en voiture.

★★ **Parc national de l'Erawan** – *65 km au Nord par les routes 323 et 3199. Bureau d'accueil.* Ce parc fréquenté, qui s'étend sur le piémont de la chaîne des Tenasserim, est une destination privilégiée des amoureux de la nature. À l'abri des frondaisons s'anime une faune abondante : éléphants, tigres, cerfs, singes, nombreuses espèces d'oiseaux. Un sentier escarpé suit les sept niveaux d'une cascade impressionnante, qui a creusé à chaque terrasse une piscine profonde et tentatrice : **Nam Tok Erawan** doit son nom à une formation rocheuse, au septième niveau *(ascension difficile)*, qui fait penser à l'éléphant à trois têtes Airavata (Erawan), puissant symbole de la mythologie hindoue.

Aires de pique-nique et hébergement.

★★ **Réservoir et Parc national de Sri Nakharin** – *5 km plus loin, prendre la route 3497.* Ce parc est un prolongement du Parc national de l'Erawan. Il entoure un gigantesque barrage hydroélectrique, qui a donné naissance à un lac immense cerné de pentes boisées. Du barrage, on a de belles **vues**★★ sur le paysage. Il y a aussi de magnifiques grottes calcaires, Tham Phra That *(10 km au Nord-Ouest du barrage par un sentier)* et Tham Wang Badan *(à l'Ouest du Parc)* aux vastes salles et merveilleuses formations. La spectaculaire **Nam Tok Huai Khamin** cascade sur plusieurs niveaux le long d'une façade calcaire couleur *ocre (piste de 25 km vers le Nord-Ouest, véhicules 4x4 uniquement, ou circuit en bateau, 2 h)*. C'est le joyau du parc, encadré par les lointains paysages de jungle dans lesquels circulent cerfs, tigres et éléphants. Bambouseraies et forêts de feuillus résonnent des appels et trilles des oiseaux exotiques (calaos, perroquets, martins-pêcheurs entre autres...).

★★ **Parc national de Chalerm Ratanakosin** – *À 97 km au Nord par les routes 323, 3086, 3306, puis suivre une route locale sur 22 km. 4 heures sans compter la visite. Centre d'accueil et hébergement.* La route rapide passe **Bo Phloï**, zone d'exploitation minière de pierres précieuses (saphirs, rubis, grenats, onyx), qui, à son heure de gloire, a suscité des rêves de fortune et attiré une foule de spéculateurs dans la région. Il reste peu de mines en activité, mais le paysage a gardé la trace de cette activité. On peut voir le long de la route des exploitations, maintenant entourées de palissades.

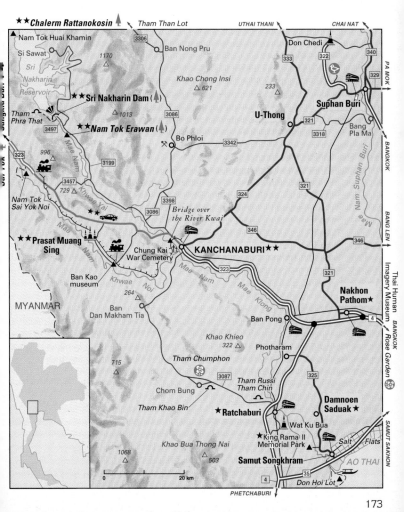

Nam Tok Saï Yok Yaï

Des sentiers balisés serpentent à travers la jungle épaisse du petit **Parc national** (59 km²) dominé par le Khao Kamphaeng (alt. 1 257 m) ; ils conduisent à des cours d'eau rapides, des chutes d'eau pittoresques, Nam Tok Than Ngun et Than Thong *(1 km du bureau du parc)* et des grottes impressionnantes.

Une rivière traverse l'immense grotte **Tham Than Lot Noï**, longue de 300 m, après laquelle un sentier de 2 km suit la rivière pour rejoindre la cascade à trois niveaux Nam Tok Trai Trung. La dernière partie du sentier, vertigineuse, monte au **Tham Than Lot Yaï**, gouffre spectaculaire, et passe sous une haute arche naturelle pour rejoindre un temple forestier. Sur le chemin se dresse un rocher inquiétant en forme de serpent. Les hauts arbres abritent une faune abondante, gibbons, cerfs, gaurs, ours noirs et éléphants, et de nombreux oiseaux (pics, gobe-mouches, calaos).

À l'Ouest de la ville

Cimetière militaire de Chung-Kaï – *Accès en ferry de l'embarcadère à l'extrémité Ouest de Thanon Lak* Müang, *et sentier à travers champs. Ou par les routes 323 direction Ouest, et 3228.* Dans ce cimetière paisible sur le bord paysager d'une rivière reposent 1 750 prisonniers de guerre alliés.

Deux kilomètres plus loin vers le Sud, se trouve le Wat Tham Khao Pun : monter vers ces grottes calcaires hérissées de stalagmites, qui renferment des représentations du Bouddha.

Musée de Ban Kao Ⓧ – *35 km à l'Ouest par les routes 323 et 3455.* Fascinante exposition d'outils, d'ustensiles, de bijoux du néolithique et de dioramas, évoquant l'époque lointaine où l'homme préhistorique parcourait la forêt et la montagne. Objets exceptionnels, un unique **vase tripode★** et des cercueils en bois.

★★ **Prasat Müang Sing** Ⓧ – *7 km plus loin par la route 3455.* Le long de la tumultueuse rivière Kwae Noi, les ruines étendues de ce temple évoquent puissamment l'Empire khmer. La ville frontière de Müang Sing, « Cité des Lions », a sans doute été établie comme comptoir commercial.

Des remparts ceignent l'enceinte à quatre portes *(gopuras)*, avec au centre le sanctuaire principal. Une antichambre *(mandapa)* ouvre dans le sanctuaire, qui renferme une statue du Bodhisattva Avalokiteshvara. À proximité se dresse un bâtiment imposant en latérite. Sur le domaine ombragé, un intéressant **musée** en plein air expose des statues de divinités et des stucs du sanctuaire.

Au Sud, on a découvert des **sépultures** néolithiques en bord de rivière.

★★ **Route touristique de Sangkhla Buri** – *240 km vers l'Ouest par la route 323. Prévoir deux jours.* Le long trajet est largement récompensé par les admirables paysages sauvages de la vallée et sa rivière, avec les chaînes montagneuses en toile de fond sur l'horizon lointain. Un grand barrage collecte les ressources de cet important bassin hydraulique. Dans le sillon récemment tracé par la voie de chemin de fer, on a domestiqué la jungle épaisse, dont le sol fertile est maintenant en culture : canne à sucre, manioc, tabac, maïs et coton.

Chemin de Fer de la Mort – *Prendre à gauche au km 18-19 et poursuivre sur 11 km.* Un détour permet aux visiteurs de voir de près le **pont sur chevalets** qui supporte la voie ferrée. Cette prouesse technique a coûté de nombreuses vies. Un camp de travail occupait le secteur ; des souvenirs (équipements, poêles) sont exposés près de l'entrée des baraquements. Les prisonniers couchaient dans des grottes non loin de là.

Nam Tok Saï Yok Noï – *77 km (km 46 – à 2 km de Nam Tok).* Dans un cadre de grands arbres et de plantes foisonnantes, les pittoresques chutes cascadent le long de falaises calcaires dans de larges piscines.

Tham Kaeng Lawa – *Location de bateaux à l'embarcadère de Pak Saen, Tam-Bin Tha Sao. 4 heures.* Remonter la rivière est un moyen agréable de profiter du merveilleux paysage le long de la Kwae Noy. À l'arrivée, un court sentier conduit à la grotte, qui recèle d'admirables concrétions et formations en draperies dans de vastes salles. On peut prolonger le circuit jusqu'à la merveilleuse cascade Nam Tok Saï Yok Yaï *(voir ci-dessous)*.

Hin Lek Faï (mémorial du col des Feux de l'Enfer) – *80 km (18 km de Nam Tok). Prendre à gauche au panneau et poursuivre sur 500 m après la ferme de l'armée royale thaïe.* Des sentiers mènent au pont de Hin Tok et à la tranchée de Konyu, où une plaque rappelle les épreuves des prisonniers de guerre australiens et britanniques qui ont effectué les travaux du col bien nommé dans des conditions terribles.

★★ **Parc national de Saï Yok** ⊙ – *104 km (à 38 km de Nam Tok). Prendre à gauche au km 82 et poursuivre sur 3 km jusqu'au bureau du parc.* Le domaine forestier du parc, qui s'étend sur les berges de la rivière Kwae Noï, est idéal pour la détente. **Nam Tok Saï Yok Yaï**, qui tombe des falaises calcaires à pic pour se jeter, fait inhabituel, dans la rivière, se voit mieux du haut du pittoresque pont suspendu ; elle a inspiré une chanson traditionnelle thaïe. Tham Kaeng Lawa *(voir ci-dessus)* et Tham Daowadung *(rive Ouest, 2,5 km par un sentier pentu)* recèlent des concrétions aux formes fantastiques. On y accède facilement de la cascade en bateau. Les animaux sauvages, cerfs aboyeurs, chauve-souris, gibbons et autres mammifères, vivent surtout dans la forêt plus loin vers l'Ouest.

★★ **Barrage et réservoir de Khao Laem** – *147 km. Prendre la route 3272 à gauche au km 139 et poursuivre sur 6 km.* Réunies par le barrage hydroélectrique, trois rivières ont donné naissance à un immense lac qui s'étire jusqu'à l'horizon. Ce havre de paix fera le bonheur des amateurs de tranquillité et de beaux paysages. Sur la rive Nord, la route suit les contours miroitants du lac jusqu'à la bourgade retirée de Sangkhla Buri. Possibilités d'hébergement et de location de bateaux.

Sangkhla Buri – *À 220 km.* Ce modeste avant-poste, habité surtout par des tribus mônes et karens et des immigrés birmans, trouve son attrait dans sa situation au bout du monde. La visite des villages mônes groupés en bord de lac donne un aperçu fascinant de leur mode de vie traditionnel. Se promener en bateau sur le lac est un bon moyen d'admirer le merveilleux paysage. Au point du jour, le marché est un spectacle haut en couleurs.

Temple môn à la fondation ancienne, le **Wat Wang Wiweharam** *(à 3 km au Sud-Ouest)*, occupe un site incomparable en bord de lac. La pagode caractéristique s'inspire du temple indien de Bodhgaya.

Col des Trois Pagodes – *À 4 km de Sangkhla Buri.* Trois *chedi* blancs (Phra *Chedi* Sam Ong) marquent ce passage de frontière historique, témoin pendant des siècles des invasions birmanes, quand la volonté de suprématie de la Birmanie alimentait les conflits. Un mémorial rend hommage aux vies sacrifiées pendant la Seconde Guerre mondiale lors de la construction par les Japonais de la ligne de chemin de fer stratégique. Plus récemment, les armées de libération karen et mône ont trouvé refuge dans l'épaisseur de la jungle. Maintenant paisible, le site témoigne de l'amélioration des relations entre Myanmar et Thaïlande.

Parc national de KHAO YAÏ ★★★

Saraburi, Prachinburi, Nakhon Nayok, Nakhon Ratchasima

Atlas Michelin p. 12 ou carte n° 965 G 6

Accès : à 200 km à l'Est de Bangkok par la route 2. Entrée Nord sur la 2090 : 5 km avant Pak Chong, prendre à droite Thanon Thanarat et poursuivre sur 40 km jusqu'au bureau du TAT. Entrée Sud : par les routes 1 et 305 vers Nakhon Nayok, puis 33 vers Kabiburi ; prendre ensuite à gauche la 3077 au croisement de Noen Yai Hom, et poursuivre vers le Nord jusqu'au bureau central du parc au km 41. Pavillon d'accueil.

Premier parc national de Thaïlande, ouvert en 1962, Khao Yaï présente les attraits incomparables d'une faune abondante et de merveilleux paysages de forêts et de montagnes.

Les visiteurs sont priés de passer par le bureau du parc avant de partir en randonnée pour donner le détail de leur programme. Certains sentiers sont faciles, mais pour les autres il est recommandé de se faire accompagner d'un guide (contribution). Produits anti-moustiques très vivement recommandés. Le soir, le bureau du parc organise des circuits pour l'observation des animaux.

Parc national de KHAO YAÏ

Il s'étend sur le territoire de quatre provinces *(voir ci-dessus)* et couvre une superficie de 2 168 km², passant de 60 m d'altitude dans les vallées à 600-1 000 m sur le plateau en pente douce. Les points culminants sont le **Khao Laem** (alt. 1 328 m) et le **Khao Khieo** (Montagne verte, alt. 1 351 m). Cette région alimente six grandes rivières qui irriguent la partie basse de la région du Nord-Est, le centre de la Thaïlande, et le bassin du Mékong.

Les températures moyennes varient de 17° à la saison fraîche *(novembre à février)* à 28° à la saison chaude *(mars à mai)*. Pendant la saison des pluies *(juin à octobre)*, les cascades sont spectaculaires. Le parc est un lieu de détente privilégié pour les habitants de Bangkok, qui viennent y chercher la fraîcheur pendant les grosses chaleurs. Le grand succès du parc met en danger son fragile équilibre écologique. L'exploitation illégale du bois et de nouvelles emprises foncières sont des problèmes épineux, que les autorités doivent résoudre afin d'assurer la pérennité de ce merveilleux espace naturel.

VISITE *1 jour*

Ce havre de paix et de fraîcheur est sillonné de 12 sentiers balisés *(1 h à 6 h)* ; ils offrent des **vues★★★** magnifiques en traversant des paysages variés de prairie et de forêt, et conduisent à des rivières et lacs miroitants, à des cascades idylliques, **Heo Narok★★**, **Heo Suwat★**, **Pha Kluay Maï**, sur la Nakhon Niyok et la Lam Takhong, qui décrit un méandre à l'intérieur du parc, enjambé par des ponts de singes à Kong Kaeo. Parmi les mammifères de grande taille y vivent des ours, des gaurs (bœufs sauvages), des léopards et d'autres petits félins. On peut apercevoir des éléphants, et plus rarement des tigres, auprès des pierres à sel. Le meilleur moment pour observer les animaux

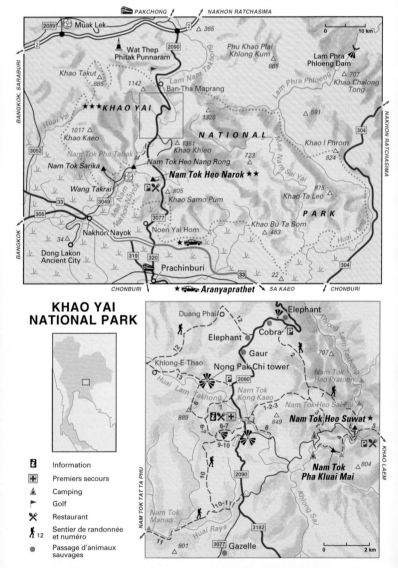

Parc national de Khao Yaï

en pleine nature, à partir de la **tour Nong Pak Chi**, est l'aube ou le crépuscule : gibbons, cerfs, serows (sortes d'antilopes), loris (perroquets aux couleurs vives). On admirera les démonstrations acrobatiques à la cime des arbres des gibbons à mains blanches, des gibbons lars à bonnet et des macaques à queue de cochon. On voit couramment de gracieux sambars (grands cerfs d'Asie) et cerfs aboyeurs. Les amoureux des oiseaux seront enchantés par les 318 espèces du parc, migrateurs et sédentaires : calaos, faisans argentés, faisans à dos rouge, coucous-éperviers, chouettes baies, timalies babillardes cimeterre, couroucous, grands ducs.

KHON KAEN

Khon Kaen – 356 218 habitants

Atlas Michelin p. 8 ou carte n° 965 E 7 – plan de ville voir Atlas p. 32

Khon Kaen, deuxième ville de l'Isan, est situé sur un important carrefour routier. C'est également un centre financier et universitaire majeur : la Banque de Thaïlande et l'université sont ses principaux établissements. Deux lacs, Bung Thung Sang et Bung Kaen Nakhon, offrent des espaces de détente appréciés, avec aires de pique-nique et restaurants. La ville, qui rassemble d'excellents équipements, est une base commode pour découvrir cette région où le paysage de plateau calcaire du Khorat laisse la place aux étendues plus verdoyantes du bassin du Mékong.

★ **Musée** ⊘ – Le musée illustre de manière exhaustive l'art de la région du Nord-Est, de la préhistoire au 19ᵉ s.

Rez-de-chaussée – À droite, les découvertes des sites préhistoriques (Bang Sang Du, Non Nok Ta, Non Chaï) rassemblent outils, poteries, cloches en bronze, bracelets et tambour. À l'extrême droite, une sépulture reconstituée montre des poteries placées à la tête du mort. Le site de Ban Chiang (3600 avant J.-C. à 200 après J.-C.) se caractérise par des poteries à motifs géométriques, de fleurs ou d'animaux, ainsi que par des bronzes.
Sur la gauche, la période de Dvaravati (7ᵉ-11ᵉ s.) est représentée par des **bornes sacrées**★★ de Müang Fa Daed Sung Yang *(voir Kalasin)*, des pierres gravées, sculptures et bas-relief en stuc (vie du Bouddha).

Premier étage – Collection de plaques d'argent, de tablettes votives, de statuettes de bronze (7ᵉ-11ᵉ s.). Le style de Lopburi (12ᵉ-13ᵉ s.) est illustré par des têtes provenant de statues du Bouddha, une grande statue d'un esprit tutélaire, une petite statue sans tête de Vishnou. Particulièrement intéressants, le linteau de pierre représentant Indra sur l'éléphant à trois têtes Erawan (11ᵉ s.), deux céramiques de Lopburi figurant le Bouddha sous la protection du *Naga*, et des statues de Bouddha du style de Chiang Maï (15ᵉ-19ᵉ s.), dans les attitudes de méditation ou de vainqueur de Mara.

Cour – À gauche, art populaire lié aux rituels et aux activités traditionnelles. À droite, maison typique de l'Isan, costumes, instruments de musique et bornes en pierre sculptées.

Jardin – La **collection de *baï sema***★★★ en grès rose ou gris, provenant surtout de Ban Sema (Kalasin), est une admirable illustration du talent des artistes de Dvaravati.

Khon Kaen pratique

Office de tourisme (TAT) – 15/5 Thanon Prachasamosorn – ☎ 043 244 498/9 – fax 043 513 492 – tat.ne@npu.msu.ac.th

Police touristique – ☎ 1155.

Transports – Liaison avec Bangkok : deux vols quotidiens **Thai Airways** *(45 mn)*. Ligne régulière de bus, avec départs fréquents et cars climatisés (6 h) pour la gare routière Nord de Bangkok. Trains rapides et express pour la gare Hualamphong de Bangkok.
En ville, tricycles et **taxis** *tuk-tuk* sont un moyen de transport pratique. La ville possède un service de mini-bus desservant les villages des alentours.

Achats – On trouve des boutiques de souvenirs dans Thanon Na Muang et Thanon Klang Muang.
La province est réputée pour son **artisanat**, proposé dans les boutiques locales : vannerie, travail de l'argent, tissus en coton et soieries *(matmi)* ; *Centre de promotion de l'artisanat du Nord-Est (12 km vers le Nord par la 2)* ; *Amphoe Chonna Bot (55 km vers le Sud par la 2, direction Ban Phai, puis 10 km vers l'Ouest par la 229)*.
Fin novembre ou début décembre se tient une **Fête de la soie** qui dure sept jours et sept nuits.

Se restaurer à Khon Kaen

Au centre-ville, on trouve de nombreux restaurants pour tous les goûts et toutes les bourses sur Thanon Srichan, Na Muang, Klang Muang. L'ambiance est particulièrement agréable dans ceux proches du beau cadre du Bung Kaen Nakhon.

Se loger à Khon Kaen

Bon marché

Kaen Inn – *56 Thanon Klang Muang* – ☎ *043 237 744* – *fax 043 239 457* – *800-1 800 bahts.* Hébergement à prix raisonnables dans le centre.

Rosesukon Hotel – *1/10 Thanon Klang Muang* – ☎ *043 238 576* – *fax 043 239 579* – *700-2 000 bahts.* Un bon établissement près du TAT.

Khon Kaen Hotel – *43/2 Thanon Phimphasit* – ☎ *043 238 711* – *fax 043 243 458* – *700-2 000 bahts.* Cet hôtel allie situation pratique, en ville, et prix modérés.

Prix moyens

Kosa Hotel – *250 Thanon Si Chan* – ☎ *043 320 320, 043 225 014-8* – *fax 043 225 013* – *1 100-4 000 bahts.* Hôtel du centre, confortable et proche de l'aéroport et de la gare. Bar dans le jardin, café avec orchestre, restaurant chinois, karaoké et club de billard, boutique de souvenirs.

Charoen Thani Princess – *260 Thanon Si Chan* – ☎ *043 220 400-14* – *fax 043 220 438* – *princess@icon.co.th* – *2 160 bahts.* Élégant hôtel aux équipements très haut de gamme.

Hôtel Sofitel Raja Orchid – *9/9 Thanon Pracha Samoson* – ☎ *043 322 155, 02 237 6064* – *fax 043 322 1150, 02 233 1000* – *sofitel@kkaen.loxinfo.co.th* – *www.sofitel.com* – *3 000-12 000 bahts.* Établissement de luxe proposant plusieurs restaurants et sa propre boulangerie, en bord de lac.

EXCURSIONS

★ **Ku Puay Noï (That Ku Thong)** – *79 km vers le Sud-Est. Suivre la route 2 sur 44 km, à Ban Phai prendre la route 23 vers Borabu sur 11 km, puis à droite la 2301 sur 8 km, enfin la 2297 pour 16 km. À droite avant l'hôpital.* Un mur de latérite ceint le domaine ombragé de ce temple khmer en ruine, construit en grès rouge, latérite et briques par Jayavarman V vers la fin du 11ᵉ s. Les quatre pièces d'eau représentent les quatre océans. *Gopura* et bibliothèque sont magnifiquement décorés : volutes sur les encadrements des portes et des fenêtres, linteaux et frontons sculptés de scènes de la mythologie hindoue ; sur le pignon de la bibliothèque, Shiva et Uma montent le taureau Nandin. Le sanctuaire, qui possède trois *prasat* bâtis en briques sans mortier, se dresse sur une grande base redentée. L'encadrement de porte est en pierre. Sur le devant, un **linteau** représentant Vishnou allongé ; dispersés autour du sanctuaire, treize autres linteaux aux motifs finement sculptés.

Wat Udom Khong Kha Khiri Khet – *Direction Sud-Ouest par la route 12 pour 14 km, route 2062 pour l'Amphoe Mancha Kiri, puis 229 et 2284 sur 10 km.* Ce temple forestier est bâti dans un site ombragé et tranquille au pied d'une colline. Le *chedi*, construit pour renfermer les cendres du Vénérable Abbé Luang Pu Phang, est surmonté d'une grande plate-forme carrée, redentée et ceinte de balustrades, sur laquelle s'élève une série de larges moulures. La tour-reliquaire dorée est couronnée d'une flèche à sept étages, également dorée.

Phra That Kham Kaen

★ **Phra That Kham Kaen** – *À 30 km au Nord. Wat Chetiyaphum, Tambon Ban Kham, Amphoe Nam Phong. Suivre la route 209 vers l'Est, entre les km 12-13 prendre à gauche la 2183 et poursuivre sur 15 km.* Le Phra That, qui a donné son nom à la province, est construit sur la colline où, croit-on, avaient fait étape le souverain de Nakhon Phanom et neuf moines éclairés, porteurs d'une relique du Bouddha, en route pour le **Phra That Phanom**★ *(voir Nakhon Phanom)*. Mais quand ils arrivèrent à destination, la dernière pierre du sanctuaire avait déjà été posée. La légende raconte que sur le chemin du retour, un tamarinier qu'ils avaient vu mort sur la colline avait miraculeusement repris vie. Ils décidèrent d'y bâtir un *chedi* pour y enfermer les reliques entourées d'un trésor.

Le simple style architectural d'Isan est comparable à celui du **Phra That Si Song Rak**★★ *(voir Loeï, Excursions)* : sur une base carrée basse surmontée de larges moulures, une gracieuse tour-reliquaire en bouton de lotus s'étire en fine flèche dorée. À proximité, un *ubosot* de style laotien, ou *sim*, au fronton décoré d'un motif en rayons. À côté, plus petit, on remarquera le That Khru Pa Tang Kao (That des neuf moines éclairés).

Barrage de Khuan Ubonrat ⊘ – *À 50 km au Nord. Route 2 sur 26 km, prendre à gauche entre les km 470-471 et poursuivre sur 24 km.* Le barrage à double fonction, électricité et irrigation, sur la rivière Pong est le plus grand du Nord-Est (capacité 2 550 millions de m³ sur 410 km²). On a de belles **vues** du haut du barrage et du club-house. C'est un lieu de détente agréable.

Parc national de Phu Kao-Phu Phan Kham – *À 56 km au Nord. Comme ci-dessus ; au barrage, poursuivre sur 6 km jusqu'au bureau d'accueil.* Le domaine du parc (320 km²) est couvert d'une forêt de diptérocarpacées, associées à des feuillus et des arbres à feuilles persistantes. Parmi d'autres attraits, il offre cascades, grottes, sentiers de randonnée et circuits en bateau pour visiter les îles et les villages de pêcheurs.

Parc national de Phu Wiang – *Route 12 vers l'Ouest. À Ban Kut Chim, au km 37, prendre à droite la 2038 pour 30 km jusqu'à l'Amphoe Phu Wiang, puis continuer sur 15 km jusqu'au bureau du parc.* Le domaine du parc (300 km²) est entouré de deux chaînes de montagnes qui forment une cuvette, le bord culminant à 726 m, l'intérieur à 470 m. Il abrite une faune et une flore abondantes, ainsi que plusieurs cascades (Nam Tok Tat Fa, 15 m de haut, *à 18 km de l'Amphoe Phu Wiang ; 1,5 km de montée, sentier au départ du parking*).

Des recherches effectuées lors de la découverte en 1976 de **fossiles de dinosaures**★ ont révélé qu'il y a 200 millions d'années, la région maintenant aride du Nord-Est était une plaine verdoyante, avec des rivières, des marais, et des lacs, bénéficiant d'un climat tropical favorable à toutes sortes d'animaux préhistoriques. Des recherches sont en cours sur le terrain, et plusieurs sites ont été identifiés : au site n° 3 *(à Huay Pratu Ti Ma, près du bureau)* un gros os de sauroropode, dinosaure végétarien, est enfoncé dans le sol ; au site n° 9 *(à Hin Lat Yao Phu Wiang)* on a trouvé un os de carnosaure, le premier découvert en Asie du Sud-Est ; à Lan Hin Lat Pha Chat *(Amphoe Phu Wiang)*, un grand bloc de pierre porte une soixantaine d'empreintes de dinosaures.

Barrage de Chulaporn – *Suivre la route 12 sur 155 km vers l'Ouest, prendre à gauche au km 96 et poursuivre sur 36 km. Cafétéria, hébergement.* Connu aussi sous le nom de Khuan Nam Phron, il a une capacité de 188 millions de m³, utilisés essentiellement pour l'irrigation et la production d'électricité. Du haut des 70 m du barrage et du club-house, on a de belles vues sur le lac dans son cadre de forêts et de montagnes. Un programme royal expérimental la culture de plantes de climat tempéré est en cours.

La route longe la **réserve naturelle de Phu Khieo** *(spécialistes uniquement)*, qui couvre les Amphoe Khon San, Kaset Som Boon, et Nong Bua Daeng. C'est une réserve d'animaux pour l'étude des espèces rares, oiseaux et grands mammifères (rhinocéros à deux cornes). Du point de vue à la borne km 34-35, et du sommet de la falaise près du bureau se déploie le magnifique **panorama**★★★ des vallées fertiles et de la chaîne de montagnes couverte de forêt, avec, par temps clair, le sommet du Phu Kradung.

Pha Nok Khao – *125 km vers l'Ouest par les routes 12 et 201.* La route descend vers un massif calcaire en forme de hibou, au pied duquel s'étend le parc frais et ombragé de Wang Phai. C'est le point de départ pour le Phu Kradung *(voir Parc national Phu Kradung).* Les randonneurs peuvent s'approvisionner à Ban Pha Nok Khao, où se trouvent des restaurants.

KRABI★★

Krabi – 80 410 habitants

Atlas Michelin p. 20 ou carte n° 965 M 3 – Schéma : PHUKET

Cette ville plaisante est nichée sur les berges de la rivière Krabi, dans une région qui allie de grandioses paysages de montagne, où des formations karstiques surgissent de la forêt tropicale, et un littoral magnifique, frangé de plages blanches et de palmiers. L'arrière-pays est couvert de grandes plantations d'hévéas et de palmiers à huile, qui contribuent à la prospérité de la région. La beauté des alentours de Krabi explique son succès grandissant.

Un marché de nuit animé est ouvert près du quai de Saphan Ja Fa ; on peut prendre un bateau à l'embarcadère pour visiter la grotte creusée dans la falaise de Khao Khanap Nam, à l'embouchure de la rivière ; les îles de l'Oiseau, du Chat et de la Souris sont toutes proches.

Krabi est le point de départ de croisières pour Mu Ko Phi Phi *(voir Mu Ko Phi Phi)* et Mu Ko Lanta *(voir ci-dessous).*

EXCURSIONS

★★ **Route touristique vers le Nord** – *Compter 1 jour.* Cette agréable excursion permet d'admirer de merveilleux paysages dominés par des massifs calcaires, ainsi que des plages de sable blanc étincelant.

Su San Hoi (cimetière de Coquillages) – *À 19 km vers l'Ouest par les routes 4034 et 4204.* Un sentier descend la falaise vers des **tables rocheuses**★ formées de coquillages marins fossiles vieux de 75 millions d'années, visibles à marée basse. Trois sites au monde seulement permettent d'observer ce phénomène géologique : les deux autres sont au Japon et aux États-Unis.

★★ **Ao Phra Nang** – *17 km vers l'Ouest par les routes 4034, 4204 et 4203.* Explorer tranquillement en bateau cette baie abritée, semée de 83 îlots. L'eau limpide est idéale pour la découverte au tuba, surtout autour de Ko Poda et de Ko Hua Khwan. Au cœur des pinèdes et des cocotiers du rivage foisonnent hôtels et bungalows. À l'Est, les impressionnantes falaises de **Laem Phra Nang** s'avancent dans la mer. Accessibles en bateau, à l'Est, se trouvent les superbes plages fréquentées de Hat Raileh et Hat Tham Phra Nang, et leur sable blanc immaculé.

Au Sud, on visite **Tham Phra Nang Nok** (grotte de la Princesse, extérieur). Un sentier périlleux conduit à un spectaculaire lagon caché *(40 mn).* **Tham Phra Nang Nai** (grotte de la Princesse, intérieur) comprend trois grandes salles aux impressionnantes formations calcaires, dont une cascade de pierre dorée.

Hat Nopharat Thara – *À 16 km vers l'Ouest par les routes 4304 et 4202.* Trois îles, qu'on peut rejoindre à pied à marée basse, bordent le rivage de cette belle plage ombragée de 2 km. Au Nord, de hautes falaises couvertes d'une abondante végétation encadrent l'embouchure de la rivière.

Arboretum de Than Bokkhorani – *À 46 km au Nord-Ouest. Prendre la route 4039 sur la gauche et poursuivre sur 1 km.* Des falaises escarpées surplombent les grands arbres de ce beau parc national. Au départ du parking, un sentier longe deux *sala* pour rejoindre un nid de verdure au pied d'une falaise. Là surgit entre deux rochers gigantesques un ruisseau souterrain, formant une spacieuse piscine, puis un large cours d'eau qui part se scinder en plusieurs bras dans la forêt.

Station agricole de Ban Thong – *À 22 km vers le Nord-Ouest par les routes 4200 et 4.* Ferme pilote pour le développement de nouvelles variétés d'hévéa, de théier et de caféier. On peut y voir des bouquets touffus d'arbres à caoutchouc et des feuilles de latex suspendues dehors pour sécher.

Le Monde/ HOA QUI

Ao Phra Nang

Parc national de Khao Phanom Bencha – *À 10 km au Nord par la route 4, prendre à droite la route secondaire.* La beauté des paysages de cette réserve isolée, avec ses cascades et ses grottes, ses espèces rares d'oiseaux et de mammifères, inspire une impression merveilleuse de bout du monde. L'exubérante forêt tropicale recouvre les pentes abruptes du massif montagneux de Phanom Bencha, qui culmine à 1 350 m.

Wat Tham Seua – *14 km vers le Nord-Est par les routes 4200 et 4. Prendre à gauche la route secondaire.* Le temple forestier de la grotte du Tigre attire de nombreux disciples. Une grotte peu profonde sert d'*ubosot*, et les cellules des moines *(kuti)* sont creusées dans les grottes et les falaises. Derrière l'*ubosot*, un sentier traverse le village des nonnes pour rejoindre sur la gauche des escaliers assez raides. L'un monte au sommet de la colline, qui offre une **vue** magnifique ; le deuxième, près de la statue, conduit à un vallon et à un labyrinthe de grottes.

Mu Ko Lanta ⏲ – *À 50 km au Sud par la route 4, 4206 et car-ferry. La traversée est agitée en saison des pluies.* Cet archipel de 52 îles éloignées, dont 12 sont habitées par des pêcheurs musulmans et Chao Le (Gitans de la mer), demeurent hors des sentiers battus. Le parc national comprend 15 îles calcaires avec de magnifiques récifs coralliens, des plages désertes et des paysages sauvages. Au long de la côte Ouest de Lanta Yaï s'étendent d'interminables plages frangées de palmiers, avec des criques isolées et de beaux coraux. On aura de beaux panoramas au Laem Khao Kwang (cap du Cou de Cerf, *au Nord-Ouest*). Au Sud, Ban Sangka-U est un village traditionnel de pêcheurs musulmans. Avec leurs logements simples, les îles séduiront les vacanciers qui aiment le calme.

Ne jamais tapoter un Thaïlandais sur le sommet du crâne, même en geste d'amitié, car la tête est considérée comme la partie la plus sacrée du corps.

LAMPANG★★

Lampang – 245 945 habitants

Atlas Michelin p. 3 ou carte n° 965 C 4 – Schéma : CHIANG MAÏ

Cette ville moderne cosmopolite, qui s'est développée sur les deux berges de la rivière Wang, dispose d'un bon réseau de communications et d'équipements touristiques (excellents restaurants en bord de rivière) et offre de nombreux attraits. C'est une bonne base de départ pour la découverte de la plaine fertile, où l'agriculture est la ressource essentielle (riz, maïs, coton). À l'Est, les mines de lignite de l'Amphoe Mae Mo contribuent à la prospérité locale. Les superbes paysages des parcs nationaux en font une région merveilleuse à découvrir.

On peut voir, souvenirs de l'ancien temps, les vieux magasins décorés de lambrequins de bois dans le quartier animé du marché *(talat kao, près du pont Saphan Ratchada Phisek)*, les maisons de bois de la vieille ville et de nombreux temples de style birman.

Une histoire mouvementée – La fondation de la ville, appelée d'abord Kelang Nakhon, par un fils de la reine Chamathewi *(voir Lamphun)* remonte probablement au 7ᵉ s. Des fouilles ont révélé que la ville était la capitale d'un grand royaume môn. La ville forti-

Voitures à chevaux

fiée sur la rive Ouest de la rivière Wang était reliée à quatre implantations fortifiées secondaires, dont ne subsiste que le Wat Phra That Lampang Luang *(voir ci-dessous)*. Après son annexion au royaume du Lan Na par le roi Mengrai, elle conserva un certain degré d'autonomie. Elle partagea le sort du Lan Na sous l'occupation birmane, qui a duré deux siècles et a laissé sa marque dans l'héritage architectural religieux. Au début du 19ᵉ s., après que Chiang Saen eut été rasé *(voir Chiang Saen)*, ses habitants furent déplacés à Lampang par le roi Kavila de Chiang Maï, pour reconstituer une population décimée par la guerre. Les nombreux temples du style du Lan Na ont été construits après cette migration. Au début du 20ᵉ s., Lampang était un grand carrefour sur la route commerciale entre Chine et Birmanie. On est frappé par l'influence birmane qui a marqué la ville : au 19ᵉ s., de nombreux Birmans se sont installés pour travailler dans l'industrie du bois, source de la richesse locale. Il y a une solide tradition artisanale (poterie, fabrication du papier, tissage et bois sculptés).

CURIOSITÉS

★★ **Wat Phra Kaeo Don Tao** – *Thanon Phra Kaeo, après le pont Saphan Ratchada Phisek.* C'est à l'entrée côté rivière qu'on aura la plus belle vue du temple principal de Lampang, sur sa colline. On l'attribue au premier souverain de la ville ; le seul bâtiment d'origine est l'imposant *chedi*, avec sa base rectangulaire, son dôme en forme de cloche et sa flèche dorés. Devant se dresse un *mondop*★★ de style birman avec un gracieux toit à étages, des porches ornés de minces piliers décorés de fines volutes, et des plafonds à caissons, avec une profusion d'éléments décoratifs ciselés, rehaussés de mosaïques de verre et de nacre. Ses proportions harmonieuses et sa riche ornementation en font l'un des plus beaux exemples de l'architecture birmane classique. Il renferme une très belle statue du Bouddha en bronze dans le style de Mandalay.

À l'Ouest du *chedi*, l'ancien Wihan Phra Non abrite une statue vénérée de Bouddha couché. Le grand *wihan* principal est également superbement décoré. Une statue en bronze honore le héros de Lampang qui, en 1732, a libéré le royaume du Lan Na du joug birman. On le voit, fusil à la main, en costume traditionnel.

Wat Suchadaram – Dans l'enceinte du Wat Phra Kaeo, au Sud, se trouve un temple ancien construit sur une terrasse. Des animaux mythiques montent la garde à l'entrée du *wihan* principal, qui s'enorgueillit d'un fronton et de corbeaux de toit en bois richement décorés, de

> Les pittoresques **voitures à cheval**, couvertes de pompons et de fleurs, sont un moyen agréable d'explorer la ville à une allure tranquille. Elles sont arrivées de Bangkok en 1929, introduites par le dernier souverain de Lampang.

fenêtres à barreaux de bois, et d'un bouddha assis trônant sur son autel. Un muret, ponctué de passages surmontés tout à tour de pagodes à étages et de *chedi* moulurés, entoure le grand *chedi* à l'originale base carrée redentée, surmontée d'un corps annelé et d'une flèche, orné de motifs de lotus et entouré de *chedi* plus petits. À droite, on voit un petit *ubosot* élégant avec un porche à fronton.

Wat Pong Sanuk Taï – *Thanon Pong Sanuk*. Au cœur d'un domaine ombragé se dresse un temple moderne, d'où part un escalier couvert donnant accès à un merveilleux monastère ancien dans le style du Lan Na. Du côté Nord, on accède à l'entrée ornée de stucs par un escalier flanqué d'une balustrade en forme de *naga*. Un muret entoure le grand ***chedi*★★** annelé couvert de plaques de cuivre et surmonté d'une fine flèche dorée. Aux quatre coins se dressent des parasols en filigrane, dont les poteaux sont décorés de mosaïque de verre bleu. Le *wihan* principal renferme un bouddha couché. L'admirable ***mondop*★★** ouvert a pour atouts ses porches, un toit à étages décoré de bois chantourné, et un maître-autel où quatre statues du Bouddha veillent sous un arbre de la Bodhi en filigrane.

Wat Saen Müang Ma – *Thanon Thamma Oo*. On remarquera ce temple pour son petit *chedi* harmonieux, qui se termine avec un dôme en cloche et une flèche dorés. Il se dresse sur une plate-forme en gradins, avec des animaux mythiques aux angles. Un porche couvert à fronton gardé par des *naga* précède le *wihan*, qui renferme une grande statue du Bouddha. De merveilleuses **peintures★** ornent les panneaux de bois près du plafond.

Wat Hua Khwang – *Thanon Wang Kong*. Un des temples édifiés par des habitants venus de Chiang Saen comprend un ancien *wihan* au fronton délicatement sculpté et aux toits superposés. Il abrite des statues de Chiang Saen et des manuscrits précieux.

Wat Phra Fang – *Thanon Sanam Bin*. Ce temple présente d'excellents exemples d'architecture birmane. Des animaux mythiques montent la garde sur la terrasse, entourée d'un muret, sur laquelle se dresse le *chedi*. De façon inhabituelle, la base octogonale est ponctuée de sept chapelles *(pour les 7 jours de la semaine)*, renfermant des bouddhas en albâtre, avec des porches ouverts et des toits étagés. Les piliers d'angle supportent de petits *chedi*. Le tambour octogonal est surmonté de moulures, de motifs de lotus et d'une flèche élégante avec un parasol. Des arcs en stuc très travaillés encadrent les fenêtres de l'***ubosot*** à toiture sophistiquée. À l'intérieur du grand *wihan*, des piliers laqués et dorés couronnés de chapiteaux en lotus supportent le plafond à caissons embelli de motifs floraux. Une statue en albâtre du Bouddha accompagné de disciples et un bouddha assis en bronze décorent les autels richement ornementés.

Wat Si Chum – *Thanon Tha Khao Noy*. Le temple mérite une visite pour admirer l'élégant ***mondop*** à plan cruciforme, à la toiture savamment étagée. Le mur est ponctué de portes couronnées de *chedi* et gardées par des animaux mythiques ainsi que par des *chedi* d'angle, tous dotés d'une riche décoration de stuc. Le sanctuaire principal, de style birman, a entièrement brûlé en 1992 ; on l'a remplacé par un beau *wihan* avec deux pagodes à étages et des porches aux délicats bois sculptés. L'intérieur est embelli de piliers dorés et laqués et d'une peinture murale. Le *chedi* abrite une relique du Bouddha.

Wat Chaï Mongkhon – *Thanon Sanam Bin*. Le **wihan** principal possède un beau plafond à caissons et, sur l'autel, une statue du Bouddha de style birman. **Le chedi blanc**, massif, encadré de quatre petits *chedi* dorés, est décoré de motifs en stuc et d'un parasol doré.

Wat Pratu Pong – *Thanon Pha Maï*. Le bâtiment principal de ce temple moderne, construit à proximité de l'ancienne muraille de la ville, est un superbe **wihan** restauré dans le style du Lan Na. On admirera la riche décoration de la façade et des trois portes, et le *chedi* couronné d'une flèche annelée et d'un dais à neuf étages.

Ban Sao Nak – *Thanon Pha Maï, Tambon Wiang Nüa*. Bel exemple de demeure dans le style du Lan Na, en bois de teck, soutenue par 116 robustes piliers.

★★★ Wat Phra That Lampang Luang

541 Ban Lampang Luang, Mu 2, Amphoe Kokha, 18 km au Sud. Rouler 16 km sur la route 1, puis prendre à droite la route secondaire de l'Amphoe Kokha.

Ce temple magnifique fondé au 5e s. est l'un des rares exemples subsistants d'une place-forte *(wiang)* entourée de trois remparts parallèles en terre enserrant deux douves, dont les vestiges sont apparents dans le village. On est frappé par la qualité de l'architecture et de l'ornementation du Lan Na. Le temple est un centre bouddhiste important, où les fidèles viennent en nombre assister aux grandes cérémonies religieuses.

Entrée – Des animaux mythiques flanquent l'escalier qui mène à la porte de cérémonie (Pratu Khong) à l'Est de l'enceinte fortifiée. Parmi les stucs merveilleusement travaillés se trouve une Roue de la Loi, sur le linteau arrondi intérieur.

Wihan Luang – Le *wihan* ouvert principal, qui date de 1496, est remarquable pour ses boiseries très travaillées, les peintures du 19e s. des panneaux sous les rives, les bannières encadrant le *ku*★★ redenté ouvragé, sorte de temple miniature, qui renferme une statue vénérée du Bouddha de 1476.

Chedi – Le fin bâtiment dans le style de Sukhothaï, à la base en retrait, au corps annelé gainé de cuivre et à la fine flèche dorée contient, croit-on, des reliques du Bouddha historique. Sa construction marque le transfert au royaume de Sukhothaï, au centre de la Thaïlande, du pouvoir de Chiang Maï, Chiang Saen et Chiang Raï, pivots du royaume du Lan Na. Un impact de balle dans la balustrade *(Est)* rappelle l'extermination de l'ennemi birman par les troupes thaïes qui s'étaient infiltrées dans le sanctuaire par un égout (1736). Aux angles se dressent des parasols en filigrane.

Wihan – Au Nord de la chapelle principale se trouve un *wihan* reconstruit. Derrière, au Nord du *chedi*, c'est le **Wihan Nam Taem★★** restauré, du début du 16ᵉ s., sans doute le plus ancien des bâtiments restants de style du Lan Na. Les peintures murales du 16ᵉ s. décrivent des scènes animées, avec des détails fascinants sur la mode et les coutumes de l'époque. Au Sud du *chedi*, le **Wihan Phra Phut★★** mérite une visite pour ses sculptures de bois ciselé, son exquise décoration, et ses statues de Bouddha de style du Lan Na (Chiang Saen). Derrière le *chedi*, un autre *wihan* moderne contient des empreintes des pieds du Bouddha en bois, et un bouddha de grès des 12ᵉ-13ᵉ s. dans le style du Bayon, assis sur un *naga*. Au Sud se dressent un *mondop* surélevé et un *ubosot*.

Cour extérieure – De majestueux figuiers, arbres de la *bodhi (voir Glossaire)*, créent des espaces ombragés dans l'enceinte qui rassemble le quartier des moines, un musée avec une collection d'objets religieux et une élégante **bibliothèque** dotée d'un bel étage en bois. Tout au fond, un petit trésor abrite le vénéré **Phra Kaeo Morakot Don Tao★★**, statue de jaspe revêtue d'une robe de filigrane d'or, et douée, dit-on, de pouvoirs magiques. De précieuses offrandes en or et argent sont également exposées.

EXCURSIONS

Wat Chedi Sao – *268 Soi Sinkanthawong, Tambon Ton Tong Chaï. À 5 km au Nord-Est. Prendre la route 1035, et tourner à gauche après 2 km.* Sur un paysage de rizières s'élèvent les cloches blanchies à la chaux des tours birmanes qui ont donné son nom à ce célèbre temple rural, le « temple des vingt *chedi* ». Quatre tours d'angle semblables à des *chedi* encadrent le mur bas de l'enceinte, percé de trois portes. Les niches aménagées dans le mur renferment des statues du Bouddha ; il y a aussi une collection de statues peu communes, parmi lesquelles des figures légendaires du bouddhisme.

Wat Laï Hin – *Amphoe Kokha. Comme pour le Wat Lampang Luang, mais 1,5 km avant d'arriver au temple, prendre à gauche et poursuivre sur 6 km.* Un portail travaillé datant probablement du 16ᵉ s. donne accès au temple. Le fronton de l'ancien *wihan* de style du Lan Na est orné d'un décor de stuc très travaillé. À l'intérieur, le décor de laque raffiné est malheureusement endommagé.

★**Wat Pong Yang Khok** – *Comme pour le Wat Phra That Lampang Luang. Poursuivre sur 7,7 km et tourner à droite.* La fondation du temple remonte au 8ᵉ s. Avec ses superbes assemblages de bois, le **wihan★** du 13ᵉ s. est un rare modèle survivant de bâtiment ouvert de style du Lan Na *(voir Wihan Luang ci-dessus)*. Mais on a ajouté des murs autour du petit *ku* hérissé de *naga*. Des frises de bouddhas assis et des vases de fleurs ornent les panneaux de chaque côté du *ku*. On admirera la remarquable décoration de **laque★** représentant un arbre de la *bodhi* et le plafond rehaussé d'or et de rouge. De robustes piliers supportent le toit à trois étages couvert de tuiles de bois. Le fronton est sculpté de motifs floraux.

Centre de dressage des Éléphants ⓥ – *Ban Thung Kwian, Amphoe Hang Chat. Emprunter la route 11 sur 32 km vers le Nord-Ouest, prendre à droite à la borne km 25-26.* Une petite rivière traverse le beau domaine forestier de ce premier centre officiel de dressage d'éléphants sauvages pour le travail en forêt, où les jeunes animaux sont mis à l'épreuve. Les démonstrations, bain des éléphants ou portage de troncs, visent à réunir des fonds pour l'entretien du camp. Randonnées à dos d'éléphant.

Wat Chong Kham – *Entre les km 673-674 sur la route 1. À 12 km au Sud de Ngao.* Connu aussi sous le nom de Wat Chaïyaphum, ce temple est un bon exemple d'architecture shan. Les bâtiments de bois d'origine, très dégradés, ont été vendus par l'abbé, puis restaurés et reconstruits à Müang Boran *(voir Environs de Bangkok, Samut Prakan)*. S'efforçant de réparer cette décision malheureuse, les moines ont commandé la construction de leurs copies conformes. La ligne irrégulière des toits et les sculptures de bois finement ciselées des *wihan* sont typiques du style shan birman.

Le **Parc national retiré** du **Doï Khuntan** *(au Nord-Ouest, à mi-chemin entre Lampang et Lamphun)*, qui rejoint celui du **Chae Son** *(32 km au Nord par la route 1157 ou 1035, puis 1252 à travers le parc)* permet d'apprécier les beautés de la nature, grottes, plans d'eau, cascades, sentiers forestiers, faune et flore.
Le **Parc forestier de Tham Pha Thai** *(66 km vers le Nord-Est sur la route 1, prendre à gauche entre les km 665-666)* mérite une visite pour son vaste dédale de cavernes, dotées de stalagmites colorées et d'une statue du Bouddha. Guide local recommandé.

LAMPHUN★★

Lamphun – 139 158 habitants

Atlas Michelin p. 3 ou carte n° 965 C 4 – Schéma : CHIANG MAÏ

La ville actuelle a été construite au début du 19ᵉ s. sur la rive Ouest de la rivière Kwang, dans la vallée fertile de la Ping. L'agriculture est l'économie de base de la région, complétée par l'artisanat, le tissage de la soie, le travail de l'argent. La façon la plus agréable d'aborder la ville ancienne protégée de douves est d'emprunter la route touristique 106, bordée d'arbres majestueux d'âge vénérable.

Une histoire glorieuse – D'après la légende, Hariphunchaï, ville fondée au 7ᵉ s. par un ermite, est devenue la capitale d'une principauté mône gouvernée par Chamathewi, princesse mône de Lavo *(voir Lopburi)*. Durant ses cinquante-deux années de règne, Hariphunchaï connut le faîte de sa gloire ; ses successeurs gouvernèrent encore six siècles, jusqu'à la prise de la ville par le roi Mengraï en 1281. Ce souverain procéda alors à l'unification des territoires du Nord, sous le nom de **royaume du Lan Na**. Il établit sa capitale à Wiang Kum Kam *(voir Chiang Maï, excursions)* avant la fondation de Chiang Maï (1297). Au milieu du 16ᵉ s., le roi de Pegu, en Birmanie, envahit le Lan Na, et la région resta sous autorité birmane pendant près de deux siècles.

Hariphunchaï conserva son importance en tant que pôle religieux, les pèlerins continuant de fréquenter avec dévotion le Wat Phra That. Les souverains du Lan Na restaurèrent le sanctuaire et construisirent des monuments religieux, dont le *chedi* du Wat Phra Yun. L'occupation birmane laissa de nombreuses empreintes artistiques. Après la défaite des Birmans par le roi Taksin en 1775, la ville fut abandonnée jusqu'en 1796, quand des déportés de Sipsong Panna (Chine du Sud) y furent réinstallés. Ces derniers conservèrent leurs traditions et leur langue, qui est proche de celle de Chiang Maï. À la fin du 19ᵉ s., Rama V intégra le royaume du Lan Na au Siam. Hariphunchaï fur renommée Lamphun, et devint la capitale d'une province prospère.

CURIOSITÉS

★ **Musée** ⊘ – *Thanon Inthayongyot*. Ce petit musée possède une collection bien présentée d'objets artisanaux trouvés dans la région, qui retracent l'évolution de l'art à Lamphun.

Premier étage – L'influence de Dvaravati est manifeste dans de nombreux objets : tête en grès (fin du 10ᵉ s.-11ᵉ s.) ; **tête**★★ énigmatique du Bouddha en terre cuite, moustache incurvée, sourcils arqués, yeux protubérants ; tête de *garuda* datant aussi de la fin du 12ᵉ s. Les statues en bronze du Bouddha comprennent une **tête**★ du Bouddha dans le style du Lan Na (15ᵉ-16ᵉ s.) s'inspirant de l'art de Sukhothaï ; une statue sereine du Bouddha vainqueur de Mara.

On verra aussi des tablettes votives ; un stûpa en bronze du 15ᵉ s. et sa lanterne à motifs chinois ; des objets d'argent, dont un éléphant avec *howdah* venant du Wat Phra That ; un **décor de toiture**★ avec un *naga* et une divinité (17ᵉ s.) ; des bois sculptés ; des poteries en provenance de Thaïlande du Nord (vases funéraires rouges, jarres à eau).

Rez-de-chaussée – *Descendre l'escalier sur la droite*. Des pierres gravées (environ 12ᵉ s.) en môn ancien et pali illustrent l'art de Hariphunchaï qui a fleuri entre les 7ᵉ et 13ᵉ s. Sont aussi exposés des éléments architecturaux décoratifs, et des objets artisanaux et d'art populaire du Lan Na.

Faire le tour du bâtiment pour admirer une collection de bornes sacrées *(baï sema)* datant du début du 15ᵉ à la fin du 16ᵉ s, parmi lesquels une pierre en forme de lotus.

★★ **Wat Phra That Hariphunchaï** – Deux redoutables lions de style birman défendent l'entrée principale, côté Est, de ce monastère ancien, fondé au 9ᵉ s. en bord de rivière, là ou se trouvait précédemment un palais royal. Bien que les bâtiments du temple aient été reconstruits au 20ᵉ s., ils présentent de nombreux traits intéressants. Le grand *wihan* du début du 20ᵉ s., remarquable pour ses bois sculptés, sa chaire et une grande statue du Bouddha du Lan Na (Chiang Saen), est harmonieusement flanqué sur sa droite d'un énorme **gong** installé dans une tour de style birman, et sur sa gauche d'un merveilleux *ho traï* (bibliothèque) du Lan Na, enrichi de motifs sculptés et incrustés de nacre et d'un toit à étages.

Une rambarde de bronze entoure un admirable *chedi*★★ du Lan Na, avec une base en gradins, une partie supérieure en cloche annelée recouverte de cuivre, et une fine flèche couronnée d'un parasol doré. C'est le monument le plus vénéré du temple. Le *chedi* d'origine, du 9ᵉ s., a été agrandi et remanié au fil des siècles. À l'angle Nord-Ouest se dresse le **Chedi Suwanan**★, dans le style de Dvaravati, pyramide à degrés qui abritait autrefois 60 statues du Bouddha. À la base, trois statues sereines de Bouddha du Lan Na (Chiang Saen). À proximité, un immense bouddha assis vêtu d'une robe rouge domine le Wihan Phra Jaeo Daeng.

À l'Ouest du *chedi* principal au fond de l'enceinte se dresse le Wihan Phra Tan Chaï, qui renferme une grande statue du Bouddha debout en cuivre dans le style du Lan Na (Chiang Saen), avec des bouddhas plus petits. Des colonnes laquées soutiennent

Wat Phra That Hariphunchaï

le plafond à caissons rouge et or. Dans une salle voisine, le Sala Phra Bat Si Roi, on peut voir quatre empreintes des pieds du Bouddha imbriquées les unes dans les autres. Un petit musée rassemble des objets religieux. Au Nord de l'enceinte voir le Chedi Chiang Yan.

À l'intérieur des douves de la ville, il y a d'autres temples d'intérêt mineur, comme le Wat Chang Rong et le Wat Si Song Müang au Nord, et le Wat Suphan Rangsi au Sud.

★**Wat Chamathewi** (Chamathewee) **(Wat Ku Kut)** – *À 1 km vers l'Ouest par la route 1015.* Ce temple, construit au 8ᵉ s. par le fils de la reine Chamathewi, possède deux monuments qui sont certainement les derniers stûpas dans le style de Dvaravati encore debout. Le *chedi* pyramidal qui renferme les cendres de la reine est décoré de Bouddhas debout dans des niches, mais il a perdu sa flèche. Son plan, sans doute bâti sur le modèle d'un monument de Sri Lanka, a inspiré beaucoup de tours-reliquaires de la région (Suwanan Chedi, Wat Chedi Liem à Chiang Maï). À gauche du *wihan* moderne, le *chedi* octogonal plus petit (Ch'edi Ratana), sur une base surélevée en briques, est décoré de bouddhas debout dans des niches èt d'une couronne arrondie.

Wat Phra Yün – *Emprunter la route 114 vers l'Est, puis prendre à gauche la 1029, tourner à droite après 600 m.* Sur la rive Est de la rivière Kwang, ce temple important entouré de douves se visite pour son **chedi** de style birman, construit à l'emplacement d'un *mondop* du 14ᵉ s. érigé par le roi Kü Na. Un escalier conduit à la terrasse encadrée de quatre *chedi* plus petits, sur laquelle se tient le bâtiment trapu à la base en retrait ponctué de quatre niches renfermant des statues du Bouddha debout. La partie supérieure étagée est surmontée d'une spire annelée et d'un parasol. Autre centre d'intérêt, le *sala* ouvert en bois.

LOEï

Loeï – 114 465 habitants

Atlas Michelin p. 8 ou carte n° 965 D 6

La prospérité de cette petite capitale régionale, liée à l'exploitation du bois et des mines (cuivre, manganèse, etc.) et à l'agriculture (coton et maïs) ne peut que se développer, du fait de sa situation favorable sur la route du Laos et du nouveau pont sur le Mékong à Nong Khai, augure de meilleurs échanges commerciaux et touristiques avec le Laos. C'est un bon point de départ d'excursions pour admirer une belle campagne vierge et de remarquables paysages de montagne.

San Chao Pho Kut Pong *(1 km vers l'Est de l'hôtel de Province)* est un sanctuaire ancien. Des statues et bas-reliefs du Bouddha découverts dans la région ont révélé l'existence de sites vieux d'un millier d'années, Müang Tum et Müang Champa (Ban Pong, Tambon Kok Du, Amphoe Müang). Des *baï sema* anciens ont été découverts dans les vieux villages de Ban Pak Peng et Ban Na Lak dans l'Amphoe Wang Saphung.

EXCURSIONS

*** Parc national du Phu Kradung – *Voir ce nom.*

Réserve naturelle de Phu Luang Ⓥ – *À 50 km vers le Sud-Ouest. Suivre la route 201 sur 30 km, puis la 2250 à gauche sur 20 km (ou bien la 201 via l'Amphoe Wang Saphung ; à l'école de Chumchon Wang Saphung, prendre à gauche la route rurale 1027, 26 km jusqu'au bureau du parc.)*
Bien que moins fréquentée que d'autres parcs nationaux de la région, la réserve (850 km² couvrant les Amphoe Phu Rüa, Dan Sai, Wang Saphung, Phu Luang ; alt. 400-1 550 m) offre des paysages merveilleux et d'abondants attraits géologiques et botaniques (flore subtropicale, rhododendrons, orchidées, lichens). Les animaux sauvages, tigres, éléphants, se plaisent en altitude. Le sentier de 14 km qui mène au sommet est émaillé de points de vue (Lon Mon, Lan Sao Yang Khing, Lon Hin Aoe Kan, Pha Ton Lae) *(durée 6 heures).*

* Parc national de Phu Rüa – *À 50 km vers l'Ouest par la route 203. Prendre à droite entre les km 40-50 et continuer sur 4 km jusqu'au bureau du parc.* Le parc (superficie 121 km², alt. 600-1 000 m) réunit des cimes gréseuses souvent noyées dans la brume, un plateau couvert de pins et une falaise en surplomb en forme de jonque chinoise. La température, fraîche, peut chuter brutalement en décembre et janvier. Des excursions peuvent être faites au sommet *(véhicule 4 x 4, bonne route et pistes, 2 h 30)* à travers un paysage forestier d'arbres à feuilles persistantes, d'essences subalpines d'altitude, et de pins, coupé de torrents ; on passe un jardin de rochers aux formes semblables à des objets familiers (bol) ou des animaux (**Hin Tao**, rocher de la Tortue, auquel s'attache une légende). Une statue du Bouddha assis surveille les lieux ; un *sala* offre des **vues**★★ panoramiques sur le paysage majestueux, et, par beau temps, sur le Mékong et les chaînes de montagnes du Laos à l'horizon. Autres points de vue réputés, les falaises de Pha Lon Noï *(3 km)* et Pha Sam Thong *(2 km)*, ainsi que la cascade Nam Tok Huay Phaï, haute de 30 m *(2 km)*. Il y a profusion de fleurs sauvages, orchidées entre autres, et la faune, malgré les effets du braconnage, comprend de nombreuses espèces rares d'oiseaux : aigle des serpents, et oiseau bleu des fées.
À partir de Phu Rüa la route monte et descend à travers un paysage sauvage.

Dan Saï – *À 80 km à l'Ouest par les routes 203, 2013 et 2113.* Cette ville ancienne est célèbre pour sa fête de **Phi Takon** (3 jours, en juin), avec défilé de fantômes masqués et tir de fusées.
Au **Wat Bohn Chaï**, le *sim* (*ubosot* de style laotien), sur un tertre, renferme une intéressante statue du Bouddha. On voit aussi un élégant *sala* aux sculptures de bois ajourées.

** Wat Phra That Si Song Rak – *À 83 km vers l'Ouest par la route 203, ou 1 km à partir de Dan Sai.* Le Phra That fut construit entre 1560 et 1563, par les rois Chakkraphat d'Ayuthaya et Chaï Chettha du Lan Xang (Laos), pour célébrer l'amitié entre les deux royaumes (stèle sur la droite du *that*). Une volée de marches conduit au sommet du tertre, couronné par une chapelle contenant une statue dorée du **Bouddha** protégé par le *naga*, et par un *chedi* élancé de style laotien en forme de bouton de lotus, s'élevant d'une base étagée vers une spire élégante, quatre motifs dorés marquant ses angles.

** Route touristique de Chiang Khan – La route 2113 poursuit jusqu'à Na Haeo. Prendre alors la 2195, qui suit la rivière Heuang, frontière entre Thaïlande et Laos. Les villages frontaliers ont la réputation de pratiquer la contrebande. Des villages modèles ont été instaurés par le gouvernement pour décourager les soulèvements. Ban Müang Phrae est supposé être « la fin du Siam ». Ensuite la route monte et descend de Pak Man à Ban Nong Pheu et Chiang Khan, en ménageant de belles **vues**★★★ sur les montagnes (Khao Noy, Laem, Ngu, côté Thaïlande ; Phu Lane, Hat Sone, Nam Kieng côté Laos).

Wat Pho Chaï Na Phung – *Amphoe Na Haeo. Prendre la 2113 à partir de Dansai, tourner à droite entre les km 23-24 et poursuivre sur une courte distance.* Le temple est célèbre pour son Bouddha de bronze, Phra Chao Ong Saen, dont on dit qu'il apporte pluie et fertilité. Les bâtiments, regroupés dans un cadre tranquille, comprennent un beffroi de bois d'une hauteur inhabituelle, un petit *chedi* à étages, un beau *sim*★ (*ubosot* de style laotien) à galerie, couvert de tuiles de bois. Les murs intérieurs et extérieurs de ce dernier sont décorés de peintures murales bleu, vert et jaune à contours noirs, illustrant des contes populaires, avec des détails amusants : militaires en uniformes modernes, personnages de cour, un train, des bicyclettes.

Phra That Satcha – *À 50 km au Nord-Ouest par les routes 201 et 2115. À 2 km de l'Amphoe Tha Li (8 km de la frontière).* Le Phra That fut construit récemment pour célébrer l'esprit national thaï dans le combat contre le soulèvement communiste. Son dessin complexe s'inspire du **Phra That Phanom★** *(voir Nakhon Phanom)* ; haut de 33 m, l'édifice est couronné de trois étages décorés de boutons de lotus terminés par un délicat parasol doré.

★★ Tham Erawan – *Tambon Erawan, Amphoe Wang Saphung. Vers le Sud-Est par les routes 201 et 210, prendre à gauche près de l'école de Pha Wang au km 31, et poursuivre sur 2 km. Durée 1 heure.* On aperçoit de loin le grand bouddha gardien de l'entrée de la caverne, haut perché sur la paroi d'une émergence calcaire. À partir de l'enceinte du temple, on y accède par un escalier à rampe de *naga (environ 500 marches, montée facile).* Magnifiques concrétions à proximité de l'entrée de la grotte. À midi, la lumière du soleil pénètre par une ouverture de la voûte dans la salle du milieu ; s'enfoncer plus avant dans la salle sombre pour admirer une stalactite blanche en forme d'éléphant à trois têtes, qui a donné son nom à la grotte. Tout au fond se trouve une salle fraîche, ventilée naturellement. Le sentier et les marches conduisent à une ouverture dans la falaise, offrant de belles **vues** sur le paysage dans le lointain.

LOPBURI★★

Lopburi – 252 457 habitants

Atlas Michelin p. 24 ou carte n° 965 G 3

Lopburi bénéficie d'un site agréable sur la rive Est de la rivière du même nom, dominée par les crêtes escarpées du Khao Wong, à la bordure orientale de la riche plaine centrale. De novembre à janvier, dans l'Amphoe Phattana Nikhon *(à 45 km à l'Est par la 3017),* les champs de tournesol en fleur sont une vision enchanteresse.
L'entrée Est de la ville est marquée par un monument à la gloire du roi Naraï *(Sa Kaeo).* Au cœur de l'agglomération moderne tentaculaire se niche la vieille ville, très liée à l'histoire. Lopburi possède une bonne infrastructure de transports. C'est aussi une ville de garnison, avec une école militaire et des camps qui ajoutent à son animation.

Aperçu historique – On a découvert des traces de peuplements de l'époque préhistorique dans la province (Ban Khok Charoen, Ban Tha Khae). À l'époque de Dvaravati (7e-11e s.), les Lawa, branche des Môns, établirent une ville sous le nom de Lavo, modifiée en Lavapura pendant la période khmère, d'où dérive son nom actuel. L'influence mône s'est étendue aux territoires du Nord, avec la fondation du royaume de Hariphunchaï *(voir Lamphun).*

Domination khmère – Après la prise de Lopburi par les Khmers au 10e s., elle devint la capitale d'où ils gouvernaient le vaste territoire pris au Siam jusqu'à l'avènement de Sukhothaï à la fin du 13e s. Lopburi a développé une tradition culturelle et artistique originale, associant des éléments môns et khmers, illustrée par des monuments comme le Prang Khaek, le San Phra Kan, le Prang Sam Yot et le Wat Mahathat. Sa réputation en tant que centre spirituel y attira princes et responsables religieux du Nord pour l'étude du bouddhisme theravada.

Un rôle stratégique – Au 14e s., le roi Ramathibodi Ier (U-Thong) nomma gouverneur son fils le **prince Naresuan**, et, pendant les guerres contre les souverains de Sukhothaï, Lopburi devint une place forte stratégique, dotée de remparts et de douves. Quand Naresuan monta sur le trône d'Ayuthaya en 1388, son importance déclina et elle devint un État vassal. Au 16e s., on démantela les remparts pour empêcher les Birmans d'y installer un avant-poste contre Ayuthaya.

Une période glorieuse – Au 17e s., jugeant Ayuthaya vulnérable face aux flottes des puissances européennes attirées par les richesses du Siam, le roi Naraï fit de Lopburi sa deuxième capitale. En 1685 le **chevalier de Chaumont**, accompagné de missionnaires jésuites, arriva à Lopburi comme ambassadeur de Louis XIV. Il fut ébloui par la pompe et la magnificence de la cour siamoise. La ville était bondée de dignitaires et marchands des pays voisins. Des architectes français et italiens s'attaquaient à la construction de palais, de forts et de réservoirs, dont demeurent des vestiges. Les traditionalistes s'opposaient aux influences étrangères symbolisées par **Constantin Phaulkon**, connu aussi sous le nom de Chao Phraya Vichayen, aventurier grec qui avait acquis un pouvoir et une fortune immenses comme conseiller du roi Naraï. À la mort du roi, on exécuta Phaulkon et les relations avec l'Europe furent brutalement interrompues, tandis que le nouveau souverain se retirait à Ayuthaya et Lopburi était laissée à l'abandon pour plus d'un siècle et demi.

Renouveau – Au milieu du 19e s., Lopburi regagna un peu de sa gloire passée sous le règne de Rama III, qui la fit restaurer comme capitale auxiliaire de Bangkok, et de Rama IV (Mongkut), qui construisit une nouvelle résidence dans l'enceinte du palais.

CURIOSITÉS

★★ Phra Naraï Ratcha Niwet ⊘ – *Thanon Sorasak. Accès par la porte Est.* De hautes murailles crénelées percées de portes imposantes entourent trois cours enceintes de murs protégées par des postes de garde. Autrefois, les lampes à huile dans les niches du mur créaient la nuit une atmosphère magique. Les souverains arrivaient par la rivière, par la porte des Cérémonies à l'Ouest.

Cour extérieure – Une belle maison ancienne se dresse à droite près de la porte. À gauche, on voit une citerne alimentée par un système hydraulique mis au point par des ingénieurs français, et 12 grands magasins qui étaient remplis de tissus merveilleux et de produits exotiques pour le commerce. Plus loin, vers le Sud, se trouvent une salle d'audience privée et une **salle des banquets**, avec des vestiges de bassins et de fontaines, et une plateforme sans doute utilisée pour des spectacles de théâtre. Les **écuries** des chevaux et des éléphants sont proches du mur de la partie médiane.

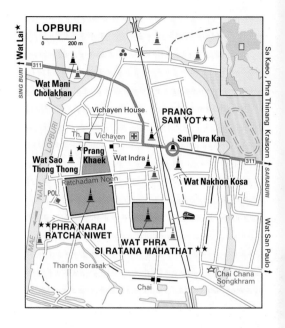

Cour du milieu – Une statue d'un bouddha serein sous la protection du *naga* veille à l'entrée de la **salle Chanthara Phisan★★** de style thaï, bâtie à l'origine en 1665 pour servir de résidence royale. Elle fut par la suite reconvertie en salle d'audience, où le roi apparaissait en haut d'un balcon. Les expositions illustrent la période éclairée où le Siam avait ouvert ses portes aux puissances étrangères, la France en particulier, et comprennent présents, lettres et autres souvenirs de l'époque. Un tableau montre la réception solennelle d'une délégation française. On voit aussi deux trônes et des bibliothèques.

Les bâtiments dus au roi Mongkut (pavillons Phiman Mongkut et Wisutthi Winichaï) abritent un **musée★** *(voir ci-dessous)*. À l'arrière se trouve le quartier des femmes. Les ruines du **Dusit Sawan Thanya Maha Prasat★**, de style européen, évoquent la pompe de la cour du roi Naraï. Le roi apparaissait à une ouverture ménagée en hauteur dans la cloison qui divisait la salle, somptueusement décorée de miroirs.

Cour intérieure – Il ne reste pas grand-chose du pavillon Sutthan Sawan, résidence privée du roi Naraï édifiée dans de magnifiques jardins, et où il vécut ses dernières heures, tandis que ses opposants complotaient pour s'emparer du pouvoir. Quelques vestiges de fontaines.

★ Musée – L'exposition, consacrée aux coutumes, à la religion et à la technologie, retrace l'histoire et l'art de la région centrale de Thaïlande, de la préhistoire à la période de Bangkok, avec des collections de sculptures, ornements, armes, monnaies et porcelaines. Au dernier étage de l'aile Ouest, les appartements du roi Mongkut sont entièrement meublés. Une section du rez-de-chaussée est consacrée à l'agriculture.

On est surpris, en ville, par la population de singes, qui circulent en liberté près des sanctuaires. D'après la légende, le dieu hindou Rama tira une flèche dans le ciel, et, là où elle retomba, fonda une ville pour récompenser le singe Hanuman, son fidèle soldat. Hanuman utilisa sa queue pour construire les murs de la cité. Là où était tombée la flèche, la terre était devenue blanche. De fait, l'argile locale est riche en alumine, utilisée pour la production de poudre cosmétique.

San Phra Kan – *À l'Est de la ligne de chemin de fer*. Des tribus de singes circulent librement dans le sanctuaire vénéré de Kala, avec son tertre élevé remontant à la période khmère, couronné d'une maison des esprits datant du règne de Naraï. Un temple nouveau abrite une divinité à quatre bras, sans doute Vishnou ; on a remplacé la tête par celle du Bouddha.

★★ **Prang Sam Yot** – *Près de la gare*. Ce monument khmer du 13ᵉ s., fondé par Jaya-varman VII et symbole de Lopburi, représente la trinité hindoue Brahma-Vishnou-Shiva. Il fut plus tard reconverti en sanctuaire bouddhiste. Les trois *prang*, construits en latérite et grès et ornés de stucs, sont reliés par un passage central. À la base des piliers de la porte, on voit des ermites assis. Dans le *prang* central, on remarque en bois à motifs de fleurs rouges et un bouddha assis protégé par un *naga*. À l'Est, un *wihan* du 17ᵉ s. abrite une grande statue du Bouddha en méditation dans le style d'Ayuthaya.

★ **Prang Khaek** – *Thanon Vichayen*. Du plus ancien *prang* de Thaïlande centrale, du 10ᵉ s., il ne reste que la tour du milieu, dans un jardin agréable.

Wat Nakhon Kosa – *Près du San Phra Kan*. Un petit *prang* percé de niches renfermant des statues du Bouddha et portant des traces de stucs est tout ce qui reste du sanctuaire des 11ᵉ-12ᵉ s. C'est un bel exemple du talent des artisans de Lopburi. Le *chedi* en ruine aux fondations profondes est dans le style de Dvaravati (8ᵉ-10ᵉ s.), alors que le *wihan* et l'*ubosot* datent de la période d'Ayuthaya (17ᵉ s.) On a trouvé sur le site des sculptures et des tablettes votives des 8ᵉ-9ᵉ s.
En face on peut voir les beaux vestiges du Wat Inthara, remontant aussi à la période d'Ayuthaya.

★★ **Wat Phra Si Ratana Mahathat** ⓥ – *Thanon Nakala. À l'Ouest de la gare*. Une galerie entoure un fin *prasat* du 12ᵉ s., aux pignons et linteaux décorés de stucs superbes, qui marque une évolution vers un style siamois. L'influence européenne est manifeste dans les ouvertures en arcs du grand *wihan* de briques *(à l'Est)* bâti au 17ᵉ s., avec ses neuf piliers de séparation. Le site est jonché de vestiges de nombreux *chedi* et *wihan*. Au Nord-Ouest, le petit *prang* cannelé en forme d'épi de maïs est à voir pour les anges assis à sa base.

Wat Sao Thong Thong – *Au Nord-Ouest du palais royal*. Sous le règne du roi Naraï, des bâtiments originaux construits à l'arrière du temple (Tuk Pichu, Tuk Kholosan) servaient de résidence aux invités étrangers. Le *wihan* principal, qui arbore des pilastres coiffés de chapiteaux de feuilles, des ouvertures en arcs et un toit à étages, était une chapelle chrétienne reconvertie plus tard en sanctuaire bouddhiste. Remarquer dans les niches à l'intérieur de belles statues du Bouddha dans le style de Lopburi, et, sur l'autel, un bouddha assis portant un crucifix. Le *chedi* octogonal, ponctué de huit niches contenant des Bouddhas debout, a été rénové pendant la période de Bangkok.

> En février, une **fête** colorée célèbre la gloire du règne de Naraï au 17ᵉ s., avec un spectacle son et lumière, les animations flokloriques et un défilé des habitants revêtus de somptueux costumes d'époque, y compris ceux que portaient les ambassadeurs de la cour de France.

Maison Vichayen ⓥ – *Thanon Vichayen*. Ici résidait avec sa suite le chevalier de Chaumont, premier ambassadeur français de la cour de Louis XIV. Dans l'enceinte des murs se dressent un bâtiment à trois étages de style composite européano-thaï, une église avec un presbytère et un clocher, une salle d'audience et d'autres bâtiments de service. Constantin Phaulkon (Chao Phraya Vichayen) occupa cette résidence par la suite, jusqu'à sa mort.

Wat Mani Cholakhan – *Sur la route 311 vers l'Ouest, près du marché de Tha Pho*. Sur un îlot se dresse, solitaire, un haut *chedi* redenté et percé de niches.

Wat Sao Paulo – *Thanon Tesaban 2. À l'Est. Soi Chang Koi, près des douves*. Ce site fut concédé aux missionnaires jésuites français par le roi Naraï. On distingue nettement le plan de l'église au sol ; un mur de briques est tout ce qui reste d'une tour octogonale de trois étages.

EXCURSIONS

★ **Wat Laï** – *Ban Tha Khlong, Amphoe Tha Wung. À 24 km vers l'Ouest par les routes 311 et 3028. Après 18 km prendre à droite, poursuivre sur 6 km puis tourner à gauche*. Ce temple, fondé pendant la période d'Ayuthaya (17ᵉ s.) est situé près d'un canal relié à la Chao Phraya. Un des premiers exemples du talent des artisans d'Ayuthaya est le délicat **travail des stucs**★★ sur les façades Est et Ouest du *wihan* ancien, qui illustrent les *Jataka* bouddhistes. Le *wihan* est malheureusement très délabré. La cloison intérieure est aussi ornée de stucs. La statue du Bouddha assis date du début du 17ᵉ s. Il y a aussi deux *chedi*, et un autre *wihan* à la façade ornementée.

Un *wihan* moderne abrite une statue vénérée du Bouddha, Phra Si Ari. Un petit musée *(demander à le visiter s'il est fermé)* expose une collection de porcelaine, d'images du Bouddha et de cabinets à manuscrits.

Phra Thinang Kraïsorn Siharat – *À partir du rond-point de Sa Kaeo, suivre la route 1 vers le Nord sur une courte distance, prendre Thanon Na Wat Kaï à gauche. À Ban Pak Chan, tourner à droite et rouler sur une courte distance.* Il ne subsiste que les portes d'écluse, les murs et les terrasses du **Thale Chupsorn**, réservoir construit par le roi Naraï pour alimenter Lopburi en eau. Le plan d'eau s'est asséché.
Une piste mène aux ruines romantiques d'un **palais d'été**, autrefois sur une île, où le roi Naraï se retirait pour jouir du paysage superbe des montagnes, et observer les éclipses de soleil.

★ **Musée des Bateaux traditionnels** – *Wat Yang Na Rang Si. Tambon Talung. À 9 km vers le Sud-Est. À partir du monument de Sa Kaeo, prendre vers l'Est la route 3016, puis la 3196 sur la gauche le long d'un canal d'irrigation. À droite à la borne km 81-82.* Le temple est bâti dans un cadre superbe au bord de la rivière Lopburi. La vaste salle ouverte *(sala kanprien)* de bois a été reconvertie en **musée des Bateaux**. La collection rassemble différentes sortes de bateaux traditionnels, parmi lesquels une rare barge à une place, qui sillonnait les voies d'eau avant la construction des routes. Collection d'avirons.

MAE HONG SON★★

Mae Hong Son – 45 050 habitants
Atlas Michelin p. 2 ou carte n° 965 B 2

À la frontière du Myanmar (ex-Birmanie), cette ville isolée dans un fond de vallée encadré de montagnes boisées faisait partie du royaume de Chiang Maï au 19e s. Elle doit sa prospérité passée à l'exploitation du teck et à la capture des éléphants sauvages, très prisés pour la guerre. C'était aussi une terre d'exil pour les fonctionnaires en disgrâce. En 1965, son isolement prit fin avec l'ouverture de la première route empierrée la reliant à Chiang Maï. Les liaisons aériennes ont donné une impulsion nouvelle au tourisme, Mae Hong Son étant une base idéale pour la randonnée et le raft, avec son climat frais et ses paysages exotiques souvent baignés de brume. Néanmoins, du fait de la situation politique sensible à la frontière, les visiteurs doivent se montrer prudents et suivre les recommandations des autorités locales.
Au centre-ville s'étend Nong Chong Kham, étang naturel entouré d'un parc et de jardins luxuriants, qui forment un cadre idéal pour les temples de l'arrière-plan. Cet emplacement est un lieu de rassemblement pour différentes festivités. À proximité sont bâties quelques maisons traditionnelles en bois aux toits recouverts de feuilles.

Préhistoire – Les premiers habitants de la région ont laissé des traces de leur vie quotidienne, découvertes par l'archéologue américain Chester Gorman. Les fouilles dans la **grotte des Esprits**, dans les montagnes au Nord, ont mis au jour des outils et des graines (concombre, potiron, poivre, noix de bétel, amandes), qui révèlent les connaissances agricoles d'une implantation sédentaire remontant au mésolithique. Ces découvertes fascinantes remettent en cause les théories reçues sur l'évolution de l'homme.

Population – Les **Shans**, qui appartiennent au même groupe ethnique que les Thaïs, se sont implantés dans la région au 19e s., et constituent un fort pourcentage de la population. Repérables grâce à leurs costumes de couleurs vives, hommes et femmes des tribus montagnardes, Méos, Karens, Lawas, Lahus et Lisus, descendent en ville apporter au marché produits agricoles et objets artisanaux. Ils vont et viennent sans souci des frontières. La province de Mae Hong Son bénéficie de nombreux programmes, sous patronage royal, visant à encourager les tribus à adopter une approche écologique de l'agriculture, et à passer de la culture du pavot pour l'opium à celle de plantes de climat tempéré.

CURIOSITÉS

★ **Wat Phra That Doï Kong Mu** – *À l'Ouest. En voiture, à partir de Thanon Padung Muay.* Deux *chedi* blancs à couronne dorée de 1874 (le plus petit fut reconstruit en 1966), éclairés de nuit, dominent le sommet du Doï Kong Mu, colline qui offre des **vues panoramiques★★** sur la vallée et les montagnes environnantes. Les *chedi* sont entourés d'animaux mythiques et de porches rehaussés de motifs en stuc, abritant des statues du Bouddha. À proximité, un *wihan* de style birman avec un toit à étages. Un escalier conduit à la terrasse inférieure, sur le domaine du Wat Phra Non, gardée par deux énormes lions de pierre.
Lors de la fête de Loï Krathong, les offrandes en lotus *(krathong)* sont attachées à des lampions de papier et lâchées au vent du sommet de la colline, au lieu d'être déposées sur un cours d'eau.

Wat Phra Non – *Thanon Padung Muay, près du stade.* On visitera ce temple pour son *ubosot* de style birman et son *wihan* en bois décoré de peintures de style shan, qui renferme un grand **bouddha couché** de 12 m de long au visage expressif, commandé en 1875 par la femme du souverain. À gauche, un petit musée expose porcelaines, statues et livres religieux. La statue du Bouddha et les deux grands lions en pierre *(voir ci-dessus)* sont des exemples remarquables du talent des artistes shans. À droite de l'entrée, un reliquaire renferme les cendres des dirigeants de la province.

Wat Kham Ko – *Thanon Padung Muay, en face du Wat Phra Non.* Détail architectural shan inhabituel, le chemin couvert à boiseries chantournées qui conduit au *sala*. D'énormes piliers supportent le plafond rainuré rehaussé d'or. De chaque côté de la statue du Bouddha se tiennent de gracieux assistants vêtus d'élégantes robes drapées.

Wat Chong Klang – *Thanon Chamnansathit, au Sud des jardins publics de Chong Kham.* La base carrée qui soutient le *chedi* arrondi surmonté d'une gracieuse couronne dorée est percée de quatre chapelles. À l'intérieur du sanctuaire couvert d'un toit à étages, la statue du Bouddha Phra Phuttha Sihing orne l'autel *(voir Chiang Maï)*. Les murs de gauche sont ornés de 180 rares **peintures**★ birmanes sur verre décrivant des épisodes des *Jataka* bouddhistes (vies antérieures du Bouddha), exécutées par des artistes de Mandalay. Une salle sur la droite présente une collection de 37 statues de bois achetées en 1869 aux Birmans, qui illustrent le *Jataka* de Vessantara, très beaux exemples de l'art birman.

Wat Chong Kham – *Thanon Chamnansathit, à l'Est du Wat Chong Klang.* Un grand monastère avec un toit à étages et des boiseries ciselées remplace le vieux temple shan qui a été détruit par un incendie en 1970. Un bâtiment moderne aux ouvertures à arc en plein cintre renferme la statue du Bouddha Luang Pho Tho fondue par des artisans birmans en 1934.

Wat Chong Klang

La fête de Buat Luk Kaeo, haute en couleur *(3 jours, début avril)*, marque par des rituels élaborés l'ordination de jeunes garçons comme novices. Les participants sont emmenés au temple à dos d'éléphant, en procession solennelle. Portant leurs plus beaux atours et des coiffures couvertes de fleurs éclatantes, les jeunes garçons personnifient le prince Siddhartha, avant qu'il ait abandonné ses avantages princiers pour devenir un ascète en quête de l'illumination. Ils passent la nuit au temple, choyés par leurs proches. Le lendemain, on leur rase la tête et ils revêtent la robe monastique pour vivre la vie simple du temple. Pour la population, la cérémonie d'ordination est l'occasion de grandes réjouissances et de l'obtention de mérites.

Cérémonie d'ordination

P. de Wilde/HOA QUI

Wat Hua Wiang – *Thanon Sihanat Bamrung*. Dans l'enceinte du temple se trouvent plusieurs constructions anciennes en bois qui présentent de l'intérêt. Dans le *wihan* de style shan construit récemment avec des ouvertures étroites traditionnelles, on a placé une réplique en bronze d'un célèbre bouddha birman sur un autel de céramique décoré de paons et de fleurs.

EXCURSIONS

Le long de la route touristique vers le *Nord (véhicule 4 x 4 recommandé)*, on visite **Tham Pla** *(route 1095, prendre à gauche au km 17)*, au milieu d'une forêt de tecks, grotte dans laquelle un bassin limpide abrite des carpes exotiques ; le **Parc national de Pha Süa** *(route 1095, prendre à gauche au km 18 et poursuivre sur 11 km)*, avec sa cascade à sept niveaux, **Nam Tok Pha Süa** ; le **Pavillon royal** de Pang Tong (Tambon Mok Cham Pae) ; et des villages en sommet de collines, Ban Na Pa Pek, Mae O *(guide recommandé)*.

La route vers le Sud conduit au Pavillon royal de Pang Daeng *(5 km par la 108)* et à d'autres villages de tribus montagnardes.

Circuits en bateau – *À partir de Ban Huay Daï*. La rivière Paï prend sa source dans le massif oriental traverse la vallée de Mae Hong Son avant sa course à travers les montagnes de l'Ouest pour rejoindre la Salween. Elle permet de nombreuses excursions en bateau ou en raft pour profiter du climat vivifiant et des paysages vierges de forêt. Presque tous les touristes visitent le **village frontalier** ☉ des **Padongs**, ou Karens à long cou, tribu du Myanmar récemment installée en territoire thaï. Cette visite est critiquée : on parle d'exploitation et de violation des droits de l'Homme. Suivant leur tradition ancienne *(voir Introduction, Population)*, les filles portent dès le plus jeune âge des anneaux en bronze autour de leur cou. À 45 mn, le village éloigné de Ban Nam Phiang Din possède un petit poste de police où l'arrêt pour signer un registre est obligatoire.

★★ **Route touristique de Mae Hong Son à Chiang Maï par Paï** – *300 km vers l'Est par les routes 1095 et 107. Compter 1 jour*. Cette route qui serpente vers Pang Mapha offre des **vues**★★★ à couper le souffle sur les pics déchiquetés couverts de forêts, notamment au km 158. L'embranchement vers le Nord de la route 1226 traverse un terrain accidenté jusqu'aux villages de tribus montagnardes de Ban Mae La Na et Ban Sam Kham Lue, à la frontière du Myanmar. Frais torrents, cascades assourdissantes et vastes grottes calcaires foisonnent dans une nature exubérante.

★★ Tham Lot ⏱ – *À 8 km vers le Nord à partir de Pang Mapha. Prendre à gauche à la borne km 138-139.* Cette profonde grotte creusée par la rivière Lang est le point fort de la visite du parc forestier de Tham Nam Lot. Le labyrinthe des salles est émaillé de splendides concrétions. Tham Tuk Ta, plus petite, contient une stalactite en forme de figurine et des peintures rupestres préhistoriques. La dernière grotte, que l'on rejoint en descendant la rivière en raft, est habitée par des chauves-souris et son sol est couvert d'une épaisse couche de guano. Elle est célèbre pour ses cercueils en bois, preuves d'une occupation à la Préhistoire.

Après Pang Mapha, on rencontre plusieurs villages de tribus montagnardes (Ban Nam Rin, Ban Pang Paek) le long de la route de Paï. *Les sites entre Paï et Chiang Maï sont décrits en ordre inverse à Chiang Maï, Excursions.*

Les sites le long de la route touristique 108 qui mène vers le Sud à Mae Sariang sont décrits en ordre inverse à Mae Sot, Excursions. Ceux de Mae Sariang à Chiang Maï sont décrits à Chiang Maï, Excursions.

MAE SOT

Tak – 103 546 habitants
Atlas Michelin p. 6 ou carte n° 965 E 3

Les liens commerciaux avec le Myanmar (Birmanie) expliquent le caractère original de cette petite ville frontalière où Thaïs, Birmans et montagnards des tribus vaquent à leurs affaires. On pourra remarquer des temples dans le centre-ville *(Thanon Inthara-khiri)* : le **Wat Chumphon Khiri** doré, de style birman, terminé par un bouton de lotus et une couronne, repose sur une plate-forme carrée hérissée de petits *chedi* ; on admirera dans le **Wat Mani Phraïson** ses *chedi* de style birman et de Sukhothaï, et son *wihan* du Lan Na ; le **Wat Aran Yakhet** possède un *chedi* de style du Lan Na, encadré aux angles par de petits *chedi*, et orné de stucs et de statues dans les niches.

Des marchés colorés *(près de la gare des autobus et à la frontière – à 6 km à l'Ouest)* offrent à la vente une grande variété de produits : pierres précieuses, jade, objets artisanaux, alimentation, etc.

Le tourisme et les communications avec le Myanmar vont être stimulés par l'ouverture d'un nouveau pont sur la rivière Moeï. Partie du programme Asian Highway, l'autoroute A1 relie Rangoon au Kampuchéa.

EXCURSIONS

★★ Route touristique de Mae Sot à Um Phang – *135 km vers le Sud par la route 1090. Prévoir 2 jours aller-retour.* On pourra faire à Um Phang une excursion qui en vaut la peine. De magnifiques **paysages★★★** se déroulent tandis que la route monte et descend au flanc de montagnes boisées, suit des ravins et des vallées parsemés de villages de tribus. C'est une région idéale pour la randonnée. Les visiteurs peuvent aussi envisager une excursion supplémentaire à Phop Phra et Ban Wa Le, en empruntant la 1206 vers le Sud. Grottes, cascades et faune sauvage ajoutent aux attraits des paysages vierges, mais c'est une zone sensible sur le plan politique et les voyageurs doivent veiller à ne pas prendre de risques. La guerre menée par les Birmans contre les Karens a entraîné l'installation de nombreux camps de réfugiés en territoire thaï. Loin de tout, dans la forêt, la zone frontière a jusqu'à récemment été le théâtre d'opérations de guérilla. Aujourd'hui, exploitation illégale du bois et contrebande sont toujours très actives.

★★ Nam Tok Tiloso – *En raft, ou bien 47 km par une piste (véhicules 4 x 4 uniquement) à partir de Um Phang. Vérifier auparavant l'état des routes auprès du TIC, surtout après la pluie.* L'excursion aux chutes le long de la rivière offre des paysages extraordinaires de falaises calcaires recouvertes de mousse et ruisselantes d'eau. Chants d'oiseaux et jeux de lumière ajoutent à l'enchantement. Au cœur d'une végétation foisonnante, les chutes spectaculaires dévalent d'une grande hauteur dans plusieurs niveaux de bassins.

★ Route touristique de Mae Sot à Mae Sariang et Mae Hong Son – *Prévoir 2 jours. 492 km vers le Nord par les routes 105 et 108. Route en travaux, certains tronçons difficiles.* La première partie de la route longe la rivière Moeï, qui coule du Sud au Nord, contrairement aux autres, avant de rejoindre la Salween, qui, elle, serpente vers le Sud et la mer d'Andaman. La fraîcheur de l'air et les paysages verdoyants de montagne rendent le parcours très agréable.

★ Tham Mae Usu – *Ban Hin Nua Kho, Mu 5, Tambon Mae Tan. Au km 82-83 après Tha Song Yang, bifurquer à gauche. Au km 8 de la route, prendre à gauche et poursuivre sur 14 km. Prévoir une heure. Bonne forme physique et guide recommandés.* Après avoir passé à gué le torrent près de l'entrée de cette grotte spacieuse bien aérée, les visiteurs des vastes salles s'émerveilleront des formes fantastiques de leurs concrétions.

Reprendre la route 105.

Des tribus montagnardes peuplent la forêt au long de la route, et on peut se rendre en excursion aux villages. Au km 133, on peut visiter un **village karen** bâti il y a 200 ans sur le Doi Mae Ramoeng. Contrairement aux autres groupes, qui ont conservé leurs habitudes nomades, les Karens ont adopté un mode de vie sédentaire.

Mae Sariang – Cette plaisante bourgade au croisement des routes 108 et 105, près de la frontière avec le Myanmar, est un bon point de départ pour l'exploration des alentours. Deux beaux temples de style birman ornent le centre-ville : **Wat Chong Sung**, avec ses trois *chedi* entourés d'une multitude de petits *chedi*, tous dotés de couronnes dorées, et le **Wat Si Bun Rüang**, avec son *wihan* carré à toit en étages et ses bouddhas assis.

Sur la berge pittoresque de la rivière Salween à la frontière avec le Myanmar, **Ban Mae Sam Laep** *(52 km vers le Sud-Ouest par la route 1194. Compter 1 jour)* est un agréable but d'excursion.

De hauts pics calcaires couverts d'une abondante végétation tissent une harmonieuse toile de fond pour la plage de sable blanc. Possibilité de circuits en raft ou en bateau vers Sop Moeï au Sud, ou de remonter la Salween pour longer des villages thaïs au Nord – seulement si la situation politique le permet *(consulter les autorités locales et régionales)*.

Plusieurs stations de montagne non loin de la route 108 proposent des hébergements simples qui séduiront les amateurs de tranquillité, d'air vif et de superbes paysages. Aurores noyées de brume et crépuscules flamboyants donneront des souvenirs impérissables.

La route touristique de Khun Yuam *(96 km)* traverse des vallées fertiles et des gorges verdoyantes, passant çà et là des villages typiques. En ville, on visite le **Wat Muai To** *(au Nord)*, avec ses trois *chedi* gracieux à couronne dorée de style du Lan Na et un bouddha assis en bronze, et l'ancien **Wat To Phae** surplombant la rivière, à voir pour son *chedi* octogonal cerné de petits *chedi* et d'animaux mythiques, et son *wihan* couvert d'un toit étagé *(à 7 km à l'Ouest du marché)*.

En chemin, d'autres curiosités : grottes (Tham Mae Hu au km 108 et Tham Mae La Ka, à proximité) ; sources chaudes et cascades. Dans le **Parc national de Nam Tok Mae Surin** *(prendre à droite au km 220, poursuivre sur 30 km après les villages tribaux, véhicule 4 x 4 recommandé)* se trouve la plus haute **cascade**★★ de Thaïlande, qui plonge de 80 m en une seule chute dans un bassin bouillonnant ; de la route, qui monte et descend pics et vallées, on a des **vues**★★★ spectaculaires. En novembre et décembre, les flancs du Doi Mae U-Kho sont une explosion de couleurs avec l'éclosion des tournesols sauvages.

Au km 234, une route sur la droite suit une montée raide sur 10 km, aboutissant à la station de télécommunications du Khao Huai Nang Pu, d'où on a des **vues**★★★ sensationnelles sur le paysage de forêts. La route 108 descend ensuite dans une vallée verdoyante ; au km 254, une route sur la droite conduit au barrage hydroélectrique de Pha Bong, barrant la gorge étroite de la rivière Ramat. Près de l'agréable aire de détente *(salas)* jaillit une source, Huay Nam Hu Haï Chaï.

MAHASARAKHAM

Mahasarakham – 143 642 habitants

Atlas Michelin p. 14 ou carte n° 965 E 8

On se sent respirer sur les larges avenues de cette ville, réputée pour ses nombreux établissements éducatifs.

Au Wat Mahachaï, un **musée** présente une collection de textes bouddhiques et de chroniques du Nord-Est écrits sur des feuilles de palmier, des objets d'art, une gravure sur bois du Bouddha vieille de deux siècles, et d'anciens *baï sema*.

Le réservoir de Kaeng Loeng Chan est une agréable aire de détente *(à 4 km au Sud-Ouest par la route 23)*.

EXCURSIONS

Phra Phuttha Ming Müang – *Wat Suwannawas. Tambon Kok Phra, Amphoe Kantharawichaï. À 14 km au Nord par la route 213. Prendre à gauche en face de la poste à l'entrée de la ville.* Le joyau de ce temple est la **statue du Bouddha debout** en grès rouge dans le style de Dvaravati, connue sous le nom de Phra Phuttharup Suphan Mali. On est saisi par cette haute silhouette mince à l'expression sereine. Autre point d'intérêt, le beau *sim*★★ (*ubosot* de style laotien) avec ses remarquables bois ciselés dans le style de l'Isan : extraordinaires prolongements de **corbeaux de toit**★★ (Khan Tuai) ornés de têtes de *naga*, de feuillages et fleurons décoratifs. La sculpture naïve du panneau de porte décrit une créature céleste armée d'un chasse-mouches, avec sur la partie basse un monstre mythique, Rahu, en train d'avaler la lune. Encadrement de porte et murs sont décorés de stucs très travaillés.

Phra Phuttha Mongkhon – *Wat Phuttha Mongkhon. Tambon Kantharat, Amphoe Kantharawichaï. Au Nord par la route 213. Prendre à droite entre les km 14-15.* Cette statue du Bouddha en grès rouge dans le style de Dvaravati se dresse sur un tertre sous un grand arbre de la *bodhi*, entouré de *baï sema*. D'après la légende, c'est pendant une période de sécheresse que cette importante statue du Bouddha fut coulée par des femmes tandis que, simultanément, des hommes fondaient le Phra Phuttha Ming Müang ; les deux statues garantissent des pluies abondantes et régulières.

Parc forestier de Ko Sam Phi – *Amphoe Ko Sam Phi Sai. À 28 km à l'Ouest par la route 208.* Des tribus de singes peuplent ce parc frais et ombragé en bord de rivière Chi, qui abrite volières et aires de pique-nique.

Prang Ku Ban Khwao – *À 13 km vers le Sud-Est par la route 23. Prendre à gauche au km 93 et poursuivre sur 1,5 km.* Un bouddha couché veille sur les vestiges d'un *prang* en latérite de 8 m de haut entouré d'un mur. À l'Est, on voit les ruines d'une *gopura*.

Ku Santarat – *Tambon Ku Santarat, Amphoe Na Dun. À 65 km vers le Sud par la route 2040 en passant l'Amphoe Wapi Pathum, puis prendre la 2045 vers le Sud. Après 800 m prendre à droite au panneau et poursuivre sur 200 m sur un chemin de terre.* Des murs entourent les ruines de la *gopura* Est et du temple khmer (13e s.) dans le style du Bayon, avec un linteau sculpté. À l'angle Sud-Est, les ruines d'un bâtiment plus petit. Ce sont quelques-uns des rares vestiges encore debout de l'ancienne cité de **Müang Nakhon Champasi** (avec **Ku Noi**, *dans un champ à gauche près de l'embranchement*). On y a découvert des statues et d'autres objets, maintenant exposés au Musée de Khon Kaen *(voir ce nom)*.

> Les villages de **Ban Pho Mo** *(à 5 km à l'Est par la route 208)* et **Ban Nong Khuan Chang** *(11 km sur la 2202, puis 2 km par la 1027 de Ban Tron Nan)* sont spécialisés dans les arts traditionnels : poterie pour l'un, tissage de la soie et confection d'objets en coton de l'Isan pour l'autre (oreillers triangulaires, couvertures bariolées).

Phra That Na Dun – *Ban Na Dun, Amphoe Na Dun. Comme ci-dessus par les routes 2040 et 2045, puis à la borne km 55-56 prendre à droite la 2381 sur 5 km.* Au centre d'un parc bouddhiste récent s'élève un impressionnant stûpa blanc moderne. Encadrée de petits *chedi*, la base à degrés est décorée de panneaux de terre cuite. La tour-reliquaire est couronnée d'une flèche annelée surmontée d'un parasol doré. On a mis au jour aux alentours des objets de différentes périodes.

Les statues du Bouddha, même à l'état de ruines, sont des objets sacrés. Les visiteurs ne doivent en aucun cas les escalader pour prendre des photographies.

MUKDAHAN

Mukdahan – 124 627 habitants

Atlas Michelin p. 9 ou carte n° 965 E 9

Dans un site charmant au bord du Mékong, cette ville pratique des échanges commerciaux avec sa jumelle Savannakhet, sur la rive opposée, au Laos. L'atmosphère y est dynamique ; on trouve de bons restaurants au bord du fleuve.

Le sanctuaire des esprits San Chao Pho Chao Fa Mung Müang *(Thanon Song Nang Satit, près du quai)*, dédié à un prince laotien, date probablement de la fondation de la ville et joue aujourd'hui le rôle de borne de la Cité.

Wat Si Mongkhon Taï – *Thanon Samran Chaïkong.* Le Phra Chao Ong Luang, un bouddha assis doré de style laotien datant de la fondation de la ville a, dit-on, été découvert avec une statue de fer du Bouddha à côté d'un palmier miraculeux. La deuxième statue a disparu, et on a transféré le bouddha assis dans l'*ubosot*.

> Il y a plusieurs marchés, dont celui de l'Indochine, très animé, près du quai *(Thanon Samran Chaïkong)*, où l'on peut acheter toutes sortes de produits en provenance du Laos (herbes) et du Vietnam (mobilier incrusté de nacre, céramique), mais aussi de Russie, de Pologne, et d'autres anciens pays socialistes (jumelles, télescopes).

· EXCURSIONS

Kaeng Kabao – *Après 31 km vers le Nord par la route 212, prendre à droite entre les km 184-185 et continuer pour 9 km jusqu'au bureau de l'Amphoe Wan Yaï. Prendre à gauche et poursuivre sur 8 km.* À marée basse *(en mars et avril)*, il se forme ici des courants rapides, découvrant une grande plate-forme rocheuse et une plage de sable. De curieuses marmites de géant apparaissent aussi à marée basse. C'est un lieu de détente fréquenté.

Phu Manorom – *À 5 km vers le Sud, 2 km sur la route 2034 puis prendre à droite la route de latérite et poursuivre sur 3 km jusqu'au parking.* Des marches mènent au sommet de la colline (alt. 500 m), d'où l'on a une **vue**★ panoramique superbe sur Mukdahan, le Mékong et Savannakhet. On voit un *sala* et des empreintes des pieds du Bouddha.

Parc national de Mukdahan – *Vers le Sud par la route 2034 en direction de Don Tan, prendre à droite entre les km 14-15.* Le parc (52 km^2) couvert de diptéro-carpacées sèches et de différents feuillus, abrite une grande variété de plantes et d'animaux, mais aussi des falaises, des sources, des cascades, des abris rocheux (Phu Tham Phra, peintures rupestres), des sites religieux (empreintes des pieds du Bouddha, statues), ainsi que d'étranges formations rocheuses (Phu Nang Hong, en forme de cygne, Phu Pha Thoeb, *voir ci-dessous*, Phu Lang Se – panorama).

Parc forestier de Phu Pha Thoep – *Tambon Na Sinuan, Amphoe Müang. À 17 km au Sud par la route 2034. Tourner à droite entre les km 15-16 et poursuivre sur 2 km.* Des relevés géologiques (1992) ont révélé qu'il y a 130 millions d'années, la région était recouverte d'eau. Les eaux de pluie ont façonné de saisissantes **formations rocheuses**★. Monter à pied voir Pha Oud, en forme de chameau, Lan Kujalin, grande plate-forme rocheuse coupée de ruisseaux (1,2 km à l'Ouest), et les abris de rocher qui ont révélé des traces d'occupation préhistorique (peintures rupestres). On y trouve aussi une flore abondante.

Wat Klang Don Tan – *À 33 km vers le Sud par la route 2034, prendre à gauche près de l'école privée de Don Tan, ou à 700 m à l'Est du bureau de l'Amphoe de Don Tan ; demander à voir le tambour.* Une galerie en arcades entoure l'élégant *ubosot* voisin d'un *sala*. Le joyau de ce temple est un ancien **tambour de pluie** aux **grenouilles**, vieux sans doute de plus de 3 000 ans, découvert en 1938 à Ban Na Time, au Laos, logé maintenant en haut d'un beffroi de bois. C'est une découverte marquante pour la connaissance de l'évolution des techniques du bronze. Le tambour est décoré d'un soleil rayonnant et de 14 grenouilles de 86 cm de long accroupies sur le pourtour.

Hat Hin Woen Chaï – *Vers le Sud par la route 2034. Prendre à gauche entre les km 31-32 et emprunter sur 1 km la route de latérite.* La plage rocheuse en bordure du Mékong n'est praticable qu'à marée basse. À proximité se dresse un gracieux *chedi* de style laotien et quelques *baï sema* anciens.

Parc national de Phu Sa Dok Bua – *Amphoe Don Tan. À 60 km vers le Sud par la route 2034. Prendre à droite la 2277.* Le parc est situé sur une montagne (alt. 423 m) d'où coulent plusieurs torrents qui arrosent ses pentes. Le nom du parc,

Le Mékong

B. Davies

montagne du bassin de lotus, vient de ses pièces d'eau superbes, formées de 13 bassins d'environ un mètre de profondeur et trois mètres de large où poussent les lotus. La région a été occupée par des groupes terroristes pendant l'insurrection communiste de 1966 à 1984.

À **Phu Pha Taem**, vaste abri rocheux (72 m de long, 6 m de profondeur), 92 peintures rupestres d'ocre rouge ont été mises au jour. Elles représentent des motifs géométriques et des personnages comparables à ceux trouvés à Pha Taem dans l'Amphoe Kong Chiam *(voir Ubon Ratchathani, Excursions)*.

Parc forestier de Phu Mu – *Amphoe Nikhom Kam Soï. Au Sud-Ouest par la route 212, prendre à gauche entre les km 128-129 et monter sur 11 km.*
Une piste goudronnée conduit les voitures au sommet du vaste plateau couronnant la colline (alt. 350 m), autrefois occupée par des quantités de sangliers, d'où son nom de « colline aux sangliers ». Près du parking, un espace dégagé offre son **panorama★★**. À partir du bureau d'accueil, des sentiers mènent à des points de vue sur chaque flanc de la colline.

Wat Phu Dan Tae – *À 33 km au Sud-Ouest par la route 212, par l'Amphoe Nikhom Kam Soï. Prendre à droite entre les km 132-133.* Sur une plate-forme rocheuse, une statue colossale du Bouddha, **Luang Pho Yaï**, assis en attitude de prédication devant une grande Roue de la Loi, domine ce temple moderne fondé en 1987 et dédié au roi Rama IX.

Nam Tok Tat Ton – *À l'Ouest par la route 2042 en direction de Kham Cha-I, puis poursuivre sur 18 km vers Ku Chi Naraï, prendre à droite entre les km 67-68.* La route longe de pittoresques villages et des rizières dans la plaine. À Ban Nong Sung, un sentier conduit à une cascade dans un agréable domaine forestier.

L'anniversaire du roi est fêté dans tout le pays, en décembre.

NAKHON PATHOM★

Nakhon Pathom – 256 868 habitants
Atlas Michelin p. 24 ou carte n° 965 H 5 – Schéma : KANCHANABURI

Dans un environnement verdoyant de vergers et de rizières, cette ville commerçante fourmillante d'activité a d'abord été port de commerce. Mais l'apport continuel de limons par les rivières de la plaine centrale a fait progressivement reculer la mer.
Son attrait essentiel réside dans le Phra Pathom Chedi, célèbre en tant que monument bouddhiste le plus ancien et le plus sacré du pays. Centre administratif, la ville accueille de nombreuses institutions royales et le siège de l'université Silapakorn. Nakhon Pathom est une destination favorite pour une excursion d'un jour à partir de Bangkok. Une **Fête des fruits** très populaire *(septembre)* et une **Fête du temple** *(novembre)* célèbrent les deux fiertés de Nakhon Pathom.

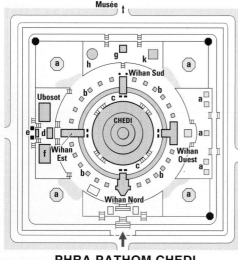

PHRA PATHOM CHEDI

0 _____ 100 m

a Arbres sacrés
b Beffrois
c Galerie intérieure
d Temple chinois
e Sala
f Musée du Temple
g Statue du Bouddha
h Réplique du chedi d'origine
k Réplique du chedi de Nakhon Si Thammarat

Un site ancien – D'après la légende, c'est là que se trouvait Nakhon Chaïsi, capitale de la province mythique de **Suwannaphum**, « Pays de l'Or », où le bouddhisme fut introduit au 3e s. avant J.-C. par des missionnaires envoyés par le grand roi indien Ashoka. On y construisit un sanctuaire pour abriter des reliques du Bouddha. Les chercheurs estiment que Suwannaphum correspond au royaume môn de Dvaravati (6e-11e s.) mentionné dans les chroniques chinoises du 7e s. Des découvertes archéologiques, statues du Bouddha, tablettes votives, monnaies rares, Roues de la Loi, confirment la thèse que cet emplacement était celui de la capitale. Il est probable que les Môns furent soumis au 11e s. par le roi Anuratha de Pagan, qui, inspiré par les stûpas caractéristiques du style de Dvaravati, fit plus tard construire des temples à leur image en Birmanie. Il se peut que les Khmers aussi aient occupé la région et reconstruit le sanctuaire. La population fut déplacée à U-Thong, et la ville fut abandonnée jusqu'au 16e s., quand, dans le but de contrer une invasion birmane, on établit une nouvelle ville sur la berge de la rivière Tachin, qu'on appela aussi Nakhon Chaïsi.

Un symbole de piété – Au milieu du 19e s., pendant sa période monacale, Rama IV, le roi Mongkut, reconnut l'importance de ces vestiges, et fit des pèlerinages au sanctuaire. Comme le stûpa, qu'il avait fait restaurer lors de son accession au trône, s'était effondré pendant un orage, il projeta de faire construire un nouveau *chedi* autour de l'ancien bâtiment, mais il mourut avant la fin des travaux. Son fils Rama V, le roi Chulalongkorn, fit terminer le projet, défricher la région, construire des routes, et transférer les habitations du bord de la rivière à leur emplacement actuel.

Au début du 20e s., le roi Rama VI (Vajivarudh) changea le nom de la ville en Nakhon Pathom. Rama V et Rama VI ont tous deux construit des palais et résidé dans la ville.

★★ PHRA PATHOM CHEDI ⊘

On aperçoit de loin la silhouette majestueuse du dôme doré, couvert de tuiles vernissées, de ce *chedi* haut de 120 m, réputé être le plus ancien centre religieux de Thaïlande et le plus haut monument bouddhiste du monde.

Enceinte – À l'intérieur d'un périmètre entouré de murs, planté d'arbres sacrés et parsemé de tertres et de petits monuments religieux, se dresse le *chedi*, sur des terrasses rehaussées reliées par des marches. Un escalier monumental flanqué de *naga* à sept têtes et de deux salles de cérémonie à sa base conduit à l'entrée Nord. Quatre *wihan* abritant des statues du Bouddha ponctuent le cloître qui entoure le grand *chedi*.

En partant du Nord, faire le tour du monument dans le sens des aiguilles d'une montre. Les pèlerins sonnent les cloches de petits beffrois disposés à intervalles réguliers. La galerie extérieure abrite des statues du Bouddha dans des attitudes différentes. On notera les fenêtres rondes de style chinois des portes qui ouvrent sur la galerie intérieure, défendue par des figures de pierre. Intéressants aussi, les animaux et les Roues de la Loi en pierre. Certaines parties de la galerie intérieure servent de salles de classe pour les novices.

Phra Pathom Chedi

Wihan Nord – Phra Ruang Rochanarit, colossal **bouddha debout★** doré dans le style de Sukhothaï, est hautement vénéré. Le socle renferme les cendres du roi Rama VI. Dans la chapelle intérieure, une scène décrit des animaux apportant à Bouddha de la nourriture, après son jeûne dans la forêt.
À proximité se trouve une salle qui présente l'historique de sa restauration.

Wihan Est – Le Bouddha dans l'attitude de l'Illumination veille sur un autel richement décoré, devant une délicate peinture murale représentant un arbre de la *bodhi*. La salle intérieure, qui sert de chapelle royale, est ornée de créatures célestes, de personnages royaux et d'ermites en prière.

Ubosot – *Terrasse Est, escaliers.* Le majestueux **bouddha★★★** en attitude de prédication est assis à l'européenne. Du style de Dvaravati, la puissante sculpture en quartzite présente des traits pleins caractéristiques, des lobes d'oreilles allongés, des boucles serrées, une protubérance arrondie sur la tête, et une ample robe flottante. C'est l'une des quatre statues de grande dimension découvertes à Nakhon Pathom. Une autre orne la terrasse de l'entrée Sud. Les deux autres sont aux musées de Bangkok et d'Ayuthaya.
À proximité se trouvent un temple chinois, un *sala*, et le **musée du temple** : offrandes, statues de Dvaravati et Roues de la Loi.

Wihan Sud – Des disciples entourent la statue du Bouddha. La salle intérieure renferme un *naga* protégeant sous son capuchon le Maître en méditation.
Descendre à la terrasse pour admirer la grande statue du **Bouddha** dans le style de Dvaravati et des répliques du *chedi* original, surmonté d'un *prang* de style khmer, et du *chedi* célèbre de Nakhon Si Thammarat *(voir ce nom)*.

Wihan Ouest – Un bouddha colossal repose dans une attitude de détente, genou plié. La chapelle intérieure accueille des pèlerins, priant auprès d'une statue plus petite du Bouddha atteignant le nirvana.

Chedi – Au pied de cet énorme dôme, on a le souffle coupé par ses dimensions. De la plate-forme carrée, une spire annelée s'élève en s'affinant, couronnée d'un triple trident et d'un parasol à étages. Ce *chedi* a été bâti au-dessus d'un monument de style khmer, qui renferme à son tour le sanctuaire d'origine où, croit-on, se trouve la relique du Bouddha apportée par les missionnaires du roi Ashoka.

AUTRES CURIOSITÉS

Musée – *Au Sud.* Les collections exposées dans le jardin et à l'intérieur donnent un aperçu de la tradition artistique du Royaume de Dvaravati (6e-11e s.) : cloches en pierre, têtes de divinités énigmatiques, admirables bas-reliefs en stuc du Chedi Chula Pathon, grandes roues de la Loi, curieux gnomes en stuc, belles pierres gravées montrant le Bouddha assis à l'européenne ou descendant du paradis de Tavatimsa. Il y a aussi des pierres gravées des 13e et 14e s., période de Sukhothaï, et des têtes en stuc, période de U-Thong (13e-14e s.).

★**Phra Ratchawang Sanam Chan** – *Thanon Rajamakhanai, à 550 m au Nord-Ouest.* Construit au tournant du siècle par le roi Rama VI (Vajivarudh), ce palais d'été comprend de beaux bâtiments de bois entourés de jardins soignés, qui servent maintenant de bureaux pour l'administration de la province. Magnifique exemple d'habitation traditionnelle, l'élégant **Ruan Thap Khwan** assemble autour d'une véranda centrale huit pavillons servant de pièces de réception et de chambres à coucher. À gauche, le bâtiment blanc abrite un **musée** de photographies d'époque. Devant l'enceinte, on voit un monument émouvant à la mémoire du chien favori du roi, Ya-Le. À proximité se trouvent les bâtiments de l'université Silapakorn.

Wat Phra Prathon – *À 3 km à l'Est de Phra Pathom Chedi par la route 4.* Un *prang* haut de 20 m domine ce monument, l'un des plus anciens sanctuaires bouddhistes de Thaïlande.

La légende

Suivant la chronique, ce temple fut édifié en expiation de crimes affreux, analogues à ceux de la légende d'Œdipe. Une prédiction lui ayant affirmé qu'il serait tué par son fils, le roi Phya Kong de Nakhon Chaïsi ordonne la mort de l'enfant. Mais la reine, désespérée, le fait abandonner dans une forêt, où une vieille femme du nom de Yaï Hom le recueille et l'élève. Le jeune Phya Pan est adopté par le roi de Ratchaburi, vassal du roi Phya Kong. Il part en guerre contre son suzerain. C'est ainsi qu'il tue son véritable père et, qu'après la victoire, il prend la reine pour épouse. Quand il apprend la vérité sur sa naissance, il s'en prend à Yaï Hom et la tue. Accablé de remords, il suit les conseils des moines et élève un stûpa haut comme un vol de tourterelle.

EXCURSIONS

Roseraie ⊙ – *25 km vers l'Est par l'autoroute 4.* Le miroir des pièces d'eau et la musique des fontaines ajoutent au charme des généreux jardins ombragés resplendissants de fleurs, en particulier de roses et d'orchidées, et de plantes ornementales. Le clou de la visite est l'attrayant spectacle culturel Village Thaï, avec danses folkloriques, cérémonie de mariage, combats de coqs, boxe thaïlandaise, combats au sabre, et autres attractions typiques.
Logement possible en maison traditionnelle thaïe ou à l'hôtel.

Village des éléphants Samphran ⊙ – *26 km à l'Est par l'autoroute 4 (1 km après la roseraie).* On peut voir les grands animaux à l'entraînement : rassemblement, dressage des jeunes, parade guerrière. On présente aussi des démonstrations de crocodiles, élevés dans de larges enclos.

Musée de cire thaï ⊙ – *À 30 km vers l'Est par les routes 4 et 338 (au km 31 sur la route de Pinklao à Nakhon Chaïsi).* Belle présentation de figures de cire : moines bouddhistes célèbres, rois de la dynastie Chakri, personnages de la littérature et scènes de la vie populaire thaïes.

Phra Phuttha Monthon – *30 km vers l'Est par les routes 4 et 338.* Au cœur du domaine bouddhiste paysager, on a recréé des sites symboliques marquant des événements importants de la vie du Bouddha : naissance, éveil, premier sermon et nirvana. Au centre se dresse un bouddha marchant, colossal. Le domaine sert pour de grands rassemblements de fidèles.

En Thaïlande, déposer des offrandes aux esprits est un geste de la vie quotidienne.

NAKHON PHANOM

Nakhon Phanom – 162 405 habitants
Atlas Michelin p. 9 ou carte n° 965 D 9

Les liens étroits de cette ville ancienne avec l'Indochine (Laos, Vietnam), apparaissent clairement dans sa population d'origines diverses et dans son architecture aux influences européennes. Au cours de différents conflits, des vagues de réfugiés ont traversé les frontières de la Thaïlande pour venir s'installer en Isan. Depuis le début du siècle, une vivante communauté catholique habite la province (écoles, séminaires, églises à Ban Tha Rae).

La ville – Une route plaisante en bordure de rivière, Thanon Sunthon Wichit, offre des vues panoramiques sur le majestueux Mékong, sur Müang Tha Khaek et les montagnes déchiquetées du Laos. Elle passe devant plusieurs édifices intéressants : l'église catholique Ste-Anne, des bâtiments officiels, la Tour-horloge, le bureau de l'Immigration, les Douanes, et différents temples, dont le Wat Okat Si Bua Ban (1638 ; peintures murales, stucs, statue du Bouddha en pierre). Maintenant Bibliothèque nationale, l'ancien hôtel de province, rénové, est un bel exemple d'architecture française Renaissance *(Thanon Apiban Bancha).*

> La populaire **fête de Ngan Khaeng Rüa**, célébrant l'ascension du Bouddha au paradis, donne lieu tous les ans en octobre ou novembre à différentes manifestations (par exemple des courses de bateaux) dans toutes les provinces en bordure du Mékong et au Laos. Le clou de la fête est une spectaculaire **procession de barques illuminées**. Autrefois, pendant la pleine lune on lançait sur le Mékong un bateau en bananier ou en bambou long de 10-12 m, chargé d'offrandes, décoré de bougies ou de petits lampions de formes variées (serpent *naga*, *mondop*). Aujourd'hui, les barques sont faites en bois ou autres matériaux.

EXCURSIONS

Phra That Tha U-Then – *Amphoe Tha U-Then, 26 km au Nord par la route 212.* Dans un cadre paisible sur la rive Ouest du Mékong se dresse cet élégant stûpa, construit en 1912 dans le style du That Phanom, dans le but d'y renfermer des reliques apportées de Birmanie. Des motifs de mosaïque bleue embellissent la base carrée à étages, qui supporte une tour-reliquaire en forme de bouton de lotus terminée par une flèche élancée.

Wat Traï Phum – *Mu 3 Tambon Tha U-Then, vers le Nord par la route 212.* Le temple tire sa fierté d'une ancienne statue du Bouddha debout de style laotien, fondue en 1465, très vénérée des habitants.

★ **Phra That Phanom** – *Wat Phra That Phanom. À 50 km vers le Sud par la route 212.* C'est l'un des plus importants centres de pèlerinage bouddhistes, notamment pour les fidèles de l'Isan et du Laos. D'après la tradition, le stûpa fut élevé par cinq souverains pour y renfermer des reliques du Bouddha apportées par un moine en 535 avant J.-C. (8 de l'ère bouddhiste).

Phra That Phanom

Le reliquaire d'origine était une base carrée en briques décorée de bas-reliefs du 10e s. dans les styles cham et khmer représentant des scènes de la vie des princes et des habitants. Pendant sa restauration au 17e s., on suréleva fortement le monument en construisant une chambre aux reliques de style laotien. Dans les années 1940, de nouvelles restaurations ajoutèrent 10 m à l'édifice et des motifs floraux. En 1975 se produisit une catastrophe : sous le poids des parties supérieures, l'édifice s'effondra, à la grande douleur des fidèles.

Sa reconstruction depuis 1979 a donné naissance à un fin *chedi* blanc haut de 53,40 m dans une cour entourée d'un cloître, avec des motifs de fleurs en stuc doré, une base à étages en lotus et une spire dorée.

Dans le musée derrière le cloître, l'exposition raconte l'histoire du monument. On y voit également un reliquaire doré, des objets en pierres et métaux précieux, et des statues du Bouddha découvertes pendant les travaux de réfection.

Vieille ville – Un arc de triomphe laotien, semblable à celui de Vientiane, enjambe la route qui va du quai au sanctuaire. L'architecture des vieilles maisons associe des éléments français et chinois. Près du *wat* et au Nord du quai, les marchés grouillants d'animation attirent des commerçants des deux rives du Mékong, qui présentent toutes sortes de marchandises et de produits exotiques.

Renu Nakhon – *Amphoe Renu Nakhon. À 61 km vers le Sud par la route 212. Au km 44 prendre à droite la 2031 sur 7 km. Ou à 15 km au départ de Phra That Phanom.* Haut de 35 m, le *chedi* fondé en 1918 a le même style que le That Phanom d'avant 1940. Des bas-reliefs en stuc ornent la base trapue et carrée (8,4 m). La tour-reliquaire en forme de bulbe, à décor de mosaïques d'or, est terminée par un support couronné d'une flèche dorée.

À proximité, la salle d'ordination contient un beau bouddha assis en bronze, Phra Chao Ong Saen.

L'artisanat local est renommé, surtout les tissus de coton et de soie, et des boutiques proposent ses produits dans le domaine du temple.

On a adopté, avec des variantes, le style du Phra That Phanom (avant et après reconstruction) pour plusieurs *chedi* de l'Isan : Phra That Tha U-Then et Phra That Renu Nakhon, à Nakhon Phanom ; Wat Phra That Bang Puang, à Nong Khai ; Wat Phra Phutthabhat Bua Bok, à Udon Thani.

NAKHON RATCHASIMA (KHORAT)★★

Nakhon Ratchasima – 421 639 habitants

Atlas Michelin p. 12 ou carte n° 965 G 7 – plan de ville : voir atlas p. 33

Centre industriel et administratif animé, connu aussi sous le nom de Khorat, et capitale d'une province en développement rapide, c'est la porte d'entrée de la région de l'Isan, au riche héritage khmer.

Les améliorations de son infrastructure ont sorti la région de son isolement et imprimé un élan aux activités commerciales. La population est en majorité d'origine laotienne, du fait des migrations à grande échelle du 19e s. Pendant la guerre du Vietnam, Khorat était une base militaire.

La ville – Les premières implantations de Müang Sema et Müang Khorakhapura *(voir ci-dessous)* furent abandonnées au 17e s., quand le roi Naraï fonda la ville fortifiée, entourée de douves et de solides murailles, pour contrer la menace d'attaques khmères. La porte Ouest **Pratu Chumphon**, blanchie à la chaux et surmontée d'une construction en bois, a été rénovée au début du siècle d'après une photographie ancienne. Devant, un monument de bronze renferme les cendres d'une héroïne vénérée du 19e s., Thao Suranaree. Épouse d'un grand personnage, à la tête d'un groupe de femmes, elle a mis en déroute les envahisseurs laotiens conduits par le

Nakhon Ratchasima pratique

Office du tourisme de Thaïlande (TAT) – 2102-2104 Thanon Mittraphap, Amphoe Müang, Nakhon Ratchasima 30000 – ☎ 044 213 666/030 – fax 044 213 667.

Police touristique – Voir ci-dessus. ☎ 1155.

Transports – Thai Airways relie la ville à Bangkok. **Aéroport** ☎ 044 257 216. **Cars** fréquents (par la route 2) à destination ou en provenance de Bangkok : Terminal 1 ; des provinces environnantes : Terminal 2. **Tricycles** et *tuk-tuks* sont un moyen commode de circuler en ville.

Achats – **Marché de nuit**, Thanon Manat, 6 h-23 h. Pour l'artisanat, visiter le quartier autour du monument de Thao Suranaree.

Sorties – Spectacle culturel de l'Isan : hôtel Sima Thani. Discothèques, bars, night-clubs : Thanon Somsurang Yat.

Excursions : Prasat Hin Phimai. Prasat Hin Phanom Rung, Parc national de Khao Yai.

Se restaurer à Nakhon Ratchasima

Le long de Thanon Somsurang Yat, on trouve de bons restaurants servant différents types de cuisine ; on vend des en-cas au marché de nuit. Il y a aussi d'excellents restaurants en plein air aux environs.

Se loger à Nakhon Ratchasima

Bon marché

Chomsurang Hotel – *270/1-2, Thanon Mahat Thai* – ☎ *044 257 081-9* – *fax 044 252 897* – *950-5 000 bahts*. Près du marché de nuit, ce bon hôtel est équipé de restaurants et d'une piscine en plein air.

Sripattana Hotel – *346 Thanon Suranaree* – ☎ *044 251 652* – *fax 043 251 655* – *500-1 200 bahts*. À l'Ouest du centre, près de l'hôpital ; prix raisonnables.

R.C.N. Plaza – *62 Thanon Mukkhamontri* – ☎ *044 245 777* – *fax 044 254 312* – *800-1 200 bahts*. Établissement bon marché bien situé près de la gare.

Prix moyens

Sima Thani Hotel – *2112/2 Thanon Mittraphap* – ☎ *044 213 100, 02 253 4885/6* – *fax 044 213 131, 02 253 4886* – *sales@simathani.co.th* – *www.sima-thani.co.th* – *900-7 500 bahts*. À l'entrée de la ville, hôtel bien équipé doté de restaurants, d'un club de remise en forme et de jardins.

Rachphuk Grand Hotel – *311 Thanon Mittraphap* – ☎ *044 261 277* – *fax 261 278* – *rgh@korat.lox.info.co.th* – *1 000-5 000 bahts*. Bel hôtel moderne sur la route principale. Restaurants et club de remise en forme.

Royal Princess Korat – *1137 Thanon Suranaree* – ☎ *044 256 629-35, 02 636 3600 poste 3800* – *fax 044 256 601, 02 636 3543* – *pkk@dusit.com* – *www.royal-princess.com* – *1 400-7 000 bahts*. Hébergement de luxe avec restaurants et jardin.

Statue de Thao Suranaree

© Office de tourisme de Thaïlande

prince Anuwongsa de Vientiane, après leur avoir versé généreusement à boire. Une **fête** annuelle haute en couleur *(23 mars au 3 avril)* commémore ce haut fait par des défilés, parades, expositions et feux d'artifice.

Musée national Maha Werawong ○ – *Wat Sutthi Chinda (en face de l'hôtel de province).* L'exposition présente des objets d'art légués par un ancien abbé ou par des habitants, et d'autres objets provenant de fouilles de la région de l'Isan. Les exemples d'art khmer comprennent les **linteaux** de pierre sculptés du Prasat Müang Khaek *(voir Müang Khorat)*, une statue remarquable de **Ganesh★** du 8ᵉ s., un beau Brahma en grès du 10ᵉ s., et d'autres divinités hindoues des 11ᵉ-13ᵉ s. On voit aussi des bronzes des 12ᵉ-13ᵉ s., des stèles et des poteries.

EXCURSIONS

★★★ Prasat Hin Phimaï – *Voir ce nom.*

★ Prasat Phanom Wan – *Ban Makha, Tambon Na Pho. À 14 km au Nord-Est par la route 2 ; puis prendre à droite au panneau et poursuivre sur 6 km.* Ce petit temple khmer du 11ᵉ s., ceint d'un cloître percé de portes, se blottit dans un site tranquille et retiré. Sur le domaine, on voit un *prasat* en ruine et les linteaux d'un sanctuaire plus ancien.
Une salle couverte *(mandapa)* éclairée par des fenêtres à balustres tournés conduit au sanctuaire, couronné d'un *prang* en grès et flanqué de portiques sur chaque côté. Au-dessus de l'entrée Nord, un beau linteau dans le style du Baphuon date la fondation du temple au début du 10ᵉ s. Dans le temple, statues du Bouddha de différentes périodes.

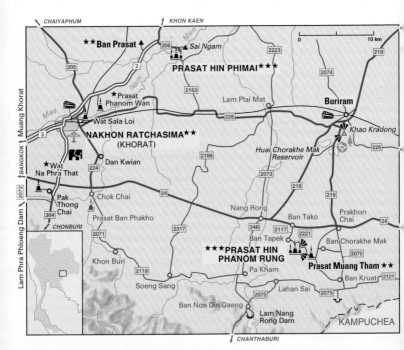

★★ Ban Prasat – *Tambon Than Prasat, Amphoe Non Sung. À 45 km au Nord-Est par la route 2, prendre à gauche au km 44 et poursuivre sur 1,5 km par une route goudronnée. Le Site 1 se trouve au milieu du village, le Site 2 à 400 m vers le Nord-Ouest, et le Site 3 à 100 m plus loin vers le Sud-Ouest.*

La topographie du plateau de Khorat, avec ses importants cours d'eau (Mékong, rivières Chi et Mun), a favorisé l'implantation humaine à des époques différentes, de l'ère préhistorique aux périodes khmère et de Dvaravati. On a découvert dans trois sites funéraires des objets (poterie à l'engobe rouge, récipients noirs de Phimaï, pots ventrus, ornements en coquillages, marbre ou bronze, outils) qui sont autant de témoignages de la culture avancée et des rituels sophistiqués des populations installées dans cette région fertile.

Wat Sala Loï – *À 1 km au Nord-Est, tourner au panneau et poursuivre sur 400 m.* Un muret coiffé de motifs en terre cuite rouge entoure l'*ubosot* moderne à l'architecture innovante, tant pour son dessin (forme en jonque rappelant l'importance de Khorat comme avant-poste d'Ayuthaya) que par l'emploi de matériaux locaux (bas-reliefs en terre cuite exécutés par des artisans de Dan Kwian, illustrant des scènes de la vie du Bouddha). Les portes de bronze illustrent la légende du prince Wessanthon (Vessantara). Des *baï sema* blanchis à la chaux, de forme inhabituelle, encadrent l'*ubosot*.

Dan Kwian – *À 15 km au Sud-Est par la route 224.* Situé sur une importante route commerciale vers l'Isan et le Cambodge, ce village produit traditionnellement des poteries typiques, brun foncé ou noires, avec l'argile des berges de la Mun. Les fours sont à proximité de la grande route, le long de laquelle les potiers vendent leur production.

Au magasin Din Dam, un **musée** présente des anciennes charrettes à bœufs de toute la Thaïlande, magnifiquement sculptées.

Müang Khorat – *Tambon Khorat, 32 km vers l'Ouest par la route 2, prendre à droite la 2061 entre les km 221-222 en direction de l'Amphoe Sung Noen, puis à droite au Wat Yanasopitawanaram (Wat Pa Sung Noen).* La route mène à l'ancienne ville khmère de Müang Khorat (Khorakhapura en sanscrit), région fertile d'importance stratégique majeure à la bordure Ouest du plateau de Khorat.

À 3 km au Nord, le **Prasat Hin Non Ku** du 10ᵉ s., dédié à Shiva, appelle à l'imagination, avec sa base rehaussée en grès et ses encadrements de portes qui se découpent sur le ciel. Deux bibliothèques encadrent le *prang*. À 4 km au Nord, le **Prasat Hin Müang Kaek**, également du 10ᵉ s., suit un plan inhabituel, tourné vers le Nord, avec une base surélevée qui s'étend sur les côtés Est et Ouest, et des encadrements de portes massifs. Côté Nord, un linteau représente Vishnou couché. D'autres linteaux en provenance du site sont exposés au **musée de Phimaï★★** *(voir Prasat Hin Phimaï).* Plus à l'Est se trouve le **Prasat Hin Müang Kao** *(6 km).* En ruine, percé de quatre portes et entouré d'un mur, il abrite une empreinte des pieds du Bouddha. Sa couronne terminale en bouton de lotus est tombée au sol. Du *gopura* Est, seuls sont restés debout les porches Est et Nord.

Müang Sema – *Tambon Sema. Comme pour Müang Khorat, puis après Ban Hin Tang, à 4 km du marché de Sung Noen.* On peut encore voir les remparts et les douves autour du site à forme ovale de cette ville ancienne, qui remonterait au 9ᵉ s. et pourrait avoir appartenu au royaume Dvaravati de Sri Chinasi. Des bornes sacrées sont dispersées à l'extérieur du mur d'enceinte côté Est, et dans Ban Hin Tang. Près de l'*ubosot* moderne du **Wat Thammachak Semaram** se trouve un bouddha couché monumental en grès rouge (milieu du 7ᵉ s.). Les objets anciens trouvés sur le site comprennent des bronzes, des perles et une Rroue de la Loi en grès pâle *(exposée dans un bâtiment à droite de l'*ubosot*).*

★ Carrière de pierre – *Amphoe Si Khiu. À 44 km vers l'Ouest par la route 2, prendre à gauche au km 206.* Des entailles et des marques de ciseau à la surface du roc indiquent l'endroit où on a extrait les blocs de pierre de la colline de grès. Cette carrière a probablement fourni la pierre de construction des sites religieux khmers voisins, Phimaï, Phanom Wan, Nong Ku et Müang Khaek.

Wat Khao Chan Ngam – *Amphoe Si Khiu. À 52 km vers l'Ouest par la route 2, tourner à gauche au km 198 et poursuivre sur 4 km sur la route de latérite.* Placées en hauteur sur une muraille rocheuse, des **peintures rupestres★★** préhistoriques de couleur ocre rouge sont un témoignage saisissant de la vie des premiers occupants de la région, il y a environ 3 000 ans. Parmi les figures représentées, un homme avec son arc accompagné d'un chien.

Pak Thong Chaï – *À 32 km vers le Sud par la route 304.* Une tradition de tissage de la soie a fait la réputation de ce village. Les soieries fabriquées ici sont en vente dans les boutiques à l'entrée du village *(centre culturel de la Soie entre les km 107 et 108)* et à Khorat.

★ Wat Na Phra That – *Tambon Takhu. Comme pour Pak Thong Chaï par la 304. Entre les km 106-105, prendre à droite la route 2238 et poursuivre sur 5 km.* De fines tours-reliquaires de style laotien (thats) entourent le vieil *ubosot*, dont on remarquera le fronton sculpté, et les peintures murales dans le style de Thonburi (début du 19ᵉ s.) au-dessus de la porte d'entrée et sur les murs intérieurs : épisodes des *Jataka* et scènes de la vie quotidienne, pêche, travail des rizières... Les portes de la bibliothèque *(ho traï)*, construite sur pilotis au milieu d'un bassin, sont ornées de motifs en laque, oiseau, dame avec *garuda*.

Réservoir de Lam Phra Phloeng – *Au Sud par la route 304. 4 km après Pak Thong Chaï, prendre la 2072 à droite et poursuivre sur 28 km.*
Le barrage, sur l'un des affluents de la rivière Mun, a créé un lac pittoresque bordé de falaises boisées. On a de très belles vues à partir de la station d'irrigation. Prendre un bateau sur le lac pour admirer des cascades spectaculaires.

Réservoir de Lam Thakong – *Tambon Lad Bua Kao. À 62 km vers l'Est par la route 2.* La route offre de belles **vues**★★ du grand lac sur son fond de montagnes. C'est une zone propice à la détente, équipée d'aires de pique-nique.

Pak Chong – *À 80 km vers l'Ouest par la route 2. Tourner au km 150 et continuer sur 1 km.* Cette bourgade se niche au pied d'une chaîne de montagnes en bordure du plateau de Khorat. Au Wat Thep Phitak Punnaram, une grande statue blanche du Bouddha domine le paysage du haut d'une montagne.

NAKHON SAWAN

Nakhon Sawan – 239 396 habitants
Atlas Michelin p. 11 ou carte n° 965 F 5

L'importance de Nakhon Sawan, résultant de sa position privilégiée au confluent des rivières Ping et Nan qui forment la puissante Chao Phraya, a diminué lorsque le rail a supplanté le transport fluvial. Aujourd'hui, l'agriculture est le moteur essentiel de l'économie de la province. La ville moderne retire une gloire modeste du fait que le prix du riz en Thaïlande est indexé sur les taux de son marché.
Le passé de Nakhon Sawan reste encore à découvrir. On a mis au jour des vestiges d'une ville ancienne de la période de Dvaravati à **Müang Bon** *(33 km au Sud par la route 1, tourner à droite à Ban Khok Mai Den et continuer sur 3 km).*
L'artisanat traditionnel se consacre notamment au travail de l'ivoire, à Phayuha Khiri, village situé à 6 km au Sud de Nakhon Sawan.
Le Nouvel An chinois *(fin janvier ou début février)* y est dûment célébré, avec un **défilé de dragons et de lions** bruyant et coloré, auquel assistent Thaïs et Chinois venus de toutes parts.

CURIOSITÉS

La naissance de la Chao Phraya – *En bateau, à partir de Pak Nam Pho.*
On peut faire une excursion agréable aux origines de la Chao Phraya, là où les eaux claires de la Nan se mêlent à celles, plus rouges, de la Ping. La Chao Phraya, qui irrigue la plaine centrale avant de se jeter dans le golfe de Thaïlande, est un élément vital de l'économie du pays. L'excursion permet aux visiteurs d'avoir un aperçu de la vie sur la rivière et d'admirer des monuments en chemin : sanctuaire chinois et Wat Klieng Krai Klang *(voir ci-dessous)*.

Khao Woranat Banphot – *Thanon Tham Vithet.* D'après la tradition, ce temple en sommet de colline fut bâti il y a plus de sept cents ans par le roi Lithai de Sukhothaï. De beaux jardins entourent un *chedi* et un *wihan* abritant des empreintes des pieds du Bouddha datant de la période de Sukhothaï. On a de belles **vues**★ vers l'Ouest sur la ligne verte des montagnes, au milieu sur l'activité trépidante de la ville de Paknam Pho, et au Nord-Est sur le miroir de Bung Boraphet.

EXCURSIONS

Wat Chom Khiri Nak Phrot – *Prendre la route 1 vers le Sud et tourner à droite avant le pont Saphan Dejativong.* On remarquera plusieurs empreintes de pieds du Bouddha, un *ubosot* entouré d'une double rangée de bornes sacrées, des statues du Bouddha dans le style d'Ayuthaya, et une cloche en bronze repoussé, suspendue entre deux piliers de pierre dans la cour. Le site en haut de colline offre de superbes vues sur la campagne environnante.

Wat Kiang Kraï Klang – *Tambon Kiang Krai. À 22 km vers l'Est par la route 225.* Ce temple blotti dans un méandre de la rivière Nan possède des bâtiments intéressants. Près d'un vieil *ubosot* décoré de peintures murales s'élance un *chedi* dans le style d'Ayuthaya tardif. Un *mondop* en ruine renferme une empreinte de pied du Bouddha. Le *sala* est embelli de boiseries sculptées. Les singes gambadent à l'abri d'un arbre dans le domaine du temple.

★**Bung Boraphet** – Le lac et ses alentours, classés réserve naturelle, foisonnent d'animaux sauvages et d'oiseaux aquatiques rares. Après la saison des pluies, le niveau d'eau atteint son maximum et le lac s'étire sur 20 km. Au Centre de développement de la pêche, chargé de l'élevage de poissons à grande échelle, on trouve des roselières, des parcs à crocodiles, des abris pour l'observation des oiseaux, ainsi qu'un musée et un aquarium *(Fisheries Development Centre – à partir de la route 1, prendre la 225 à gauche, poursuivre sur 8 km puis prendre à droite et continuer sur 1 km)*. Sur la rive Sud s'étend une agréable aire de détente *(30 mn en bateau, de l'embarcadère derrière le marché, ou 16 km par la route 3004 puis une route secondaire sur la gauche)*.

NAKHON SI THAMMARAT★★

Nakhon Si Thammarat – 265 524 habitants
Atlas Michelin p. 21 ou carte n° 965 M 4

Capitale d'une province prospère, Nakhon Si Thammarat s'étend au cœur d'une riche région agricole, la fertile plaine côtière fermée au Nord par les montagnes à la végétation luxuriante qui culminent au massif calcaire du Khao Luang.
Cette ville toute en longueur, construite à l'origine sur le littoral (qui a depuis reculé de 26 km), a vu son centre se déplacer au Nord des fortifications. Les monuments historiques se trouvent dans la partie Sud.
Lors de la **Cérémonie des Hommages de Hae Pha Khun That**, en février, le moment fort est la procession traditionnelle arborant une toile peinte illustrant la vie du Bouddha, que l'on expose autour du *chedi* du Wat Mahathat.
La tradition artisanale de la ville est florissante : objets niellés (incrustés d'émail noir), paniers, masques et marionnettes du théâtre d'ombres.

Un peuplement ancien – Les origines de Nakhon Si Thammarat sont assez obscures. La ville est mentionnée sous différents noms dans des chroniques anciennes. Les voyageurs font référence à un centre de commerce florissant du nom de **Ligor**, qui était sans doute lié au royaume de Srivijaya (8e-13e s.). On possède aussi les preuves de la domination khmère sur l'ancien État de **Tambralinga** au 11e s. C'est là qu'un prince khmer lança un défi pour le contrôle d'Angkor.
En 1292, le roi Ram Khamhaeng de Sukhothaï s'empara de la principauté indépendante. À la fin du 14e s., elle devint État vassal, et, plus tard, partie intégrante du royaume d'Ayuthaya. En 1516, sous le règne de Ramathibodi II (1491-1529), les Portugais y fondèrent un comptoir de commerce. Après la destruction d'Ayuthaya par les Birmans en 1767, la principauté redevint indépendante, mais elle rejoignit le royaume thaï sous le roi Taksin.
Une légende qui court dans Nakhon Si Thammarat raconte que le roi Taksin aurait échappé à son exécution à Thonburi *(voir environs de Bangkok – Thonburi)* et vécu en ermite dans un temple de la province.

Tradition religieuse – Le bouddhisme mahayana était prépondérant à l'époque où l'empire de Srivijaya contrôlait les États du Sud. Mais au 13e s. Nakhon Si Thammarat devint un important centre du bouddhisme theravada originaire de Ceylan, qu'elle contribua à diffuser aux quatre coins du pays.

CURIOSITÉS

Ville ancienne

Remparts et porte de la ville – *Thanom Mum Pom, près de la prison de la province*. Des remparts du 13e s., protégés de douves, il ne reste qu'un tronçon de mur côté Nord. Les pierres des murailles ont servi à bâtir la prison voisine.

Continuer vers le Sud le long de Thanon Ratchadamnoen.

Wat Sema Müang – On a trouvé sur le site une inscription de l'époque de Srivijaya, qui raconte l'histoire du salut traditionnel « Sawatdi ». Elle se trouve maintenant au musée national de Bangkok.

Ho Phra Naraï, Ho Phra I Suan – Deux temples brahmaniques à toits rouges datent de la période de Srivijaya. À droite, Ho Phra I Suan contient plusieurs *lingas*. Une balançoire *(sao ching cha)* utilisée dans les cérémonies se dresse dans la cour.

Ho Phra Phuttha Sihing ⊙ – *Près du Sala Klang (hôtel de province)*. Un sanctuaire ouvragé de style thaï renferme une belle **statue du Bouddha★** en bronze (début 12e s.-milieu du 13e s.) de l'école de Nakhon Si Thammarat, l'une des trois statues envoyées de Ceylan, dit-on, il y a fort longtemps. Les deux autres *(voir Wat Phra Singh, Chiang Maï ; Phra Thinang Phutthaisawan, Bangkok)* sont de formats et de styles différents. L'autel est encadré de deux bouddhas debout en or et en argent. À l'arrière du bâtiment, situé à l'emplacement de l'ancien palais du souverain, se dresse un *prang* abritant les cendres de la famille Na Nakhon.

★★ **Wat Phra Mahathat** – Le temple le plus important du Sud de la Thaïlande fut sans doute fondé en 757 pendant la période de Srivijaya, pour la pratique du bouddhisme mahayana. Une galerie ouverte entoure le vaste domaine où se dresse un grand *chedi* cinghalais en forme de bulbe, **Phra Boromathat** (hauteur 75 m), entouré

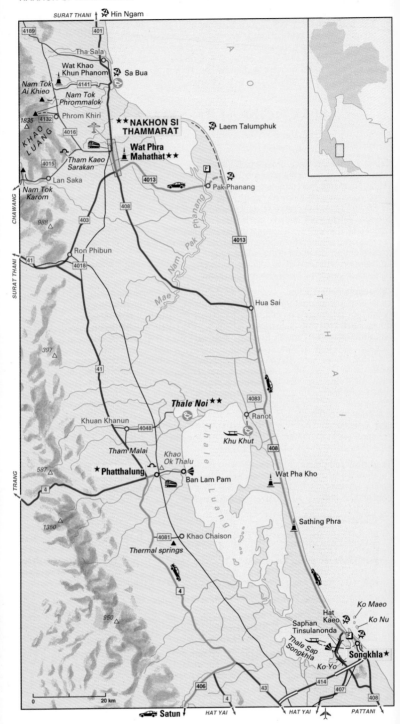

de 158 petits *chedi*, et dont on dit qu'il recouvre le *chedi* d'origine. La flèche annelée s'élance, terminée par une pointe fine ajoutée sous le règne de Rama V, dorée à la feuille et incrustée de pierres précieuses. À sa base, le **Wihan Khot**, soutenu par des têtes d'éléphant placées dans des niches, et au toit couvert de tuiles vernissées, abrite sous sa galerie 172 statues du Bouddha de périodes différentes.

Pour les cérémonies, on accède à la terrasse à partir du **Wihan Phra Ma** au Nord. À l'intérieur, deux chapelles encadrent un escalier monumental gardé par des lions mythiques et d'autres animaux, surmonté d'un plafond peint en rouge sur des chapiteaux corinthiens. Dans la chapelle Est, un bouddha debout dans le style de Sukhothaï et des bas-reliefs en stuc montrant des scènes de la vie du Bouddha présentent de l'intérêt. La chapelle Ouest contient un autel et une statue du Bouddha dans le style d'Ayuthaya.

Au Nord du Wihan Phra Ma, le **Wihan Khien** ⊘ renferme un trésor, qui comprend des donations (objets en argent, porcelaine chinoise, céramique de Sangkalok), notamment un **bouddha debout** dans le style de Dvaravati et, dans la dernière salle, un **bouddha avec** *naga* de l'époque de Srivijaya.

Au Nord du Wihan Khien, le **Wihan Pho Lanka** expose des objets découverts au voisinage du temple, dont une statue en grès du Bouddha, de la période de Dvaravati. Au Nord du domaine, le **Wihan Sam Jom** abrite une belle statue de Phra Chao Sri Thamma en briques et stuc.

Phra Wihan Luang – *Au Sud du domaine*. Utilisé comme *ubosot*, le *wihan* fondé en 1628 possède trois portes, comme le Wat Phra Kaeo (temple du Bouddha d'Émeraude) de Bangkok. Le toit repose sur des piliers inclinés. Également supporté par des piliers penchés, un plafond à caissons richement décoré embellit la nef. Sur l'autel trône un grand **bouddha assis** vainqueur de Mara, du début de la période d'Ayuthaya (U-Thong).

Le Wat Na Phra Boromathat, quartier des moines, se trouve à l'Est de la route.

Wat Thao Khot – Entouré de belles bornes sacrées dans le style d'Ayuthaya, le vieil *ubosot* est devancé d'un porche à deux portes. Le mur de bois est décoré d'une peinture murale. Au Nord on voit les ruines d'un *chedi*.

★ **Musée national** ⊘ – *Tambon Salamichaï*. Ce bâtiment à étage abrite des collections de la partie médiane de la péninsule, allant de la préhistoire à la période de Bangkok. Au rez-de-chaussée, la galerie de la préhistoire présente d'exceptionnelles **timbales** de musicien en bronze, des poteries, outils et ornements. La galerie des **Arts de Thaïlande du Sud** expose d'importants objets de différentes écoles : trois **sculptures indiennes Pallava** (8e-9e s.), Vishnou (copie), Shiva dansant et tête d'Uma ; bronzes d'origine brahmanique ; tablettes votives ; statues du Bouddha de l'école de Nakhon Si Thammarat (comparable à l'école de Chiang Saen – *voir Introduction, Art* – mais moins prolifique).

À l'étage, le **département ethnologie** présente des poteries, des tissus, du matériel agricole et de pêche. Les cannes de marche ouvragées, utilisées pour éloigner les serpents, méritent d'être vues. La **salle des céramiques** montre des objets en

Wat Phra Mahathat

R. Strange/ SUPERSTOCK HOA QUI

Nakhon Si Thammarat est réputée pour l'**art du niellage**, très ancienne technique décorative. Des motifs complexes sont gravés sur une plaque d'or ou d'argent. On y incruste un métal sombre pour obtenir de délicats contours. Des artisans talentueux créaient ainsi boîtes, bols et objets précieux, très appréciés des souverains et de la noblesse.

provenance de Chine, de Thaïlande et du Vietnam. Le siège magnifiquement décoré destiné à une barge royale est un superbe exemple d'**objet niellé** traditionnel. La dernière galerie expose des sculptures sur bois, des incrustations de nacre, et de la porcelaine chinoise bleu et blanc.

Au Nord de la ville

Sanam Na Müang – *Près de l'Office de tourisme*. Prapheni Duan Sip, « Fête du dixième mois », consiste en dix jours de célébrations autour de la borne de la Cité, dont une procession qui se rend au Wat Phra Mahathat le long de Thanon Ratchadamnoen.

Wat Maheyong – Ce temple moderne abrite une belle statue du Bouddha en bronze, exemple typique de l'école de Nakhon Si Thammarat, qui s'est développée à la période d'Ayuthaya. Les rondeurs du visage et du corps rappellent le style du Lan Na (Chiang Saen).

Wat Wang Tawan Tok – Sur le domaine une remarquable maison de style thaï du Sud (construite de 1888 à 1901), assemblée sans l'aide de clous, réunit trois bâtiments sur un seul plancher. Panneaux de portes, pignons et encadrements de fenêtres sont finement sculptés.

Wat Chaeng – Dans l'enceinte de ce temple de la fin du 18ᵉ s. se dresse un petit sanctuaire de style chinois, « Keng jin », décoré de boiseries importées de Chine, et qui renferme les cendres d'un souverain de Na Nakhon et de son épouse.

Wat Pradu – La tradition locale veut que les cendres du roi Taksin (1767-82) se trouvent dans la chapelle en forme de bateau. Le fronton est décoré d'une fleur de lotus. En face, un petit sanctuaire chinois est orné de portes à claustra.

Le théâtre d'ombres – *nang talung* – est un spectacle populaire de Thaïlande du Sud. Les représentations ont généralement lieu à l'occasion des fêtes. D'habiles montreurs manipulent masques peints de couleurs vives et marionnettes de cuir articulées, chantant et mimant les différents rôles, accompagnés de tambours, cymbales et gongs. Pour les spectacles de nuit, on utilise des modèles transparents, à travers lesquels brille une lumière.
Le cuir, assoupli par trempage dans l'eau, et martelé jusqu'à devenir fin comme du papier, est ensuite façonné et peint.
Les visiteurs sont bienvenus dans les ateliers Suchart *(110/18 Si Thammasok Soi 3)* et Mesa Chotiphan *(558/4 Soi Rong Jeh, Thanon Ratchadamnoen)*.

EXCURSIONS

Parc national du Khao Luang – *À 30 km vers l'Ouest par les routes 401 et 4140 ou 4016*. Sur les pentes du Khao Luang (alt. 1 835 m, point culminant de la Thaïlande du Sud), le parc de 571 km² est recouvert d'une épaisse forêt, d'essences tropicales à basse altitude. Deux cents espèces d'oiseaux de montagne, quatre-vingt-dix sortes de mammifères et trente et une variétés de reptiles y vivent protégés.
Il y a plusieurs cascades spectaculaires : **Nam Tok Karom** *(Amphoe Lan Saka. Route 4016 sur 9 km, prendre la 4015 à gauche et poursuivre 20 km jusqu'à Ban Ron. Prendre à gauche au panneau pour 3 km. Marcher 500 m à partir du parking)*. Un sentier longe les 19 chutes formées par l'eau qui cascade du haut de la montagne (1 300-1 400 m). À proximité, le bureau du parc propose des hébergements en bungalows. En chemin, on visite la grotte **Tham Kaeo Sarakan** *(route 4015, à gauche au km 12)*.
La puissante **Nam Tok Phrommalok** s'étage sur trois niveaux *(Amphoe Phrom Khiri-Lan Saka, à 15 km au Nord-Ouest par la route 4016. Au km 21 prendre la 4132 à gauche sur 5 km, puis un chemin sur 3 km)*.
Le **Wat Khao Khun Phanom**, blotti dans un cadre forestier au pied de la montagne, abrite de nombreuses statuettes du Bouddha en bronze, argent et or découvertes dans une grotte et aux alentours *(à 21 km vers le Nord-Ouest par la route 4016, prendre la 4141 à droite et poursuivre sur 3 km. Un sentier sur la gauche mène au temple)*. On monte un escalier de 250 marches pour accéder à une grotte à deux salles, où vécut un ermite.

Plages

Laem Talumphuk *(à 4 km de Pak Phanang)* et **Hat Pak Phanang** *(à l'Est par la route 4013, 30 km jusqu'à Pak Phanang, poursuivre 28 km sur une route de latérite)* sont de longues plages de sable blanc exposées au vent. C'est par Laem Talumphuk que le bouddhisme fut introduit à l'époque de l'empire de Srivijaya.

Hat Sa Bua, Amphoe Ta Sala *(à 16 km vers le Nord par la route 401, tourner à droite et poursuivre pour 2 km sur une bonne route)* : longue plage de sable blanc, baies ouvertes avec de fortes vagues.

Hat Pak Phaying, Amphoe Tha Sala *(à 20 km au Nord par la route 401)* : magnifique plage près d'un village de pêcheurs.

Hat Hin Ngam, Amphoe Sichon *(à 37 km au Nord par la 401, emprunter à droite la 4161 en direction de Ban Pak Nam. Continuer sur 1,5 km après le village de pêcheurs)*. La « plage du Beau Rocher » offre une belle étendue de sable et quelques rochers qui encadrent une baie splendide, des restaurants, des bungalows. Plus au Nord, **Hat Sichon**, autre belle plage.

Ao Khanom *(à 80 km au Nord par la route 401 ou bien à 25 km de Sichon. Prendre la 4114 sur la droite, poursuivre sur 17 km, et prendre à droite pour une courte distance)*. Ici, plusieurs longues plages se succèdent avec quelques rochers et des eaux claires, mais la baie, ouvrant sur le large, est battue par le vent et de fortes vagues (Hat Khanom, Hat Nai Praek, Hat Nat Phlao, Hat Pak Nam).

D'après la légende, le roi Taksin aurait échappé à son exécution et fui à Nakhon Si Thammarat pour y finir ses jours en ermite.

On peut admirer d'autres superbes cascades à **Nam Tok Aï Khio** *(Tambon Thon Hong, à 29 km au Nord-Ouest par la 4016. 3 km après Phrommalok, prendre à gauche un sentier de 3 km)* et **Nam Tok Krung Ching** aux étages successifs *(à 70 km au Nord-Ouest par la 4016. Reprendre sur 15 km, puis prendre à gauche. 4 km à pied à partir du parking)*.

Le flanc Ouest du Khao Luang est accessible par la route 4015 en direction de l'Amphoe Chawang. À droite, la route secondaire 4194 mène à l'Amphoe Phipun.

NAN ★★

Nan – 81 287 habitants

Atlas Michelin p. 4 ou carte n° 965 C 5

Sur la rive Ouest de la rivière Nan, qui traverse vallées fertiles et grandioses paysages de montagne, cette ville retirée possède un riche patrimoine historique illustré par ses élégants temples anciens.

Des **courses de bateaux** hautes en couleur ont lieu tous les ans en octobre sur la rivière Nan pour marquer la fin du carême bouddhiste, provoquant grande liesse et compétition animée parmi les habitants.

Rappel historique – On a découvert des objets en quartzite et en grès de l'époque mésolithique un peu partout dans la vallée de la Nan. Au 12ᵉ s., la terre fertile adaptée à la riziculture et les riches dépôts salins ont attiré des immigrants du Lang Xang (Laos) et du Lan Na dans la région de Pua. La population croissant, les habitants s'installèrent dans la ville de Nan, fondée en 1368, cité d'un royaume indépendant pratiquant le bouddhisme et proche allié du royaume de Sukhothaï. Le commerce du sel fit la prospérité de Nan, qui resta autonome jusqu'au milieu du 15ᵉ s., quand elle passa sous la souveraineté du Lan Na. Malgré sa prise par les Birmans en 1558, sa culture demeura relativement indépendante de leur influence ; quelques temples furent néanmoins restaurés dans le style birman par des marchands qui exploitaient les forêts. En 1786, les Birmans furent chassés du pays. Tout en faisant allégeance aux rois de Siam, Nan bénéficia de certains privilèges. Ce n'est qu'en 1931 qu'elle fut pleinement intégrée sous l'autorité centrale de Bangkok.

Nan possède une solide tradition artistique qui a assimilé avec bonheur les tendances des puissances régnantes successives. L'architecture et la décoration murale remarquables de ses temples méritent toute l'attention du visiteur.

CURIOSITÉS

Musée national ⊘ – *Thanon Suriyapong*. Ancien palais du souverain de Nan, un élégant bâtiment de bois abrite le musée illustrant l'histoire de la province. L'étage est consacré à la famille des souverains de Nan et à la fondation de la ville. Parmi les objets de valeur présentés, une **défense d'éléphant**★ noire portée par un *garuda* sculpté en bois, des statues du Bouddha, un coffret à bétel et d'autres objets personnels de la famille royale. Intéressantes expositions sur l'art et l'archéologie de la province et l'évolution de l'école artistique de Nan. Sont aussi présentés des objets sauvés avant la mise en eau du barrage de Sirikit.

Au rez-de-chaussée se tient le département ethnologique, présentant les tribus de montagne (Thin, Hmong ou Méo, Mien), et l'artisanat local, objets en argent, tissus, costumes. Particulièrement intéressante, l'exposition consacrée au mode de vie et aux croyances de la tribu des Mrabri, appelés aussi Phi Thong Lüang, « Esprits des feuilles jaunes » d'après la couleur des feuilles qui recouvrent leurs huttes.

Wat Hua Kwong – *À l'Est du musée.* Parmi les centres d'intérêt, les sculptures délicates du **fronton** de bois du *wihan* principal, une élégante bibliothèque aux murs richement décorés *(à gauche)* et un **chedi★** dans le style du Lan Na. Sa haute base carrée supporte un bâtiment, carré aussi, ponctué aux angles de niches renfermant des statues du Bouddha et de créatures célestes. L'ensemble est surmonté de moulures en lotus, d'un petit *chedi* en forme de cloche et d'un élégant parasol.

Wat Phra That Chang Kham – *Thanon Suriyapong, ou 13 Ban Chang Kham.* Fondé au 15e s., le monastère a été remanié au 16e et rénové à plusieurs reprises.

De belles statues du Bouddha (1426), un marchant, l'autre debout, les bras étendus, ornent le *wihan* le plus proche de la rue. L'autre *wihan* abrite une exceptionnelle **statue du Bouddha** dorée, qui avait été cachée pendant des siècles sous une couche de plâtre.

C'est le roi Ngüa Pha Sun qui avait commandé ces statues pour le temple au 15e s. Deux autres se trouvent au Wat Phaya Phu *(voir ci-dessous).*

Des éléphants sculptés ornent la base du **chedi** dans le style de Sukhothaï. Au fond de la cour se dressent un *chedi* plus petit et trois sanctuaires renfermant les cendres des princes de Nan. À proximité, un petit reliquaire à décoration de stuc.

Wat Ming Müang – *Thanon Suriyapong.* La lourde décoration en stuc et la profusion des détails du *wihan* sont assez oppressants. On voit à l'intérieur des peintures murales et des bouddhas dans des niches situées à hauteur de plafond. Devant le *wihan*, un sanctuaire moderne, très ornementé aussi, renferme le Lak Müang.

★★ Wat Phumin – *Thanon Pha Kong.* Ce temple renommé, fondé en 1592 et restauré en 1867, est un bel exemple de l'architecture locale. Des marches conduisent à l'**ubosot**, à l'inhabituel plan cruciforme, et aux portes sculptées de gardiens et de motifs floraux. À l'intérieur dominent quatre grands Bouddhas, groupés au centre sous un riche plafond à caissons. Les admirables peintures murales de style populaire Thai Lü, illustrant les *Jataka* de Nimi *(mur Ouest)* et de Khattha Kumara *(murs Nord et Est)*, présentent un intérêt historique. En dépit de leur mauvais état, elles donnent toutes sortes de détails sur la mode du 19e s., costumes, coiffures, tatouages, et de charmantes vignettes sur la vie des habitants, par exemple la scène du couple chuchotant *(mur Ouest)* ou le portrait du gouverneur de Nan *(mur Est).*

Wat Suan Tan – *Thanon Suan Tan, au Nord-Est de Thanon Pha Kong.*

Le temple est dominé par un massif **chedi** à étages aux angles redentés, couronné d'un *prang* entouré de quatre autres plus petits. On visitera le *wihan*, restauré, pour l'imposant Bouddha assis du 15e s. de style du Lan Na, commandé, dit-on, pour le roi Tilokaracha.

Wat Phaya Phu – *Thanon Suriyapong.* Ce temple est connu pour ses deux statues de **Bouddha★★** marchant du 15e s., qui encadrent un grand Bouddha assis à l'intérieur du *wihan.* Ce sont les derniers que l'on puisse encore admirer d'une série de cinq originaux *(voir Wat Phra That Chang Kham).* Les magnifiques **panneaux de portes★** du 19e s. représentent le Yoma Tutara, ange de la mort.

EXCURSIONS

Wat Phaya Wat – *Ban Phaya Wat, Mu 6, Tambon Du Tai. Prendre la route 101 vers le Sud, et entre les km 249-250 emprunter la 1025 à droite.* Le *chedi* pyramidal date probablement du 17e s. Ses niches abritent des Bouddhas debout de style cinghalais dans le même esprit que le **Wat Chamathewi★** *(voir Lamphun).* Le *wihan* moderne renferme un autel richement décoré et une statue vénérée du Bouddha.

Wat Phra That Khao Noi – *Comme ci-dessus. Continuer à monter sur la 1025 pendant 2 km après le Wat Phya Wat.* La décoration en stuc au long du mur qui entoure le *chedi* blanc encadré de quatre *chedi* plus petits dénote une influence birmane. Le *wihan* possède un plan inhabituel, avec un transept. Du haut de la colline, on a des **vues★** superbes sur la ville et la plaine de Nan.

Wat Phra That Chae Haeng – *À 2 km au Sud-Est par la route 1168.*

La fondation de ce temple conçu pour abriter des reliques du Bouddha et des tablettes votives date de 1359. Deux énormes *naga* défendent l'escalier qui monte au sommet de la colline. Le **chedi★** doré de style du Lan Na, entouré de parasols en filigrane, a été remanié deux fois au 15e s., notamment par le roi Tilokaracha, et encore au début du 20ᵉ s. Une base carrée en retrait décorée de petits *chedi* supporte le bâtiment annelé rehaussé de motifs de feuilles. Le petit tambour est surmonté d'une flèche élancée. L'élégant *wihan* s'orne d'un toit à étages de style laotien avec des rives en bois sculpté et des décorations de toits en *naga*. Des animaux mythiques gardent la porte surmontée d'un bas-relief raffiné de *naga* entrelacés. Sur l'autel orné de stucs trône un imposant bouddha entouré de fidèles. Des murs d'enceinte, la **vue** s'étend jusqu'à la ville et la vallée de la Nan.

★ **Wat Nong Bua** – *Ban Nong Bua. À 43 km ; prendre la route 1080 vers le Nord. Entre les km 39-40 tourner à gauche en face de l'hôpital et poursuivre sur 3 km.* Des animaux mythiques montent la garde près du porche couvert du *wihan*. Les frontons sont ornés de feuillages et de motifs géométriques finement ciselés. On accède par l'entrée côté Nord à l'intérieur, où de hauts piliers décorés s'étirent vers le plafond à caissons. Les **peintures murales**★★, d'expression identique à celles du Wat Phumin *(voir ci-dessus)*, méritent une étude attentive pour leur vivante description de l'époque. Les murs Est et Sud illustrent le *Jataka* de Chanthakhat. Derrière le Bouddha gardien de l'autel, on peut voir quatre bouddhas antérieurs.

★★ **Circuit touristique** – *Boucle de 210 km par les routes 1080, 1256, 1081, 1257 et 1169 en véhicule 4 x 4. Compter un jour.* Le **Parc national du Doi Phu Kha**, dominé par le pic du même nom (alt. 1 980 m), offre de spectaculaires **paysages**★★★ de montagne, ainsi que de nombreuses grottes, cascades et des espèces botaniques rares. C'est une expérience très gratifiante d'explorer cette région habitée par les tribus de montagne, car l'éloignement a permis d'en conserver tout le charme naturel. Parmi les ethnies figurent les insaisissables Mrabri. Au village de Thai Lue à Ban Nong Bua, les habitants tissent une étoffe caractéristique dont ils fabriquent des vêtements pour leur propre usage et la vente. Les **dépôts salins** de Boklua sont un centre d'intérêt supplémentaire.
On peut effectuer un circuit plus long en empruntant les routes 1080 et 1081 jusqu'à la région frontalière, où règne une atmosphère de bout du monde.

★ **Sao Din** – *Na Noï. À 60 km vers le Sud, par les routes 101 et 1026. Piste difficile sur le site, véhicules 4 x 4 uniquement.* L'érosion a composé de saisissants paysages de piliers de terre. Ces formes étranges varient constamment sous l'action du vent.

NARATHIWAT

Narathiwat – 102 915 habitants
Atlas Michelin p. 23 ou carte n° 965 O 6

La petite ville aux vieilles maisons de bois, assoupie à l'embouchure du Khlong Bang Nara, capitale de la province la plus au Sud de Thaïlande, offre une étape agréable sur la route de la Malaisie. Les mosquées y sont plus courantes que les temples bouddhistes, car, malgré une présence chinoise, les habitants sont en majorité musulmans. Les particularismes ethniques sont manifestes sur les marchés colorés et le port de pêche animé.
Narathiwat bénéficie du patronage royal, car la famille royale entretient une résidence dans la province, en signe de son intérêt permanent, pour apaiser le sentiment d'aliénation de ceux qui, dans la péninsule, se sentent plus proches de leurs voisins de l'autre côté de la frontière. Les programmes de promotion de l'agriculture sont appliqués sous patronage royal. Il en est de même pour l'artisanat ; le batik est tissé à Ban Yakang *(à 4 km à l'Ouest par la 4055)*.

La **fête de Narathiwat** *(3ᵉ semaine de septembre)* met à l'honneur la spécificité de la Thaïlande du Sud : courses de bateaux *korlae*, concours de chants de tourterelles, spectacles de danse *(ram sam pen, ram ngeng)*, démonstrations d'arts martiaux et expositions artisanales.

EXCURSIONS

La côte – Hat Narathat *(à 2 km au Nord près du village de pêcheurs)*. Longue plage bordée de pins maritimes prisée des habitants, idéale pour la planche à voile. S'arrêter au village de pêcheurs à l'embouchure de la rivière pour admirer les décors magnifiques des bateaux de pêcheurs *korlae*. De Narathiwat jusqu'à la Malaisie, 40 km plus au Sud, s'étendent de belles plages de sable.

Nam Tok Bacho – *À 27 km au Nord par la route 42. Prendre à gauche aux km 73-74 pour 2 km.* Sur la montagne de la Goutte de Rosée, Khao Nam Kang, qui appartient à la chaîne de Budo, cette puissante cascade dévale une haute falaise au cœur d'une splendide forêt.

Wat Chonthara Singhe

Mosquée Vadi Al Husen – *À 15 km au Nord-Ouest par la route 42. Après le pont, prendre à gauche entre les km 74-75 et continuer sur 1,3 km le long d'une petite route bétonnée. À Ban Talamano, Tambon Lubosawo, Amphoe Bacho, à 4 km du bureau de l'Amphoe Bacho.* Le village est occupé par des immigrants qui avaient fui Pattani *(voir ce nom)* pendant la guerre avec Ayuthaya au 17e s. Fondée en 1624, la mosquée, bâtiment de bois combinant des styles architecturaux thaï, chinois et malais, est un monument historique. Le toit, couvert à l'origine de chaume, a été reconstruit plus tard dans le style thaï, et un sculpteur sur bois talentueux y a ajouté des éléments chinois. En 1975, on a agrandi le temple du côté Nord pour lui donner sa taille actuelle tout en conservant son ancien style.

Wat Khao Kong – *À 8 km vers le Sud-Ouest par la route 4055. Prendre à droite entre les km 109-110, Tambon Lamphu, Amphoe Müang.* Le paysage de collines est dominé par une énorme statue du Bouddha assis décorée d'une mosaïque dorée : **Phra Phuttha Thaksin Ming Mongkhon**, 15 m de large, 25 m de haut. Quatre grands escaliers montent à la statue, lieu de pèlerinage des Thaïlandais du Sud. Le *wat* se dresse sur un grand domaine. La **pagode Siri Maha Maya**, dédiée à la reine, possède un *chedi* en forme de cloche. Au sommet est enchâssée une relique du Bouddha.

Phra Tamnak Thaksin Ratcha Niwet – *À 8 km vers le Sud par la route 4084. Prendre à gauche entre les km 6-7. Ouvert lorsque la famille royale est absente.* Au pied du Khao Tanyong se trouve la résidence où vit la famille royale durant son séjour annuel dans le Sud. Le parc abrite de nombreux palmiers de la rare espèce Bangsuriya.
Le palais se trouve sur la courbe magnifique de la baie **Ao Manao**, à l'interminable plage de sable blanc *(à 8 km au Sud par la route 4084, prendre à gauche entre les km 1-2 et continuer pour 3 km).*

★★ Wat Chonthara Singhe – *À 34 km vers le Sud-Est par la route 4084. Prendre à gauche entre les km 32-33 et poursuivre sur 500 m jusqu'à l'entrée du temple. Sur la berge de la rivière Tak Bai, Amphoe Tak Bai.* Le temple a été fondé en 1860 sous le règne de Rama IV, sur un terrain donné par le gouverneur de Kelantan. Pendant l'occupation britannique de la Malaisie, en 1908, les Anglais acceptèrent d'arrêter la frontière à Sungai Golok, à 5 km au Sud, en raison de la valeur culturelle et religieuse de ce temple.
Le site séduisant en bord de rivière met en valeur le remarquable *wihan* de bois dans le style de Sumatra. L'*ubosot* défendu par des démons mythiques abrite des peintures murales qui illustrent vie traditionnelle et vie religieuse. Un *wihan* plus petit de 1873 renferme un bouddha couché orné de stucs et de céramique. Le **Sala Tha Nam** qui domine la rivière possède un toit en couronne traditionnel de style thaï. Sur le domaine se trouvent d'autres bâtiments de bois intéressants.

Sungaï Golok ⊘ – *À 60 km au Sud par la route 4056.* Modeste ville-frontière, point de départ pour la côte Est de la Malaisie. Les Thaïlandais passent la frontière pour aller faire leurs courses à Rantau Panjang. Les Malais viennent acheter des biens de consommation et profiter des distractions thaïes. Industrie locale de batiks.
Au départ de Ban Taba *(5 km au Sud de Tak Bai)*, un ferry conduit en Malaisie. Ensuite, autocars pour Kota Baru.

En Thaïlande du Sud, on voit souvent des oiseaux dans des cages suspendues à des poteaux ou devant les maisons, ou en vente dans des oiselleries. Dans le Sud et en Malaisie on trouve surtout de petites tourterelles grises, parfois mouchetées, réputées pour leurs trilles et leurs roucoulades. Dans toute la péninsule ont lieu des concours de chants de tourterelles, qui attirent des amateurs de toutes parts. On hisse les cages à des poteaux de 3 à 6 m de hauteur. Les oiseaux sont jugés en fonction du timbre et de la mélodie de leur chant. À Yala *(voir Patani)* a lieu en mars la Fête de la tourterelle de l'ASEAN.

★★ **Centre d'études de la forêt de tourbière** – *Toh Daeng, à 10 km de Sungaï Golok par la route 4057. Après 5 km emprunter Thanon Chavanan, poursuivre 3 km après un village, puis prendre à droite au panneau (Peat Swamp Forest) et continuer sur 2 km.* Un chemin de planches surélevé permet de visiter cette tourbière de grande valeur écologique. Son environnement unique nourrit une nature exubérante d'arbres et de buissons étayés par leurs racines aériennes. On a identifié des spécimens rares ou nouveaux dans la faune et la flore qui foisonnent dans l'atmosphère humide. La meilleure saison pour la visite est de février à avril.

NONG KHAÏ

Nong Khaï – 139 069 habitants
Atlas Michelin p. 8 ou carte n° 965 D 7

Ses maisons de bois de style franco-chinois *(Thanon Michaï)*, son marché animé *(Thanon Rim Khong)* et ses vues romantiques sur la rivière confèrent un charme certain à cette ville frontière, important terminal ferroviaire sur la rive du Mékong. Elle possède de bons restaurants en bord de rivière. Le **Prap Ho Memorial** *(devant l'hôtel de la province)*, bâtiment carré percé de niches, chacune contenant une inscription dans une langue différente – chinois, anglais, laotien, thaïlandais –, rend hommage aux hommes qui sont tombés en 1877 pour la défense de la ville, attaquée par une armée de bandits chinois qui avaient assailli plusieurs cités au Siam et au Laos. Une fête a lieu le 5 mars chaque année.

Le pont de l'Amitié ⓥ – Saphan Mittaphap *(Ban Chom Mani, Amphoe Müang relié à Tha Nalang, Thanon Tha Duea, à 20 km de Vientiane)*. Ouvert en 1994, il renforce les liens culturels et économiques entre Thaïlande et Laos, et supportera dans un deuxième temps une voie de chemin de fer. Un service de ferries relie aussi Nong Khaï et le Laos.

EXCURSIONS

Wat Pho Chaï – *Amphoe Müang. À l'Est par la route 212, prendre à gauche au km 2.* Ce temple est célèbre pour sa statue du Bouddha, **Luang Pho Phra Saï**, qui, croit-on, est l'une de trois statues commandées par les trois filles du roi du Lang Xang (Laos). Les statues furent transférées à Vientiane en 1778. Au 19e s., sous le règne de Rama III, on les envoya au Siam. Le radeau qui les transportait chavira pendant un orage (1850). L'une d'entre elles disparut dans la rivière, mais on sauva les deux autres, qui furent ensuite placées au Wat Pho Chaï et au Wat Ho Klong. La grande statue en attitude de méditation est en or massif. On la considère comme de style laotien. Les peintures murales retracent son histoire et illustrent des épisodes de la vie quotidienne de l'époque. Devant la salle d'ordination se dresse un *that* blanc élancé présentant de l'intérêt.

San Kaeo Ku – *À l'Est par la route 212. Emprunter la piste sur la droite.* Ce temple présente une collection étrange de statues hindouistes et bouddhistes. Elles reflètent l'enseignement de son fondateur, qui jouit d'une audience importante en Thaïlande et au Laos.

★ **Route touristique de Nong Khaï à Nakhon Phanom** – *À 300 km vers l'Est par la route 212. Prévoir une journée.* La route touristique vers l'Est suit le fleuve sur presque 320 km. Prendre la 212 sur 137 km jusqu'à l'Amphoe Bung Kan, puis sur 175 km jusqu'à Nakhon Phanom. La modeste bourgade de Bun Kan offre ses promenades en bord de rivière avec de belles **vues** sur la nature verdoyante et les montagnes du Laos.

Phu Tok – *Amphoe Bun Kan. À 185 km vers l'Est par la route 212. Au croisement de Bun Kan, emprunter la 222 à droite sur 27 km pour l'Amphoe Sri Wilaï, puis tourner à gauche sur la 2534 et poursuivre 20 km en direction de Ban Kham Kan. Montée raide. Prévoir 2 h.* Phu Tok, qui veut dire montagne solitaire, dresse son massif de grès rouge sur une plaine autrefois couverte de forêts. Il fait partie du domaine d'un temple de méditation. Le maître de méditation Phra Achan Chuan et

Phu Tok

ses disciples ont construit l'escalier qui monte en tournant jusqu'au sommet. Il se divise en sept niveaux, représentant les sept degrés de l'illumination. La montagne est parsemée de cellules de moines. La montée au sommet permet des **vues★★** magnifiques sur les étonnantes formations rocheuses de couleur rouge et la campagne environnante.

Au pied du massif, dans un cadre de jardins, se dressent un *sala* moderne et un *chedi* qui abrite un musée consacré à Phra Achan Chuan. Le *chedi* étagé et à pans, en forme de lotus stylisé, est couronné d'un bouton de lotus rehaussé d'un décor de mosaïque dorée. Sur les murs extérieurs, des bas-reliefs en terre cuite décrivent la vie du moine. À l'intérieur, l'exposition comprend une statue grandeur nature et des reliques de Phra Achan Chuan, ainsi que ses objets personnels. Elle illustre la vie simple d'un moine qui a choisi la méditation.

Phu Lanka – *Continuer 6 km vers l'Ouest à partir de Ban Phaeng.* Parc luxuriant et ombragé à la flore intéressante, avec plusieurs ruisseaux et cascades.

Parc forestier de Nam Tok Tat Kham – *Prendre à droite au km 220 et poursuivre 6 km sur une route empierrée jusqu'au parking.* Une petite cascade à quatre niveaux coule dans un coin ombragé d'accès facile.

Nam Tok Tat Pho – Située en hauteur, la chute s'aperçoit de la route principale pendant la saison des pluies *(à 5 km de Nam Tok Tat Kham ou 11 km de Ban Phaeng avec 1 h de marche sur un sentier).*

Nakhon Phanom – *Voir ce nom.*

PATTANI

Pattani – 106 893 habitants

Atlas Michelin p. 23 ou carte n° 965 O 6

Le caractère original de Pattani, à l'embouchure de la rivière du même nom, reflète les nombreuses facettes de l'histoire de la Thaïlande du Sud. La population, pour l'essentiel d'origine malaise, suit les enseignements de l'islam. Sa tradition culturelle se retrouve à la fois dans l'idéologie politique, dans les costumes locaux, dans la cuisine et dans l'architecture. La communauté chinoise s'est installée plus tardivement.

Les diversités ethniques sont un trait intéressant de Pattani, capitale provinciale et ville universitaire. Le littoral attrayant et l'arrière-pays montagneux couvert d'une jungle épaisse ajoutent à son charme.

Un hasard de l'Histoire – Les archéologues ont retrouvé les traces d'une ville très ancienne (Ban Palawi, Amphoe Yarang) appelée Landgasuka, qui a probablement été désertée quand la rivière a modifié son cours. Au 8e s., Pattani était un bourg commerçant. Au 15e s., elle devint une principauté musulmane sous l'égide de l'empire de Srivijaya. Elle se trouva ensuite sous la suzeraineté des rois d'Ayuthaya et de Bangkok.

Au 16ᵉ s., les échanges avec l'Europe et la Chine étaient florissants, et des comptoirs commerciaux portugais et néerlandais y furent implantés. À la fin du 19ᵉ s., Rama V (le roi Chulalongkorn) et les Britanniques occupant la Malaisie signèrent un accord pour fixer la frontière actuelle. Pattani et sa région (Narathiwat, Yala, Satun) devinrent territoire siamois. Les descendants de la famille princière de Pattani habitent toujours le **palais Jabantigore** *(Thanon Nawang, Soi 2)*, grande demeure délabrée de style composite islamo-chinois.

Crise d'identité – Le mécontentement des populations locales, frustrées dans leurs aspirations culturelles et économiques, a suscité récemment des troubles importants. En réponse aux revendications, le gouvernement central a procédé à certains changements politiques, et la situation est aujourd'hui plus stable.

CURIOSITÉS

La ville – Une promenade en ville donne un aperçu de la vie simple de ses habitants. Des bateaux de pêche colorés *(korlae)* sont amarrés le long de la rivière, ainsi qu'à Pak Nam Pattani *(3 km au Nord)*. Le quartier chinois *(Thanon Rudi)* aligne ses magasins à galeries aux toits pentus typiques recouverts de tuiles, avec des décorations en volutes, des impostes arrondies et des fenêtres à lattes.

Mosquée centrale de Pattani ⊙ – *Thanon Yarang*. Un jardin entoure ce bel édifice flanqué de minarets jumeaux. Surmonté de dômes de couleur verte, le bâtiment principal est orné en façade de céramiques orangées, et ses fenêtres à arcature simple sont munies de vitraux.

Sanctuaire de Leng Chu Kieng – *Thanon Arnorru*. Assez criard, ce temple chinois est dédié à une déesse aux pouvoirs magiques, vénérée par les Chinois de Thaïlande. Il abrite un sanctuaire dédié à l'héroïne passionnée Lim Ko Nieu, et une sculpture de l'arbre auquel elle s'est pendue *(voir ci-dessous)*. Une fête annuelle *(février-mars)* organise une procession animée.

> La légende raconte qu'un marchand chinois, s'étant converti à l'islam, avait entamé la construction de la mosquée. Malgré les supplications de sa sœur, **Lim Ko Nieo**, il avait refusé de renoncer à sa nouvelle foi. Alors, après avoir formé le vœu qu'un mauvais sort frappe l'achèvement de la mosquée, elle se pendit à un arbre.

EXCURSIONS

Mosquée de Krü Se – *À 7 km au Sud-Est par la route 42*. C'est l'une des plus anciennes mosquées de Pattani, mais elle n'a jamais été achevée, son dôme ayant été frappé par la foudre.

Bateaux Korlae

R. Manin/ HOA QUI

La côte Est

De Laem Tachi (Yaring) à l'extrémité Nord de la baie de Pattani, de longues étendues de sable fin recouvrent toute la côte. Mais à proximité de l'agglomération, l'eau n'est pas propice à la baignade.

Des **bateaux** *korlae* décorés de motifs fantastiques et peints de couleurs bigarrées accostent à **Hat Talo Kapo** *(14 km à l'Est)* et **Hat Panare** *(3 km au Nord de Panare)* qui possède une importante communauté de pêcheurs.
Plus loin vers le Sud l'eau est claire et on trouve de belles plages de sable : **Hat Chalalaï** *(à 43 km vers le Sud-Est)* ombragée de pins, **Hat Khae Khae** *(3 km de Panare, 51 km de Pattani)* avec son promontoire rocheux, et les superbes **Hat Patatimo** (Hat Wasukri) *(à 53 km, près de Saiburi – bungalows)* et **Hat Talo Laweng** *(routes 42, 4155 et 4136, près de la frontière à Narathiwat)*.

Son architecture, fenêtres à arcature trilobée et piliers massifs, reste discutable.
À proximité se trouve le mausolée de Lim Ko Nieu, grand sujet d'irritation pour les musulmans.
Un peu plus loin sur la droite s'étend le site désolé d'une **fonderie** du 16e s., où la reine de Pattani faisait fondre des canons, parmi lesquels le « Reine de Tani » exposé au ministère de la Défense à Bangkok.

Wat Chang Haï – *Amphoe Kok Po. À 30 km vers l'Ouest par les routes 42 et 409. Se garer près de la ligne de chemin de fer.* Ce temple moderne possède un haut *chedi* couronné d'un fleuron doré et un *wihan* richement décoré. Près de l'entrée du temple se dresse le mausolée du vénéré Phra Luang Pho Thuat, rotonde à étages soutenue par des colonnes et surmontée d'une flèche dorée.

Yala – *À 35 km vers le Sud par la 410.* Cette ville commerçante moderne aux larges avenues, avec ses parcs et ses lacs, ses mosquées et ses temples chinois, doit sa prospérité au caoutchouc et au riz. La population musulmane habite surtout la campagne, alors que la communauté chinoise anime les commerces.
Yala accueille le concours de chants d'oiseaux de l'ANSEA, en mars, et la Semaine de la culture du Sud Thaïlandais, début août.
Les massifs calcaires qui entourent Yala sont truffés de grottes, dont de nombreuses ont été converties en temples et sont intéressantes.

Wat Khutta Phimuk – *À 6 km vers l'Ouest de Yala par la route 409. Prendre la 4065 à droite et poursuivre sur 1 km.* Un escalier raide *(104 marches)* conduit à un vaste sanctuaire rupestre, près d'un temple moderne, appelé aussi Wat Na Tham par les habitants. Les grandes salles hérissées de splendides concrétions calcaires et spectaculairement éclairées par des rais de lumière contiennent plusieurs statues et un **bouddha couché** de 24 m de long au-dessus duquel se dressent deux *naga* géants à sept têtes. Il semble que c'était auparavant une statue de Vishnou, datant probablement de 757 et commandée par un souverain de Srivijaya.

Tham Silpa (Sin) – *2 km à l'Ouest de Wat Khutta Phimuk. Demander la clef à l'école voisine.* Un sentier envahi par la végétation monte à flanc de colline jusqu'à la grotte, où on visite deux salles décorées de **peintures murales** des 14e-15e s. endommagées, figurant Bouddha entouré de ses disciples. Elles présentent une valeur pour l'histoire de l'art thaïlandais, car ce sont peut-être les exemples les plus anciens de l'art de Srivijaya dans ce pays.

★★ **Route touristique de Yala à Betong** – La route 410 mène vers le Sud à travers la riche vallée de la rivière Pattani, l'épaisse forêt tropicale et des collines moutonnantes. Les paysages magnifiques méritent le détour.

Parc forestier de Nam Tok Than To – *À 55 km de Yala. Au km 57, prendre à gauche et poursuivre sur 1 km le long d'une piste. Bureau du parc, hébergement.* Ce parc forestier, qui couvre 400 km² et s'étend au-delà de la frontière jusqu'en Malaisie, est le dernier bastion de la forêt tropicale abritant des espèces rares de flore et de faune. On y trouve sentiers, retraites ombragées, *salas* à proximité d'un lac et plusieurs cascades, dont une à neuf niveaux.

Barrage de Bang Lang et Lac Than To – *À 80 km de Yala par la route 410, à Ban Bang Lang, Tambon Bacho, Amphoe Ban Nang Seta. Aux km 46-47, prendre une bonne route sur la gauche et poursuivre sur 12 km.* Le lac pittoresque formé par le barrage sur la rivière Pattani reflète un magnifique paysage de montagnes. La route en lacet offre des **vues**★★★ superbes. Location de bateaux, hébergement.

Village sakai – *À 70 km de Yala, Mu 3, Tambon Ban Rae, Than To. Tourner à droite et poursuivre sur 4,5 km sur un chemin de terre (difficile).* Les Sakais *(voir Introduction, Population)*, peuple d'ethnie négrito, ont conservé leur mode de vie traditionnel, habitant des huttes primitives dans la jungle (vingt à trente foyers cultivant de petits lopins potagers et cueillant plantes et racines médicinales). Suivant un programme de développement qui les aide à s'adapter au monde moderne, certains d'entre eux travaillent comme collecteurs de latex dans des plantations d'hévéas.

Betong – Cette ville frontière prospère située sur une crête de montagnes bénéficie d'un climat frais et est souvent perdue dans les brumes. Elle possède une importante et dynamique population chinoise, et attire de nombreux visiteurs en provenance de Malaisie et de Singapour. Centres d'intérêt : la tour-horloge, une boîte aux lettres géante, un jardin municipal sur la colline agrémentée d'une volière, un zoo et un stade. Pour avoir de belles vues sur la ville, mon-

> La beauté et la sérénité de la campagne autour de Betong contrastent fortement avec l'atmosphère troublée qui y régnait il y a encore quelques années. La zone montagneuse était la place forte des forces communistes dans le conflit armé qui visait à renverser le gouvernement malais. Les armées malaise et thaïe traquaient les rebelles dans la jungle, où les sentiers étaient minés. La guérilla a déposé les armes en 1990. À la fin de la guerre, le gouvernement a donné la nationalité thaïlandaise et des terres aux guérilleros.

ter un escalier décoré de créatures mythiques, *kinnari*, *khotchasi*, *naga*, *hamsa*, jusqu'au pavillon Phiromthat. Une mosquée accueille l'importante communauté musulmane. À certaines périodes de l'année, on peut voir l'étrange spectacle de nombreuses hirondelles en provenance de Sibérie migrant sur Betong.

Wat Phutthatiwat – *Thanon Ratanakit. À l'Est.* On a construit un *chedi* moderne dans le style de Srivijaya pour marquer le soixantième anniversaire de la reine Sirikit. On notera la base à deux niveaux garnie de balustrades, les niches abritant des statues surmontées de quatre petits *chedi*, et la haute structure annelée en forme de cloche couronnée d'une flèche gracieuse. De beaux *wihans* et un élégant *ubosot* se dressent sur le domaine du temple.

Abri souterrain de Piya Mit – *À 19 km au Nord, à 3 km de Nam Tok Inthanason.* Une petite pause est bienvenue à Nam Tok Inthanason, dans un cadre de nature exubérante.

Un sentier escarpé mène à un bunker souterrain, construit dans la jungle à flanc de montagne par les maquisards communistes. Le réseau des tunnels et l'environnement spartiate témoignent de leur extraordinaire ingéniosité et de leur endurance.

PATTAYA★★

Chonburi – 75 178 habitants

Atlas Michelin p. 17 ou carte n° 965 I 5 – plan de ville : atlas p. 34

La courbe magnifique de sa **baie**★★★ frangée d'une longue plage de sable, abritée par un promontoire rocheux et des falaises escarpées, offre un cadre idéal à cette station extrêmement appréciée, que des années-lumière séparent du village de pêcheurs assoupi d'autrefois. Aujourd'hui on rejoint facilement Pattaya de Bangkok par l'autoroute Sukhumvit Highway (H3). On y trouve un grand éventail d'hébergements et des équipements pour tous les goûts et toutes les bourses, des distractions, des parcs de loisirs, des terrains de golf de standing international. Toute la gamme des sports nautiques y est offerte, ainsi que des circuits en bateau aux îles de la côte (Ko Lam, Ko Lin, Ko Krok), avec leurs superbes plages et récifs de coraux.

Une nouvelle image – Les autorités locales sont fermement décidées à modifier l'image licencieuse de Pattaya, qui date de la guerre du Vietnam, époque où les soldats américains des bases voisines d'U-Taphao venaient en masse s'y distraire, et à réparer les dommages causés à l'environnement par l'expansion incontrôlée de la ville dans les dernières décennies. Bien que l'image de Pattaya soit encore associée à sa vie nocturne débridée (*go-go* bars, spectacles de travestis, night-clubs et discothèques), la promotion de la station s'attache surtout aux atouts de ses plages, de son climat ensoleillé et de sa végétation tropicale. Les tours d'immeubles qui surgissent au-delà de Hat Jomtien annoncent une nouvelle tendance du développement urbain, à mille lieues du pittoresque village de pêcheurs de **Bang Sare**, plus loin sur la côte *(aux km 165-166 vers le Sud)* avec ses restaurants de produits de la mer.

Fête de l'été

La station célèbre l'été dans la liesse, en avril. Les vacanciers prennent part à la fête : défilé haut en couleur de chars ornés de fruits et de fleurs, concours de beauté, appétissants étals de gourmandises et feu d'artifice spectaculaire sur la plage.

Pattaya pratique

Office de tourisme (TAT) – 382/1 Mu 10, Thanon Chaï Hat (route de la plage), Tambon Nong Prue, Amphoe Bang Lamung, Chonburi 20260 – ☎ 038 467 667, 038 428 750 – fax 038 429 113.

Police touristique – Voir ci-dessus. ☎ 1155, 038 425 937, 038 429 371.

Transports – Des lignes régulières d'avion, train et bus desservent Pattaya.

Thai International Airways – ☎ 038 603 185. Aéroport U-Taphao, Sattahip ☎ 038 603 185.

Bangkok Airways, représentant lignes intérieures, hôtel Royal Garden ☎ 038 411 965.

Gare routière – Pattaya North Road. Départs quotidiens pour Bangkok, toutes les 20-30 mn, de 5 h 30 à 21 h (gare Ekamaï, Thanon Sukhumwit ; Mor Chit, Thanon Phahonyothin).
Bus pour l'aéroport de Bangkok toutes les 2 h de 7 h à 17 h.

Gare – Donnant sur la route du Siam Country Club ; prendre à gauche juste avant la voie ferrée. ☎ 038 429 285. Gare de Si Racha, à l'Est de Si Racha, sur la route 3241 près du village de Worrarit.

Visite – Circuler dans Pattaya et ses environs est facile.

En bus – Des minibus font la navette dans la région de la baie pour un tarif forfaitaire de 5 bahts. On monte, on annonce sa destination, et on paie le trajet en descendant. Au-delà du secteur de la baie, les tarifs sont de 10 bahts pour Naklua, 30 bahts pour Hat Jomtien et 40 bahts pour le Royal Cliff Hotel.

À moto et à bicyclette – Permis obligatoire pour louer une moto. Vérifier soigneusement au préalable l'état du véhicule et l'étendue de l'assurance. La plus extrême prudence est recommandée sur la route. La bicyclette est un moyen amusant et bon marché de circuler. Locations route de la plage : 500 bahts par jour pour une moto, 100 bahts pour un vélo (20 bahts de l'heure).

En voiture – Il y a plusieurs agences correctes de location de voitures : AVIS, au Dusit Resort ; VIA Rent-a-Car en face de l'hôtel Royal Garden, Pattaya Road 11, ☎ 038 426 242.

Distractions – Restaurants de produits de la mer – Thanon Pattaya Tai, Sud Pattaya. Et Bang Sare, au Sud.
Bars, night-clubs, discothèques – À Pattaya Nua et Pattaya Klang.

Sports – Les amateurs seront enchantés de l'offre de Pattaya en matière de sport.

Vie nocturne, Pattaya

B. Simmons/ PHOTONONSTOP

Golf – Il y a plusieurs terrains de golf autour de Pattaya et sur la côte Est.

Bowling – Trois bowlings ouverts de 10 h à minuit.

Saut à l'élastique – Hauteur 52 m. Kiwi Thai Bungee Jump, 191 Thanon Thepphaya. Ouvert de 13 h à 21 h. ☎ 038 427 849.

Karts – Piste de 400 m ouverte tous les jours de 10 h à 18 h. Piste de 1 080 m au Circuit international de Bira.

Courses automobiles – Circuit international de Bira (au km 14 sur la route 36). Courses le week-end. Entrée payante. Supplément pour compétitions internationales (Formule 3). La piste est aussi ouverte aux amateurs.

Équitation – Horse Sport Centre, au km 11 sur la route 36, en face du Circuit international de Bira.

Sports nautiques – Voile, plongée sous-marine, location de bateaux, planche à voile, ski nautique : centres nautiques le long de la route de la plage et sur Hat Jomtien.

Pêche en haute mer – Les clubs de pêche organisent des sorties pour les pêcheurs. Possibilité de bateaux-charters.

Parachute ascensionnel – Location sur la plage.

Excursions – Jardins tropicaux de Nong Nooch, Mini Siam, croisières aux îles de la baie.

Excursions d'un jour à Bangkok ou Rayong. **Circuit de deux jours** à Kanchanaburi.

Se restaurer à Pattaya

P.I.C. Kitchen – *Soi 5, North Pattaya* – ☎ *038 428 374*. Le restaurant offre des repas thaïlandais traditionnels et une carte éclectique de plats thaïs et européens à base de produits frais.

Lobster Pot – *228 Beach Road, Pattaya Sud* – ☎ *038 426 083*. Spécialité de produits de la mer sur une terrasse en plein air face à la mer.

Marco Polo – *Montien Hotel, Pattaya (voir ci-dessous)* – ☎ *038 428 155/6*. Établissement raffiné proposant toutes sortes de spécialités chinoises.

Se loger à Pattaya

Bon marché

The Merlin Pattaya – *429 Moo 9, Pattaya Beach Road* – ☎ *038 428 755-9, 02 255 7611-5 – fax 038 421 673, 02 254 8570 – merlinpy@loxinfo.co.th – www.merlinpattaya.com – 2 200-2 700 bahts.* Tout près de la plage, hôtel confortable bien équipé avec vue sur la mer et jardin.

Best Western Baiyoke Pattaya – *557 Moo 10, Thanon Prathamnak, Pattaya Sud – ☎ 038 423 300, 02 656 3000 – fax 038 426 124, 02 656 3905 – bayokpattaya@baiyoke.co.th – 1 400-2 400 bahts.* Bel hôtel moderne avec vue sur la mer, jardin et plusieurs restaurants.

Island View Hotel – *410 Moo 12, Cliff Beach Road* – ☎ *038 250 813-5, 02 249 8941/2 – fax 038 250 818, 02 249 8943 – 950-1 200 bahts.* Confortable établissement doté d'une piscine, d'un jardin et de vues sur la mer.

Prix moyens

Montien Hotel Pattaya – *369 Moo 9, Pattaya Second Road* – ☎ *038 428 155/6 – fax 038 428 155 – pattaya@montien.com – www.montien.com – 3 000-13 600 bahts.* Agréable hôtel moderne proche de la plage, avec vue sur la mer, jardin et plusieurs restaurants.

Amari Orchid Pattaya – *240 Moo 5, Beach Road, Pattaya Nord* – ☎ *038 428 161, 02 255 3960 – fax 038 428 165, 02 655 5707 – orchid@amari.com – www.amari.com – 130-300 $ US.* Services et équipements remarquables pour cet hôtel proche de la plage au très beau jardin.

Siam Bayview Hotel – *310/2 Moo 10, Pattaya Beach Road* – ☎ *038 423 871-7, 02 247 0120-30 – fax 038 423 879, 02 247 0178 – siambayview@siamhotels.com – www.siamhotels.com – 2 500-10 500 bahts.* Cet établissement très agréable offre vue sur la mer, restaurants et centre de remise en forme.

Sugar Hut – *391/19 Moo 10, route de Jomtien* – ☎ *038 251 686-8 – fax 038 225 514 – 2 500-5 000 bahts.* On a installé dans un jardin exubérant de ravissantes maisons thaïlandaises et un restaurant.

Prix élevés

Royal Cliff Beach Hotel – *353 Thanon Prathamnak* – ☎ *038 250 421-40 – fax 038 250 511/513 – info@royalcliff.com – www.royalcliff.com – 5 500-13 000 bahts.* Élégant hôtel avec plage privée, de superbes vues sur la mer et des aménagements remarquables.

Dusit Resort Pattaya – *240/2 Pattaya Beach Road* – ☎ *038 425 611-7, 02 636 3600 poste 4521 – fax 038 428 239, 02 636 3571 – pattaya@dusit.com – www.dusit.com – 2 800-16 000 bahts.* Magnifique établissement sur la plage avec des équipements de luxe, un centre de remise en forme, plusieurs restaurants et des jardins.

Jomtien Palm Beach – *408 Moo 12, Jomtien Beach Road* – ☎ *038 231 350-68, 02 254 1865-68 – fax 038 231 369, 02 254 1869 – 3 200-20 000 bahts.* Dans un cadre merveilleux sur la plage, cet établissement raffiné offre des services haut de gamme.

La ville – Le centre de la station est desservi par deux routes principales reliées par des allées et bordées d'innombrables magasins, hôtels et restaurants offrant leurs services à une clientèle internationale. La vie nocturne y est animée, avec des distractions permanentes, surtout au Nord de la ville. L'esplanade ombragée en bordure de plage offre une belle vue sur le sable et la baie. Mais c'est de l'hôtel Royal Cliff au Sud, appuyé à la montagne de Pattaya, qu'on a le plus beau **panorama**★★★ sur ce site merveilleux.

EXCURSIONS

Hat Jomtien – *À 2 km au Sud par la route de la plage.* Cette longue plage de sable est idéale pour les vacanciers qui apprécient soleil, mer et sable, calme et détente.

Mini Siam ⊘ – *À 3 km au Nord par la route 3. Prendre à droite au km 143.* Un beau parc paysager abrite les merveilles de Thaïlande en miniature. Plus de 100 maquettes couvrant toutes les époques jusqu'à nos jours illustrent son riche patrimoine culturel. On a réservé un secteur aux chefs-d'œuvre d'architecture européenne.

Million-Year Stone Parc ⊘ – *À 9 km au Nord par la route 3. Prendre la 3420 à droite.* Des formations rocheuses extraordinaires sont la gloire de ce jardin, planté aussi de bonsaïs. On y trouve aussi une ferme aux crocodiles (plus de 1 000 reptiles) avec des spectacles.

Wat Yansangwararam ⊘ – *À 12 km vers le Sud-Est par la route 3, puis prendre à gauche et poursuivre sur 9,8 km.* Sur un magnifique domaine, ce temple de méditation est connu parce qu'il promeut avec ses bâtiments de styles différents l'architecture moderne thaïe.

Le sanctuaire principal se trouve au sommet d'une colline. À l'extrémité du lac on peut voir le **Wihan Siam**, temple taoïste à la très riche décoration rouge et or, où sont présentés des antiquités précieuses et des objets d'art en provenance de Chine.

Baie de Pattaya

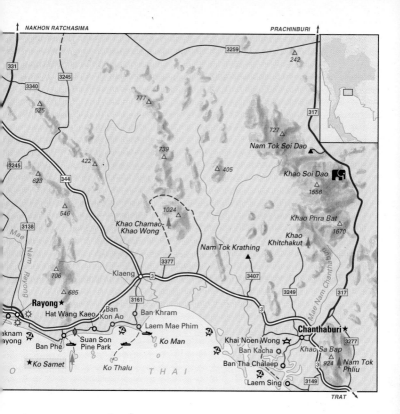

Suan Nong Nooch ⊙ – *À 15 km vers le Sud-Est par la route 3. Prendre à gauche au km 163.* Ces superbes jardins offrent des distractions pour tous les âges. Orchidées, cactées, fougères, cascades et lac rivalisent avec oiseaux tropicaux, démonstrations ou promenades avec des éléphants, spectacles de danse traditionnelle, habitations thaïes *(possibilité d'hébergement)*.

Ao PHANGNGA★★★

Phangnga

Atlas Michelin p. 20 ou carte n° 965 M 3 – Schéma : PHUKET

Le site exceptionnel de la **baie de Phangnga**, instituée parc national (400 km²), fait partie des merveilles géologiques de l'Asie du Sud-Est. Une multitude de pitons calcaires extraordinairement façonnés par l'érosion, plus de quarante îlots, dominent les eaux étincelantes de la baie, frappant l'imagination du visiteur. Expérience inoubliable, la visite de la baie fait découvrir des façades rocheuses à pic trouées de grottes hérissées de stalactites, des monolithes déchiquetés, d'étranges formes animales, des arches creusées par la mer. La végétation prolifère, la faune abonde au cœur de la mangrove et sur les parois rocheuses.

VISITE ⊙ *1/2 journée*

Ne sont décrites ci-dessous que quelques-unes des îles faciles à visiter. Les touristes disposant de plus de temps peuvent s'attendre à d'autres découvertes fascinantes. Tandis que le bateau glisse dans le lit de la rivière, bordée de mangrove exubérante, on a une **vue**★★ splendide vers le Nord sur les montagnes encadrant la ville.
Près de l'embouchure de la rivière, sur le mur d'une grotte, **Khao Khian**, on voit d'étranges peintures rupestres en noir et ocre, crocodiles, poissons, dauphins et figures humaines, témoins d'une occupation ancienne de la région.
Une arche naturelle ouvre l'accès à **Tham Lot** *(dans un chenal latéral sur la gauche derrière Ko Panyi)*. De sa voûte pendent des rideaux de stalactites.
La formation rocheuse fantastique de **Ko Machu** ressemble à un petit chien perché sur une montagne.
Sur le rivage de **Ko Panyi** se niche un village haut en couleur de pêcheurs musulmans. Les habitants des 500 foyers font preuve d'une ingéniosité remarquable, avec leurs maisons sur pilotis reliées par des ponts de bois. Il y a une école au village, et une parcelle est réservée à la mosquée et au cimetière. Les principales activités sont la pêche et l'élevage de crevettes, le tourisme étant une intéressante source annexe de revenus. Les restaurants proposent une cuisine délicieuse (produits de la mer) et les magasins fournissent tout l'indispensable.

Ko Tapu

Sur l'horizon se profilent les îlots jumeaux de **Ko Nom Sao**, appelés aussi Ko Ok Meri. L'érosion de la partie médiane de **Ko Talu** permet aux bateaux de traverser une grotte remplie de stalactites pour déboucher de l'autre côté.

Ko Khao Ping Kan possède des falaises vertigineuses, dont un grand rocher fendu en deux, un des blocs appuyé de façon précaire contre l'autre. Un escalier monte vers une grotte. Plage superbe.

Avec sa base étroite et son large sommet, **Ko Tapu**, en forme de clou à grosse tête, possède le nom évocateur d'île du Clou. Des millions de personnes connaissent ce site pour l'avoir vu dans le célèbre film *L'Homme au pistolet d'or*. L'endroit est parfois envahi par les touristes.

Ko Yao Yaï – *Circuit de 2 h en bateau au départ de la maison des Douanes de* Phangnga. L'île a beau être dotée de superbes plages et d'un beau décor, elle n'offre que peu d'équipements touristiques. L'activité principale y est la culture de perles.

AUTRES CURIOSITÉS

Ville de Phangnga – Cette agréable ville s'étend dans le site pittoresque d'une vallée entourée de massifs calcaires. Le vieux quartier chinois en bord de rivière et le beau Sala Klang (hôtel de la province) près de la route principale méritent une visite.

Les montagnes du voisinage sont truffées de grottes, qui ont été converties en sanctuaires bouddhistes. Des cascades dévalent les hautes falaises.

Tham Rüssisawan – *2 km avant de tourner vers la maison des Douanes.* On accède par un parc à ce labyrinthe de grottes hérissées de stalactites, gardées près de l'entrée par une formation rocheuse vénérée à silhouette d'ermite.

Tham Pong Chang – *Derrière le Wat Phra Pat Prajimkhet. Court passage dans un tunnel sombre, avec lampe.* La grotte-sanctuaire s'étend au pied du Khao Chang, montagne des éléphants, qui doit son nom à sa forme. À l'intérieur, statues de trois éléphants sacrés. Derrière la grotte jaillit un ruisseau souterrain.

EXCURSIONS

★★Tham Suwan Khuha ⊗ – *Amphoe Takua Thung, à 30 km de Ban Khoke Kloi, ou bien à 7 km au Sud-Ouest de Phangnga.* Une piste bordée de palmiers conduit, au-delà d'un temple moderne, à une grotte-sanctuaire spectaculaire éclairée par une ouverture naturelle, qui renferme plusieurs statues. Près de l'entrée, un ancien tas de déchets a fourni les indices d'un **campement** préhistorique. Au fond, des marches conduisent à une salle semi-voûtée, avec une ouverture sur la droite. Au-delà d'un petit *chedi* s'ouvre une vaste **caverne** avec de splendides concrétions. Quitter par la salle semi-voûtée et emprunter, parmi rochers et végétation, le sentier de retour vers l'entrée principale.

La route 4 vers Krabi traverse la rivière Phangnga et monte au Nord, puis prend vers l'Est en direction d'un col, où on se retournera pour avoir une **vue** superbe de la vallée et des montagnes. Puis la route plonge à travers un paysage magnifique de forêt et de roches dolomitiques. Plus loin se dressent les pics calcaires d'Ao Luk, fantastiques pitons rocheux isolés s'élevant au-dessus des arbres.

À 25 km de Phangnga, prendre la 4039 en direction de Laem Sak, petit port de pêche. Après le pont, prendre à droite au km 9 la route de latérite, puis à gauche au panneau brun jusqu'à l'embarcadère. 20 mn de bateau pour visiter les grottes.

Tham Lot – On passe un moment agréable en bateau, au fil de la rivière bordée de mangrove exubérante et de pics calcaires. On visite une vaste grotte voûtée aux stalactites impressionnantes.

★**Tham Phi Hua To** – À partir du débarcadère, monter jusqu'aux grottes, qui renferment des **peintures rupestres** expressives en ocre et noir, décrivant des animaux, des figures humaines, et deux mains, l'une avec cinq doigts, l'autre avec six. Des ossements humains préhistoriques y ont aussi été découverts. La grotte surplombe un paysage de verdure.

Il est inconvenant de pointer ses pieds en direction d'une autre personne, ou même d'une statue sainte. Les pieds, partie la plus basse du corps, sont considérés comme impurs. On doit les replier sous soi ou sur le côté quand on s'assied.

Prasat Hin PHANOM RUNG★★★

Buriram

Atlas Michelin p. 14 ou carte n° 965 G 7 – Schéma : NAKHON RATCHASIMA

Accès : de Buriram, environ 80 km vers le Sud par la route 218 ou 219, puis, à gauche (de 218) ou à droite (de 219) la route 24. Tourner à Ban Ta Ko entre les km 83-84, poursuivre sur 12 km, puis emprunter la 2117 jusqu'à Ban Ta Pek pour 5,5 km, et la 2221 sur 7 km.

Dans un **site**★★ exceptionnel au sommet d'un volcan éteint, le Prasat Hin Phanom Rung, dont le nom signifie grande montagne, domine un paysage de forêts. Ce « château de pierre » *(prasat hin)* caractéristique, joyau d'architecture, est l'un des monuments

Prasat Hin Phanom Rung

B. Davies

Prasat Hin
PHANOM RUNG

0 ————— 50 m

1 Pont de Naga
2 Pièces d'eau
3 Gopuras
4 Bibliothèques

5 Vestiges de prangs
6 Mandapa
7 Antarala
8 Garbhagrha

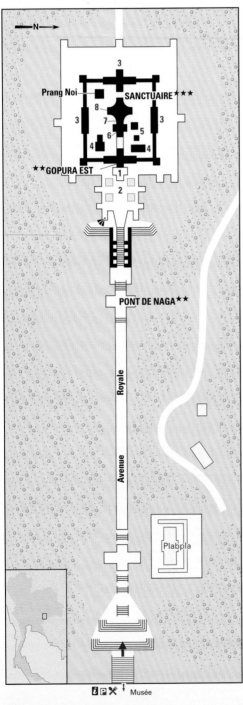

← N →

Prang Noi

SANCTUAIRE ★★★

★★ **GOPURA EST**

PONT DE NAGA ★★

Royale

Avenue

Plabpla

🛈 🅿 ✖ ↓ Musée

khmers les plus importants et les plus achevés de Thaïlande, sur la route reliant Angkor à Phimaï. La maîtrise artistique et la qualité narrative de la décoration sculptée sont sensationnelles : linteaux, frontons, encadrements de portes, moulures, pilastres, antéfixes.

Un peu d'histoire – Des inscriptions découvertes sur le site témoignent que cet endroit était un lieu de culte de nombreux siècles avant la construction du temple au 10ᵉ s. Au 12ᵉ s., il a été remanié et consacré à Shiva et Vishnou par le souverain khmer Narendraditya, qui devint ascète et se retira au monastère, et par son fils Hiranya. Des stèles et bas-reliefs rappellent les campagnes du souverain sous le règne de Suryavarman II (1112-1152). Des ajouts y ont été apportés au 13ᵉ s., mais le temple fut abandonné lors de la chute de l'empire khmer.

Sous l'égide du département des Beaux-Arts, les experts thaïs et étrangers ont conduit pendant dix-sept années un programme de restauration par anastylose, méthode qui consiste à rebâtir en utilisant les matériaux et les techniques d'origine. Le programme s'est achevé en 1988, et le site a été ouvert officiellement comme parc historique.

VISITE ⏱ 1 h 30

Avenue Royale – Bordée de bornes de grès couronnées d'épis en bouton de lotus, la voie processionnelle de la fin du 12ᵉ s., 7 m de large et 160 m de long, conduit à une terrasse cruciforme au pied des marches du temple. Au Nord, le bâtiment à galerie ou Plabpla, pavillon de l'Éléphant Blanc, est à tort considéré comme d'anciennes écuries du roi. Il était probablement utilisé pour revêtir les costumes royaux.

Montée – Le grand **pont de *naga*★★** symbolise le lien entre le monde des hommes et celui des dieux. Les balustrades sont formées par des corps de *naga* : aux angles se dressent leurs têtes couronnées finement sculptées. Côtés Nord et Sud, des marches mènent aussi à la plate-forme. Cinq séries de marches raides accèdent à une vaste terrasse, d'où la **vue★★** s'étend sur la grande plaine au Nord et les pentes boisées des Dong Rak au Sud. Quatre pièces d'eau rituelles symbolisent probablement les quatre rivières sacrées de la tradition hindoue. Un autre pont de *naga* présente un trait particulier : les têtes de *naga* jaillissent de la gueule d'un *makara*, dont le corps forme la balustrade.

Entrée – Le ***gopura*★★** Est cruciforme, coiffé de tuiles de pierre et décoré de fleurons, possède trois entrées. L'entrée du milieu était réservée aux dignitaires, tandis que les deux autres étaient laissées aux visiteurs de moindre importance. L'exceptionnel **fronton★★** Est *(à l'avant)* représente Shiva en ascète, avec des suivantes : le fronton non terminé de l'arrière présente des marques d'incisions. La galerie Est est ornée d'une vivante scène de bataille entre des singes et des *yaksha* inspirée de l'épopée du *Ramayana. Pénétrer dans la grande enceinte.*

Enceinte – Des galeries percées de quatre portes *(gopura)* et divisées en cellules entourent le grand domaine. Le sanctuaire principal se dresse, imposant, dans la vaste cour intérieure. Il s'affine pour se terminer en bouton de lotus, couronné par un superbe *kalasa* (vase d'abondance). Côtés Nord-Est et Sud-Est deux bibliothèques, au Nord-Est les vestiges de deux *prasat* de briques du 10ᵉ s., et dans l'angle Sud-Ouest une petite tour, le Prang Noï.

Marcher jusqu'au sanctuaire.

Sanctuaire★★★ – L'entrée à porches cruciformes conduit à l'antichambre *(mandapa)* qui est reliée par un passage *(antarala)* au sanctuaire *(garbhagriha)*, au-dessus duquel s'élève la tour principale.

Extérieur – *Faire le tour du sanctuaire dans le sens inverse des aiguilles d'une montre.* Le magnifique **fronton★★** surmontant l'entrée de l'antichambre décrit Shiva avec ses dix bras rayonnants, exécutant une danse cosmique. Au-dessous, un admirable **linteau★★** présente Vishnou couché sur le dos du roi Naga (lui-même allongé sur un dragon) dans la mer de lait. Un lotus surgi de son nombril porte Brahma le créateur. À droite, deux perroquets sont finement sculptés. Ce linteau, volé au temple il y a de nombreuses années, est réapparu en Amérique. Il a été restitué à la Thaïlande en 1988.

Sur le côté Nord, on a sculpté des scènes du *Ramayana* pleines d'animation : vol d'oiseaux au-dessus d'une troupe de singes attaquant des démons *(mandapa)*, enlèvement de Sita et oiseau mythique *(en hauteur, antarala)*. Au-dessus de la porte Ouest, le fronton illustre le rapt de Sita dans un chariot porté à dos de singes, qui est une réplique en miniature de la tour centrale. Sur le linteau, Rama et Lakshmana sont pris dans les anneaux du serpent Nagapasha.

Sur le côté Sud, une statue garde l'entrée du sanctuaire. Les frontons décrivent des scènes de batailles sans doute menées par le roi Narendraditya, et, au-dessus de l'entrée Sud du *mandapa*, Shiva et son épouse Uma montant le taureau Nandin, très endommagé.

À l'angle Sud-Ouest, le **Prang Noï** est un bâtiment carré en grès rose, avec, sur les linteaux et le fronton, des motifs floraux délicats dans les styles des Khleang et du Baphuon.

Intérieur – Des fleurs de lotus ornent le seuil du *mandapa*. Sur le linteau intérieur de l'*antarala*, cinq ascètes *(rishi)* gardent l'accès du sanctuaire, qui devait probablement contenir un *linga* de Shiva. On voit dans le sol le *somasutra*, canalisation destinée à évacuer les eaux lustrales versées sur le linga, qui traverse la chambre et passe sous la cour pour aboutir côté Nord en dehors de la galerie.

PHATTHALUNG★

Phatthalung – 124 578 habitants

Atlas Michelin p. 22 ou carte n° 965 N 5 – Schéma : NAKHON SI THAMMARAT

La plaine de Phatthalung est dominée par deux falaises impressionnantes truffées de grottes, **Khao Ok Thalu** (montagne au cœur percé) traversée par une profonde cavité, et **Khao Hua Taek** (montagne de la tête fendue), dont l'un des flancs est entaillé. Ces noms évocateurs rappellent la légende locale, triste histoire de jalousie et de vengeance, d'une femme et d'une maîtresse se battant pour un époux infidèle (le Khao Müang, au Nord). En guise de punition, tous trois furent changés en pierre.

À l'Est de la ville, le grand lac d'eau douce séparé du golfe de Thaïlande par une langue de terre est une formation naturelle rare. Des rizières verdoyantes entourent Phatthalung, seule province du Sud où on cultive le riz.

Il y a peu de choses à voir dans cette bourgade, capitale de la province, excepté un marché coloré *(prendre à gauche Thanon Posarat près de la banque)*. Mais les environs méritent tout à fait d'être explorés.

Nang talung

Phatthalung est célèbre pour son théâtre d'ombres original *(nang talung)*, qui se perpétue ici et à Nakhon Si Thammarat. Les spectacles commencent habituellement vers minuit et durent quatre ou cinq heures, souvent à l'occasion des fêtes des temples *(ngan wat)*.

EXCURSIONS

Wat Khuha Sawan – *À 1 km à l'Ouest par la route 4018 ou 41 vers Khuan Khanun. À partir de la gare, prendre Thanon Khuhasawan.* Derrière le temple, des marches conduisent à une grotte éclairée par une arche naturelle, qui renferme de nombreuses statues du Bouddha assis ou couché sous un arbre de la *bodhi* en cuivre. Sur la droite non loin de là se trouve une grotte d'ermite plus petite. Un sentier à flanc de colline *(à droite de la grotte principale)* mène à un *chedi* sur les hauteurs des falaises, d'où on aura une superbe **vue** sur les montagnes à l'Ouest, les rizières de la plaine et Thale Luang vers l'Est.

Tham Malaï – *À 3 km vers le Nord. Accès en bateau derrière la gare de chemin de fer (15 mn), ou bien prendre Thanon Nivas et suivre la route de latérite jusqu'au pied de la colline. Se munir d'une lampe-torche.* Des marches conduisent à un sanctuaire sur une plate-forme, à proximité duquel s'ouvre une vaste grotte avec plusieurs salles hérissées de concrétions blanches. Les visiteurs apprécieront la vue magnifique sur les spectaculaires pics calcaires.

★★ **Parc ornithologique de Thale Noï** – *À 32 km vers le Nord-Est par les routes 41 et 4048.* Le lever du jour est le meilleur moment pour découvrir ce lac d'eau douce peu profond et ses marais *(30 km², profondeur 1 m-1,5 m)*, supports d'une vie intense, qui attirent plus de 100 espèces d'oiseaux des marais, cormorans, hérons, aigrettes, cigognes et canards *(poste d'observation)*. Toutes sortes de roseaux et de nénuphars y poussent. De mars à mai, Thale Noi est une merveille. Le lac entier devient rose sous les fleurs de nénuphars. Ce paradis des amoureux des oiseaux fait partie d'une réserve interdite à la chasse couvrant 457 km². Près du parc se trouve un village où l'art de la vannerie est resté vivace. On vend sur place sacs et petits tapis colorés.

Wat Wang – *À 7 km à l'Est par la route 4087.* Ce « temple du palais » a plus de 100 ans ; le palais d'un prince, dont seul un mur subsiste, se dressait à l'Est du *wat*. Un vieux *chedi* orne la cour. L'*ubosot* abrite des peintures murales datant de la fin du 18ᵉ s. En face, le Wat **Wihan** Buk possède aussi des peintures murales de la même époque.

Ancienne résidence du gouverneur – *Un peu plus loin sur la droite.* La demeure est entourée d'un jardin agréable surplombant un canal. Le vieux palais *(près de l'entrée)* se compose d'un groupe de maisons traditionnelles thaïes sur pilotis, entièrement construites en bois et coiffées de tuiles vernissées colorées. Le nouveau palais est bâti dans un style composite thaï-chinois.

Près du canal se dresse un *sala*.

Thale Noi

Thale Luang – *À 15 km vers l'Est par la route 4047.* À l'extrémité Nord du lac Songkhla se trouve un village de pêcheurs. La grande plage Hat Sansuk bordée de pins offre de belles vues sur les îles du lac. C'est un lieu de détente fréquenté, avec stands de restauration et buvettes.

Sources thermales – *Khao Chaïson, à 20 km au Sud par la route 41 et une route locale vers l'Est.* On peut faire des détours le long de la route du Sud pour aller voir plusieurs cascades. Les sources chaudes *(au pied d'une colline)* et fraîches *(à proximité)* sont intéressantes *(à 1 km du bureau de l'Amphoe).* Poursuivre jusqu'à la longue plage de sable Hat Khaï Tao, où les tortues géantes viennent pondre leurs œufs chaque année en octobre et novembre.

PHAYAO★

Phayao – 126 625 habitants
Atlas Michelin p. 3 ou carte n° 965 B 4

Loin des sentiers battus, cette ville paisible jouit d'une situation agréable sur la berge Est d'un grand lac que surplombe le Doï **Bussarakam** (alt. 1 856 m), et présente un grand intérêt historique. Intéressante ressource naturelle, le lac peu profond est très poissonneux. Se promener sur sa rive constitue un moment de détente apprécié. Des restaurants de plein air et des balades en bateau sur le lac ajoutent à ses attraits.

Un peu d'histoire – Des découvertes archéologiques laissent supposer qu'à l'âge du bronze il y avait une implantation humaine au bord du lac. Au 11ᵉ s., Phayao était un royaume indépendant. Un monument près du lac commémore le **roi Ngam Müang**, souverain du 13ᵉ s., ami du roi Mengrai du Lan Na. Au Nord-Est, près de Chun, se trouvent les vestiges de Wiang Lo, ville du 13ᵉ s. entourée de douves. En 1338, Phayao fut annexée au royaume du Lan Na, et gouvernée à partir de Chiang Maï. La ville fut abandonnée à cause de la guerre avec la Birmanie, jusqu'à ce qu'elle soit repeuplée d'émigrants de Lampang au milieu du 19ᵉ s. et gouvernée par un prince de la dynastie Kavila.

Phayao a élaboré un style artistique classé jusqu'à récemment comme une branche de l'école du Lan Na. On le reconnaît maintenant comme école indépendante, et peut-être la plus ancienne école artistique typiquement thaïe. Les statues du Bouddha sculptées dans le grès présentent des traits allongés, des lèvres pleines et des boucles serrées.

CURIOSITÉS

★★**Wat Si Khom Kham** – *À 1 km au Nord du centre-ville.* C'est l'un des principaux sanctuaires du Nord de la Thaïlande. Un grand bâtiment (1923), avec un fronton superbe rehaussé de sculptures, dorures, laque et mosaïque de verre, remplace le *wihan* d'origine. Une immense **statue du Bouddha** assis (environ 15ᵉ s.) est posée directement sur le sol, sans doute suivant une tradition de l'école de Phayao. Dans la cour se trouve un groupe de statues du Bouddha de la même école. Devant le *wihan*, un petit *sala* abrite des empreintes jumelles des **pieds du Bouddha★** (fin du 14ᵉ s.) gravées dans la pierre, remarquables pour la créature céleste qui y est finement détaillée.

À l'Ouest, un pont donne accès à un nouvel *ubosot*★★ construit dans le style moderne du Lan Na, avec la participation d'artistes thaïs renommés. Le fronton est orné de bois finement ciselé et de mosaïque de verre. Les fenêtres en meurtrières et le panneau de porte ont été dessinés par Angkran Kalayanapong. Il est également l'auteur de certaines des délicates peintures murales, notamment celles qui se trouvent derrière l'autel. Les merveilleuses **peintures murales★★** de Phabtawan Suwannakut illustrent les *Jataka* bouddhistes dans un style composite du Lan Na et de Bangkok. Lignes pures, couleurs éclatantes et maîtrise du dessin ouvrent une voie nouvelle combinant valeurs anciennes et expression moderne.

Wat Doï Chom Thong – *À 1,5 km au Nord du Wat Si Khom Kham.* On visitera ce temple au sommet du Doï Chom Thong pour son *chedi* blanc du Lan Na posé sur une haute base carrée redentée, son *wihan* ouvert avec une statue du Bouddha de style laotien, et ses *baï sema* anciennes en forme de lotus. **Vue★** superbe de Phayao au bord de son lac.

Wat Luang Ratcha Santhan – *Près du marché.* Ce temple du 12ᵉ s. possède plusieurs bâtiments intéressants, dont un *wihan* au toit à deux étages couvert de tuiles de terre cuite, soutenu par des piliers massifs, avec des volets de bois ; et un *chedi* blanc sur une plate-forme en gradins, avec une tour-reliquaire redentée percée de niches abritant des statues du Bouddha.

Wat Si Umong Kham – *Thanon Tha Kwan.* Près du *chedi* de style du Lan Na (Chiang Saen) se dresse l'*ubosot*, qui renferme le vénéré Phra Chao Lan Toe, très belle **statue du Bouddha** du même style.

Lac de Phayao

EXCURSIONS

Wat Pa Daeng Bunnag – *Ban Rong Ha. Au Nord par la route 1. Prendre la petite route à droite pour accéder au temple.*
Le plus ancien lieu de culte de Phayao comprend le Wat Pa Daeng et le Wat Bunnag. Le *chedi*★ de style cinghalais se dresse sur une haute base carrée et des *baï sema* en forme de lotus marquent l'emplacement du *wihan* entouré d'un cloître.

★**Wat Analayo** – *À 33 km au Nord-Ouest. Prendre la route 1 vers le Nord pour 20 km, puis prendre la 1123 à gauche pour 13 km. Rouler jusqu'au parking.*
Un escalier flanqué d'une rampe de *naga* conduit au sommet du Doï Bussarakam, couronné par un temple réputé pour son centre de méditation. Du sommet on a de très belles **vues**★★ sur la ville et le lac de Phayao.
Sur le domaine on voit plusieurs *wihan* et *chedi* de styles différents inspirés du Lan Na, de Sukhothaï, d'Inde et de Chine. Un des *wihan* expose une collection d'insignes royaux en or, offrandes des fidèles. Un grand bouddha de béton d'une hauteur de 18 m prend l'attitude de vainqueur de Mara. On trouve aussi des bodhisattvas de style chinois, et un *chedi* blanc bâti à l'exemple de Bodhgaya en Inde.

Parc national de Doï Luang – *Rouler 60 km vers l'Ouest par les routes 1 et 120, puis tourner à droite sur 1033 et poursuivre sur 25 km.* La route touristique qui serpente en suivant le pourtour Sud du parc offre des **vues** merveilleuses (panorama entre les km 20 et 21) sur le lac de Phayao, les vallées et les pentes boisées. Des sources chaudes et des cascades agrémentent ce sanctuaire de la faune.

PHETCHABUN

Phetchabun – 226 420 habitants
Atlas Michelin p. 8 ou carte n° 965 E 6

Entourée de chaînes montagneuses boisées, cette capitale provinciale remplit l'étroit fond de vallée parcouru par la rivière Pasak. Dès les débuts du royaume de Sukhothaï, on a vu l'intérêt de son site privilégié sur l'importante route commerciale menant aux territoires du Nord. Le sol alluvial très fertile et le climat frais ont permis à l'agriculture de s'épanouir : tabac, riz, maïs, cultures maraîchères, fleurs et fruits, et bétail.

La ville – Le **Wat Mahathat** *(Thanon Nikhon Damrung, en face du Collège technique)* date de la fondation de la ville. Son centre d'intérêt est le grand *chedi* de style de Sukhothaï terminé en bouton de lotus, avec deux *chedi* plus petits sur le devant et un *wihan* restauré. Le **Wat Traï Phum** *(Thanon Phetcharat, près des douves de la cité)* abrite une statue du Bouddha dans le style de Lopburi trouvée dans la rivière Pasak et qu'on célèbre lors d'une fête annuelle. Aux abords de la ville, le **réservoir de Huay Pa Daeng** *(au Nord par la route 21, prendre la 2006 à gauche et poursuivre sur 8 km)* et le **jardin botanique de Phra Müang** sont des lieux de détente agréables au cœur d'un superbe paysage de montagnes.

EXCURSIONS

Tham Russi Sombaï – *À 36 km vers le Nord par la route 21, prendre à gauche la route 2011 entre les km 251-252 et poursuivre sur 4 km.* Avec son labyrinthe de tunnels, cette caverne hérissée de stalactites a servi de cache secrète aux réserves d'or du pays à l'époque de l'occupation de la Thaïlande par les Japonais durant la Seconde Guerre mondiale.

Parc national de Phu Hin Rong Kla – *À 70 km vers l'Ouest par la route 12. À l'embranchement de Ban Yang, prendre la 2013 à droite pour 28 km, puis encore à droite et poursuivre pour 31 km jusqu'au bureau du parc.* La route offre des **vues**★★ sensationnelles sur la nature exubérante et la chaîne des pics. Le parc, à cheval sur les frontières de trois provinces, a ouvert en 1984 après des années de conflit armé (1968-72). Près du bureau du parc, l'exposition du **musée des Combats/Centre d'information touristique** illustre les méthodes ingénieuses employées par les recrues du Parti communiste de Thaïlande (CPT) pour surmonter les dures conditions de vie des repaires de montagne, noyés dans la forêt, où le CPT avait établi son quartier général et entraînait son armée. Un sentier balisé *(2 h)* fait le tour du camp qui vivait en autarcie au sommet d'une falaise *(à 3 km au Sud-Ouest du parc).* Entre autres constructions, le village comprenait un moulin à eau, un hôpital, une prison, un atelier de réparation mécanique, une école militaire et politique, un cimetière et des abris anti-aériens.

Khao Kho – *À 13 km vers le Nord par la route 21. À l'embranchement de Na Ngu, prendre à gauche entre les km 236-237 et suivre la 2258 sur 30 km. Ou bien par la route 12, tourner au km 100 pour prendre la 2196 sur 33 km.* La chaîne basse des Phetchabun, qui comprend le Khao Kho (alt. 1 174 m), le Khao Ya (1 290 m) et le Khao Yai (865 m), est une région isolée au superbe relief accidenté. Ce terrain montagneux a été le théâtre de violents affrontements avec la guérilla communiste.

Un **mémorial** *(au km 23 sur la route 2196)* honore les volontaires nationalistes chinois du Kuomintang qui avaient rejoint la cause du gouvernement. Prendre la route 2323 à droite au km 28 et monter au Than Ithi, place forte des forces gouvernementales, où un **musée** expose armes, postes de tir, avions, hélicoptères et autres matériels utilisés sur le champ de bataille. Du haut de la montagne se déroule un splendide **panorama**★★ sur les sommets environnants. Un kilomètre plus loin, une pyramide en marbre, le **Khao Kho Memorial**, commémore ceux qui ont perdu la vie lors du conflit armé. À la **cascade de Si Dit** *(par la route 2196, prendre la 2325 au km 18 et continuer sur 10 km),* on peut voir un moulin hydraulique qui servait à moudre le riz, exemple de l'ingéniosité des terroristes.

Un beau jardin met en valeur le plan en demi-cercle du **pavillon Khao Kho**, d'où l'on a une **vue**★★ étendue sur le mémorial et la bibliothèque du Khao Kho, et le panorama des montagnes *(à Khao Ya par la 2196. À l'embranchement de Sa Dao Pong, prendre la 2258 à droite, puis emprunter une côte raide sur la gauche).*

Se rendre au **mont du Miracle** *(sur la route 2258, au km 17.5, s'arrêter sur la ligne)* pour faire l'expérience d'une étonnante illusion d'optique.

La **route touristique 12**★★ reliant Khon Kaen à Phitsanulok serpente à travers des monts doucement arrondis couverts de riche végétation, puis descend dans une plaine verdoyante en passant Thung Phaya et **Thung Salaeng Luang**, région de collines calcaires offrant ses épaisses forêts, ses prairies d'herbe des savanes, ses cascades, sa flore et sa faune exotiques

Les Hmongs (Méos) ont été installés dans des villages (alt. 900-1 500 m) le long de la route, et encouragés à pratiquer l'agriculture, dans une tentative de modifier leurs habitudes nomades.

Plus loin, au km 68, une piste *(à gauche)* à travers la forêt conduit à l'impressionnante **Nam Tok Kaeng Sopha**★★ qui cascade sur trois niveaux le long d'immenses parois calcaires. Nam Tok Kaeng Song *(au km 44)* mérite aussi le détour. Le jardin botanique de Sakunothayan *(au km 33)* près de la rivière Khek propose son espace de détente fréquenté, avec ses cascades (Nam Tok Wang Nok Aen), ses sentiers ombragés et ses aires de pique-nique.

★Parc historique de Si Thep

À 107 km vers le Sud par la route 21 au départ de Phetchabun. Au km 100, prendre la 2211 à droite et poursuivre sur 9 km.

Les vestiges de la cité, ceinte de deux rangées concentriques de remparts et de douves, ont été mis au jour à la fin du 19ᵉ s. Des fouilles ont eu lieu en 1935 et plus récemment. Elle s'étend sur un site stratégique dans le bassin de la rivière Pasak, au croisement des routes reliant les villes de la plaine centrale à celles du Nord et du Nord-Est.

Les nombreux bâtiments et bassins trouvés à l'intérieur et à l'extérieur des remparts de la ville montrent sans l'ombre d'un doute que Si Thep a été fortement peuplé du 7ᵉ s., début de la période de Dvaravati, au 13ᵉ s., quand les Khmers abandonnèrent la cité. La ville fortifiée est probablement l'implantation d'origine, qui s'est étendue par la suite hors des murs.

Site – Un pont de *naga* tourné vers l'Ouest donne accès au parc historique. Près de l'entrée, à droite, s'élève le sanctuaire des esprits Chao Pho Si Thep. Un centre d'accueil expose des photographies des recherches et découvertes archéologiques. Sur un **site funéraire** *(au Nord-Ouest du centre d'accueil)*, les fouilles ont dégagé cinq squelettes. Le plus complet est celui d'une femme qui porte un bracelet en bronze et un collier de cornaline. On peut voir aussi les os d'un éléphant (longueur 2 m), sans doute mort pendant une cérémonie ou à la construction du sanctuaire. Une large **chaussée cérémonielle** pavée de latérite conduit aux bâtiments du temple.

Petits prasat – Tournés vers l'Ouest, les deux édifices en briques assemblées sans mortier (Prang Song Pi et Prang Nong) montrent l'influence du bouddhisme de Dvaravati, qui était florissant aux 7e-8e s.

Prang Si Thep – Le petit *prasat* carré en briques avec un porche de chaque côté sur une base cruciforme en grès date probablement des 11e-12e s. Il a conservé ses poutres en bois d'origine, son arche khmère, et une niche triangulaire abritant une statue en bois de Vishnou. Sa couronne de grès en forme de lotus gît à côté sur le sol.

Khao Klang Naï – Ce grand bâtiment rectangulaire, avec des marches côté Est, était sans doute un dépôt d'armes ou un trésor. Le long de la base du mur côté Sud se trouvent des **motifs en stuc**★ étonnants. Le plus remarquable est un personnage nain semblable à celui découvert au Khu Bua, à Ratchaburi. Une grande Roue de la Loi fait face aux ruines du bâtiment côté Est.

PHETCHABURI★★

Phetchaburi – 120 591 habitants
Atlas Michelin p. 17 ou carte n° 965 H 4

Tout contribue à faire de Phetchaburi une destination séduisante : un palais royal sur la colline de Khao Wang, des temples fascinants, d'époques différentes et de grande valeur artistique, l'ambiance animée, la proximité de la capitale et des stations balnéaires de Cha-am et Hua Hin, et sa situation sur la route de la pittoresque péninsule du Sud. C'est une ville plaisante, avec de larges avenues bordées d'arbres et de belles maisons traditionnelles.

Le pays des Diamants – D'après la tradition, la ville doit son nom aux diamants étincelants que l'on ramassait au fond du lit de la rivière Phetchaburi. Déjà avant l'implantation des Môns (8e s.-11e s.), il s'agissait certainement d'un comptoir important sur la route commerciale entre l'Inde et la Chine. Des monuments religieux attestent de la présence khmère au 13e s., suivie par l'avènement du royaume de Sukhothaï, à son tour supplanté par l'empire d'Ayuthaya (14e-18e s.). Ce dernier entretenait de bonnes relations commerciales avec les États européens. Aux 19e-20e s., le climat vivifiant de Phetchaburi eut la faveur de Rama IV (le roi Mongkut) et Rama V (le roi Chulalongkorn), qui dotèrent la ville de plusieurs bâtiments majestueux.

★★ PHRA NAKHON KHIRI ⊙

Accès par funiculaire ou par un escalier assez raide au départ de l'Office de tourisme.

Le roi Mongkut a fait bâtir en 1859 ce palais de la Montagne, perché sur les trois sommets du Khao Wang, pour échapper aux pressions de la vie citadine et se livrer à ses loisirs favoris. Il comprend un temple *(à l'Est)*, un *chedi (au centre)*, un château de style néoclassique *(à l'Ouest)*, des salles d'audience, un observatoire, un théâtre, des écuries, et, en contrebas, les logements des gardes et les bâtiments de service. La variété des styles architecturaux témoigne des goûts éclectiques du souverain. Du palais on a un **panorama**★★★ magnifique sur la ville et, à perte de vue, sur la campagne luxuriante.

Musée national Phra Nakhon Khiri ⊙ – Trois pavillons royaux constituent ce musée : Phra Thinang Phetphum Phairot, de style néoclassique, où logeaient les invités du roi, Phra Thinang Pramot Mahasawan, appartements royaux, et Phra Thinang Wichien Prasat *(voir ci-dessous)*. Les collections de céramiques, de sculptures et de beaux meubles donnent un aperçu du train de vie élégant des souverains.

Phra Thinang Wichien Prasat – Aux quatre coins de la plate-forme ceinte de balustrades se dressent des tours ornementées. Au centre se tient un pavillon bâti sur un plan en croix grecque et couronné d'un petit *prang*, abritant une statue et un buste du roi Mongkut en costume d'apparat. Décorations en stuc et nervures dorées ornent les pignons et les frontons du monument.

Observatoire – En longeant un grand pavillon, se diriger vers la tour au dôme recouvert d'une paroi de verre. Emprunter l'escalier en spirale jusqu'à la terrasse, ceinte de balustrades, d'où le roi effectuait ses observations astronomiques. Ce bâtiment servait d'amer aux marins.

Phra Nakhon Khiri

Wat Phra Kaeo – Suivre le chemin qui conduit au sommet Est en passant devant un imposant *chedi*, jusqu'à ce petit temple, de proportions harmonieuses, qui ressemble au temple royal de Bangkok. Les portes et le fronton de l'*ubosot* sont richement décorés. On remarquera aussi un beau *chedi* de marbre gris, un *prang* en grès rouge et trois pavillons. La terrasse offre de superbes **points de vue★★**.
D'autres bâtiments, religieux ou d'habitation, et le théâtre où l'on montait des spectacles pour la cour sont dispersés non loin du chemin ombragé qui ramène à l'entrée principale.

CENTRE-VILLE

★ **Wat Mahathat Worawihan** – *Thanon Damnoen Kasem*. On aperçoit de loin le *prang* blanc caractéristique de ce temple qui date de la période d'Ayuthaya. La profusion des **décors en stuc** du porche d'entrée, des pignons et des murs extérieurs des *wihan* est extraordinaire. À noter, dans la cour principale, le socle d'un bouddha assis empreint de sérénité, du style d'U-Thong, orné de stuc et de verre, ainsi qu'un *chedi* redenté, ponctué de niches abritant des images du Bouddha, et couronné d'un fleuron élancé surmontant quatre visages de Brahma.
Un bouddha marchant, moderne, protège l'entrée du **Wihan Luang** ; des **peintures murales** de couleurs vives en décorent l'intérieur. L'autel étagé enchâsse des statues du Bouddha assis et de ses disciples (la plus grande est dans le style d'Ayuthaya), et une Roue de la Loi.
Dans la cour voisine, la chapelle est entourée de niches abritant de beaux *baï sema* de la période U-Thong. Pénétrer dans l'enceinte dominée par l'imposant **prang** dans le style d'Ayuthaya, encadré de *prang* plus petits et gardé par des démons : les niches et la galerie sont ornées de statues dorées du Bouddha.

Wat Yaï Suwannaram★★ – *Thanon Pongsuriya*. Ce temple du 17e s. possède de beaux bâtiments en bois, résultat d'un travail artisanal extraordinaire. L'élégant *sala*★★ rehaussé est remarquable pour ses corbeaux de toiture et sa décoration raffinés, ainsi que pour ses portes sculptées, dont l'une a été entaillée par un sabre birman. Des rangées de colonnes obliques soutiennent le toit. L'intérieur a conservé des traces de peintures murales. Le gracieux *ho traï* en bois a été construit au milieu d'un bassin.
Les **peintures murales★★** à l'intérieur de l'*ubosot* sont réputées pour leurs qualités artistiques et narratives, et donnent un aperçu unique de la vie au royaume d'Ayuthaya au 17e s., ainsi que d'abondants détails sur la flore et la faune. Sur le mur Est, le Bouddha surmonte les forces du mal ; sur les côtés, des divinités lui rendent hommage.

Wat Kamphang Lang – *Thanon Phrasong. Poursuivre après le Wat Yai Suwannaram et prendre à droite.* Cet ancien lieu de prière (12e s.) représente le point le plus méridional de la sphère d'influence khmère en Thaïlande. Un mur en bon état de conservation entoure un *prang* central dans le style de Lopburi, précédé d'une *gopura* et encadré par trois *prang* plus petits et des édifices mineurs. Il ne reste que peu de traces de la décoration en stuc.

★**Wat Ko Kaeo Suttharam★** – *Thanon Boriphat, près du pont.* Un groupe de superbes bâtiments de bois sur pilotis remet en mémoire des scènes anciennes de la vie monastique. De doubles *baï sema* entourent l'**ubosot** *(demander l'ouverture du bâtiment)*, précédé d'un porche à colonnes. Fronton et pignon sont décorés de motifs floraux et de créatures célestes en stuc. Les **peintures murales★★** du 18ᵉ s., bien conservées, attestent d'une grande maîtrise et d'une belle originalité : de manière inhabituelle, la cosmologie bouddhique est dépeinte sur le mur oriental, alors que la *Victoire sur le Mal* décore le mur situé à l'Ouest. Certaines scènes pittoresques illustrent leur époque en montrant, parmi d'autres, des marchands arabes, un prêtre jésuite habillé en moine bouddhiste, des étrangers à cheval...

Wat Yang – *Thanon Ratchadamnoen.* Une rangée de *chedi* redentés met en valeur l'*ubosot* du style d'Ayuthaya. De fines colonnes surmontées de chapiteaux en forme de lotus soutiennent le toit du porche. En face, un élégant *ho traï* se mire dans un bassin planté de lotus. Le temple possède des bâtiments modernes de qualité.

> L'emblème de Phetchaburi est le **palmier à sucre**. On accorde une grande valeur à ses produits : le bois et les feuilles sont utilisés pour fabriquer meubles et objets artisanaux ; son fruit entre dans la composition de nombreux plats thaïlandais ; le sucre de palme est indispensable pour la fabrication des délicieuses confiseries qui font la réputation de Phetchaburi.
> On pourra déguster ces délices typiques au Ban Khanom Thaï, situé dans un groupe de maisons traditionnelles sur l'autoroute 4 vers Phetchkasem *(direction Est).*

EXCURSIONS

★**Tham Khao Luang** – *à 5 km au Nord de Khao Wang par la route 3173.* Des marches abruptes descendent vers de vastes grottes hérissées de merveilleuses concrétions. Un puits de lumière illumine un *prang* octogonal décoré de stuc et d'une foule de représentations du Bouddha, dont l'une, recouverte d'habits royaux, a été dédiée au roi Mongkut par son fils Rama V (le roi Chulalongkorn).

★**Phra Ram Ratchaniwet** – *Au Sud, par Thanon Ratchadamnoen. Prendre à gauche au panneau indicateur.* À la suite de son séjour en Europe, le roi Rama V décida de construire un palais d'été de style néobaroque inspiré de celui de l'empereur d'Allemagne. Il fut achevé par Rama VI. Les salles d'audience et les appartements privés, bien aménagés et décorés au goût européen, servaient de cadre élégant à la vie de la famille royale.

Khao Yoï – *à 22 km au Nord par la route 4. Prendre à droite vers le Wat Tham Khao Yoï.* La colline dolomitique est creusée de nombreuses grottes de grandes dimensions, où, dans un cadre impressionnant, de spectaculaires stalactites enchâssent des images du Bouddha dans ses différentes postures. La salle principale, Tham Phra Non *(falaise de l'Est),* est baignée de lumière douce éclairant un grand bouddha couché, une empreinte du pied de Bouddha et une trentaine d'images du Sage. Un escalier abrupt conduit à d'autres grottes.

Wat Kut Bang Khem – *à 20 km au Nord par la route 4. Faire demi-tour après le km 130, puis prendre le chemin à gauche sur 800 m. Tourner à droite à un croisement et poursuivre sur 300 m.* L'*ubosot★* de bois de ce temple de village, qui date sans doute du 19ᵉ s., est un remarquable exemple d'art populaire. Les motifs floraux et les scènes des vies antérieures du Bouddha ornant les portes et les panneaux muraux ont été sculptés avec un esprit, un savoir-faire, une richesse dans le détail qui laissent émerveillé.

★★**Barrage et Parc national de Kaeng Krachan** ⏱ – *à 20 km vers le Sud par la route 4. À Tha Yang prendre à droite au panneau indicateur, et poursuivre sur 49 km jusqu'au bureau du parc et au pavillon d'accueil, au bord du lac. Accès aisé depuis Cha-am et Hua Hin. Compter 1 jour.* La route traverse des terres agricoles fertiles et conduit à deux barrages. Le grand lac, qui procure l'irrigation indispensable à la plaine, est alimenté par d'abondants ruisseaux et une rivière. Des îles pittoresques et un cirque de montagnes escarpées viennent ajouter au charme du lieu. Le plus vaste des parcs naturels de Thaïlande (2 902 km²) s'étend jusqu'à la chaîne des Tenasserim, culminant à 1 207 m et souvent perdue dans la brume. Il est bordé à l'Ouest par une région sauvage du Myanmar, au Nord par une réserve naturelle. Créé à l'initiative du roi Bhumibol, c'est une œuvre réussie de défense de l'environnement, pour sauvegarder ce bassin hydrographique vital.

Les **paysages★★★** du parc sont spectaculaires : vallées sauvages, pics majestueux, forêt tropicale épaisse, grottes, **cascades** impressionnantes (Nam Tok To Thip, Nam Tok Pala-U). La **faune sauvage** foisonne : bantengs, gaurs, cerfs aboyeurs, gibbons, pangolins, éléphants, ours noirs d'Asie et bien d'autres... Ces animaux abondent dans la forêt, qui résonne des appels d'oiseaux peu communs, calaos, barbus, timalies, aigles des serpents... À la beauté de la nature vient s'ajouter un sentiment de bout du monde : la visite du parc est un moment inoubliable.

Cha-am – *à 40 km vers le Sud par la route 4.* Station balnéaire animée, avec sa longue plage de sable frangée de pins maritimes, idéale pour la détente. À l'extrémité Nord, un temple abrite un bouddha monumental. En remontant le long de la côte, on rencontre des villages de pêcheurs. Plus au Sud se trouve la station royale élégante de **Hua Hin★★** *(voir ce nom).*

PHICHIT

Phichit – 119 717 habitants
Atlas Michelin p. 7 ou carte n° 965 E 5

Cette agréable bourgade sur la rive Ouest de la rivière Nan est une bonne base de départ de circuits touristiques. Le premier week-end de septembre, elle accueille des **courses de bateaux** hautes en couleur au Wat Tha Luang.

Wat Tha Luang ⊙ – *À droite de l'hôtel de la province.* Des porches à piliers ornés de balustrades devancent les deux entrées de l'*ubosot*, qui abrite une statue sereine du Bouddha du style du Lan Na (Chiang Saen) appelée **Luang Pho Phet**, dans l'attitude de vainqueur de Mara. Deux fidèles encadrent la statue placée en hauteur sur l'autel, sur un fond raffiné de créatures célestes et d'animaux mythiques.

Bung Sifaï – *À 1 km à l'Ouest du marché de Phichit.* Ce grand marais recouvert de plantes aquatiques est un paradis pour l'observation des oiseaux. Près de l'entrée principale, un bas-relief en terre cuite illustre une légende héroïque dont le personnage principal est un crocodile. Ici se trouve également un aquarium.

EXCURSIONS

Parc de la ville ancienne – *Tambon Muang Kao. À 8 km au Sud par la route 1068.* La route passe devant le **Wat Rong Chang** *(à gauche)*, où l'on peut voir de grandes statues du Bouddha dispersées sur le domaine, et celle d'un éléphant, grandeur nature, près de l'*ubosot*.
Le parc ombragé, orné de statues représentant des personnages de la littérature thaïe, et organisé en arboretum, se trouve sur le site supposé de l'ancienne ville de Phichit, remontant à la période de Sukhothaï, il y a 900 ans. À droite de l'allée centrale, un bâtiment moderne renferme la borne de fondation *(lak müang)*, et, dans une cellule au-dessous, la statue du fondateur.
Un *chedi* cinghalais en ruine, avec une base à degrés carrée et des anneaux, et les fondations d'un *wihan* et d'un *ubosot* sont tout ce qui reste du **Wat Mahathat** entouré de douves *(à gauche de l'allée principale)*.
Autrefois, la cérémonie d'allégeance se tenait dans le vieil *ubosot* du **Wat Nakhon Chum** *(300 m plus loin)*. Cet élégant bâtiment aux fenêtres étroites avec un toit recouvert de tuiles et des colonnes intérieures renferme d'intéressantes statues du Bouddha.

★ **Wat Pho Prathap Chang** – *Tambon Pro Prathap Chang. À 24 km au Sud par la route 1300, route de Klong Khachen à Lam Nam Kao, à gauche.* Ce monastère ancien, entouré de murs d'enceinte, fut construit au 17ᵉ s. par le roi Phra Phet Ratcha pour son fils Phra Chao Süa. Juché sur un autel construit sur une base en briques plus ancienne, un grand Bouddha assis domine l'intérieur de l'*ubosot* éclairé par 14 fenêtres (la décoration en stuc est encore visible) et une haute ouverture à balcon située entre deux entrées latérales. Le plafond est supporté par des rangées de piliers carrés et redentés. À droite de l'*ubosot* se dressent de petits *chedi* percés de niches où l'on plaçait certainement des lampes à huile. Après le mur, on aperçoit les ruines d'un autre bâtiment qui a conservé douze bases carrées de colonnes sur deux rangées et un encadrement de porte avec un arc brisé.

Prasat Hin PHIMAÏ★★★

Nakhon Ratchasima (Khorat)
Atlas Michelin p. 12 ou carte n° 965 F 7 – Schéma : NAKHON RATCHASIMA

Accès : à partir de Nakhon Ratchasima (Khorat), 54 km vers le Nord-Est par les routes 2 et 206. Prendre à droite au km 49 et poursuivre sur 10 km.

On a trouvé dans la région des traces de peuplements remontant à l'époque néolithique, mais c'est aux 11ᵉ-12ᵉ s. que Phimaï a connu son âge d'or, au centre du puissant empire khmer.
Phimaï était un centre important sur la route d'Angkor, vers le Sud. Le plan rectangulaire de l'ancienne ville ceinte de murailles se devine encore aujourd'hui. Elle fut construite sur une île, emplacement stratégique défendu par la rivière Mun et le Khlong

Prasat Hin PHIMAÏ

Chakraï, anciennement reliés par un canal. Des quatre portes de la ville ne subsiste que **Pratu Chaï** (porte de la Victoire) au Sud, ainsi que d'autres vestiges du mur extérieur et de monuments divers. Une route rectiligne permettait l'accès au *prasat*. Des bassins sont creusés un peu partout.

Son déclin s'amorça au 14ᵉ s., après la défaite de l'empire khmer par le roi Ramathibodi Iᵉʳ d'Ayuthaya.

Quand les Birmans s'emparèrent d'Ayuthaya en 1767, Phimaï devint capitale d'une principauté, qui fut un an plus tard conquise par le roi Taksin et annexée au royaume de Siam.

La ville moderne est devenue un centre touristique fréquenté depuis les grands travaux de restauration de ses monuments et l'ouverture du parc historique de Phimaï en 1988.

Prasat Hin Phimaï

PARC HISTORIQUE ⊘ *compter 1 heure*

Phimaï, probablement antérieur à Angkor Vat, est l'exemple le plus complet d'architecture religieuse khmère en Thaïlande. Le sanctuaire, orienté Nord-Sud de façon inhabituelle, combine les traditions brahmaniques et bouddhistes.

★★★**Pont de naga** – La terrasse rehaussée décorée de deux *singha* et de couronnes de *naga* à sept têtes, symbolisant le lien entre le ciel et la terre, est un signe de l'importance du temple.

À gauche se trouvent les vestiges du Khlang Ngoen. Des pièces de monnaie trouvées sur le site laissent supposer qu'il y avait là une trésorerie. Suivant une autre hypothèse, il s'agirait d'une antichambre où l'on procédait à des rituels : un linteau montre un personnage versant de l'eau lustrale pour des prêtres brahmanes.

Gopura Sud – C'est la plus grande des quatre entrées, toutes alignées sur le sanctuaire principal, qui percent le deuxième mur rideau et sa galerie. Des fenêtres à balustres, dont certaines sont aveugles, sont placées à intervalles réguliers. L'inscription khmère sur l'encadrement intérieur du porche du milieu date du début du 12ᵉ s. Des piliers massifs soutiennent la structure des trois chambres.

Passer dans la cour extérieure : quatre **bassins** figurant les quatre fleuves sacrés de l'Inde collectaient l'eau de pluie pour le service du temple. Les deux pavillons de pierre côté Ouest étaient sans doute des appartements royaux. Une chaussée mène à l'enceinte intérieure entourée d'une troisième galerie-enceinte, percée aussi de quatre portiques.

Sanctuaire – La galerie couverte et le *prang*★★★ de grès blanc aux proportions harmonieuses sont les parties les plus anciennes du sanctuaire commencé par Jayavarman VI (1080-1107) et terminé par Dharanindravarman Iᵉʳ (1107-12). Des portiques à degrés encadrent la tour aux cinq étages habilement structurés couronnée d'un bouton de lotus et richement décorée de sculptures de pierre : motifs de pétales, antéfixes en *naga*, doubles frontons et linteaux illustrant des scènes de l'épopée du

Ramayana et des mythes religieux, pilastres à feuillages et gardiens de portes. Des fleurons en boutons de lotus suivent la rive des toits voûtés, couverts de tuiles, des porches ; les fenêtres ornées de balustres tournés agrémentent l'admirable monument.

Mandapa – Le fronton du portique Sud, qui s'ouvre sur une antichambre *(mandapa)*, représente Shiva dansant. Le fronton Est montre des divinités hindoues et leurs montures : de gauche à droite, Brahma sur une *hamsa*, Indra sur Erawan, Vishnou avec Ganesh et, au-dessus, Shiva et Uma montant Nandin. Son linteau dépeint Rama et sa suite sur un bateau après une bataille victorieuse. Sur le linteau du fronton Ouest, inachevé, le Garuda vole au secours de Rama et Lakshmana enlacés par un *naga*, tandis qu'au-dessous une armée de singes se lamente.

Les **linteaux**★★★ intérieurs illustrent magnifiquement le talent des artistes khmers. Ils décrivent l'histoire du Bouddha et du Bodhisattva : Bouddha prêchant *(Ouest)* ; divinité Trailokyavijaya *(Est)* ; divinité dansante entourée d'autres danseurs ; rangée de disciples au-dessus *(Nord)*.

Un passage sans fenêtres *(antarala)* conduit au sanctuaire.

Prasat – Une copie d'une superbe statue du 13ᵉ s. du Bouddha sous la protection du *naga* dans le style du Bayon occupe la place d'honneur dans le sanctuaire, où on pratiquait le rituel strict du bouddhisme mahayana. On peut voir à l'angle Est le conduit qui drainait vers l'extérieur l'eau sacrée versée sur la statue.

Dans le porche Nord, un linteau décrit le Vajrasattva, divinité en méditation à trois visages et six bras. Quatre figures semblables sont sculptées dans la partie supérieure, ainsi que des danseurs dans la partie basse *(côté Sud)*.

Les sculptures des parois extérieures du *prang* sont remarquablement expressives. Des scènes de bataille se déroulent sur les frontons des trois porches et sur les linteaux : Krishna tuant un géant, avec Rama et Sita sur la gauche *(à l'Est)*, et une divinité *(au Nord)*.

Prasat secondaires – Au Sud-Est, le Prang Phromathat, tour redentée de latérite rouge, abrite la copie d'une magnifique statue de Jayavarman VII d'après nature, ce qui est rare, découverte sur le site et aujourd'hui exposée au musée de Phimaï. Au Sud-Ouest se dresse le Prang Hin Daeng, en grès rouge, datant de la fin du 12ᵉ s., époque où l'hindouisme a fait place au bouddhisme. À côté se trouve un sanctuaire brahmanique de la même période.

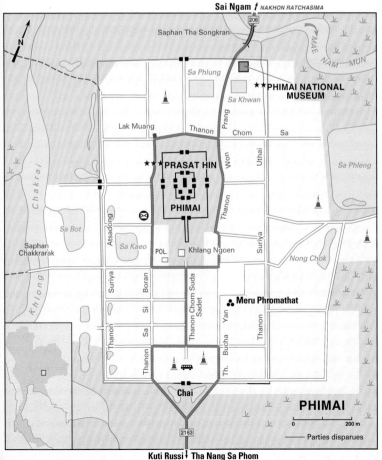

PHIMAÏ

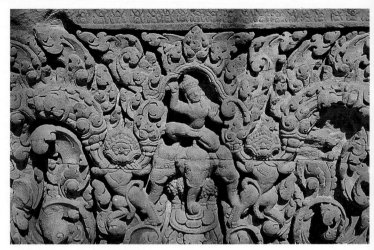

Linteau

Enceinte intérieure – Sur l'ancienne grande route du Cambodge, la porte Sud **Pratu Chaï** était l'entrée principale de la ville. Son pavillon carré se composait de trois chambres communicantes avec un passage central.

À l'Est, une rue parallèle à la rue principale passe devant le **Meru Phromathat**, tertre sur lequel se dressent les ruines d'un bâtiment, et lieu probable de la crémation du roi Boromathat. La cérémonie de crémation de son épouse aurait, croit-on, eu lieu sur le Meru Noï plus petit, de l'autre côté de la rue.

À l'extérieur – Au Sud, le **Tha Nang Sa Phom**, en ruine, bâtiment cruciforme en latérite proche de Sa Chong Maew, était sans doute autrefois l'embarcadère de Phimaï. À proximité, le **Kuti Russi**, composé d'un *prasat* central orné d'un portique *(Est)*, d'un petit *wihan* orienté vers l'Ouest, et d'un mur de latérite percé d'une porte à l'Est, est, croit-on, l'un des hôpitaux *(arokayasala)* bâtis dans tout l'empire khmer sous le règne de Jayavarman II au 13ᵉ s.

★ **Musée national de Phimaï** ⏱ – *Au Nord-Ouest de la ville, à droite près du pont sur la rivière Mun.* Les collections, bien présentées, permettent d'avoir un bon aperçu des différentes influences culturelles qui ont façonné le développement des provinces du Nord-Est, en particulier la basse région de l'Isan.

À l'étage – Les objets exposés, qui explicitent les différentes croyances religieuses, vont des maisons aux esprits et sanctuaires des ancêtres aux écritures bouddhiques. Le personnage debout dans le style de Dvaravati date du 12ᵉ s. Les têtes de *naga* de l'art khmer rappellent le culte de l'ancêtre-serpent (mère), tandis que le *linga* hindou symbolise les trois divinités Brahma, Vishnou et Shiva. La section préhistoire présente des vases en forme de trompette typiques de **Ban Prasat**★★ *(voir Nakhon Ratchasima [Khorat], Excursions)* ; les bracelets en coquillages témoignent des liens commerciaux avec les régions côtières, et les ornements de bronze attestent de l'avance technologique de ces civilisations anciennes.

Sur une stèle, une inscription énumérant les dons de bétail et d'esclaves aux moines date du royaume de l'époque de Dvaravati de Sri Chinasi (869 après J.-C.). La série de statues du Bouddha dans différentes attitudes comprend l'unique bouddha couché de la période de Dvaravati (8ᵉ-9ᵉ s.).

La civilisation khmère est largement illustrée par de nombreux objets découverts dans la région de l'Isan : linteau et décors de piliers de Surin dans le style de Phrei Kmeng (7ᵉ-8ᵉ s.). Les colonnes du début ont fait place à des formes octogonales. Les débuts de la période hindouiste se reflètent dans des figurines : statues de **Ganesh**, symbole du dépassement des obstacles, et de divinités hindoues, Shiva, son épouse Uma et le taureau Nandin ; Shiva en ermite ; Vishnou couché sur le dragon Ananda. L'inscription sur un encadrement de porte en provenance du **Prasat Phanom Wan**★ *(voir Nakhon Ratchasima [Khorat], Excursions)*, datée de 890 après J.-C., mentionne le roi Yasovarman Iᵉʳ. Trouvés dans les fouilles du **Prasat Hin Phanom Rung**★★★ *(voir ce nom)*, des personnages en costume d'époque, une tête de Shiva avec un troisième œil, et des gardiens de porte.

Le style du Bayon marque l'adoption du bouddhisme mahayana par le roi Jayavarman VII, avec l'exemple du bodhisattva **Avalokiteshvara** du 13ᵉ s., à l'expression de bonté souriante, et, à sa ceinture, une fleur à huit pétales. Parmi les bronzes découverts à Phimaï se trouvent des déesses tenant une fleur de lotus et un manuscrit. Les statues du Bouddha en pierre et en bois dans le style d'Ayuthaya sont des portraits de personnes réelles, mais ceux de style laotien ont tous le même visage arrondi. L'empreinte des pieds du Bouddha présente les signes de bon augure caractéristiques.

Rez-de-chaussée – Cette section est consacrée à l'histoire et à l'architecture de Phimaï, bâtie pour célébrer la nature divine des souverains khmers. Les merveilleux ornements d'or d'une divinité hindoue font partie d'une très belle collection d'orfèvrerie dans le style du Baphuon découverte dans le Thanon Hak. Sont exposés aussi : objets de cérémonie en cristal, ou recouverts de feuilles d'or et d'argent ; ornements de palanquin en bronze ; miroirs, nécessaires à parfum et à bétel ; sceaux, instruments de musique et céramiques.

La qualité narrative des sculptures sur pierre, illustrant des thèmes religieux hindous, est extraordinaire. Parmi les remarquables **linteaux**★★★ trouvés sur les sites khmers, le plus important décrit, pour la première fois, l'histoire du Bouddha : une armée de démons attaque le Bouddha en méditation. Entre autres chefs-d'œuvre du musée, on verra une statue en grès du 13e s., certainement un portrait véritable, de **Jayavarman VII**★★★ en méditation, et un bouddha serein du 15e s. sous la protection du *naga*, dans le style de Lopburi. Des fragments de linteaux et de frontons sont exposés dans la cour.

Jayavarman VII

PHOTOBANK

Saï Ngam – *Au Nord-Est, 3 km après l'Amphoe Phimaï*. Traverser sur une petite digue et poursuivre sur une route ombragée jusqu'à l'île située au milieu du réservoir d'irrigation formé par le barrage sur la rivière Mun. Un gigantesque **banian** hérissé de racines aériennes occupe tout un territoire. Les habitants rendent hommage à l'esprit de l'arbre devant des autels en bois. Stands de restauration et aires de pique-nique permettent un agréable moment de détente.

Mu Ko PHI PHI★★

Krabi

Atlas Michelin p. 20 ou carte n° 965 N 3 – Schéma : PHUKET

Ces **îles** ⓥ exotiques et leurs merveilles naturelles, criques isolées, plages désertes, eaux claires, splendides récifs coralliens et falaises spectaculaires, appartiennent au Parc national marin, qui comprend aussi Hat Noppharat Thara *(voir Krabi)*. Néanmoins, un développement commercial excessif, avec les problèmes qui en résultent, détritus, pollution acoustique, dommages subis par les récifs de corail, commence à menacer leur fragile équilibre écologique.

Phi Phi Don – Une étroite langue de terre couverte de cocotiers sépare deux baies en forme de croissant. Du point de vue sur la crête *(ascension 30 mn par un sentier raide, côté Est)*, le **panorama**★★★ est sensationnel. Au Sud, d'imposantes falaises et des collines boisées enserrent Ao Ton Sai, où s'amarrent les bateaux ; on y trouve restaurants, boutiques, agences de plongée sous-marine et un village thaï musulman. L'Ouest de l'île est inhabité, mais à Laem Tong, à l'extrémité Nord de la côte Est, les Chao Le, Gitans de la mer, poursuivent leur mode de vie traditionnel. La côte Est aligne plages idylliques et criques isolées,

---

Les salanganes

Les nids d'hirondelles sont un mets très recherché dans la cuisine chinoise. On leur prête aussi une valeur aphrodisiaque. Les *salanganes* construisent leurs petits nids avec des filaments de salive qui se solidifient à l'air libre. On cuit dans du bouillon de poulet ces filaments translucides semblables à des nouilles de verre. Les licences pour la récolte lucrative de cet aliment précieux sont accordées au plus offrant au cours d'enchères. Les agiles collecteurs exercent un métier périlleux, suspendus à de fragiles échelles et échafaudages de bambou. Ils utilisent des couteaux spéciaux pour récolter les nids, placés en hauteur sur les parois rocheuses ou dans les grottes.

Ko Phi Phi

offrant détente et tranquillité. Les amateurs de sports nautiques apprécieront les bonnes conditions de baignade, de plongée, d'exploration au tuba. À ne pas manquer, les circuits en bateau pour admirer les fascinants paysages marins.

Phi Phi Le – *1/2 journée*. La clarté du ciel bleu souligne la silhouette déchiquetée et tourmentée des falaises calcaires piquetées de grottes. **Tham Phaya Nak★★★** (grotte des Vikings, *à l'Est*) est une immense caverne voûtée creusée à la base d'une falaise par l'érosion marine. Les *salanganes* (hirondelles de mer) y bâtissent leurs nids dans des creux en hauteur ; leurs nids sont très recherchés. Sur la paroi de droite on a peint des bateaux à voile, d'où le nom de la grotte, bien qu'ils fassent plutôt penser à des jonques chinoises. Près de l'entrée pend une belle stalactite.

Les baies vert émeraude d'Ao Pilae, Lo Samah et Maya, cernées de falaises vertigineuses et frangées de belles plages de sable, invitent le visiteur émerveillé qui peut s'adonner à la baignade, la plongée et aux promenades en bateau.

PHITSANULOK★

Phitsanulok – 268 182 habitants

Atlas Michelin p. 7 ou carte n° 965 E 5

La ville moderne traversée par la rivière Nan s'est développée en centre de commerce et important nœud de communications, avec de bonnes routes rayonnant dans toutes les directions. C'est aussi une ville universitaire, avec une population étudiante active. Il reste peu de traces de son importance historique passée, car la vieille ville a été détruite par un incendie en 1957. Des esplanades bordées d'arbres s'étirent le long de la Nan au cours rapide, où des maisons bâties sur pilotis et des habitations flottantes forment un tableau pittoresque rappelant la Phitsanulok de l'ancien temps. Certaines ont été converties en restaurants ou en chambres d'hôte.

Une résidence royale – La fondation de la ville est probablement antérieure à la brillante période de Sukhothaï, car on a trouvé dans les environs des vestiges des civilisations khmère et de Dvaravati. Phitsanulok, cité importante du royaume de Sukhothaï, est conquise au 14ᵉ s. par le roi d'Ayuthaya **Ramathibodi Iᵉʳ** (U-Thong). Le roi Lithai de Sukhothaï la reprend peu de temps après ; il gouverne son royaume à partir de Phitsanulok. Art, religion, et pouvoir politique se développent sous son règne. Après le déclin de Sukhothaï, le prince Ramesuan est nommé souverain et monte sur le trône en 1448 sous le nom de **Borommatrailokanat**. La ville reprend de l'importance et lui sert de capitale jusqu'à sa mort en 1488. Au 16ᵉ s., Naresuan le Grand y règne ; à l'emplacement de son ancien palais sur la rive Ouest, un monument commémore sa déclaration d'indépendance vis-à-vis des Birmans. Mais le 16ᵉ s. voit tomber Phitsanulok aux mains des Birmans. Après la destruction du royaume d'Ayuthaya, la ville devient partie d'une petite principauté, annexée à la fin du 18ᵉ s. par le roi Taksin.

CURIOSITÉS

★★ **Wat Phra Si Ratana Mahathat** ⊘ – *Rive Est, près du Saphan Naresuan.* Le temple principal de Phitsanulok, heureusement épargné par le feu, a été construit à la fin du 15e s. par Borommatrailokanat pour affirmer la puissance du royaume d'Ayuthaya. Il fut restauré à la fin du 18e s. par Borommakot, puis en 1991 par le département des Beaux-Arts.

Wihan – Le sanctuaire est précédé d'un porche avec un fronton doré à caissons et des piliers élancés.

Les **portes en ébène**★★, ornées d'incrustations de nacre et de motifs floraux et animaliers, sont remarquablement travaillées.

À l'intérieur, des piliers rehaussés de bleu, de rouge et d'or coiffés de chapiteaux en lotus séparent les trois nefs et soutiennent le plafond à caissons. Le toit vernissé à étages descendant bas sur les murs latéraux forme un environnement intime pour le serein **Phra Phuttha Chinarat**★★★, chef-d'œuvre de l'art de Sukhothaï, qui trône à la place d'honneur sur l'autel, devant un décor sombre d'anges et de fleurs stylisées. Ce bouddha assis en bronze, escorté de belles statues de Bouddha et ses disciples, possède des traits remarquables : visage arrondi entouré d'un halo de flammes ciselées se terminant en créatures mythiques, galbe gracieux des bras, élégantes jambes croisées, dans l'attitude du vainqueur de Mara.

Les peintures murales, qui datent d'une période plus tardive, illustrent l'Illumination du Bouddha *(à droite)* et sa renonciation au monde *(à gauche)*. Les **chaires** finement sculptées sont aussi intéressantes.

Cloître – De chaque côté du *wihan* se trouvent des petites chapelles, des pavillons et l'*ubosot*. Les galeries abritent une série de superbes statues du Bouddha de styles différents, et des objets religieux.

Au centre se dresse un *prang* impressionnant dans le style d'Ayuthaya. La partie supérieure dorée se voit de loin. Un escalier conduit à la crypte où est enchâssée une relique du Bouddha.

Au fond du cloître on voit les ruines d'un bâtiment et un immense bouddha debout, abondamment restauré. Côté Sud, une chapelle abrite un bouddha assis dans le style de Sukhothaï.

Première cour – Une chapelle entourée de boutiques renferme une petite statue du Bouddha appelée **Phra Lua**★, fondue avec l'or restant après la création de trois célèbres statues du Bouddha, Satsada, Chinasi et Chinarat, par trois maîtres de Chiang Saen, Sawankhalok et Sukhothaï. D'après la légende, le dieu Indra aurait assisté les artistes.

Phra Phuttha Chinarat

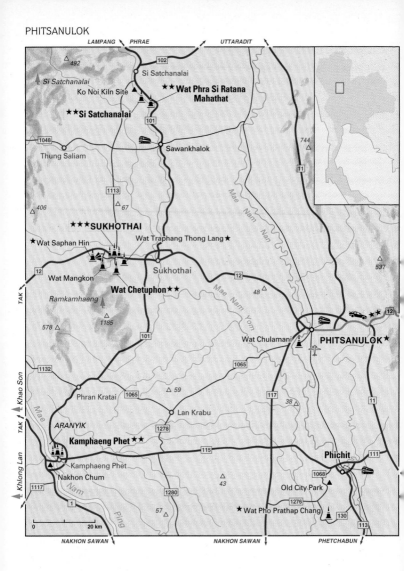

Wat Ratcha Burana – *De l'autre côté du pont Naresuan.* Ce temple, qui a également échappé à l'incendie, a pour centres d'intérêt les ruines imposantes d'un *chedi* à gradins et un **ubosot** entouré de doubles *baï sema*, orné de panneaux de portes finement sculptés et de peintures murales du 19ᵉ s. illustrant des épisodes du *Ramakien.*

★ **Musée des Traditions populaires** – *Thanon Visut Kasat. À 2 km au Sud de la gare de chemin de fer.* Le musée a pour mission de constituer une mémoire populaire mettant à l'honneur le mode de vie rural traditionnel, avec sa stupéfiante collection d'objets à usage agricole ou domestique, menacés de disparition par l'utilisation générale des outils et machines modernes. Sont exposés entre autres céramiques, instruments de musique, outils d'artisans, racloirs de noix de coco, pièges à poissons, leurres pour la chasse et ustensiles de cuisine.

EXCURSIONS

Wat Chulamani ⊙ – *À 5 km au Sud par la 1063.* Le temple date probablement de la période khmère. Il est ensuite devenu un important sanctuaire bouddhiste, où, au 15ᵉ s., fut ordonné moine le roi Borommatrailokanat. À l'arrière d'un *wihan* de la fin du 18ᵉ s. situé près du *prang*, une stèle protégée par des volets de bois porte une inscription rappelant cet événement.

Le *prang*★ harmonieux a une base en gradins. Ses encadrements de portes sont merveilleusement ornés sur les côtés de **frises**★ en stuc représentant des oies et des fleurs. L'intérieur voûté abrite une belle statue du Bouddha assis.

★★ **Route touristique de Lomsak** – *Le circuit est décrit en sens inverse à Phetchabun – Excursions.*

PHRAE★

Phrae – 128 414 habitants
Atlas Michelin p. 7 ou carte n° 965 C 5

La rivière Yom s'enroule autour de la ville moderne et ses larges avenues déployées sur sa rive Est. Les magnifiques **maisons de bois** de la vieille ville témoignent de sa prospérité, due aux mines de charbon et au commerce du teck. Ses temples reflètent des influences birmanes et laotiennes, héritage de l'occupation birmane et de l'exploitation du bois qui avait attiré autrefois bûcherons et marchands de Birmanie et du Laos. L'agriculture est la ressource principale de cette région fertile : maïs, canne à sucre, tabac. La campagne est parsemée de séchoirs à tabac.

CURIOSITÉS

Vieille ville – *À l'Ouest de la ville moderne*. Les murs en terre et les douves délimitent le contour ovale de la vieille ville qu'on peut voir de la route, en bord de rivière.

Wat Si Chum – *Thanon Kham Saen*. Trois portes percent la façade du *wihan* principal au centre du domaine. On notera la décoration naïve en mosaïque de verre, une chaire richement décorée et une statue du Bouddha assis avec un halo de flammes dans le style du Phra Phuttha Chinarat *(voir Phitsanulok)*. Le *wihan* de gauche renferme un immense bouddha debout. On remarquera aussi le *chedi* et un petit *ho traï* (bibliothèque) sur pilotis décoré de peintures naïves.

Wat Luang – *Soï 1 donnant sur Thanon Kam Lu. À l'Ouest du Wat Si Chum*. Un des plus anciens temples de Phrae, il remonte certainement à la fondation de la ville (16ᵉ s.). Le *wihan* principal s'enorgueillit d'une façade finement ciselée, de piliers et poutres décorés, et d'un bouddha vénéré en haut d'un autel fastueux. Caractéristiques principales du petit *wihan*, un bouddha de style laotien sur un grand autel, et des volets décorés. Des éléphants et des statues du Bouddha dans des niches ornent la base du *chedi* octogonal en gradins dans le style du Lan Na (Chiang Saen). Un *sala* moderne renferme un petit musée d'art religieux.

Wat Phra Non – *Thanon Phra Non Nua, près du Wat Luang*. Le *wihan* mérite une visite pour les sculptures raffinées de ses frontons, ses fenêtres à fentes étroites, et son toit à plusieurs étages. À côté se trouve une bibliothèque. Le nom du temple provient d'une statue de Bouddha couché, laquée et recouverte de feuilles d'or qui se trouve dans la petite chapelle de gauche, éclairée de baies en meurtrières. Le *chedi* blanc possède une flèche annelée.

Wat Phra Bat Ming Müang – *Thanon Charoen Müang*. À l'intérieur d'une enceinte étroite, on notera parmi les bâtiments un *chedi* à facettes et à gradins et une charmante **bibliothèque** avec des piliers décorés.

Monument de Phraya Chaïyabun – *À 4 km du marché de Phrae*. Ce monument honore un gouverneur de Phrae, Phraya Chaïyabun, tué en 1902 lors d'une insurrection de rebelles, parce qu'il avait refusé de signer un document cédant la ville aux insurgés.

★★**Wat Chom Sawan** – *Thanon Yantaraket Koson 101*. Les influences shan et birmane sont manifestes dans l'architecture originale de ce beau temple bâti par un Shan du nom de Taï Yaï. Deux porches couverts permettent d'accéder au *wihan* en bois aux toits superposés, avec ses niveaux de sol décalés, ses cloisons et ses plafonds à caissons. Dans une vitrine à gauche de l'autel, une statue de style shan embellit encore le magnifique intérieur. Le *chedi* monumental de style birman orné d'une gracieuse couronne a perdu sa décoration de stuc.

Wat Sa Bo Kaeo – *Thanon Nam Ku, au bord des douves de la ville*. Des animaux mythiques et des gardiens de porte défendent l'accès de l'enceinte entourée de murs. Un haut *chedi* blanc encadré de *chedi* plus petits devance le *wihan* de style birman, dans lequel un superbe bouddha de marbre translucide préside sur l'autel richement décoré.

EXCURSIONS

Ban Prathap Chaï ⊘ – *Tambon Pa Maet. À 10 km vers l'Ouest par la route 1023*. Cette imposante demeure construite à l'aide de 130 poteaux de teck géants est un splendide exemple de structure de bois. À l'intérieur, on voit une profusion de meubles ornementés et d'objets décoratifs, dont certains plutôt tapageurs.

Artisanat

À Phrae subsiste un artisanat traditionnel particulièrement vivace, spécialisé dans les meubles en bois ou en rotin, les couteaux, faucilles, bêches et pioches, et surtout les étoffes tissées à la main – coton et soie à motifs sophistiqués de l'Amphoe Long *(Sud-Ouest)*, et surtout le tissu bleu appelé *mo hom* utilisé pour les chemises typiques des paysans, fabriquées à Ban Thung Hong (Nord-Est).

Wat Phra That Cho Hae – *Tambon Pa Daeng. À 9 km vers l'Est. Après 6 km sur la 1022, prendre à gauche.* Le nom de Cho Hae est dérivé d'une étoffe de satin, tissée dans les Sip Song Panna (Yunnan), dont les villageois ont drapé le *chedi*. Deux escaliers de *naga* conduisent au temple, qui est un important centre de pèlerinage. Le bouddha assis Phra Chao Than Chaï *(dans un sanctuaire près du chedi)* accueille les prières des femmes qui ont des problèmes de stérilité. Le *chedi* doré du style du Lan Na et le plan cruciforme du *wihan* présentent de l'intérêt. Du haut de la colline, on a de belles **vues** sur le domaine paysager et les grands tecks qui l'entourent.

★★ **Parc forestier de Phae Müang Phi** – *À 18 km vers l'Est par la route 101, puis prendre la 1134 à droite pour 6 km et poursuivre sur 3 km. Sur le site, véhicules 4 x 4 seulement.* Paysage fantastique de pitons de terre façonnés par l'érosion, comparable à **Sao Din**★ *(voir Nan)*. Autrefois, cette région était un vrai maquis où les villageois se perdaient facilement : d'où le nom de « Phae Müang Phi », le village fantôme.

Parc national de Mae Yom – *À 70 km au Nord par l'ancienne route de Song-Ngao (101, 103, 1120, 1154).* Le trajet sera l'occasion de profiter de l'admirable paysage de montagnes. Le parc couvre un vaste territoire sur Amphoe Song et Amphoe Ngao, dont la forêt de tecks de Dong Sak Ngam *(6 km du bureau du parc)* et le plan d'eau de Lom Dong *(10 km).*

Wat Phra That Mongkhon Khiri – *Ban Huai Nam Phik, Tambon Den Chaï, à 30 km vers le Sud-Ouest par la route 101 (à 3 km de l'Amphoe Den Chaï).* Ce temple moderne, fondé en 1977 par un jeune moine de talent, est intéressant parce qu'il marque une renaissance dans les styles du Lan Na. Une grande maison en bois de teck sur pilotis présente une collection d'antiquités de la région, de vieilles photographies illustrant l'histoire de Phrae au 19ᵉ s., des instruments de musique du Lan Na et des laques. L'entrée du cloître est gardée par deux démons en stuc. La galerie est décorée de peintures murales racontant des fables et contes populaires du Lan Na, et de 87 statues du Bouddha de styles différents. L'intérieur de l'*ubosot* présente des linteaux de style khmer, des peintures murales dans les styles d'Ayuthaya et de Bangkok, et un sol de granite en provenance d'Italie. La place d'honneur est réservée à une statue du Bouddha, copie du Phra Phuttha Chinarat *(voir Phitsanulok)*, fondue sur place par le vénérable abbé.
Le **Phra That Suthon**★ à plusieurs flèches, doté d'un double soubassement avec des moulures en lotus, d'une petite tour-reliquaire en forme de cloche et terminé par un fleuron élancé, est une expression du style primitif du Lan Na, Chiang Saen. Autour de sa base, des niches abritent des bouddhas. Le travail des stucs est remarquable. Le *ho traï* de superbe facture s'inspire des splendides bibliothèques du **Wat Phra Sing Luang**★★★ *(voir Chiang Maï)* et du **Wat Phra That Hariphunchaï**★★ *(voir Lamphun).*

PHUKET★★★

Phuket – 138 785 habitants

Atlas Michelin p. 20 ou carte n° 965 N 3

Plus grande île de Thaïlande, baignée par les eaux scintillantes de la mer d'Andaman, Phuket mérite pleinement les superlatifs dont on la couvre pour vanter son succès touristique. Plages de sable blanc brillant frangées de palmiers, baies et criques abritées, forêt exubérante, collines verdoyantes et pittoresques villages de pêcheurs sont riches d'une histoire fertile en événements et de l'héritage de nombreuses cultures. Le climat est idéal, la température y est douce toute l'année (28 à 32°), avec quelques averses tropicales intermittentes pendant la mousson. L'île possède de remarquables équipements susceptibles de satisfaire les visiteurs les plus exigeants.

Une terre d'abondance – Dans le passé, l'île, fréquentée par les marins qui s'y abritaient des tempêtes, était appelée communément d'un nom malais signifiant « Ceylan des Jonques ». Son nom actuel vient probablement du malais *bukhit*. Les Mokens, appelés aussi Chao Le (Gitans de la mer), furent parmi ses premiers habitants, sur la côte Sud. Ils sont réputés pour leurs talents de navigateurs, de plongeurs et de pêcheurs.
Les Thaïs sont arrivés au 13ᵉ s. pour exploiter les riches filons d'étain, et l'île devint une escale pour les navires occidentaux sur la route commerciale entre l'Inde et la Chine, leur permettant d'échapper aux pirates qui écumaient la mer d'Andaman. Au 16ᵉ s., des comptoirs de commerce européens y furent implantés, et la prospérité vint du commerce florissant de l'étain, des perles, de l'ambre gris et des nids d'hirondelles. Le début du 19ᵉ s. connut une vague d'immigration chinoise, attirée par ses riches ressources naturelles. Phuket devint territoire thaï sous le règne de Rama V (1853-1910).

Un tournant du destin – À la fin du 18ᵉ s., le capitaine Francis Light, explorateur, qui avait pris femme à Phuket, s'efforça d'obtenir le territoire de l'île pour la Compagnie britannique des Indes Orientales. Mais les Thaïs en ayant revendiqué la souveraineté, les intérêts anglais se rabattirent sur le détroit de Malacca ; il déplaça son comptoir à Penang. Ce fut le premier pas de la colonisation de la péninsule malaise par les Britanniques.

Phuket pratique

Office de tourisme (TAT) – 73-75 Thanon Phuket, Amphoe Müang, Phuket 83000 – ☎ 076 211 036, 076 212 213, 076 217 138 – fax 076 213 582.

Police touristique – ☎ 1155, 076 217 517, 076 225 361.

Transports – Phuket est desservi par des vols réguliers nationaux et internationaux. **Aéroport international** ☎ 076 327 194, 076 327 246. **Thai International Airways** : 76 Thanon Ranong, Phuket Ville, ☎ 076 211 195, 076 212 499. **Bangkok Airways** : ☎ 076 225 033/5.

Des bus relient aussi Phuket à Bangkok et d'autres grandes villes. **Gare routière** : ☎ 076 211 480.

Location de voitures et de motos : vérifier soigneusement l'état du véhicule et la couverture de l'assurance. La bicyclette est un moyen commode pour circuler, location sur plusieurs plages. La plus extrême prudence est recommandée sur la route.

Visite – **Location de bateaux** : sur Hat Patong et Rawaï. Bateaux à longue queue : 400 bahts pour 3-4 personnes.

Jardin d'orchidées et village thaï de Phuket ⊘ – *À 3 km à l'Ouest prenant sur Thanon Thepkasattri*. Danses traditionnelles, boxe thaïlandaise, centre d'artisanat, spectacle d'éléphants et ferme d'orchidées.

Jardin des papillons et Aquarium de Phuket ⊘ – Belle présentation de papillons et poissons tropicaux.

Croisières – Seulement en haute saison, se renseigner au TAT.

Sports nautiques – Pêche en haute mer, voile, plongée sous-marine, surtout au départ de Hat Patong.

Ski nautique à câble de Phuket – Secteur de Khatu. ☎ 076 321 766/7.

Distractions – Cabarets, bars, restaurants à Hat Patong.

Boxe thaïlandaise, stade de Saphan Hin, le vendredi à 20 h. 150-300 bahts. ☎ 076 214 690. 076 211 751.

Marché de nuit – Près du quartier de Patong.

Excursions – Ao Phangnga, Mu Ko Phi Phi, Mu Ko Similan.

Hôtels et restaurants – Phuket est réputé pour ses superbes hébergements toutes catégories ; on trouve également d'excellents produits de la mer et restaurants internationaux sur toute l'île.

Se restaurer à Phuket

Gung Café – *Kata Beach* – ☎ *076 330 015*. Plats thaïlandais traditionnels avec une touche contemporaine, dans une ambiance romantique.

The Old Siam – *Karon Beach Road* – ☎ *076 396 090*. Cuisine thaïe originale dans un cadre sensationnel : vue sur l'océan de la terrasse ; accueil raffiné et ambiance magique.

The Boathouse Wine Bar & Grill – *Kata Beach* – ☎ *076 396 015*. Délicieuses spécialités thaïes, succulents produits de la mer et plats européens. Cadre superbe en bord de mer.

Patong Seafood – *Patong Beach* – ☎ *076 341 224*. Restaurant de poissons réputé servant des produits fraîchement pêchés.

Se loger à Phuket

Bon marché

Phuket Island Pavilion – *133 Thanon Satun* – ☎ *076 210 444* – *fax 076 210 458 – 800-1 600 bahts*. Hôtel moderne proposant des bungalows répartis dans un jardin avec vues sur la mer, près du centre des distractions.

Patong Lodge – *61/7 Moo 5, Thanon Kalim, Patong* – ☎ *076 341 020 ; fax 076 340 287 – 1 000-1 500 bahts*. Hébergement confortable avec bungalows de plage et jardin. Situé près du centre des distractions.

Phuket Merlin Hotel – *158/1 Thanon Yaowarat* – ☎ *076 212 866 – fax 076 216 429 – 1 200-3 000 bahts*. Bon hôtel du centre, avec plusieurs restaurants, club de remise en forme, tennis et piscine.

Prix moyens

Dusit Laguna Resort – *390 Thanon Srisuntorn, Cherntalay* – ☎ *076 324 320-32, 02 636 3600 poste 4510 – fax 076 324 174, 02 636 3570 – dlp@dusit.com – www.dusit.com – 4 000-12 000 bahts*. Hôtel haut de gamme avec d'excellents équipements et un ravissant jardin.

Sheraton Grand Laguna – *10 Moo 4, Thanon Srisoonthon, Ban Thao Bay* – ☎ *076 324 101-7* – *fax 076 324 108* – *sheraton@samart.co.th* – *www.lan-gunaphuket.com/sheraton* – *210-1 200 $ US*. Établissement de qualité offrant vue sur la mer, plusieurs restaurants et équipements sportifs.

Novotel Coralia Phuket – *Kalim Beach Road, Patong* – ☎ *076 342 777, 02 237 6064* – *fax 076 341 168, 02 333 1000* – *novotel@phuket.com* – *www.phuket.com/novotel* – *4 600-10 700 bahts*. Hôtel très agréable doté d'équipements remarquables dans la station recherchée de Patong. Restaurants et centre de remise en forme.

Prix élevés

Banyan Tree Phuket – *33 Moo 4, Thanon Srisoonthon* – ☎ *076 324 374, 02 285 0746/7* – *fax 076 324 356, 02 285 0748* – *banyanrs@samart.co.th* – *www.banyantree.com* – *400-1 900 $ US*. Hébergement de luxe dans des villas de style thaï, avec vue sur la mer, plusieurs restaurants raffinés, un centre de remise en forme et des jardins paysagers.

Cape Panwa Hotel – *27 Moo 8, Thanon Sakdidej* – ☎ *076 391 123-5, 02 233 9560* – *fax 076 391 177, 02 238 2988* – *kasemkij@ksc.th.com* –*www.cape-panwa.com* – *4 500-18 500 bahts*. Splendide hôtel à l'architecture d'inspiration thaïe ; bungalows sur la plage, restaurants et jardins.

Le Méridien Phuket – *8/5 Moo 1, Tambol Karon* – ☎ *076 340 480-5, 02 653 2201-7* – *fax 076 340 479, 02 653 2208/9* – *meridien@phuket.ksc.co.th* – *www.meridien-phuket.com* – *200-330 $ US*. Architecture thaïe raffinée en bord de plage privée, avec restaurants et centre de remise en forme.

Économie et développement – Bien que le paradis tropical découvert par les premiers voyageurs ait changé à la suite de son développement commercial, la beauté de l'île demeure un atout inestimable, et les autorités ont pris conscience de la nécessité d'une protection de l'environnement et d'une gestion réfléchie du tourisme.

Le tourisme est aujourd'hui le premier créateur de richesses, alors qu'auparavant les atouts économiques de l'île étaient l'étain et le caoutchouc. On drague toujours le minerai d'étain le long des côtes. En 1909, l'introduction de la drague mécanique a rendu l'exploitation des filons très lucrative. Le **monument des Soixante Ans** érigé en 1969 *(Thanon Phuket)* marque cet événement. L'introduction de l'hévéa au début du 20e s. a aussi imprimé un essor à l'économie. Les grandes plantations d'hévéas et les feuilles de latex séchant en plein air font partie du décor. Pêche et noix de coco contribuent aussi à la prospérité locale.

★VILLE DE PHUKET

En se promenant dans cette charmante capitale provinciale, bâtie au milieu du 19e s. pour remplacer la vieille cité de Thalang détruite par les Birmans, on notera l'architecture variée des bâtiments, reflétant les influences culturelles qui ont jalonné son histoire.

Soï Rommani, Thanon Yeowarat, Deebuk et **Phang Nga** abritent des bâtiments de bois à étage ornés de lucarnes à arcature simple, de balcons et galeries à arcades de style sino-portugais, rehaussés de stucs et de boiseries sculptées. Partout dans la ville, les fortunes venant de l'étain et du caoutchouc ont permis de bâtir dans de grands jardins de belles demeures ornées de faïence, mais ciselé et tuiles en terre cuite.

L'hôtel de province et **le tribunal provincial** *(Thanon Damrong)* ainsi que l'**ancienne résidence du gouverneur** et **le palais de Justice** *(près de Thanon Ranong)* sont de beaux bâtiments de style colonial, agrémentés de colonnes, de galeries à frises de bois et de fenêtres à persiennes.

Les scènes de marché animées *(Thanon Ranong, Phuket)* ajoutent une note colorée.

Temples de Put Jaw et Jui Tui – *Thanon Ranong*. La tradition chinoise reste vivace dans ces temples taoïstes dédiés à Kuan Yin, déesse de la compassion, et Kiu Won In, dieu végétarien. Les bâtiments richement décorés de toits à tuiles rouges, de boiseries ciselées et de dragons verts renferment des statues de dieux taoïstes.

Port de pêche – *À l'Est de la ville*. C'est un spectacle pittoresque que le départ des barques en mer ou le retour des pêcheurs avec leur prise. Au moment où le poisson est déchargé à quai, le petit port connaît une belle animation.

Ko Sire – *Prendre la route du port*. Un pont enjambe un bras de mer pour rejoindre l'îlot. Suivre la route circulaire jusqu'au village Chao Le, avec ses huttes sur pilotis à toits de chaume, où les pêcheurs s'efforcent de conserver leur mode de vie traditionnel.

Ao Makham – *Au Sud par la route 4023*. Cette large baie offre son site idéal à un important port de cargos et navires de croisière. À proximité se trouvent aussi fonderies et stockages de minerai.

★★ **Aquarium** ◷ – *À 9 km vers le Sud par la 4023, à Laem Panwa.* D'intéressantes espèces de poissons, d'animaux marins et de coquillages sont agréablement présentées dans ce bâtiment moderne, situé sur un promontoire surplombant une baie parsemée d'îlots verdoyants avec de belles plages. On peut y voir un poisson rarement montré, qui émet des décharges électriques. Le Centre de recherche biologique marine poursuit d'importants programmes de recherche, parmi lesquels le suivi en couveuse

> Une **Fête végétarienne** est célébrée en octobre par l'importante population chinoise. Elle comprend neuf jours d'abstinence de viande pour la purification de l'âme et du corps. Les participants, en transe, entaillent leur peau avec des objets coupants, lames, pointes et aiguilles, et marchent sur des braises. Ils organisent des processions, des danses rituelles et d'autres manifestations, dans le vacarme ininterrompu des pétards. Ces pratiques se rapprochant de rites hindous sont curieusement étrangères à la Chine. Les habitants présentent des offrandes aux neuf divinités : thé, fleurs, fruits, encens. L'Office de tourisme fournit des renseignements sur la fête.

des œufs des tortues géantes, qui viennent pondre sur le rivage d'octobre à février. On élève les jeunes dans un aquarium, puis ils sont relâchés en pleine mer *(Fête des tortues marines pour Songkran, le 13 avril)*.

NORD DE L'ÎLE

Le long de la route d'accès par les ponts **Saphan Sarasin** et **Saphan Thao Thep Kasetri**, les immenses plantations d'hévéas sont toujours une source de richesses pour l'île. À l'Ouest de l'aéroport s'étend une réserve naturelle qui comprend le Parc national de Nai Yang (Hat Nai Yang) et la plage déserte Hat Mai Khao, où les tortues viennent pondre d'octobre à février. Cette zone peu fréquentée est couverte de plantations de cocotiers et d'hévéas.

Au **Wat Phra Thong** *(au km 20)*, les habitants vénèrent une statue à demi enterrée dans le *wihan*. D'après une curieuse légende, tous ceux qui ont tenté de déplacer la statue sont morts prématurément.

Près de **Ban Tha Rüa** *(au km 12)*, les vestiges de murs, forts et bassins de la cité ancienne Müang Thalang font revivre le passé.

> Ici, l'action héroïque de deux sœurs nourrit la légende. À la fin du 18e s., l'île de Phuket était assiégée par les Birmans. Le gouverneur de Thalang, la grande ville, vint à mourir. Sa veuve, Chan, et sa sœur Muk, déguisées en soldats, reprirent vaillamment le flambeau pour organiser la défense de Phuket. Elles rassemblèrent des troupes, édifièrent des palissades et repoussèrent les assaillants. Pour récompenser le courage des deux héroïnes, le roi Rama Ier leur attribua des titres de noblesse, Thao Thep Kasattri et Thao Si Sunthon.
> À un croisement important (routes 402, 4025, 4027) le **monument des Héroïnes**, statues de bronze de deux femmes en costume traditionnel, l'épée à la main, honore la mémoire des deux sœurs.

Musée national de Thalang ◷ – Le musée présente un précieux tableau de l'histoire riche en événements de Phuket. Un diorama de la bataille de Thalang (1785) rappelle ce moment héroïque. Armes, bijoux, photographies, porcelaine, mobilier, scène de mariage et autres objets de facture chinoise illustrent la vie des immigrants chinois. Des maquettes de bateaux Chao Le et une exposition sur la cérémonie traditionnelle de lancement d'un bateau *(6e et 11e mois)* illustrent les traditions locales. De très beaux exemples de costumes locaux montrent leurs tissus et broderies de couleurs vives. Une exposition explique le traitement du latex, qui utilise de l'arsenic, ainsi que les procédés complexes employés pour l'extraction et le dragage du minerai d'étain. On voit aussi des découvertes préhistoriques : silex, haches, outils et poteries. Parmi les objets de grande valeur présentés par le musée se trouvent une statue de Vishnou découverte à Takua Pa, et une pierre gravée en langue de Dvaravati témoignant d'échanges commerciaux avec l'Inde.

Réserve naturelle de Khao Phra Thaeo – *À 3 km vers l'Est par la route 4027.* Cette jungle épaisse, où se plaît le rare palmier argenté *(Karedoxa dolphin)*, est tout ce qui reste de la forêt tropicale qui couvrait autrefois toute l'île. La faune abondante comprend de nombreuses espèces d'oiseaux tropicaux (souï-mangas cramoisis, gobe-mouches de paradis), de mammifères (ours, sangliers, singes – un programme pour les gibbons est en cours) et de reptiles.

Des sentiers conduisent vers des cascades à l'ombre de la végétation. On accède facilement à celle de **Nam Tok Ton Saï** *(300 m du parking)*.

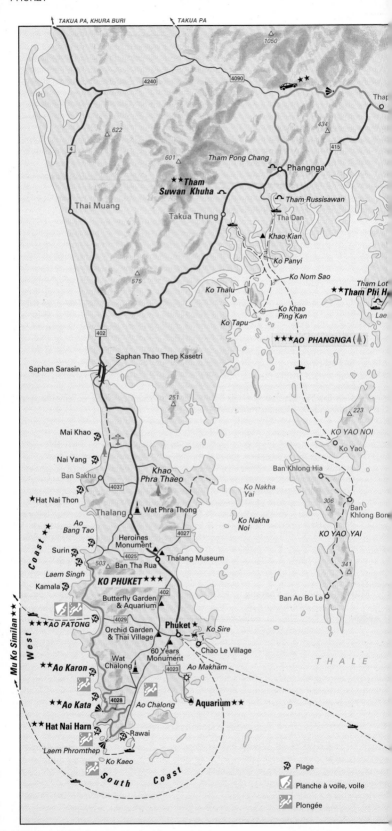

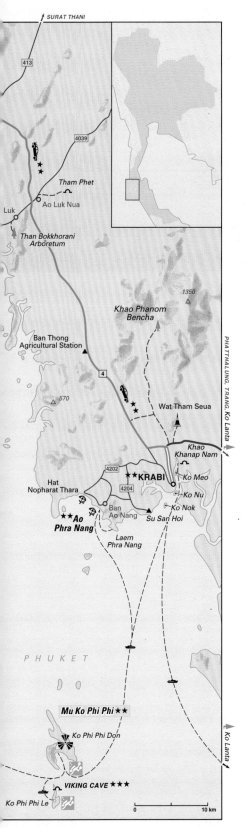

Ko Naga Noï ⊘ – *2 h au départ de l'embarcadère d'Ao Por. Accès par la route 4087. Prendre une route transversale à droite.* On peut faire une plaisante excursion à cette île des perles, qui possède également une belle plage.

CÔTE SUD

On peut louer des bateaux sur le quai du petit port abrité d'**Ao Chalong** *(à 12 km au Sud-Ouest de la ville de Phuket par la 4021, puis à gauche)*, pour effectuer d'agréables circuits d'une journée aux îles de la côte, réputées pour la plongée et l'exploration avec masque et tuba.

Wat Chalong – *À 8 km au Sud-Ouest par la route 4021, puis à droite.* Ce temple de style thaï est dédié à deux moines ermites vénérés. Un *sala* abrite une statue de Luang Pho Chaem, moine qui, au début du 20e s., a pacifié une révolte de mineurs chinois. En face, belle maison de bois sur pilotis de style thaï. Parmi les bâtiments récents se trouve un *wihan* ornementé.

Hat Rawaï – *À 16 km au Sud-Ouest par les routes 4021 et 4024.* La belle plage frangée de palmiers et de casuarinas (grands arbres au bois très dur croissant dans les pays tropicaux appelés aussi filaos) est connue pour son village de pêcheurs Chao Le, où les habitants vivent de la pêche et du commerce avec les autres occupants de l'île. C'est un bon point de départ pour des excursions en bateau aux îlots de la baie. Vers l'Est se trouve Laem Ka, où bateaux de pêche, hôtels et restaurants forment un décor typique de vacances.

Laem Phromthep – Un sanctuaire marque l'extrémité de la pointe Sud de Phuket, d'où on a un **panorama★★★** splendide d'îles tropicales et de mer azurée, tout particulièrement au coucher du soleil.

Ko Kaeo – *30 mn de bateau au départ de Hat Rawaï.* Cette île au large de Laem Phromthep possède un *chedi* bouddhiste et un sanctuaire qui renferme une empreinte de pied du Bouddha. Belles plages de sable, récifs de coraux et restaurant.

Côte Ouest, Phuket

★★ CÔTE OUEST

Attention : sur toutes les plages de la côte Ouest, fortes marées et courants sous-marins.

★★ **Hat Naï Harn** – *À 15 km vers le Sud-Ouest.* La route descend, puis traverse une rivière et des marais. On a une **vue**★★ magnifique de la baie couleur turquoise et de la plage de sable blanc étincelant, protégée par deux promontoires verdoyants et trois îles.
C'est un point de rendez-vous idéal pour les régates organisées par le Yacht Club de Phuket.
La baignade est dangereuse pendant la mousson *(mai à octobre).*
La route de Naï Harn à Kata monte et descend des collines. Faire halte au point de vue pour un **panorama**★★★ sensationnel sur trois plages et des îles au loin. Prendre à gauche pour Kata Yaï.

Ao Kata – *À 18 km vers l'Ouest.* La baie est bordée de superbes plages de sable : **Hat Kata Yaï**★★ et Hat Kata Noï abritée par un îlot rocheux, Ko Pu.

Ao Karon – L'étendue de sable blanc de **Hat Karon Yai**★★ et la crique isolée de Karon Noï offrent un cadre idéal pour la détente.

Ao Patong – *À 13 km vers l'Ouest par la route 4029.* **Hat Patong**★★★ possède la plage la plus longue et la plus belle, ainsi que l'équipement idéal pour les amateurs de sports nautiques. La station est réputée pour son ambiance animée, boutiques, restaurants, bars et night-clubs, ce qui peut déplaire aux amoureux de la tranquillité. On est bien loin maintenant de la plage paisible et du paysage vierge qui avaient séduit les premiers visiteurs et fait la réputation de Phuket.

Hat Kamala – La route emprunte une descente raide pour accéder à la baie et son croissant de sable blanc. Le dragage du minerai d'étain est pratiqué au large. À l'arrière-plan s'étendent des rizières. Une route circulaire longe une zone résidentielle et une petite mosquée qui dessert la communauté musulmane.
La route côtière remonte ensuite vers une série de criques offrant des points de **vue**★★ admirables.

Laem Singh – *À 24 km au Nord-Ouest par la route 4029 ou bien la 4025 et la route littorale.* Un sentier étroit descend vers une ravissante petite plage au pied du promontoire.

Hat Surin – Cette longue plage adossée à des collines abruptes est très fréquentée par les habitants. Les vagues y sont assez grosses. Bonnes occasions pour l'exploration avec masque et tuba.
Au golf, prendre à gauche et rouler vers le Nord jusqu'à **Hat Pansea**, plage retirée appréciée des clubs de vacances (Pansea, Amanpuri).

★ **Hat Bang Tao** – Cette longue plage de sable est bordée d'élégants clubs de vacances (Pacific Island, Sheraton, Dusit Laguna) et d'un village de pêcheurs. Aspect intéressant, les mines d'étain qui défiguraient le paysage ont été converties en plans d'eau.

Hat Thaï Non – *Prendre à gauche au km 6 sur la 4031 et poursuivre sur 3 km.* Cette belle étendue de plage avec son village de pêcheurs est un havre de paix.

★★Mu Ko SIMILAN ⊙ *compter au moins 1 jour*

Cet archipel, constitué de petites îles idylliques (du Nord au Sud, Ko Bon, Ko Ba Ngu, Ko Similan, Ko Payu, Ko Miang, Ko Payan, Ko Payang, Ko Hu Yong), aux eaux merveilleusement claires, à la vie sous-marine et aux récifs coralliens extraordinaires, a été déclaré parc national. Son nom provient du malais *sembilan*, qui signifie neuf. D'énormes rochers lissés par l'érosion sont sa marque particulière. Les amateurs de plongée et de pêche au gros apprécient beaucoup l'archipel. La longue traversée pour les rejoindre en haute mer est une expérience enthousiasmante. Le bureau du parc se trouve sur Ko Similan, qui ne propose cependant aucun hôtel. Il y a des terrains de camping sur Ko Ba Ngu, Ko Similan et Ko Miang.

Parc national de PHU KRADUNG★★★

Loeï

Atlas Michelin p. 8 ou carte n° 965 E 6

Accès ⊙ – La piste qui gagne le sommet du Phu Kradung *(5,5 km du bureau du parc au sommet, compter 4 à 6 h)* monte d'abord doucement à travers une zone partiellement boisée, avec plusieurs beaux points de vue. À mi-chemin, la pente s'accentue dans une forêt plus dense et plus humide, avec des bambous très serrés. Pour effectuer les derniers 100 m, très escarpés, et accéder au plateau, il faut emprunter des marches et des échelles de bois. Un sentier de 3 km mène au bureau du parc. *Bancs, abris et stands de restauration le long du chemin.*

Géographie – Des falaises à pic accentuent la forme en cloche de ce massif au sommet aplati ou mesa (Kradung signifie cloche). Le plateau, au relief vallonné (60 km², alt. 1 360 m), est une savane que parsèment des bouquets de chênes, pins et conifères. Le territoire du parc comprend de la forêt humide, de la forêt tropicale de mousson, et un étage subalpin d'arbres à feuilles persistantes. Les ruisseaux serpentent sur le plateau, formant d'agréables vallons, des cascades et des piscines rafraîchissantes. On y trouve des espèces botaniques rares, orchidées, azalées, rhododendrons, flore sauvage, érables. La faune y est abondante, éléphants, ours noirs, gibbons et cerfs aboyeurs, avec de nombreux papillons et espèces d'oiseaux, calaos, loriots, énicures mouchetés, martinets, hiboux petits ducs. La température moyenne va de 19 à 29° *(avec 6° de différence entre base et sommet de la montagne)*. Il pleut en moyenne 122 jours par an ; octobre est le mois le plus pluvieux.

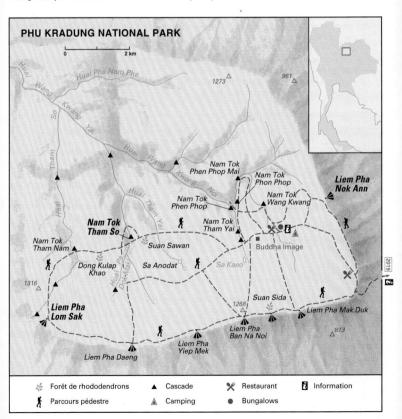

VISITE *compter 3 jours*

50 km de sentiers balisés *(cartes disponibles)*. Guide obligatoire pour les randonnées dans les zones de forêt dense.

***Points de vue** – Un sentier mène vers l'Est à **Liem Pha Nok Aen** (falaise des Hiron-
delles, qui doit son nom aux oiseaux qui y nichent), d'où on surplombe la plaine et
les montagnes environnantes ; au lever du soleil la vue y est spectaculaire. On a
aussi des panoramas superbes de Liem Pha Mak Duk, face au Sud, et de Liem Pha
Ban Noi, après Suan Sida (rhododendrons en saison). Un peu plus loin on trouvera
Liem Pha Yiep Mek, le « marchepied des nuages », qui s'avance au-dessus du vide
(5 km du bureau du parc), Liem Pha Deng et **Liem Pha Lom Sak**, grand surplomb de
grès ombragé d'un pin, site idéal pour les amateurs de photos *(queue importante
en été)*, le plus bel endroit pour admirer le coucher du soleil.

Cascades – Des sentiers conduisent aux cascades, dévalant glorieusement les parois
pendant la saison des pluies. Au Nord coulent Nam Tok Tham Yai, Phen Phop, Phon
Phop et Phen Phop Mai, et Wang Kwang. Le sentier pour **Nam Tok Tham So** et Tham
Nam, grotte traversée d'un ruisseau, passe en continuant vers l'Ouest devant Sa
Anodat, bassin limpide où se mirent toute une flore exotique, et des massifs de rho-
dodendrons qui, en saison, sont une explosion de couleurs (Suan Sawan, Jardin de
Paradis, Dong Kulap Khao).

PRACHINBURI

Prachinburi – 112 388 habitants
Atlas Michelin p. 17 ou carte n° 965 G 6
Schéma : Parc national de KHAO YAÏ

À proximité de Prachinburi, ville tranquille bordant la rivière Prachin, d'importants sites
archéologiques, Si Mahaphot et Si Mahosot, témoignent de la puissance de cette cité-État
aux 1er-5e s. après J.-C., puis plus tard aux 6e-11e s., en tant que centre de commerce de
Dvaravati sur la route du Cambodge. Près du camp de Chakkrapongse, la statue majestueuse du roi **Naresuan** commémore sa visite, au 17e s., en route pour affronter le souverain
de Lawaek (Cambodge). Les terres fertiles des alentours sont quadrillées de canaux.

CURIOSITÉS

Ville – Une vaste esplanade le long de la rive Sud de la rivière Prachin offre ses restaurants au bord de l'eau. Plus loin vers l'Est sur cette même rive, on a la surprise
de découvrir, sur le domaine d'un hôpital, le manoir Chao Phraya Apai Phubet de
style Renaissance française, bâti au début du 20e s. avec une belle décoration en
stuc pour le séjour de Rama V en 1908.
Le monument de l'Écriture royale commémore cette visite. C'est un petit *mondop*
construit sur l'emplacement d'un monument khmer et entouré de jardins paysagers
(Amphoe Si Mahaphot. Prendre la route 3070 vers l'Est et tourner à gauche au km 14).
Plus loin, emprunter une piste à droite pour voir **Phan Hin**, *chedi* à plan cruciforme
construit sur une base de latérite en gradins, et un socle rond qui supportait certainement une grande statue.

Musée ⊘ – À 200 m au Sud-Est de l'hôtel de ville. Au rez-de-chaussée, le musée
expose des chefs-d'œuvre en provenance des sites archéologiques : un majestueux **Vishnou**★★★ à quatre bras (7e-8e s.), magnifique exemple de sculpture hindoue ; une **stèle**★★
de Dvaravati (7e-11e s.) décrivant le Bouddha assis en méditation, dont on remarquera
les sourcils arrondis, les pieds très réalistes, la décoration comprenant *chedi* et arbre
de la *bodhi*. Autres centres d'intérêt, un *linga* de Lopburi, une Roue de la Loi, des sculptures et bronzes de petite taille, des têtes en terre cuite et des tablettes votives. Ensuite
viennent d'admirables **linteaux**★★ khmers, représentant de vivants épisodes des *Jataka*
et Vishnou allongé en plein rêve cosmique. Y figurent ceux du Prasat Hin Khao Noï
(voir ci-dessous) près de Sa Kaeo, qui sont parmi les premiers exemples de sculpture
khmère en Thaïlande (milieu du 7e s.). Le premier étage abrite des objets et des poteries provenant de navires ayant sombré dans le golfe de Thaïlande.

EXCURSIONS

Wat Kaeo Phichit – *À 2,5 km vers le Sud*. Le style inhabituel de ce monastère
vieux d'un siècle combine des éléments occidentaux et orientaux : guirlandes de
stuc, péristyle à colonnes cannelées, portes de filigrane, dragons chinois au
niveau du toit, *gopura* et soubassement de style khmer, avec un toit et un plan
architectural thaïs. Le bâtiment de l'école est orné de dômes, d'une galerie et
de colonnes cannelées.

Si Maha Phot – *Au Sud par la route 319, prendre la 3070 à gauche et poursuivre
jusqu'à Ban Sa Koi, puis prendre une piste sur la droite.*
Le site des fouilles a mis au jour de nombreuses sculptures hindouistes et bouddhistes de grande valeur artistique : *linga* de grès, bouddha debout des 7e-8e s.,
Ganesh des 6e-7e s., statues de Vishnou. La plupart sont maintenant exposés au

Musée national de Bangkok. Il reste des vestiges de temples, ainsi qu'une digue construite au 13e s. par Jayavarman VII. On a identifié une écluse au Nord-Ouest du site. On peut aussi voir des éléments décoratifs, lions, *naga*, etc.

Wat Si Maha Pho – *À 22 km au Sud par la 319, prendre à droite au km 129 et poursuivre sur 3,2 km.* Cet important monastère est fier de son arbre de la *bodhi*, le plus ancien du pays, issu d'un jeune plant rapporté de Bodhgaya, en Inde. On a placé un bouddha assis à proximité, et déposé autour de la statue des objets trouvés dans la région. De l'autre côté de la route on voit un *linga* de Shiva et des colonnes en latérite.

Si Mahosot – *Entrée en face de l'hôtel de la province.* On discerne clairement le contour bordé de douves d'une implantation de Dvaravati. Un sentier *(1 km)* longe **Sa Kaeo**★, grand réservoir aux côtés merveilleusement sculptés de formes d'animaux. On verra plus loin les fondations de huit petits sanctuaires. *Reprendre la route 319 vers le Sud et prendre à gauche près de l'hôpital pour 300 m.* Ici se trouvent une empreinte de pied du Bouddha entourée de piliers en lotus, un mur et une Roue de la Loi. Un peu plus loin se dresse le petit musée du temple. À côté miroite une pièce d'eau vert émeraude.

Nakhon Nayok – *À 18 km au Nord-Ouest par les routes 320 et 33.* En bordure d'une plaine fertile riche en vergers et rizières, arrosée de cours d'eau, avec pour toile de fond des montagnes boisées, cette petite bourgade présente entre autres attraits son superbe **parc de Wang Takrai**, parcouru d'un ruisseau bavard *(à 19 km vers l'Est. À l'embranchement du km 12 prendre à droite la 3049 pour 7 km, entrée sur la gauche)*. Près de l'entrée, une statue du prince Chumphot, qui a dessiné les jardins et planté des espèces rares. Poursuivre sur 1 km vers **Nam Tok Namrong**, qui cascade de bassin en bassin sur neuf niveaux au cœur d'un parc magnifiquement aménagé (aires de pique-nique, points de vue). **Nam Tok Sarika** *(à 15 km à l'Est, à l'embranchement du km 12, prendre la 3050 à gauche pour 3 km)* dévale la paroi rocheuse de manière spectaculaire, notamment pendant la saison des pluies.
Le site de **Dong Lakon** *(au Sud-Ouest)* mérite aussi une visite. C'est un ancien centre de commerce de Dvaravati, qui était alors proche du littoral, où on a découvert des objets intéressants : terres cuites, porcelaine persane, perles, *hamsa* de bronze. Les fouilles ont mis au jour un sanctuaire et un moulin.
Le **Parc national de Khao Yai**★★★ *(voir ce nom)*, très apprécié, est d'accès facile à partir de Nakhon Nayok.

★ **Route touristique d'Aranyaprathet** – *140 km vers le Sud-Est par la route 33.* La route traverse facilement le paysage verdoyant et plat qui mène à la frontière du Kampuchéa. Près de Sa Kaeo, le **Prasat Khao Noï**, qui domine la plaine cambodgienne du sommet d'une colline, date probablement du 7e s. et mérite une visite *(Wat Khao Noï Si Chomphu, Tambon Krong Nam Saï. Au km 11, prendre à gauche une route secondaire. 250 marches, puis sentier à droite)*. Des trois *prasat* de briques, on a reconstruit celui du milieu. Des belles reproductions de linteaux sont exposées alentour, les originaux étant au Musée national de Prachinburi *(voir ci-dessus)*.
Le **Parc national de Pang Sida** *(à 27 km sur une route secondaire au départ du marché de Sa Kaeo)*, qui jouxte le Parc national de Thap Lan, est un refuge pour la faune sauvage. Nombreuses attractions naturelles pour les visiteurs : sentiers, cascades, formations rocheuses.
Le **marché** frontalier d'Aranyaprathet, où l'on fait commerce d'une variété extraordinaire de marchandises, attire une foule nombreuse. Les autorités thaïes et cambodgiennes ont signé récemment un accord facilitant les échanges entre les deux pays, et le développement de la région est programmé.
On peut effectuer une visite complémentaire au **Prasat Sadok Kok Thom** *(Ban Klong Takhlan, à 33 km au Nord par la 301)*. Les ruines de ce temple frontalier, *gopura*, murs, bibliothèques, *prasat*, rappellent l'époque passée où la frontière n'était pas fixée. Le *prasat* est surtout connu pour l'importante **stèle** gravée de 1052 *(maintenant au Musée national de Bangkok)*, qui fournit des renseignements détaillés sur l'histoire et les croyances des Khmers.

PRACHUAP KHIRI KHAN

Prachuap Khiri Khan – 85 546 habitants
Atlas Michelin p. 19 ou carte n° 965 J 4

À l'entrée de la cité se dresse le **Khao Chong Krachok**, colline percée d'une arche naturelle et coiffée d'un temple bouddhiste *(398 marches)* investi par une armée de singes. Du sommet on a de belles **vues** sur la ville, la baie et les montagnes.
Cette petite capitale provinciale offre sa longue baie en croissant Ao Prachuap, avec au Nord un promontoire rocheux, Khao Mong Lai. La route passe à l'arrière du petit village de pêcheurs de Ban Ao Noi. Au départ d'un temple à flanc de colline, on emprunte un sentier à gauche de l'escalier du *naga* pour rejoindre le sanctuaire rupestre de **Tham Khao Khan Kradal** *(10 mn)*. Au Sud s'élèvent les hautes falaises rocheuses de Khao Lom Muak. Le port naturel fourmille de l'activité de la flottille de pêche. L'air est imprégné de la forte odeur du poisson séchant sur des cadres. On peut faire des excursions en bateau aux trois îlots de la baie.

EXCURSIONS

★ **Côte touristique** – Vers le Sud, le littoral pittoresque englobe la superbe baie d'**Ao Manao** *(à 5 km)*, les plages désertes de fin sable blanc de **Wa Ko** *(à 12 km, prendre à gauche au km 335)*, zone réservée à la recherche scientifique, et de **Hat Wanakon** *(22 km, prendre à gauche au km 345 et poursuivre sur 3,5 km en suivant les panneaux de l'arboretum de Huai Yang)*. Puis vient la baie en demi-lune de **Bang Saphan**, longue de plus de 6 km, avec au Nord le promontoire verdoyant de Khao Mae Ramphung, et au Sud les îles de Ko Thalu, Ko Sing et Ko Sang, leurs récifs colorés, et leurs poissons tropicaux *(à 77 km au Sud, hébergement, restauration)*. Au-delà de Ban Saphan, le paysage, plus cultivé, a des accents plus tropicaux : champs d'ananas, palmeraies, plantations d'hévéas, collines boisées et vertes plaines.

Région frontalière du Myanmar – Autrefois, les anciennes routes des caravanes passaient le col de Maw Daung pour rejoindre Mergui. La route de Dan Singkorn *(direction Ouest au km 330)* passe à l'endroit le plus étroit entre le golfe de Thaïlande et la frontière du Myanmar (12 km de large). Plus au Sud, l'impressionnante **Nam Tok Huai Yang** cascade d'une hauteur de 120 m, à 35 km de Prachuap dans le district de Thap Sakae *(27 km au Sud, à droite au km 350, puis rouler 8 km)*.

Un roi astronome

Le roi Rama IV (Mongkut) fit la preuve de sa compétence d'astronome, en rassemblant un jour de nombreux invités thaïs et étrangers pour observer une éclipse, dont il avait justement prédit qu'elle se produirait le 18 août 1863. Il les accueillit avec une grande prodigalité dans un camp très confortable installé à **Wa Ko**. L'exactitude de sa prédiction confondit les incrédules. Malheureusement, cet événement connut une conclusion tragique, car le monarque éclairé contracta la malaria et mourut deux mois plus tard.

RANONG

Ranong – 76 610 habitants

Atlas Michelin p. 20 ou carte n° 965 L 3

La proximité du Myanmar (ex-Birmanie) et une forte tradition chinoise, due à un peuplement ancien par des Chinois du groupe Hokkien, font de ce port animé, capitale provinciale, une étape intéressante. Les montagnes forment une toile de fond à ce site agréable au débouché d'un estuaire.

Les mines d'étain étaient autrefois une industrie importante de la province. Aujourd'hui, on extrait le kaolin pour la fabrication de porcelaine.

Renseignements sur l'accès à Ko Surin (ci-dessous) et Ko Similan (voir Phuket) à partir de Ranong : voir Renseignements pratiques.

La ville – Les **maisons de bois** à étage de style sino-portugais, agrémentées de galeries au rez-de-chaussée, apportent une note exotique à la rue principale. Thanon Tha Müang conduit au nouveau port de pêche de Saphan Pla, grouillant d'animation, où on peut louer un bateau pour des **excursions d'une journée** aux plages de sable blanc des îles côtières, Ko Chang, Ko Phayam, où vivent les Chao Le (Gitans de la mer) ; la perle de culture y est une activité importante.

Aux alentours se trouvent un arboretum et trois **sources minérales chaudes** *(à 2 km à l'Est près du Wat Tapotharam)*, dont la température avoisine 65°. Un sanctuaire est consacré à l'esprit des sources. Un hôtel voisin pompe l'eau des sources pour alimenter son jacuzzi.

Près de Hat Som Paen *(7 km plus loin en suivant la rivière)*, ancien village d'exploitants de mines d'étain, le paysage est défiguré par des dépôts blancs et les parois éventrées des falaises. Les femmes utilisent des récipients de bois pour recueillir l'étain dans la rivière. Au Wat Hat Som Paen coule un ruisseau pullulant de carpes sacrées noires.

EXCURSIONS

Paknam Ranong – *9 km vers le Nord par la route 4. Prendre à gauche au carrefour, poursuivre tout droit, puis première à droite.*

La route longe des collines boisées et passe devant le **mausolée** de Koh Su Chiang, dédié à un gouverneur chinois de Ranong. À la frange Nord de la ville, Nai Khai Ranong, aujourd'hui maison et sanctuaire d'un clan, mérite une visite.

Des maisons traditionnelles sur pilotis font face au vieux port de pêche. Les restaurants près de l'embouchure de la rivière proposent une cuisine délicieuse, poissons et produits de la mer.

Paknam Ranong

Du club Jansom Thara à Hat Chamdari *(à 10 km au Nord-Ouest de Ranong)*, on a une **vue**★★ merveilleuse sur la pointe Victoria et la vaste embouchure de la pittoresque Kra Buri (appelée aussi Pak Chan) et ses vasières, notamment au coucher du soleil.

★★ **Route touristique de Phuket** – *170 km vers le Sud par la route 4. Compter 1 jour.* Les attraits de la nature vierge le long du trajet agrémentent beaucoup le voyage. On aperçoit de loin la cascade qui dévale le flanc de la montagne, l'un des joyaux du **Parc forestier de Nam Tok Ngao** *(12 km vers le Sud)*.
Le **Parc national de Laem Son** (315 km²) couvre plus de 100 km de côte et une ving-taine d'îles *(prendre à droite au km 657 et poursuivre sur 10 km)*. La mangrove y fourmille d'oiseaux, de singes et de daims. À 3 km vers le Nord, la superbe plage déserte de **Hat Laem Son** n'est pas équipée. **Hat Bang Ben** offre sa grande plage de sable bordée de casuarinas, avec restaurant, bungalows et bureau du parc. On peut y faire des excursions en bateau vers plusieurs îles, Ko Kam Yaï, Ko Kam Nui, Ko Kang Kao, **Ko Phayam** *(voir ci-dessus)*, leurs belles plages, leurs eaux claires et leurs superbes récifs de corail, idéaux pour la nage et la plongée.
L'histoire de la petite ville de **Takua Pa** est assez captivante *(voir ci-dessous)*. À l'écart de la ville moderne aux larges avenues, la vieille ville aux maisons à galeries en arcades décorées de stucs, avec ses vestiges d'anciennes murailles, réveille la nos-talgie d'un passé révolu.

Se rendre à **Hat Ban Sak** *(à 13 km au Sud)*, longue plage de sable bordée de pins maritimes. Puis la route monte *(point de vue)* et descend des collines boisées. **Hat Khao Lak** *(à 35 km au Sud de Takua Pa, emprunter sur la droite une courte piste)* offre une superbe plage de sable entourée de rochers et ombragée de grands arbres *(sentier raide)*. Le point de vue situé près d'un restaurant offre un beau **panorama**★ du superbe environnement.
Le **Parc national de la plage de Thaï Müang** *(à 65 km de Takua Pa)* est une réserve natu-relle où les tortues de mer viennent chaque année déposer leurs œufs dans le sable de la grande plage. On le longe avant de rejoindre **Phuket**★★★ *(voir ce nom)*.

Au premier millénaire de notre ère, **Takua Pa** était un port fréquenté par les marchands indiens, qui s'étaient installés sur la côte malaise à l'époque où la région s'appelait **Suwannaphum**, Terre d'or. Des archéologues ont mis au jour des vestiges de l'ancienne cité, Ban Thung Tuk, bâtie par les pre-miers colons indiens, sur le Tambon To Kho Khao *(à 15 km du bureau de l'Amphoe Khura Buri)*. Des statues hindoues découvertes sur la colline de Phra Narai (Tambon Leh, Amphoe Kapong) sont exposées aujourd'hui aux musées de Phuket et Nakhon Si Thammarat. Ces belles sculptures de pierre représentant les divinités Vishnou, Shiva et Uma sont considérées comme étant les œuvres d'art les plus anciennes trouvées dans la pro-vince de Phangnga (8ᵉ-9ᵉ s.).

Ko Surin ⊙ – Cinq îles à 53 km du continent ont été regroupées en parc national. Le bureau du parc, sur Ko Surin Nüa, propose des hébergements en bord de plage. Une petite communauté de pêcheurs Chao Le vit sur Ko Surin Taï. Ces îles granitiques sont couvertes d'arbres à feuilles caduques et feuilles persistantes, et aussi de mangrove. La période idéale pour les visiter va de décembre à mars, au plus tard début mai. La mer est agitée pendant la mousson, de mai à novembre. Pêche au gros, plongée sous-marine et belles plages à récifs coralliens permettent d'amples distractions.

RATCHABURI★

Ratchaburi – 189 475 habitants
Atlas Michelin p. 17 ou carte n° 965 H 4 – Schéma : KANCHANABURI

Agriculture et commerce sont les deux principales activités qui ont fait la prospérité de Ratchaburi. La mer a reculé au fur et à mesure de l'ensablement de l'embouchure de la rivière Mae Klong, et le sol fertile fournit de généreuses récoltes de riz. À l'Ouest se dresse la crête déchiquetée de montagnes calcaires criblées de grottes.

Une longue histoire – À travers les âges, la région a attiré les hommes pour sa situation privilégiée près de la rivière Mae Klong. Toute la province, y compris Khu Bua *(voir ci-dessous)*, faisait partie du royaume de Suwannaphum, à l'époque de Dvaravati, gouverné plus tard par les Khmers. Elle passa ensuite sous la domination des royaumes de Sukho-thaï, puis d'Ayuthaya, et fut ensuite conquise par les Birmans. Après leur défaite par le roi Taksin au 18e s., Ratchaburi fut annexée au nouveau royaume. Le roi Rama V, charmé par ses beaux paysages, y construisit à la fin du 19e s. un palais sur une colline. La population est un curieux amalgame d'autochtones du centre de la Thaïlande, de Thaïs Yuan de Chiang Saen, de Môns de Birmanie, et de Laos déplacés du Nord-Est au cours de l'histoire. La tribu des Karens s'est installée dans la région il y a environ 200 ans.

CURIOSITÉS

Centre-ville – Ratchaburi est renommé pour les jarres de céramique brune vernissée, à motifs de fleurs et de dragons, qu'on exporte dans tout le pays. Tableau typique, les jarres de toutes tailles sont empilées en bord de rivière, en attendant d'être embar-quées sur des barges. Elles servent à recueillir l'eau ou à la décoration. Sur le pont, on a de belles vues sur cette cité très animée, sa tour-horloge, son palais de justice.

★ **Musée national** ⊙ – *Thanon Woradet*. L'ancien hôtel de ville, harmonieux bâtiment rose à volets de bois, abrite un musée qui retrace l'histoire de la région. La section géographie traite de la topographie du secteur et de ses riches ressources miné-rales. Les implantations préhistoriques sont illustrées par une sépulture, des outils en pierre, des récipients en terre, une maquette de maison reconstruite d'après des trous de poteaux, et de précieux ornements, parmi lesquels un **bracelet** en écaille de tortue orné de six pierres de lune. Des bas-reliefs en terre cuite, une rare médaille en argent portant une inscription en sanscrit (7e s.), des pièces de monnaie de cuivre et d'argent font revivre le mystérieux royaume de Dvaravati. Aux 11e-13e s., l'influence khmère de Lopburi était prédominante : statues de Bouddha paré, puis-sant **Lokeshvara rayonnant** en pierre, bronzes, céramiques vernissées. Des bornes sacrées, céramiques et pièces de monnaie découvertes dans la rivière Mae Klong

Jarres

marquent la période d'Ayuthaya (14ᵉ s.), pendant laquelle la guerre contre les Birmans faisait rage. Il y a également des expositions sur les groupes ethniques, l'artisanat et l'art populaire florissants de la région.

Wat Phra Si Ratana Mahathat – Un *prang* majestueux domine ce très ancien monastère bâti sous la domination khmère. Des statues du Bouddha trônent sur les murs de l'enceinte, et un bouddha assis en grès rose empreint de sérénité veille sur le cloître. Trois édifices plus petits entourent le *prang* remarquablement décoré de fleurs, démons et créatures célestes en stuc, et de pignons et frontons très ornementés. La salle principale, en avancée, s'orne de peintures murales dans le style d'Ayuthaya décrivant différents Bouddhas antérieurs.

EXCURSIONS

Grottes – *Vers l'Ouest par la route 3087.* Beaucoup des grottes creusées dans le massif calcaire du Khao Ngu *(à 7 km)* sont des sanctuaires abritant des statues du Bouddha dans le style de Dvaravati : bouddha assis de **Tham Russi**, bouddha couché et disciples de **Tham Fa Tho**, deux bouddhas assis de **Tham Chin**. On reconvertit une carrière du voisinage en parc avec un grand plan d'eau. Dans la chaîne des Khao Bin, **Tham Khao Bin** *(20 km, prendre à gauche)* abrite de remarquables concrétions, dont une en forme d'aigle aux ailes déployées. Tham Chumphon, sur le domaine d'un arboretum ombragé *(côté Nord de la route)*, renferme un bouddha couché entouré de stalactites et de stalagmites.

Khu Bua – *À 11 km au Sud-Ouest par les routes 4 et 3339.* Sur les domaines des Wat Khu Bua et Wat Khlong sont dispersées les ruines d'un *chedi* du 8ᵉ s. et d'un *wihan* du 7ᵉ s., avec des vestiges d'escaliers et de douves, souvenirs d'une importante implantation de Dvaravati.

Photharam – *À 20 km au Nord par la route 4.* Dans un site agréable sur la rive Ouest de la rivière Mae Klong, Photharam possède des temples intéressants qui méritent une visite si l'horaire le permet. Les bâtiments des **Wat Khong Kharam**, Wat Photharam et **Wat Sai Arirak** *(suivre la voie de chemin de fer vers le Nord)* sont agrémentés de beaux bois sculptés et peintures murales.

Ban Pong – *À 40 km au Nord par les routes 4 et 323.* Sur le domaine du Wat Müang, un ancien temple môn situé sur la rive Ouest de la rivière, se dressent un *chedi* caractéristique de style birman et un **musée** bien présenté retraçant l'histoire, le mode de vie et l'héritage de la communauté locale qui regroupe Thaïs, Chinois, Laotiens, et une majorité d'habitants d'origine mône. Outils de pierre, objets en terre cuite et en bronze, perles et bracelets attestent de la présence d'un peuplement primitif dans le bassin de la Mae Klong. Peintures murales et objets religieux illustrent les traditions et croyances populaires locales. On y trouve aussi une section traitant du développement économique de la région et de ses conséquences sociales.

RAYONG★

Rayong – 181 631 habitants

Atlas Michelin p. 17 ou carte n° 965 I 6 – Schéma : PATTAYA

Une côte idyllique de plages de sable blanc frangées de pins et un superbe chapelet d'îles forment les atouts principaux de la petite ville de Rayong, traversée par le cours sinueux de la rivière du même nom. L'animation de **Paknam Rayong** et de sa flottille de pêche, et le Wat Pak Nam voisin, qu'on repère de loin au large, apportent une touche pittoresque à l'estuaire. Des fêtes populaires se déroulent au Si Müang Park.

Rayong offre de bons équipements touristiques et d'excellents restaurants de produits de la mer. La ville est aussi renommée pour la sauce de poisson *(nam pla)* et la pâte de crevettes *(kapi)*, condiments essentiels de la plupart des plats thaïlandais.

> En novembre chaque année se déroule au Phra Chedi Klang Nam une fête religieuse, comprenant courses de bateaux et spectacles populaires.
> La **fête des Fruits** de Rayong *(mai ou juin)* célèbre l'abondante production de la région, pomelos, ramboutans, durians, etc. Les fruitiers proposent le produit de leurs vergers ; des chars croulant sous les fruits et les fleurs défilent dans les rues ; on élit les reines de beauté ; on organise concours de fruits, expositions d'artisanat et de produits agricoles, et spectacles culturels et folkloriques.

La côte – De longues plages de sable blanc (Hat Saeng Chan, Laem Charoen), très prisées des habitants, font la fierté de Rayong.

À l'Ouest s'étendent les plages retirées de Hat Takhuan, Hat Sai Thong *(excursions en bateau pour Ko Saket, 15 mn)*, Hat Phayun et Hat Phala. Plus loin, entre l'aéroport de **U Taphao** et la base navale de **Sattahip**, on trouve Ban Chong Samae San, avec son petit port de pêche abrité par des promontoires rocheux, les îles Ko Raet et Ko Samae San, et une ribambelle d'îlots qu'on peut explorer à loisir.

Le littoral à l'Est, en direction de Laem Mae Phim, offre des vues et des plages superbes (Hat Saen Chan, Laem Charoen, Hat Mae Ramphung, Khao Laem Ya), idéales pour les distractions de plein air. Les **jardins botaniques Sobha** *(par la route 3 au km 238)* entourent un *sala* et trois maisons thaïes meublées d'ustensiles et de mobilier traditionnels ainsi que d'antiquités et objets d'art.

Ban Phe *(par la route 3, prendre à droite au km 231 pour 5 km)*, port de pêche animé, est le point de départ d'excursions en bateau pour **Ko Samet★** *(voir plus loin)*. Les boutiques vendent la production locale, poisson séché et pâte de crevettes entre autres, et tout l'indispensable pour visiter les îles, crèmes solaires, lotions et spirales antimoustiques. La pinède de Suan Son *(à 5 km de Ban Phe par la route littorale)* offre sa retraite ombragée. Plus loin, on a une **vue★★★** panoramique sur toute la côte, du haut d'un promontoire dominant **Hat Wang Kaeo**. À l'horizon, au large de Laem Mae Phim, on voit l'archipel de **Ko Man** *(excursions en bateau)*.

Poursuivre vers le Nord sur 15 km par la route 3161 jusqu'à Ban Khram, où un parc-mémorial commémore **Sunthorn Phu**, le plus grand des poètes thaïs (1786-1856), et met en scène les personnages de son œuvre la plus célèbre, *Phra Aphaimani*.

Phra Aphaimani

Ce poème épique romantique, dû à **Sunthorn Phu**, célèbre poète du 19ᵉ s., raconte l'histoire d'un prince, que son père avait condamné à vivre sous l'océan en compagnie d'une créature marine monstrueuse. Le prince s'échappe grâce à l'aide d'une belle sirène. La bête se jette à sa poursuite, mais elle expire quand il joue de sa flûte magique. Le prince épouse alors la sirène. L'histoire se passe sur l'île de Ko Kaeo Phisadan, décrite d'après Ko Samet, où résidait le poète.

EXCURSIONS

Khao Chamao – Parc national de Khao Wong – *À 71 km au Nord-Est par les routes 3 et 3377 (au km 274).* Le massif granitique du Khao Chamao domine de ses 1 028 m une épaisse forêt entourée de terres agricoles fertiles. Dans la nature sauvage habitent de nombreux mammifères, gibbons, serows, cerfs-sambars, gaurs, tigres, ours noirs d'Asie, et, parmi les oiseaux, aigles des serpents, faisans argentés, calaos et chouettes baies. L'air est rafraîchi par des cascades, dont la plus belle est **Nam Tok Khao Chamao** *(2 km de sentier au départ du bureau du parc)*. Les **grottes du Khao Wong**, attraction spectaculaire, regroupent 80 salles hérissées de concrétions *(6 km plus loin par la route 3. Prendre à gauche au km 286 et poursuivre sur 12 km)*.

★Ko Samet ⊘

L'île principale du **Parc national de Ko Samet**, créé pour protéger un fragile environnement de la surexploitation, a une silhouette montagneuse caractéristique recouverte d'une végétation dense. Elle se termine en pointe par un long promontoire inhabité, entaillé, sur sa côte Est abritée, de criques isolées et de plages frangées de palmiers. Sur la côte Ouest, très accidentée, il n'y a qu'une seule plage à Ao Phrao ; le vent souffle sur le maquis, mais la **vue** du sommet des falaises est stupéfiante, surtout au coucher du soleil.

Un cadre poétique – Cette île magnifique, qui doit son nom au samet, arbre utilisé traditionnellement pour la construction de bateaux, a une atmosphère de légende. Comme Ko Kaeo Phisadan, elle sert de cadre à certains épisodes du poème épique *Phra Aphaimani* de Sunthorn Phu.

Visite – *Compter 1 jour.* **Hat Sai Kaew★★** (plage aux Diamants), à la longue étendue de sable blanc étincelant, mérite pleinement son nom. Ses ravissantes criques entrecoupées de promontoires abrupts sont autant de refuges pour ceux qui souhaitent échapper à la foule des visiteurs de la capitale qui viennent en grand nombre sur l'île pendant le week-end et les vacances. Eaux claires, superbes récifs coralliens du rivage et autres îles au large (Ko Play Tin, Ko Kham, Ko Kruay, Ko Kudi, Ko Khangkhao, Ko Thalu) attirent les amateurs de plongée et d'exploration avec masque et tuba.

ROÏ ET

Roï Et – 151 220 habitants
Atlas Michelin p. 13 ou carte n° 965 E 8

Un plan d'eau pittoresque, le Bung Phalan Chai *(près de l'hôtel de province)* entoure une île reliée à la rive par deux ponts, sur laquelle se dresse la borne de fondation de la cité. C'est le point central de cette ville entourée de douves, dont trois encore en eau. Il faut se promener dans cette capitale de province en plein essor pour en savourer l'ambiance animée, les excellents restaurants et les marchés hauts en couleur.

Autres centres d'intérêt, le **Wat Burapharam** *(vers l'Est, Thanon Phadung Phanit)* et son bouddha debout géant dans la tradition de Dvaravati *(voir Maha Sarakam)*, et le **Wat Klang Ming Müang** *(au Nord, Thanon Phadung Phanit)* ; orné de peintures murales colorées de la fin de la période d'Ayuthaya illustrant la légende du prince Vessantara, il accueillait la cérémonie officielle du serment d'allégeance au roi de Siam.

Thung Kula Rong Haï – Ce nom, donné à la plaine comprenant Roï Et, Maha Sarakam, Surin et Buriram, signifie Le Champ des pleurs des Kula, peuple nomade réputé pour ses qualités de patience et d'endurance, et donne une juste image de cette région rude aux étés secs et brûlants mais inondée en saison des pluies. Topographie et traces fossiles attestent que c'était autrefois une mer intérieure. Un programme de réforme agraire a été engagé afin d'encourager la production agricole de cette région aride et déshéritée aux insuffisantes ressources hydrologiques.

Bouddha debout

EXCURSIONS

Prang Ku – *Wat Si Rattanaram, Amphoe Thawat Buri. À 8 km à l'Est par la route 23. Prendre à droite au km 8 et poursuivre sur 800 m sur une route de latérite.* Les vestiges du *prang* principal, une bibliothèque entourée d'un muret de latérite et une porte, sont tout ce qui reste de cet hôpital khmer, construit par le roi Jayavarman VII (1181-1210) et dédié au Bouddha Bhaishajyaguru Vaduryaprabha le guérisseur. Au Sud-Est du mur, on aperçoit des fragments de sculptures décoratives, dont un linteau montrant Vishnou monté sur Nandin, avec un décor de feuillages et un *kala*.

Ku Phra Ko Na – *Wat Ku Phra Ko Na, Ban Ku, Mu 2, Tambon Sa Ku, Amphoe Suwannaphum. À 60 km au Sud par la route 214. Prendre à droite entre les km 6-7, poursuivre sur une courte distance après la plantation d'hévéas.* Un mur de latérite percé de quatre portes en grès entoure les trois *prasat* tournés vers l'Est, constructions de briques érigées sur une terrasse en grès orientée Nord-Sud. Les caractéristiques architecturales du reliquaire *(ku)* permettent de penser qu'il date de l'époque du Baphuon (11e s.).

Restauré en 1928, le **prasat** à étages du milieu est orné de niches abritant des statues du Bouddha et d'une couronne de stuc. Le bâtiment construit devant abrite une empreinte de pied du Bouddha. Le **fronton** de l'édifice au Nord présente des scènes du *Ramayana*, et les linteaux sculptés représentent Vishnou couché *(porte Est)* et Shiva chevauchant Garuda *(à l'Ouest, au sol)*. Une créature céleste armée d'une épée et un *kala* dans la partie basse décorent le linteau de la fausse porte côté Nord. Devant, sur le linteau tombé à terre, on voit Shiva chevaucher le taureau Nandin. Le sanctuaire était probablement relié au plan d'eau *(baray)* distant de 300 m par un pont de *naga*.

Valdin/ PHOTONONSTOP

SAKON NAKHON

Sakon Nakhon – 179 573 habitants

Atlas Michelin p. 9 ou carte n° 965 D 9

Cette importante ville de marché agricole s'étend à la bordure Sud du bassin fertile de Sakon Nakhon, riche en traces de peuplements préhistoriques et en vestiges archéologiques des civilisations khmère et de Dvaravati. La tradition veut que la ville a été bâtie après que la cité khmère d'origine, implantée près du lac de Nong Han, s'est effondrée au fond du lac. La ville a acquis sa réputation de centre religieux lorsqu'un célèbre maître de méditation, Phra Achan Mun Phurithatto, s'est installé au Wat Pa Sutthawat *(face au centre-ville)*.

CURIOSITÉS

Vieux pont – Près du sanctuaire de la borne de fondation de la ville *(au km 161 sur la gauche de la route 22 vers l'Est)* se trouve un ancien pont khmer, autrefois inclus dans les murailles de la cité, seul monument de ce type en Thaïlande.

★**Wat Phra That Choeng Chum** – *Thanon Charoen Müang.*
Construit au-dessus d'un *prasat* du 10e s. orné d'une inscription khmère du 11e s., le Phra That, simple *chedi* blanc datant probablement de la période du Lan Xang, se dresse sur une haute base à étages. Il possède des portiques sur chaque côté, une tour-reliquaire en forme de bouton de lotus, et une fausse porte, à demi ouverte, pour laisser voir la structure de latérite et de grès à l'intérieur. Sa spire à étages supportée par un socle est couronnée d'un parasol royal en or massif.
À l'Est du *chedi*, un *wihan* abrite un grand bouddha assis, Phra Chao Ong Saen. Derrière la statue, une porte *(ouverte uniquement sur autorisation spéciale)* ouvre sur la chambre abritant le *prasat* khmer.
On peut voir sur le domaine du temple une empreinte de pied du Bouddha *(en face du* chedi*)*, une curieuse bibliothèque octogonale à deux étages entourée d'eau, et une grande cloche de l'Isan en bois taillée dans un tronc d'arbre.

Lac de Nong Han – *Baignade interdite.* C'est le plus grand lac de Thaïlande (123 km², profondeur moyenne 8-10 m). Situé dans une vaste cuvette, c'est un lieu de détente fréquenté. Alimenté par 13 ruisseaux, il donne lui-même naissance à la rivière Kam. Tout autour sont implantés des villages de pêcheurs. La production de sauce et de pâte de poisson *(phan la)* est une des activités locales.

Suan Somdet Phra Si Nakharin – *Tambon Choeng Chum. À 1 km de la ville.* Ces jardins publics créés en 1989 entourent un étang très ancien, Sra Pang Thong, datant, croit-on, de la fondation du Phra That Choeng Chum (11e s.). L'environnement y est superbe.

EXCURSIONS

★**Wat Phra That Naraï Cheng Weng** – *Ban That. À 6 km au Nord-Ouest, près de l'embranchement de la route 22, prendre à gauche au km 156.* La légende raconte que ce sanctuaire khmer du 11e s. dans le style du Baphuon a fait l'objet d'une compétition entre hommes et femmes : des femmes l'ont construit pendant que des hommes bâtissaient le Prasat Phu Phek *(voir ci-dessous)*. Prenant par erreur une lampe allumée par les femmes pour l'étoile Phek, les hommes interrompirent leur travail. C'est ainsi qu'elles remportèrent la compétition.
Faire le tour du monument permet d'admirer des scènes finement sculptées de la mythologie hindoue brahmanique : Shiva dansant, encadré par des divinités inférieures et, ce qui est rare, des figures humaines *(fronton Est)* ; Vishnou couché sur un *naga* réaliste *(fronton Nord)* ; Krishna combattant deux lions *(linteau Nord)*. Près de la fausse porte au Nord, on peut voir un exemple rare de *somasutra*, conduit où coulait l'eau lustrale utilisée au cours des cérémonies à l'intérieur du sanctuaire. Il est orné d'une belle tête de *makara.*

Phra That Dum – *Tambon Ngui Don. 5 km après l'hôtel de ville, prendre à gauche au panneau et poursuivre 400 m sur une route de latérite.* Les côtés Nord et Sud de la douve d'enceinte bordent toujours les vestiges d'un *prasat* en briques du 11e s. de 8 m de haut, dans le style du Baphuon, et les soubassements en latérite de deux autres constructions effondrées. La fausse porte Sud est ornée d'un *kala*, de guirlandes, de motifs floraux, d'éléphants et lions fringants. Parmi les éléments décoratifs figurent un bouddha et un linteau de grès rose.

Phra That Phu Phek – *Tambon Na Bor, Amphoe Phanna Nikhom. À 34 km vers l'Ouest par la route 22, prendre à gauche au panneau et poursuivre sur 14 km. Marcher 3 km, monter 491 marches (raides).*
Au sommet de Phu Phek, dans un cadre ombragé, le ***prasat*** khmer s'élève, austère, sur sa base redentée. Il fut probablement construit parallèlement au Phra That Naraï Cheng Weng *(voir ci-dessus)*. Des marches donnent accès à la terrasse qui offre une **vue** panoramique sur le paysage environnant.

Wat Pa Udon Somphron – *Amphoe Phanna Nikhom, 37 km à l'Ouest par la route 22. Prendre à droite au km 123 et poursuivre sur 3 km.*
Temple forestier paisible, où a vécu un moine vénéré adepte de la méditation, Phra Achan Fan. Le **chedi** moderne possède une base étagée en pétales de lotus avec des terres cuites montrant des scènes de la vie simple du moine, et une flèche en bouton de lotus décorée de mosaïque d'or. À l'intérieur, un musée renferme les reliques du moine, ses objets et travaux personnels. On jouit d'une belle **vue** à partir de la grande terrasse de pierre *(accès par un escalier au départ du parking).*

Parc national de Phu Phan – *À 25 km à l'Ouest par la route 213.* La route qui serpente offre de belles vues de la plaine de Sakon Nakhon et sa région boisée. Parmi les attraits de cette réserve naturelle, de nombreuses espèces d'oiseaux et de mammifères (cerfs aboyeurs, cerfs-sambars, singes). À partir du bureau central du parc, un sentier conduit à des points de vue (Pha Nang Moeun, Lan Sao Ae, Yot Phu Kheo), des cascades (Tat Ton, Huay Yaï, Kham Hom, **Pricha Suksan**) et des grottes (Tham Seri Thaï). Durant la Seconde Guerre mondiale, cette région de montagnes a servi de refuge aux Thaïs Libres, mouvement de libération contre les Japonais.
Le **palais Phu Phan Ratchaniwet** *(à 14 km par la 213)*, bâtiment moderne entouré de beaux jardins, sert de résidence au roi pendant ses visites en Isan. Près de l'entrée, un centre de formation à l'artisanat permet aux villageois d'acquérir de nouveaux savoir-faire.

Ko SAMUI★★★

Surat Thani – 34 792 habitants
Atlas Michelin p. 21 ou carte n° 965 L 4

Au large de la côte de Surat Thani, l'île paradisiaque de Ko Samui ⓧ est le joyau des **Mu Ko Ang Thong**, chapelet de 80 îles avec des plages frangées de palmiers, des criques tranquilles et des promontoires rocheux baignés d'eaux à la transparence turquoise. Dans les années 1970, elle était le privilège de quelques voyageurs aventureux attirés par ses beautés naturelles et son atmosphère paisible loin des pressions commerciales du monde moderne. Aujourd'hui, Ko Samui fait partie des destinations de vacances les plus prisées, et propose une gamme étendue d'équipements touristiques qui ont su composer avec l'environnement naturel. Elle a conservé assez de son charme tropical et de sa sérénité pour faire oublier ses soucis au voyageur fatigué.

Un vent de changement – Les premiers habitants de l'île étaient des pêcheurs à la recherche de bonnes zones de pêche dans le golfe de Thaïlande. D'après des chroniques anciennes, l'île se trouvait aussi sur la route commerciale reliant la Chine à l'Inde au 16ᵉ s. Pendant des siècles, ses fiers habitants, à l'identité ethnique et à la culture locale bien différenciées, ont gardé leurs distances avec le continent.
Avec la pêche, les cocotiers, qui font partie du paysage tropical, contribuent à la prospérité locale. On exporte de grandes quantités de noix de coco vers le continent afin d'assaisonner la délicieuse cuisine thaïe ; ses dérivés, coprah, fibres, noix, grumes, sont traités sur place. C'est un curieux spectacle que celui des singes dressés pour détacher les noix de coco des palmiers. Autre activité importante, la production de fruits exotiques, mangues, durians, ramboutans, papayes, bananes, noix de cajou. À la suite de l'explosion touristique, de nombreux habitants de l'île ont fait fortune en vendant des lopins de terre non cultivables en bord de côte, estimés à peu de prix autrefois mais que les promoteurs convoitent aujourd'hui.
Le Khao Yaï, sommet le plus élevé (alt. 636 m), domine l'intérieur montagneux couvert d'une nature exubérante, traversée de pittoresques cascades bondissantes.

Quand s'y rendre

L'époque idéale pour s'y rendre s'échelonne de février à juin, quand le ciel est clair et la mer calme. Le reste de l'année, jusqu'à la mousson (octobre à décembre), le ciel peut être nuageux avec des averses occasionnelles et une mer agitée. Moto et jeep sont les moyens de transport tout indiqués pour explorer les recoins de l'île.
À côté des plaisirs de la baignade et de la plage, Samui dispose d'excellents équipements pour les sports nautiques (voile, plongée, planche à voile, masque/tuba) et d'autres activités de loisirs (pêche, randonnée, parachute ascensionnel, kart).

VISITE *1 jour*

Une bonne route fait le tour de l'île, fournissant un accès facile aux sites principaux, décrits en suivant le sens des aiguilles d'une montre. Les conducteurs doivent se montrer très prudents sur la route. En chemin, de nombreuses stations et restaurants proposent rafraîchissements et autres services.

Grand Bouddha

Na Thon – Point de débarquement principal en provenance de Surat Thani, c'est le grand centre commercial de l'île, où l'on trouve bureau de poste, banques, Office de tourisme, agences de voyages et autres services essentiels, sans oublier bars, restaurants, boutiques de souvenirs et d'artisanat.

Côte Nord – La route du Nord suit Ao Bang Makham au rivage de rochers bordé de récifs de corail. On trouve de belles plages de Laem Yaï à Laem Na Phralan. Les récifs coralliens le long d'Ao Bang Po sont un site idéal pour l'exploration avec masque et tuba. Quitter la route à Ban Mae Nam pour admirer la plage de sable blanc de **Hat Mae Nam**★ qui s'étire jusqu'à Laem Say, offrant une vue dégagée sur Ko Phangan au Nord. Poursuivre vers l'Est sur 2 km et emprunter une route secondaire jusqu'au pittoresque village de pêcheurs de Ban Bo Phut, la plus ancienne implantation de l'île. Baignade et ski nautique attendent le visiteur sur la longue plage de sable de **Hat Bo Phut**★.

La route 4171 mène à la paisible **Hat Phra Yaï** (plage du Grand Bouddha), nommée d'après un des monuments de Samui, un bouddha de 12 m qui domine le temple voisin, Wat Phra Yai, bâti sur un îlot relié par une jetée. Ce temple de méditation mérite une visite. Monter les marches flanquées d'une rampe de *naga* jusqu'à la base de la statue, pour admirer la **vue panoramique**★★★ sur la côte et Ko Phangan.

Plus loin, la route longe un promontoire où d'agréables résidences de vacances se nichent au fond de criques isolées. Sur une baie, d'élégants hôtels se regroupent le long du croissant superbe de **Hat Choeng Mon**★ ; on notera les anciennes barges à riz trapues reconverties en curieuses habitations-bateaux. La route parcourt ensuite un paysage accidenté non loin de la côte rocheuse.

★★★**Hat Cha Weng** – Cette plage étire ses 7 km de sable blanc étincelant de Laem Son (on aperçoit au loin Ko Mat Lang) jusqu'au flanc abrupt de Laem Thong Yang (cap de Corail), qui offre des **vues**★★ merveilleuses sur la baie et la côte. Elle se divise en trois parties aux attraits différents, la meilleure plage se trouvant au milieu, encadrée par la zone plus accidentée au Nord et le cap escarpé au Sud. On y trouvera des équipements de sports nautiques, mais aussi de nombreuses distractions et animations dans les différents bars, clubs et restaurants.

Hat Lamaï

** Hat Lamaï – La route plonge vers une autre baie merveilleuse bordée d'établissements de vacances accessibles par des routes latérales. La grande plage centrale voit affluer de nombreux visiteurs amateurs de sports nautiques, et la vie nocturne animée attire une foule de jeunes.

À l'extrémité Sud de la baie, face au soleil levant, se dressent deux étranges formations rocheuses à la silhouette évocatrice façonnée par la mer et le vent, nommées **Hin Ta** et **Hin Yay** (Grand-Père Rocher et Grand-Mère Rocher). Les visiteurs asiatiques, suivant la conception orientale du yin et du yang, considèrent ces formes suggestives comme des symboles bénéfiques de fertilité.

Du bas de Lamai, une route difficile *(véhicule 4 x 4 seulement, ou se garer à mi-côte et gravir à pied sur 1 km la dernière partie, très raide)* mène vers l'intérieur au **Rocher suspendu**, énorme bloc en équilibre précaire sur une hauteur, qui offre une vue magnifique sur Ao Lamaï.

La route 4169 en direction du Sud serre de près la côte jusqu'à Ban Hua Thanon, pittoresque village de pêcheurs musulmans, puis rebrousse carrément chemin vers Na Thon. Elle passe devant un sentier conduisant à deux bouddhas de corail en ruine perdus dans la végétation. Le **Wat Khunaram**, vieux temple avec des bâtiments traditionnels en bois, mérite aussi une visite. Un peu plus loin, **Nam Tok Na Müang** cascade le long d'une paroi vertigineuse et plonge dans une fraîche vasque verte. Non loin, à 3 km au Sud de Na Thon, coule une autre belle cascade, **Nam Tok Hin Lat**.

Pour visiter la côte Sud, prendre la 4170 sur la gauche après Ban Hua Thanon. Plus loin à droite s'étend le domaine ombragé du **Wat Sumret**.

Côte Sud – De Laem Set à Ao Phanka, des stations élégantes se blottissent le long du rivage rocheux baigné d'eaux peu profondes, idéales pour l'exploration au masque mais pas pour la baignade.

Des pistes en terre conduisent à des caps et des baies d'où l'on pourra admirer de superbes couchers de soleil. Les amateurs de détente trouveront refuge dans les criques isolées bordées de cocotiers, havres de paix et de tranquillité.

Au **Wat Laem So**, un *chedi* très ancien, restauré, se dresse non loin des vagues dans un

Fêtes et manifestations

De nombreuses fêtes traditionnelles ont lieu chaque année : Songkran *(Nouvel An thaï, avril)*, Loy Krathong *(novembre)*.

Les **combats de buffles**, événement sportif très populaire où deux buffles s'affrontent dans une arène, ne se déroulent aujourd'hui qu'à des occasions particulières, par exemple pour Songkran. Quelque temps avant le combat, on donne aux animaux des rations supplémentaires et des soins attentifs. L'île compte plusieurs arènes. Les combats attirent les foules. Le jeu n'est pas autorisé, ce qui n'empêche pas les paris d'aller bon train.

plaisant paysage de bord de mer. On peut louer des bateaux à partir de Ban Thong Krut pour visiter Ko Katen et les îlots plus petits de la côte. La route littorale rejoint la 4169 près de la route secondaire qui dessert l'embarcadère de Thong Yang, sur le chemin du retour vers Na Thon.

Le Monde/ HOA QUI

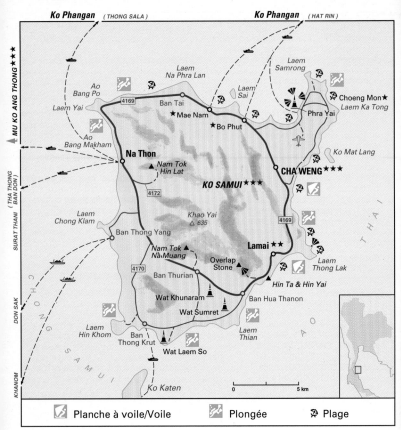

Planche à voile/Voile	Plongée	Plage

Ko PHANGAN ☺

Le caractère vierge de Ko Phangan attire les visiteurs qui fuient les aménagements de Ko Samui. Splendides plages intactes et panoramas des baies se joignent plus aisément par bateau, car les pistes en terre où circulent camionnettes-taxis *songtaos (voir Transports locaux dans le chapitre Circuler en Thaïlande)* et motos sont difficiles à négocier. Le centre d'animation de l'île, **Thong Sala**, regroupe magasins, banques, agences de voyages et de location. Le long de la côte Est, des résidences de vacances offrent leurs plages de sable blanc et jolies criques idéales pour la baignade. Sur la côte Ouest s'étirent les plus beaux récifs de coraux, à explorer avec masque et tuba. La meilleure façon de découvrir l'intérieur montagneux, coupé de torrents et de cascades (Nam Tok Than Sadet), est la randonnée *(guide recommandé)*. On aperçoit de temps à autre un temple sur un sommet. Les sentiers mènent à des points de vue dominant pentes calcaires escarpées et jungle exubérante. La pêche est l'activité principale des quelque 9 000 habitants, mais le tourisme gagne du terrain.

Ko Tao ☺

Cette « île de la Tortue », plus lointaine, est connue pour les énormes rochers dorés lissés par le vent et la mer qui jonchent son rivage. Elle est renommée aussi pour son rythme de vie tranquille, qui évoque l'époque passée où Ko Samui et Phuket ne figuraient pas encore sur les cartes touristiques. Les habitants, peu nombreux, vivent essentiellement de la production de noix de coco. L'île propose des équipements simples, mais peut être fière de ses longues étendues de sable et de ses récifs de coraux. À 1 km au Nord-Ouest de Ko Tao, le pittoresque **Ko Nang Yuan** se compose de trois îlots reliés par un banc de sable.

À Ko Phangan, les routards se réunissent en grandes assemblées pour des fêtes de la pleine lune, qui au fil des années se sont muées en tradition. Ces célèbres *raves*, association de musique tonitruante, de danse frénétique et de comportement débridé sont d'abord des occasions de s'amuser ; mais l'abus d'alcool et la prise de drogues peuvent provoquer des drames.

★★★ Parc national de Mu Ko ANG THONG ⊘

Ce parc marin, créé en 1980 pour protéger un environnement vierge, regroupe environ 40 pitons calcaires à dense couverture forestière, paysage exotique qui se détache sur le ciel bleu profond et les eaux étincelantes du golfe de Thaïlande. Criques abritées bordées de plages immaculées, miroir des lagons et falaises vertigineuses forment un ensemble paradisiaque. Joyau de l'archipel, **Ko Mae** (Île Mère), qui abrite un lac d'eau de mer émeraude, **Thale Naï** entouré de falaises abruptes *(15 mn de bateau au départ du centre d'accueil, puis sentier facile)*. On sera largement récompensé de la rude montée au sommet de la colline (alt. 240 m) par le merveilleux **panorama★★★** sur les îles. En chemin, nombreuses occasions de découvrir avec masque et tuba récifs de coraux et vie sous-marine.

SAMUT SAKHON

Samut Sakhon – 201 398 habitants
Atlas Michelin p. 24 ou carte n° 965 H 5

Cette ville animée était autrefois une petite communauté de pêcheurs à l'embouchure de la rivière Tha Chin, reliée à la Chao Phraya par le Khlong Mahachaï. Vergers (noix de coco, pomelos, goyaves, raisins) et cultures de légumes et de fleurs (orchidées) prospèrent sur les fertiles terres alluviales ; élevage de crevettes et récolte du sel sont les activités importantes du littoral. Le paysage se modifie rapidement au fur et à mesure du développement de la région en centre d'industrie légère, avec les problèmes conjoints de pollution et de circulation.

Centre-ville – Vu des quais, le spectacle du **port**, avec les allées et venues des bateaux de pêche larguant les amarres ou débarquant leur cargaison, est particulièrement animé. Le marché proche du quai est aussi extrêmement vivant. On trouve à Samut Sakhon d'excellents restaurants de poisson. Devant le sanctuaire du pilier de fondation de la Cité et l'hôtel de province, on a placé des canons provenant des ruines de la **forteresse Wichian Chodok**, bâtie aux environs au 19e s. pour se protéger des invasions.

EXCURSION

Croisières – Cela vaut la peine de louer un bateau pour découvrir les sites et leur bel environnement. En aval sur la rive Ouest de la rivière, le pittoresque village de pêcheurs de **Ban Tha Chalom** aligne ses maisons sur pilotis. Le **Wat Sutthiwat Woraram** *(près du Tambon Tha Chalom, rive Ouest, en face de la ville)*, monastère bâti à l'époque d'Ayuthaya, a dans son jardin un monument à Rama V. L'*ubosot* du **Wat Yaï Chom Prasat**, temple royal, aussi de la période d'Ayuthaya, possède de superbes panneaux de portes sculptés *(près du Tambon Tha Chin, sur la rive Ouest en amont, accessible aussi par la route)*.

SAMUT SONGKHRAM

Samut Songkhram – 106 973 habitants
Atlas Michelin p. 24 ou carte n° 965 H 5 – Schéma : KANCHANABURI

Un réseau de canaux quadrille le terrain marécageux de l'embouchure de la Mae Klong où se situe Samut Songkhram. Les terres fertiles sont plantées de **vergers** luxuriants (raisins, goyaves, lychees, noix de coco). Prendre un bateau est une manière très agréable d'explorer la campagne pour admirer les maisons de bois typiques qui bordent les rives de la Mae Klong et des canaux.
Damnoen Saduak★ *(voir ce nom)*, **marché flottant** le plus célèbre de Thaïlande, se trouve au voisinage du Tambon Amphawa. Sa proximité de la mer a permis à la région de se spécialiser dans la **récolte du sel** et l'élevage de homards.

CURIOSITÉS

Marais salants – Le long de la route 35 de Thonburi à Pak To, le paysage plat se compose d'un patchwork de salines ponctué de moulins à vent servant à pomper l'eau de mer. Sous le soleil brûlant, les ouvriers conduisent les différentes étapes de la production par évaporation, le stade final, le plus pénible, consistant à ratisser le sel pour former des monticules d'un blanc étincelant.

Don Hoy Lot – *Embouchure de la Mae Klong. Location de bateaux au ponton du marché*. Les vasières découvertes à marée basse sont un terrain propice à la pêche aux couteaux, spécialité locale que l'on sert dans les restaurants du front de mer. À la saison sèche, on peut apercevoir une barre formée par des coquillages *(45 mn en bateau à longue queue)*.

Wat Phet Samut Worawihan – Le centre d'intérêt principal de ce grand temple est une statue du Bouddha abritée dans l'*ubosot*. D'après la tradition, elle fait partie d'un groupe de trois statues retrouvées flottant sur la rivière *(voir Chonburi, Excursions, Chachoengsao)*. Les pêcheurs la vénèrent particulièrement. Des spectacles de danse et de musique traditionnelles se déroulent à la demande des fidèles.

Marais salants

EXCURSION

★**Parc Mémorial du roi Rama II** ⏱ – *À 6 km au Sud par la route 325.* Cet endroit était le fief des puissantes familles dont sont issues les épouses des rois Rama Ier et Rama II. C'est là que naquit ce dernier. Cinq **maisons de bois** traditionnelles servent de musée, formant avec une bibliothèque un groupe charmant sur le magnifique domaine planté d'essences d'arbres que l'on retrouve dans la littérature thaïe. Porcelaines, marionnettes et mobilier évoquent leur royal propriétaire. Se rendre au *sala* en bord de rivière pour profiter de l'agréable vue.

SARABURI

Saraburi – 113 439 habitants
Atlas Michelin p. 24 ou carte n° 965 G 5

Collines basses et escarpements calcaires marquent la limite Nord-Est de la fertile plaine centrale aux rizières ondoyantes. Fondée au 16e s., la capitale provinciale de Saraburi est une porte d'entrée du plateau de Khorat.

Saraburi est un bon point de départ pour la découverte des nombreux attraits naturels de la région, cascades, grottes, parcs de Phu Khae, Khao Sam Lan et Muak Lek. Mais elle est surtout renommée pour ses importants centres religieux, qui attirent nombre de pèlerins. On trouve plusieurs temples chinois à 4 km au Nord de la petite ville de Hin Kong. Le **Wat Tham Krabok** *(25 km au Nord par la route 1)* a acquis une grande notoriété pour son programme peu orthodoxe de désintoxication des drogués par les plantes.

Une agréable **excursion** en bateau à longue queue permet de remonter la rivière Pasak jusqu'à Pha Süa et Pha Mi, falaises en forme de tigre et d'ours, creusées de grottes obscures au niveau de la rivière *(à partir du pont Chalerm Phrakiat, près de l'hôtel du District de Khaeng Khoï, à 15 km par la route 2 vers l'Est, 30 mn).*

EXCURSIONS

Arboretum de Muak Lek – *À 45 km vers l'Est par la route 2 et une petite route sur la gauche.* Une petite rivière promène ses eaux claires dans l'arboretum, consacré aux essences du centre de la Thaïlande, notamment le *phyllocarpus septentrionalis*. Une cascade, des sentiers ombragés et des aires de pique-nique fournissent d'agréables espaces pour la détente.

Wat Phra Phuttha Chaï – *À 5 km au Sud par la route 1, prendre à droite au km 102 et poursuivre sur 4 km.* Le temple est situé à l'endroit où, d'après la tradition, un ermite aperçut l'ombre du Bouddha se profiler sur la paroi lisse d'une falaise. On distingue toujours une silhouette tracée naturellement sur la paroi rocheuse. Un escalier abrupt taillé dans le roc conduit au sommet de la colline, où de belles vues viennent compléter l'environnement serein.

★★ Wat Phra Phutthabat – *À 28 km au Nord-Ouest par la route 1.* Ce temple est l'un des sanctuaires les plus sacrés de Thaïlande. Une chronique relate qu'à la fin du 16ᵉ s.-début du 17ᵉ un groupe de moines, en mission royale sur les sites religieux de Ceylan, apprirent par une inscription palie qu'une empreinte sacrée de pied du Bouddha existait au Siam. Le roi fit procéder à des recherches qui restèrent infructueuses, jusqu'au jour où, par hasard, un chasseur tomba sur une vasque en forme d'empreinte de pied remplie d'une eau claire, et vit son gibier en sortir guéri de ses blessures. Lui-même, qui souffrait d'une maladie de peau, se soigna avec cette eau. Le roi fit bâtir un temple à cet endroit, mais il fut détruit par les Birmans au 18ᵉ s. après la chute d'Ayuthaya. Le bâtiment actuel a été construit par Rama Iᵉʳ et son successeur.

Deux fêtes annuelles rassemblent au Wat Phra Phutthabat des pèlerins venus de toute la Thaïlande *(début février et mi-mars)* ; à ces occasions, les stands au pied du temple font un commerce fructueux d'amulettes et autres objets religieux.

★★★ Mondop – Un triple escalier imposant bordé de *naga* à cinq têtes conduit à une terrasse de marbre d'où s'élance vers le ciel un élégant *mondop*, chef-d'œuvre de l'architecture thaïe, construit au-dessus de l'empreinte. Le toit doré pyramidal, habilement structuré, est soutenu par de fines colonnes coiffées de chapiteaux de lotus. Pour gagner des mérites, les pèlerins font sonner les grandes cloches de bronze pendues dans l'enceinte entourée de balustrades.

Intérieur – On notera surtout les **panneaux de portes★★** ouvragés, incrustés de nacre et ornés de motifs s'inspirant de l'art d'Ayuthaya, le plafond à caissons très travaillé et le beau revêtement de sol en argent. Un baldaquin posé sur des piliers décorés protège la grande **empreinte★★** (150 x 50 x 30 cm) couverte de feuilles d'or et portant les 108 signes de bon augure.

Quartier des moines – Le vaste **Wihan Luang★**, qui servait autrefois à loger les membres de la famille royale et les moines en visite, renferme un musée exposant des offrandes votives. Son fronton montre Vishnou sur Garuda. Des emblèmes royaux en décorent panneaux de portes et fenêtres ; il en va de même pour l'*ubosot*.

Wat Phra Phutthabat

S. Bouquet/ MICHELIN

On remarquera plusieurs *wihan* dans l'enceinte du temple. Côté Nord, le **Wihan Phra Phutthabat Si-Roï** abrite quatre empreintes de pied de bouddha superposées, venant illustrer la croyance bouddhiste selon laquelle quatre Bouddhas seraient déjà venus sur terre. Au pied de l'escalier principal se trouve un **pavillon**, restauré, où le roi changeait de costume avant de monter faire ses dévotions à la relique sacrée.

Les statues du Bouddha, même à l'état de ruines, sont des objets sacrés. Les visiteurs ne doivent en aucun cas les escalader pour prendre des photographies.

SATUN

Satun – 94 405 habitants
Atlas Michelin p. 22 ou carte n° 965 O 5

Sur l'estuaire de la rivière Satun, la capitale éloignée de la province la plus au Sud de la Thaïlande dispose de deux ports accessibles à marée haute par de petits bateaux de pêcheurs. C'est le point de départ de croisières pour Kuala Perlis et l'île de Langkawi, qui appartiennent à la Malaisie. En 1909, un traité anglo-siamois concède aux Britanniques l'autorité sur une partie de ce territoire, qui servira de tête de pont à leurs ambitions territoriales. La population est à 80 % musulmane et parle le yawi ; les Gitans de la mer, les Chao Le, sont implantés dans les îles de la côte. Le caractère traditionnel du bourg et les attraits naturels de la région confèrent à Satun un charme certain.

La ville – Au nombre des centres d'intérêt figurent la demeure du gouverneur, qui marie le style occidental à des éléments d'architecture islamique ; la mosquée centrale *(Thanon Satun Thani)* ; les rangées de maisons à arcades italianisantes et fenêtres vénitiennes aux volets de bois *(Thanon Buri Wanich)*.

Le **Khao Phaya Wang**, formation calcaire de 30 m de haut dressée à l'Ouest du bureau de la province *(par Thanon Kuha Praves)* offre des vues sur les cours d'eau, les rizières fertiles et les plantations de cocotiers. On peut faire une agréable promenade en bateau au départ du Laem Tanyong Bo, promontoire qui s'avance dans la mer d'Andaman et qui abrite un village de pêcheurs et la longue plage blanche frangée de cocotiers de Hat Sai Yao.

EXCURSIONS

Barrage de Duson – *À 22 km au Nord par la route 406, tourner à droite et rouler sur 2 km.* Idéal pour une excursion, le barrage occupe un site agréable au pied de falaises.

★ **Parc national de Thale Ban** – *À 30 km au Nord par les routes 406 et 4184. Bureau d'accueil et centre d'information.* Les derniers vestiges (102 km²) de la superbe forêt dense qui recouvrait autrefois la péninsule du Sud s'étirent de chaque côté de la frontière malaise, et habillent la chaîne des Khao Chin, qui culmine à 740 m. Le paysage magnifique enthousiasmera le visiteur : arbres énormes étayés de racines aériennes et végétation exubérante, crêtes calcaires enserrant un grand **lac** en fond de vallée (près du bureau du parc), et splendides **cascades** (Yaroi, Huai Jingrit) dévalant des falaises à pic pour plonger dans de profondes piscines. La faune foisonnante comprend éléphants, tigres, ours malais, et espèces rares d'oiseaux, gobe-mouches narcisses, buse des chauves-souris, et aigle botté. La tribu primitive des chasseurs-cueilleurs **sakai**, qui vivait autrefois dans la forêt, a installé son campement à l'intérieur du parc.

Le **réservoir de Duson** *(à 20 km au Nord, prendre à droite et poursuivre sur 2 km)* offre son cadre agréable au pied de falaises.

★ Mu Ko Tarutao

Départ de Pak Bara, au Nord de Satun. Compter au moins 2 jours.

Les îles éloignées de la mer d'Andaman ont échappé aux investissements commerciaux : leur beauté naturelle demeure leur plus précieux atout. Mu Ko Tarutao ⊙, archipel de 51 îles couvrant 1 490 km², a été le premier parc national marin, classé en 1974. C'est un véritable paradis tropical vierge, avec des plages superbes, des baies tranquilles, et des paysages sensationnels de pics déchiquetés, jungle épaisse et marais de mangrove.

Pendant des siècles, ces îles ont été le repaire de pirates qui écumaient la mer d'Andaman. La navigation y était dangereuse jusqu'aux années 1960. De 1939 à 1946, l'île de Ko Tarutao était devenue une colonie pénitentiaire pour prisonniers politiques. Tarutao, Adang, Rawi, Lipe et le groupe des Ko Klang sont aujourd'hui habitées par les Chao Le (Gitans de la mer) et les fonctionnaires du parc. Les autres îles sont désertes.

Ko Tarutao – *Port et bureau du parc à Ao Phante Malaka.* Longues plages de sable, baies et caps sereins, spectaculaires pitons et falaises calcaires, végétation luxuriante et récifs de coraux font la fierté de l'île principale. En remontant le Khlong Phante

Malaka, on visite la grotte aux Crocodiles, **Tham Chorakhe**, qui s'étend d'environ 1 km sous une montagne calcaire (danger à marée haute). Un sentier de 12 km coupe l'île en deux, traversant les vestiges des pénitenciers d'Ao Talo Wao *(à l'Est)* et Ao Talo Udang *(au Sud)*. Les amoureux de la nature seront émerveillés par la richesse de la faune, qui comprend de nombreuses espèces protégées, dauphins, dugongs, tortues marines vertes. Calaos, hérons, hochequeues et sternes sont communs sur l'île.

Ko Adang, Ko Lipe et Ko Rawi – *Bureaux du parc*. La beauté stupéfiante et le caractère sauvage des îles, et le sentiment d'être au bout du monde, attirent le voyageur aventureux. Eaux cristallines et splendides récifs de coraux entourent ces collines granitiques enfouies sous une épaisse couverture forestière.

SING BURI

Sing Buri – 55 850 habitants
Atlas Michelin p. 11 ou carte n° 965 G 5

Ce chef-lieu d'une petite province est situé au croisement de routes passantes qui sillonnent la plaine centrale couverte de rizières. Le paysage typique suit les saisons et le rythme des travaux agricoles.
Singburi s'est taillé une place dans l'histoire de la Thaïlande par la bravoure de ses habitants dans les luttes passées contre l'envahisseur birman.

EXCURSIONS

Musée national d'In Buri – *À 20 km au Nord par la route 311, prendre à droite au km 15*. Parmi les collections, une statue du Bouddha en pierre verte, des marionnettes de théâtre d'ombres, des éventails de moines, un palanquin royal et des machines agricoles.

Wat Phra Non Chaksi – *À 3 km vers l'Ouest par la route 3032, prendre à gauche*. Ce temple paisible abrite un immense bouddha couché (46 m). Son origine est certainement très ancienne, et il a conservé une valeur artistique malgré sa restauration.

Wat Na Phra That – *400 m plus loin vers l'Ouest*. Un beau *prang* du début de la période d'Ayuthaya est tout ce qui reste du monastère. Des marches conduisent au sanctuaire qui renferme un bouddha assis. Le *prang* a conservé des *garuda* et démons-gardiens en stuc, ainsi que des Bouddhas debout dans des niches. Les autres bâtiments sont en ruine.

Parc de Khay Bang Rachan – *À 15 km vers l'Ouest par la route 3032.*
Ce parc ombragé *(de part et d'autre de la route)* offre un cadre idéal à une réplique de forteresse et à un monument à la gloire des habitants de la région, qui ont résisté en 1765 à des assauts répétés avant d'être écrasés par les forces d'invasion birmanes. Les moines du Wat Pho Kao Ton *(intérieur de l'enceinte)* ont joué un rôle important dans la résistance. Un *wihan* à soubassement en forme de coque de navire abrite la statue du moine bouddhiste qui avait pris la tête des villageois.

SI SAKET

Si Saket – 134 688 habitants
Atlas Michelin p. 15 ou carte n° 965 F 9 – Schéma : UBON RATCHATANI

Appelé autrefois Müang Khu Khan, Si Saket date probablement de la période khmère. La majestueuse chaîne des Dong Rak, au Sud, forme la frontière avec le Kampuchéa. Dans toute la province, d'impressionnants sanctuaires khmers attestent de son passé historique. De Si Saket, on peut faire une excursion de la journée au splendide **Preah Vihear** ⊙ *(voir Excursions)*, un des plus beaux exemples d'architecture khmère. Après un différend frontalier, arbitré par la Cour internationale de la Haye, il se trouve aujourd'hui en territoire cambodgien. La visite était impossible jusqu'en 1991 à cause des troubles intérieurs au Kampuchéa. La situation à la frontière est plus stable aujourd'hui et on peut y accéder. Le site n'est joignable par la route qu'à partir de la Thaïlande.

La ville – Parmi les centres d'intérêt, on retiendra le **Wat Maha Phuttharam** *(près de l'extrémité Nord de Thanon Khukhan)* qui possède une statue du Bouddha en marbre, Luang Pho To dans l'attitude de vainqueur de Mara, remontant, pense-t-on, à la période khmère (largeur aux genoux 3,50 m, hauteur 6,80 m) ; et, aux environs, le **Suan Somdet Phra Si Nakharin** (parc de la Princesse-Mère, *collège agricole de Si Sa Ket, Thanon Kasikam, Tambon Nong Khrok, 1 km à l'Ouest de la ville)*. On y voit des éléments de la forêt et de la faune d'origine (lapins, coqs sauvages) et l'arbre de Lamduan, emblème de la province, couvert de fleurs jaunes en octobre et novembre. Situé dans un parc forestier, le **Zoo de Si Sa Ket** *(Non Nong Kwang, Tambon Nam Kham, à 4 km vers le Sud)* héberge de nombreux animaux sauvages, tigres, ours, singes, cervidés et oiseaux.

Prasat Hin Wat Sa Kamphaeng Yaï

EXCURSIONS

Prasat Hin Wat Sa Kamphaeng Noï – *Ban Klang, Tambon Kayung. 8,7 km vers l'Ouest par la route 226, tourner à droite.* Sur une hauteur se trouvent les vestiges d'un *prasat*, d'une bibliothèque et d'un bassin à bords en gradins, entourés d'un mur. Le plan est caractéristique des hôpitaux construits au 13ᵉ s. par Jaya-varman VII. Beaux linteaux au-dessus des portes.

★ **Prasat Hin Wat Sa Kamphaeng Yaï** – *À 40 km au Sud-Ouest de Si Sa Ket. 2 km de l'Amphoe Uthumphon Phisaï par la route 226, prendre à gauche au km 81 et suivre sur 1 km la route de latérite.* Ce grand temple khmer, probablement du règne de Suryavarman, au 10ᵉ s., fut d'abord un sanctuaire brahmanique avant d'être converti en temple bouddhiste mahayana au 13ᵉ s.

Une galerie enclôt le domaine, qui comprend un *chedi* principal flanqué de deux édifices plus petits en briques, avec un autre *chedi* de briques à l'arrière et deux bibliothèques, toujours en briques, côté Est. La porte monumentale présente trois entrées : l'inscription en khmer ancien gravée côté cour sur l'entrée principale rappelle que le domaine a été dédié à Shiva en 1042. Les encadrement de portes, linteaux et frontons sculptés ont une grande valeur artistique. Le fronton Sud du *prang* central représente Shiva montant le taureau Nandin, son épouse Uma sur ses genoux, et des membres de leur suite. Le linteau intérieur montre Indra chevau-chant un éléphant, avec, au-dessous, un *kala* escorté de *singha*, crachant des guirlandes. Sur le linteau intérieur de la bibliothèque Nord, Vishnou est couché sur le Naga couronné, ses épouses assises près de lui. Dans la chapelle moderne, on voit une belle statue du 13ᵉ s. du Bouddha assis abrité par le Naga, et d'autres sculptures découvertes lors des fouilles.

Prasat Ban Prasat – *Wat Ban Kamphaeng, Tambon Müang Chan, Amphoe Uthum-phon Phisaï. 20 km plus loin vers l'Ouest par la route 226. Prendre à droite à Ban Huaï Thap Than, traverser la ligne de chemin de fer. Après 8 km prendre à droite au panneau.* Un mur entoure trois grands *prasat* de briques à couronne en bouton de lotus, alignés Nord-Sud sur une plate-forme de latérite. Certains des encadre-ments de portes en grès sont encore debout. La porte Est du *prasat* central porte un linteau inachevé montrant une divinité debout, et, au-dessous, un *kala* crachant des guirlandes. Les *prasat* plus petits ont été très restaurés. Près du *prasat* Sud, un linteau tombé à terre décrit le Barattage de la mer de lait.

Prasat Prang Ku – *Amphoe Prang Ku. À 60 km au Sud-Ouest par les routes 220 et 2167. Prendre ensuite la 2234 pour 10 km dans la direction de Ban Pok.* Ce sanctuaire khmer entouré de douves comprend trois *prasat* de briques superbe-ment décorés, avec chacun une porte orientée à l'Est. Linteaux et autres éléments sont dispersés sur tout le domaine. À l'Est se trouve un grand étang.

Preah Vihear – *À 90 km environ au Sud-Est par la route 221 et une route secon-daire. Pavillon d'information à la frontière, côté thaï.* Sur un site spectaculaire sur un plateau rocheux, le temple a été élevé en hommage au dieu hindou Shiva entre le 11ᵉ s. et le 13ᵉ s. Un majestueux escalier de *naga* très raide monte au sanctuaire principal. Malgré leur état dégradé, les éléments décoratifs des bâtiments en ruine demeurent remarquables : *gopura* (portes) aux linteaux, frontons et corbeaux magnifiquement sculptés ; images du Bouddha ; reliefs travaillés.

Falaise de Mor Daeng – *Près du Preah Vihear (1 km) ; 220 m de montée escarpée à partir du parc de stationnement au pied de la falaise*. Le sommet offre le meilleur point de vue sur le temple et la plaine cambodgienne. La face Sud de la falaise montre un bas-relief du 9ᵉ s., peut-être le plus ancien de Thaïlande, et des peintures sur roche.

SI SATCHANALAÏ★★

Sukhothaï

Atlas Michelin p. 7 ou carte n° 965 D 4 – Schéma : PHITSANULOK

Les ruines imposantes de Si Satchanalaï, cité jumelle de Sukhothaï fondée au 13ᵉ s., reposent dans un cadre forestier paisible bordé par une ligne de collines et par la rivière Yom. Le plan d'ensemble de l'implantation témoigne de l'ingéniosité des fondateurs, qui ont su tirer le meilleur parti de la topographie du terrain. L'atmosphère sereine invite le visiteur à se promener à loisir pour explorer les monuments, qui reflètent la toute première expression de l'identité thaïe.
La ville moderne (94 648 habitants) se situe à 10 km environ au Nord du site historique.

Un siège royal – Avant la fondation du royaume de Sukhothaï, un avant-poste khmer était implanté à **Chalieng** dans une courbe de la rivière. Il devait essentiellement son importance aux voies de communication terrestres ou fluviales le reliant aux autres cités. Lorsque les Thaïs eurent affirmé leur indépendance, Si Satchanalaï devint le siège du vice-roi de Sukhothaï, et au cours du 15ᵉ s., sous le règne du vice-roi Li Thai, la cité connut son apogée religieuse et artistique. Des inscriptions sur des pierres rapportent qu'à l'occasion de son accession au trône Li Thai fit construire ou restaurer de nombreux temples à Sukhothaï et dans ses villes satellites. De 1460 à 1474, Si Satchanalaï fut occupé par les forces de Chiang Maï. Quand la ville passa sous l'autorité d'Ayuthaya au 17ᵉ s., elle perdit de son importance, pour être finalement abandonnée au 18ᵉ s.

Site – Le noyau originel de Chalieng se développa, sans doute au 15ᵉ s., jusqu'à l'enceinte de murailles du Nord-Ouest, qui englobe les vestiges de 42 sanctuaires religieux. Hors les murs, on rencontre quelques 95 sites anciens, y compris ceux des montagnes alentour.
La restauration soigneuse du site abandonné, qui avait été envahi d'une épaisse végétation, a permis d'en sauvegarder l'ambiance spirituelle ainsi que l'environnement verdoyant. Si Satchanalaï a été légitimement classé site du Patrimoine mondial par l'UNESCO.

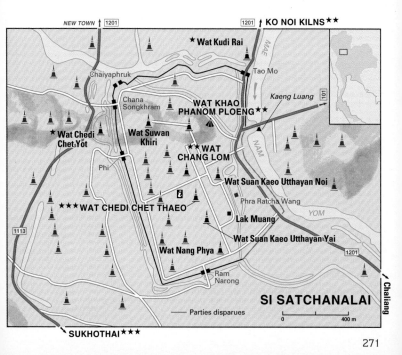

Wat Chedi Chet Thaeo

PARC HISTORIQUE ⏱ *3 heures*

Suivant un plan systématique, les deux sanctuaires principaux de la ville, le Wat Chang Lom et le Wat Chedi Chet Thaeo, en forment l'axe principal, au long duquel sont alignés des temples plus petits, avec le **Lak Müang** au Nord-Est. Vers l'Est on retrouve des traces du palais du souverain, Phra Ratcha Wang ; les bâtiments de bois se sont écroulés il y a bien longtemps. Des murailles de la ville ne demeurent que des tronçons. Les douves ont été recreusées pour recréer le site d'antan. Des temples couronnaient les collines avoisinantes, d'où l'on a de belles **vues** sur le site historique.

À l'intérieur des murs

★★ **Wat Chang Lom** – Son monument majeur est un grand *chedi*★ cinghalais en forme de cloche, orné à la base d'éléphants cariatides en stuc. Le niveau suivant est percé de niches abritant des **statues du Bouddha**★ qui, bien qu'endommagées, ont conservé des traces de leur ancienne beauté. La plus belle est exposée au musée national Ram Khamhaeng de Sukhothaï. Devant le *chedi*, qui renfermerait des reliques du Bouddha, se dressent les colonnes d'un *wihan*.
À l'origine, le *wat* se trouvait à l'intérieur d'une vaste enceinte entourée de douves au cœur de la ville. Une inscription sur une pierre avait laissé penser qu'il avait été fondé par Ram Khamhaeng, mais les recherches archéologiques tendent vers une date plus récente. L'imposant monument suggère à la fois puissance et vénération.

★★★ **Wat Chedi Chet Thaeo** – Ce nom, qui signifie littéralement « temple aux sept rangs de *chedi* », est certainement dû au grand nombre de *chedi*★ du domaine, renfermant des reliques des membres de la famille régnante. sept est un chiffre bénéfique qu'on a employé au lieu du nombre véritable de trente-deux. Ces édifices, qui illustrent tous les styles de *chedi* de la période de Sukhothaï, remontent probablement au règne du souverain Li Thaï (15ᵉ s.) et marquent l'apogée culturelle du nouveau royaume.
Le couronnement harmonieux en forme de bouton de lotus du *chedi* **principal**★★ est caractéristique du style de Sukhothaï. Dans le prolongement du *chedi* se dresse un *wihan*, avec des rangées de *chedi* plus petits à intervalles réguliers, à l'arrière et le long de l'axe principal. On trouve encore des traces de la décoration en stuc, notamment un beau **bouddha** en méditation sur les anneaux du Naga *(milieu de la rangée Nord)*. Le petit *chedi* à l'arrière du *chedi* principal possède des **peintures murales** qui ont souffert des intempéries. On en a cependant exposé au musée national de Sukhothaï des reproductions illustrant les vies antérieures du Bouddha, ou des scènes comportant des dignitaires portant décorations et costumes de l'époque.

Wat Suan Kaeo Utthayan Yaï – Ce temple date du milieu du 15ᵉ s., avant l'annexion de Si Satchanalaï par le royaume d'Ayuthaya. Il ne reste que des vestiges de l'enceinte entourée de douves, les ruines du *chedi*, le soubassement et les colonnes d'un *wihan*.

Wat Nang Phaya – Ce vaste temple, qui date aussi du milieu du 15e s., est fier de son élégant *chedi* en forme de cloche, précédé à l'Est d'un *wihan* en ruine. Le mur au Sud porte de superbes **stucs**★ décoratifs à gracieux motifs de fleurs et de feuilles manifestement inspirés par l'art du Lan Na, à forte influence chinoise, et qui rappellent aussi l'art islamique.

Lak Müang – La curiosité de ce sanctuaire est un monument carré à étages redenté, bâti au centre du domaine. Côté Est se tient un petit *wihan*.

Wat Suan Kaeo Utthayan Noï – On remarquera un charmant petit sanctuaire au toit de pierre et un *chedi* élancé terminé en bouton de lotus, reposant sur une plate-forme carrée.

★★ **Wat Khao Phanom Ploeng** – Un escalier à pente raide accède à cet important temple construit sur une petite colline servant de toile de fond au Wat Chang Lom, et d'où l'on a de belles **vues**★★ du parc historique. Sur le site on verra les colonnes d'un *wihan*, un bouddha assis et un *chedi* en ruine. À l'arrière se dresse un élégant petit **wihan**. Descendre la colline pour visiter le temple au sommet du tertre opposé.

Wat Suwan Khiri – Un *chedi* harmonieux sur une base carrée en terrasse domine le site. Les avancées de chaque côté renfermaient autrefois des statues du Bouddha. Autour de la base de la forme en cloche, une rangée de personnages en haut-relief dans l'attitude de la marche symbolise la procession des fidèles. Le *chedi* est encadré à l'avant par un *wihan*, à l'arrière par un petit *chedi* ceint d'un muret. On a de toutes part des **vues**★★ magnifiques sur les environs.

Domaine extérieur

La petite route 1201 vers le Nord longe les rapides de **Kaeng Luang**.

★ **Wat Kudi Raï** – Cette petite enceinte de temple à l'extérieur de la porte Nord-Est renferme deux bâtiments élégants et bien proportionnés, un petit **wihan** et un **ubosot** délimité au sol par des dalles de pierre. Les épais murs de latérite s'inclinent graduellement à partir du bas pour soutenir l'édifice du toit. Devant, on voit le soubassement et les colonnes de deux édifices où se déroulaient probablement des rituels religieux.

★ **Wat Chedi Chet Yot (Kao Yot)** – Une volée de marches mène à cet ancien monastère construit au pied d'une colline. Son nom courant vient du nombre de flèches de son *chedi* principal, bien que leur nombre effectif soit de neuf *(kao)* et non sept *(chet)*. Cet imposant **chedi**★ est bâti sur un plan carré et renferme une chambre. La flèche du milieu est entourée de huit plus petites. On voit devant les ruines d'un *wihan* : soubassement, colonnes et socle d'une statue du Bouddha.

★★ **Fours de potiers de Ban Ko Noï** – *À 5 km au Nord-Est par la route 1201.* Les archéologues ont mis au jour plus de 20 emplacements de fours de potiers au village de Pa Yang, mais c'est 4 km plus loin que se trouve le très important site de production de Ban Ko Noï, où on a retrouvé 150 fours au bord de la rivière Yom. Certains étaient visibles au niveau du sol, d'autres étaient enfouis sous terre, et d'autres encore avaient été construits au-dessus de fours plus anciens. Les plus intéressants sont le **site n° 42**★ et **le site n° 61**★, qui donnent un aperçu de cette activité majeure.

Un **musée** expose des objets démontrant savoir-faire et talent artistique.

Du site n° 42, une route mène à **Had Sieo**, centre réputé de production et de vente de tissus régionaux.

Le roi **Ram Khamhaeng** de Sukhothaï invita des potiers chinois pour former les artisans locaux, qui jusque-là avaient façonné des pièces brunes assez grossières à partir de l'argile compacte de la région. Ils maîtrisèrent rapidement les techniques de la céramique à couverte dite « de **Sangkhalok** », un grès bleu pâle ou blanc cassé. Les motifs décoratifs de fleurs, feuillages ou poissons révèlent l'influence chinoise. Des éléments de décor architectural « de Sangkhalok » ont aussi été réalisés, ainsi que des objets d'art comme les « figurines de Sangkhalok ».

Ces céramiques étaient exportées de Sukhothaï vers des pays étrangers aussi éloignés que Bornéo, les Philippines ou le Japon. Les objets découverts dans les jonques coulées dans le golfe de Thaïlande montrent que ce commerce empruntait les grandes routes maritimes.

À la fin du 15e s., les céramistes partirent pour San Kamphaeng, dans les faubourgs de Chiang Maï.

Village de Chalieng

Wat Chao Chan – L'empreinte culturelle khmère a laissé un *prasat* carré, dont la porte d'entrée, sur le devant, ouvre sur une chambre où se trouvait autrefois une statue sacrée du Bouddha destinée au culte. Les trois autres côtés portent de fausses ouvertures. La structure supérieure est en terrasse. À l'Est se dresse un *wihan* plus récent, et au Nord un bâtiment carré. Des fouilles ont lieu à l'Ouest du domaine.

Wat Chom Choeng – Ce vaste temple en bord de rivière inspire un sentiment de recueillement. Il comprend un *mondop* qui a conservé son toit, un *wihan* en ruine dont les bouddhas assis ont souffert des intempéries, et un *chedi* de style khmer. Des fosses tombales ont fourni des informations sur la culture de l'époque.

★★ Wat Phra Si Ratana Mahathat – Situé hors des murs de la ville côté Est au creux d'une gracieuse courbe de la rivière Yom, ce temple remarquable date sans doute de la fondation du royaume de Sukhothaï. Il présente des éléments caractéristiques de l'art primitif de Sukhothaï, ainsi que des traces de l'influence khmère. Le domaine est entouré d'un **mur** massif constitué d'épaisses colonnes rondes. Le petit édifice en forme de *prasat* surmontant la porte d'accès est orné de **stucs★** montrant les quatre visages du dieu hindou Brahma, caractéristique du style khmer du Bayon (fin 12ᵉ s.-début 13ᵉ s.).

Un beau bouddha assis domine les vestiges d'un *wihan* à piliers obliques. On remarquera aussi un bouddha debout *(à gauche)* en partie enterré, et surtout un des chefs-d'œuvre de la période de Sukhothaï, le magnifique haut-relief stuqué de **bouddha marchant★★**. Une niche *(au Nord-Est)* abrite un **bouddha en méditation** admirablement sculpté, protégé par le capuchon déployé du Naga.

L'imposant *prang★* du 15ᵉ s. dans le style d'Ayuthaya, qui repose sur une base redentée typique de l'époque de Sukhothaï, est un puissant symbole de la culture khmère, florissante sur ce site et remise à l'honneur à la période d'Ayuthaya. Un petit *wihan (à l'Ouest)* renferme une empreinte de pied du Bouddha.

En passant dans le sanctuaire Ouest, on pourra voir un *wihan* abritant des statues du Bouddha assis, et un *mondop* renfermant une grande statue debout.

SONGKHLA★

Songkhla – 154 919 habitants

Atlas Michelin p. 23 ou carte n° 965 N 5 – Schéma : NAKHON SI THAMMARAT

Située sur une péninsule entre Thale Sap (lac de Songkhla) et le golfe de Thaïlande, la ville pittoresque de Songkhla a beaucoup de charme avec son architecture traditionnelle, ses excellentes plages et son paysage superbe. Le port naturel, abrité par un promontoire planté de pins maritimes, Laem Son On, offre un spectacle coloré avec le va-et-vient des petits navires côtiers et des bateaux de pêche. Des navires plus importants jettent l'ancre au large des îles de Ko Nu et Ko Maeo, car la ville est une base pour la recherche de pétrole en mer. L'économie locale est basée sur la pêche, la conserverie et l'exportation de poisson et produits dérivés. Appréciée des visiteurs en provenance de Malaisie, la région offre des stations côtières et des hôtels de qualité.

Une histoire tourmentée – On ne sait pas grand-chose des origines de Songkhla, qui a porté jusqu'au 8ᵉ s. le nom de Singhora. Des recherches archéologiques conduites sur le site antique de **Sathing Phra** *(au Nord)* ont montré qu'elle faisait partie du puissant empire de Srivijaya, qui a dominé la Thaïlande du Sud du 8ᵉ au 13ᵉ s. et contrôlait les routes commerciales maritimes. Pendant la période d'Ayuthaya, elle devint une province dépendante sous l'autorité de gouverneurs désignés et paya tribut aux souverains. Les compagnies européennes obtinrent l'autorisation d'ouvrir des comptoirs dans le Sud pour commercer avec Ayuthaya. Au 17ᵉ s., les dissensions internes d'Ayuthaya et les divergences sur les relations avec les États malais entraînèrent de fréquents soulèvements de Songkhla et de ses voisines contre l'autorité centrale. Après la chute d'Ayuthaya, les États du Sud furent gouvernés par des chefs locaux.

À la fin du 18ᵉ s., les Birmans posant une sérieuse menace pour le Sud, Rama Iᵉʳ entreprend d'imposer l'autorité de Bangkok. Il nomme un gouverneur chinois rendant compte à la capitale, et, jusqu'à la fin du 19ᵉ s., Songkhla est gouverné en principauté pratiquement autonome. Après le règlement avec les Britanniques d'un conflit de frontière entre Thaïlande et Malaisie, le Sud est intégré à l'État thaï.

Le caractère spécifique de Songkhla a été façonné par les immigrants chinois, qui, initialement, fournissaient la main-d'œuvre dans les mines d'étain du Sud.

Site d'origine – L'ancienne ville se trouvait à l'origine au pied du Khao Hua Daeng, sur la rive Nord du lac, où se trouve aujourd'hui Ban Na Sop, gros village de pêcheurs. On voit dans le cimetière des tombes de la famille Na Songkhla, anciens maîtres de Songkhla. On trouve aussi des vestiges de fortifications construites par un sultan qui s'était rebellé contre Ayuthaya. La ville fut détruite, puis reconstruite au début du 19ᵉ s. sur la rive Sud.

Les plages

Laem Samila et **Hat Samila** *(au Nord de Thanon Ratchadamnoen, à 3 km du marché de Songkhla)*. Pinèdes, excellente baignade, restaurants. Excursions en bateau à Ko Nu et Ko Maeo.

Hat Kao Seng *(Thanon Kao Seng, à 3 km au Sud de Laem Samila)*. Longue plage de sable parsemée de gros rochers. Village de pêcheurs musulmans avec marché, restaurants et bateaux *korlae* peints de couleurs vives.

Hat Son On *(Nord-Est de Laem Samila)*. Longue plage ombragée sur l'étroite péninsule. Ferry pour la rive Nord *(embarcadère à l'Ouest)*.

Hat Kaeo *(à 7 km au Nord par la route 408. Prendre à droite au panneau et poursuivre 2 km sur route goudronnée)*. Plage de sable blanc étincelant longue de 3 km. Station de vacances.

CURIOSITÉS

La ville – Les rues parallèles au front de mer, Thanon Nang Ngam, Nakhon Nai et Nakhon Nok, abritent de charmants exemples d'architecture traditionnelle, combinant influences malaise, chinoise et portugaise. Des quais et des entrepôts bordent le front de mer, très animé avec son marché aux poissons et le trafic des bateaux de pêche et à longue queue.

Deux collines dominent la ville. Au pied du **Khao Noï** *(Thanon Ratchadamnoen, près de Laem Samila ; route goudronnée jusqu'au sommet)* s'étend Seri Park, agréable jardin paysager aux buissons taillés. Le **Khao Tang Kwan** *(à l'Ouest du Khao Noï, escalier de naga conduisant au sommet près du Wat Laem Saï)* est couronné d'un harmonieux *chedi*, Phra Chedi Luang, rénové en 1862 par le roi Mongkut, et d'un pavillon royal, Sala Wihan, construit en 1888. **Vues**★★ panoramiques sur le lac et la ville.

Le fort de Paknam Laem Saï *(sur Thanon Laem Saï en arrivant du Khao Tang Kwan, sur le domaine des autorités portuaires et de la police)*, date du début des années 1800 et rappelle une époque plus troublée. On a remplacé les canons. Dans la baie, en face de Hat Samila, on voit les îles justement nommées du Chat et de la Souris, **Ko Maeo** et **Ko Nu**.

La **sirène de bronze** (1965) assise sur un rocher *(en face de l'hôtel Samila)* est l'emblème de Songkhla.

Lac de Songkhla – Seul lac naturel de Thaïlande (80 km de long, 20 km de large, superficie 974 km²), il se divise en quatre parties : du Nord au Sud, Thale Noï, Thale Luang, Thale Sap, et la lagune de Songkhla aux eaux saumâtres riches en crevettes. Il faut faire une **excursion** ⊘ en bateau à longue queue autour du lac pour découvrir la flore et les oiseaux, et explorer les îles.

★**Musée national de Songkhla** ⊘ – *Thanon Chana*. Le musée est hébergé dans une **demeure**★ de style chinois de la fin du 19ᵉ s., avec un escalier double, des boiseries sculptées, et une cour intérieure. Elle appartenait à Phraya Suntharanurak (Naet

Sirène

Na Songkhla), et a servi un peu plus tard de résidence officielle au gouverneur. Les arts, l'archéologie, l'ethnologie et les arts populaires de l'extrême Sud de la Thaïlande y sont présentés, allant de l'époque préhistorique à la période de Ratanakosin. Art chinois, artisanat populaire et objets d'art des collections de la famille Na Songkhla sont exposés. Parmi les pièces remarquables, on notera un **linga de Shiva**★, une tablette votive de Bouddha provenant de Pattani *(rez-de-chaussée)*, d'élégantes pièces de mobilier chinois *(premier étage)*, et un panneau de porte en bois magnifiquement sculpté *(deuxième étage)*.

La légende du trésor caché

D'après une légende, Kao Seng, riche mécène, jeta l'ancre à Songkhla avec un navire chargé d'un trésor destiné à la construction du Wat Mahathat de Nakhon Si Thammarat. Apprenant que ce temple venait d'être achevé, il enterra son trésor, et se laissa mourir en bloquant sa respiration. On raconte que son esprit veille sur le trésor (on parle de 900 000 bahts). À Hat Kao Seng, un énorme rocher dénommé Hua Rung, perché en équilibre instable au sommet d'une falaise, est censé en indiquer l'emplacement.

En face du musée se dresse le **mur** qui marque la limite de la vieille ville. C'est le seul vestige des fortifications rectangulaires (1 200 m sur 400 m) construites en 1842 par Phraya Wichian Khiri, gouverneur de Songkhla, et démolies ultérieurement.

★★ **Wat Matchimawat** – *Thanon Saïburi*. Ce monastère vieux de 400 ans est le plus ancien et le plus important de Songkhla. Au centre, l'*ubosot*, bâti durant les règnes de Rama III et Rama IV, est orné d'un plafond ouvragé et de superbes **peintures murales★★** (1863) décrivant la vie à Songkhla au 19ᵉ s. et des épisodes des *Jataka*, vies antérieures du Bouddha. Le bouddha vénéré en marbre a été commandé par Rama III. La galerie extérieure, soutenue par des piliers carrés, présente des **bas-reliefs★** en pierre importés de Chine illustrant une épopée chinoise, *L'Histoire des trois royaumes*.

Le **musée** ⊙ *(au Nord de l'ubosot)* expose les collections d'un ancien abbé, parmi lesquelles des objets découverts dans l'Amphoe Sathing Phra et l'Amphoe Ranod : hachette préhistorique, poterie peinte, tablettes votives d'argile, statues du Bouddha et de divinités hindoues de différents styles, porcelaines chinoises.

Le **wihan** *(sur la gauche)* combine des éléments architecturaux thaïs et européens. Autre centre d'intérêt, le **Sala Russi** à galerie *(à gauche dans la cour)*, décoré de **peintures murales** expressives, montrant des moines pratiquant des exercices de yoga.

Ko Yo – *Accès par la route 408, ou en bateau (embarcadère du marché)*. Les deux travées de **Saphan Tinsulanonda**, le plus grand pont de Thaïlande, permettent un accès aisé à Ko Yo, dans la lagune (1984, longueur totale 2 640 m). **Points de vue** panoramiques sur tout le pont.

Cette île boisée est connue pour ses tissus de coton traditionnels de couleurs vives *(en vente aux étals le long des routes)* et ses deux temples pittoresques, Wat Khao Bo *(au Nord)* et Wat Thaï Yo *(à l'Ouest)*. Le long de la côte, on trouve de bons restaurants de produits de la mer.

EXCURSIONS

★ **Musée des Traditions populaires** ⊙ – *À 10 km vers l'Ouest près de Ban Ao Saï (Nord)*. Le musée, créé en 1978 et administré par l'Institut d'études de Thaïlande du Sud, occupe un site pittoresque qui offre de belles **vues★★★** du lac jusqu'à l'horizon.

Le complexe regroupe **17 maisons thaïes** avec des toits pentus, dans les styles modernes ou indigènes, reliées entre elles par des passerelles ou des escaliers. On y verra d'intéressantes collections d'art régional : artisanat, travail des métaux, terres cuites, tissus et porcelaines. Dans les merveilleux jardins poussent plantes locales et médicinales.

Sathing Phra – *À 30 km vers le Nord par la route 408*. La région présente de l'intérêt pour ses vestiges de l'empire de Srivijaya. Les fouilles ont mis au jour des sculptures en bronze (8ᵉ-12ᵉ s.), dont certaines révèlent une influence javanaise, et d'autres de style khmer *(aujourd'hui aux musées de Bangkok ou de Songkhla)*. Au Wat Sathing Phra se dresse un *chedi* dans le style de Srivijaya, Phra Chedi Prathan, avec une base carrée, des niches sur trois côtés, et un escalier menant à la plateforme supérieure. Le dôme en forme de bulbe est couronné d'une flèche. À proximité, le **Wihan Phra Non** abrite un superbe bouddha couché. Un beau décor de stuc orne son fronton et ses portes ; ses murs sont décorés de fresques de la période d'Ayuthaya dans des tons bleus et jaunes.

Wat Pha Kho – *À 45 km vers le Nord par la route 408 (14 km au Nord de Sathing Phra). Prendre à gauche au km 110 et poursuivre sur 1 km*.

Construit tout en haut d'une colline entourée de rizières, ce temple est dominé par un *chedi* ancien reposant sur un soubassement carré à trois niveaux, avec une galerie couverte rehaussée de bas-reliefs d'éléphants en stuc et décorée de petits *chedi*. Dans les niches veillent des **bouddhas assis** en bronze dans les styles d'Ayuthaya et de Ratanakosin.

Le *wihan* moderne renferme, avec des peintures murales, la statue et les reliques de Phra Luang Pho Tuat, moine vénéré qui fut capturé par des pirates. Ses ravisseurs étant sur le point de mourir de soif, il les prit en pitié et changea en eau douce les vagues autour du navire.

Le vieil *ubosot* au toit décoré présente de l'intérêt.

Réserve ornithologique de Khu Kut ⏱ – *À 50 km vers le Nord par la route 408 au village Mu4, Tambon Khu Kut, Amphoe Sathing Phra. Prendre à gauche entre les km 125-126 et rouler 3 km jusqu'au bureau central du parc. Ou emprunter le ferry de Hua Khao Daeng, et continuer par la route 4083 pour 73 km jusqu'à l'Amphoe Ranot. Prendre à gauche la route d'accès au croisement du km 33 et poursuivre sur 3 km jusqu'à Ban Khu.*

Les marais couverts par le parc de 25 km² sont le refuge de 140 espèces d'**oiseaux aquatiques**, hérons, aigles pêcheurs, milans, faucons, cormorans, cigognes, bécasseaux, sternes, martins-pêcheurs... Le matin et la fin de l'après-midi sont les meilleurs moments pour les observer, dans la saison fraîche qui va de novembre à février.

SUKHOTHAÏ★★★

Sukhothaï – 115 787 habitants

Atlas Michelin p. 7 ou carte n° 965 D 4 – Schéma : PHITSANULOK

La région au Nord de la plaine centrale, bordée de chaînes montagneuses et irriguée par la rivière Yom, a été le berceau de la civilisation thaïe. Sukhothaï a été capitale d'un puissant empire, qui a façonné le génie politique et culturel thaï pendant près de deux siècles (milieu du 13ᵉ-milieu du 15ᵉ s.). Sa domination s'étendait jusqu'à Vientiane au Laos, Pegu en Birmanie et Nakhon Si Thammarat au Sud. Il a aussi établi des liens diplomatiques avec l'Empire chinois. Ses réalisations remarquables dans les domaines de l'art et de l'architecture, combinant influences khmère, môné et cinghalaise, ont subsisté jusqu'à ce jour. Sukhothaï, et ses villes satellites Si Satchanalai et Kamphaeng Phet, ont été classées Patrimoine mondial par l'UNESCO.

Sur la rive Est de la rivière Yom, la ville nouvelle *(à 12 km à l'Est par la route 12)* a été reconstruite après sa destruction par un incendie en 1968. Elle offre une bonne gamme d'équipements touristiques.

L'aube heureuse – Aux 11ᵉ-12ᵉ s. existaient déjà des localités fortement peuplées dans la plaine aux confins de la Thaïlande du Nord. Ces premiers peuplements, à proximité des voies de communication, prirent de l'importance pour former ensuite le royaume thaï de Sukhothaï, cette « aube heureuse » datant des environs de 1235.

Sri Intharathit fut un des chefs thaïs qui contribuèrent à repousser les suzerains khmers hors de la région. Il devint le premier roi de Sukhothaï et prit le nom d'**Intradit**. Son fils, **Ram Khamhaeng le Grand**, gouverna le royaume pendant son âge d'or, de 1279 à 1298. Ce monarque compétent conçut un alphabet thaï, favorisa le bouddhisme et agrandit le royaume. Cet essor spirituel et matériel, notamment dans l'art et la culture, était à son apogée quand le roi Li Thaï (1347-1368 ?) monta sur le trône.

Le règne de Li Thaï fut marqué par sa faiblesse politique. Voyant son royaume s'effriter, le roi se déplaça vers le Sud à Phitsanulok, avant-poste majeur, pour résister à l'influence envahissante d'Ayuthaya, autre royaume thaï fondé en 1350 dans la basse vallée de la Chao Phraya. Les forces d'Ayuthaya affaiblirent progressivement Sukhothaï, et, sous le règne de Mahathammaracha IV (1419-38 environ), dernier roi de la dynastie de Sukhothaï, le royaume fut finalement annexé par le roi Borommatrailokanat d'Ayuthaya. Cet événement ouvrit la confrontation directe entre Ayuthaya et Chiang Maï, autre puissant royaume thaï. Dix années de guerre s'ensuivirent, entrecoupées de négociations s'appuyant sur leur foi commune, le bouddhisme, comme instrument de paix. C'est ainsi que Sukhothaï devint un État vassal devant allégeance au royaume d'Ayuthaya, et connut le même sort que ce dernier lors de sa chute.

À la fin du 18ᵉ s., l'intérêt pour le glorieux héritage de Sukhothaï fut ravivé avec l'avènement à Bangkok de Rama Iᵉʳ, premier monarque de la dynastie Chakri. On retira des ruines de nombreuses statues pour orner les temples de la nouvelle capitale.

PARC HISTORIQUE ⏱ *compter 1 jour*

Le Parc historique de Sukhothaï, ouvert en 1976, regroupe les vestiges de 193 sites sur une superficie de 70 km². Un grand programme de restauration lancé en 1960 par le département des Beaux-Arts a permis de restaurer ou reconstruire soigneusement presque tous les monuments. Les pièces anciennes découvertes sur le site sont exposées au musée national Ram Khamhaeng. Le parc a été divisé en cinq secteurs, chacun donnant lieu à un droit d'entrée séparé.

Les sites décrits ci-dessous ne sont qu'une sélection à l'attention des visiteurs limités par le temps. C'est néanmoins une expérience fabuleuse d'explorer tranquillement les recoins éloignés du parc pour découvrir les temples mineurs cachés par la végétation.

Le parc – Douves et bassins ont été curés et révèlent le plan caractéristique de la cité, défendue par trois murailles en terre, symbolisant le noyau sacré que la croyance bouddhiste associe à la paix et au bonheur célestes. Quatre portes principales permettent l'accès à l'enceinte entourée de douves.

Comme Sukhothaï était bâti assez loin de la rivière, ces douves servaient probablement de conduites et de réservoirs pour l'eau captée aux sources des montagnes voisines. Ces techniques novatrices témoignent de la grande ingéniosité et de l'habileté des habitants.

Les vestiges de la Sukhothaï historique comprennent des ruines en latérite ou en briques de sanctuaires religieux et de monuments du type des *chedi*. Les toits couverts de tuiles soutenus par des ossatures de bois, ainsi que les résidences royales ou les maisons d'habitation, traditionnellement construites en bois, ont maintenant disparu.

À l'intérieur des murs

Près de l'entrée principale *(à côté du musée)*, une **statue** de bronze du roi Ram Khamhaeng sur son trône occupe la place d'honneur. Le palais royal où le roi rendait la justice se trouvait sur un domaine agréable situé à l'Est du Wat Phra Si Ratana Mahathat. Il n'en reste que les fondations. Le **Lak Müang**, borne de fondation de la cité, se trouve à l'Ouest de la statue du roi.

★★★ **Wat Phra Si Ratana Mahathat** – Ce sanctuaire était le centre religieux de la ville. Une inscription indique qu'il a sans doute été fondé durant les premières années du royaume de Sukhothaï. Cet important domaine (200 m x 200 m) construit en latérite et entouré de murs et de douves, fut rénové et agrandi tout au long de la période de Sukhothaï. Il comprend un *wihan* principal, un *ubosot*, 10 autres *wihan* et environ 200 *chedi*. Tous ont fait l'objet de restaurations.

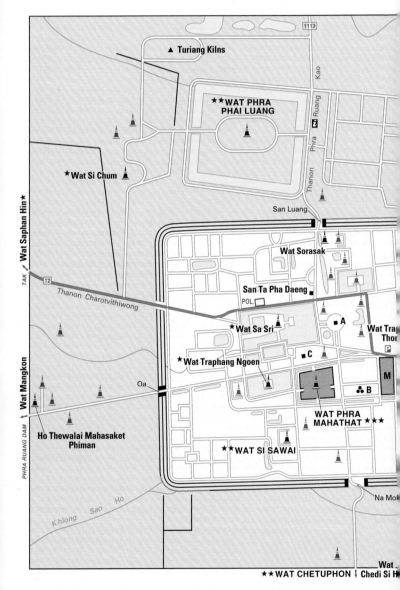

A	Statue of King Ram Kamhaeng	B	Royal Palace	C	Lak Muang

Chedi principal – Le Si Mahathat, qui renferme, croit-on, des reliques du Bouddha, est le plus grand et le plus haut des édifices du site. Huit *chedi* satellites l'entourent. Sa forme élancée est couronnée d'un **dôme en bouton de lotus** caractéristique de l'architecture simple mais élégante de Sukhothaï. Quatre des *chedi* secondaires en latérite, tournés vers les points cardinaux, reprennent le type du *prasat* de style khmer simplifié au goût de Sukhothaï, tandis que les autres *chedi* d'angle s'inspirent notamment de l'art du *Lan Na*. Les niches des petits *chedi* abritent des statues du Bouddha. Leurs **stucs décoratifs**★ illustrent des épisodes importants de l'histoire du Bouddha, notamment sa naissance et son accession au nirvana. Les superbes motifs et les formes animalières rappellent les arts cinghalais et birman inspirés du bouddhisme theravada. Le *chedi* principal possède une base sur laquelle se déroule une belle frise stuquée de moines bouddhistes marchant en prière. Il est en outre encadré par deux *mondop* abritant deux immenses bouddhas debout.

Devant le *chedi* se dressent des colonnes monumentales, seuls vestiges du *wihan* principal qui aurait abrité autrefois le **Phra Si Sakyamuni**, grande et élégante statue en bronze du Bouddha, replacée par le roi Rama Ier dans l'*ubosot* du Wat Suthat de Bangkok. Plus à l'Ouest s'étendent sur une plate-forme les ruines d'un *wihan* plus tardif, construit à l'époque d'Ayuthaya, et où veille un grand bouddha assis. On remarquera un autre *wihan (au Nord)* et une grande structure en gradins *(au Sud)* à la base décorée de figures expressives en stuc.

SUKHOTHAI

0   500 m

— Parties disparues

Nam

Mae

Ramphan

Wat Chang Lom

Khlong   Mae   Ramphan

PHITSANULOK ← → NEW TOWN

12

Kamphaeng Hak

★Wat Traphang
Thong Lang

Khlong   Sao   Ho

M Ram Kamhaeng National Museum

★★ **Wat Si Sawaï** – *Au Sud du Wat Mahathat*. Ce sanctuaire hindou (environ 12e s.) dédié à Shiva, orné d'un bas-relief à l'image de Vishnou, resta inachevé lorsque les Khmers furent chassés au 13e s. Des murs parallèles entourent trois **tours-reliquaires** (*prasat* de style khmer) agrémentées de stucs. Celle du milieu est reliée au *wihan (côté Sud)*, construit à l'époque de Sukhothaï, quand le sanctuaire a été converti en temple bouddhiste.

★ **Wat Traphang Ngoen** – *À l'Ouest du Wat Mahathat. Accès côté Nord par un sentier*. Érigé sur une île et précédé des colonnes d'un *wihan* en ruine, le gracieux *chedi* terminé par un bouton de lotus rappelant le Wat Mahathat forme un tableau romantique qui se reflète dans le lac d'Argent, Traphang Ngoen, couvert de fleurs de lotus. Sur une île au milieu du lac, devant un *ubosot* en ruine, un *wihan* abrite un grand bouddha assis.

★ **Wat Sa Si** – *Au Nord-Ouest*. Un pont *(à l'Ouest)* permet d'accéder à ce temple charmant, bâti sur une île au milieu d'un bassin couvert de fleurs de lotus, Traphang Trakuan. Le *chedi* de style cinghalais, à base carrée, dôme en forme de cloche et flèche élancée, est flanqué d'un petit *chedi* percé de niches. Trois rangées de colonnes divisent la nef du grand *wihan (à l'Est)* où trône un bouddha assis.

San Ta Pha Daeng – *À gauche de la route conduisant à la porte Nord*. Cette **tour** khmère du 12e s. orientée à l'Est, avec une chambre carrée et quatre portiques, est le monument religieux le plus ancien du parc. Elle servait probablement de sanctuaire hindou. On a trouvé à l'intérieur cinq sculptures en pierre de divinités de style khmer, exposées maintenant au musée national Ram Khamhaeng.

Wat Sorasak – *Près de la porte Nord*. La base carrée du *chedi* de style cinghalais est ornée de 24 éléphants cariatides. Un *wihan* montre des colonnes en grès qui contrastent avec les piliers en latérite des autres monuments.

Wat Phra Si Mahathat

Hors des murs : côté Nord

★★ Wat Phra Phaï Luang – Ce temple de la fin du 12ᵉ s. entouré de douves était vraisemblablement le sanctuaire principal de la population khmère avant que les Thaïs ne déplacent le centre de la ville plus au Sud.

Ce grand temple, à l'origine un sanctuaire hindou khmer, fut reconverti ensuite en lieu de culte bouddhiste. Des trois *prasat* tournés vers l'Est, seul celui côté Nord, resté en assez bon état, a conservé une partie de sa décoration de stuc, par exemple le Bouddha et ses disciples sur le fronton de la fausse porte.

On voit sur le devant les vestiges d'un *wihan* (mur extérieur, quatre rangs de colonnes) et un *chedi* carré. Les niches, auparavant murées avec des briques, renfermaient des statues du Bouddha qui ont été malheureusement endommagées ou volées. Au musée national Ram Khamhaeng sont exposés de beaux stucs et des statues de disciples ou de créatures célestes découverts sur le site.

Près de l'entrée se dresse un *mondop* de briques portant les vestiges de grands hauts-reliefs en stuc du Bouddha debout ou marchant. Plus à l'Est, on aperçoit un grand bouddha couché ; au Nord, un bouddha assis veille sur les ruines d'un *wihan*.

Fours de potiers Turiang – *Au Nord du Wat Phra Phaï Luang.* Près de la douve Mae Chon, on peut voir les vestiges restaurés de 39 fours à céramique constitués chacun d'un foyer, d'un four, et d'un conduit de cheminée. La porcelaine de Sangkhalok *(voir Si Satchanalai)*, parmi les produits d'exportation les plus importants de Sukhothaï, jouaient un grand rôle dans l'économie du royaume et dans ses relations commerciales avec les pays voisins ou éloignés. Vers la fin du 13ᵉ s., on aurait fait venir des potiers de Chine pour qu'ils transmettent leur savoir aux artisans locaux.

Reprendre la route qui suit les douves à l'Ouest du Wat Phra Phaï Luang et poursuivre jusqu'à un *wihan* récent, avec des portes dorées et un fronton superbe, des colonnes à chapiteaux en lotus et des fenêtres élancées. Des têtes de *naga* ornent son toit à gradins.

À côté du *wihan*, une grande salle moderne sert d'office de tourisme au TAT ; elle abrite un diorama de l'histoire du parc.

★ Wat Si Chum – *À l'Ouest du Wat Phra Phaï Luang.* Devant le *mondop*, grand bâtiment sans fenêtres, trois rangées de colonnes, présentant des encoches dans lesquelles s'inséraient les poutres soutenant le toit, sont tout ce qui reste d'un petit *wihan*. L'effondrement du toit du *mondop* (structure pyramidale en bois, ou construction de briques en forme de cloche ?) expose à la vue un grand bouddha assis en stuc. Ce **Phra Achana** empreint de sérénité occupe tout l'espace entre les murs. Des marches disposées dans l'épaisseur du mur côté Sud conduisent au sommet de l'édifice, laissant supposer qu'il était utilisé pour haranguer le public. Le plafond était doublé de 50 **panneaux d'ardoise** *(non présentés)* gravés de superbes dessins et inscriptions s'inspirant des *Jataka* (histoire des vies antérieures du Bouddha). Le genre et le style des dessins ont permis de les dater du milieu du 14ᵉ s.

Au Nord du domaine, on voit les ruines d'un petit *wihan* et un bouddha assis dans un bâtiment de briques.

Les temples sont construits suivant un axe nettement orienté Est-Ouest. Dans la partie Est du domaine se trouvait un *wihan* rectangulaire renfermant une importante statue du Bouddha, et, plus à l'Ouest, le *chedi* principal à plan carré, construction pleine symbolisant le Bouddha en personne, ou prévue pour enchâsser ses reliques ou celles des rois et leur famille. Les cérémonies religieuses, y compris l'ordination de nouveaux *bhikku* et moines bouddhistes, avaient lieu dans le sanctuaire principal contenant la grande statue du Bouddha, qui se trouvait souvent dans l'alignement du grand *chedi*. L'*ubosot* suit aussi un plan rectangulaire ; différence essentielle avec le *wihan*, son enceinte sacrée est délimitée par huit bornes sacrées *(baï sema)* orientées dans huit directions. Le complexe entouré de douves ou de murs, comprenant aussi des *wihan* ou *chedi* plus petits, est en fait un microcosme de ville fortifiée.

Hors les murs : côté Ouest

La partie Ouest à l'extérieur de la ville regroupe les monastères forestiers *(Arannyik)* de Sukhothaï, dans lesquels les moines bouddhistes recherchaient la paix spirituelle par la méditation. Plusieurs ruines romantiques évoquent les pieuses traditions du passé.

★**Wat Saphan Hin** – Un chemin pavé *(à l'Est)* conduit au sommet d'une colline dominée par un *wihan* sans toit, aux colonnes en briques et latérite encadrant un grand **bouddha**★ de stuc de 12,5 m. En position debout, il lève la main en un geste de pardon. On construisait des statues de cette taille car la tradition voulait que le Bouddha ait été très grand. Beau **point de vue**★ sur le parc.

Wat Mangkon – Isolé dans une zone forestière, ce temple, qui doit son nom à la découverte de porcelaines marquées d'un *mangkon* (dragon ou animal mythique), possédait plusieurs *chedi* en forme de cloche. La couronne du *chedi* principal, restauré, gît au sol à côté de l'édifice. Le *wihan* a conservé ses colonnes. Le muret qui délimite l'enceinte est orné d'une rampe en terre cuite vernissée de couleur blanche. Des bornes de pierre sont dispersées çà et là.

Une route prenant sur la droite conduit à un **barrage** en terre, dans un cadre agréable. Mentionné dans une inscription de l'époque de Sukhothaï, il est le témoin du système d'irrigation perfectionné qui desservait la cité. Reprendre la route qui fait le tour des ruines.

Wat Si Saway

B. Davies

Ho Thewalay Mahakaset Phiman – Le soubassement d'un bâtiment carré en briques supporte huit hautes colonnes, avec des encoches destinées à recevoir des poutres. La forme générale de l'édifice est difficile à imaginer. Une inscription dans la pierre (1316) indique que le temple abritait une statue de Shiva, commandée par le roi Li Thaï, bouddhiste fervent : le sanctuaire a été associé à la tradition religieuse hindoue, et son nom évoque fertilité et progrès agricoles.

Hors des murs : côté Sud

★★ Wat Chetuphon – Le plus grand temple de la région, fondé probablement aux alentours de 1417, s'étend dans une enceinte entourée de douves sur un fond de montagnes. Un grand édifice carré, certainement recouvert d'un toit autrefois, et décoré sur deux côtés de statues du Bouddha en stuc dans des attitudes différentes, est un exemple unique de l'art de Sukhothaï, qui a gagné plus tard des villes secondaires comme Kamphaeng Phet (*voir ce nom* – **Wat Phra Si Iriyabot★**).

On aperçoit les vestiges d'un *wihan* en dehors des murs, construits avec de grands panneaux d'ardoise. Ils entourent les sanctuaires, qui alignaient à l'Ouest une rangée de *chedi*. Des portes percent les murs Nord, Ouest et Sud. Les panneaux d'ardoise formant les murs et les encadrements des grandes portes sont assemblés à l'aide de tenons épaulés semblables à ceux qu'on utilise en menuiserie. Il n'existe aucune autre construction de ce type dans l'architecture de Sukhothaï.

Wat Chedi Si Hong – On admirera dans ce temple les beaux vestiges de stucs qui ornent la base du petit *chedi* de briques à dôme en cloche : lions chevauchant des éléphants, divinités portant des vases de fleurs. La flèche du *chedi* gît sur le sol. Le temple a été pillé par des voleurs.

Hors des murs : côté Est

★ Wat Traphang Thong Lang – Les quatre rangées de colonnes d'un *wihan* précèdent l'arche d'entrée d'un bâtiment carré, qui a conservé à l'intérieur le socle et les vestiges d'une grande statue du Bouddha. Dans les niches des murs extérieurs, les **hauts-reliefs en stuc de bouddhas** présentent un intérêt exceptionnel. Ils relatent différents épisodes de l'histoire bouddhique : côté Sud, le Bouddha descendant du ciel après avoir prêché devant sa mère, au Nord le Bouddha instruisant son épouse, à l'Ouest le Bouddha avec son père. La beauté et l'élégance de ces œuvres d'art permettent de les dater du règne de Li Thaï, période où l'art de Sukhothaï était à son faîte. La sculpture au Sud, la moins endommagée, montre le Bouddha descendant un escalier de verre disposé pour lui par un grand dieu. La légende ajoute que cette divinité avait construit deux autres escaliers, l'un en or, l'autre en argent, pour les deux êtres divins qui accompagnaient le Maître dans sa descente sur terre. On peut voir des copies de ces stucs au musée national Ram Khamhaeng.

> L'éléphant était un animal de haut rang, digne des rois. On le retrouve souvent dans la littérature bouddhiste. On raconte par exemple que pendant la période où Bouddha a vécu dans la forêt, c'est un éléphant qui le servait. Suivant la croyance traditionnelle thaïe, les éléphants ne symbolisent pas uniquement la révérence envers le bouddhisme, illustrée par cette histoire, mais aussi la puissance et le prestige royaux. On accordait une très grande valeur aux éléphants blancs, en réalité des animaux à pigmentation plus claire.

Wat Chang Lom – Une inscription dans la pierre date ce grand temple entouré de douves à la fin du 14e s. Des éléphants cariatides ornent la base du *chedi* principal en forme de cloche, qui se prolonge à l'Est par un *wihan* le long duquel s'alignent huit *chedi*. L'*ubosot* se dresse plus à l'Est dans une enceinte séparée entourée de douves.

★★ Musée national Ram Khamhaeng ⊙ (M)

Ce musée retrace l'évolution de l'art de Sukhothaï : influences culturelles khmères, épanouissement du style de Sukhothaï, domination, plus tard, de l'art d'Ayuthaya. Dans l'annexe est présentée une intéressante exposition de photographies présentant les étapes de la restauration des monuments. Une copie de l'alphabet de Ram Kamphaeng figure en bonne place. La **première inscription** gravée dans la pierre (1283) est une autobiographie du roi et une histoire du royaume de Sukhothaï sous son règne. Sont aussi exposés des objets d'art, des éléments décoratifs en stuc et des statues de divinités.

Rez-de-chaussée – Le joyau des collections est une statue en bronze du **Bouddha marchant★★★** (14ᵉ-15ᵉ s.), exemple exceptionnel de sculpture en ronde bosse de Thaïlande. L'attitude gracieuse, l'expression sereine et les traits harmonieux du Bouddha expriment son état idéal d'Éveillé. Dans l'angle de gauche, la forme en pierre serait, croit-on, un Khmer changé en pierre ; on voit aussi des empreintes de pied des quatre Bouddhas du passé (14ᵉ s.), un linteau en grès figurant Vishnou dans le style de Lopburi (13ᵉ s.), un *kala* du 14ᵉ s. et des tablettes votives.

Plus loin sont présentées des statues de dieux hindous (14ᵉ s.), de gracieuses **divinités** provenant du sanctuaire de San Ta Pha Daeng, et de beaux **décors de stuc** et objets d'art du Wat Phra Phaï Luang. Parmi les découvertes récentes du Wat Mahathat se trouvent de petites statues du Bouddha en provenance des *chedi* et deux bouddhas placés face à face *(vitrine du milieu)*. Une copie d'un admirable **stuc** du 14ᵉ s. représentant Bouddha descendant du Tavatimsa illustre le talent artistique des sculpteurs de Sukhothaï.

Sur la droite sont exposées des pièces intéressantes, copies de statues d'autres sites anciens, *linga*, inscriptions en caractères thaïs et palis.

On considère que la stèle gravée du roi Ram Khamhaeng est le plus ancien document écrit en langue thaïe. L'écriture s'inspire de caractères khmers et sanscrits.

Ces Maximes du roi Rüang **(Suphasit Phra Rüang)** donnent une image glorieuse du puissant royaume de Sukhothaï, qui dominait un vaste territoire comprenant de nombreux États vassaux. Elles décrivent un peuple heureux, vivant sur une terre prospère bénie par la nature et gouvernée par un roi bienveillant. Les hommes pouvaient librement cultiver leurs champs, élever leur bétail ou faire du commerce, et transmettre leur richesse à leur descendance. Ils pouvaient s'adresser facilement au roi, arbitre impartial de tous les différends sans considération de rang ni de richesse. Le bouddhisme theravada était le principe directeur sur lequel s'appuyait le royaume.

Des historiens avancent l'hypothèse que ce récit d'un âge d'or a été conçu essentiellement pour promouvoir un sentiment d'identité chez les sujets du nouveau royaume siamois après des siècles de stricte autorité khmère.

Premier étage – Une collection de céramiques de Sangkhalok (13ᵉ-14ᵉ s.) comprend jarres à eau, *naga, yaksha*. On remarquera les têtes en stuc de statues du Bouddha et d'anges. Au centre se trouvent les objets préhistoriques découverts à Si Thep, pièces de monnaie et coquillages, et une collection léguée par l'abbé de Sukhothaï. Sur la gauche, les progrès de l'irrigation sont illustrés par des canalisations en terre cuite.

Il faut voir la maquette d'un *wihan (sur la gauche)* détaillant ses éléments décoratifs ; des **panneaux de porte** superbement sculptés montrant des divinités gardiennes dans le style d'Ayuthaya (17ᵉ-18ᵉ s.) ; des armes, parmi lesquelles de grandes armes de parade ; et, au fond, un **bouddha paré** en méditation (style d'Ayuthaya, 15ᵉ-16ᵉ s.).

Jardins du musée – Une agréable promenade dans les jardins permet de découvrir de nombreuses pièces intéressantes : un four à céramique ; des éléphants cariatides provenant du Wat Chang Rob ; des objets de la période de Dvaravati en provenance de **Si Thep★** *(voir Phetchabun)*, Roue de la Loi (7ᵉ-11ᵉ s.), *linga* de Shiva (11ᵉ-13ᵉ s.), cloche en pierre (7ᵉ-11ᵉ s.), fleuron d'une tour-reliquaire (12ᵉ-13ᵉ s.). À l'Est du musée, au milieu de son « lac d'Or », le **Wat Traphang Thong** forme le pendant du Wat Traphang Ngoen *(voir ci-dessus)*.

EXCURSION

★ **Musée de céramique Sangkhalok** – *Par la route 12 vers l'Est, puis vers le Nord jusqu'à la jonction de la route 101 et de la bretelle de contournement.* La céramique de Sangkhalok est caractéristique de l'époque de Sukhothaï. Ce musée moderne abrite une remarquable collection d'objets, vases, assiettes, ustensiles et autres pièces décoratives illustrant cet art et le raffinement de ses techniques, de ses balbutiements à son apogée. On exportait ces céramiques dans tout l'Est asiatique, par mer et voie de terre. On voit aussi une belle collection de céramiques du royaume septentrional du Lan Na.

SUPHAN BURI

Suphan Buri – 157 553 habitants

Atlas Michelin p. 11 ou carte n° 965 G 5 – Schéma : KANCHANABURI

Cette ville prospère située sur la rive Est de la rivière Tha Chin au cœur d'une région grande productrice de riz et de canne à sucre est desservie par un excellent réseau routier. Une paisible promenade sur la rivière permettra au visiteur d'admirer les maisons traditionnelles, plusieurs temples et la campagne verdoyante.

Une histoire mouvementée – Dans la région, plusieurs vestiges de monuments attestent de l'origine ancienne de la cité. La vieille ville, fondée au 9ᵉ s. sur la rive Ouest de la rivière, a été déplacée à plusieurs reprises au long des siècles, avant son implantation définitive au début du 20ᵉ s. sous le règne de Rama VI. Elle s'est trouvée au cœur de nombreuses batailles du fait de sa situation stratégique sur la route des envahisseurs birmans. À la fin du 16ᵉ s., le roi Naresuan mena dans la région une bataille décisive contre les Birmans.

CURIOSITÉS

Tour – Ce monument qu'on aperçoit de loin, érigé dans un domaine soigneusement entretenu, offre un **panorama**★★ splendide de la campagne fertile alentour. Une galerie de tableaux relate les épisodes animés de la bataille mené par le roi Naresuan.

Wat Pa Lelaï – *Rive Ouest*. Plusieurs souverains ont restauré au fil des années la statue monumentale du **Bouddha**★ (hauteur 23 m). Cela explique les variations de style : mâchoire carrée dans le style de Dvaravati, autres traits caractéristiques de l'art primitif d'Ayuthaya. Son attitude actuelle n'est pas la même que celle d'origine, la prédication. Le fronton du *wihan* porte les insignes royaux de Rama IV, qui en a fait construire le toit.

Lak Müang – *Rive Ouest par la route 321*. Deux statues en pierre verte du dieu hindou Vishnou sont, fait inhabituel, abritées dans un pavillon chinois assez criard.

Wat Phra Si Ratana Mahathat – *À l'Ouest par la route 321. 200 m après le pont qui traverse la rivière*. Le grand *prang* renfermant des reliques du Bouddha, qui date probablement du milieu du 14ᵉ s. ou du début du 15ᵉ, possède des niches et des figures en stuc intéressantes. À proximité se trouvent les soubassements de deux *prang* plus petits, ainsi que deux *chedi* en ruine. Des bornes sacrées *(baï sema)* inhabituelles entourent le *wihan* ancien. On voit aussi deux petits *wihan* à fenêtres en meurtrières et frontons ornementés.

Wat No Phutthangkun – *Prendre la première route à gauche après le wat précédent et poursuivre sur 3,3 km*. Le vieil *ubosot*, dont on remarquera pignon et fronton, est décoré d'admirables **peintures murales**★★ (en restauration). Les scènes de la vie du Bouddha sont rehaussées de dorures et de frises florales.

Wat Pratu San – *À l'Ouest par les routes 321 et 3318*. L'*ubosot*, restauré, présente un porche à piliers carrés surmontés de chapiteaux en lotus et un pignon richement décoré. Des doubles portes ouvrent sur l'intérieur orné de superbes **peintures murales**★★ dues au talent du même artiste qu'au Wat No Phutthangkun.

Wat Phra Rup – *À l'Ouest par la 321, en face du marché, rive Ouest. Demander à voir l'empreinte de pied du Bouddha au premier étage du sala*. Ce monastère à la fondation très ancienne réunit les vestiges d'un *chedi* aux proportions harmonieuses, bâti sur une haute plate-forme carrée redentée, et un grand bouddha couché. Sa possession la plus précieuse est une rare **empreinte de pied du Bouddha**★★ en bois, aux faces artistement sculptées de scènes expressives. On a sur le devant une description de la cosmologie bouddhique, avec le mont Meru, centre de sept anneaux concentriques représentant les continents, où se trouvent gravés les 108 signes de bon augure. À l'arrière on voit le Bouddha, veillé par les quatre gardiens de la terre.

EXCURSIONS

Don Chedi – *À 31 km au Nord-Ouest par la route 322. Prendre à droite à la borne km 23-24*. Le beau *chedi* blanc au soubassement oblique, avec son dôme en cloche et sa flèche annelée, a été construit au-dessus d'un monument élevé par le roi **Naresuan le Grand** pour célébrer sa victoire décisive sur le roi Maha Uparacha de Birmanie, au cours d'un combat singulier mené à dos d'éléphant. Devant le *chedi* se dresse une statue du roi Naresuan et de son porte-enseigne brandissant son éventail, juchés sur un éléphant.

Réserve ornithologique de Tha Sadet – *Au Nord-Ouest par la route 322. Faire demi-tour au km 6-7, puis prendre à gauche après le deuxième pont et poursuivre sur 2 km. Plate-forme d'observation*. Au soir, de nombreux vols d'oiseaux viennent se poser dans les arbres : cigognes, hérons, cormorans, ibis.

Surat Thani – 148 057 habitants
Atlas Michelin p. 20 ou carte n° 965 L 4

Capitale de la plus grande province de Thaïlande du Sud, Surat Thani se trouve dans la plaine fertile arrosée par les deux rivières Tapi et Khlong Phum Duang, entre leur confluent et l'estuaire de la Tapi. Des îles paradisiaques en bordent la côte. L'arrière-pays pittoresque qui s'étend vers l'Ouest est dominé par un plateau élevé et des affleurements dolomitiques couverts d'une dense forêt. La pêche, les transports maritimes, l'agriculture et l'exploitation forestière font la prospérité de la région.

La ville est desservie par un bon réseau routier. Porte du Sud, c'est aussi le point de départ pour **Ko Samui★★★**, île de vacances réputée *(voir Ko Samui)*.

Un abondant patrimoine – Plusieurs sites préhistoriques révèlent une occupation humaine dès l'âge de la pierre. Au premier millénaire, les échanges commerciaux étaient florissants avec Takuapa *(voir Ranong)* sur la route stratégique pour le commerce reliant l'Inde et la Chine ; la culture régionale fut façonnée par les influences indiennes avec l'installation de marchands dans la province. Les recherches archéologiques des grands sites de la région, Chaïya au Nord et Müang Wiang Sa au Sud, ont mis au jour des objets qui sont parmi les trésors artistiques les plus anciens et les plus beaux du pays *(aujourd'hui au Musée national de Bangkok)* : d'imposantes statues du 7e s. de **Vishnou** (Müang Wiang Sa et Khao Si Wichaï, Amphoe Phunpin) ; et d'harmonieuses **sculptures de bodhisattvas** des 7e-8e s. (Chaïya et Müang Wiang Sa). Le Wat Kaeo et le Wat Long (857) *(Amphoe Chaïya, voir ce nom)* sont d'importants monuments dont l'architecture remonte à la période de Srivijaya (7e-13e s.).

La ville – Cette agréable agglomération offre un spectacle animé avec l'agitation de son marché, les couleurs des étals de fruits et d'alimentation, et l'activité du port sur la rive Nord de la Khlong Phum Duang. On trouve en bord de rivière d'excellents restaurants dont les gourmets apprécieront la cuisine délicieuse. Le **Wat Phatthanaram** *(Thanon Na Müang)* possède un *ubosot* décoré de peintures murales datant du règne de Rama V.

Une promenade tranquille en bateau *(embarcadère du marché)* est la meilleure façon d'admirer les paysages verdoyants le long des canaux, sur la rive Nord de la rivière Tapi.

La **Foire aux ramboutans** *(août)* est l'occasion de défilés de chars exotiques débordant de ces fruits hérissés, de présentations de produits locaux et de toutes sortes de manifestations. Thot Phapa *(octobre)* marque la fin du Carême bouddhique, célébrée à l'aube : les statues du Bouddha sont promenées, soit en procession sur l'eau, soit tirées par les habitants. Puis on offre des robes safran aux moines ; on apporte des offrandes aux temples à Chak Phra. Manifestations culturelles et musiciens animent ces célébrations de grande liesse populaire.

EXCURSIONS

Centre de dressage des singes ⓥ – *Amphoe Kanchanadit. Vers l'Est par la route 401. Prendre à droite après le pont entre les km 22-23. Prendre la route qui traverse Ban Bo Chalok et poursuivre sur 2 km.* Les macaques à queue de cochon font preuve d'une remarquable aptitude à cueillir les noix de coco, produites en grandes quantités dans la région. Créé il y a dix ans, le centre a mis au point un programme de dressage peu ordinaire, sur trois mois. Les visiteurs sont invités à assister à une séance de dressage au cours de laquelle ces animaux agiles et particulièrement intelligents sont mis à l'épreuve *(contacter le TAT local pour une réservation)*.

★★ **Tham Kuha** – *Amphoe Kanchanadit. À 16 km vers l'Est par la 401, prendre à droite entre les km 30-31 et poursuivre sur 2 km.* Une colline calcaire domine ce temple abrité sur un domaine ombragé. L'intérêt essentiel du site réside dans son sanctuaire rupestre. En hauteur sur la paroi à gauche de l'entrée, on voit un **décor** en argile et stuc de statues du Bouddha assis entourés de petits bouddhas en méditation, de bodhisattvas et de petits *chedi*, dans le style de Dvaravati, remontant à la fin du 9e-10e s. Plus au fond, un **bas-relief** en stuc du Bouddha sous la protection du *naga* (13e-14e s.) révèle une influence artistique khmère. Le centre d'intérêt est un grand **bouddha couché** entouré de nombreuses statues en grès rouge et en stuc.

Étang de Khun Talay – *Au Sud par les routes 410 et 4009. Prendre à gauche au km 1 et poursuivre sur 4 km par une route de latérite.* Ce grand plan d'eau douce (2 km sur 800 m) est un centre d'hivernage pour oiseaux migrateurs. Les amoureux de la nature apprécieront le cadre et l'environnement superbes.

Centre d'études de la faune de Khao Tapet – *À 6 km au Sud par la route 4009.* À 210 m au-dessus de la mer, le centre offre une **vue** panoramique de la région et de la baie de Ban Don, et du cours sinueux de la Tapi.

★ **Route touristique de Takua Pa** – *150 km vers l'Ouest par la route 401. 4 h.* Un paysage majestueux de reliefs escarpés et de forêt épaisse se déroule le long de la route qui traverse l'épine dorsale de la péninsule. Les voyageurs aventureux pourront faire un crochet qui en vaut la peine jusqu'à l'impressionnant **barrage Chieo Lan** ⏱, ou barrage Ratchaprapha (hauteur 95 m, largeur 700 m) et sa grande retenue (165 km²) parsemée d'îles. *(Vers l'Ouest par la 401. Prendre à droite entre les km 52-53 et poursuivre sur 14 km.)* L'atmosphère paisible et le paysage spectaculaire ajoutent à l'intérêt de l'excursion.

Parc national du Khao Sok ⏱ – *À 109 km à l'Ouest par la 401. À 35 km de Takuapa.* Le pic du Khao Sok domine de ses 815 m le parc, couvrant 646 km² et relié à quatre autres réserves naturelles de la région. Des falaises calcaires déchiquetées surgissent de la dense couverture forestière. Des sentiers conduisent à des grottes spectaculaires, à des ruisseaux murmurants et des cascades bondissantes au long du Khlong Sok et du Khlong Saeng. Ces grands espaces vierges abritent une faune sauvage peu courante, dont 25 grands mammifères, ours, tigres, bantengs, gaurs, et 170 espèces d'oiseaux, calaos et cigognes.

SURIN

Surin – 251 527 habitants

Atlas Michelin p. 14 ou carte n° 965 G 8

Au Sud du plateau de Khorat, cette ville paisible au riche patrimoine khmer prend toute sa dimension lors de la Fête du rassemblement des éléphants. Dans cette région assez sèche, le tissage de la soie est une activité importante. Surin a été fondé en 1763 à l'occasion du déplacement de Ban Müang Thi sur le site actuel, qu'on entoura de murailles et d'une double enceinte de douves. On en voit encore une partie le long de Thanon Krung Si Nok à l'Ouest. On l'a renommé Surin en 1786 d'après le nom du gouverneur désigné par Rama Ier.

La ville – Une **statue** en bronze d'un homme en costume traditionnel avec à la main droite un crochet de cornac et une paire de sabres sur le dos commémore le gouverneur Phraya Surin Phakdi Si Narong Changwang *(Thanon Phakoï Chumpon)*. Le **San Lak Müang**, dressé en 1974 *(Thanon Lak Müang, à 500 m à l'Ouest de l'hôtel de province)* est une borne haute de 3 m sculptée en bois de cytise provenant de Kanchanaburi.

Un petit **musée** ⏱ *(Thanon Chao Bannung)* présente une collection d'objets d'art khmer (10ᵉ-12ᵉ s.) découverts dans la région : linteaux, sculptures, poterie.

Le Wat Burapharam, qui date de la fondation de la *ville (Thanon Krung Sri Naï, près du sanctuaire de la borne de fondation)* abrite deux remarquables **statues**★ du Bouddha.

EXCURSIONS

Prasat Hin Sikhoraphum – *Ban Prasat, Tambon Rangaeng, Amphoe Sikhoraphum. À 34 km à l'Est par la route 226, prendre à gauche au km 36 et poursuivre sur 800 m.* Un grand bassin entoure le sanctuaire khmer, restauré au 17ᵉ s. et transformé en temple bouddhiste, comme l'indique une inscription près de l'entrée.

Quatre **tours de briques** de trois étages encadrent le *chedi* principal à cinq niveaux, suivant un plan inhabituel qui a sans doute une valeur symbolique. Sur les colonnes à l'entrée du *chedi* principal, un gardien de porte et une divinité féminine portant une fleur de lotus montent la garde. Le **linteau**★★★, remarquable, montre une image de Shiva dansant sur un piédestal porté par trois oies sauvages *(hamsa)*, reposant à leur tour sur un *kala* qui enserre les pattes postérieures de deux lions rampants. Dans les feuillages, six figurines chevauchent un dragon à crête. Au-dessus sont décrites quatre divinités : un aspect d'Uma avec un sceptre à tête humaine, Vishnou aux quatre bras, Brahma jouant des cymbales, Ganesh battant des tambours.

Prasat Ban Phluang – *Ban Phluang, Tambon Kang Aen, à 4 km de l'Amphoe Prasat. 30 km au Sud par la route 214. Prendre à gauche entre les km 31-32 et poursuivre sur 600 m sur une route goudronnée.*

Le cadre paisible ajoute au charme de ce *prasat* du 11ᵉ s. construit en grès, brique et latérite dans le style du Baphuon, resté inachevé : il a été restauré en 1970. Des bassins bordent la voie qui mène à l'unique *chedi* dressé sur une haute base trilobée. On en remarquera la décoration sculptée : sur le **fronton**★ Est, Krishna soulevant le mont Govardhana pour protéger troupeaux et gardiens de la pluie torrentielle d'Indra ; sur le linteau au-dessous, Indra chevauchant Erawan ; dans l'angle Sud-Ouest, des gardiens de porte inachevés.

A. Evrard/ HOA QUI

Rassemblement d'éléphants

★ Prasat Phum Phon – *Ban Phum Phon, Tambon Dom, Amphoe Sangka, 40 km au Sud-Est par les routes 2077 et 2124.* Les vestiges les plus anciens de Surin forment un tableau évocateur. Ce temple des 7e-8e s. dans le style de Phrei Kmeng comporte un *prasat* de briques orné d'encadrements de portes, de linteaux et de colonnettes en grès. On voit à l'Ouest le soubassement d'un bâtiment, et un peu plus loin une autre ruine.

Prasat Yaï Ngao – *Ban Sangkha, à 4 km au Sud-Est de l'Amphoe Sangkha par la route 24. Prendre à droite entre les km 190-191 et poursuivre sur 800 m le long d'un chemin de terre.* Les vestiges de deux *prasat* en briques redentés (12e s.) sur une terrasse basse en latérite, ornés d'un encadrement de porte en grès à l'entrée principale, sont remarquables pour le travail de la brique et la curieuse **sculpture★** de *naga* en léger relief dans le style d'Angkor Vat (fronton Sud du *prang* principal).

★★ Prasat Ta Muen Thom ⊘ – *À 70 km au Sud par la route 214. Prendre à droite au km 35 et poursuivre sur 12 km par une route de latérite.* C'est l'un des plus beaux temples de pierre sur la voie qui relie Angkor à Phimaï. Il a subi de gros dommages pendant la récente guerre au Kampuchéa, et a été depuis pillé par des voleurs.
Un escalier massif en latérite descend de l'entrée Sud vers une petite rivière marquant la frontière du Kampuchéa.

Fête du rassemblement des éléphants

Chaque année, en novembre, les éléphants sont conduits à Surin *(Amphoe Müang)*, pour un rassemblement spectaculaire. La fête, qui dure plusieurs jours, comprend jeux, courses et démonstrations de dressage et de savoir-faire. Elle se termine généralement par une présentation impressionnante des animaux en formation de bataille.

Le reste de l'année, les visiteurs peuvent voir quelques éléphants à Ban Ta Klang *(Tambon Krapho, Amphoe Ta Tum, à 51 km au Nord par la route 214)*, qui est réputé pour le talent de ses cornacs et dresseurs d'éléphants, dont les ancêtres traquaient autrefois l'éléphant sauvage près de la frontière cambodgienne. Le nombre des éléphants est en baisse du fait de la mécanisation et de l'appauvrissement de l'environnement et des ressources naturelles. Ces nobles animaux gagnent leur subsistance aujourd'hui en animant des spectacles pour les visiteurs de centres touristiques comme Bangkok, Chiang Maï et Pattaya.

Dans le village, on visite un intéressant musée des Éléphants et un camp d'entraînement.

Quatre portes *(gopura)* ponctuent la galerie d'enceinte du temple, l'entrée principale étant au Sud. Le **prasat principal** redenté, de grès gris-rose, abrite deux curiosités inhabituelles : un *Svayambhu* (*linga* en roche naturelle), sur un piédestal à degrés taillé dans le roc, et un long *somasutra*, conduit d'écoulement des eaux lustrales, construit le long d'une fissure naturelle et allant de l'antichambre au mur de la galerie Nord-Est. Au Nord se dressent deux *prasat* également en grès. L'édifice Ouest est orné d'un exemple unique de **fausse porte★** sculptée dans un seul bloc de pierre.

Deux bâtiments de latérite encadrent le sanctuaire : l'édifice rectangulaire près du mur Est fait face au Sud, alors que le bâtiment carré près du mur Ouest s'ouvre vers l'Ouest.

Artisanat

Ban Khwao Sinarin et **Ban Chok** *(au Nord par la route 214, prendre à droite entre les km 14-15 et poursuivre sur 4 km)* ne produisaient auparavant que des soieries tissées à la main. Ils se sont diversifiés, proposant aussi des objets en argent (colliers et autres ornements).

À **Ban Bu Thum** *(À 14 km au Nord-Est par la route 226)*, les villageois trouvent dans la vannerie un revenu d'appoint en dehors des périodes de travaux agricoles.

On trouve des boutiques de spécialités artisanales le long de la route dans les villages.

Prasat Ta Muen Toch – *Tambon Bak Dadi, Amphoe Kap Choeng. À 12 km de Ban Ta Miang, ou 100 m au Sud de Prasat Ta Muen.* Ce temple du 13e s. dans le style du Bayon était la chapelle d'un hôpital, ainsi que l'indique une inscription découverte sur le site, récemment dégagé et restauré. C'était le premier refuge sur la route des voyageurs de ce côté-ci de la frontière. La porte Est se divise en trois passages ornés de porches peu avancés de part et d'autre du mur. Fait inhabituel, le corps du *prasat*, l'entrée, le fronton et le fleuron terminal du **sanctuaire** sont en grès.

Prasat Ta Muen – Cette chapelle de maison de repos restaurée est en latérite, tandis qu'encadrements de porte, linteaux, faîte de la tour et ornements de toits sont en grès. Des fenêtres s'ouvrent sur le côté Sud de la longue entrée.

Prasat Tapriang Tia – *Wat Thep Nimit, Mu 5 près de Ban Nong Pet, Tambon Chok Nüa, King Amphoe Lam Duan. À 7 km au Sud-Est par la route 2077.* Ce monument de briques à quatre étages est couronné de cinq pinacles en bouton de lotus, et décoré de l'éléphant à trois têtes Erawan. Le style architectural laotien vaut d'être remarqué. L'édifice date de la fin de l'époque d'Ayuthaya.

Parc de Phanom Sawaï – *Tambon Na Bua, Amphoe Müang. À 22 km au Nord par la route 214, prendre à droite entre les km 14-15 et poursuivre sur 6 km.* Reliant dans un cadre paisible les sommets de trois pics d'une petite chaîne de montagnes, ce parc a pour centres d'intérêt le Wat Khao Phanom Sawaï et la statue du Bouddha Phra Phuttha Surin Mongkhon (sur le Yot Khao Chaï, sommet « masculin », alt. 300 m) ; une statue du Bouddha de taille moyenne sur le Yot Khao Ying (sommet « féminin », alt. 228 m) ; un *sala*, une empreinte du Bouddha et un *chedi* blanc sur le Khao Kok.

TAK

Tak – 97 600 habitants
Atlas Michelin p. 6 ou carte n° 965 E 4

La ville éloignée de Tak au plan en damier, borde une vaste esplanade sur la rive Est de la rivière Ping, qu'enjambe un pont suspendu. Le paysage des montagnes environnantes est spectaculaire, avec à l'Ouest sur la ligne d'horizon les pics de la chaîne des Thanon Thong Chaï, frontière avec la Birmanie (Myanmar).

Avec ses nombreux villages de tribus montagnardes, la province présente des traits culturels caractéristiques. Ces dernières années, les troubles qui ont éclaté entre l'armée birmane et l'Union nationale karen ont conduit à un afflux de réfugiés karens en Thaïlande. La province doit sa prospérité au commerce, parfois de contrebande, de part et d'autre de la frontière.

Épisode royal – Tak est connue pour avoir été le fief du **roi Taksin** (1767-82), fils de riches marchands chinois, qui obtint les honneurs suprêmes après avoir débuté comme page royal. Il devint gouverneur de Tak et Kamphaeng Phet. Après la chute d'Ayuthaya aux mains des Birmans en 1767, il reforma une armée. En l'espace de sept années, il avait regagné le territoire perdu et accédé au trône. Il établit sa capitale à Thonburi *(voir Bangkok, Environs)*.

CURIOSITÉS

La ville – La partie à l'Ouest du Wat Sima Müang vaut la peine d'être explorée, pour admirer de belles **maisons de bois** traditionnelles qui donnent une touche d'élégance à cette ville moderne et animée.

San Somdet Phra Chao Taksin Maharat – *Près de l'embranchement de l'autoroute provinciale, au Nord de la ville.*
Un **sanctuaire** renferme une statue hautement vénérée par les habitants, représentant le roi Taksin assis, un sabre sur les genoux.
La route qui contourne le domaine passe devant trois temples présentant des traits remarquables : le **Wat Khok Phlu** possède un fin *prang* annelé reposant sur un soubassement étagé à gradins, encadré de quatre *prang* plus petits ; le **Wat Pathum Khiri** est dominé par un *chedi* à bulbe de style laotien sur une plate-forme rehaussée ; et le **Wat Doi Khiri** s'enorgueillit d'un *chedi* blanc octogonal et d'un *wihan* ancien aux pignons ornementés.

★**Wat Bot Mani Sibunrüang** – *Prendre à droite à partir de la route 104 après le sanctuaire du roi Taksin.* Le temple présente des bâtiments intéressants. Près de l'entrée se dresse un *chedi* blanc élégant devancé d'un porche, qui abrite un bouddha de l'époque de Sukhothaï. Il repose sur une base de largeur inhabituelle, et se termine en pointe par une flèche élancée, surmontée d'une couronne dorée. À l'extrémité du domaine, on voit sur la gauche un *wihan* ancien en bois, au fronton artistement sculpté. L'intérieur est orné de délicates peintures murales, qui ont subi quelques dommages, d'un bouddha dans le style du Lan Na présidant du haut de l'autel, et d'une chaire de bois à étages.

EXCURSIONS

★**Wat Phra Boromathat** – *Ban Tak. À 25 km au Nord par les routes 1107 et 1175 direction Ouest.* La route qui longe la rive Ouest de la Ping offre des vues de la vallée fertile. Ban Tak, aux maisons sur pilotis en bord de rivière, occupe l'emplacement d'une implantation primitive, dont subsistent des traces.
Au sommet d'une colline s'élance un *chedi* octogonal doré couronné d'une flèche légère et encadré par des *chedi* similaires plus petits. La base, carrée, est décorée de pétales de lotus ; des décorations en stuc et verre rehaussent les petites chapelles. Un *wihan* ancien en bois abrite des statues du Bouddha. L'*ubosot* (au Nord) et le *wihan* (à l'Ouest) présentent de riches décorations sculptées.

Phra Chedi Yutthahatthi – *Comme ci-dessus.* Le *chedi* dans le style de Sukhothaï, reposant sur une base carrée en gradins, se termine en bouton de lotus. Il commémore, croit-on, la victoire de Ram Kamhaeng sur les Birmans au 13e s. À proximité se trouve un vaste étang couvert de lotus et autres plantes aquatiques.

Barrage Bhumibol – *Amphoe Sam Ngao. À 70 km au Nord par la route 1. Prendre à gauche au km 464 et poursuivre sur 17 km.* Construit entre 1953 et 1964 pour mettre fin aux inondations et irriguer la vallée, le plus grand barrage de Thaïlande (hauteur 245 m) décrit une courbe élégante sur une gorge de la rivière Ping. Il a malheureusement entraîné la disparition d'habitats importants. L'usine hydroélectrique alimente le réseau national. Les excursions sur le lac (304 km²) encerclé de crêtes escarpées (point culminant 1 238 m) offrent de magnifiques **paysages**★★ et donnent l'occasion de pratiquer des sports nautiques. La partie amont du lac est comprise dans le Parc national de la Mae Ping, qui borde deux réserves de faune. La meilleure période pour visiter est d'octobre à mai. Parmi les joyaux du parc figure Ko Lüang, cascade à sept chutes *(à 20 km du bureau du parc, accessible en voiture)*, le point de vue de Huaï Tham, de hautes falaises et des grottes *(accessibles à pied uniquement)*. Le parc est un refuge pour de nombreuses espèces animales menacées.

★**Route de Tak à Mae Sot** – *80 km vers l'Ouest par la route 105.* Traversant une région de forêts, cette route pittoresque offre des **vues**★★ spectaculaires. Le **Parc national de Lan Sang** *(à la borne km 12-13, prendre la 1103 sur la gauche, et poursuivre pour 3 km)* qui rassemble des pics granitiques vertigineux, est riche en animaux sauvages, cascades, sentiers de randonnée et paysages verdoyants. La route attaque ensuite une montée abrupte à travers une nature exubérante *(prendre à gauche à la borne km 25-26)* pour rejoindre le **Parc national de Taksin Maharat**. Après le col, elle serpente au travers d'une épaisse forêt de tecks et de pins.
On rencontrera en route plusieurs villages de tribus des montagnes, Méo, Lisu, Lahu ; notamment le Centre de développement et de protection des tribus montagnardes de **Doï Musur**, qui donne un aperçu de leur mode de vie rustique. Ici, on suit un programme expérimental afin d'encourager les tribus à abandonner leur pratique d'agriculture sur brûlis et la culture du pavot pour l'opium, au profit de la production de plantes exotiques et de fleurs et légumes adaptés au climat tempéré. Artisanat et produits locaux sont en vente au village et à des stands en bord de route *(au km 29)*.
Après avoir traversé une vallée, la route monte vers un autre col bordé d'escarpements calcaires. Elle passe devant le **sanctuaire** de San Chao Pho Phawo *(km 62-63)*, où une statue de bronze rappelle la bravoure de ce chef karen, qui a combattu les Birmans jusqu'à la mort.

TRANG

Trang – 143 199 habitants

Atlas Michelin p. 22 ou carte n° 965 N 4

Cette agréable ville s'étend sur une suite de petites collines *(khuans)*. Elle remplace une première cité bâtie à l'embouchure de la rivière Trang, perpétuellement menacée d'inondations et d'invasions venant de la mer.

Dans l'ancien temps, Trang était un important port et centre de commerce pour les bateaux qui sillonnaient les mers en passant par le détroit de Malacca. Appelé Krung Thani et Trangkhapura à l'époque où l'empire de Srivijaya dominait la péninsule, c'était une escale entre la côte Est et Sumatra. Pendant la période d'Ayuthaya, Trang était fréquenté par les marins occidentaux, qui rejoignaient ensuite par la route Nakhon Si Thammarat ou Ayuthaya. Les vastes plantations d'hévéas dans la campagne vallonnée ont apporté la prospérité à l'importante population chinoise, qui donne à la ville son caractère particulier. Épaisses forêts et montagnes déchiquetées criblées de grottes sont aujourd'hui de vastes réserves naturelles classées (**Parc national de Khao Pu – Khao Ya**, *à 60 km au Nord par les routes 4, 403 et 4151*).

La ville – Près de la tour-horloge *(Thanon Rama VI)* se dressent les beaux bâtiments de la maison du gouverneur, de l'hôtel de province et du palais de justice *(à l'Est)*. Fin octobre, les temples chinois sont le théâtre d'une Fête végétarienne haute en couleur *(à l'Ouest entre les Soï 1 et 2 en partant de Thanon Visetkun)*. Le **parc Phraya Rattanu Pradit** *(1 km au Sud, Thanon Phatthalung)* commémore le responsable de la ville qui a introduit la culture de l'hévéa dans la province. À proximité se trouve un étang pittoresque couvert de fleurs de lotus, au cœur du Parc Kaphang Surin.

> Trang est réputé pour sa vannerie d'osier et ses tissus à motifs compliqués en losange *(marché de gros de Thanon Thaklang, au Nord)*, autant que pour ses combats de buffles et son théâtre d'ombres traditionnels.

EXCURSIONS

Côte Ouest – Les beautés vierges de la côte découpée sont une merveille : longues plages de sable de l'Amphoe *Sikao (à 39 km au Nord-Ouest par les routes 4046, 4162)*, Kantang *(50 km à l'Ouest par la 403)* et Palian *(40 km au Sud par la 404)*. Les îles pittoresques de la côte comprennent Ko Libong et ses villages de pêcheurs, Ko Muk, Ko Ngaï et Ko Sukon.

Parc forestier de Khao Chong – *À 20 km à l'Est par la route 4, prendre à droite.* Le parc se trouve à l'intérieur d'un terrain militaire. Une piste *(1 km)* mène au travers d'une forêt dense jusqu'à une cascade et plusieurs bassins (Ton Noï). Traverser un pont de bois et poursuivre sur 1,5 km *(mauvaise route)*. Un sentier ombragé de grands arbres suit la rivière jusqu'à une autre chute d'eau, impressionnante, qui dévale d'une grande hauteur (Ton Yaï).

Route des cascades – *Vers l'Est par la route 4 puis au Sud par la 4122.* Les amoureux des oiseaux feront étape au **parc ornithologique de Khlong Lamchan**, grand marais qui attire différentes espèces d'oiseaux aquatiques, notamment des sarcelles.
La route touristique passe à proximité de nombreuses cascades nées de la rencontre des rivières Trang, Palian ou de leurs affluents et des montagnes du Khao Banthat : Saï Rung, Phraï Sawan, Lam Plok, Chong Banphot, Ton Tae *(à 46 km)*, Chao Pha.

TRAT

Trat – 90 480 habitants

Atlas Michelin p. 18 ou carte n° 965 I 7

Trat, ville de commerce sans relief particulier, possédant peu d'attraits, est la porte du Kampuchéa et le point de départ pour Ko Chang et d'autres îles moins connues, qui attirent des visiteurs exigeants à la recherche de plages désertes et de superbes paysages.
On passe un moment agréable en faisant un circuit paisible en bateau sur le canal et l'estuaire, à partir de l'embarcadère du canal.

Une conclusion favorable – À la fin du 19e s., Trat a été un atout important dans les mains de Rama V pour s'opposer aux ambitions françaises sur le Siam. Le roi la céda en échange du retrait des forces françaises de **Chanthaburi** *(voir ce nom)*. Mais en 1906, à la suite d'un nouvel accord territorial, Trat et les îles voisines retrouvèrent leur identité thaïe. La population a conservé des liens culturels et commerciaux étroits avec le Kampuchéa voisin.

EXCURSIONS

Wat Bu Pharam – *Mu 3, Tambon Wangkhrachi, à 2 km au Sud-Ouest. Prendre une route secondaire vers l'Ouest près de la gare des cars.* Ce beau temple ancien remontant à la fin de la période d'Ayuthaya (18e s.) possède de nombreux bâtiments dignes d'intérêt répartis sur un vaste domaine : un élégant *ubosot*, plusieurs *mondop* et *wihan* décorés de peintures murales, une tour-clocher, un *sala* en bois sur pilotis et des cellules monastiques traditionnelles *(kuti)*. On trouve aussi un musée à l'extrémité du domaine.

Route touristique de la frontière cambodgienne – *95 km vers le Sud par la route 318*. C'est une belle excursion pour ceux qui souhaitent voyager hors des sentiers battus. Sur la majeure partie du chemin, la

---

Exploitation des pierres précieuses

La ville a connu la prospérité grâce aux mines à ciel ouvert de rubis et de saphirs des districts de Khao Saming et Bo Raï. Le « Tab Tim Siam », rubis rouge, est particulièrement renommé. L'époque enivrante des fortunes rapides est révolue, la réalité économique est dure, et il n'y a plus guère d'activité, tout comme à Chanthaburi. À moins d'être experts en pierres, les visiteurs doivent se montrer prudents et se méfier des offres alléchantes de pierres précieuses.

---

route pittoresque est enserrée entre la chaîne des Buntud en territoire cambodgien, et des plages de sable désertes et leurs villages de pêcheurs (Hat Saï Ngam au km 41, Saï Kaeo km 41-42, Maï Rut au km 57, Ban Chaun km 59-60, 18 km avant l'Amphoe Khlong Yaï).

Faire halte au point de vue du km 70 pour admirer le magnifique paysage. La partie la plus étroite se trouve entre les km 81-82 *(panneau)*. Ban Hat Lek est un village frontalier paisible, point de passage pour le Kampuchéa *(par la route, et ferry pour Ko Kong)*.

Laem Ngop – *À 17 km à l'Ouest par la route 3148*. La route de l'embarcadère passe le long d'un village typique de pêcheurs musulmans *(au km 12-13)*. Faire un petit détour pour visiter le **mémorial de la Bataille navale**, en forme de navire de guerre *(prendre à droite près du poste de la police maritime, 800 m)*. En 1941, lors d'un conflit frontalier, la marine thaïe a repoussé ici une escadre française, mais perdu trois bâtiments. Le **musée** illustre l'histoire de la marine.

Au départ du quai, les bateaux rejoignent Ko Chang et d'autres destinations du **Parc national de Ko Chang** Ⓥ, qui regroupe 47 îles. Outre Ko Chang, les plus belles attirent les visiteurs en quête de paix et de tranquillité et disposent d'équipements hôteliers : ce sont Ko Kut, Ko Mak, Ko Waï, Ko Ngam, Ko Khum, Ko Kradat. Toutes possèdent des plages de sable tranquilles, de beaux coraux et une nature exubérante.

★★ Parc national de Ko Chang – Aux charmes de cette île, plages de sable blanc, baies abritées, eaux cristallines, s'ajoutent plantations de cocotiers, vergers foisonnants, pics et falaises recouverts d'épaisse forêt. Le port principal se trouve à Ao Khlong Son ; des pistes rejoignent toutes les plages *(bus et motos)*. Le ferry aussi dessert les meilleures plages de la côte Ouest (Hat Saï Khaeo, Hat Khlong Phrao, Laem Chaïyachet, Hat Kaï Bae, Ao Bang Bao) : on transfère les passagers sur un bateau plus petit pour rejoindre leur lieu de vacances *(sauf en période de mousson)*. Une route circulaire goudronnée permet d'agréables excursions à des criques désertes ou aux merveilleuses cascades de Khlong Phlu, Nang Yom, Nonsi et **Than Mayom**.

Ko Chang

J.-L. Dugast/ HOA QUI

U-THONG

Suphan Buri – 102 497 habitants

Atlas Michelin p. 11 ou carte n° 965 G 4 – Schéma : KANCHANABURI

Cette ville modeste entourée de rizières, avec son décor de montagnes à l'Ouest, a une grande valeur historique.

Un peuplement ancien – Son origine remonte probablement à l'ère préhistorique. C'était une implantation môme importante au cœur du royaume de Dvaravati (8ᵉ-11ᵉ s.), jusqu'à ce qu'elle passe sous l'influence khmère. Le site môn a été identifié à proximité du musée.

Une grande question divise toujours les historiens : le royaume d'Ayuthaya est-il né à U-Thong au milieu du 14ᵉ s. ? C'est la thèse généralement retenue ; le souverain local, baptisé U-Thong du nom de son royaume, aurait déplacé sa capitale à Ayuthaya pour fuir une épidémie de choléra due au manque d'eau. Il aurait été ensuite couronné roi d'Ayuthaya, prenant le nom de **Ramathibodi Iᵉʳ**. À la fin du 18ᵉ s., la ville abandonnée s'est repeuplée de personnes déplacées venant du Laos.

★**Musée national** ⊘ – *À droite du bureau de l'Amphoe, sur la route 321.*
À U-Thong s'est développé un style caractéristique, notamment en ce qui concerne la sculpture. La première période combine des éléments môns de Dvaravati et khmers. Les historiens de l'art s'accordent aujourd'hui pour classer l'école plus tardive en première période d'Ayuthaya.
Des découvertes préhistoriques, outils de pierre et ustensiles mis au jour dans la région, remontent à 3 000 ans avant J.-C. Les collections retracent l'influence indienne, aux environs des 5ᵉ-6ᵉ s., et l'héritage de Dvaravati, du 8ᵉ au 11ᵉ s. : briques peintes, **bas-reliefs et têtes en terre cuite**, figures et divinités en stuc, Roue de la Loi, *linga* de Shiva et tablettes votives. Une **pièce de monnaie romaine** et des objets en argent de la période de Dvaravati sont les traces d'un commerce florissant. On remarquera aussi des bronzes, et un **texte sanscrit** utilisant des consonnes du Sud de l'Inde.

UBON RATCHATHANI★★

Ubon Ratchathani – 220 445 habitants

Atlas Michelin p. 15 ou carte n° 965 F 9

Capitale de province située sur la rive Nord de la rivière Mun, cette agglomération trépidante se tient à un carrefour important où se mêlent influences khmère, lao et thaïe. Mais ses monuments sont relativement récents. Bien équipé pour le tourisme, c'est une excellente base de départ pour explorer les nombreux sites de cette région frontalière. L'emblème d'Ubon est le lotus en fleur, souvenir de Nong Bua Lamphu, étang à lotus *(voir Udon Thani, Excursions)*, vers lequel les ancêtres de ses habitants avaient émigré en 1773 après la guerre avec Vientiane (Laos).

Fête des bougies

Au début du Carême bouddhique, en juillet, les temples de la région participent à une procession colorée de chars portant d'immenses bougies et sculptures de cire, accompagnée de danses et de musique. Chars et bougies sont travaillés avec un art consommé par les artisans locaux, qui ne ménagent ni leur peine ni leur temps pour créer de merveilleuses compositions. Ils offrent aux temples de la région ces bougies de tailles et formes variées.
Les festivités durent plusieurs jours à Thung Si Müang *(Thanon Uparat)*, espace en plein air réservé aux célébrations publiques depuis le règne de Rama V. La statue d'un noble en costume officiel, l'épée à la main, commémore Thao Kham Phong, fondateur de la cité. Symbolisant les liens qui unissent les habitants d'Ubon, une grande dalle de pierre rectangulaire gravée d'une inscription a été déposée par les pays alliés dans la Grande Guerre de l'Est asiatique (Seconde Guerre mondiale).

CURIOSITÉS

★★**Musée national** ⊘ – *Thanon Khuan Thani, Amphoe Müang, Ubon Ratchathani 34000.* Une belle **demeure**★, ancienne résidence du gouverneur de la province sous le règne de Rama V, renferme le musée qui présente la culture et l'histoire de la région. Devant l'édifice se dressent des *baï sema* de la période de Dvaravati (milieu du 8ᵉ- 9ᵉ s.) et une inscription en pierre Pallava (7ᵉ s.).
Une section présente la géologie du plateau de Khorat (fossiles, pierres précieuses), une autre la préhistoire (outils, tambour en bronze d'environ 2500-2000 avant J.-C., peintures rupestres). Les collections mettent en valeur les influences hindoues et khmères des périodes du Chenla, du Baphuon et d'Angkor Vat : figure d'**Ardhanari-shvara**★ (moitié Shiva, moitié Uma) du milieu du 7ᵉ-8ᵉ s., Ganesh du 10ᵉ s., jarres

des 11e-13e s., linteaux du 12e s. Le groupe serein des deux bouddhas debout dans l'attitude de l'absence de crainte est un superbe exemple d'art lao *(salle 5)*. Par leurs traits caractéristiques, leur parure et leur expression énigmatique, les beaux bouddhas dorés et laqués de la salle suivante illustrent la culture thaïe-lao, démontrant la grande influence de l'école artistique de Vientiane des 18e-19e s., et de l'école de Ratanakosin des 19e-20e s. D'autres salles présentent tissus, artisanat populaire et instruments de musique, et des expositions à thème administratif ou religieux.

Fête des bougies

Les objets présentés dans la cour comprennent un *baï sema* exceptionnel orné d'une base en lotus et de deux perroquets ; un majestueux *singha* khmer du 11e s. dans le style du Baphuon ; une **stèle★** de la fin du 10e s., représentant neuf divinités hindoues, sept chevauchant des animaux et deux sur un piédestal, dans le style khmer des Khleang ; des inscriptions gravées dans le grès rouge, l'une en ancienne écriture khmère (1032), l'autre, en caractères thaïs du Nord-Est, dans les langues thaïe et palie (milieu 18e-19e s.) ; et un pignon thaï en bois (19e-milieu du 20e s.) à décoration florale, orné d'une créature céleste en rouge et jaune.

À proximité se trouve la borne de fondation de la Cité, dans le style de Ratanakosin (San Lak Müang, *au Sud de Thung Si Müang*).

Wat Thung Si Müang – *Thanon Luang*. Ce temple, bâti sous le règne de Rama III (1824-1851) possède deux bâtiments dignes d'intérêt : un *ho traï*★★ en bois (bibliothèque) dans un style composite de Thaïlande centrale et de l'Isan, au magnifique décor de laque dorée ; sur la partie basse du mur latéral sont sculptés 12 animaux astrologiques ; son toit est orné de *chofa* (oiseaux stylisés) et de *baï raka* (consoles), et les pignons arborent des motifs classiques de style laotien ; et un élégant *ubosot*, dont l'intérieur garni de piliers est décoré de **peintures murales★** décrivant des histoires de la vie du Bouddha et des scènes de la vie quotidienne.

Wat Si Ubon Ratanaram – *Thanon Uparat, près de l'hôtel de province*. Abritée dans ce temple à piliers, la petite statue en topaze du Bouddha assis, **Phra Kaeo Busarakham**, a été rapportée du Laos par les fondateurs de la vieille ville d'Ubon (Müang Ubon). Le toit à étages est semblable à celui du Wat Benchamabopit de Bangkok. Les panneaux de portes et de fenêtres finement ciselés ajoutent une touche de raffinement au grand *sala* de bois.

Wat Maha Wanaram – *Thanon Suppasits*. Connu aussi sous le nom de Wat Pa Yaï (grand temple de la forêt) ce temple important date de 1820. Un muret d'enceinte entoure l'*ubosot* (1976) et le *wihan (face au Sud)* construit par le souverain de Müang Ubon, Phra Prathum Wonarat Suriyawong, abrite la statue vénérée du Bouddha **Phra Chao Yaï Inthara Plaeng**, dont la base est gravée d'une inscription ancienne.

Wat Supatanaram – *Thanon Promthep*. L'architecture de ce temple construit en 1853 par Rama IV sur la rive de la Mun est un curieux mariage d'éléments khmers, thaïs et européens. Des *naga* réalistes encadrent le fronton de l'*ubosot*★★, avec un *chedi* sculpté au centre de sa riche ornementation de feuillages. Le toit de style thaï est couvert de tuiles vernissées orange. Une galerie à piliers avec des chapiteaux en lotus orangés entoure l'édifice. Les bas-reliefs du muret d'enceinte s'inspirent de motifs trouvés sur les linteaux khmers. L'intérieur de la salle est aussi pour partie d'inspiration khmère. Au devant est suspendue une cloche en bois géante taillée dans un tronc entier.

De belles bornes de pierre *(baï sema)* entourent un **musée** intéressant *(à gauche de* l'ubosot*)* renfermant des armes, des statues du Bouddha, des sculptures du dieu Ganesh et de divinités féminines hindoues. Un **linteau★** khmer en grès (607-657) montre deux *makara* se faisant face à chaque extrémité, encadrant deux arches formant à leur point de rencontre un médaillon orné d'un *singha*. Un autre fragment de linteau date de la fin du 6e s.

Temples forestiers

Dans la région se trouvent plusieurs temples importants consacrés à la méditation, qui attirent de nombreux disciples en provenance de l'étranger.
Près de l'entrée du **Wat Nong Pa Phong**, un petit musée explique la vie quotidienne d'un temple forestier, et expose les objets personnels du Vénérable Achan Cha. (*À 4 km au Sud-Ouest de l'Amphoe Warin Chamrap par la route 2178. Prendre à droite au km 54 et poursuivre sur 2 km.*) Sur un des murs, un bas-relief de terre cuite illustre la vie de l'abbé. Les cellules des moines sont dispersées sous l'épaisse couverture forestière, tout comme le gracieux *chedi* de style lao et l'*ubosot* blanc, sur lequel un bas-relief en terre cuite décrit les pérégrinations de l'abbé dans les forêts du Laos et de l'Isan.
Le **Wat Pa Nanachat** est réputé pour sa règle stricte. (*Tambon Bang Waï, Amphoe Warin Chamrap, à 12 km à l'Ouest par la route 226. Prendre à droite et poursuivre sur 500 m.*)

EXCURSIONS

★**Ban Wang Kan Luang** – *Wat Ban Kan Luang, Tambon Kham Yaï. Au Nord-Est par la route 2050. Prendre à gauche à la borne km 1-2.* Plusieurs sites préhistoriques révèlent le grand intérêt archéologique de la région. Le musée en plein air, situé sur une hauteur près d'un étang, comprend des sépultures avec squelettes et poteries : jarres sphériques en terre cuite, poteries aux tons crème, peintes, ou à motif cordé, datant de 500 à 100 avant J.-C. On a mis au jour de nombreux objets préhistoriques et d'autres datant de la période de Dvaravati : haches et ornements de bronze (bracelets coulés à la cire perdue).

Wat Nong Bua – *Thanon Chayangkul. À 3 km au Nord par la 212, prendre à gauche à l'embranchement et poursuivre sur 800 m.* Ce temple, créé pour servir d'étape aux pèlerins, possède un *chedi*★ particulier construit en 1957 pour célébrer le 25e siècle bouddhique, sur le modèle de celui de Bodhgaya, dans le Nord-Est de l'Inde, très souvent reproduit. Bodhgaya est le lieu où le Seigneur Bouddha a trouvé l'Éveil sous l'arbre de la sagesse, que l'empereur Ashoka fit abriter dans un sanctuaire simple. Au 19e s., c'était devenu une tour en forme de pyramide tronquée. Des pétales de lotus décorent la base carrée et la partie supérieure du *chedi*, et la partie inférieure montre des bas-reliefs inspirés de Bodh Gaya, ainsi que des niches abritant des bouddhas debout. Un petit *chedi* doré couronne la pyramide. Des tours plus petites s'élèvent aux quatre angles de la cour.

Wat Nong Bua

★**Wat Phu Khao Kaeo** – *Amphoe Phibun Mangsahan. À 43 km vers l'Est par la route 217. Prendre à gauche au km 42.* Du bas de l'escalier jusqu'à l'*ubosot* moderne situé en hauteur, l'architecture représente un bateau, rappelant le navire qui a fait passer le Samsara aux animaux dans la tradition bouddhique. Aux quatre angles se dressent des beffrois entièrement recouverts de céramique vernissée, avec des éléments décoratifs khmers sur les pignons et les piliers. La fenêtre et les panneaux de porte de l'*ubosot* sont ornés de sculptures de divinités dans le style khmer.
À l'intérieur, des peintures murales présentent tous les Phra That Chedi de Thaïlande qui renferment des reliques du Bouddha. Des

Tourism Authority of Thailand

étoiles rehaussent le plafond richement décoré de rouge et d'or, et l'autel doré en forme de vaisseau porte trois statues noires du Bouddha. Au bas de l'escalier, le grand *sala* est orné de linteaux de bois sculpté de style khmer. Il renferme une collection de poteries découvertes dans la région. Un vaste *sala* se dresse sur le domaine.

Wat Sa Kaeo – *Mu 3 Ban Thaï. Amphoe Phibun Mangsahan (près de Kaeng Saphu). À 45 km vers l'Est par la 217. Prendre à droite avant le pont.* Appelé aussi Wat Taï. Son nom provient d'un vaste étang situé au Nord de l'enceinte. Des fouilles ont mis au jour de nombreux objets, divinités, linteaux, *baï sema* et une Roue de la Loi en grès (*Dharmachakra*).

Beaucoup d'entre eux se trouvent au musée d'Ubon. Le musée du temple présente un **linteau**★ du 7ᵉ s. orné de feuillages et de guirlandes dans le style de Phrei Kmeng, pièce la plus grande et la plus curieuse de cette époque qui ait été découverte en Thaïlande.

Rapides – *45 km vers l'Est par la route 217, prendre à droite avant le pont et poursuivre sur 400 m en face du temple.* À Kaeng Saphu, un affleurement de

> ### Plages
>
> Au Sud d'Ubon, sur la rivière Mun, se trouve l'îlot de **Ko Hat Wat Taï** et ses plages. Au bord de la Mun, l'étendue de sable blanc de **Hat Ku Dua** est un lieu de détente apprécié, avec ses restaurants et ses huttes de bambou flottantes *(prendre la route 23 en direction du Sud, puis à droite la route circulaire sur 11 km, ensuite tourner à gauche et poursuivre sur 2 km en direction de Ban Ku Dua).*

roches dures en grès provoque en saison sèche la formation de rapides. Poursuivre vers l'aval jusqu'à **Kaeng Tana** *(Amphoe Khong Chiam. Route 217 à l'Est d'Ubon, puis route 2222 ; prendre à droite au km 13 la route de latérite et poursuivre sur 2 km).* Le spectacle des rapides parmi les rochers est impressionnant ; les tourbillons de sable et de gravier ont creusé de curieuses marmites de géants. Ce site fait partie du Parc national de Kaeng Tana.

Khong Chiam – *À 80 km vers l'Est par les routes 217 et 2222.*
Ce district oriental longé par le Mékong bénéficie des levers de soleil les plus matinaux de Thaïlande. D'agréables restaurants bordent le fleuve. Du Wat Tham Khuha Suwan, on a une belle **vue**★★ du Mékong. Les touristes peuvent emprunter un bateau pour une excursion à la **Mae Nam Song Si**, « rivière bicolore » près de Ban Woen Buk, où les eaux boueuses du Mékong viennent se mêler au cours plus clair de la Mun, au cœur d'un beau paysage verdoyant, avec en toile de fond les monts du Laos sur la rive opposée.

Sao Chalieng – *À 11 km de l'Amphoe Khong Chiam. À 95 km à l'Est d'Ubon par les routes 217, 2222, 2134. Au km 57 emprunter la 2112 à droite et poursuivre sur 11 km. Puis prendre la 2368 à droite, continuer sur 3,5 km et tourner à gauche.* D'étranges pitons rocheux en forme de champignon parsèment un vaste territoire. Ce serait une ancienne mer asséchée ; les géologues l'affirment d'après la grande quantité de coquillages découverts dans la roche.

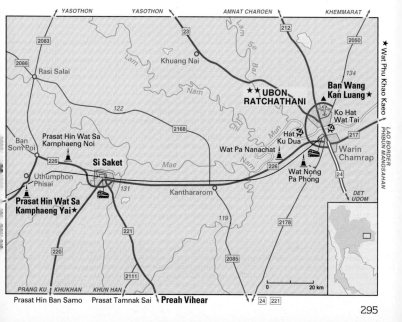

★★★ **Pha Taem** – *À 98 km d'Ubon. Comme ci-dessus. 3 km après l'entrée de Sao Cha-lieng. Un sentier (500 m, 45 mn aller-retour) à droite du point de vue descend vers les peintures rupestres.* Du haut des falaises taillées par le fleuve dans d'épaisses couches de grès, on a des **vues**★★★ magnifiques sur le Laos par-delà le Mékong. Protégées par la roche en surplomb, les **peintures rupestres**★★★ préhistoriques de Pha Taem (d'une longueur de 400 m, les plus étendues du Sud-Est asiatique) remon-tent à 2 000 à 3 000 ans avant J.-C. Figures humaines, mains, poissons-chats, nasses, éléphants, formes géométriques et symboles agricoles donnent un aperçu étonnant des croyances et activités de l'époque *(illustration, voir Introduction, Art)*. Kok Hin, cercle de pierres situé au-dessus de Pha Taem, aurait servi à la fin de l'ère préhistorique pour des cultes liés à la fertilité, et pourrait avoir un rapport avec les peintures rupestres en contrebas. Des falaises **Pha Kham** et **Pha Mon**, on a également des points de vue superbes.

Chong Mek – *À 90 km vers l'Est par la route 217.* Ce poste frontière est le seul endroit où l'on puisse entrer au Laos par la route. On peut poursuivre sur 3 km jusqu'à Müang Pakse. La première route reliant Phibun à Chong Mek a été construite par des prisonniers pendant la Grande Guerre de l'Est asiatique. Le marché frontalier très animé propose une variété extraordinaire de marchan-dises.

Barrage de Sirinthon – *Amphoe Phibun Mangsahan. À 71 km à l'Est par la route 217, prendre à droite entre les km 71-72 et rouler 500 m.* Achevé en 1971, ce barrage a une capacité de production de 13,5 millions de MWH/an. L'immense plan d'eau est entouré d'un superbe domaine paysager, équipé de structures d'accueil.

Wat Si Nuan Saeng Sawang Arom – *Ban Chi Tuan, Amphoe Kuang Naï. À 30 km au Nord-Ouest par la route 23.* On y voit une **chaire**★★ *(thammat)* à la forme carac-téristique de *prasat*, qui serait l'œuvre d'artisans vietnamiens en voyage. Corps de la chaire et *singha* sont en béton, la partie supérieure en bois découpé. L'escalier conduisant à la chaire est sculpté en silhouette de *naga*.

Artisanat

La province a pour spécialités textiles, paniers tressés et objets en argent et en bronze (technique de la cire perdue), en particulier les nécessaires à bétel de Ban Pa Ao. *(À 18 km au Nord-Ouest par la route 23, prendre à droite au km 273 et poursuivre sur 3 km.)*

UDON THANI

Udon Thani – 388 476 habitants

Atlas Michelin p. 8 ou carte n° 965 D 7

Le village d'origine, Ban Dua Mak Kang, s'est développé au milieu du 19e s. quand un traité a obligé les forces thaïes à se retirer à 25 km au Sud du Mékong devant l'armée française, qui colonisait Vientiane, au Laos.
Située à un carrefour important sur l'Autoroute de l'amitié (route n° 2) proche de la frontière entre Thaïlande et Laos, cette grande ville de marché dessert les provinces agricoles avoisinantes. Elle a connu son essor économique lors de l'implantation de bases américaines dans la région pendant la guerre du Vietnam. De nombreux étran-gers se sont installés dans la ville dotée d'équipements modernes, hôtels, cinémas, grands magasins, aéroport.

La ville – Le lac Nong Prachak *(au Nord-Ouest)* est un lieu de détente fréquenté, avec parterres de fleurs, estrade pour spectacles, restaurants, parcours de gym-nastique. Près de la gare se dresse le grand sanctuaire chinois Pu Ya Shrine, littéralement sanctuaire de Grand-père et de Grand-mère, abritant un dragon doré de 99 m de long. Un agréable jardin se trouve près de l'étang de Nong Bua.

EXCURSIONS

Wat Tham Khlong Phen – *À l'Ouest par la route 210. Après 13 km prendre à gauche à la borne km 90-91 et poursuivre sur 2 km.* Au milieu de rochers criblés de grottes, ce temple forestier consacré à la méditation montre entre autres bâtiments un *chedi* blanc élancé dédié à un ancien abbé, maître vénéré, et un *mondop* sur une plate-forme rocheuse surplombant la forêt de Phu Phan. On visite aussi un petit musée.

Nong Bua Lamphu – *À 46 km à l'Ouest par la route 210.* Cette ville a la fonda-tion ancienne est célèbre dans l'histoire de la Thaïlande. En 1574, le roi Naresuan, en campagne contre le Laos, a fait étape ici avec ses troupes. En face de l'hôtel de province, un **monument** montre le roi en costume traditionnel, debout à l'épée à la main.

Parc historique de Phu Phra Bat

B. Davies

À l'époque de Thonburi (fin du 18ᵉ s.), deux nobles laotiens et leurs troupes fuyant une crise politique à Vientiane traversèrent le Mékong et s'installèrent là, se plaçant sous la protection du roi de Siam. Après des attaques répétées par les forces de Vientiane et de Birmanie, ils se replièrent ensuite à Don Mot Daeng *(près d'Ubon Ratchathani)*.

★★ **Parc historique de Phu Phra Bat** – *À 68 km au Nord-Est par la route 2. Emprunter le route 2021 à gauche au km 13 et suivre la direction de l'Amphoe Ban Phu pour 42 km, puis prendre à gauche en face de l'hôpital la route 2348 pour Ban Tiu. Après 11 km, prendre à droite et poursuivre sur 2 km par une route de latérite. Pavillon d'accueil. Durée : 2 heures.* Le parc couvre une superficie de 580 km² dans la chaîne des Phu Phan Kham. Il rassemble de nombreux témoignages d'un peuplement humain préhistorique parmi d'extraordinaires formations rocheuses : un sentier permet de contempler **Khok Ma Thao Barot**, ou écurie du prince Barot, **Ho Nang Usa** ou tour d'Usa, **Wat Po Ta**, temple du Beau-Père, **Wat Luk Kei**, temple du Gendre ; ces rochers se rattachent à une légende locale : un roi n'approuvait pas le mariage de sa fille, et perdit la vie dans un combat contre son gendre. Un peu partout dans le parc, les **Ku Nang Usa**, champignons de pierre formés de dalles de grès posées en équilibre sur des rochers plus petits, entourés de *baï sema*, laissent penser qu'il s'agirait d'un site religieux. Deux abris de rocher ornés de **peintures pariétales** réalistes représentent, pour Tham Wua du bétail, pour Tham Khon huit figures humaines exécutant une danse rituelle. Les sentiers balisés qui serpentent au travers de ce fascinant paysage font découvrir des grottes, des falaises, des sanctuaires et un étang.

Wat Phra Phutthabat Bua Bok – Le « Bua Bok » ou lotus terrestre est une fleur sauvage de la région, aux feuilles semblables à celles du lotus. De gigantesques blocs rocheux gardent l'élégant *chedi* blanc dans le style caractéristique du That Phanom, rehaussé d'un décor de mosaïque bleu et vert, bâti au-dessus d'une empreinte de pied du Bouddha découverte par un moine. La base carrée à étages supporte une tour-reliquaire élancée couronnée d'une flèche s'élevant d'un socle redenté en lotus, et d'un parasol doré. Près de l'entrée se trouve un sanctuaire rupestre et un *that* plus petit d'origine plus ancienne reposant sur une plate-forme rocheuse.

La ville est connue pour une nouvelle variété d'orchidée parfumée appelée « Miss Udon Sunshine », d'où l'on a extrait la première essence pure d'orchidée du monde. Son parfum entêtant est hautement apprécié dans la région et au Laos.

L'artisanat propose des tissages **khit** en provenance du village de Na Kha *(à 16 km au Nord par la route 2)*.

UTHAÏ THANI

Uthaï Thani – 54 148 habitants

Atlas Michelin p. 11 ou carte n° 965 F 5

Cette ville moyenne fut fondée sous le règne de Rama Ier dans un site agréable sur les rives de la rivière Sakae Krang, à l'Est d'une implantation ancienne. À Khao Pla Ra, des peintures préhistoriques témoignent d'une occupation humaine ancienne dans la région Ouest. On visite aussi d'impressionnantes cavernes dans les montagnes calcaires.

CURIOSITÉS

Wat Sangkat Ratana Khiri – Centre de pèlerinage, le temple domine la ville du sommet du Khao Sakae Krang *(monter par un escalier de 450 marches, ou bien emprunter une route latérale à droite à partir de la route 1090 vers la ville)*. Un *mondop* imposant abrite une empreinte de pied du Bouddha, et un bouddha assis trône dans le grand *wihan*.

Wat Phichaï Phunaram – *Thanon Si Uthaï.* Au nombre des bâtiments intéressants, un *wihan* ancien et un autre, plus petit, abritant de belles statues du Bouddha.

Wat Ubosotharam – *Au creux d'une courbe de la rive Est.* Le joyau de ce temple est une précieuse statue en argent du Bouddha.

UTTARADIT

Uttaradit – 159 670 habitants

Atlas Michelin p. 7 ou carte n° 965 D 5

Cette agréable ville moderne fut construite en 1967 sur la rive Ouest de la rivière Nan, après la destruction de la vieille ville par un incendie. Elle tire sa prospérité de l'agriculture, florissante dans la plaine fertile, surtout depuis la domestication de la puissante Nan par le barrage Sirikit au Nord-Est. Bien qu'Uttaradit soit en dehors des circuits touristiques, elle propose quantité de sites et excursions superbes. Tous les ans, début septembre, la **fête de Langsat** est un événement très couru.

Rappel historique – On trouve des traces d'anciens peuplements partout dans la province. Müang Lap Lae *(à 9 km au Nord-Ouest)*, Müang Fang *(50 km à l'Est)*, Wiang Chao Ngo suivi par Müang Thung Yang Kao *(5 km à l'Ouest)* n'ont pas encore été complètement exploités.

Un monument de bronze *(devant l'hôtel de province)* commémore un vaillant soldat, Phraya Phichaï Dap Hak, qui, au 18e s., a bravement combattu aux côtés du roi Taksin et repoussé avec succès les assauts des envahisseurs birmans. Il devint gouverneur de la province. Avant que le transport fluvial n'ait cédé la place au développement routier moderne, Uttaradit était un port important, porte de l'Est de la Thaïlande du Nord et de l'Ouest du Laos.

CURIOSITÉS

Centre culturel d'Uttaradit – En face de la résidence du gouverneur. Ce beau bâtiment de bois rehaussé de pièces chantournées présente des objets d'art anciens de la région.

Wat Tha Thanon – *Entre la rivière et la gare.* Une très ancienne **statue du Bouddha**★ assis dans le style du Lan Na (Chiang Saen), entre deux bouddhas debout, l'un paré dans le style tardif d'Ayuthaya, l'autre dans le style de Sukhothaï, veille sur l'autel d'un *wihan* d'inspiration chinoise. Cette statue de bronze fut emportée au temple de Marbre de Bangkok en 1900 sur ordre du roi Rama V, mais elle fut rendue à Uttaradit dix ans plus tard. D'élégants bâtiments monastiques de styles chinois et colonial s'élèvent dans l'enceinte du temple.

Wat Yaï Tha Sao – *Au Nord par la route 1045.* Un escalier monte au vieil *ubosot*. Fenêtres et doubles **portes**★ aux encadrements en stuc sont délicatement ciselées de motifs floraux. Le toit à étages, peu courant, est rehaussé d'un pignon de bois orné de volutes de guirlandes et d'une divinité.

Wat Thammathipataï – *Thanon Samranrean.* Deux **panneaux de porte**★★ massifs du 17e s. font la fierté de ce temple. Ils appartenaient au *wihan* principal du Wat Phra Fang *(voir ci-dessous)*. Les exquis motifs floraux rehaussés de mosaïque de verre, encadrés de divinités en adoration, illustrent la maîtrise des artisans d'Ayuthaya. La statue du Bouddha dans le style du Lan Na (Chiang Saen) et la peinture murale décrivant des légendes bouddhiques présentent aussi de l'intérêt.

EXCURSIONS

Wat Phra Boromathat – *À 5 km vers l'Ouest par la route 102.* Près du marché de Thung Yang. Le *wihan* principal montre deux **porches**★, à l'avant et à l'arrière, ainsi qu'un toit pentu, des boiseries et des frontons merveilleusement décorés de scènes expressives. L'*ubosot*, moins travaillé, est aussi superbement décoré. Une base à degrés avec de petites pagodes d'angle porte le *chedi*. Des niches abritant des statues du Bouddha en ponctuent le corps principal. Au-dessus s'élève la tour-reliquaire en forme de bulbe, entourée de motifs de lotus et surmontée d'un fleuron mouluré.

Wat Phra Thaen Sila At – *À 6 km à l'Ouest par la route 102.* Ce temple en sommet de colline est un centre de pèlerinage connu pour avoir accueilli en 1740 le roi Borommakot. Les éléments dignes d'intérêt comprennent une empreinte de pied du Bouddha en pierre, dans le *wihan* moderne ; quatre **empreintes de pieds** en bronze dans le petit *wihan* ; un petit temple chinois ; un vaste *sala* de bois à deux niveaux supporté par de grands piliers.

Wat Phra Yün Phutthabat Yukhon – *Après le précédent.* Un élément remarquable de ce temple ancien est le toit complexe à cinq étages du *mondop*★★ à colonnade, construit par des artisans de Chiang Saen. Le petit *wihan* abrite, sur un fond coloré, deux statues du Bouddha assis en bronze, argent et or, entourées de disciples.

Wat Phra Fang – *Mu 3, Ban Phra Fang, Tambon Pha Chuk. 25 km vers l'Est par la 1045, 2 km au Sud par la 11, puis prendre à gauche et poursuivre sur 14 km.* Sur la rive Sud de la rivière Nan, dans le domaine d'un temple moderne, on voit les **vestiges** intéressants d'un ancien monastère. Le toit du *wihan*, qui renferme une grande statue du Bouddha assis, est supporté par des piliers massifs avec des chapiteaux. Des moulures ornent le corps et le dôme du beau *chedi* supporté par une base carrée. Derrière se tient un élégant *wihan* coiffé de tuiles de bois, aux fenêtres ornées de stucs.

Barrage Sirikit – *Amphoe Tha Pla. À 60 km à l'Est par la route 1045.*
Inauguré en 1977, le barrage (hauteur 169 m, largeur 800 m), construit pour juguler la rivière Nan, dispense énergie et irrigation. Le lac, poissonneux, offre dans un beau cadre des équipements pour la détente.

Parc forestier de Ton Sak Yaï – *À 81 km vers l'Est. Comme ci-dessus, puis emprunter à droite la route 1146 et poursuivre sur 11 km. Au km 56, tourner à droite et suivre sur 2 km la route de latérite.* Les visiteurs seront impressionnés à la vue du fleuron de l'arboretum, un **arbre** gigantesque vieux d'environ 1 500 ans, de 47 m de haut et environ 10 m de circonférence. Bien qu'abîmé par la foudre, il est réputé être le plus grand teck du monde.

YASOTHON

Yasothon – 131 648 habitants
Atlas Michelin p. 14 ou carte n° 965 F 9

La ville est de fondation ancienne. Son monument principal est le Wat Mahathat, qui s'enorgueillit d'un haut *that* blanc de style laotien et d'une élégante **bibliothèque** finement décorée de laque noire et d'or.
Le Wat Thung Sawang *(près du marché, à l'Est de la ville)* mérite une visite pour son *chedi* inhabituel se terminant en bouton de lotus.
Une tradition artisanale de tissages de coton et de soie est restée vivace à Ban Si Than *(Amphoe Pathiu, 20 km à l'Est par la route 202, prendre à droite entre les km 18 - 19 et emprunter sur 3 km la route de latérite).*

EXCURSIONS

Phra That Kong Kow Noï – *Tambon That Thong, Amphoe* Müang, *au Sud-Est par la route 23 pour 8 km, prendre à gauche au km 196 et suivre la piste sur 600 m.* Ce monument ancien, dans un style mêlant influences laotienne et du Lan Na, se dresse au milieu des rizières. Un mur entoure le *chedi* restauré en briques et stuc, qui remonte à la période d'Ayuthaya. On voit à côté un petit bâtiment carré à toit incurvé. La tradition raconte qu'il fut construit en expiation par un pauvre cultivateur de riz pour avoir maltraité sa mère, qui lui avait apporté trop peu de nourriture après une matinée de dur labeur, et causé ainsi sa mort. Mais après son décès, malgré sa faim dévorante, il ne put venir à bout de son repas.

Phra Phutthabat – *Ban Nong Yang. À 25 km au Sud-Est par la route 23 vers l'Amphoe Kham Khuan Kaeo. Prendre à droite la 2083 jusqu'à l'Amphoe Maha Chana Chaï, puis encore à droite pour 6 km.* Au milieu d'une île sableuse de la rivière Che, le site rassemble une empreinte de pied du Bouddha, une statue du Bouddha de style khmer, et une inscription sur latérite, transférées d'Ayuthaya en 835.

Ban Song Pueï – *À 25 km au Sud-Est par la route 23 de l'Amphoe Kham Khuan Kaeo. Prendre la 2083 sur la droite et poursuivre sur 5,5 km.* Le vieux site archéologique khmer de **Müang Toeï** *(à 1 km au Sud de Ban Song Pueï)*, avec ses vestiges de temple et de murailles, et son bassin, était probablement une cité de la période de Chenla-Dvaravati.

Un **musée** expose une intéressante collection d'objets d'art mis au jour à Müang Toeï (stèle, lit du souverain de la cité). Un *chedi* construit au-dessus d'un autre plus ancien renferme de la terre en provenance des plus importants sites bouddhistes d'Inde. On voit aussi une empreinte de pied du Bouddha (1955).

Amnat Charoen – *À 60 km vers l'Est par la route 202.* Centre administratif d'une population en croissance permanente, c'est également une porte ouvrant sur le Laos.

Phuttha Utthayan Khao Dan Phrabat (Parc bouddhique) – *À 3 km au Nord par la route 212. Le site se trouve sur la gauche.* Ce parc ombragé est dominé par la gigantesque statue en céramique dorée du Bouddha, **Phra Mongkhon Ming Müang**, dans l'attitude de vainqueur de Mara. Conçue par un artiste de l'Isan, Chit Buabut, elle fut inaugurée en 1965.

Wat Phra Lao Thep Nimit – *À 45 km vers le Sud par la route 212. Prendre la 2049 à gauche entre les km 35-34. Ou bien 20 km au Sud par la 212, emprunter la 2134 à droite pour Amphoe Phana et poursuivre sur 2 km.* Ce vieux temple est à voir pour l'admirable décoration du *bot*★, notamment sa base ornée d'un motif de lotus en stuc et, au-dessus de l'entrée encadrée de piliers, ses superbes boiseries ciselées, dorées sur fond rouge, qui décrivent un monstre mythique, Rahu, parmi des motifs floraux. Une splendide statue laquée et dorée du **Bouddha**★★ dans l'attitude de vainqueur de Mara trône à la place d'honneur. Datant de 1724, l'œuvre est magnifiquement exécutée. Un édifice de style laotien se dresse à proximité.

Parc forestier de Don Chao Pu – *À 45 km au Sud par la route 212. Prendre la 2049 à gauche entre les km 35-34, et tourner à droite entre les km 25-26. Ou bien 20 km au Sud par la 212, emprunter la 2134 à droite pour Amphoe Phana et tourner à droite entre les km 25-26.* Cet agréable parc forestier abrite de nombreux arbres centenaires de diverses essences et une multitude de singes. Les habitants vénèrent un vieux sanctuaire de bois où, croit-on, réside Chao Pu, « l'esprit du grand-père ».

Fête des fusées

Yasothon est connu pour sa **Fête des fusées**, Ngan Bun Bang Faï *(deuxième semaine de mai)*, qui a lieu en fin de saison sèche pour attirer la bienveillance du dieu de la pluie Phaya Thaen. Les fusées sont fabriquées suivant la tradition avec des tiges de bambou, bourrées d'un mélange de salpêtre et de charbon de bois. Un cortège de chars hauts en couleur, accompagné de musique et de danses, les emporte jusqu'à l'aire de lancement, un agréable jardin public, Suan Phaya Thaen *(Thanon Chaeng Sanit, près de la route 23)*, où elles sont tirées à la grande joie des spectateurs.

Conditions de visite

Horaires et tarifs d'entrée étant susceptibles de changer, les renseignements donnés ci-dessous, ne le sont qu'à titre indicatif. Les sites sont répertoriés dans l'ordre suivi pour la partie du guide Villes et curiosités.

Les noms des sites et monuments pour lesquels horaires et tarifs sont donnés ci-dessous sont marqués du symbole ⊙ dans la partie Villes et curiosités.

Dates – *Les dates sont inclusives. La mention jours fériés signifie fêtes religieuses et nationales.*

Entrée – *Les guichets ferment habituellement 30 mn avant la fermeture du site.*

Tarifs – *Le tarif indiqué s'applique à une personne adulte.*

Prix – *Les prix sont donnés en bahts thaïlandais. On peut obtenir un tarif étudiant sur présentation d'une carte internationale d'étudiant. Les Thaïs payent moins cher.*

Centres d'information touristique – *Les adresses et nᵒˢ de téléphone concernent les antennes locales de l'Office national de tourisme (TAT), qui fournissent des renseignements sur les sites, les hébergements et les transports. Les bureaux du TAT sont ouverts de 8 h 30 à 16 h 30.*

Temples – *Les temples sont généralement ouverts du lever au coucher du soleil. S'ils sont fermés, demander au gardien d'ouvrir les bâtiments principaux, ubosot, wihan. Se vêtir de façon appropriée et éviter de visiter pendant les offices.*

Parcs nationaux – *Les parcs sont ouverts du lever au coucher du soleil. En général, des gardes forestiers assurent une présence.*

Photographies – *La courtoisie veut que l'on demande l'autorisation de prendre en photo les personnes et les sanctuaires religieux.*

A

AYUTHAYA
🛈 Thanon Si Sanphet – ☎ 035 246 076/7 – fax 035 246 078

Parc historique – Tous les jours, 8 h 30 à 16 h 30. 20 bahts par secteur ; ticket combiné pour tous les secteurs :180 bahts.

Wat Na Phra Men – Mêmes horaires que le parc historique. 20 bahts.

Wat Chaï Wattanaram – Mêmes horaires que le parc historique. 20 bahts.

Wat Yaï Chaï Mongkon – Mêmes horaires que le parc historique. 20 bahts.

Musée national Chao Sam Phraya – Ouvert mercredi à dimanche, 9 h à 16 h. Fermé lundi, mardi et jours fériés. 30 bahts. ☎ 035 241 597.

Centre d'Études historiques – Tous les jours, 9 h à 15 h (16 h 30 le week-end). 100 bahts. ☎ 035 245 123/4.

Musée national Chandra Kasem – Ouvert du mercredi au dimanche, 9 h à 16 h. Fermé lundi, mardi et jours fériés. 30 bahts. ☎ 035 245 586.

B

BAN CHIANG

Musée national – Ouvert du mercredi au dimanche, 9 h à 16 h. Fermé lundi, mardi et jours fériés. Billet combiné avec le musée du Wat Pho Si Naï 30 bahts. ☎ 042 261 351.

BANGKOK
🛈 Le Concorde Plaza, 202 Thanon Ratchadapise - ☎ 02 694 1222–302 fax 02 694 1361372. Thanon Ratchadamneon Nok ☎ 02 282 9773/6 – fax 02 282 9775

Grand Palais – Tous les jours, 8 h 30 à 15 h 30. 150 bahts. Ticket valable aussi pour le Phra Thinang Vimanmek. ☎ 02 222 0094, 02 222 6889.

Wat Po – Tous les jours, 8 h 17 h ; 30 bahts.

Musée national – Ouvert du mercredi au dimanche, 9 h à 16 h. Fermé lundi, mardi et jours fériés. 40 bahts. ☎ 02 224 1370 – fax 224 9911.

Phra Thinang Vimanmek – Tous les jours, 9 h à 16 h 30; dernière admission 14 h 40. Visites guidées. 50 bahts ou billet combiné avec le Grand Palais. **Musée national des Éléphants royaux** : 5 bahts. ☎ 02 281 1569, 02 280 5928.

Wat Traimit – Ouvert 9 h à 17 h ; 10 bahts.

Ferme aux Serpents – Ouvert 8 h 30 à 16 h (midi samedi et dimanche). Démonstration : en semaine 10 h30, 14 h ; samedi et dimanche : 10 h 30 seulement. 70 bahts. ☎ 02 252 0161–4.

Maison de Jim Thompson – Tous les jours, 9 h à 17 h. Visites guidées seulement (en français et anglais). 100 bahts. ☎ 02 216 7365 , 02 612 3744 – www.jimthompsonhouse.com

Palais Suan Pakkad – Ouvert du lundi au samedi, 9 h à 16 h. Fermé dimanche et jours fériés. 80 bahts. ☎ 02 245 4934.

Ban Kamthieng – Ouvert lundi à samedi, 9 h à 16 h. Fermé dimanche et fêtes. 100 bahts. Visite guidée pour groupes sur rendez–vous. ☎ 02 661 6470/75.

BANGKOK Environs

Bateaux – Bateaux-express et ferries à partir des quais de Tha Orienten, Tha Maharaj et River City. Tarifs 5-15 bahts. Location privée de bateaux à longue queue : se renseigner au quai de River City. 500-1200 bahts en fonction du type de bateau et de la durée du parcours.

Wat Arun – Tous les jours 8 h 30 à 17 h 30. 10 bahts.

Musée des Barges royales – Tous les jours, 9 h à 17 h. 20 bahts. ☎ 02 424 0004.

Ferme des Crocodiles – Tous les jours, 7 h à 17 h (18 h samedi et dimanche). 300 bahts ; enfants, étudiants 200 bahts. Spectacles toutes les heures de 9 h à 11 h et 13 h à 16 h ; spectacles supplémentaires le week-end, à midi et 17 h. ☎ 02 703 4891/5, 02 703 5144/8.

Muang Boran – Tous les jours, 8 h à 17 h. 50 bahts ; et 50 bahts par voiture. ☎ 02 323 9253. Compter 1 jour. Circuit en voiture ou à bicyclette.

BANG PA–IN

Visite du palais – Tous les jours, 8 h 30 à 15 h 30. 50 bahts. ☎ 035 261 044, 02 281 548.

Wat Niwet Thamapravat – Accès par funiculaire. Entrée gratuite.

BURIRAM

Excursions

Prasat Muang Tham – Tous les jours, 8 h 30 à 16 h 30. 20 bahts. ☎ 044 613 666.

C

CHAINAT

Musée national Chainat Muni – Ouvert du mercredi au dimanche, 9 h à 16 h. Fermé lundi, mardi et jours fériés. 10 bahts. Visites guidées sur rendez–vous. ☎ 056 411 467.

CHAIYA

Musée national de Chaiya – Ouvert du mercredi au dimanche, 8 h 30 à 16 h. Fermé lundi, mardi et jours fériés. 30 bahts. ☎ 077 437 1066.

CHANTHABURI

Excursions

Oasis Sea World – Spectacles tous les jours, 9 h à 18 h. 60 bahts, enfants 30 bahts. ☎ 039 363 238/9.

Parc national de Nam Tok Phliu – Tous les jours, 8 h à 17 h. 10 bahts.

CHIANG MAÏ

🏠 105/1 route de Chiang Maï à Lamp
☎ 053 248 604, 053 248 607, 053 241 466 – fax 053 248 605

Musée national – Ouvert du mercredi au dimanche, 8 h 30 à 16 h. Fermé lundi, mardi et jours fériés. 30 bahts. ☎ 053 221 308.

Centre de recherches sur les tribus montagnardes – Ouvert lundi à vendredi, 8 h 30 à 16 h. Entrée gratuite.

Arboretum de Chiang Maï – Tous les jours, 8 h 30 à 16 h 30. Entrée gratuite.

Zoo de Chiang Maï – Tous les jours, 8 h à 17 h. 30 bahts. ☎ 053 221 1179, 053 222 2283.

Excursions

Sources chaudes de San Kamphaeng Hot Springs – Tous les jours, 8 h à 17 h. 10 bahts.

Camp des Éléphants de Tang Dao – Démonstrations tous les jours à 9 h et 10 h. 30 bahts. ☎ 053 298 553.

Tham Chiang Dao – Tous les jours, 8 h à 16 h. 10 bahts. Lampes : 50 bahts.

Excursion en bateau de Tha Ton à Chiang Raï – Départ tous les jours à 12 h 30, arrivée à Chiang Raï à 17 h. 160 bahts.

CHIANG RAÏ

🏠 448/16 Thanon Singhakhlaï
☎ 053 717 433, 053 744 674/5 – fax 053 717 434

Excursions

Marché, Doï Mae Salong – 5 h-8 h. Charter en minibus à partir de 500 bahts.

Maison et jardins, Doï Tung – 100 bahts ; **jardins seuls** : 20 bahts.

CHIANG SAEN

Centre d'Accueil des Visiteurs – Tous les jours, 8 h à 16 h 30. ☎ 053 777 030.

Wat Pa Sak – Tous les jours, 8 h à 16 h 30. 30 bahts.

Musée national – Ouvert du mercredi au dimanche, 8 h 30 à 16 h 30. Fermé lundi, mardi et jours fériés. 30 bahts. ☎ 053 777 102. Présentations de diapositives et vidéo. Dépliant.

Musée de l'Opium – Tous les jours, 8 h à 16 h 30. 30 bahts.

CHONBURI
Excursions

Aquarium, Bang Saen – Ouvert mardi au dimanche, 8 h 30 à 16 h (17 h jours fériés). Fermé lundi. 10 bahts.

Zoo ouvert de Khao Khieo – Tous les jours, 8 h 30 à 18 h. 20 bahts ; et 20 bahts par voiture. ☎ 038 298 187/8.

Ko Si Chang – Service de ferries des embarcadères de Ko Loï ou Tha Charin, à Si Racha, à partir de 7 h. Dernier trajet retour de l'île à 19 h. 50 bahts AR. Bateau charter à partir de 1 200 bahts.

CHUMPHON
Excursions

Bateaux pour Ko Tao à partir de Paknam Chumphon – 2 services par jour : 7 h 30, durée 1 h 30, et minuit, durée 6 h. 400 bahts.

Tham Rab Ro et Tham Phra – Tous les jours, 8 h à 17 h.

D – H

DAMNOEN SADUAK

Accès – En bus du Southern Bus Terminal : toutes les 20 mn à partir de 5 h du matin. Service réduit pour les fêtes bouddhistes et le Nouvel An chinois. Bureau de l'Amphoe ☎ 032 421 204, 032 254 976 ; bureau de Changwat ☎ 032 337 890.

Wat Phra That DOÏ SUTHEP

Funiculaire – Contribution 5 bahts.

Palais et Jardins Phuping – Ouvert vendredi, week-ends et jours fériés, sauf lorsque la Famille royale y réside.

HUA HIN
Excursions

Phra Ratcha Niwet Marukatayawam – Tous les jours, 8 h à 16 h. Contribution.

K

KAMPHAENG PHET

Parc historique – Tous les jours, 8 h 30 à 16 h 30. 20 bahts par secteur.

Musée national – Tous les jours, 8 h 30 à 16 h. 30 bahts. ☎ 055 711 921.

KANCHANABURI
🖪 Thanon Saeng Chuto – ☎/fax 034 511 200
Excursions

Excursion en train – Départs à 6 h, 11 h, 16 h 35. 17 bahts. Trains à vapeur : 10 h 25, 11 h, 16 h 35. Durée 2 h 30. ☎ 034 511 285.

Cimetière militaire de Kanchanaburi – Tous les jours, 8 h à 17 h.

Musée militaire JEATH – Ouvert 8 h 30 à 18 h. 20 bahts.

Musée de Ban Kao – Ouvert du mercredi au dimanche, 8 h 30 à 16 h 30. Fermé lundi, mardi et jours fériés. 30 bahts. ☎ 034 654 058.

Prasat Müang Sing – Tous les jours, 8 h à 16 h. 20 bahts.

Parc national de Saï Yok – 25 bahts.

KHON KAEN
🖪 15/5 Thanon Prachasamoson – ☎ 043 244 498/9 – fax 043 244 497

Musée national – Ouvert du mercredi au dimanche, 8 h 30 à 16 h 30. Fermé lundi, mardi et jours fériés. 30 bahts. ☎ 043 246 170.

Excursions

Barrage de Khuan Ubonrat – Tous les jours, 8 h 30 à 18 h.

KRABI
Excursions

Mu Ko Lanta – Des bateaux relient Ban Hua Hin à Ko Lanta Noï ; des petits bateaux desservent ensuite Ko Lanta Yaï (2 h) ; ou départ de Ban Bo Müang (1 h). Traversée dangereuse en saison des pluies. Accès aussi à partir de Krabi-Ville.

L

LAMPANG
Excursions

Centre de dressage des Éléphants – Spectacles tous les jours sauf mercredi à 9 h 30, 11 h (aussi à 14 h le week-end). 30 bahts.

LAMPHUN

Musée national de Haripunchaï – Ouvert du mercredi au dimanche, 8 h 30 à 16 h. Fermé lundi, mardi et jours fériés. 30 bahts. ☎ 053 511 186.

LOEÏ
Excursions

Réserve naturelle de Phu Luang – Ouvert d'octobre à mai, fermé de juin à septembre. Réservation d'hébergements rustiques (bungalows) au Bureau administratif de Loeï, ☎ 042 811 776, 042 812 033. Apporter son ravitaillement.

LOPBURI 🄸 Thanon Naraï Maharat – ☎ 036 422 768/9 – fax 036 422 769

Phra Naraï Ratcha Niwet – Ouvert du mercredi au dimanche, 8 h 30 à 16 h. Fermé lundi, mardi et jours fériés. 30 bahts. ☎ 036 411 458.

Wat Phra Si Ratana Mahathat – Tous les jours, 9 h à 16 h. 30 bahts. ☎ 036 412 510.

Prang Sam Yot – Tous les jours, 8 h 30 à 16 h 30. 30 bahts. ☎ 036 411 458.

Maison Vichayen – Tous les jours, 9 h à 18 h. 30 bahts.

M – N

MAE HONG SON

Excursions

Village Padong – 250 bahts.

Tham Lot – Ouvert 8 h à 17 h. Guide recommandé pour raisons de sécurité. 200 bahts, y compris lampe. Durée : 1 h 30.

NAKHON PATHOM

Phra Pathom Chedi – Tous les jours, 7 h à 18 h.

Musée – Ouvert du mercredi au dimanche, 9 h à 16 h. Fermé lundi, mardi et jours fériés. 30 bahts.

Excursions

Roseraie – Tous les jours, 8 h à 16 h. 10 bahts. Spectacle 14 h 45. 300 bahts. ☎ 034 322 544-7.

Village des éléphants Samphran – Tous les jours 8 h à 18 h. Spectacles du lundi au samedi, 12 h 45, 14 h 20 ; dimanche et jours fériés, spectacles supplémentaires à 10 h 30. 300 bahts, enfants 200 bahts. ☎ 02 429 0361/2.

Musée de cire Thaï – Ouvert lundi à vendredi, 9 h à 17 h 30 ; week-ends et jours fériés, 8 h 30 à 18 h. 200 bahts, enfants, étudiants 100 bahts. ☎ 034 332 607, 034 332 061.

NAKHON PHANOM 🄸 184/1 Thanon Soontomvijit – ☎ 042 513 490/1 – fax 042 513 492

NAKHON RATCHASIMA (KHORAT) 🄸 2102–2104 Thanon Mittraphap. ☎ 044 213 030 – fax 044 213 667

Musée national Maha Werawong – Tous les jours, 8 h 30 à 16 h. 30 bahts ; 100 bahts ticket combiné pour tous les sites de la province. ☎ 044 471 167.

Excursions

Prasat Hin Phanom Wan – Tous les jours, 8 h 30 à 16 h 30. 30 bahts.

Ban Prasat – Tous les jours, 9 h à 16 h. Contribution.

Prasat Hin Muang Kaek – Tous les jours, 9 h à 16 h. 30 bahts.

NAKHON SI THAMMARAT 🄸 Sanam Na Müang, Thanon Ratchadamnoen – ☎ 075 346 515/6 ; fax 075 346 517

Ho Phra Phuttha Sihing – Tous les jours, 8 h 30 à 16 h.

Wihan Khien – Tous les jours, 8 h à 16 h 30.

Musée national – Tous les jours, 8 h 30 à 16 h. 30 bahts. ☎ 075 341 075.

NAN

Musée national – Tous les jours, 8 h 30 à 16 h. 30 bahts. ☎ 054 710 561.

NARATHIWAT 🄸 102/3 Mu 2, route de Narathiwat–Tak Baï. ☎ 073 516 144, 073 522 411 – fax 073 522 412

Excursions

Sungaï Golok – Le poste frontière est ouvert de 5 h à 17 h (6 h à 18 h côté Malaisie), mais il peut arriver qu'il ferme plus tôt. Hôtels et restaurants.

NONG KHAÏ

Pont de l'Amitié – Bureau de l'Immigration ouvert de 8 h à 18 h. Au Laos, le bureau ferme de 11 h à 14 h.

P

PATTANI

Grande mosquée de Pattani – Tous les jours, 9 h à 15 h.

PATTAYA

🖬 609 Mu 10, Thanon Phra Tham Nak, Tambon Nongpue – ☎ 038 427 667, 038 428 750 ; fax 038 429 113

Excursions

Mini Siam – Tous les jours, 7 h à 19 h. 200 bahts, enfants 100 bahts. ☎ 038 421 628, 038 424 232 – fax 038 421 555.

Million–Year Stone Parc – Tous les jours, 8 h à 16 h. Spectacles 10 h 15, 15 h, 15 h 45. 300 bahts, enfants 125 bahts. ☎ 038 249 347/9.

Wihan Sian – Tous les jours, 8 h à 17 h. 30 bahts.

Suan Nong Nooch – Tous les jours, 8 h à 16 h. 20 bahts, enfants 10 bahts. Spectacles à 10 h 15, 15 h et 15 h 45. 250 bahts, enfants 100 bahts. ☎ 038 429 321, 038 422 958, 02 252 1786.

Ao PHANGNGA

Circuit – Bateaux au départ de l'embarcadère de Tha Dan sur le Khlong Khao Thalu, (7 km à l'Ouest de la ville de Phangnga par la route 4144), de l'Amphoe Müang ou de l'embarcadère Sarakun dans l'Amphoe Tukua Thung. À partir de 900 bahts jusqu'à 4 passagers.

Excursions

Tham Suwan Khuha – 10 bahts.

Prasat Hin PHANOM RUNG

Tous les jours, de 8 h 30 à 16 h 30. 30 bahts – ☎ 044 613 666.

PETCHABUN

Excursions

Parc historique de Si Thep – Tous les jours, 8 h 30 à 16 h 30. 30 bahts.

PHETCHABURI

🖬 500/51 Thanon Phetkasem, Amphoe Cha-Am – ☎ 032 471 005/6 – fax 032 471 502

Phra Nakhon Khiri – Centre d'accueil. Entrée et funiculaire 40 bahts.

Musée national Phra Nakhon Khiri – Tous les jours, 8 h 30 à 16 h 30. ☎ 032 428 539.

Excursions

Phra Ram Ratchaniwet – Ouvert du mercredi au dimanche, 9 h à 16 h. Fermé lundi, mardi et jours fériés. 30 bahts.

Barrage et Parc national Kaeng Krachan – Circuits dans le parc en véhicule 4x4 ou véhicule du parc, matin et après-midi, à horaires fixes car on ne peut pas se croiser sur les pistes. 20 bahts plus location du véhicule (à partir de 600 bahts). Guides indispensables pour la randonnée, contre participation. ☎ 032 459 291.
Excursions en bateau organisées au bureau du parc : à partir de 500 bahts.

PHICHIT

Wat Tha Luang – Tous les jours, 9 h à 16 h.

Mu Ko PHI PHI

Accès en bateau au départ de **Krabi** et **Ao Nang** (1 h 30), **Phuket** (2 à 3 h).

Prasat Hin PHIMAÏ

Parc historique – Tous les jours, 8 h 30 à 16 h 30. 40 bahts. ☎ 044 471 568.

Musée national de Phimaï – Tous les jours, 8 h 30 à 16 h 30. 30 bahts. ☎ 044 471 167.

PHITSANULOK

🖪 209/7–8 Surasi Trade Centre, Thanon Boromatrailokanat – ☎ 055 252 743, 055 259 907 ; fax 055 252 742

Wat Phra Si Ratana Mahathat – Ouvert 7 h à 17 h. 10 bahts. Tenue appropriée exigée. Photographies autorisées.

Musée des Traditions populaires – Ouvert 9 h à 16 h. Contribution.

Excursions

Wat Chulamani – Tous les jours, 8 h 30 à 16 h. Entrée gratuite.

PHRAE

Excursions

Ban Prathap Chaï – Tous les jours, 8 h à 16 h. 20 bahts.

Parc national de PHU KRADUNG

Ouvert d'octobre à mai. Fermé de juin à septembre.
Réservations pour l'hébergement auprès du Service de réservations des Parcs nationaux, Royal Forestry Department, ☎ 02 561 4292 postes 724/5. Hébergement privé possible à Ban Pak Phu Kradung, ☎ 02 270 0488, 02 270 0861.
Des porteurs transportent sacs et nourriture au sommet moyennant 20 bahts par kg. Contacter le Bureau central du Parc.

PHUKET

🖪 73/75 Thanon Phuket – ☎ 076 211 036, 076 212 213, 076 217 138 fax 076 213 582

Aquarium – Tous les jours, 8 h 30 à 16 h. 10 bahts ; enfants, étudiants 5 bahts.

Musée national de Thalang – Ouvert du mercredi au dimanche, 9 h à 16 h 30. Fermé lundi, mardi et jours fériés. 30 bahts. ☎ 076 311 426.

Ko Naga Noï – Ouvert toute l'année.

Jardin d'orchidées et village thaï de Phuket – Tous les jours, 9 h à 20 h. Spectacles à 11 h et 17 h 30. 230 bahts. ☎ 076 214 860/1

Ferme aux Papillons et Aquarium – Tous les jours, 8 h à 17 h. 100 bahts. ☎ 076 210 859.

Excursions

Mu Ko Similan – Excursions en bateau au départ de Phuket (8 h par ligne régulière ou 3 h 30 par vedette rapide), ou de l'embarcadère de Chumphon, Ban Hin Lad, Khura Buri (3 à 5 h).

PRACHINBURI

🖪 182/88 Thanon Suwannason, Nakhon Nayok – ☎ 037 312 282, 037 312 284 ; fax 037 312 286

Musée national – Ouvert du mercredi au dimanche, 9 h à 16 h. Fermé lundi, mardi et jours fériés. 30 bahts. ☎ 037 211 586.

R – S

RANONG

Excursions

Croisières en bateau – Pour **Ko Surin** : à partir de l'embarcadère des pêcheurs de Chumphon à Ban Hin Lad, Amphoe Khura Buri, 4 à 5 h aller simple.

Mu Ko Similan – De l'embarcadère de Chumphon, Amphoe Khura Buri, 3 à 5 h aller simple ; du quai de Thap Lamu, 3 h.

RATCHABURI

Musée national – Ouvert du mercredi au dimanche, 9 h à 16 h. Fermé lundi, mardi et jours fériés. 30 bahts. ☎ 032 321 513.

RAYONG

🅱 153/4 Thanon Sukhumwit – ☎ 038 655 420/1 – fax 038 429 113

Ko Samet – Des bateaux au départ de Ban Phe, Amphoe Rayong, relient Na Dan et Ao Wong Duan de 6 h à 17 h. Fréquence augmentée le week-end. Tarif : 30 bahts. Les bateaux peuvent aussi être affrétés par des groupes. Du port de Na Dan, on accède aux plages de l'île en pick-up ou à pied. **Parc national** : 50 bahts.

Ko SAMUI

Accès – Bateau rapide de jour au départ de Tha Thong Sala, au Nord-Est de Surat Thani (2 h 30, passagers uniquement). Bateau de nuit au départ de Ban Don (4 h pour Samui ou 5 h pour Ko Phangan, passagers uniquement). Car-ferry au départ de Don Sak, à 60 km à l'Est de Surat Thani (1 h 30), ou de Khanom, à 80 km à l'Est (1 h). Ligne aérienne régulière de Bangkok.

Excursions

Ko Phangan – Accès dépendant des conditions météorologiques. Vedette rapide au départ de l'embarcadère de Na Thon deux fois par jour. Bateau quotidien au départ du quai de Bophut. Bateau de nuit au départ du quai de Ban Don, Surat Thani. Se renseigner sur place.

Ko Tao – Accès en bateau (5 h) de Paknam Chumphon ou Surat Thani via Ko Phangan. Se renseigner sur place.

Parc national de Mu Ko Ang Thong – Croisières quotidiennes en haute saison. Se renseigner sur place.

SAMUT SONGKHRAM

Excursions

Parc Mémorial du roi Rama II – Jardins : Tous les jours, 9 h à 17 h. 10 bahts, enfants 5 bahts. Musée et bibliothèque : ouvert du mercredi au dimanche, 9 h à 17 h ; fermé lundi et mardi. 10 bahts. ☎ 034 751 666.

SATUN

Excursions

Mu Ko Tarutao – Accès – En haute saison (novembre à mai), service régulier de bateaux (2 h) au départ du port de Pak Bara, Amphoe Langu, ☎ 074 711 199. 60 km au Nord de Satun par la route 406 vers Chalung, prendre la 4078 à gauche vers Langu, puis une route locale. On loue aussi des bateaux sur le quai de Satun. On doit réserver hébergement et camping auprès du de la National Parc Division à Bangkok. ☎ 02 579 0592 - fax 02 579 1154.

SINGBURI

Musée national Inburi – Ouvert du mercredi au dimanche, 8 h 30 à 16 h 30. Fermé lundi, mardi et jours fériés. 30 bahts.

SI SA KET

Preah Vihear – Se renseigner au préalable auprès de l'Office du tourisme d'Ubon Ratchathani *(ci-après)* ou du Bureau de la province – accessible par la Thaïlande à Khao Mor E Deang.

SI SATCHANALAÏ

Parc historique – Tous les jours, 8 h 30 à 16 h 30. 30 bahts par secteur ; billet combiné pour tous les sites de Si Satchanalaï et Sukhothaï : 150 bahts. ☎ 055 641 813.

Musée – Ouvert du mercredi au dimanche, 8 h 30 à 16 h 30. Fermé lundi, mardi et jours fériés. 30 bahts.

Fours de potiers de Ko Noï – Tous les jours, 8 h 30 à16 h 30. 30 bahts.

SONGKHLA

🅱 Soï 1, Thanon Niphat Uthit 3, Hat Yaï – ☎ 074 231 055, 074 238 518, 074 243 747 – fax 074 245 986

Lac de Songkhla – Circuit : location de bateaux à l'embarcadère du marché sur Thanon Chana ou bien derrière la Poste.

Musée national de Songkhla – Ouvert du mercredi au dimanche, 8 h 30 à 16 h 30. Fermé lundi, mardi et jours fériés. 30 bahts. ☎ 074 311 728.

Wat Matchimawat – Ouvert du mercredi au dimanche, 9 h à 16 h. Fermé lundi, mardi et jours fériés. 10 bahts. ☎ 074 311 728.

Excursions

Musée des Traditions populaires – Tous les jours, 9 h à 16 h. 5 bahts.

Réserve ornithologique de Khu Khut – Location de bateaux pour la visite au petit matin (1 h 30). 150 à 200 bahts.

SUKHOTHAÏ

Parc historique – Tous les jours, 8 h 30 à 16 h 30 ; 40 bahts par secteur, et tarif pour voitures. Accès en minibus ou en *tuk-tuk* à partir de la ville nouvelle. Location de bicyclettes près de l'entrée du parc. Visites guidées sur rendez-vous. Les visiteurs doivent porter une tenue appropriée et garder en mémoire que les monuments sont sacrés. ☏ 055 611 110.

Musée national Ram Kamhaeng – Ouvert du mercredi au dimanche, 8 h 30 à 16 h 30. Fermé lundi, mardi et jours fériés. 30 bahts. ☏ 055 612 167.

Excursions

Musée de porcelaine Sangkhalok – Tous les jours, 10 h à 18 h (20 h le week-end). 250 bahts. Restaurant, boutique et animations sur l'esplanade.

SURAT THANI   🛈 5 Thanon Talat Maï, Ban Don – ☏ 077 288 818/9 – fax 077 282 828

Excursions

Centre de dressage des singes – Renseignements au bureau local du TAT. ☏ 077 282 828, 077 288 818/9.

Barrage de Chieo Lan – Hébergement, voir EGAT. ☏ 042 44 794 ou 077 311 542.

Parc national de Khao Sok – 30 bahts. Circuits guidés et descentes en raft (payants) organisés par les gardes du parc. Hébergement : voir la Division des Parcs nationaux.

SURIN

Excursions

Prasat Hin Sikhoraphum – Tous les jours, 8 h 30 à 16 h 30. 30 bahts.

Prasat Ban Phluang – Tous les jours, 8 h 30 à 16 h 30. 30 bahts.

Prasat Ta Muen Thom – Le temple est sous contrôle de la police spéciale des frontières et de patrouilles militaires. Se renseigner sur les conditions de sécurité auprès du bureau du TAT en ville. Informations disponibles aussi au département des Beaux-Arts, à Phimaï. ☏ 044 213 666, 044 213 030 - fax 044 213 066.

TAK   🛈 193 Thanon Taksin, Tambon Nong Luang – ☏ 055 514 341/3 – fax 055 514 344

TRAT   🛈 100 Mu 1, Tambon Laem Ngop – ☏ 039 597 255, 039 597 259/260 – fax 039 597 255

Excursions

Parc national de Ko Chang – Services de bateaux toutes les heures en haute saison au départ de Laem Ngop (toutes les 2 h hors saison) de 8 h à 17 h. 50 bahts. Tarif du bus sur Ko Chang : 30 bahts. Information sur l'hébergement au bureau du TAT.

U

UBON RATCHATHANI   🛈 264/1 Thanon Khaun Thani – ☏ 045 243 770/1 – fax 045 243 771

Musée national – Ouvert du mercredi au dimanche, 8 h 30–16 h 30. Fermé lundi, mardi et jours fériés. 30 bahts. ☏ 045 255 071.

UDON THANI   🛈 16/5 Thanon Mukmontri – ☏ 042 325 406/7 – fax 042 325 408

Excursions

Parc historique du Phu Phra Bat – Tous les jours, 8 h 30 à 16 h 30. 30 bahts.

U-THONG

Musée national – Ouvert du mercredi au dimanche, 8 h 30 à 16 h 30. Fermé lundi, mardi et jours fériés. 30 bahts.

Index

Les curiosités isolées (parcs, temples, îles...) sont répertoriées à leur nom propre.

C

D

Y

LE GUIDE VERT a changé, aidez-nous à toujours mieux répondre à vos attentes en complétant ce questionnaire.

Merci de renvoyer ce questionnaire à l'adresse suivante :
Michelin Éditions des Voyages / Questionnaire Marketing G. V.
46, avenue de Breteuil — 75324 Paris Cedex 07

---

1. Est-ce la première fois que vous achetez LE GUIDE VERT ?   oui   non
Si oui, passez à la question n° 3. Si non, répondez à la question n° 2.

---

2. Si vous connaissiez déjà LE GUIDE VERT, quelle est votre appréciation sur les changements apportés ?

	Nettement moins bien	Moins bien	Égal	Mieux	Beaucoup mieux
la couverture					
les cartes du début du guide Les plus beaux sites Circuits de découverte Lieux de séjour					
la lisibilité des plans Villes, sites, monuments.					
les adresses					
la clarté de la mise en pages					
le style rédactionnel					
les photos					
la rubrique Informations pratiques en début de guide					

---

3. Pensez-vous que LE GUIDE VERT propose un nombre suffisant d'adresses ?

HOTELS :	Pas assez	Suffisamment	Trop
Toutes gammes confondues			
À bon compte			
Valeur sûre			
Une petite folie			

RESTAURANTS :	Pas assez	Suffisamment	Trop
Toutes gammes confondues			
À bon compte			
Valeur sûre			
Une petite folie			

---

4. Dans LE GUIDE VERT, le classement des villes et des sites par ordre alphabétique est, d'après vous, une solution :

Très mauvaise	Mauvaise	Moyenne	Bonne	Très bonne

5. Que recherchez-vous prioritairement dans un guide de voyage ?
Classez les critères suivants par ordre d'importance (de 1 à 12).

6. Sur ces mêmes critères, pouvez-vous attribuer une note
entre 1 et 10 à votre guide.

	5. Par ordre d'importance	6. Note entre 1 et 1
Les plans de ville		
Les cartes de régions ou de pays		
Les conseils d'itinéraire		
La description des villes et des sites		
La notation par étoile des sites		
Les informations historiques et culturelles		
Les anecdotes sur les sites		
Le format du guide		
Les adresses d'hôtels et de restaurants		
Les adresses de magasins, de bars, de discothèques...		
Les photos, les illustrations		
Autre (spécifier)		

7. La date de parution du guide   oui   non
est-elle importante pour vous ?

8. Notez sur 20 votre guide :

9. Vos souhaits, vos suggestions d'amélioration :

Vous êtes :   Homme   Femme   Âge

Agriculteur exploitant	Employés
Artisan, commerçant, chef d'entreprise	Ouvriers
Cadre et profession libérale	Préretraités
Enseignant	Autres personnes sans activité professionnelle
Profession intermédiaire	

Nom et prénom :

Adresse :

Titre acheté :

Ces informations sont exclusivement destinées aux services internes de Michelin.
Elles peuvent être utilisées à toute fin d'étude, selon la loi informatique et liberté du 06/01/78.
Droits d'accès et de rectification garantis.